MN
TC

일러두기

1. 따로 표시하지 않은 경우 한글 성경은 개역개정 4판이다.

2. 성경에 나오는 지명과 인명은 개역개정의 표기를 따랐고, 성경에 나오지 않는 인명과 지명은 일반적인 표기를 따르되, 라틴어 인명과 지명의 경우 라틴어 본래 표기를 따랐다.

3. 개역개정성경을 인용할 때, 필요한 부분에 문장 부호(쉼표, 마침표, 물음표, 느낌표)를 넣었다. 문장이 끝나는 부분에서 어미나 조사를 문장에 맞게 수정했다.

4. 저자가 사용하며 여기서 병기되는 영어 번역은 NASB(New American Standard Bible, 1977)이다.

5. 성경 구절을 표시할 때(1a, 1b), 저자가 사용하는 NASB와 개역개정 4판이 다를 경우 후자에 맞춰 수정했다.

6. 헬라어 영문 표기를 한글로 옮길 때, d(δ)는 'ㄷ'으로, th(θ)는 'ㄸ'으로 표기했다

7. 굵은 글씨로 표시된 단어, 어구, 문장은 개역개정판 본문과 NASB 본문이다.

8. 모든 각주는 옮긴이가 붙인 것이다.

The MacArthur New Testament Commentary: 2 Corinthians

Copyright © 2003 by John Macarthur

This translation is published by arrangement
with Moody Publishers.
This Korean Edition Copyright © 2023 by Abba Book House,
Seoul, Republic of Korea.

맥아더 신약주석

고린도후서

The Macarthur

New Testament

Commentary

아바서원

하나님의 일을 하며 숱한 기쁨을 누린다.

그중 가장 큰 기쁨은

자신을 희생해 하나님의 진리에 헌신하며

오랜 세월 외길로 성실히 섬기는 사람들과 값지게 동역하는 것이다.

그레이스 투 유 캐나다(Grace to You Canada) 사역을

20년 가까이 이끌어온 데이비드 캇누어(David Cotnoir)는

바로 그런 사람이다.

깊은 감사를 담아 이 책을 그에게 헌정한다.

목차

시리즈 서문

신약성경을 강해하면서 늘 보람되고 거룩한 교제를 누린다. 내 목적은 한결 같다. 하나님의 말씀을 깨달으며 그분과 깊이 교제하고, 이 경험을 바탕으로 한 단락의 의미를 그분의 백성에게 풀어주는 것이다. 느헤미야 8장 8절 말씀처럼, 나는 힘써 각 단락의 "뜻을 해석한다." 청중이 하나님의 말씀을 정확히 듣고, 그러는 중에 그분께 반응하게 하기 위해서다.

단언컨대, 하나님의 백성은 하나님을 알아야 한다. 그러려면 하나님의 말씀, 곧 진리의 말씀을 알아야 하고(딤후 2:15), 그 말씀이 우리 안에 풍성히 거해야 한다(골 2:16). 그러므로 내 목회의 핵심은 살아 있는 하나님의 말씀이 그분의 백성에게 살아 있도록 돕는 것이다. 이것은 즐겁고 보람된 모험이다.

이 신약성경 주석 시리즈는 이처럼 성경을 풀어내고 적용하는 데 목적이 있다. 어떤 주석은 무엇보다도 언어학적이다. 어떤 주석은 매우 신학적이다. 어떤 주석은 주로 설교 형식이다. 이 주석은 전문적으로 언어학적이지 않지만, 정확한 해석에 도움이 될 경우에 언어학적 면을 다룬다. 이 주석은 신학 논의를 폭넓게 다루지 않지만, 각 본문의 핵심 교리들(doctrines, 가르침)이 성경 전체와 어떻게 연결되는지에 초점을 맞춘다. 이 주석은 설교 형식을 띠지 않지만, 일반적으로 하나의 주제를 하나의 장(章)에서 다루면서 개요를 분명하게 제시하고 사고의 논리적 흐름을 따른다. 대다수 진리는 다른 성경 본문과 연결해 설명하고 적용했다. 한 단락의 문맥을 제시한 후, 저자의 전개와 추론을 세밀하게 따라가려 노력했다.

성령께서 하나님 말씀의 각 부분을 통해 하시는 말씀을 독자들이 온전히 이해하고, 이로써 하나님의 계시가 신자들의 마음에 뿌리 내려 더 큰 순종과 믿음의 열매가 맺히길, 그래서 우리의 크신 하나님이 영광을 받으시길 기도한다.

서론

고린도후서는 바울 서신 중에서 바울 자신이 가장 잘 드러나는 서신이다. 그와 동시에, 고린도후서는 성령의 감동으로 기록된 모든 바울의 서신 중 가장 낯설 뿐만 아니라 신자들과 설교자들이 하나같이 흔히 간과하는 서신이기도 하겠다. 그러나 이토록 아름다운 서신을 소홀히 대하는 것은 교회에 엄청난 손실이다. 고린도후서는 교회에 제공할 것이 아주 많기 때문이다. 사역자라면 누구라도 고린도후서에 담긴 풍성한 통찰을 무시해서는 안 된다. 교회는 보배 같은 이 서신을 읽고 연구하지 않는 사람을 사역자로 세우면 안 된다.

고린도후서에서 바울은 자신의 회중 중에 가장 큰 어려움에 처한 사람들과 교류하며, 이 과정에서 그의 경건한 성품이 훤히 드러난다. 고린도후서 열세 장 전체에서 바울의 겸손이 드러난다. 바울은 자신을 비천한 질그릇으로 묘사하며(4:7), 자신의 인간적 약점과 부족함을 강조하고(3:5; 11:30; 12:5, 9 - 10), 공격받을 때 마지못해 자신을 변호한다(11:1, 16 - 17, 21; 12:11). 고린도후서에서 바울은 자신의 양 떼를 향한 뜨거운 관심도 드러내는데, 이들의 영적 성장뿐 아니라(3:18; 7:1) 이들의 영적 안전에도 깊은 관심을 기울인다(11:2 - 4, 29). 바울의 선언에서 이들을 향한 그의 이타적 관심이 잘 요약된다. "우리는 우리를 전파하는 것이 아니라 오직 그리스도 예수의 주되신 것과 또 예수를 위하여 우리가 너희의 종 된 것을 전파함이라"(4:5).

유능하고 하나님을 높이는 사역자는 바울처럼 영적으로 건강해야 한다. 바울은 "수많은 사람들처럼 하나님의 말씀을 혼잡하게 하지 아니하고, 곧 순전함으로 하나님께 받은 것 같이 하나님 앞에서와 그리스도 안에서 말한다"(2:17). 바울은 "속임으로 행하지 아니하며 하나님의 말씀을 혼잡하게 하지 (adulterating, 불순물을 섞지) 아니했다"(4:2).

진리를 외치며 타협하지 않고 신실하게 복음을 전하면 세상이 적대적으로 반응하리라 예상해야 한다. 세상은 예수님을 미워했듯이 이렇게 복음을 전하는 자들도 미워할 것이기 때문이다(요 7:7; 15:19). 교회사에서, 복음을 전하다가 바울만큼 심하게 박해를 받은 사람도 없는데, 고린도후서에서 바울은 복음을 전하다가 받는 고난에 어떻게 대처해야 하는지 직접 본을 보인다(고후 1:4-10; 4:7-12; 6:4-10; 11:23-33).

바울은 고린도교회와 관련해 적지 않은 고난을 받았다. 그중에 많은 부분은 한 무리의 거짓 사도들이 그를 악랄하게 공격한 데서 비롯되었다. 거짓 사도들은 고린도 신자들을 속여 바울에 관해 사실과 다르게 믿게 했다. 바울은 약하고 무능하며 참 사도가 아니라는 것이었다. 고린도후서의 핵심 주제는 바울이 이들의 공격에 맞서 자신의 순전함(integrity, 진실함)과 사도성을 변호하는 것이다(1:12-13; 2:17; 3:5; 4:2, 5; 5:9-10; 6:3-4, 11; 7:2; 8:20-21; 10:7; 11:5-6, 30; 12:11-12; 13:5-6).

고린도후서는 바울을 속속들이 보여준다. 그렇더라도 고린도후서는 신학 진리를 풍성하게 담아낸다. 히브리서 외에(3:6-18), 고린도후서가 새 언약을 가장 충실하게 설명한다. 고린도후서 5:1-11에서, 바울은 신자들이 죽을 때 이들에게 일어나는 일에 관해 중요한 가르침을 준다. 5:14-21에서, 바울은 화해 교리(doctrine of reconciliation)를 논하는데, 이 논의는 5:21의 헬라어 열다섯 단어에서 절정에 이른다. 이 단어들은 성경에서 예수 그리스도의 대속(代贖)을 가장 간결하면서도 가장 심오하게 요약한다. 이와 비슷하게, 8:9은 기독론과 관련해 짧지만 엄청나게 가치 있는 보석이다.

고린도후서는 실제 그리스도인의 삶에 관해서도 많은 가르침을 제시한다. 6:14-7:1에서, 바울은 불신자들로부터 신자들을 분리하는 원리를 논한다. 8

장과 9장은 신약성경에서 연보[1](giving, 헌금, 드림, 나눔, 구제)를 가장 자세하게 가르친다. 11장은 참 하나님의 종과 거짓 선생을 어떻게 구별하는지 가르친다(7-15, 20절). 12장은 하나님의 자녀들이 살면서 겪는 고난을 하나님이 어떻게 사용하시는지 보여준다(5-10절). 그리고 이 서신은 마지막으로 성화 과정의 주요 요소들을 살펴본다(12:20-13:14).

고린도

고대 세계에서 고린도만큼 지리적으로 유리한 도시도 드물었다. 고린도는 그리스 본토와 그리스 최남단에 자리한 크고 나뭇잎을 닮은 펠로폰네소스 반도를 잇는 좁은 지협(地峽)에 위치했기에 전략적으로 중요했다. (지협을 관통하는 운하가 19세기 말 완공되었으므로 엄밀히 말하면 이제 펠로폰네소스는 섬이다.) 따라서 고린도는 그리스 북부와 남부를 잇는 교역로를 장악했다. 게다가 북부 그리스와 소아시아에서 이탈리아를 오가는 여행자들은 고린도 항구들, 곧 지협 남동쪽에 자리한 겐그레아와 북서쪽에 자리한 레케움(Lechaeum)에서 배를 타고 내렸다. 지협은 좁았다(가장 좁은 곳은 폭이 6km 남짓이었고, 겐그레아와 레케움을 잇는 도로는 15km 남짓이었다). 그래서 많은 선장이 두 항구 중 하나에 화물을 내렸고, 화물과 배를(배가 그럴만한 크기일 때) 지협 건너편 항구로 옮겼으며, 거기서 화물을 다시 싣고 항해를 계속했다. 이렇게 함으로써 펠로폰네소스 반도 남쪽 끝을 둘러가는 위험하고 긴 항해를 피했다.

바울 당시, 고린도는 번성하는 큰 상업 도시였으며, 그리스를 주도하는 도시들 가운데 하나였다. 고린도의 번영은 이곳을 관통하는 교역로뿐 아니라 그 외에 여러 요소 덕분이기도 했다. 고린도에서 2년마다 이스트미아 제전(Isthmian Games)이 열렸으며, 그 덕에 많은 사람이 고린도에 몰려들었다. 고린도는 로마 식민지로서 부러움을 사는 지위도 누렸으며, 로마제국 아가야

---

1 연보(捐補): 1. 자기의 재물을 내어 다른 사람을 도와줌. 2. 주일이나 축일에 하나님에게 돈을 바침. 또는 그 돈. (출처: 국립국어원 표준국어대사전)

지방의 수도였다(이 때문에 고린도의 믿지 않는 유대인들이 바울을 로마 총독 갈리오 앞에 세울 수 있었다; 행 18:12-17). 고린도의 놋쇠 제품과 도자기는 로마 세계 전역에서 유명했다.

그러나 고린도는 어두운 면도 있었다. 고린도는 인구의 상당 비율이 노예였으며, 노예무역 중심지였다. 고린도라는 지명에서 성적 악을 뜻하는 표현이 유래할 만큼 고린도는 아주 음란한 도시였다. "고린도화하다(Corinthianize, 고린도 사람처럼 되다)"라는 동사는 성적 부도덕에 빠진다는 뜻이었고, "고린도 여자"는 창녀를 일컫는 속어가 되었다.

고린도는 유구한 역사 내내 영향력이 강력한 그리스(헬라) 도시들에 속했으며, 때로 아테네에 뒤지지 않을 만큼 중요했다. 그러나 기원전 146년 고린도 역사를 바꿔놓은 사건이 일어났다. 고린도는 로마의 침략에 무너졌고 주민들은 살육당하거나 노예로 팔렸다. 이후, 고린도는 약 100년간 폐허로 남았으나 율리우스 카이사르(Julius Caesar)가 재건해 사람들을 이주시켰는데, 대다수 이주민은 로마 세계 전역에서 온 해방 노예였다. 많은 헬라 교양인이 새 도시의 하층민에 경악했고 이들을 경멸했다. 고린도는 활발한 항구였으며 경제가 급속히 성장했기에 많은 이주민이 유입되었고, 빠르게 인종의 용광로가 되어갔다. 고린도는 뜨내기가 많았으므로 도덕이 갈수록 해이해졌다. 파이퍼(Pfeiffer)와 보스(Vos)는 이렇게 말한다. "(선원, 장사꾼, 정부 관료 등) 많은 사람이 잠시 머물 뿐이었기에 정착민과는 거리가 멀었다"(*The Wycliffe Historical Geography of Bible Lands*[Chicago: Moody, 1967], 481).

2차 선교여행 때, 바울은 이렇듯 부유하고 다채로우며 중요하고 음란한 도시에 발을 들여놓았다.

고린도교회

바울은 아덴(아테네)을 떠나 고린도에 도착했을 때(행 18:1) 아굴라와 브리스길라 부부를 만났으며 이들과 더없이 가까운 사이가 되었다(참조. 행 18:18; 롬 16:3; 고전 16:19; 딤후 4:19). 글라우디오(Claudius) 황제가 모든 유대인에게 황제의 도시를 떠나라 명했고, 그래서 아굴라와 브리스길라 부부는 근간에 로마를 떠나 고린도에 와 있었다(행 18:2). 이 부부도 바울처럼 천막 제조자였기에 바울은 이들과 함께 살면서 함께 일했다(3절).

늘 그러듯이, 고린도에서도 바울은 먼저 유대인 회당에서 복음을 전했다. 실라와 디모데가 마게도냐에서 막 도착해 바울을 도왔다(5절). 으레 그렇듯이, 대다수 유대인은 복음을 거부하고 적대적 태도를 보였으며, 그래서 바울은 회당을 떠나 "하나님을 경외하는[즉, 이스라엘의 하나님에게 관심을 보이는 이방인] 디도 유스도라 하는 사람의 집에 들어갔다"(7절). 많은 사람 외에 "회당장 그리스보가 온 집안과 더불어 주를 믿었고," 그래서 믿지 않는 유대인들의 적대감이 고조되었다(8절). 유대인들은 신임 총독 갈리오의 미숙함을 이용할 요량으로 바울을 그의 앞에 세우고 바울이 유대법에 어긋나게 하나님을 예배한다며 그를 고발했다(12-13절). 그러나 갈리오 총독은 유대교 내부 분쟁으로 보이는 문제에 개입하려 들지 않았으며 바울에 대한 고발을 기각했다(14-16절). 바울은 "더 여러 날을 머물다가" 고린도를 떠났다(18절).

고린도후서의 정황

바울은 고린도를 떠난 뒤 고린도교회에서 문제들이 일어났다는 가슴 아픈 소식을 들었다. 이에 답해, 바울은 성경에 없는 (그리고 현존하지 않는) 편지를 써서 이 문제들을 꼬집었다(고전 5:9). 바울은 3차 선교여행 중 에베소에서 사역할 때 고린도교회에 훨씬 심각한 문제가 있다는 소식을 들었다(고전 1:11; 16:17). 게다가, 고린도 신자들이 그에게 편지를 보내 몇몇 문제에 대해 명확한 판단을 구했다(고전 7:1). 바울은 이에 답해 고린도전서를 썼다. 바울은 에베소 사역에서 손을 뗄 수 없었으므로(고전 16:8) 디모데를 고린도에 보냈다(고린도전서와 함께 보냈을 것이다).

고린도전서로 고린도교회의 몇몇 문제가 해결된 게 분명하다. 그러나 더 위험할 법한 새로운 위협이 곧 닥쳤다. 예루살렘교회가 자신들을 보냈다고 주장하는 거짓 선생들이 고린도에 나타나 고린도교회 신자 중에 많은 수를 순식간에 꾀어 더는 바울과 진리에 충실하지 못하게 했다(이 책에서 이들의 정체를 다루는 26장을 보라). 바울은 이 위협을 (아마도 디모데에게서) 듣고 에베소를 떠나 고린도로 향했다.

방문("슬픈" 또는 "고통스러운" 방문; 참조. 고후 2:1)은 순조롭지 못했으며, 누군가(아마도 거짓 사도 중 하나가) 바울에게 반기를 들고 공개적으로 그를 모욕했을 때 상황이 최악으로 치달았다(2:5-8, 10; 7:12). 바울의 엄청난 슬픔에도, 고린도 신자들은 바울을 공격하는 자에게 맞서지 않았다. 바울은 에베소로 돌아가 "엄한 편지"(severe letter, 2:4를 보라)로 알려진 어조가 강한 편지를 써서(이 편지도 현존하지 않는다) 디도 편에 고린도에 보냈다(7:5-16).

바울은 에베소를 떠나 드로아에 이르렀고, 거기서 디도를 만나길 바랐다. 드로아에서 사역의 문이 열렸는데도, 바울은 고린도 상황이 걱정되어 이 기회를 제대로 이용하지 못했다(2:12-13). 바울은 불안했고 더는 디도를 기다릴 수 없어 마게도냐로 갔으며, 마침내 거기서 디도를 만났다. 디도는 대다수 고린도 신자들이 회개하고 바울의 가르침에 다시 충실하다는 소식을 전했고(7:7), 바울은 이 소식에 크게 기뻐하고 안도했다.

그러나 현명했던 바울은 비록 고린도교회 상황이 극적으로 개선되었더라도 교회가 아직 위험에서 완전히 벗어나지는 못했다는 것을 알았다. 거짓 사도들이 여전히 고린도에 있었고, 소수 고린도 신자들이 여전히 혼란스러워하거나 이들에게 충성했다. 바울은 고린도 방문을 준비하면서(고후 12:14; 13:1) 마게도냐에서(몇몇 고대 사본에서 나타나듯 아마도 빌립보에서) 고린도후서를 썼다. 바울은 거짓 선생들의 공격에 맞서 자신의 사도권을 강하게 변호하면서 가난한 예루살렘 신자들을 위한 연보를 지시하고, 거짓 사도들과 그 추종자들에게 정면으로 맞선다.

고린도후서 저자

이 서신이 두 차례 주장하듯이(1:1; 10:1), 바울이 고린도후서의 저자라는 것은 거의 모두가 받아들이며, 바울 저작으로 간주하는 신약성경의 다른 책들을 바울이 쓰지 않았다고 주장하는 비평학자들까지도 받아들인다. 이처럼 감성적이고 매우 개인적인 서신을 누군가 위조할 동기를 상상하기란 불가능하다. 고린도후서에 사용된 바울의 어휘는 고린도전서에 사용된 그의 어휘와 비슷할뿐더러 고린도후서와 사도행전에 나타나는 증거가 서로 연결된다는 사실도 바울이 고린도후서의 저자라는 것을 증명한다. 외적 증거도 바울이 고린도후서의 저자라는 것을 확증한다. 교부 폴리카르포스(Polycarp, 폴리갑)는 2세기 초 고린도후서를 인용했으며, 2세기 말 고린도후서는 무라토리안 정경(Muratorian Canon)에 포함되었다. 알렉산드리아의 클레멘스(Clement of Alexandria), 이레나이우스(Iranaeus), 테르툴리아누스(Tertullian)도 고린도후서를 인용했다.

고린도후서의 통일성

고린도후서 저자에 관해서는 의문이 제기되지 않았다. 그러나 고린도후서의 통일성에 관해서는 많은 논쟁이 있었다. 특히 성경의 완전성을 믿으려 하지 않는 학자들은 별다른 이유 없이 고린도후서의 통일성을 받아들이지 않는다. 이들은 1-9장의 어조가 10-13장에서 갑자기 바뀐다는 데 주목하면서 본래 별개였던 두 서신이 한 서신으로 합쳐져 지금의 고린도후서가 되었다고 주장한다.

먼저, 이러한 이론들은 전혀 주관적이며, 이른바 이 서신의 내적 증거에 기초한다는 점을 지적해야겠다. 렌스키(R. C. H. Lenski)는 이렇게 말한다.

> 무엇보다도 먼저, 고린도후서와 관련된 사실 하나를 단단히 강조해야겠다. 모든 문자 그대로 본문의 모든 증거가 이것이 단일 서신(a unit)이라는 것을 증명한다. 이에 관해 의문을 제기할만한 그 어떤 짧은 본문도 발견되지 않았으며, 한 부분이나 몇몇 부분이 빠진 본문도 발견되지 않았다. 이 사실만으로도 우리 시대의 가설을 논박하고 남는다. (*The Interpretation of Saint Paul's First and Second Epistles to the Corinthians* [Minneapolis: Augsburg, 1963], 795)

더 나아가, 초기 성경 번역들이나 교부들의 저작에서 고린도후서가 둘 또는 그보다 많은 개별 서신으로 존재했다는 증거를 찾을 수 없다. 그뿐 아니라 누가, 언제, 왜 이 가상의 서신들을 엮어 고린도후서를 만들었는지에 관한 증거도 찾을 수 없으며, 따라서 이것은 비평학자들의 추측에 지나지 않는다. 첫째 편지의 결론과 둘째 편지의 서두에 두 편지를 하나로 합칠만한 어떤 일이 일어났는지도 알려지지 않았다. 도날드 거스리(Donald Guthrie)는 이렇게 말한다. "두 단편이 우연히 하나로 합쳐졌거나 교묘히 한 서신으로 조작되어 온전한 한 서신의 외형을 띠어 적어도 18세기까지 의심을 피했다니, 운이 엄청나게 좋았던 게 틀림없다"(*New Testament Introduction* [Revised Ed.; Downer Grove, Ill.; InterVarsity, 1990], 451). 비평학자들도 고대 서신들이 기록된 두루마리들을 편집하는 물리적 어려움을 고려하지 못하기 일쑤다(이에 관한 논의는 다음을 보라. David E. Garland, *2 Corinthians*, The New American Commentary [Nashville: Broadman & Holman, 1999], 38–39).

어떤 사람들은 10-13장이 2:4에 언급된 엄한 편지(severe letter)이며, 따라서 1-9장보다 먼저 기록되었다고 주장한다. 그러나 이미 말했듯이 이 이론은 뒷받침하는 본문의 증거가 없을 뿐 아니라 몇몇 큰 난관에 부딪힌다.

첫째, 고린도 신자들이 10-13장을 이미 받았다면 1-9장에서 거짓 사도들이 전혀 언급되지 않는다는 게 당혹스럽다. 설령 바울이 1-9장을 쓰기 전에 고린도 신자들이 거짓 사도들을 배척했더라도, 바울은 이들의 이러한 행위를 틀림없이 칭찬했을 것이다. 그러나 1-9장은 바울과 거짓 선생들 간의 충돌을 전혀 언급하지 않으며, 바울에게 맞선 한 개인을 언급할 뿐이다(2:5-11; 7:12).

둘째, 10-13장은 이 개인에 관해 침묵한다. 그러나 엄한 편지는 고린도 신자들이 이 사람을 징계하길 거부한 문제를 다루기 위해 쓴 것이다(2:4-9). 10-13장이 이 엄한 편지라면, 어떻게 이 편지를 쓴 동기였던 이러한 악행을 언급하지 않을 수 있겠는가?

셋째, 바울은 이 엄한 편지를 "내가 마음에 큰 눌림과 걱정이 있어 많은 눈물로 너희에게 썼노니"라고 했다(2:4). 이 서술은 10-13장의 내용에, 거짓 선생들 및 그 추종자들을 향한 바울의 신랄한 비꼼 및 엄한 꾸짖음과 맞지 않아 보인다. 바울이 자신의 사도권을 그렇게도 강하게 변호한 것이나 자신의 인간적 연약함, 곧 하나님이 자신의 사역에 능력을 주셨음을 증명하는 인간적 약함을 말한 것을 왜 후회하겠는가(참조. 7:8)?

넷째, 12:18에서 바울은 연보와 관련해 디도의 고린도 방문이 이미 이루어졌다고 했다(참조. 8:6, 16-24). 앞서 말했듯이, 디도는 이 때 바울의 엄한 편지를 고린도교회에 전달했으며, 따라서 10-13장이 엄한 편지일 수 없는 게 분명하다. 디도는 그가 이미 전달한 편지를 전달하고 있을 리 없다.

마지막으로, 바울은 고린도 방문을 피하려고 엄한 편지를 보냈으나(2:1-4), 곧 있을 방문을 준비하려고 10-13장을 썼다(12:14; 13:1).

어떤 사람들은 이러한 난관들을 인정하면서 10-13장이 별개의 편지이나 1-9장 이후에 쓴 편지였다고 주장한다. 이번에도, 10-13장이 1-9장과 별개로 회람되었다는 증거가 전혀 없다는 점을 지적해야겠다. 이 견해의 한 변형이 있다. 바울이 1-9장을 보내기 전에 고린도교회의 문제들에 관해 더 자세한 소식을 들었다는 것이다. 그래서 바울은 10-13장을 쓰고 전체 편지를 보냈다는 것이다. 바울은 목회를 하고 선교여행을 다니며 직접 일해 생계를 꾸리며 바쁘게 살았기 때문에 단숨에 고린도후서 전체를 쓰지 못했을 수도 있다. 그러나 바울은 10-13장 그 어디서도 고린도교회로부터 새로운 소식을 들었다고 말하지 않는다.

고린도후서의 두 단락이 어조가 다르다는 사실을 간과해서는 안 된다. 1-9장에서, 바울은 자신을 변호하고(예를 들면, 1:17; 4:2; 5:12-13), 거짓 선생들을 꾸짖는다(예를 들면, 2:17). 반면에 10-13장에서, 바울은 고린도 신자들을 향해 사랑과 관심을 표현한다(11:11; 12:14-15; 13:9). 이 서신의 계획을 고려할 때, 바울이 어조를 바꾼 이유를 얼마든지 이해할 수 있다. 1-9장은 엄한 편지 때문에 회개한 다수에게 쓴 것이고(참조. 2:6), 10-13장은 거짓 사도들에게(바울을 마치 "육신에 따라 행하는 자"인 것처럼 여기는 "자들"에게, 10:2) 여전히 매달리며 회개하지 않는 소수에게 쓴 것이다.

저작 시기와 장소

바울이 고린도에서 사역한 시기는 비교적 정확히 특정할 수 있다. 그가 로마 총독 갈리오 앞에서 받은 심문 덕분이다. 델피에서 발견된 비문에 따르면, 갈리오는 주후 51년 7월 총독으로 부임했을 것이다. 바울이 갈리오 총독에게 심문받은 것은 갈리오가 총독으로 부임한 직후, 바울의 고린도 사역이 끝날 무렵이었을 것이다(참조. 행 18:18). 바울은 고린도를 떠나 에베소를 거쳐 팔레스타인으로 갔다(행 18:22). 그는 3차 선교여행 길에 에베소로 돌아가(행 19:1) 약 2년 반을 사역했다(행 19:8, 10). 바울은 에베소 사역 말미에 고린도전서를 썼는데(고전 16:8), 주후 55년 말이었을 것이다. 바울은 오순절 후 에베소를 떠날 계획이었는데(고전 16:8), 주후 56년 봄이었을 것이다. 바울은 마게도냐로 갔고, 앞서 말했듯이, 거기서 그 해 말 고린도후서를 썼다.

개요

1

고난 중에 받는 위로

(1:1-11)

[1]하나님의 뜻으로 말미암아 그리스도 예수의 사도 된 바울과 형제 디모데는 고린도에 있는 하나님의 교회와 또 온 아가야에 있는 모든 성도에게 [2]하나님 우리 아버지와 주 예수 그리스도로부터 은혜와 평강이 있기를 원하노라. [3]찬송하리로다. 그는 우리 주 예수 그리스도의 하나님이시요 자비의 아버지시요 모든 위로의 하나님이시며, [4]우리의 모든 환난 중에서 우리를 위로하사 우리로 하여금 하나님께 받는 위로로써 모든 환난 중에 있는 자들을 능히 위로하게 하시는 이시로다. [5]그리스도의 고난이 우리에게 넘친 것 같이 우리가 받는 위로도 그리스도로 말미암아 넘치는도다. [6]우리가 환난 당하는 것도 너희가 위로와 구원을 받게 하려는 것이요 우리가 위로를 받는 것도 너희가 위로를 받게 하려는 것이니, 이 위로가 너희 속에 역사하여 우리가 받는 것 같은 고난을 너희도 견디게 하느니라. [7]너희를 위한 우리의 소망이 견고함은 너희가 고난에 참여하는 자가 된 것 같이 위로에도 그러할 줄을 앎이라. [8]형제들아, 우리가 아시아에서 당한 환난을 너희가 모르기를 원하지 아니하노니, 힘에 겹도록 심한 고난을 당하여 살 소망까지 끊어지고, [9]우리는 우리 자신이 사형 선고를 받은 줄 알았으니, 이는 우리로 자기를 의지하지 말고 오직 죽은 자를 다시 살리시는 하나님만 의지하게 하심이라. [10]그가 이같이 큰 사망에서 우리를 건지셨고 또 건지실 것이며 이 후에도 건지시기를 그에게 바라노라. [11]너희도 우리를 위하여 간구함으로 도우라. 이는 우리가 많은 사람의 기도로 얻은 은사로 말미암아 많은 사람이 우리를 위하여 감

사하게 하려 함이라. (1:1-11)

고난은 타락하고 악한 세상에서 피할 수 없는 것이다. 엘리바스는 욥의 조언자가 되려 하면서 이렇게 선언했다. "사람은 고생을 위하여 났으니 불꽃이 위로 날아가는 것 같으니라"(욥 5:7). 욥은 고난이 절대 낯설지 않았으므로 이 말에 동의했다. "여인에게서 태어난 사람은 생애가 짧고 걱정이 가득하며"(욥 14:1). 눈물의 선지자 예레미야는 이렇게 탄식했다. "어찌하여 내가 태에서 나와서 고생과 슬픔을 보며 나의 날을 부끄러움으로 보내는고"(렘 20:18). 삶은 고난과 슬픔과 고통과 실망과 환멸과 절망으로 넘쳐나며, 성경은 어디서나 이것을 증언한다.

그런데 혼란스러운 사실이 고난의 고통을 더한다. 하나님이 때로 멀리 계시고 우리의 고난에 무관심하신 것처럼 보인다는 사실이다. 욥은 절망 속에서 외친다. "주께서 어찌하여 얼굴을 가리시고 나를 주의 원수로 여기시나이까?"(욥 13:24). 시편 기자는 수심에 잠겨 묻는다. "여호와여, 어찌하여 멀리 서시며, 어찌하여 환난 때에 숨으시나이까?"(시 10:1). 고라 자손이 이스라엘을 대신해 하나님께 묻는다. "어찌하여 주의 얼굴을 가리시고 우리의 고난과 압제를 잊으시나이까?"(시 44:24). 이사야 선지자는 단언한다. "구원자 이스라엘의 하나님이여, 진실로 주는 스스로 숨어 계시는 하나님이시니이다"(사 45:15). "그의[하나님의] 마음에 맞는 사람"(삼상 13:14; 참조. 행 13:22)이자 "이스라엘의 노래 잘하는 자"[2](삼하 23:1) 다윗까지도 때로 의심하고 절망했다. 시편 13:1에서, 다윗은 절망 속에서 묻는다. "여호와여, 어느 때까지니이까? 나를 영원히 잊으시나이까? 주의 얼굴을 나에게서 어느 때까지 숨기시겠나이까?" 그런가 하면 시편 22:1에서 다윗은 자신의 고통을 표현하는데, 주 예수 그리스도께서 십자가에서 그의 말을 그대로 되울리셨다. "내 하나님이여, 내 하나님이여, 어찌 나를 버리셨나이까?"(참조. 마 27:46).

많은 현대인이 묻는다. 왜 선한 사람들에게 나쁜 일이 일어나는가? 그러나

---

2 새번역: 이스라엘에서 아름다운 시를 읊는 사람

성경은 사람이 참으로 선하다는 근본 가정을 받아들이지 않는다. 사도 바울은 "의인은 없나니 하나도 없으며"라고 선언한다(롬 3:10; 참조. 시 14:1-3; 53:1-3). "모든 사람이 죄를 범하였으매 하나님의 영광에 이르지 못하"기 때문이다(롬 3:23; 참조. 왕상 8:46; 시 143:2; 잠 20:9; 전 7:20; 렘 17:9). "하나님은 의로우신 재판장"이기 때문에 악인들에게 "매일 분노하신다"(시 7:11). 나쁜 일이 모든 사람에게 일어나는 것은 타락하고 죄의 저주를 받은 세상에 사는 사람들이 모두 죄인이기 때문이다.

신자들은 타락한 세상에 사는 구속받은 죄인이기 때문에, 신자들에게까지 나쁜 일이 일어난다. 사실, 이런 일들이 일어나도록 하나님이 허용하시는 데는 중요한 이유들이 있다.

첫째, 하나님이 그분의 백성에게 나쁜 일들이 일어나도록 허용하시는 것은 이들의 믿음이 진짜인지 시험하기(test) 위해서다. 잠언 17:3에 따르면, "여호와는 마음을 연단하신다."[3] 역대하 32:31은 이렇게 말한다. "하나님이 히스기야를 떠나시고 그의 심중에 있는 것을 다 알고자 하사 시험하셨더라." 이보다 오래전, 모세는 이스라엘에게 이렇게 말했다. "네 하나님 여호와께서 이 사십 년 동안에 네게 광야 길을 걷게 하신 것을 기억하라. 이는 너를 낮추시며 너를 시험하사 네 마음이 어떠한지 그 명령을 지키는지 지키지 않는지 알려 하심이라"(신 8:2). 베드로는 이렇게 썼다.

> 그러므로 너희가 이제 여러 가지 시험으로 말미암아 잠깐 근심하게 되지 않을 수 없으나 오히려 크게 기뻐하는도다. 너희 믿음의 확실함은 불로 연단하여도(tested by fire) 없어질 금보다 더 귀하여 예수 그리스도께서 나타나실 때에 칭찬과 영광과 존귀를 얻게 할 것이니라. (벧전 1:6-7)

이 시험들은 하나님을 위한 게 아니다. 전지하신 하나님은 모든 사람의 마음을 아시기 때문이다. 오히려 이 시험들은 시험받는 사람들의 믿음이 진짜

---

3 NASB: The Lord tests hearts(여호와께서 마음을 시험하신다)

인지 아닌지 드러낸다. 아무리 혹독한 시련이라도 구원하는 참믿음을 무너뜨릴 수 없다. 구원받은 자는 "끝까지 견디기" 때문이다(마 24:13).

당대에 가장 신실한 사람 욥은 상상하기 힘든 고난을 받았다. 재산을 모두 잃었고, 자녀를 모두 잃었으며, 괴롭고 고통스러운 병에 걸리기까지 했다. 엎친 데 덮친 격으로, 가장 가까운 사람들이 그에게 등을 돌렸다. 아내는 어리석게도 "하나님을 욕하고 죽으라"며 그를 다그쳤고(욥 2:9), 친구들은 어설픈 조언으로 그를 오히려 궁지로 내몰았으며 그는 참다못해 폭발했다. "너희는 다 재난을 주는 위로자들이로구나…너희는 나를 헛되이 위로하려느냐? 너희 대답은 거짓일 뿐이니라"(욥 16:2; 21:34). 그러나 가장 당혹스러운 사실은 따로 있었다. 욥은 자신이 살면서 큰 죄를 지은 적이 없다는 것을 알았다. 그런데도 하나님이 자신의 냉혹한 원수처럼 보였다. 욥기 19:6-11에서, 욥은 절망과 혼란 가운데 외친다.

하나님이 나를 억울하게 하시고 자기 그물로 나를 에워싸신 줄을 알아야 할지니라. 내가 폭행을 당한다고 부르짖으나 응답이 없고, 도움을 간구하였으나 정의가 없구나! 그가 내 길을 막아 지나가지 못하게 하시고, 내 앞길에 어둠을 두셨으며, 나의 영광을 거두어가시며, 나의 관모를 머리에서 벗기시고, 사면으로 나를 헐으시니, 나는 죽었구나! 내 희망을 나무 뽑듯 뽑으시고, 나를 향하여 진노하시고, 원수 같이 보시는구나!

욥은 친구들의 공감을 필사적으로 구하면서 이들에게 애원한다. "나의 친구야, 너희는 나를 불쌍히 여겨다오! 나를 불쌍히 여겨다오! 하나님의 손이 나를 치셨구나!"(욥 19:21).

욥이 겪는 비극과 고통과 절망은 사탄의 맹렬한 공격 때문이다(참조, 욥 1:6-12; 2:1-7). 그런데도 하나님을 향한 욥의 믿음은 눈곱만큼도 변하지 않는다. 욥기 13:15에서, 욥은 확신을 갖고 선언한다. "그분이 나를 죽이시더라도, 나는 그분께 소망을 두리라"(Though He slay em, I will hope in Him, NASB).**⁴** 영광스럽고 장엄한 하나님의 거룩을 대면할 때, 욥은 하나님을 의심했던 것을 진심으로 회개한다.

> 주께서는 못 하실 일이 없사오며 무슨 계획이든지 못 이루실 것이 없는 줄 아오니, 무지한 말로 이치를 가리는 자가 누구니이까? 나는 깨닫지도 못한 일을 말하였고 스스로 알 수도 없고 헤아리기도 어려운 일을 말하였나이다. 내가 말하겠사오니 주는 들으시고, 내가 주께 묻겠사오니 주여 내게 알게 하옵소서. 내가 주께 대하여 귀로 듣기만 하였사오나 이제는 눈으로 주를 뵈옵나이다. 그러므로 내가 스스로 거두어들이고 티끌과 재 가운데에서 회개하나이다. (욥 42:2-6)

하박국 선지자도 딜레마에 직면해 믿음을 시험받았다. 그는 이스라엘에 만연한 죄에 가슴 아파하며 하나님께 부르짖었다.

> 여호와여, 내가 부르짖어도 주께서 듣지 아니하시니 어느 때까지리이까? 내가 강포로 말미암아 외쳐도 주께서 구원하지 아니하시나이다. 어찌하여 내게 죄악을 보게 하시며 패역을 눈으로 보게 하시나이까? 겁탈과 강포가 내 앞에 있고 변론과 분쟁이 일어났나이다. 이러므로 율법이 해이하고 정의가 전혀 시행되지 못하오니, 이는 악인이 의인을 에워쌌으므로 정의가 굽게 행하여짐이니이다. (합 1:2-4)

그런데 실망스럽게도, 하나님은 하박국이 바랐던 것과 정반대로 답하셨다. 하나님은 이스라엘을 영적으로 부흥시키는 대신 이들을 혹독하게 심판하실 작정이었다. 더욱 당혹스럽게도, 하나님은 이 심판의 도구로 하나님을 모르는 이방 민족을 선택하셨다.

---

4 개역개정: 그가 나를 죽이시리니 내가 희망이 없노라

여호와께서 이르시되, 너희는 여러 나라를 보고 또 보고 놀라고 또 놀랄지어다. 너희의 생전에 내가 한 가지 일을 행할 것이라. 누가 너희에게 말할지라도 너희가 믿지 아니하리라. 보라, 내가 사납고 성급한 백성 곧 땅이 넓은 곳으로 다니며 자기의 소유가 아닌 거처들을 점령하는 갈대아 사람을 일으켰나니, 그들은 두렵고 무서우며 당당함과 위엄이 자기들에게서 나오며, 그들의 군마는 표범보다 빠르고 저녁 이리보다 사나우며, 그들의 마병은 먼 곳에서부터 빨리 달려오는 마병이라. 마치 먹이를 움키려 하는 독수리의 날음과 같으니라. 그들은 다 강포를 행하러 오는데 앞을 향하여 나아가며 사람을 사로잡아 모으기를 모래 같이 많이 할 것이요, 왕들을 멸시하며 방백을 조소하며, 모든 견고한 성들을 비웃고 흙벽을 쌓아 그것을 점령할 것이라. 그들은 자기들의 힘을 자기들의 신으로 삼는 자들이라. 이에 바람 같이 급히 몰아 지나치게 행하여 범죄하리라. (합 1:5-11)

하나님은 더 악한 민족을 도구로 사용해 이스라엘을 심판하려 하셨다. 하박국은 이 때문에 혼란스러웠으나 믿음이 흔들리지 않았다. 딜레마가 해소되지 않았지만, 하박국은 하나님의 신실함과 공의와 거룩을 변함없이 신뢰했다.

선지자가 이르되, 여호와 나의 하나님, 나의 거룩한 이시여, 주께서는 만세 전부터 계시지 아니하시니이까? 우리가 사망에 이르지 아니하리이다. 여호와여, 주께서 심판하기 위하여 그들을 두셨나이다. 반석이시여, 주께서 경계하기 위하여 그들을 세우셨나이다. 주께서는 눈이 정결하시므로 악을 차마 보지 못하시며 패역을 차마 보지 못하시거늘 어찌하여 거짓된 자들을 방관하시며 악인이 자기보다 의로운 사람을 삼키는데도 잠잠하시나이까? (합 1:12-13)

참믿음의 사람들은 하나님이 자신들의 삶에서 허락하시는 시험을 통과하며, 이러한 시험 때문에 하나님을 향한 확신과 신뢰와 소망이 오히려 더 견고해진다.

둘째, 하나님이 그분의 백성에게 나쁜 일들이 일어나도록 허용하시는 것은 이들이 더는 세상을 의지하지 않게 하기 위해서다. 시련은 신자들이 의지하는 세상 자원을 앗아가며, 따라서 신자들은 하나님의 자원을 온전히 의지할 수밖에 없게 된다. 오천 명을 먹이시기 전, "예수께서 눈을 들어 큰 무리가 자기에게로 오는 것을 보시고 빌립에게 이르시되, 우리가 어디서 떡을 사서 이 사람들을 먹이겠느냐?"고 물으셨다(요 6:5). 빌립을 비롯한 제자들은 곧바로 머리를 굴렸으나 뾰족한 수가 없었다. "빌립이 대답하되, 각 사람으로 조금씩 받게 할지라도 이백 데나리온의 떡이 부족하리이다. 제자 중 하나 곧 시몬 베드로의 형제 안드레가 예수께 여짜오되, 여기 한 아이가 있어 보리떡 다섯 개와 물고기 두 마리를 가지고 있나이다. 그러나 그것이 이 많은 사람에게 얼마나 되겠사옵나이까?"(요 6:7-9). 빌립을 비롯한 제자들은 핵심을 놓쳤다. "이렇게 말씀하심은 친히 어떻게 하실지를 아시고 빌립을 시험하고자 하심이라"(요 6:6). 예수님은 이 사건을 활용해 인간의 자원을 의지하는 것이 헛됨을 제자들에게 보여주셨다.

셋째, 하나님이 그분의 백성에게 나쁜 일들이 일어나도록 허용하시는 것은 이들이 천국 소망을 갖게 하기 위해서다. 바울은 로마 그리스도인들에게 이렇게 썼다. "우리가 환난 중에도 즐거워하나니, 이는 환난은 인내를, 인내는 연단을, 연단은 소망을 이루는 줄 앎이로다. 소망이 우리를 부끄럽게 하지 아니함은…"(롬 5:3-5). 천국을 소망하는 사람들은 이 땅에 살면서 결단코 실망하지 않을 것이며, 고난은 이 소망에 이르는 첫걸음이다. 바울은 고린도 신자들에게 쓴 편지에서 천국 소망을 표현했다. "우리가 잠시 받는 환난의 경한 것이 지극히 크고 영원한 영광의 중한 것을 우리에게 이루게 함이니, 우리가 주목하는 것은 보이는 것이 아니요 보이지 않는 것이니, 보이는 것은 잠깐이요 보이지 않는 것은 영원함이라"(고후 4:17-18). 신자들이 이생에서 지는 시련의 짐이 무거울수록 이들의 천국 소망은 더 달콤해진다.

넷째, 하나님이 그분의 백성에게 나쁜 일들이 일어나도록 허용하시는 것은 이들이 정말로 사랑하는 것이 무엇인지 보여주기 위해서다. 고난이 낳는 검증된 성품을 구하고(롬 5:3-4) 주 예수 그리스도의 고난에 참여하려는 사람들은(참조. 행 5:41; 벧전 4:13) 시련을 기쁘게 견딜 것이다. 그러나 세상 것들에 집중하는 사람들은 시련이 닥쳐 세상 것들을 잃을 때 분노하며 절망할 것이다.

아브라함은 아들 이삭과 관련해 혹독한 시험을 치렀으며, 그 과정에서 하나님을 향한 사랑을 보여주었다. 창세기 22:1-2은 이렇게 말한다. "그 일 후에 하나님이 아브라함을 시험하시려고 그를 부르시되 아브라함아 하시니, 그가 이르되 내가 여기 있나이다. 여호와께서 이르시되, 네 아들 네 사랑하는 독자 이삭을 데리고 모리아 땅으로 가서 내가 네게 일러 준 한 산 거기서 그를 번제로 드리라." 두말할 것도 없이, 아브라함은 도저히 이해 못 할 명령에 충격을 받았다. 이삭은 수십 년을 간절히 기다린 끝에 얻은 아들이었다. 아브라함이 늙었고 아내도 아기를 가질 수 있을 나이를 훌쩍 넘겼을 때, 이들은 도저히 믿을 수 없는 통보를 받았다. 이들이 아들을 낳으리라는 것이었다(창 18:10, 14). 간절하고 오랜 소망이 실현되리라는 소식을 이들은 도저히 믿을 수 없었다. 그래서 이 소식을 처음 들었을 때, 아브라함도 웃고(창 17:17) 사라도 웃었다(창 18:12). 더 나아가, 이삭은 언약의 아들이었고 이삭을 통해 아브라함의 후손들이 나올 터였다(창 17:19; 21:12; 롬 9:7).

하나님의 약속과 아브라함의 소망은 모두 이삭에게 달려 있었다. 그런데도 하나님이 아브라함에게 이삭을 희생제물로 바치라 명하셨을 때, 아브라함은 순종했다. 하나님이 아브라함을 막아 이삭이 죽지 않게 하셨고 대신에 다른 희생제물을 주셨다. 아브라함의 순종은 그가 그 무엇보다, 심지어 자기 아들보다 하나님을 더 사랑한다는 증거였다. 아브라함은 또한 이삭에게서 한 민족이 나오리라는 하나님의 약속을 믿었다. 다시 말해, 자신이 이삭을 죽이더라도 하나님이 이삭을 죽은 자 가운데서 다시 살리시리라는 것을 믿었다(히 11:17-19).

다섯째, 하나님이 그분의 백성에게 나쁜 일들이 일어나도록 허용하시는 것은 이들에게 순종을 가르치기 위해서다. 시편 기자는 이렇게 인정한다. "고난 당하기 전에는 내가 그릇 행하였더니 이제는 주의 말씀을 지키나이다…고난 당한 것이 내게 유익이라. 이로 말미암아 내가 주의 율례들을 배우게 되었나이다"(시 119:67, 71). 쓰라린 고난의 침은 죄에는 결과가 따른다는 사실을 신자들에게 일깨운다. 히브리서 저자가 보여주듯이, 하나님은 시련을 사용해 신자들을 순종과 거룩으로 이끄신다.

또 아들들에게 권하는 것 같이 너희에게 권면하신 말씀도 잊었도다. 일렀으되, 내 아들아 주의 징계하심을 경히 여기지 말며, 그에게 꾸지람을 받을 때에 낙심하지 말라. 주께서 그 사랑하시는 자를 징계하시고 그가 받아들이시는 아들마다 채찍질하심이라 하였으니, 너희가 참음은 징계를 받기 위함이라. 하나님이 아들과 같이 너희를 대우하시나니, 어찌 아버지가 징계하지 않는 아들이 있으리요? 징계는 다 받는 것이거늘 너희에게 없으면 사생자요 친아들이 아니니라. 또 우리 육신의 아버지가 우리를 징계하여도 공경하였거든 하물며 모든 영의 아버지께 더욱 복종하며 살려 하지 않겠느냐? 그들은 잠시 자기의 뜻대로 우리를 징계하였거니와 오직 하나님은 우리의 유익을 위하여 그의 거룩하심에 참여하게 하시느니라. 무릇 징계가 당시에는 즐거워 보이지 않고 슬퍼 보이나 후에 그로 말미암아 연단 받은 자들은 의와 평강의 열매를 맺느니라. (히 12:5-11)

여섯째, 하나님이 그분의 백성에게 나쁜 일들이 일어나도록 허용하시는 것은 이들에게 자신의 긍휼을 드러내기 위해서다. 신자들의 고난은 하나님이 자신의 인자(仁慈)를 드러내실 기회다. 다윗은 하나님의 인자가 삶에서 그 무엇보다 낫다고 선언한다. "주의 인자하심이 생명보다 나으므로 내 입술이 주를 찬양할 것이라"(시 63:3). 하나님이 고난당하는 신자들을 위로하실 때, 신자들은 그 어느 때보다 하나님을 친밀하게 알게 된다. "하늘이여 노래하라. 땅이여 기뻐하라. 산들이여 즐거이 노래하라. 여호와께서 그의 백성을 위로하셨은즉 그의 고난당한 자를 긍휼히 여기실 것임이라"(사 49:13; 참조. 51:12; 52:9; 66:13). 하나님의 긍휼을 체험하면 그분을 한층 더 예배하게 된다.

일곱째, 하나님이 그분의 백성에게 나쁜 일들이 일어나도록 허용하시는 것은 이들을 굳세게 하여 더 유익하게 사용하기 위해서다. 하나님의 백성이 시련을 통해 시험받고 연단 될수록 이들의 섬김은 더욱 힘을 얻는다. 야고보 사도는 이렇게 썼다. "내 형제들아, 너희가 여러 가지 시험(trial)을 당하거든 온전히 기쁘게 여기라. 이는 너희 믿음의 시련(testing)이 인내를 만들어 내는 줄 너희가 앎이라. 인내를 온전히 이루라. 이는 너희로 온전하고 구비하여 조금도 부족함이 없게 하려 함이라"(약 1:2-4).

마지막으로, 하나님이 그분의 백성에게 나쁜 일들이 일어나도록 허용하시는 것은 이들이 시련을 겪는 사람들을 위로할 수 있게 하기 위해서다. 예수님은 베드로에게 이렇게 말씀하셨다. "시몬아, 시몬아, 보라 사탄이 너희를 밀까부르듯 하려고 요구하였으나 그러나 내가 너를 위하여 네 믿음이 떨어지지 않기를 기도하였노니, 너는 돌이킨 후에 네 형제를 굳게 하라"(눅 22:31-32). 베드로는 시련을 견디고 하나님의 위로를 경험한 후 다른 사람들을 도울 수 있을 터였다. 이 장 뒷부분에서 알게 되듯이, 바울은 이 편지를 시작하면서 고린도 신자들에게 힘주어 말한다. 하나님은 "우리의 모든 환난 중에서 우리를 위로하사 우리로 하여금 하나님께 받는 위로로써 모든 환난 중에 있는 자들을 능히 위로하게 하시는 이시로다"(1:4).

고대 서신들이 으레 그러했듯, 이 서신도 보내는 사람의 이름으로 시작한다. 이 편지의 발신자는 **바울**이다. 다른 여덟 서신과 같이, 여기서도 바울은 자신이 **그리스도 예수의 사도**라고 선언한다(참조. 롬 1:1; 고전 1:1; 갈 1:1; 엡 1:1; 골 1:1; 딤전 1:1; 딤후 1:1; 딛 1:1). 거짓 선생들이 바울의 사도성에 하나같이 이의를 제기했기 때문에, 바울은 자신이 스스로 임명한 사도가 아니라 **하나님의 뜻으로 말미암아(by the will of God)** 된 사도라고 말한다(참조. 고전 1:1; 엡 1:1; 골 1:1; 딤후 1:1). 바울은 열두 제자에 속하지 않았으나 주 예수 그리스도에 의해 사도로 직접 선택되었다(행 26:15-18; 고전 15:7-10). 바울이 사도로서 고린도 신자들에게 쓴 진리는 살아 계신 하나님의 영감된 말씀이다. 따라서 거짓 선생들이 바울의 신뢰성을 공격한 것은 하나님이 계시하신 진리를 공격한 것이기도 했다.

디모데는 사도가 아니었으나 바울이 사랑하는 **형제**, 곧 그리스도 안에서 형제 된 자였다. 그는 소아시아(지금의 튀르키예)에 자리한 루스드라 출신이었다. 어머니와 외할머니는 독실한 유대인 신자였으나(딤후 1:5) 아버지는 헬라인 이교도였다(행 16:1). 디모데는 2차 선교여행 중이던 바울 일행에 합류했으며, 바울의 제자이자 소중한 믿음의 아들이 되었다. 바울은 영감받은 서신 두 통을 디모데에게 보냈으며 이곳 외에 여섯 곳에서 디모데를 언급하는데, 그중 여섯 차례를 인사말에서 언급한다.

디모데는 바울의 아주 충실한 복사판이었기에, 바울은 디모데를 마게도냐(행 19:22), 빌립보(빌 2:19-24), 데살로니가(살전 3:2), 에베소에 있는 교회들에(딤전 1:3) 자신의 대리자로 믿고 보냈다. 고린도 신자들도 디모데를 알았다. 디모데는 고린도교회가 설립될 때 그곳에 있었으며(행 18:5), 나중에 바울의 개인 사절로 고린도교회를 섬겼다(고전 4:17; 16:10).

늘 그렇게 했듯이, 바울은 **고린도에 있는 하나님의 교회**로 인사를 확대한다. 이들은 하나님께 속한 신자들의 공동체였다. 이들을 "하나님이 자신의 피로 사"셨기 때문이다(행 20:28). 바울은 **온 아가야에 있는 모든 성도**로 인사를 확대하지만 이들이 누군지 밝히지 않는다. 그러나 고린도에서 대략 13km 거리에 위치하며 고린도의 항구 역할을 하는 겐그레아에 교회가 있었다(롬 16:1). 모든 서신에서 인사할 때 그렇게 하듯이, 바울은 고린도 신자들에게 하나님의 **은혜와** 이 은혜의 혜택 중 하나인 하나님의 **평안**이 있기를 빈다. 은혜와 평안 둘 다 오직 **하나님 우리 아버지와 주 예수 그리스도로부터** 온다.

이 책 서문에서 밝혔듯이, 이 서신의 핵심 주제는 고린도에 나타난 거짓 선생들의 다양하고 숱한 공격에 맞서 자신의 사도권을 변호한다는 것이다. 고린도후서를 여는 단락에서, 바울은 자신의 고난받음이 죄를 짓고 성실하지 못해 하나님께 벌 받는 것이라는 누명에 맞서 자신을 변호한다. 바울은 분명히 한다. 하나님은 고난으로 자신을 벌하시는 게 아니라 고난당하는 자신을 위로하고 계신다는 것이다. 그러면서 바울은 성경에서 위로에 관해 확실히 가장 의미심장한 구절을 썼다. 여기서 바울은 위로하시는 분, 위로에 관한 약속, 위로의 목적, 위로의 요소, 위로의 능력, 위로의 영구성, 위로에 참여함을 기술한다.

위로하시는 분이 있다

찬송하리로다. 그는 우리 주 예수 그리스도의 하나님이시요 자비의 아버지시요 모든 위로의 하나님이시며,(1:3)

인사를 한 후, 바울은 서신의 본론을 시작하면서 하나님이 찬송을 받으셔야 한다(blessed, 찬송하리로다)고 단언한다. '유로게토스'(eulogētos, blessed)는 영어 단어 "eulogy"(찬사, 칭송, 찬미)의 어원이며 "좋게 말하다"(to speak well of)는 뜻이다. 구약성경은 자주 하나님을 "아브라함의 하나님, 이삭의 하나님, 야곱의 하나님"이라 일컫는다(예를 들면, 출 3:6, 15, 16; 4:5; 왕상 18:36; 대상 29:18; 대하 30:6). 그러나 신약성경은 하나님을 **우리 주 예수 그리스도의 하나님**으로 정의한다(참조. 고후 11:31; 롬 15:6; 엡 1:3, 17; 벧전 1:3). 히브리서 저자는 그 이유를 이렇게 말한다. "옛적에 선지자들을 통하여 여러 부분과 여러 모양으로 우리 조상들에게 말씀하신 하나님이 이 모든 날 마지막에는 아들을 통하여 우리에게 말씀하셨으니, 이 아들을 만유의 상속자로 세우시고 또 그로 말미암아 모든 세계를 지으셨느니라"(히 1:1-2).

아브라함, 이삭, 야곱을 비롯해 구약 선지자들과 달리, **예수 그리스도**는 아버지와 동일 본질(same essence)이다. "이는 하나님의 영광의 광채시요 그 본체의 형상이시라"(히 1:3). 예수님은 "나와 아버지는 하나이니라"고 선언하셨고(요 10:30), 이 선언에 유대 당국자들은 충격에 휩싸였고 격분했다. 예수님은 똑같이 둔감한 제자들에게 쉽게 말씀하셨다. "나를 본 자는 아버지를 보았거늘"(요 14:9). 바울은 빌립보 신자들에게 예수님이 "근본 하나님의 본체"라고 썼고(빌 2:6) 골로새 신자들에게 예수님이 "보이지 아니하는 하나님의 형상"이며(골 1:15) 그분 안에 "신성의 모든 충만이 육체로 거하신다"고 썼다(골 2:9). 신약성경은 예수님이 인간의 육체로 오신 하나님이라 가르치며, 이것이 복음의 핵심 진리이고(참조. 요 1:1; 5:17-18; 8:58; 20:28; 롬 9:5; 딛 2:13; 히 1:8; 벧후 1:1; 요일 5:20), 이것을 받아들이지 않는 자들은 구원받지 못한다(요 8:24).

어떤 사람들은 아버지와 예수 그리스도가 완전히 동등한데 왜 아버지를 가리켜 **우리 주 예수 그리스도의 하나님**이라 하는지 궁금해할는지 모른다(참조. 막 15:34; 요 20:17). 신성에서, 예수님은 아버지와 완전히 동등하다. 그러나 인성에서, 예수님은 아버지께 복종하셨다. 바울의 진술은 예수님이 성육신 중에 아버지께 복종하심을 반영하는데(참조. 요 14:28), 성육신 중에 예수님은 신적 속성들을 독립적으로 사용하는 권리를 자진해서 내려놓으셨다(빌 2:6-7; 참조.

마 24:36).

주 예수 그리스도라는 칭호는 그분의 모든 구속 사역을 요약한다. **주(Lord)**
는 그분의 주권적 신성(sovereign deity)을 묘사한다. **예수**("하나님이 구원하신다"
를 뜻하는 히브리어 이름 여호수아에 상응하는 헬라어 이름)는 구원하는 그분의 죽음
과 부활을 묘사한다. **그리스도**("기름부음 받은 자")는 그분을 왕으로, 하나님의
원수들을 물리치고 구속받은 땅과 영원한 나라를 다스릴 왕으로 묘사한다.

바울은 더 나아가 두 구약 칭호를 사용해 하나님을 묘사한다. 하나님은 자
신을 찾는 자들에게 **자비의 아버지**다. 다윗은 어떤 벌을 받을지 선택해야 하는
상황에서 선지자 갓에게 이렇게 말했다. "여호와께서는 긍휼이 크시니 우리
가 여호와의 손에 빠지고 내가 사람의 손에 빠지지 아니하기를 원하노라"(삼
하 24:14). 시편 86:15에서, 다윗은 이렇게 노래했다. "그러나 주여 주는 긍휼
히 여기시며 은혜를 베푸시며 노하기를 더디 하시며 인자와 진실이 풍성하신
하나님이시오니." 그리고 시편 103:8에서 이렇게 덧붙였다. "여호와는 긍휼이
많으시고 은혜로우시며 노하기를 더디 하시고 인자하심이 풍부하시도다." 같
은 시편 뒤에서, 다윗은 하나님의 자비와 긍휼과 인자하심을 한층 더 찬양했
다. "아버지가 자식을 긍휼히 여김같이 여호와께서는 자기를 경외하는 자를
긍휼히 여기시나니…여호와의 인자하심은 자기를 경외하는 자에게 영원부터
영원까지 이르며 그의 의는 자손의 자손에게 이르리니"(13, 17절). 미가 선지자
는 죄를 용서하시는 하나님의 자비와 긍휼을 이렇게 묘사했다.

> 주와 같은 신이 어디 있으리이까? 주께서는 죄악과 그 기업에 남은자의 허물을
> 사유하시며 인애를 기뻐하시므로 진노를 오래 품지 아니하시나이다. 다시 우리
> 를 불쌍히 여기셔서 우리의 죄악을 발로 밟으시고 우리의 모든 죄를 깊은 바다
> 에 던지시리이다. (미 7:18-19)

신약성경도 하나님의 긍휼(자비)을 계시한다. 세례 요한의 아버지 사가랴는
이렇게 노래했다. "우리 하나님의 긍휼로 인함이라. 이로써 돋는 해가 위로부
터 우리에게 임하여"(눅 1:78). 바울은 로마 그리스도인들에게 보낸 편지에 이

렇게 썼다. "그러므로 형제들아 내가 하나님의 모든 자비하심으로 너희를 권하노니 너희 몸을 하나님이 기뻐하시는 거룩한 산 제물로 드리라. 이는 너희가 드릴 영적 예배니라"(롬 12:1). 같은 서신 뒷부분에서, 바울은 "이방인들도 그 긍휼하심으로 말미암아 하나님께 영광을 돌리게 하려 하심이라"고 했다(롬 15:9). 에베소서 2:4에서, 바울은 하나님을 "긍휼이 풍성하신 하나님"으로 묘사했다. 베드로는 이렇게 썼다. "그의 많으신 긍휼대로 예수 그리스도를 죽은 자 가운데서 부활하게 하심으로 말미암아 우리를 거듭나게 하사 산 소망이 있게 하시며"(벧전 1:3).

구약성경은 하나님이 **모든 위로의 하나님**이심도 계시한다. 이사야서에서, 하나님은 고난받는 이스라엘에 관해 이렇게 말씀하셨다. "너희는 위로하라. 내 백성을 위로하라"(사 40:1). 이사야 49:13에서, 이사야 선지자는 기뻐 이렇게 외쳤다. "하늘이여 노래하라. 땅이여 기뻐하라. 산들이여 즐거이 노래하라. 여호와께서 그의 백성을 위로하셨은즉 그의 고난당한 자를 긍휼히 여기실 것임이라." 그는 확신에 차 단언한다. "나 여호와가 시온의 모든 황폐한 곳들을 위로하여 그 사막을 에덴 같게, 그 광야를 여호와의 동산 같게 하였나니, 그 가운데에 기뻐함과 즐거워함과 감사함과 창화하는 소리가 있으리라"(사 51:3; 참조. 52:9; 66:13).

신약성경에서, 예수님은 이렇게 약속하셨다. "애통하는 자는 복이 있나니 그들이 위로를 받을 것임이요"(마 5:4). 바울은 데살로니가 신자들에게 이렇게 썼다. "우리 주 예수 그리스도와 우리를 사랑하시고 영원한 위로와 좋은 소망을 은혜로 주신 하나님 우리 아버지께서 너희 마음을 위로하시고 모든 선한 일과 말에 굳건하게 하시기를 원하노라"(살후 2:16-17).

바울은 아픔과 고난과 비통함을 숱하게 겪었으며, 특히 고린도교회에 침투한 거짓 선생들 때문에 그러했다. 이들은 고린도 신자들로 바울을 불신하게 하려고 그의 인격을 비방했다. 그뿐 아니라, 이들은 복음에 관한 거짓말로 고린도교회를 속이려 했으며, 바울은 이것이 훨씬 더 고통스러웠다. 그러나 하나님은 넘치는 긍휼로 그를 위로하셨고, 그래서 바울은 힘을 얻어 사역을 계속할 수 있었다. 이 때문에, 바울은 깊이 감사하며 하나님을 찬송했다.

위로하겠다고 약속하신다

우리의 모든 환난 중에서 우리를 위로하사 (1:4a)

하나님은 자신의 백성을 위로하신다. 이것은 하나님이 본성적으로 긍휼이 풍성한 위로자이기 때문일 뿐 아니라 자신의 백성을 위로하겠다고 약속하셨기 때문이기도 하다. 하나님은 "사랑이 끊어지지 아니하는" 친구이고(잠 17:17), "형제보다 친밀한" 친구이며(잠 18:24), "내가 결코 너희를 버리지 아니하고 너희를 떠나지 아니하리라"고 약속하셨다(히 13:5; 참조. 신 31:6, 8; 시 37:28; 사 41:10).

사도 바울은 이 복된 진리를 하나님의 계시로 뿐 아니라 자신의 경험으로 알았다. 이 서신 조금 뒷부분에서, 바울은 이렇게 썼다. "그러나 낙심한 자들을 위로하시는 하나님이 디도가 옴으로 우리를 위로하셨으니"(고후 7:6). 로마서 8:31-39에서, 바울은 이렇게 썼다.

그런즉 이 일에 대하여 우리가 무슨 말 하리요? 만일 하나님이 우리를 위하시면 누가 우리를 대적하리요? 자기 아들을 아끼지 아니하시고 우리 모든 사람을 위하여 내주신 이가 어찌 그 아들과 함께 모든 것을 우리에게 주시지 아니하겠느냐? 누가 능히 하나님께서 택하신 자들을 고발하리요? 의롭다 하신 이는 하나님이시니 누가 정죄하리요? 죽으실 뿐 아니라 다시 살아나신 이는 그리스도 예수시니 그는 하나님 우편에 계신 자요 우리를 위하여 간구하시는 자시니라. 누가 우리를 그리스도의 사랑에서 끊으리요? 환난이나 곤고나 박해나 기근이나 적신이나 위험이나 칼이랴? 기록된 바, 우리가 종일 주를 위하여 죽임을 당하게 되며 도살당할 양 같이 여김을 받았나이다 함과 같으니라. 그러나 이 모든 일에 우리를 사랑하시는 이로 말미암아 우리가 넉넉히 이기느니라. 내가 확신하노니, 사망이나 생명이나 천사들이나 권세자들이나 현재 일이나 장래 일이나 능력이나 높음이나 깊음이나 다른 어떤 피조물이라도 우리를 우리 주 그리스도 예수 안에 있는 하나님의 사랑에서 끊을 수 없으리라.

하나님은 신자들을 구속하려고 최종적으로 값을 치르셨는데, 아들의 죽음이 그 값이었다. 그러므로 하나님은 모든 극한 상황에서 신자들과 함께하며 이들을 사랑하고 보호하며 위로하고 이들에게 힘을 주실 것이다. 바울은 앞서 고린도 신자들에게 일깨웠다. "사람이 감당할 시험 밖에는 너희가 당한 것이 없나니, 오직 하나님은 미쁘사 너희가 감당하지 못할 시험 당함을 허락하지 아니하시고 시험 당할 즈음에 또한 피할 길을 내사 너희로 능히 감당하게 하시느니라"(고전 10:13). 빌립보 신자들에게, 바울은 이렇게 썼다. "너희 안에서 착한 일을 시작하신 이가 그리스도 예수의 날까지 이루실 줄을 우리는 확신하노라"(빌 1:6). 하나님의 주권적 계획은 그분의 자녀들과 함께하며 이들을 위로하는 것이다.

환난(affliction)은 헬라어 '뜰립시스'(*thlipsis*)의 번역인데, 이 헬라어 단어는 문자적으로 "압박"(pressure)을 뜻한다. 바울은 파란만장하게 살면서 겪은 **모든** 곤경과 박해와 시련에서 위로하고 힘주시는 하나님의 임재를 경험했다. 그러므로 바울의 삶은 **환난**과 위로가 놀랍도록 함께하는 삶이었으며, 그가 이 서신에서 표현하듯이 역설처럼 보이는 삶이었다.

> 우리가 이 보배를 질그릇에 가졌으니, 이는 심히 큰 능력은 하나님께 있고 우리에게 있지 아니함을 알게 하려 함이라. 우리가 사방으로 욱여쌈을 당하여도 싸이지 아니하며, 답답한 일을 당하여도 낙심하지 아니하며, 박해를 받아도 버린 바되지 아니하며, 거꾸러뜨림을 당하여도 망하지 아니하고, 우리가 항상 예수의 죽음을 몸에 짊어짐은 예수의 생명이 또한 우리 몸에 나타나게 하려 함이라. 우리 살아 있는 자가 항상 예수를 위하여 죽음에 넘겨짐은 예수의 생명이 또한 우리 죽을 육체에 나타나게 하려 함이라. (고후 4:7-11)

하나님이 바울을 끊임없이 위로하고 보호하셨다. 그래서 바울은 자신의 죽음에 관한 하나님의 주권적 계획이 실현되는 날까지 무너지지 않을 수 있었다. 바울의 원수들은 끊임없이 그를 죽이려 했으나(참조. 행 9:23; 14:19; 20:3; 21:30-31; 23:12-13) 성공하지 못했다. "지혜로도 못하고, 명철로도 못하고 모략으로도 여호와를 당하지 못하"기 때문이다(잠 21:30). 하나님은 모든 신자에게 약속하신다. 신자들이 하나님의 뜻에 순종하면 그분이 정하신 때에 이들을 그분께 인도하는 그 날까지 이들을 성실하게 지키고 이들에게 힘주시리라는 것이다.

위로는 목적이 있다

⁴ᵇ우리로 하여금 하나님께 받는 위로로써 모든 환난 중에 있는 자들을 능히 위로하게 하시는 이시로다…⁶우리가 환난 당하는 것도 너희가 위로와 구원을 받게 하려는 것이요 우리가 위로를 받는 것도 너희가 위로를 받게 하려는 것이니, 이 위로가 너희 속에 역사하여 우리가 받는 것 같은 고난을 너희도 견디게 하느니라. ⁷너희를 위한 우리의 소망이 견고함은 너희가 고난에 참여하는 자가 된 것 같이 위로에도 그러할 줄을 앎이라. (1:4b, 6-7)

하나님이 바울을 위로하셨다. 바울은 이것을 그 자체로 하나의 목적, 곧 하나님의 관심을 표현하고 그분의 약속을 성취하려는 목적으로 보았을 뿐 아니라 어떤 목적을 위한 수단으로도 보았다. 하나님이 고난받는 신자들을 위로하시는 것은 **모든 환난 중에 있는 자들을 능히 위로하게 하시기** 위해서다. 신자들이 받는 위로는 다른 사람들에게 전달해야 하는 위탁물이거나 청지기 직분이다. 이러한 위로의 목적 때문에, 위로받는 사람들이 위로하는 사람들이 된다.

하나님은 바울을 사용해 고린도 신자들을 위로하고 이들에게 도전을 주며 이들로 깨닫게 하셨다. 이 책 서문에서 밝혔듯이, 고린도후서는 바울이 고린도 신자들에게 쓴 네 번째 편지다. 바울은 고린도전서 외에 영감받지 않은 두 편지를 썼다. 이 편지들에서, 바울은 이들의 죄를 꾸짖었다. 앞서 이들을 꾸짖었기에, 이제 바울은 **하나님께 받은 위로로써** 이들을 위로할 수 있었다. 바울은 자신을 하나님의 위로가 고린도 신자들에게 흘러갈 수 있는 통로, 곧 자신이 겪은 모든 고난을 통해 넓어진 통로로 보았다. 더없는 고난을 겪는 사람들은 더없는 위로를 받을 것이다. 더없는 위로를 받는 사람들은 이로써 다른 사람들을 위로할 풍부한 준비를 하게 된다.

베드로의 삶에서 일어난 사건 하나가 이 진리를 뒷받침한다. 예수님은 베드로가 곧 혹독한 시험을 받으리라는 것을(그가 그리스도를 모른다고 하리라는 것을) 아셨고, 그래서 누가복음 22:31-32에서 그에게 이렇게 말씀하셨다. "시몬아, 시몬아, 보라 사탄이 너희를 밀 까부르듯 하려고 요구하였으나 그러나 내가 너를 위하여 네 믿음이 떨어지지 않기를 기도하였노니, 너는 돌이킨 후에 네 형제를 굳게 하라(strengthen)." 베드로는 시험 중에 하나님의 위로를 받았고, 그래서 다른 사람들을 위로하고 굳게 할 수 있었다.

바울은 고린도 신자들에게 일깨웠다: 신자들은 **하나님께 받는 위로**가 있으며(하나님께 위로를 받으며), 하나님만이 진정한 위로의 근원이다. 앞서 말했듯이, 바울은 이 서신 뒷부분에서 하나님은 "낙심한 자들을 위로하시는 하나님"이라고 썼다(고후 7:6). 초기 교회는 "성령의 위로"를 경험했다(행 9:31). 바울은 데살로니가 신자들에게 일깨웠다: 하나님은 "우리를 사랑하시고 영원한 위로와 좋은 소망을 은혜로 주신 하나님 우리 아버지"다(살후 2:16). 인간의 지혜에 기초한 지혜는 수명이 짧은데, 마음 깊이 자리한 문제들을 해결하지 못하기 때문이다. 소망과 힘의 참 근원은 하나님의 초자연적·초월적 위로뿐인데, 이 위로는 성령과 성경을 통해 우리에게 온다.

신자들이 경건하게 살고 사역할 때, **환난**은 필연이다. 바울은 디모데에게 이렇게 경고했다. "무릇 그리스도 예수 안에서 경건하게 살고자 하는 자는 박해를 받으리라"(딤후 3:12). 그러나 하나님의 섭리로, 사도 바울의 고난은 고린도 신자들에게 **위로와 구원**을 안겨주었다. 바울은 이들이 구원받은 때, 즉 자신이 숱한 고난을 받으며 이들에게 복음을 전했던 때를 말하고 있는 것일 수 있다(참조. 행 18:1-17). 그렇더라도 바울은 이들의 칭의(justification)가 아니라 자신이 이들의 성화(sanctification)에 지속적으로 관여함을 말하고 있을 것이다. 고린도교회만큼 바울에게 고통과 슬픔을 안긴 교회도 없을 것이다. 바울이 금쪽같은 인생에서 적어도 18개월을 고린도에 투자한 후에도, 고린도교회는 여전히 분쟁과 세상적 삶과 불순종에서 빠져 있었다. 그러나 하나님은 환난을 당하는 바울을 위로하셨고, 이로써 바울이 자신의 고난에 한몫한 바로 그 사람들을 더 잘 위로할 수 있게 하셨다.

물론, 모든 고린도 신자들이 자신의 죄 때문에 고난받는 것은 아니었다. 바울처럼, 어떤 사람들은 의를 위해 고난을 받고 있었다. 바울은 **위로**를 이들에게로 확대할 수 있었으며, 이 위로가 이들 **속에 역사하여** 바울과 디모데가 **받는 것 같은 고난을** 이들도 **견디게 했다.** 이들은 그리스도의 몸을 이루는 지체들을 서로를 섬기며, 따라서 이제 바울을 위로할 수 있었다. 신자들은 서로 동역자이므로 절대로 자신의 고난을 분리해서 보지 말아야 한다. 신자들이 그리스도를 위해 고난을 받을 때, 하나님이 이들을 위로해 이들이 다른 신자들을 위로할 수 있게 준비시키신다.

그리스도를 위해 의로운 고난을 당한다는 것은 참 신자의 표식이다(딤후 3:12). 그래서 바울은 고린도의 신실한 신자들에게 자신 있게 말할 수 있었다. **너희를 위한 우리의 소망이 견고함은 너희가 고난에 참여하는 자가 된 것 같이 위로에도 그러할 줄을 앎이라.** 이들은 바울과 디모데가 복음을 위해 당하는 **고난에** 기꺼이 참여함으로써 자신들의 믿음이 진짜라는 것을 입증했다. 신실한 인내 때문에, 이들은 하나님이 바울과 디모데에게 주신 바로 그 **위로에도** 참여하는 자가 되었다.

위로는 조건이 있다

그리스도의 고난이 우리에게 넘친 것 같이 우리가 받는 위로도 그리스도로 말미암아 넘치는도다. (1:5)

하나님은 위로의 하나님이며 그분의 자녀들을 위로하신다. 그렇더라도 이 위로를 받는 중요한 조건이 있다. 하나님은 회개하지 않은 죄 때문에 고난받는 자들이 아니라 그리스도를 위해 고난받는 자들에게 위로를 약속하신다. **그리스도의 고난을 넘친 것 같이** (넘치도록) 경험하는 자들이 **받는 위로도 그리스도로 말미암아 넘친다.** 그러므로 하나님이 약속하신 위로는 신자들이 그리스도를 위해 고난을 받는 만큼 확대된다.

베드로는 베드로전서 4:12-16에서 하나님의 위로를 받는 조건을 말한다.

사랑하는 자들아, 너희를 연단하려고 오는 불 시험을 이상한 일 당하는 것 같이 이상히 여기지 말고, 오히려 너희가 그리스도의 고난에 참여하는 것으로 즐거워하라. 이는 그의 영광을 나타내실 때에 너희로 즐거워하고 기뻐하게 하려 함이라. 너희가 그리스도의 이름으로 치욕을 당하면 복있는 자로다. 영광의 영, 곧 하나님의 영이 너희 위에 계심이라. 너희 중에 누구든지 살인이나 도둑질이나 악행이나 남의 일을 간섭하는 자로 고난을 받지 말려니와 만일 그리스도인으로 고난을 받으면 부끄러워하지 말고 도리어 그 이름으로 하나님께 영광을 돌리라.

신자들은 "그리스도의 고난에 참여하는 것으로"[5] 이생에서 위로를 받고 영원에서 상을 받을 것이다. 신자들이 "그리스도의 이름으로 치욕을 당하면 복 있는 자"다. "영광의 영, 곧 하나님의 영"이 이들에게 힘을 주고 이들을 위로하실 것이기 때문이다. 그러나 베드로는 뒤이어 경고한다. "너희 중에 누구든지 살인이나 도둑질이나 악행이나 남의 일을 간섭하는 자로 고난을 받지 말라." 하나님이 주시는 위로의 약속이 이런 사람들에게는 적용되지 않기 때문이다. 죄짓는 그리스도인들은 하나님의 위로 대신 징계를 예상할 수 있다(참조. 히 12:5-11).

바울은 **그리스도의 고난**에 참여하는 것을 특권으로 여겼다. 그는 이 서신 뒤쪽에서 이렇게 썼다.

우리가 사방으로 욱여쌈을 당하여도 싸이지 아니하며, 답답한 일을 당하여도 낙심하지 아니하며, 박해를 받아도 버린 바 되지 아니하며, 거꾸러뜨림을 당하여도 망하지 아니하고, 우리가 항상 예수의 죽음을 몸에 짊어짐은 예수의 생명이 또한 우리 몸에 나타나게 하려 함이라. 우리 살아 있는 자가 항상 예수를 위하여 죽음

---

5 NASB: to the degree that you share the sufferings of Christ(그리스도의 고난에 참여하는 만큼).

에 넘겨짐은 예수의 생명이 또한 우리 죽을 육체에 나타나게 하려 함이라. 그런 즉 사망은 우리 안에서 역사하고 생명은 너희 안에서 역사하느니라. (4:8-12)

바울은 갈라디아 신자들에게 상기시켰다. "내가 내 몸에 예수의 흔적을 지니고 있노라"(갈 6:17). 그는 골로새 신자들에게 이렇게 썼다. "나는 이제 너희를 위하여 받는 괴로움을 기뻐하고 그리스도의 남은 고난을 그의 몸된 교회를 위하여 내 육체에 채우노라"(골 1:24). 빌립보서 3:10에서, 바울은 자신의 갈망을 표현한다. "내가 그리스도와 그 부활의 권능과 그 고난에 참여함을 알고자 하여 그의 죽으심을 본받아"(참조. 롬 8:17). 신자들이 그리스도를 위해 고난받는다는 것은 신약성경에 계속 나타나는 주제다(참조. 마 10:22; 눅 14:27; 요 15:18-20; 행 5:41).

위로는 능력이 있다

8형제들아, 우리가 아시아에서 당한 환난을 너희가 모르기를 원하지 아니하노니, 힘에 겹도록 심한 고난을 당하여 살 소망까지 끊어지고, 9우리는 우리 자신이 사형 선고를 받은 줄 알았으니, 이는 우리로 자기를 의지하지 말고 오직 죽은 자를 다시 살리시는 하나님만 의지하게 하심이라. 10그가 이같이 큰 사망에서 우리를 건지셨고 (1:8-10a)

하나님이 베푸시는 위로의 능력을 고린도 신자들에게 보여주려고, 바울은 생명을 위협하는 심각한 상황에서 하나님이 자신을 건져내셨다는 사실을 이들에게 일깨운다. 바울은 **우리가**(우리는)…**너희가 모르기를 원하지 아니하노니라**는 어구나 이에 상응하는 어구를 자신의 서신들에서 여섯 차례 사용한다(참조. 롬 1:13; 11:25; 고전 10:1; 12:1; 살전 4:13). 그는 이 어구를 사용해 독자들이 충분한 정보를 갖길 바라는 깊은 관심을 표현한다.

바울이 **아시아에서 당한 환난**이 구체적으로 무엇을 말하는지 알 수 없다. 바울이 매를 맞은 일일 수도 있고(참조. 고후 11:23-25) 옥에 갇힌 일일 수도 있으며(참조. 11:23), 둘 다일 수도 있다. 바울이 고린도 신자들에게 세세히 말하지 않는 것을 볼 때, 고린도 신자들은 이 사건을 잘 알았던 게 틀림없다. 그러나 이들은 이 상황을 알았더라도, 그 상황이 얼마나 끔찍했고 하나님이 그 상황에서 어떻게 일하셨는지 알지 못했다. 이 일은 바울이 고린도전서를 쓴 후 근간에 일어났던 게 분명하다. 고린도전서에서는 이 사건을 언급하지 않기 때문이다. 이 일은 **아시아**에서, 바울이 마게도냐에 오기 전에 일어났으며(2:13), 따라서 **아시아**의 수도 에베소에서 일어났을 것이다. 고린도전서 16:9에서, 바울은 고린도 신자들에게 자신이 에베소에 남을 계획이라며 "내게 광대하고 유효한 문이 열렸으나 대적하는 자가 많음"이 그 이유라고 했다. 어쩌면 바울은 이 대적 중 하나 또는 그 이상에 의해 목숨을 잃을 뻔했을 것이다.

이 고난이 너무나 혹독했기에, 바울은 **심한 고난을 당했다(we were burdened excessively,** 우리가 과도하게 짐을 졌다)고 썼다. 바울은 **힘에 겨운** 상황에 짓눌러 도저히 견디지 못하고 낙담하는 지경에 이르렀다. 상황이 어찌나 심각했던지 바울은 **살 소망까지 끊어졌다(despaired even of life,** 생명까지 체념했다). **끊어졌다(despaired,** 체념/단념했다)로 번역된 헬라어는 문자적으로 "통행금지"(no passage), "막다른 길"(no way out), "출구 없음"(no exit)이라는 뜻이다. 바울은 자신의 생명을 위협하는 절망적 상황에서 빠져나갈 길이 없었다. 그는 이렇게 덧붙인다. **우리는 우리 자신이 사형 선고를 받은 줄 알았으니.** '아포크리마'(*apokrima*, **선고**)는 신약성경에서 이곳에만 나온다. 이것은 공식 판결이나 법적 결정이나 결의를 가리킨다. 바울은 마음으로 자신에게 **사형 선고**를 내렸고, 자신이 복음을 위해 죽으리라고 믿었다. 그는 처형되기 불과 얼마 전 디모데에게 이렇게 썼다. "전제와 같이 내가 벌써 부어지고 나의 떠날 시각이 가까웠도다"(딤후 4:6). 그러나 바울이 여기서 말하는 상황과 달리, 이러한 미래는 바울에게 그 어떤 절망도 안겨주지 못했다. 자신의 할 일이 다 끝났다는 것을 알았기 때문이다(딤후 4:7-8).

하나님이 바울에게 고난을 허락하신 데는 목적이 있었다. 그에게 자신을 **의지하지(trust in** himself) 않도록 가르치기 위해서였다. 하나님은 바울을 그 어떤 인간적 방법도 그를 건져낼 수 없는 극단적 상황에 처하게 하셨다. 하나님이 이 서신 뒤쪽에서 바울에게 말씀하셨듯이, 그 이유는 바로 이것이었다. "내 은혜가 네게 족하도다. 이는 내 능력이 약한 데서 온전하여짐이라"(고후 12:9). **오직 죽은 자를 다시 살리시는 하나님만** 바울을 그의 시련에서 건져낼 능력이 있었다. 사람이 처하는 극한 상황은 하나님의 기회다. 따라서 오직 하나님의 능력이 바울을 위로했고, **그를 큰 사망에서[6] 건졌다.**

위로는 영원하다

또 건지실 것이며 이 후에도 건지시기를 그에게 바라노라. (1:10b)

바울은 하나님이 과거에 자신을 건지셨을 뿐 아니라 미래에도 **건지시리라 (deliver)** 확신했다. 하나님은 성실하기에 그분의 자녀들을 언제든 위로하고 건질 준비가 되어 있다. 예레미야 애가 3:21-23에서, 예레미야는 이렇게 썼다. "이것을 내가 내 마음에 담아 두었더니 그것이 오히려 나의 소망이 되었사옴은 여호와의 인자와 긍휼이 무궁하시므로 우리가 진멸되지 아니함이니이다. 이것들이 아침마다 새로우니 주의 성실하심이 크시도소이다." 삶의 끝이 가까웠을 때, 바울은 하나님이 자신을 성실히 위로하셨다고 자신 있게 말했다.

> 내가 처음 변명할 때에 나와 함께 한 자가 하나도 없고 다 나를 버렸으나 그들에게 허물을 돌리지 않기를 원하노라. 주께서 내 곁에 서서 나에게 힘을 주심은 나로 말미암아 선포된 말씀이 온전히 전파되어 모든 이방인이 듣게 하려 하심이니, 내가 사자의 입에서 건짐을 받았느니라. 주께서 나를 모든 악한 일에서 건져내시고 또 그의 천국에 들어가도록 구원하시리니, 그에게 영광이 세세무궁토록 있을 지어다. 아멘. (딤후 4:16-18)

바울은 그가 주님의 품에 안길 때까지, 하나님께서 모든 상황에서 그를 안

---

6 NASB: from…great peril of death(큰 죽음의 위험에서). 새번역: 위험한 죽음의 고비에서.

전하게 지키실 것을 알았다. 베드로도 베드로후서 2:9에서 똑같이 말했다. "주께서 경건한 자는 시험에서 건지실 줄 아시고 불의한 자는 형벌 아래에 두어 심판날까지 지키시며." 바울은 하나님의 위로를 끊임없이 경험했기에 하나님을 가리켜 '우리가 우리의 소망을 둔 분'(He on whom we have set our hope, 그에게 바라노라)[7]이라고 했다(참조. 시 71:5; 롬 15:13; 딤전 1:1). 신자들이 고난을 받고 하나님의 위로를 경험할수록 하나님을 향한 이들의 소망(hope, 바라노라)이 커진다(롬 5:3-5).

위로에 참여하다

너희도 우리를 위하여 간구함으로 도우라. 이는 우리가 많은 사람의 기도로 얻은 은사로 말미암아 많은 사람이 우리를 위하여 감사하게 하려 함이라. (1:11)

앞서 제시한 핵심에서 언급했듯이, 바울은 하나님이 미래에도 자신을 변함없이 위로하시리라 확신했다. 그러나 바울은 고린도 신자들에게 촉구했다. 그들의 **간구함으로**(through your prayers, 너희의 기도를 통해) 자신을 **도움**으로써 이 은혜로운 하나님의 일에 참여하라는 것이다. 야고보처럼 바울도 "의인의 간구는 역사하는 힘이 크다"는 것을 알았다(약 5:16). 그러므로 바울은 성도들의 기도가 자신의 사역에 더없이 중요하다고 보았다. 그래서 로마 신자들에게 간청했다. "형제들아, 내가 우리 주 예수 그리스도와 성령의 사랑으로 말미암아 너희를 권하노니, 너희 기도에 나와 힘을 같이하여 나를 위하여 하나님께 빌어"(롬 15:30). 에베소 신자들에게 이렇게 썼다. "모든 기도와 간구를 하되, 항상 성령 안에서 기도하고 이를 위하여 깨어 구하기를 항상 힘쓰며 여러 성도를 위하여 구하라. 또 나를 위하여 구할 것은 내게 말씀을 주사 나로 입을 열어 복음의 비밀을 담대히 알리게 하옵소서 할 것이니"(엡 6:18-19; 참조. 골 4:3; 살후 3:1). 또한 확신을 품고 빌립보 신자들에게 이렇게 썼다. "이것이 너희의 간구와

---

7 새번역: 희망을 우리는 하나님께 두었습니다.

예수 그리스도의 성령의 도우심으로 나를 구원에 이르게 할 줄 아는 고로"(빌 1:19; 참조. 몬 22). 데살로니가전서 5:25에서, 바울은 아주 짧게 말했다. "형제들아, 우리를 위하여 기도하라." 바울은 하나님의 주권적 목적과 신자들의 책임이 균형을 이뤄야 한다는 것을 알았다.

기도할 때, 인간의 무능은 하나님의 전능에 맡겨진다. 하나님의 백성이 서로를 위해 기도할 때, 하나님의 능력과 주권적 목적이 실현된다. 그러므로 기도의 목적은 하나님을 조종하는 게 아니라 그분의 능력을 높이고 그분의 뜻에 복종하는 것이다. 고린도 신자들이 바울을 위해 드린 기도에 하나님이 응답하실 때, **많은 사람의 기도로** 바울이 **얻은 은사(favor,** 새번역은 "은총")**로 말미암아 많은 사람이 감사하게** 될 터였다.[8] 그리스도인이 살면서 하는 모든 행동처럼, 기도의 목적도 하나님을 영화롭게 하는 것이다(참조. 고전 10:31).

카타리나 폰 슐레겔(Katharina von Schlegel)이 지은 아름다운 찬송 "내 영혼아 잠잠하여라"(Be Still, My Soul)는 모든 신자의 확신에 찬 소망, 곧 하나님의 위로를 향한 소망을 잘 표현한다.

> 내 영혼아, 잠잠하여라. 주님이 네 편이시라.
> 슬픔과 고통의 십자가를 인내하며 견뎌라.
> 네 하나님이 명하고 공급하시게 하라.
> 모든 것 변하여도 신실하신 하나님은 변치 않으시리라.
> 내 영혼아 잠잠하여라. 하늘에 계신 네 최고의 친구가
> 가시밭길을 지나 기쁨의 목적지로 널 인도하시리라.
>
> 내 영혼아, 잠잠하여라. 내 하나님이 약속하듯이
> 어제처럼 내일도 인도하시리라.
> 아무것도 네 소망, 네 확신을 흔들지 못하게 하라.

---

8 새번역: 많은 사람의 기도로 우리가 받게 된 은총을 두고, 많은 사람이 우리 때문에 하나님께 감사를 드리게 될 것입니다.

지금 감춰진 모든 것 마침내 환히 드러나리라.
내 영혼아 잠잠하여라. 파도와 바람도 아노니
땅에 계실 동안 그들을 다스린 그분의 음성을.

내 영혼아, 잠잠하여라. 그때가 속히 오리니
우리, 주님과 영원히 함께하리라.
실망, 고통, 두려움 사라지고
슬픔 잊히며, 사랑의 순전한 기쁨 회복되리.
내 영혼아, 잠잠하여라. 변화와 눈물 지나간 후
평안과 복락, 마침내 우리를 맞으리라.

2

영혼의 경고 체계
(1:12-14)

¹²우리가 세상에서 특별히 너희에 대하여 하나님의 거룩함과 진실함으로 행하되 육체의 지혜로 하지 아니하고 하나님의 은혜로 행함은 우리 양심이 증언하는 바니, 이것이 우리의 자랑이라. ¹³오직 너희가 읽고 아는 것 외에 우리가 다른 것을 쓰지 아니하노니, 너희가 완전히 알기를 내가 바라는 것은 ¹⁴너희가 우리를 부분적으로 알았으나 우리 주 예수의 날에는 너희가 우리의 자랑이 되고 우리가 너희의 자랑이 되는 그것이라. (1:12-14)

1983년 11월 27일 밤이었다. 파리를 떠나 마드리드를 경유해 보고타를 향하던 아비앙카 항공 011편이 마드리드 바라하스 공항에 접근했다. 기상이 좋았을 뿐더러 747기에 기계적 문제도 전혀 없었다. 승무원들은 경험이 풍부했다. 조종사는 20,000시간 이상의 비행 경력이 있었고, 바라하스 공항에 착륙한 횟수만 25회였다. 그러나 플랩이 열리고 착륙 기어가 내려온 상태에서 점보 여객기는 활주로를 10여 킬로미터 남겨놓고 야트막한 언덕에 추락했다. 동체가 몇 바퀴 구르면서 여러 쪽으로 분리되었고 완전히 뒤집혔다. 안타깝게도, 탑승자 192명 가운데 181명이 사망했다. 조사 결과에 따르면, 추락 원인은 조종사가 저지른 일련의 실수였다. 조종사는 비행기의 실제 위치를 잘못 알았다. 비행기의 위치에 관한 진실을 안다고 생각했으나 사실은 알지 못했다. 충격적이게도, 결정적이며 치명적인 실수는 조종사가 지형을 잘 안다고 확신한 나머지 전자장치의 경고음을 무시한 것이었다. 다시 말해, 비행기의 대지 접근 경보 장치는 계속 경고음을 내보냈다. "기수 올려! 기수 올려!" 조종사가 이 경고에 답한 이상한 답이 조종석 기록 장치에 고스란히 남아 있었다. 조종사는 "닥쳐, 코쟁이(gringo, 라틴아메리카 사람들이 미국인들을 낮잡아 이르는 말. 여기서는 경고음이 pull up!이라고 영어로 나와서 이렇게 말한 것이다.―옮긴이)"라고 말하고는 경고 장치를 아예 꺼버렸다. 다음 순간, 조종사는 나머지 희생자들과 함께 죽었다.

이 비극적 사건은 사람들이 자기 삶의 방향에 관한 진실과 양심의 경고 메시지를 흔히 무시하는 방식을 보여주는 좋은 예다. 양심은 경고 체계이며, 하나님은 이 경고 체계를 인간 영혼의 틀에 두셨다. 육체가 아프다는 것은 몸에 이상이 생겼다는 경고 신호다. 마찬가지로, 양심이 괴롭다는 것은 영혼에 이상이 생겼다는 경고 신호다. 양심은 죄가 바싹 접근할 때 반응해 영혼에게 "기수 올려!"라고 경고한다. 그러지 않으면 죄의 무서운 결과를 고스란히 당할 터이기 때문이다.

그러나 오늘의 문화는 적극적 · 조직적으로 양심에 재갈을 물리려 한다. 사람들은 양심이 일깨우는 죄책감을 깡그리 무시하라고 배웠고, 따라서 죄책감이 자존감을 해친다고 본다. 사람들은 자신의 문제가 자신의 죄 때문이 아니라 자신이 통제할 수 없는 외부 요인 때문이라 믿는다. 죄와 죄책을 단지 심리적 문제로 볼 뿐 도덕적 · 영적 문제로 보지 않는다. 따라서 죄책감은 옳지 않을 뿐 아니라 자존감을 해친다고 생각한다. 그러나 양심의 소리를 무시하면 안전할 수 없다. 양심의 소리를 무시하는 자들은 영적 파멸을 맞는다(참조. 딤전 1:19; 4:2; 딛 1:15).

양심은 자신을 비추는 영적 거울이다. 헬라어 단어 '수네이데시스'(suneidēsis, 양심)와 영어 단어 "conscience" 둘 다 자신을 안다는 뜻을 내포한다. 로마서 2:14에 따르면, 기록된 하나님의 율법이 없는 자들이라도 옳고 그름을 분별하는 도덕의식을 타고 난다. "율법 없는 이방인이 본성으로 율법의 일을 행할 때에는 이 사람은 율법이 없어도 자기가 자기에게 율법이 되나니." 양심은 바른 행위를 확인하거나 죄악된 행위를 정죄한다.

그러나 양심도 오류가 없지 않다. 콜린 크루즈(Colin G. Kruze)가 잘 말하듯이, 양심은 하나님의 음성이 아닐뿐더러 하나님의 도덕법도 아니다.

> 양심은 하나님의 음성과 동등하지 않을 뿐더러 도덕법과 동등하지도 않다. 오히려 양심은 인간이 가진 능력, 곧 한 사람이 지각하는 가장 높은 기준에 비추어 그 자신의 행동을 판단하는 능력이다.
>
> 인간 본성은 모두 죄에 오염되었다. 따라서 해야 하는 행동에 관한 기준을 인지하는 인간의 능력과 (인간 본성의 한 부분인) 양심 자체의 기능도 죄에 오염되었다. 이런 이유로, 양심은 결코 한 인간의 행동을 판단하는 최종 판결자일 수 없다. 하나님이 허용하지 않으실 행동을 양심이 허용하는 일이 있을 수 있으며, 반대로 하나님이 허용하실 행동을 양심이 허용하지 않는 일도 있을 수 있다. 그러므로 최종 판결은 오로지 하나님의 몫이다(참조. 고전 4:2-5). 그렇더라도 양심의 소리에 귀를 막으면 영적 재앙이 닥친다(참조. 딤전 1:19). 양심의 소리에 귀를 막고서 무사할 수는 없다. 그러나 진리를 더 잘 이해함으로써 양심이 제시하는 가장 높은 기준을 수정할 수는 있다. (*The Second Epistle of Paul to the Corinthians*, The Tyndale New Testament Commentaries [Grand Rapids: Eerdmans, 1995],[9] 70-71)

양심 때문에 사람들은 스스로 인지하는 가장 높은 기준을 적용한다. 그래서 신자들은 하나님의 모든 말씀에 복종함으로써 이 기준을 최대로 높여야 한다. 신자들이 자신의 마음을 줄곧 성경의 진리로 채울 때, 완전한 하나님의 법이 명료해진다. 그러면 양심이 신자들에게 그 법을 따라 살라고 요구한다.

양심은 등이 아니라 채광창 같은 역할을 한다. 양심은 스스로 빛을 내지 못하고, 도덕적 빛이 들어오게 할 뿐이다. 이 때문에, 성경은 양심을 선하고 깨끗하게 유지하는 것이 중요하다고 가르친다. 바울은 디모데에게 이렇게 썼다. "이 교훈의 목적은 청결한 마음과 선한 양심과 거짓이 없는 믿음에서 나오는 사랑이거늘"(딤전 1:5). 몇 절 뒤에서, 바울은 "믿음과 착한 양심을 가지라"라고 힘주어 말하면서 "어떤 이들은 이 양심을 버렸고 그 믿음에 관하여는 파선하

---

9 『고린도후서: 틴데일 신약주석 시리즈 8』, 왕인성 옮김(기독교문서선교회, 2013).

였느니라"고 경고한다(19절). 집사는 "깨끗한 양심에 믿음의 비밀을 가진 자라야" 하며, 이것이 집사의 필수 자격 요건이다(딤전 3:9). 베드로는 신자들에게 명한다. "선한 양심을 가지라. 이는 그리스도 안에 있는 너희의 선행을 욕하는 자들로 그 비방하는 일에 부끄러움을 당하게 하려 함이라"(벧전 3:16). 바울(행 23:1; 딤후 1:3)과 히브리서 저자는(히 13:18) 선한 양심을 지켰다고 증언한다.

구원하실 때, 하나님은 양심에서 평생 쌓인 죄책과 수치와 자기 경멸을 제거하신다. 히브리서 저자는 이렇게 썼다. "하물며 영원하신 성령으로 말미암아 흠 없는 자기를 하나님께 드린 그리스도의 피가 어찌 너희 양심을 죽은 행실에서 깨끗하게 하고 살아계신 하나님을 섬기게 하지 못하겠느냐?"(히 9:14). 그 결과, 신자들은 "마음에 뿌림을 받아 악한 양심으로부터 벗어난다"(히 10:22). 깨끗해진 양심은 더는 과거의 죄를 끄집어내 고발하지 않는다. 그리스도의 피로(엡 1:7; 요일 1:7; 계 1:5) 과거의 죄가 용서되었기 때문이다(시 32:5; 103:12; 잠 28:13; 미 7:18 – 19; 골. 1:14; 2:13 – 14; 요일 1:9).

신자들은 깨끗해진 양심을 정결하게 지켜야 한다. 다시 말해, 내면에서 일어나는 거룩을 위한 전투에서 승리해야 하는데, 바로 이 내면에 양심이 작동한다. 바울은 이 부분에서 승리했고, 그래서 공회를 향해 "오늘까지 나는 범사에 양심을 따라 하나님을 섬겼노라"고 외쳤으며(행 23:1) 로마 총독 벨릭스를 향해 "나도 하나님과 사람에 대하여 항상 양심에 거리낌이 없기를 힘쓰나이다"라고 단언했다(행 24:16). 그는 디모데에게 이렇게 썼다. "청결한 양심으로 조상 적부터 섬겨오는 하나님께 감사하고"(딤후 1:3). 바울은 젊은 제자에게 "이 교훈의 목적은 청결한 마음과 선한 양심과 거짓이 없는 믿음에서 나오는 사랑이거늘"이라고 일깨우며(딤전 1:5), "믿음과 착한 양심을 가지라. 어떤 이들은 이 양심을 버렸고 그 믿음에 관하여는 파선하였느니라"고 권면했다(딤전 1:19). 앞서 말했듯이, 바울은 집사가 되려면 "깨끗한 양심에 믿음의 비밀을 가진 자라야" 한다고 했다(딤전 3:9). 그리스도인들은 다른 신자들의 양심도 해치지 않도록 조심해야 한다(고전 8:7-13; 10:24-29).

바울이 고린도후서를 쓴 목적은 고린도에 나타나 자신을 공격하는 거짓 사도들로부터 자신을 지키기 위해서였다(고후 11:13). 이 속이는 자들은 바울의 신뢰성을 떨어뜨리고 그의 권위를 무너뜨리며, 하나님의 진리를 자신들의 사탄적 거짓으로 대체하려 했다. 이들은 바울의 순전함(integrity, 진실함)을 공격했고, 바울이 고린도 신자들을 정직하고 진실하게 대하지 않았다며 그에게 누명을 씌웠다. 거짓 사도들은 또한 바울을 조종하는 자, 고린도 신자들을 속여 개인적 이득을 꾀하는 자로 묘사했다. 간단히 말해, 거짓 사도들에 따르면, 바울은 동기가 불순했고 말이 신뢰할만하지 못했으며 행동이 정직하지 못했다.

이런 터무니없는 거짓말에 답할 때, 바울은 자기변호에 집중하지 않고 고린도 신자들을 이 사기꾼들로부터 보호하는 데 집중했다. 바울은 알고 있었다. 거짓 사도들이 그들의 귀신적 교리를 고린도 신자들에게 퍼트리려면, 먼저 바울에 대한 고린도 신자들의 신뢰를 무너뜨려야 했다. 그러므로 이들이 바울에게 가한 맹렬한 인신공격은 하나님의 진리에 가할 전면 공격의 서막일 뿐이었다.

자신을 변호할 때, 바울은 친구들에게 자신의 영적 순전함을 증언해 달라고 하지 않았다. 오히려 인간의 대법원, 곧 자신의 양심에 호소했다. 그의 **양심이 증언하는 바**(the testimony of our conscience, 양심의 증언)는 바울의 **자랑**(proud confidence, 자랑스러운 확신)이었다. 바울은 '카우케시스'(*kauchēsis*, **proud confidence, 자랑**), 이와 관련된 명사 '카우케마'(*kauchēma*), 동사 '카우카오마이'(*kauchaomai*)를 이 서신에서 자주 사용한다. 신약성경에서 모두 59회 사용되는데, 그 중 29회는 고린도후서에서 사용된다. 부정적으로, '카우케시스'는 자신의 성취와 공적을 부당하게 자랑하는 것을 가리킨다(참조. 롬 3:27; 약 4:16). 그러나 여기서처럼 이 어휘는 자신의 삶에서 하나님이 하시는 일에 적절하게 확신을 갖는 것을 가리키는 데도 사용될 수 있다(참조. 고후 7:4, 14; 8:24; 11:10; 롬 15:17; 고전 15:31). 주님과 그분이 자신의 백성에게서 성취하시는 일을 자랑하는 것은 적절하다. 사실, 하나님은 이런 자랑을 기뻐하신다.

여호와께서 이와 같이 말씀하시되, 지혜로운 자는 그의 지혜를 자랑하지 말라. 용사는 그의 용맹을 자랑하지 말라. 부자는 그의 부함을 자랑하지 말라. 자랑하는 자는 이것으로 자랑할지니, 곧 명철하여 나를 아는 것과 나 여호와는 사랑과 정의와 공의를 땅에 행하는 자인 줄 깨닫는 것이라. 나는 이 일을 기뻐하노라. 여호와의 말씀이니라. (렘 9:23-24; 참조. 고전 1:31; 고후 10:17).

바울이 자신의 순전함을 증명할 때, 깨끗한 양심은 평안과 위로와 기쁨의 근원이었다. 그가 가증스런 여러 죄를 지었다며 다른 사람들이 그를 거짓으로 고발할는지 몰라도, 바울의 양심은 그를 고발하지 않았다. 바울의 양심은 이들의 고발이 거짓임을 드러내 그가 거짓 죄책감에 빠지지 않게 지켜주었다.

거짓 사도들은 바울의 신뢰성을 세 갈래로 공격했다. 도덕과 관련해, 이들은 바울에게 남모르는 사악한 죄가 있다며 그를 비난했다. 바울을 늘 따라다니는 고난은 하나님의 징벌일 뿐이라는 것이다. 인간관계와 관련해, 바울이 진실하지 못하고 사람들을 속이며 조종한다며 그를 비난했다. 그가 겉과 속이 다르다며 비난했다. 사실, 바울이 이기적 목적을 이루려고 고린도 신자들을 이용한다는 것이었다. 신학과 관련해, 바울이 하나님의 말씀을 잘못 제시하는 거짓말쟁이요 거짓 선생일 뿐이라며 그를 비난했다. 바울에게 이런 근거 없는 비난과 거짓말보다 고통스러운 게 있었다. 많은 고린도 신자가 이들의 말을 그대로 믿는다는 사실이었다.

이 단락에서, 바울은 사탄의 사자들이 내린 거짓 판결을 뒤집어 달라고 인간의 대법원에, 진실을 아는 자신의 양심에 호소했다. 바울의 양심은 그가 도덕과 대인관계와 신학에서 무죄라고 선언했다.

바울의 양심은 그가 도덕에서 잘못이 없다고 선언했다

우리가 세상에서 특별히 너희에 대하여 하나님의 거룩함과 진실함으로 행하되 육체의 지혜로 하지 아니하고 하나님의 은혜로 행함은 우리 양심이 증언하는 바니, 이것이 우리의 자랑이라. (1:12)

바울을 향한 거짓 고발 중 첫째는 바울의 고난이 그의 죄 때문에 하나님께 받는 벌이라는 것이다. 그러나 바울의 양심은 그가 **하나님의 거룩함과 진실함으로**

(in holiness and godly sincerity) 행했다고 단언한다. 이 서신 조금 뒤에서, 바울은 자신의 인격을 공격하는 이들의 거짓말에 낱낱이 답하며 이렇게 말한다.

> 우리가 이 직분이 비방을 받지 않게 하려고 무엇에든지 아무에게도 거리끼지 않게 하고 오직 모든 일에 하나님의 일꾼으로 자천하여 많이 견디는 것과 환난과 궁핍과 고난과 매맞음과 갇힘과 난동과 수고로움과 자지 못함과 먹지 못한 가운데서도 깨끗함과 지식과 오래 참음과 자비함과 성령의 감화와 거짓이 없는 사랑과 진리의 말씀과 하나님의 능력으로 의의 무기를 좌우에 가지고 영광과 욕됨으로 그러했으며, 악한 이름과 아름다운 이름으로 그러했느니라. 우리는 속이는 자 같으나 참되고, 무명한 자 같으나 유명한 자요, 죽은 자 같으나 보라 우리가 살아 있고, 징계를 받는 자 같으나 죽임을 당하지 아니하고, 근심하는 자 같으나 항상 기뻐하고, 가난한 자 같으나 많은 사람을 부요하게 하고 아무것도 없는 자 같으나 모든 것을 가진 자로다. (6:3-10)

바울의 삶은 비난받을 게 없었다. 거짓 사도들의 고발은 비방하는 거짓말에 지나지 않았으며, 그의 양심이 이것을 증명했다.

거룩함(holiness)으로 번역된 헬라어 '하기오테스'(*hagiotēs*)는 도덕적 깨끗함이나 순수한 동기를 가리킨다. (어떤 영어 번역들은 이 단어를 **holiness** 대신 "simplicity"로 옮겼으나 **holiness**에 비해 헬라어 사본들의 지지가 약하다.) 히브리서 저자는 히브리서 12:10에서 '하기오테스'를 사용해 하나님의 거룩을 기술한다. 바울의 **거룩함**은 그의 마음이 확증하며, 그가 부도덕하고 부패했다는 거짓 고발과 상반된다.

진실함(sincerity)으로 번역된 헬라어 '에일리크리네이아'(*eilikrineia*)는 '에일레'(*eilē*, "햇빛")와 '크리노'(*krinō*, "판결하다")로 구성된 합성어다. 이것은 햇빛에 비춰 살펴보는 행위를 가리킨다. 바울 당시, 비양심적인 토기장이들은 토기의 갈라진 부분을 밀랍으로 메꿔 내다 팔았다. 신중한 구매자들은 토기를 햇빛에 비춰보았는데, 이렇게 하면 밀랍으로 메꾼 부분이 선명하게 드러났다.

바울의 **진실함**은 그가 삶에서 지켜낸 **거룩함**과 정결함에서 비롯되었다. 바울은 이 진실함이 **하나님의(godly)** 진실함이라 말한다.[10] 하나님이 진실함의 대상이자 근원이기 때문이다. 고린도전서 15:10에서, 바울은 자신이 가진 영적 능력의 근원이 하나님이라는 것을 인정한다. "내가 나 된 것은 하나님의 은혜로 된 것이니, 내게 주신 그의 은혜가 헛되지 아니하여 내가 모든 사도보다 더 많이 수고하였으나 내가 한 것이 아니요 오직 나와 함께 하신 하나님의 은혜로라." 바울은 골로새 신자들에게 이렇게 썼다. "이를 위하여 나도 내 속에서 능력으로 역사하시는 이의 역사를 따라 힘을 다하여 수고하노라"(골 1:29; 참조. 엡 1:19; 빌 1:6; 2:12-13). 바울은 진실한 사람이었다. 그의 삶이 낱낱이 털리곤 했으나 털어도 먼지 하나 나지 않았다.

누구라도 그가 **하나님의 거룩함과 진실함(holiness and godly sincerity)**을 자기 노력으로 성취했다고 생각하지 않도록, 바울은 이것들을 **육체의 지혜로 하지 아니하고 하나님의 은혜로** 성취했다고 덧붙인다. 이것들은 바울의 지혜에서 비롯되거나 종교와 영성에 관한 그의 통찰에서 비롯되지 않았다. **육체의 지혜는 하나님의 거룩함과 진실함**을 낳을 수 없다. 육체의 지혜는 하나님을 거스르는 죄악된 인간의 반역을 드러낼 뿐이기 때문이다. 육체의 지혜는 죄로 어두워진 마음이 갖는 통찰로 오류가 있으며 예수 그리스도와 성경에 나타난 하나님의 계시와 무관하다. 고린도전서 3:19에서, 바울은 이것을 "이 세상 지혜"라 말한다. "이 세상 지혜는 하나님께 어리석은 것이니, 기록된바 하나님은 지혜 있는 자들로 하여금 자기 꾀에 빠지게 하시는 이라 하였고"(참조. 고전 1:20-21; 2:5-8). 이러한 인본주의적 합리주의는 영적 성장을 낳지 못한다. 오직 **하나님의 은혜**만 영적 성장을 낳기 때문이다.

자신의 순전함을 한층 더 뒷받침하는 증거로, 바울은 자신이 **세상에서** 어디서나 합당하게 **행했다**고 선언했다. 바울이 사역했던 어디에서도, 사람들은 그

---

10 개역개정에서는 "하나님의 거룩함과 진실함"으로 번역되어 "하나님의"가 거룩함과 진실함 양쪽 모두를 수식하는 것으로 보인다. NASB에서는 "holiness and godly sincerity"로 번역되어 godly가 sincerity만 수식한다.

를 정당하게 고발할 수 없었다. 언제 어디서나 바울은 삶은 일관되고 비난 받을 게 없었다.

바울의 순전함과 경건은 **특별히** 고린도 신자들이 알아주었어야 했다. 바울이 고린도에서 18개월간 사역할 때, 이들은 그를 직접 보았다(행 18:11). 바울의 눈부시게 정결한 삶은 고린도의 음란이라는 어둡고 추한 배경 탓에 더욱 돋보였다. 렌스키(R. C. H. Lenski)가 말하듯이, 고린도는 당시의 이교도 기준으로 보더라도 타락했다.

> 고린도는 당시 로마제국의 더 큰 도시들만큼이나 악한 도시였다. "고린도 사람"(Corinthian)이란 말 자체가 난봉꾼을 의미하게 되었다. '코린띠아조마이'(korinthiazomai), 즉 고린도화하다(Corinthianize, 고린도 사람처럼 되다)라는 말은 매춘부를 사다는 뜻이었다. '코린띠아스테스'(korinthiastēs) = 오입쟁이(a whoremonger); '코린띠아코레'(korinthiakorē) = 창녀(a courtesan). (*The Interpretation of the Acts of the Apostles* [Minneapolis: Augsburg, 1961], 744)

바울의 삶이나 행동은 이런 비난을 받을만한 구석이 전혀 없었을 것이다.

바울은 개인적 삶에 대해 거짓 고발을 받았다. 그러나 바울의 양심은 그가 이 부분에서 무죄라고 선언했다. 그렇더라도 그의 양심이 깨끗했다는 말은 그에게 죄가 없었다는 뜻이 아니다. 고린도전서 4:4에서, 바울은 이렇게 썼다. "내가 자책할 아무것도 깨닫지 못하나 이로 말미암아 의롭다 함을 얻지 못하노라. 다만 나를 심판하실 이는 주시니라." 양심은 인간의 대법원이지만 오류가 없지 않다. 죄는 지독하게 속이기에 신자들이 죄를 짓더라도 양심이 알아채지 못할 때가 있다. 그래서 신자들은 성경의 빛에 비추어 자신을 끊임없이 살피고 하나님이 최종 판결을 내리시게 해야 한다. 신자들은 끊임없이 다윗처럼 기도해야 한다. "하나님이여, 나를 살피사 내 마음을 아시며, 나를 시험하사 내 뜻을 아옵소서. 내게 무슨 악한 행위가 있나 보시고, 나를 영원한 길로 인도하소서"(시 139:23-24).

바울의 양심은 그가 인간관계에서 잘못이 없다고 선언했다

¹³오직 너희가 읽고 아는 것 외에 우리가 다른 것을 쓰지 아니하노니, 너희가 완전히 알기를 내가 바라는 것은 ^{14a}너희가 우리를 부분적으로 알았으나 (1:13-14a)

이 단순한 진술은 바울에 대한 둘째 고발과 관련해 바울의 양심이 제시하는 강력한 증언이다. 바울은 도덕적 잘못을 저지르지 않았을 뿐더러 인간관계에서도 잘못을 저지르지 않았다. 그는 그 누구라도 속여 이익을 취하지 않았다. 그는 그 누구라도 이용해 이기적 목적을 달성하지 않았다. 그는 그 누구라도 속이고 조종하지 않았다. 이 서신 조금 뒤에서, 바울은 고린도 신자들에게 "마음으로 우리를 영접하라"고 간청하며 "우리는 아무에게도 불의를 행하지 않고 아무에게도 해롭게 하지 않고 아무에게서도 속여 빼앗은 일이 없노라"고 말한다 (7:2). 그런가하면, 11:9에서 이들에게 일깨운다. "또 내가 너희와 함께 있을 때 비용이 부족하였으되 아무에게도 누를 끼치지 아니하였음은 마게도냐에서 온 형제들이 나의 부족한 것을 보충하였음이라, 내가 모든 일에 너희에게 폐를 끼치지 않기 위하여 스스로 조심하였고 또 조심하리라."

그뿐 아니라, 바울은 숨은 의도를 갖고 고린도 신자들에게 편지를 **쓰지** 않았다. 바울은 이들이 **읽고 아는 것** 외에 **다른 것**을 쓰지 않았다.¹¹ 숨은 의도가 전혀 없었다. 바울은 생각하는 그대로 썼고 쓴 그대로 생각했다. 그의 편지는 분명하고 솔직하며 일관되고 진실하며 투명하고 모호하지 않았다. **읽다(read)** 와 **알다(understand)** 둘 다 동사 '기노스코'(*ginōskō*, 알다, to know)의 결합형이며 헬라어로 언어유희를 이룬다. 필립 휴스(Philip E. Hughes)는 이렇게 말한다. "'아나기노스케테'(*anaginōskete*)…'에피기노스케테'(*epiginōskete*)의 언어유희를 영어로는 제대로 표현할 수 없다. '아나기노스케테'는 사람들이 바울의 편지에서 읽은 것을 가리키고 '에피기노스케테'는 이들이 바울과 직접 접촉함으로써 아는 것을 가리킨다. 이들은 둘이 완전히 일치한다고 확신한다"(*The*

---

11 새번역: 우리는 지금 여러분이 읽고 이해할 수 있는 것만을 써서 보냅니다(13절).

Second Epistle to the Corinthians, The New International Commentary on the New Testament [Grand Rapids: Eerdmans, 1992],[12] 27, n. 3).

완전히(until the end)로 번역된 '텔로스'(*telos*)는 이 문맥에서 "완전하게"(completely) 또는 "온전하게"(fully)라는 뜻이다. 고린도 신자들은 바울을 **부분적으로 알았으나** 바울은 이들이 자신을 완전하게 알길 원했다. 바울은 이들이 하나님의 말씀을 더 깊이 알고 자신과 자신의 동기를 더 깊이 알길 원했다. 그러면 바울을 신뢰할 테고 거짓 사도들의 거짓말에 휘둘리지 않을 터였다.

바울을 거짓 고발을 당했으나 그의 양심은 이번에도 그가 무죄라고 선언했다. 이 편지 뒷부분에서, 바울은 이렇게 썼다. "그들의 말이 그의 편지들은 무게가 있고 힘이 있으나 그가 몸으로 대할 때는 약하고 그 말도 시원하지 않다 하니, 이런 사람은 우리가 떠나 있을 때에 편지들로 말하는 것과 함께 있을 때에 행하는 일이 같은 것임을 알지라"(10:10-11). 바울이 편지에 쓴 것과 그의 실제 모습이 정확히 일치했다.

바울의 양심은 그가 신학에서 잘못이 없다고 선언했다

우리 주 예수의 날에는 너희가 우리의 자랑이 되고 우리가 너희의 자랑이 되는 그것이라. (1:14b)

바울을 향한 마지막이자 가장 심한 고발은 그가 거짓 선생이라는 것이었다. 거짓 사도들은 바울이 영적 비행을 저지른다고 주장했다. 이유는 바울이 잘못된 신학을 가르친다는 것이었다. 앞선 두 고발에 답할 때처럼, 바울은 이 고발에도 서신 전체에서 답했다. 2:17에서, 바울은 이렇게 썼다. "우리는 수많은 사람들처럼 하나님의 말씀을 혼잡하게 하지 아니하고, 곧 순전함으로 하나님께 받은 것 같이 하나님 앞에서와 그리스도 안에서 말하노라." 4:2에서는 고린도 신자들에게 일깨웠다. "이에 숨은 부끄러움의 일을 버리고 속임으로 행하지 아니

---

12 『고린도후서: 뉴인터내셔널 성경주석 13』, 이기문 옮김(생명의 말씀사, 1993)

하며 하나님의 말씀을 혼잡하게 하지 아니하고 오직 진리를 나타냄으로 하나님 앞에서 각 사람의 양심에 대하여 스스로 추천 하노라." 그런가하면 13:8에서는 이렇게 주장했다. "우리는 진리를 거슬러 아무것도 할 수 없고 오직 진리를 위할 뿐이니."

고린도 신자들이 잘 알듯이, 바울은 영적 사기꾼이 아니었으며 자기 목적을 위해 하나님의 진리를 왜곡하는 장사치도 아니었다. 고린도 신자들은 바울을 부끄러워하지 말았어야 했다. 거짓 사도들의 주장과 달리, 바울은 하나님의 말씀을 잘못 다루거나 왜곡하지 않았기 때문이다. 대신에, 바울은 이들의 **자랑**(reason to be proud, 자랑할 이유)이었어야 했다. 이들이 바울의 자랑이었듯이 말이다. 이들은 하나님이 고린도를 비롯해 여러 곳에서 바울을 아주 강력하게 사용하신 일을 주님 안에서 자랑했어야 했다. 고린도 신자들은 **우리 주 예수의 날**, 곧 바울과 영원하고 완전하게 교제할 날을 간절히 고대할 만큼 바울을 **자랑**스러워했어야 했다. 바울은 자신이 사역했던 사람들을 다시 만나 크게 기뻐할 그 날을 고대했다. 그는 데살로니가 신자들에게 이렇게 썼다. "우리의 소망이나 기쁨이나 자랑의 면류관이 무엇이냐? 그가 강림하실 때 우리 주 예수 앞에 너희가 아니냐? 너희는 우리의 영광이요 기쁨이니라"(살전 2:19-20).

우리 주 예수의 날은 주의 날(the Day of the Lord, 여호와의 날), 하나님이 죄악된 세상을 최종적으로 맹렬하게 심판하실 날이 아니다(참조. 사 13:6-22; 욜 1:15; 2:11; 행 2:20; 살전 5:2-4; 살후 1:10, "그 날"; 벧후 3:10). 대신에, 여기서 말하는 **날**은 영화롭게 된 신자들이 **주 예수** 앞에 나타날 때, 곧 이들의 구원이 완결되고 완성될 때를 가리킨다(고전 1:8; 3:10-15; 4:5; 고후 5:10; 빌 1:10; 2:16). 바울은 **우리 주 예수의 날**을 기쁨으로 고대할 수 있었다. 그는 자신을 향한 거짓 고발이 두렵지 않았다. 그의 양심이 그가 하나님의 진리를 왜곡하지 않았음을 확인해주었으며, 그는 주님 앞에 두려움 없이 기뻐하며 설 터였기 때문이다.

바울은 온갖 어려움, 곧 육체적 학대와 거짓 고발과 실망과 배신을 견디며 절대적으로 만족할 수 있었다. 그의 양심이 그를 고발하지 않았기 때문이다. 신자들이 어떻게 하면 바울처럼 깨끗한 양심을 누릴 수 있는가?

첫째, 하나님의 말씀을 배워야 한다. 시편 37:30-31에서, 다윗은 이렇게 노래했다. "의인의 입은 지혜로우며 그의 혀는 정의를 말하며, 그의 마음에는 하나님의 법이 있으니, 그의 걸음은 실족함이 없으리로다."

둘째, 하나님의 말씀을 묵상해야 한다. 시편 119:11에서, 시편 기자는 이렇게 노래했다. "내가 주께 범죄하지 아니하려 하여 주의 말씀을 내 마음에 두었나이다."

셋째, 늘 깨어 기도해야 한다. 마태복음 26:41에서, 예수님은 이렇게 경고하셨다. "시험에 들지 않게 깨어 기도하라. 마음에는 원이로되 육신이 약하도다."

넷째, 영적 교만을 피해야 한다. 바울은 고린도 신자들에게 이렇게 경고했다. "그런즉 선 줄로 생각하는 자는 넘어질까 조심하라"(고전 10:12).

다섯째, 죄의 심각성을 알아야 한다. 우리의 죄가 주 예수 그리스도를 죽음에 몰아넣었다(롬 4:25).

여섯째, 죄를 짓지 않으려 해야 한다. 시편 119:106에서, 시편 기자는 이렇게 결심했다. "주의 의로운 규례들을 지키기로 맹세하고 굳게 정하였나이다."

일곱째, 유혹은 낌새만 있어도 저항해야 한다. 야고보서 1:14-15은 유혹이 죄악된 행위로 빠르게 이어짐을 생생하게 보여준다. "오직 각 사람이 시험을 받는 것은 자기 욕심에 끌려 미혹됨이니, 욕심이 잉태한즉 죄를 낳고 죄가 장성한즉 사망을 낳느니라."

마지막으로, 죄를 즉시 고백하고 회개해야 한다. 요한은 이렇게 썼다. "만일 우리가 우리 죄를 자백하면 그는 미쁘시고 의로우사 우리 죄를 사하시며 우리를 모든 불의에서 깨끗하게 하실 것이요"(요일 1:9).

솔로몬은 "모든 지킬 만한 것 중에 더욱 네 마음을 지키라. 생명의 근원이 이에서 남이니라"고 했다(잠 4:23). 이 훈계에 주목하는 자들은, 바울처럼, 깨끗한 양심이 주는 복을 누리며 용기를 얻을 것이다.

3

경건한 목회자의 초상
(1:15-2:4)

[15]내가 이 확신을 가지고 너희로 두 번 은혜를 얻게 하기 위하여 먼저 너희에게 이르렀다가 [16]너희를 지나 마게도냐로 갔다가 다시 마게도냐에서 너희에게 가서 너희의 도움으로 유대로 가기를 계획하였으니 [17]이렇게 계획할 때에 어찌 경솔히 하였으리요? 혹 계획하기를 육체를 따라 계획하여 예 예 하면서 아니라 아니라 하는 일이 내게 있겠느냐? [18]하나님은 미쁘시니라. 우리가 너희에게 한 말은 예 하고 아니라 함이 없노라. [19]우리 곧 나와 실루아노와 디모데로 말미암아 너희 가운데 전파된 하나님의 아들 예수 그리스도는 예하고 아니라 함이 되지 아니하셨으니, 그에게는 예만 되었느니라. [20]하나님의 약속은 얼마든지 그리스도 안에서 예가 되니, 그런즉 그로 말미암아 우리가 아멘 하여 하나님께 영광을 돌리게 되느니라. [21]우리를 너희와 함께 그리스도 안에서 굳건하게 하시고 우리에게 기름을 부으신 이는 하나님이시니, [22]그가 또한 우리에게 인치시고 보증으로 우리 마음에 성령을 주셨느니라. [23]내가 내 목숨을 걸고 하나님을 불러 증언하시게 하노니, 내가 다시 고린도에 가지 아니한 것은 너희를 아끼려 함이라. [24]우리가 너희 믿음을 주관하려는 것이 아니요 오직 너희 기쁨을 돕는 자가 되려 함이니, 이는 너희가 믿음에 섰음이라. [1]내가 다시는 너희에게 근심 중에 나아가지 아니하기로 스스로 결심하였노니, [2]내가 너희를 근심하게 한다면 내가 근심하게 한 자밖에 나를 기쁘게 할 자가 누구냐? [3]내가 이같이 쓴 것은 내가 갈 때에 마땅히 나를 기쁘게 할 자로부터 도리어 근심을 얻을까 염려함이요 또 너희 모

두에 대한 나의 기쁨이 너희 모두의 기쁨인 줄 확신함이로라. [4]내가 마음에 큰 놀림과 걱정이 있어 많은 눈물로 너희에게 썼노니, 이는 너희로 근심하게 하려 한 것이 아니요 오직 내가 너희를 향하여 넘치는 사랑이 있음을 너희로 알게 하려 함이라. (1:15-2:4)

우리 사회는 흔히 인격이 아니라 하는 일로 사람을 판단한다. 스포츠 영웅들이나 영화배우들이나 사업가들이나 정치인들에게 중요한 것은 원칙이 아니라 성과다. 안타깝게도, 이러한 실용주의 시각이 교회까지 침투했다. 예를 들면, 목회자를 평가할 때 얼마나 큰 교회를 담임하는지, 얼마나 많은 금액을 모금했는지, 라디오나 텔레비전 사역을 얼마나 많이 하는지, 저술한 책이 얼마나 많이 팔리는지, 공적인 분야에서 얼마나 영향력이 큰지를 잣대로 삼기 일쑤다. 그러나 이런 외적 잣대로 판단하면 거짓 선생들과 사이비 종교 지도자들이 성공한 사람들일 수 있겠지만 하나님은 이런 잣대를 사용하지 않으신다. 하나님은 이렇게 말씀하신다. "내가 보는 것은 사람과 같지 아니하니, 사람은 외모를 보거니와 나 여호와는 중심을 보느니라"(삼상 16:7). 17세기 청교도 존 오웬(John Owen)이 정곡을 찔렀다. "목회자가 회중석을 채우고 교인 명부를 채우며 회중의 입을 채울 수 있을는지 모른다. 그러나 목회자란 전능하신 하나님 앞에 은밀하게 무릎 꿇는 사람이다. 목회자란 이런 사람일 뿐이다"(I. D. E. Thomas, *A Puritan Golden Treasury*[Edinburgh: Banner of Truth, 1977], 192에서 인용). 고결한 19세기 스코틀랜드 목사 로버트 맥체인(Robert Murray McCheyne)은 동료 목사에게 상기시켰다. "많은 달란트가 아니라 예수님을 많이 닮음이 하나님께서 주시는 복입니다"(Andrew A. Bonar, *Memoirs of McCheyne*[Reprint; Chicago: Moody, 1978], 95). 한 사람을 고귀하고 유용한 목회자로 만드는 것은 그가 무엇을 '하느냐'가 아니라 그가 무엇'이냐'이다.

바울은 겉으로 보이는 성공의 표식을 모두 가졌다. 그는 세상이 아는 가장 위대한 선교사였으며, 로마 세계 전역에 복음을 전하고 교회를 세우는 일에 하나님이 최초로 사용하신 사람이었다. 하나님은 또한 그에게 영감을 주어 신약성경에 포함된 열세 권의 책을 쓰게 하셨으며, 그중에 아홉은 자신이 세운 교회들에게 쓴 편지였다. 바울이 세운 많은 교회가 그를 영적 아버지와 선생으로 더없이 고귀하게 여겼다(고전 4:15). 그의 양심이 증언하듯이, 바울은 비난받을 게 없는 삶을 살았던 게 분명하다(행 23:1; 24:16; 딤후 1:3). 그러나 바울은 하나님의 사람을 가늠하는 진정한 잣대는 그 사람의 외적 성공이나 평판이 아니라 그 사람의 마음에 대한 하나님의 평가라는 것을 알았다. 고린도전서 4:4-5에서, 바울은 이렇게 썼다.

> 내가 자책할 아무것도 깨닫지 못하나 이로 말미암아 의롭다 함을 얻지 못하노라. 다만 나를 심판하실 이는 주시니라. 그러므로 때가 이르기 전, 곧 주께서 오시기까지 아무것도 판단하지 말라. 그가 어둠에 감추인 것들을 드러내고 마음의 뜻을 나타내시리니, 그때에 각 사람에게 하나님으로부터 칭찬이 있으리라.

사역하면서 자주 그랬듯이, 바울은 이 편지를 쓰는 중에도 무자비하게 공격받고 있었다. 하나님이 바울을 아주 크게 사용하셨기에, 바울은 사탄의 주 공격 목표였다. 그러나 바울은 이 공격에 매우 혼란스러웠다. 이 공격이 그가 사랑하는 고린도교회에서, 그가 인생에서 적어도 18개월을 바쳐 갖은 수고 끝에 낳은 교회에서 비롯되었기 때문이다. 고린도교회에서 비롯된 공격은 죄와 거역과 사칭의 형태를 띠었으며, 몇몇 거짓 선생이 주도했다. 이들의 목적은 고린도 신자들 사이에서 바울의 신뢰성과 평판을 떨어뜨리고 파괴하는 것이었다. 고린도 신자들이 바울에 대한 신뢰를 잃자 이들은 그를 대신하여 권위 있는 선생이 되기를 바랐다. 이렇게 되면, 이들은 자신들의 귀신적 교리를 가르치는 데 필요한 교두보를 확보할 터였다. 이들은 이 악한 목적을 이루려고 바울의 사도성과 인격과 사역을 닥치는 대로 공격했다.

고린도후서에서, 바울은 자신을 비방하는 거짓 사도들의 공격에 맞서 자신의 진정성과 영적 순전함을 변호한다. 1:12-14에서, 바울은 자신의 개인적 의로움을 전체적으로 변호하며, 인간의 대법원, 곧 자신의 양심에 호소한다. 이책 앞 장에서 말했듯이, 바울의 양심은 그를 향한 모든 고발에 대해 그가 무죄라고 선언했다. 바울의 개인적 삶과 인간관계와 사역은 하나같이 비난받을

게 없었다. 이렇게 전체적으로 답한 후, 바울은 1:15-2:4에서 자신이 믿을만하지 못하다는 구체적 고발에 답한다. 거짓 사도들은 바울이 늘 진리를 말한게 아니라 신실하지 못하며 변덕스럽고 우유부단하다고 주장했다. 이들은 스스로 조작해 바울에게 씌운 혐의를 더없이 엉성하고 사소한 증거로 뒷받침했다. 바울이 여행 계획을 몇 차례 바꿨다는 것이다.

바울은 그저 왜 자신이 여행 계획을 몇 차례 바꿨는지 설명하는 대신 더 깊은 문제, 곧 자신의 순전함과 신뢰성을 다루었다. 바울은 지엽적 싸움을, 구체적 고발과 반박이 오가는 싸움을 하지 않았다. 그 대신 논의 수준을 높여 자기 마음의 동기와 태도를 다루었다. 이렇게 함으로써, 바울은 고귀한 하나님의 사람이 갖춘 더없이 값진 모습을 보여주었다. 이 본문이 전개되면서, 바울의 영적 성품을 보여주는 일곱 가지 태도가 드러난다: 충실, 정직, 신뢰성, 진정성, 섬세함, 정결, 사랑.

충실

¹⁵내가 이 확신을 가지고 너희로 두 번 은혜를 얻게 하기 위하여 먼저 너희에게 이르렀다가 ¹⁶너희를 지나 마게도냐로 갔다가 다시 마게도냐에서 너희에게 가서 너희의 도움으로 유대로 가기를 계획하였으니 (1:15-16)

바울이 애초에 고린도 신자들을 방문하려 계획했던 유일한 이유는 이들을 향한 충실함(loyalty)이었다. 바울은 자신이 고린도 신자들에게 충실하듯이 고린도 신자들도 자신에게 충실하리라는 **확신**을 14절에서 표현했다. 바울이 **먼저** 이들에게 **이르려고 했던**(**intended at first to come to** them) 것은 이러한 확신 때문이었다. 그런데 고린도 신자들이 바울에게 반기를 들었다. 그런데도 바울은 다수가 여전히 자신에게 충실하다고 믿었다. 고린도전서 16:5-6에서, 바울은 에베소를 떠나 마게도냐에서 사역한 후 고린도에 가서 (여행하기 어려울 때) 그곳 신자들과 함께 겨울을 날 계획이라고 썼다. 고린도전서를 쓴 후, 바울은 계획을 바꿔 고린도에 먼저 들렀다가 마게도냐로 가기로 했다. 자신이 마게도냐 여행을 하기 전에 '그리고' 후에 고린도 신자들이 자신과 교제함으로써 **두 번 은혜**(blessing, *charis*; "은혜," "호의," "유익")를 얻게 하기 위해서였다. 수정된 여행 계획에 따르면, 바울은 고린도를 **지나**(pass, 경유해) **마게도냐로 갔다가 다시 마게도냐에서** 이들에게 돌아갈 터였다. 그런 후, 고린도 신자들의 도움을 받아 **유대로 가**는 여정에 오를 터였다. 바울이 고린도를 한 번 더 방문한다는 것은 그가 고린도 신자들을 깊이 사랑하고 이들에게 매우 충실하다는 더 확실한 증거였다.

그러나 그가 나중에 설명하듯이(참조. 1:23-2:1), 바울은 첫 번째 방문을 취소하고 마게도냐에서 사역한 후에야 고린도를 방문하려던 본래 계획으로 되돌아가야 했다. 바울의 원수들은 여행 계획이 이렇게 조금 바뀐 것을 물고 늘어져 변덕스럽고 믿을 수 없는 사람이라며 바울을 비난했다. 터무니없지만 분명하게도, 이들은 얼마간 성공했으며, 바울이 그의 여행 계획에 관해 내뱉은 말이 믿을만하지 못하다면 고린도 신자들이 그의 신학 진술을 믿어야 할 이유가 어디 있느냐고 물었다.

그러나 바울은 변덕쟁이가 아니었다. 그의 환경이 바뀌었을 뿐 그의 마음가짐은 바뀌지 않았다. 여기서 바울은 자신이 자신의 양 떼에게 충실하다고 단언한다. 그는 이들의 영적 유익을 위해서라면 늘 무엇이라도 할 것이었다. 고린도 신자들에게는 이것을 증명하는 증거가 차고 넘쳤다.

정직

[17]이렇게 계획할 때에 어찌 경솔히 하였으리요? 혹 계획하기를 육체를 따라 계획하여 예 예 하면서 아니라 아니라 하는 일이 내게 있겠느냐? [18]하나님은 미쁘시니라. 우리가 너희에게 한 말은 예하고 아니라함이 없노라. (1:17-18)

바울을 비난하는 자들은 바울의 충실에 의문을 제기하는 데 만족하지 않고 그의 정직에도 의문을 제기했다. 바울은 자신이 **계획할 때에 경솔히 하였다**는 이들의 비난을 반박할 때, 자신을 향한 이들의 비난 중 하나를 인용하고 있었을 것이다. 바울이 보기에, 여행 계획 변경을 성품이 정직하지 못한 증거로 여기는 것은 어이없었다. 바울이 여행 계획을 변경한 것은 고린도 신자들을 조금이라도 무시하는 행동이 아니었던 게 분명하다. 한 차례 긴 방문이 두 차례 방문으로 대체 되었다(참조. 고전 16:6-7).

바울의 첫 질문에서, '메티 아라'(*mēti ara*)라는 말이 단호한 부정의 답을 요구하는 질문을 제시한다. 바울은 사실 이렇게 말했다. "내가 이렇게 하기로 계획할 때 경솔했습니까? 절대 그렇지 않습니다!" 바울은 약삭빠른 기회주의자가 아니었다. 얄팍하고 변덕스러우며 시답잖은 거짓말쟁이가 아니었다. 그뿐 아니라, 그는 **육체를 따라 계획하지도** 않았다. 바울은 순전히 인간적 방법으로 계획을 세우지 않았다. 자신을 기쁘게 하려 하지 않았고 자신의 이익에 맞게 결정을 내리려 하지도 않았다. 그는 한 입으로 두말하지 않았다. 그의 말은 **예 예 하면서 아니라 아니라 하는 일이** 없었다("'예' 하면서 동시에 '아니오' 하는 것은 아닙니다."—새번역). 바울이 18개월 넘게 고린도에서 사역할 때 고린도 신자들은 그의 삶을 속속들이 보았다. 그러므로 이들은 바울이 정직한 사람이라고 단언할 이유가 충분했다.

바울은 자신이 정직하다는 주장을 뒷받침하려고 힘주어 선언했다. **하나님은 미쁘시니라. 우리가 너희에게 한 말은 예 하고 아니라 함이 없노라.** 바울은 하나님을 자신의 신뢰성을 증언하는 신실한 증인으로 담대하게 소환하면서 맹세하고 있었을 것이다(참조. 23절; 11:10, 31; 롬 1:9; 9:1; 갈 1:20; 빌 1:8; 살전 2:5, 10). 예수님은 마태복음 5:33-37에서 모든 맹세를 금하신 게 아니라 개인적 이익을 위해 진짜 의도를 숨기려는 거짓 맹세를 금하셨을 뿐이다. 예수님은 공회 앞에서 심문받으실 때 대제사장이 맹세하며 자신에게 명하도록 허용하기까지 하셨다(마 26:63-64). 하나님은 믿을 수 있는 분이며 하나님의 대리자인 자신도 믿을 수 있는 사람이라는 것이 바울의 핵심이다. 그의 계획이 어떻게 변경되었든 간에, 바울은 여전히 충실하고 정직했다.

신뢰성

[19]우리 곧 나와 실루아노와 디모데로 말미암아 너희 가운데 전파된 하나님의 아들 예수 그리스도는 예하고 아니라함이 되지 아니하셨으니, 그에게는 예만 되었느니라. [20]하나님의 약속은 얼마든지 그리스도 안에서 예가 되니, 그런즉 그로 말미암아 우리가 아멘 하여 하나님께 영광을 돌리게 되느니라. (1:19-20)

교회사 전체에서, 이단들은 늘 그리스도의 본성을 공격해 왔으며, 고린도의 거짓 사도들도 예외 없이 그리스도를 깎아내리려 애썼던 것으로 보인다. 이들은 신뢰할 수 없는 사람이라며 바울을 비방하고 비난했다. 바울이 여행 계획을 바꿨다는 게 그 이유였다. 그뿐 아니라, 이들은 주 예수에 관한 바울의 가르침도 믿을 수 없다고 주장했다. 바울은 자신의 주님을 향한 이들의 공격에 답해 완전하고 풍성한 칭호 **하나님의 아들 예수 그리스도**를 사용함으로써 하나님이요 사람(God-man)이라는 그리스도의 본성을 강조했다.

하나님의 아들에 관한 진리를 고린도 신자들에게 가르친 것은 바울만이 아니었다. **실루아노와 디모데**도 같은 메시지를 고린도 신자들에게 전했다. **실루아노(Silvianus**, 실라)는 탁월한 예루살렘교회 지도자였다. 예루살렘공회는 공회의 결정을 안디옥교회에 알리는 일을 실루아노에게 맡겼다(행 15:22). 그는 나중에 바울의 2차 선교여행에 바나바 대신 동행했다(행 15:39-40). **디모데**는 바울이 믿음으로 낳은 사랑하는 아들이었다. 유대 그리스도인 어머니와 이교도 이방인 아버지 사이에 태어난 아들로서(행 16:1), 디모데는 바울과 동역할 특별한 자격을 갖추었다. **실루아노와 디모데** 둘 다 고린도에서 바울과 함께 사역했다(행 18:5). 이들이 전한 메시지는 믿지 못할 게 아니었다. 이들의 메시지는 **예하고 아니라함이 되지 않았고**, 도리어 예수 그리스도 안에 있는 하나님의 진리에 확고하고 흔들리지 않으며 강력한 **예만 되었다.**

뒤이어 바울은 고린도 신자들에게 **하나님의 약속은 얼마든지 그리스도 안에서 예가 되는** 것을 상기시킴으로써 그리스도의 영광을 요약한다. 하나님의 모든 구원 **약속**은—축복의 약속, 평안의 약속, 기쁨의 약속, 좋은 것을 주시겠다는 약속, 교제의 약속, 용서의 약속, 힘주시겠다는 약속, 그리고 영생의 소망은—**예가 되며**, 이것은 이 모든 것이 그리스도 안에서 이뤄지리라는 뜻이다. 그리스도와 그분이 행하신 일 때문에 이 모두가 실현될 수 있다. 예수님은 부활 후 제자들에게 말씀하셨다. "모세의 율법과 선지자의 글과 시편에 나를 가리켜 기록된 모든 것이 이루어져야 하리라"(눅 24:44). 고린도전서 1:30에서, 바울은 이렇게 선언했다. "예수는 하나님으로부터 나와서 우리에게 지혜와 의로움과 거룩함과 구원함이 되셨으니." 그는 골로새 신자들에게 이렇게 썼다. "아버지께서는 모든 충만으로 예수 안에 거하게 하시고…그 안에는 신성의 모든 충만이 육체로 거하시고"(골 1:19; 2:9). 바울은 "내 주 그리스도 예수를 아는 지식이 가장 고상하다"는 것을 깨달았기에 "그를 위하여 모든 것을 잃어버리고 배설물로 여겼"으니 "그리스도를 얻기" 위해서였다(빌 3:8).

뒤이어 바울은 고린도 신자들에게 다음과 같이 상기시킴으로써 논증의 핵심을 제시했다. **그런즉 그로 말미암아 우리가 아멘 하여 하나님께 영광을 돌리게 되느니라.** 아멘은 어떤 진술이 참이라는 엄숙한 단어이다(참조. 롬 1:25; 9:5; 11:36; 15:33; 16:27; 갈 1:5; 엡 3:21; 빌 4:20; 딤전 1:17; 6:16; 딤후 4:18; 히 13:21; 벧전 4:11; 5:11; 벧후 3:18; 유 25; 계 1:6; 7:12). 바울과 실라와 디모데가 복음을 전할 때 그 복음은 모두 그리스도, 곧 자신의 영광스러운 일을 통해 모든 구원을 실현하신 분에 관한 것이었다. 고린도 신자들도 함께 **아멘 하여 하나님께 영광을 돌렸을** 것이다. 고린도교회는 바울과 동료들이 전한 복음의 메시지를 믿고 삶이 변화되었을 때, 이들이 하나님의 진리를 믿을 수 있게 전한다고 단언했다. 바울의 논지는 이러했다: 복음의 메시지를 믿을 수 있는 것으로 받아들이고 경험하면서 그 복음의 전파자들을 믿을 수 없는 사람으로 여기는 것은 전혀 앞뒤가 맞지 않는다. 영원한 것들에 관해서는 바울의 말을 신뢰하면서 여행 계획처럼 일상적인 것들에 관해서는 그의 말을 신뢰하지 못한다는 것은 전혀 말이 안 된다.

바울은 그리스도의 참 복음을 전하는 일에 정확했을 뿐 아니라 삶에서 덜 중요한 문제들에서도 정확했다. 하나님은 불안정하고 믿을 수 없는 사도를 선택해 자신의 진리를 전하게 하신 게 아니었다.

진정성

²¹우리를 너희와 함께 그리스도 안에서 굳건하게 하시고 우리에게 기름을 부으신 이는 하나님이시니, ²²그가 또한 우리에게 인치시고 보증으로 우리 마음에 성령을 주셨느니라. (1:21-22)

바울이 하나님의 메신저요 그리스도의 사도로서 자신의 순전함(integrity)과 진정성(authenticity, 진짜임)을 궁극적으로 주장할 때 그의 충실과 정직과 신뢰성을 비롯한 개인적 특징이 중요하기는 했으나 가장 중요하지는 않았다. 가장 중요한 것은 하나님이 그의 삶에서 하신 일이었다. 바울은 하나님이 자신의 삶에서 하신 영광스러운 네 가지 일을 네 동사를 사용해 기술한다: **굳건하게 하신다(establishes), 기름을 부으셨다(anointed), 인치셨다(sealed), 주셨다(gave).** 너희와 함께(with you)와 네 차례 반복되는 **우리(us)**는 모든 신자처럼 고린도 신자들도 이러한 하나님의 일들을 경험했다고 바울이 확신했음을 보여준다.

첫째, 하나님이 구원과 관련해 신자들을 **그리스도 안에서 굳건하게 하신다.** 이것은 구원하는 은혜의 일, 곧 신자들을 그리스도와 연합시키고(참조. 5:17; 롬 8:1; 16:11-13; 고전 1:30; 3:1; 7:22; 갈 2:20; 엡 5:8; 골 1:2, 28; 4:7) 서로 연합시키는 일이다. 바울의 진정성은 고린도 신자들의 진정성과 떼려야 뗄 수 없었고 바울의 진정성을 부인한다면 이들 자신에게 영적 생명이 있음을 부인하는 것이었다. 이들은 그리스도의 몸을 이루는 동료 지체들이었다. 그러므로 이들이 바울의 진정성을 공격한다면 교회의 영적 일치를 허무는 것이었다. 바울은 이들의 영적 아버지였다(고전 4:15). 그러므로 바울의 진정성을 부인한다는 것은 비유하자면 자신들이 걸터앉은 가지를 자르는 것이었다.

둘째, 하나님이 신자들에게 **기름을 부으셨다.** 누군가에게 기름을 붓는다는 것은 섬기는 직무를 맡긴다는 뜻이다(참조. 출 28:41; 민 3:3; 삼상 15:1; 16:1-13; 삼하 2:4; 왕상 1:39; 5:1; 19:16; 시 89:20). 동사 '크리오'(*chriō*, **anointed, 기름 붓다**)는 신약성경에서 이곳 외에 4회 나타나며 매번 그리스도를 가리킨다(눅 4:18; 행 4:27; 10:38; 히 1:9). 관련된 명사 '크리스마'(*chrisma*)는 모든 신자가 그리스도에게 성령을 받을 때 받는 기름부음을 가리키는데(참조. 고전 12:13), 성령께서 이들을 인도하고 가르치며 이들에게 힘을 주신다(요일 2:20, 27).

셋째, 하나님이 신자들에게 **인치셨다**. '스프라기조'(*sphragizō*, 인치다)는 도장을 찍어 식별 표시를 하는 것을 말한다(참조. 마 27:66; 요 3:33; 6:27; 롬 15:28; 계 7:3-4). 에베소서 1:13, 4:30과 디모데후서 2:19에서처럼, 여기서도 이것은 신자들을 가리킨다. 이들은 하나님의 소유로 인치심을 받았으며 성령께서 이들 안에 거하시는데(롬 8:9), 성령께서 이들 안에 거하신다는 것은 이들이 하나님의 참되고 영원한 소유이며 하나님이 이들을 지키고 보호하시리라는 것을 말한다.

넷째, 하나님이 **보증으로** 신자들의 **마음에 성령을 주셨다**. 성령의 내주는 기름부음과 인치심일 뿐 아니라 신자들이 받을 영원한 기업의 계약금 또는 보증금(참조. 벧전 1:4), 미래 영광의 첫 회 분이다. 바울은 이 서신 뒷부분에서 이렇게 썼다. "이것을[신자들이 천국에서 영원히 사는 것을; 참조. 2, 4절] 우리에게 이루게 하시고 보증으로 성령을 우리에게 주신 이는 하나님이시니라"(고후 5:5). 바울은 에베소 신자들에게 이렇게 썼다. "그 안에서 너희도 진리의 말씀, 곧 너희의 구원의 복음을 듣고 그 안에서 또한 믿어 약속의 성령으로 인치심을 받았으니, 이는 우리 기업의 보증이 되사 그 얻으신 것을 속량하시고 그의 영광을 찬송하게 하려 하심이라"(엡 1:13-14).

하나님은 바울과 모든 신자를 그리스도 안에서 흔들리지 않는 영원한 약속 위에 굳건하게 세우셨다. 하나님은 영원한 기업에 관한 약속을 내주하시는 성령을 통해 보증하셨다. 바울은 이처럼 영광되고 영원한 하나님의 진리를 전했다. 그러므로 여행 계획을 조금 바꿨다는 이유로 그가 진정한 사도인지 의심하는 것은 어리석기 짝이 없다.

섬세함

²³내가 내 목숨을 걸고 하나님을 불러 증언하시게 하노니, 내가 다시 고린도에 가지 아니한 것은 너희를 아끼려 함이라. ²⁴우리가 너희 믿음을 주관하려는 것이

아니요 오직 너희 기쁨을 돕는 자가 되려 함이니, 이는 너희가 믿음에 섰음이라. ¹**내가 다시는 너희에게 근심 중에 나아가지 아니하기로 스스로 결심하였노니,**

(1:23-2:1)

바울은 자신의 충실, 정직, 신뢰성, 진정성을 단언함으로써 자신의 순전함을 변호한다. 그런 후에야, 왜 자신이 여행 계획을 바꿨는지 설명한다. 설명하기 전 엄숙하게 맹세한다. **내가 내 목숨을 걸고 하나님을 불러 증언하시게 하노니.** 바울은 하나님께 호소한다. 자신이 이제 하려는 말이 진실인지 검증하고 자신이 거짓말을 하는지 판단해 달라는 것이다.

바울이 **다시 고린도에 가지 아니한 것은** 고린도 신자들을 **아끼려 함**이었다. 다시 말해, 고린도 신자들에게 징계의 매를 들지 않기 위해서였다(참조. 13:2, 10; 고전 4:21). 바울은 자신이 고린도전서에서 지적한 문제들을 고린도 신자들이 스스로 바로잡도록 시간을 주고 싶었다. 또한, 고린도 신자 중에 고린도에 나타난 거짓 선생들에게 속아 바울에 맞선 사람들이 있었는데(바울은 이에 충격받아 고린도후서 2:4이 말하는 "엄한 편지"를 썼다), 바울은 이들에게 회개할 시간을 주고 싶었다. 바울은 또한 자신이 고린도에 가기 전 디도가 좋은 소식을, 고린도 신자들이 회개하고 바울에게로 돌아섰으며 거짓 사도들을 내쳤다는 소식을 전해주길 바랐다. 바울이 바랐던 이 긍정적 소식이 7:6 이하에 나온다. 바울은 고린도 신자들을 향해 큰 인내와 섬세함을 보여주었다. 아우구스티누스가 썼듯이, 바울은 "엄격함이 잘못을 찾아내면 벌하려 하듯이 자비는 벌해야 할 잘못을 찾아내길 주저한다"(Philip E. Hughes, *The Second Epistle to the Corinthians*, The New International Commentary on the New Testament [Grand Rapids: Eerdmans, 1992], 47에서 인용).

바울은 불필요한 갈등을 촉발하지 않으려고 섬세함을 유지하면서 매우 적극적인 부정을 재빨리 덧붙인다. **우리가 너희 믿음을 주관하려는 것이 아니요 오직 너희 기쁨을 돕는 자가 되려 함이니.** 바울은 절대로 특권이나 힘을 얻으려고, 또는 이기적 목적을 이루려고 사도의 권위를 남용하지 않았다. 엇나간 고린도 신자들을 징계할 때라도, 그의 목적은 거룩함이 이들에게 가져다줄 **기쁨**이었다.

바울은 고린도 신자들이 그들의 **믿음에 굳게 섰음**(standing firm, 그들의 구원)을 확신했다(참조. 롬 5:2; 고전 15:1; 갈 5:1; 빌 1:27). 바울은 이들의 **믿음에 대**해 아무런 권위도 주장하지 않았다. 이들의 믿음은 이들과 하나님 사이의 사적인 문제였다. 구원하는 믿음은 신자와 주님 간의 개인적 문제다. 주님 외에 그 누구도 이 관계에 대해 권위가 없다. 구원은 개인적 문제이며, 계층적 교회 조직을 통해 받는 게 아니다.

바울은 **다시는** 고린도 신자들에게 **근심 중에 나아가지 아니하기로 스스로 결심하였다.** 이들을 위해서일 뿐 아니라 자신을 위해서(for my own sake, 스스로)였다. 바울은 자신이 앞서 고린도를 찾았던 고통스러운 방문을 말하고 있다. 바울은 거짓 선지자들이 고린도에 나타났음을 알고 상황을 해결하려고 서둘러 에베소를 떠나 고린도로 향했다. 이 방문은 성공적이지 못했다. 사실, 누군가(거짓 사도 중 하나였을 것이다) 바울을 공개적으로 모욕했는데도(참조. 고후 2:5-8, 10; 7:12) 고린도 신자들은 바울을 변호하지 않았다. 이 고통스러운 방문 때문에, 바울은 자신이 2:4에서 언급하는 "엄한 편지"를 썼다. 고린도 신자들에게 회개할 시간을 줌으로써, 바울은 다음에는 이들을 고통스럽게 만나지 않길 바랐다. 그러므로 바울이 여행 계획을 바꾼 것은 거짓 선생들의 주장과 달리 그가 변덕스럽거나 믿지 못할 사람이라서가 아니라 사랑하는 교회를 생각하는 섬세한 마음 때문이었다.

정결

²**내가 너희를 근심하게 한다면 내가 근심하게 한 자밖에 나를 기쁘게 할 자가 누구냐? ³내가 이같이 쓴 것은 내가 갈 때에 마땅히 나를 기쁘게 할 자로부터 도리어 근심을 얻을까 염려함이요 또 너희 모두에 대한 나의 기쁨이 너희 모두의 기쁨인 줄 확신함이로라.** (2:2-3)

바울은 고린도 신자들에게 섬세함과 인내를 보였다. 그러나 이것은 고린도 신자들이 회개하지 않더라도 바울이 이들을 징계할 마음이 없었다는 뜻이 아니다. 바울은 교회를 정결하게 하려는 열정이 있었으며, 그래서 필요하면 고린도 신자들을 **근심하게 하려(cause you sorrow)** 했다. 바울이 이렇게 한다면 그를 **기쁘게** 할 일은 단 하나, 그가 **근심하게** 만든 사람들이 회개하는 것이었다. 바울은 고린도교회의 정결을 생각했고, 그래서 이들에게 편지를 **썼다**(참조. 2:9; 7:8). 물론, 바울은 이들이 회개하길 바랐다. 이들이 회개하면, 바울이 **고린도에 갈 때에 마땅히** 그를 **기쁘게 할 자로부터 도리어 근심을 얻을** 일이 없을 터였다. 그러나 오늘의 복음주의 교회에 속한 숱한 사람들과 달리, 바울은 교회의 일치를 진리와 거룩함보다 위에 두지 않았다. 그는 회개하지 않는 죄를 지적하려 했고 자신의 기쁨을 희생하더라도 그렇게 하려고 했다.

바울은 자신이 편지에서 지적한 죄악된 문제들이 그가 다시 고린도에 가기 전에 해결되길 바랐으며 그렇게 되리라 **확신했다.** 그렇게 되면, 바울의 **기쁨이** 이들 **모두의 기쁨**이 될 터였다. 고린도 신자들이 계속해서 죄를 짓는다면 서로에게 기쁨이 될 수 없었다. 바울은 고린도 신자들에 대해 **확신**을 표현했으며, 이것은 그를 자신들의 영적 지도자로 보는 다수 회중을 독려했다는 뜻이기도 하다. 바울의 **확신**은 틀리지 않았으며, 이것은 디도가 고린도에서 돌아와 다수 회중이 회개했다는 소식을 전했을 때 분명해졌다(7:6-16).

불필요한 충돌을 피하려는 바람과 섬세함은 교회의 정결을 생각하는 마음과 늘 균형을 이뤄야 한다. (이 책 33-36장에서 12:19-13:3을 살펴보면서 이 문제를 더 자세히 논하겠다.)

사랑

> 내가 마음에 큰 눌림과 걱정이 있어 많은 눈물로 너희에게 썼노니, 이는 너희로 근심하게 하려 한 것이 아니요 오직 내가 너희를 향하여 넘치는 사랑이 있음을 너희로 알게 하려 함이라. (2:4)

바울은 감정이 아니라 진정한 사랑으로 고린도 신자들의 죄를 지적했다. 바울은 고린도전서와 특히 "엄한 편지"를 쓰면서 **마음에 큰 눌림과 걱정이 있어 많은 눈물**을 흘렸다. 목회자에게 사랑하는 성도들의 죄를 지적하는 것만큼 고통스러운 일도 없다. 그러나 바울이 편지를 쓴 것은 고린도 신자들로 **근심하게 하려 한 것이 아니요** 그가 **이들을 향하여** 품은 **넘치는 사랑**을 이들로 **알게** 하기 위해서다. 바울은 이들의 근심(슬픔)을 전혀 기뻐하지 않았고 도리어 이 근심이 이들을 회개(참조. 7:10)와 기쁨으로 이끌길 바랐다. 바울은 "친구의 아픈 책망은 충직으로 말미암는 것"이라는 잠언 27:6의 진리를 직접 실천했다.

거짓 선생들이 바울에 관해서 하는 말은 모두 거짓이었다. 바울은 믿지 못할 사기꾼이 아니었다. 이들은 조그마한 문제를 내세워 바울의 사역을 깎아내리려 했으며, 이것은 부끄러운 짓이었다. 바울은 하나님 앞에서 자신의 마음을 정직하게 살폈으며, 자신의 마음에서 충실과 정직과 신뢰성과 진정성과 섬세함과 정결과 사랑, 곧 모든 경건한 목회자의 특징을 발견했다.

4

_____ 용서의 축복

(2:5-11)

⁵근심하게 한 자가 있었을지라도 나를 근심하게 한 것이 아니요 어느 정도 너희 모두를 근심하게 한 것이니, 어느 정도라 함은 내가 너무 지나치게 말하지 아니하려 함이라. ⁶이러한 사람은 많은 사람에게서 벌 받는 것이 마땅하도다. ⁷그런즉 너희는 차라리 그를 용서하고 위로할 것이니, 그가 너무 많은 근심에 잠길까 두려워하노라. ⁸그러므로 너희를 권하노니, 사랑을 그들에게 나타내라. ⁹너희가 범사에 순종하는지 그 증거를 알고자 하여 내가 이것을 너희에게 썼노라. ¹⁰너희가 무슨 일에든지 누구를 용서하면 나도 그리하고, 내가 만일 용서한 일이 있으면 용서한 그것은 너희를 위하여 그리스도 앞에서 한 것이니, ¹¹이는 우리로 사탄에게 속지 않게 하려 함이라. 우리는 그 계책을 알지 못하는 바가 아니로라.

(2:5-11)

우리 사회는 용서를 덕목이 아니라 약함의 표시로 여긴다. 우리의 영웅들은 복수심에 불탄다. 이들은 한판 붙자며 원수들에게 도전장을 내민다. 이들은 자신들을 원수들의 "지긋지긋한 악몽"으로 여기며 자랑스러워한다. 어떤 사람들은 심지어 용서가 건강에 좋지 않다고 주장한다. 자기계발서들은 자존감을 기르고 자신의 문제를 다른 사람들 탓으로 돌려야 한다고 당당하게 주장한다. 피해의식이 만연하며, 다양한 시각이 고상하고 그리스도를 닮은 용서와 회복의 미덕이 아니라 복수와 앙갚음을 칭송한다.

그러나 용서를 거부하는 값은 엄청나다. 용서하지 않으면 미움과 적대감, 원한과 분노와 복수심이 일어난다. 용서하지 않으면 동맥이 막힐 뿐 아니라 앙갚음하려는 숱한 소송에 법정도 막힌다. 용서하지 않으면 과거라는 감옥에 갇힌다. 용서하지 않는 사람들은 상처를 계속 들춰내고 치료하지 않음으로써 늘 아픔을 되살린다. 쓴뿌리가 마음에 박혀 이들을 망친다(히 12:15). 분노가 조절되지 않고 부정적 감정이 제어되지 않는다. 기쁨과 평화 대신 혼란과 다툼이 삶을 채운다.

반대로, 용서는 과거로부터 자유하게 한다. 용서는 해방하며 더없이 기쁘게 하고 건강하게 한다. 용서는 긴장을 풀어주고 평화와 기쁨을 주며 관계를 회복시킨다. 용서는 개인과 사회에게 유익을 끼친다. 그뿐 아니라, 용서해야 하는 성경적 이유가 적어도 열 개는 된다.

첫째, 신자들은 용서할 때 하나님을 가장 많이 닮는다. 하나님은 "용서하시는 하나님"(느 9:17), "용서하신 하나님"(시 99:8)이며, "긍휼과 용서하심"이 그분께 있다(단 9:9). 미가 선지자는 수사적으로 물었다. "주와 같은 신이 어디 있으리이까? 주께서는 죄악과 그 기업에 남은 자의 허물을 사유하시며 인애를 기뻐하시므로 진노를 오래 품지 아니하시나이다"(미 7:18). 탕자의 비유는 하나님의 용서를 아주 잘 설명한다(눅 15:11-32). 비유에 등장하는 아버지는 집 나간 아들을 눈이 빠지게 기다리며, 아들이 나타나자 달려가 끌어안는다. 마찬가지로, 하나님은 회개하는 죄인들을 간절히 용서하신다. 하나님의 용서는 그분이 신자들의 죄를 기억했다가 벌하지 않으시리라는 뜻이다(참조. 사 43:25; 44:22; 렘 31:34). 하나님은 신자들의 죄를 자신의 등 뒤로 던지셨으며(사 38:17), 깊은 바다에 던지셨다(미 7:19). 신자들은 간절히 용서할 때 하나님을 가장 많이 닮는다. 마태복음 5:44-45에서, 예수님은 이렇게 말씀하셨다. "나는 너희에게 이르노니, 너희 원수를 사랑하며 너희를 박해하는 자를 위하여 기도하라. 이같이 한즉 하늘에 계신 너희 아버지의 아들이 되리니, 이는 하나님이 그 해를 악인과 선인에게 비추시며 비를 의로운 자와 불의한 자에게 내려주심이라."

둘째, 제6계명 "살인하지 말라"는(출 20:13) 단순히 살인을 금하는 게 아니라 분노와 악의와 용서하지 않음과 복수심도 금한다. 마태복음 5:21-22에서, 예수님은 이렇게 선언하셨다.

옛 사람에게 말한 바 살인하지 말라 누구든지 살인하면 심판을 받게 되리라 하였다는 것을 너희가 들었으나 나는 너희에게 이르노니 형제에게 노하는 자마다 심판을 받게 되고 형제를 대하여 라가라 하는 자는 공회에 잡혀가게 되고 미련한 놈이라 하는 자는 지옥 불에 들어가게 되리라.

사도 요한은 "그 형제를 미워하는 자마다 살인하는 자"라고 덧붙였다(요일 3:15). 용서하길 거부하고 울분과 미움과 적대감이 가득한 자들은 제6계명을 범하는 것이다.

셋째, 누구든지 타인을 해치는 자는 하나님을 해치는 것이다. 모든 죄는 궁극적으로 하나님에게 짓는 것이기 때문이다. 다윗은 밧세바와 간음하고 그녀의 남편 우리아를 죽였다. 그러나 시편 51:4에서 다윗은 하나님께 인정했다. "내가 주께만 범죄하여 주의 목전에 악을 행하였사오니"(참조. 삼하 12:9). 그게 무엇이든 신자들에게 범한 잘못은 하나님께 범한 잘못에 비하면 사소하다. 그런데 어떻게 용서하길 거부할 수 있겠는가?

넷째, 하나님께 범한 큰 죄를 용서받은 자들은 다른 사람들이 자신에게 범한 작은 죄를 용서해야 한다. 신자들이 구원받을 때, 그리스도께서 이들을 대신해 돌아가셨기 때문에, 하나님은 이들이 도저히 갚을 수 없는 엄청난 죄의 빚을 탕감해주셨다(용서해주셨다). 그러므로 신자들이 다른 사람들을 용서하길 거부한다는 것은 전혀 생각할 수 없는 일이다. 예수님은 마태복음 18:21-35에 기록된 비유에서 이러한 모순을 생생하게 설명하셨다. 왕의 종이 왕에게 일만 달란트를 빚졌다(아마도 세금을 횡령한 지역 관리였을 것이다). 이 종이 절대 갚을 수 없는 엄청난 금액이었다. 왕은 그를 불쌍히 여겨 빚을 탕감해주었다. 그러나 이해할 수도 없고 믿을 수도 없는 일이 벌어졌다. 이 종은 자신에게 조금 빚진 동료 종을 용서하길(빚을 탕감해주길) 거부했다.

예화의 핵심은 단순하다. 하나님은 신자들이 그분의 거룩함에 대해서 진

엄청난 빚을 값없이 용서하신다(탕감해주신다). 이들이 영원히 지옥에서 보내더라도 결코 갚을 수 없는 빚이다. 그러므로 이들은 다른 사람들이 자신들에게 지은 죄를 기꺼이 용서해야 한다. 그러지 않는 것은 하나님이 자신들에게 베푸신 용서를 조롱하는 부끄럽고 몰염치하며 배은망덕한 짓이다.

다섯째, 신자들이 용서하길 거부한다면 다른 그리스도인들과 교제하는 복을 포기하는 것이다. 주님의 비유에서, 용서하지 않는 종의 동료들이 격분해 주인에게 사실대로 알렸다(마 18:31). 이것은 교회의 권징을 상징한다. 용서하길 거부하는 자들은 교회의 교제를 갈라놓고 교회의 일치를 무너뜨릴 수 있다. 이들을 주님 앞에 데려가 징계받게 해야 하며, 회개하지 않으면 교회의 교제에서 제외해야 한다. 후메내오와 알렉산더처럼(딤전 1:20), 고린도의 근친상간한 자처럼(고전 5:5), 이들은 사탄에게 넘겨지고 하나님의 백성과 어울리는 복을 누리지 못한다.

여섯째, 용서하지 않으면 하나님의 징계를 받는다. 용서하길 거부하는 자들은 교회 교제에서 분리될 뿐 아니라, 하나님이 이들의 삶에 고난을 주신다. 하나님은 용서하지 않는 신자들에게 거룩한 분노로 대응하시고 이들을 징계하신다(마 18:32-34). 하나님의 목적은 이들을 회개시켜 이들이 갚아야 할 것을 갚게 하는 것이다(34절). 다시 말해, 다른 사람들을 기꺼이 용서하게 하는 것이다. 바꾸어 말하면, "긍휼을 행하지 아니하는 자에게는 긍휼 없는 심판이 있으리라"(약 2:13).

일곱째, 하나님은 다른 사람들을 용서하길 거부하는 신자들을 용서하지 않으실 것이다. 예수님은 이 진리를 산상설교에서 분명하게 말씀하셨다. "너희가 사람의 잘못을 용서하면 너희 하늘 아버지께서도 너희 잘못을 용서하시려니와 너희가 사람의 잘못을 용서하지 아니하면 너희 아버지께서도 너희 잘못을 용서하지 아니하시리라"(마 6:14-15). 물론, 주님은 칭의라는 영원한 용서가(행 10:43; 롬 3:23-24; 골 1:14; 2:13; 엡 1:7; 4:32; 딛 2:14; 히 7:25; 벧전 2:24) 아니라 성화라는 일시적 용서를 말씀하고 계셨다. 신자들이 용서하지 않는다고 하나님의 자녀에서 제외되지는 않지만 하늘에 계신 아버지께 징계를 받는다. 이들은 하늘에서 누릴 영원한 복을 잃지는 않겠지만 이 세상에서 누리는 일시적 복을 잃는다.

여덟째, 신자들이 다른 사람들을 용서하지 않으면 예배하기에 합당하지 않다. 주 예수 그리스도께서 마태복음 5:23-24에서 우리에게 친숙한 말씀을 하셨다. "그러므로 예물을 제단에 드리려다가 거기서 네 형제에게 원망들을 만한 일이 있는 것이 생각나거든 예물을 제단 앞에 두고 먼저 가서 형제와 화목하고 그 후에 와서 예물을 드리라." 하나님은 용서하지 않는 자들이 드리는 위선적 예배를 원치 않으신다. 화해가 예배보다 먼저다.

아홉째, 용서하길 거부하는 것은 하나님의 권위를 탈취하는 것이다. 이것은 자신이 하나님보다 높은 재판석에 앉아 더 높은 기준을 적용하는 것이다. 바울은 로마서 12:19에서 이러한 교만을 금했다. "내 사랑하는 자들아, 너희가 친히 원수를 갚지 말고 하나님의 진노하심에 맡기라. 기록되었으되, 원수 갚는 것이 내게 있으니 내가 갚으리라고 주께서 말씀하시니라"(참조. 잠 24:29). 오직 하나님만 죄를 정당하게 다루실 수 있다. 오직 하나님만 모든 것을 알고 정의로우며 언제나 완전히 거룩하게 행동하시기 때문이다.

마지막으로, 신자들은 공격당할 때 자신을 성숙시키는 시련으로 인식하고 받아들여야 한다. 예수님은 비난과 불의와 학대를 겪는 신자들에게 명하셨다. "나는 너희에게 이르노니, 너희 원수를 사랑하며 너희를 박해하는 자를 위하여 기도하라. 이같이 한즉 하늘에 계신 너희 아버지의 아들이 되리니, 이는 하나님이 그 해를 악인과 선인에게 비추시며 비를 의로운 자와 불의한 자에게 내려주심이라"(마 5:44-45). 용서함으로써 올바르게 반응하면 영적 성숙에 이른다(약 1:2-4).

용서의 완벽한 본보기는 주 예수 그리스도다. 그분은 십자가에 달렸을 때 자신을 괴롭히는 자들을 위해 기도하셨다. "아버지, 저들을 사하여 주옵소서. 자기들이 하는 것을 알지 못함이니이다"(눅 23:34). 베드로전서 2:19-23에서, 베드로는 신자들에게 주님을 본받으라고 했다.

부당하게 고난을 받아도 하나님을 생각함으로 슬픔을 참으면 이는 아름다우나 죄가 있어 매를 맞고 참으면 무슨 칭찬이 있으리요? 그러나 선을 행함으로 고난을 받고 참으면 이는 하나님 앞에 아름다우니라. 이를 위하여 너희가 부르심을 받았으니, 그리스도도 너희를 위하여 고난을 받으사 너희에게 본을 끼쳐 그 자취를 따라오게 하려 하셨느니라. 그는 죄를 범하지 아니하시고 그 입에 거짓도 없으시며 욕을 당하시되 맞대어 욕하지 아니하시고 고난을 당하시되 위협하지 아니하시고 오직 공의로 심판하시는 이에게 부탁하시며.

사도 바울은 용서가 얼마나 중요한지 알았다. 이 단락에서, 바울은 고린도 신자들에게 지체 중 하나를 용서하라고 촉구했다. 바울이 고린도에 "고통스러운 방문"을 하는 동안 이 사람이(그의 정체는 5절에서 "근심하게 하는 자"와 6절에서 "이러한 사람"이라는 말로 숨겨진다) 사람들 앞에서 말로 그를 공격했던 게 분명하다(2:1을 보라). 바울의 지시에 따라, 고린도교회는 죄를 지은 이 지체를 징계하고 교제에서 배제했다. 그는 회개했고, 바울은 이제 그를 용서했을 뿐 아니라 고린도 신자들에게도 그를 용서하라고 했다. 이 단락에 용서에 관한 신약성경의 가르침을 풍성하게 하는 일곱 가지 동기가 나타난다. 신자들은 교만을 피하고, 긍휼을 베풀며, 기쁨을 회복하고, 사랑을 확인하며, 순종을 증명하고, 교제를 회복하며, 사탄을 좌절시키기 위해 용서해야 한다.

교만을 피하기 위해

근심하게 한 자가 있었을지라도 나를 근심하게 한 것이 아니요 어느 정도 너희 모두를 근심하게 한 것이니, 어느 정도라 함은 내가 너무 지나치게 말하지 아니하려 함이라. (2:5)

근심하게 한 자가 있었을지라도(if any has caused sorrow)라는 조건절은 가정이 참이라 추정한다. 바울은 이러한 공격이 사실이며 교회에 영향을 미친다는 것을 인정한다.

마음이 용서하지 않는 주된 원인 중 하나는 교만이다. 공격에 교만하게 대응하면 자기 연민부터 폭력적 보복까지 무슨 일이든 벌어질 수 있다. 그러나 바울의 마음에는 자기 영광이나 자기 보호, 자기 연민이나 상처 입은 자아, 복수 등이 들어설 자리가 없었다. 바울은 자신을 공격하는 자가 **근심하게 한다**(caused sorrow, 슬프게 한다)는 사실을 인정했으나 이것을 개인적으로 받아들이길 거부했다(참조. 12:10). 바울은 자신의 개인적 상처를 문제 삼길 거부함으로써 회개하는 공격자를 향한 적대감을 누그러뜨리려 했다. 교회가 바울을 전혀 고려하지 않은 채 그 사람을 처리할 터였다.

바울이 공개적으로 모독당할 때, 고린도의 "바울파" 구성원들은(고전 1:12; 3:4) 몹시 화가 났다. 이들은 죄지은 자가 교회 교제에 회복되려면 많은 징계와 참회가 필요하다고 느꼈을 것이다. 그러나 바울은 자신을 공격한 자가 실제로 자신을 **근심하게 하지** 않았다고 주장함으로써 상황을 진정시켰다. 그는 자신을 모욕한 자를 향해 몹시 분개하지 않았을뿐더러 그에게 복수하려 하지도 않았다. 바울은 그가 자신에게 안긴 슬픔과 당혹감을 떨쳐버렸으며, 교회를 향해 그 사람을 객관적으로 대하라고 촉구했다. 교회가 사도를 대신해 앙갚음할 권리는 없었다.

바울은 자신이 받은 공격을 겸손으로 이기고 자신을 공격한 사람을 용서했으며, 자신을 희생자로 보거나 자신을 공격한 사람에게 앙심을 품지 않았다. 바울의 마음에는 교만이나 격한 분노가 들어설 자리가 없었다. 사람들이 그를 어떻게 판단하느냐는 중요하지 않기 때문이었다. 그는 고린도전서에서 이렇게 썼다. "너희에게나 다른 사람에게나 판단 받는 것이 내게는 매우 작은 일이라. 나도 나를 판단하지 아니하노니, 내가 자책할 아무것도 깨닫지 못하나 이로 말미암아 의롭다 함을 얻지 못하노라. 다만 나를 심판하실 이는 주시니라"(고전 4:3-4).

바울은 자신을 향한 공격에 신경 쓰지 않았으나 그 공격이 고린도교회에 미칠 영향을 걱정했다. 그 사람의 공격은 고린도 신자들로 얼마간 **근심하게** 했다. 그가 고린도교회에 다툼을 일으켰기 때문이다. 바울은 이 사람이 고린도 신자들 **모두를 근심하게 한 것**을 고린도 신자들에게 인정했으나 그의 공격이 미치는 영향을 최소화하려고 두 사실을 덧붙였다. 첫째는 이 근심이 제한적이라는 것이다. 둘째는 그의 공격이 고린도교회에 **어느 정도(to some** degree)만 영향을 끼쳤다는 것이다. 바울은 또한 이 공격에 관해 **너무 지나치게 말하지(to say to much)** 않으려 했다. 바울은 이것을 과장하고 싶지 않았다. 대신에, 이 사건을 대수롭지 않게 여겼으며, 고린도 신자들에게 부풀려 말하지 말라고 경고했다. 그 사람은 회개했다. 그 사건은 해결되었다. 이제 앞으로 나아가야 할 때다.

바울이 자신에게 잘못한 사람을 향해 마음에 품은 것은 사랑과 용서뿐이었다. 바울은 이 사람이 자신의 기쁨을 훔치거나 자신의 유용함을 해치거나 고린도교회의 주된 문제가 되도록 두지 않았다. 바울은 예수님이 명하신 용서를 실천했다. 베드로가 예수님께 물었다. "주여, 형제가 내게 죄를 범하면 몇 번이나 용서하여 주리이까? 일곱 번까지 하오리이까?"(마 18:21). 예수님은 베드로에게 이렇게 답하셨다. "일곱 번뿐 아니라 일곱 번을 일흔 번까지라도 할지니라"(22절).

구약성경에서, 요셉은 바울처럼 이타적 용서를 실천한 본보기다. 형들이 질투심을 이기지 못해 요셉을 애굽에 종으로 팔았다. 그러나 하나님이 섭리로 요셉을 돌보셨고, 마침내 그를 애굽 총리에 앉히셨다. 기근이 닥쳐 형들이 애굽에 양식을 구하러 왔을 때, 요셉은 형들에게 자신을 드러냈다. 창세기 45:1-15은 이 극적 만남을 이렇게 기록한다.

요셉이 시종하는 자들 앞에서 그 정을 억제하지 못하여 소리 질러 모든 사람을 자기에게서 물러가라 하고 그 형제들에게 자기를 알리니, 그때에 그와 함께 한 다른 사람이 없었더라. 요셉이 큰 소리로 우니 애굽 사람에게 들리며 바로의 궁중에 들리더라. 요셉이 그 형들에게 이르되, 나는 요셉이라. 내 아버지께서 아직 살아 계시니이까? 형들이 그 앞에서 놀라서 대답하지 못하더라. 요셉이 형들에게 이르되, 내게로 가까이 오소서. 그들이 가까이 가니, 이르되 나는 당신들의 아우 요셉이니 당신들이 애굽에 판 자라. 당신들이 나를 이곳에 팔았다고 해서 근심하지 마소서. 한탄하지 마소서. 하나님이 생명을 구원하시려고 나를 당신들보다 먼저 보내셨나이다. 이 땅에 이 년 동안 흉년이 들었으나 아직 오 년은 밭갈이도 못하고 추수도 못할지라. 하나님이 큰 구원으로 당신들의 생명을 보존하고 당신들의 후손을 세상에 두시려고 나를 당신들보다 먼저 보내셨나니, 그런즉 나를 이리로 보낸 이는 당신들이 아니요 하나님이시라. 하나님이 나를 바로에게 아버지로 삼으시고 그 온 집의 주로 삼으시며 애굽 온 땅의 통치자로 삼으셨나이다. 당신들은 속히 아버지께로 올라가서 아뢰기를, 아버지의 아들 요셉의 말에 하나님이 나를 애굽 전국의 주로 세우셨으니 지체 말고 내게로 내려오사 아버지의 아들들과 아버지의 손자들과 아버지의 양과 소와 모든 소유가 고센 땅에 머물며 나와 가깝게 하소서 흉년이 아직 다섯 해가 있으니 내가 거기서 아버지를 봉양하리이다 아버지와 아버지의 가족과 아버지께 속한 모든 사람에게 부족함이 없도록 하겠나이다 하더라고 전하소서. 당신들의 눈과 내 아우 베냐민의 눈이 보는 바 당신들에게 이 말을 하는 것은 내 입이라. 당신들은 내가 애굽에서 누리는 영화와 당신들이 본 모든 것을 다 내 아버지께 아뢰고 속히 모시고 내려오소서 하며, 자기 아우 베냐민의 목을 안고 우니 베냐민도 요셉의 목을 안고 우니라. 요셉이 또 형들과 입맞추며 안고 우니 형들이 그제서야 요셉과 말하니라.

형들이 요셉을 거칠게 대했는데도, 요셉은 형들을 향해 나쁜 감정을 품지 않았다. 대신에, 요셉은 형들을 조건 없이 용서하고, 하나님이 이들의 배반을 사용해 그분의 목적을 이루셨다는 진실로 이들을 위로했다. 야곱이 죽은 후, 요셉의 형들은 요셉이 자신들에게 복수하지나 않을까 또다시 두려웠다.

요셉의 형제들이 그들의 아버지가 죽었음을 보고 말하되, 요셉이 혹시 우리를 미워하여 우리가 그에게 행한 모든 악을 다 갚지나 아니할까 하고 요셉에게 말을 전하여 이르되, 당신의 아버지가 돌아가시기 전에 명령하여 이르시기를 너희는 이같이 요셉에게 이르라 네 형들이 네게 악을 행하였을지라도 이제 바라건대 그들의 허물과 죄를 용서하라 하셨나니, 당신 아버지의 하나님의 종들인 우리 죄를 이제 용서하소서 하매, 요셉이 그들이 그에게 하는 말을 들을 때에 울었더라. 그의 형들이 또 친히 와서 요셉의 앞에 엎드려 이르되 우리는 당신의 종들이니이다. 요셉이 그들에게 이르되, 두려워하지 마소서 내가 하나님을 대신하리이까 당신들은 나를 해하려 하였으나 하나님은 그것을 선으로 바꾸사 오늘과 같이 많은 백성의 생명을 구원하게 하시려 하셨나니, 당신들은 두려워하지 마소서 내가 당신들과 당신들의 자녀를 기르리이다 하고 그들을 간곡한 말로 위로하였더라. (창 50:15-21)

교만과 자기 연민과 복수는 절망과 소외와 관계 파괴와 기쁨의 상실로 이어진다. 그러나 용서는 이러한 교만과 자기 연민과 복수의 쓰라린 사슬을 끊는다.

긍휼을 베풀기 위해

이러한 사람은 많은 사람에게서 벌 받는 것이 마땅하도다. (2:6)

죄지은 사람이 교회에게 **벌 받는 것**으로 충분했다(**sufficient, 마땅하도다**).[13] 그는 충분히 고통받았으니 이제 그에게 긍휼을 베풀고 교제에 회복시켜야 할 때였다. '에페티미아'(*epitimia*, **벌**)는 신약성경에서 여기서만 사용된다. 성경 밖 헬라어 저작들에서 사용된 용례와 이 단락에서 사용된 용례 모두 '에페티미아'가 **많은 사람**의(**by the majority,** 다수에 의한) 공식적 징계 행위—출교나 제명—를 가리킨다는 것을 보여준다. 신약성경은 교회가 죄짓는 신자들을 징계해야 한다고 가르친다. 예수님은 마태복음 18:15-18에서 이 과정을 개괄적으로 제시하셨다.

네 형제가 죄를 범하거든 가서 너와 그 사람과만 상대하여 권고하라. 만일 들으면 네가 네 형제를 얻은 것이요 만일 듣지 않거든 한두 사람을 데리고 가서 두세 증인의 입으로 말마다 확증하게 하라. 만일 그들의 말도 듣지 않거든 교회에 말하고 교회의 말도 듣지 않거든 이방인과 세리와 같이 여기라. 진실로 너희에게

---

13 NASB 2:6: Sufficient for such a one is this punishment which was inflicted by the majority(이런 사람에게는 많은 사람이 내린 이 벌로 충분하다).

이르노니, 무엇이든지 너희가 땅에서 매면 하늘에서도 매일 것이요 무엇이든지 땅에서 풀면 하늘에서도 풀리리라.

바울은 앞서 고린도교회에서 죄짓는 또 다른 지체와 관련된 문제를 다루었다.

주 예수의 이름으로 너희가 내 영과 함께 모여서 우리 주 예수의 능력으로 이런 자를 사탄에게 내주었으니, 이는 육신은 멸하고 영은 주 예수의 날에 구원을 받게 하려 함이라⋯이제 내가 너희에게 쓴 것은 만일 어떤 형제라 일컫는 자가 음행하거나 탐욕을 부리거나 우상 숭배를 하거나 모욕하거나 술취하거나 속여 빼앗거든 사귀지도 말고 그런 자와는 함께 먹지도 말라 함이라. (고전 5:4-5, 11)

바울은 데살로니가 신자들에게 이렇게 썼다.

형제들아, 우리 주 예수 그리스도의 이름으로 너희를 명하노니, 게으르게 행하고 우리에게서 받은 전통대로 행하지 아니하는 모든 형제에게서 떠나라⋯누가 이 편지에 한 우리 말을 순종하지 아니하거든 그 사람을 지목하여 사귀지 말고 그로 하여금 부끄럽게 하라. 그러나 원수와 같이 생각하지 말고 형제 같이 권면하라. (살후 3:6, 14-15)

고린도교회는 공식적으로 행동을 취했으며, 죄짓는 사람을 교회에서 쫓아냈다. 이 징계는 바라던 결과를 낸 게 분명했으며 징계받은 사람이 회개했다. 이제 그를 용서하고 회복시켜야 할 때였다. 갈라디아 6:1에서, 바울은 이렇게 명했다. "형제들아, 사람이 만일 무슨 범죄한 일이 드러나거든 신령한 너희는 온유한 심령으로 그러한 자를 바로잡고 너 자신을 살펴보아 너도 시험을 받을까 두려워하라." 그는 에베소 신자들에게 이렇게 권면했다. "서로 친절하게 하며 불쌍히 여기며 서로 용서하기를 하나님이 그리스도 안에서 너희를 용서하심과 같이 하라"(엡 4:32). 골로새서 3:13에서, "누가 누구에게 불만이 있거든 서로 용납하여 피차 용서하는" 것이 신자들의 특징이어야 한다고 했다.

신자들은 회개하는 죄인에게 용서로 긍휼을 베풀 때 하나님을 가장 많이 닮는다.

기쁨을 회복하기 위해

그런즉 너희는 차라리 그를 용서하고 위로할 것이니, 그가 너무 많은 근심에 잠 길까 두려워하노라. (2:7)

다윗은 밧세바와 저지른 참혹한 죄를 울면서 고백했으며 죄가 기쁨을 앗아갔다는 고통스러운 사실을 인정했다. 시편 51편에서, 다윗은 하나님께 간구했다. "주의 구원의 즐거움을 내게 회복시켜 주시고"(12절), "하나님이여, 나의 구원의 하나님이여, 피 흘린 죄에서 나를 건지소서. 내 혀가 주의 의를 높이 노래하리이다"(14절). 고백과 회개는 하나님께서 모든 그리스도인이 갖길 바라시는 기쁨을 회복시킨다(요 15:11; 16:24; 17:13; 요이 12; 참조. 갈 5:22).

고린도 신자 중에 어떤 사람들은 바울을 모욕한 사람이 회복되려면 고통을 더 겪어야 한다고 믿었다. 그러나 바울은 이런 생각에 동의하지 않았으며 **차라리**(on the contrary, 반대로) 고린도 신자들이 **그를 용서하고 위로**해야 한다고 주장했다. 그의 아픔이 그를 회개로 이끌었고, 이제는 그의 기쁨을 회복시켜야 할 때였다. 교회는 은혜와 긍휼을 제멋대로 제한해서는 안 되며, 아무리 심한 죄를 지은 사람이라도 진정으로 회개하면 다시 받아들이길 거부해서는 안된다.

고린도 신자들이 회개하는 사람을 **용서하지** 않으면 죄를 짓고 그들의 기쁨을 빼앗게 되는 것이었다. 사실, 이것은 하나님의 징계를 부르게 된다(참조. 마 6:14-15; 18:35). 용서하지 않으면, 이들은 예배를 드리기에도 합당하지 못하게 될 것이었다(마 5:23-24).

단언컨대, 고린도교회는 그를 **위로**해야 했다. 위로는 신약성경에 나오는 친숙한 단어 '파라클레오'(parakaleō)를 번역한 것인데, '파라클레오'는 "곁에 있어 주다"(to come alongside), "힘을 주다"(to strengthen), "격려하다"(to encourage)는 뜻이다. 고린도 신자들은 "온유한 심령으로 그러한 자를 바로 잡고(restore, 회복시키고)"(갈 6:1), 그의 곁에 있어 주며, 그를 안아 일으켜 주고, 그가 순종하며 살도록 도와주어야 했다. 바울은 그러지 않으면 **그가 너무 많은 근심에 잠길까 두려웠다.** 다시 말해, 바울은 그가 자신이 받는 벌 때문에 근심에 잠길 뿐 아니라, 고린도 신자들의 계속된 배척 때문에 근심에 잠길까 두려웠다. '카타피노'(katapinō, **overwhelmed, 잠기다**)는 신약성경에서 "삼키다"(swallow, 고후 5:4; 마 23:24; 고전 15:54), "빠지다"(drown, 히 11:29), "먹어치우다"(devour, 벧전 5:8, 개역개정은 "삼키다") 등으로 다양하게 번역된다. 하나님은 신자들이 그들의 죄에게 완전히 먹혀버리길 원치 않으신다. 이 서신 뒷부분에서, 바울은 이렇게 썼다. "하나님의 뜻대로 하는 근심은 후회할 것이 없는 구원에 이르게 하는 회개를 이루는 것이요 세상 근심은 사망을 이루는 것이니라"(고후 7:10). 근심(sorrow, 슬픔)은 죄를 깨닫게 하는 역할을 다하면 기쁨으로 대체되어야 한다.

사랑을 나타내기 위해

그러므로 너희를 권하노니, 사랑을 그들에게 나타내라. (2:8)

바울은 회개한 사람이 근심하는 게 아니라 기뻐하길 바랐고, 그래서 고린도 신자들에게 **사랑을 그들에게 나타내라**(reaffirm your love for him, 그를 향한 여러분의 사랑을 재확인하십시오.)고 **권한다**(urge, 촉구한다). '쿠로오'(kuroō, **reaffirm**, 재확인하다, **나타내다**)는 신약성경에서 이곳 외에 단 한 곳에서 사용되는데, 공식적인 언약 비준을 말한다(갈 3:15). 고린도 신자들은 죄지은 사람을 공식적으로, 공개적으로 징계했다(6절). 이제 이들은 공식적으로, 사랑으로 그 사람을 교제에 회복시킴으로써 이 문제를 마무리해야 했다. 이렇게 함으로써, 이들은 그 사람을 향한 개인적 애정뿐 아니라 공동체적 애정을 표현해야 했다.

'아가페'(agapē, **사랑**)는 선택하고 의지를 발휘하며 겸손하게 타인들을 섬기는 **사랑**이다. 아가페는 감성적으로 느끼는 사랑이 아니라 행동하는 **사랑**이다 (고전 13:4-7). **사랑**은 교회의 삶에 필수다. 돌아가시기 전날 밤, 예수님은 이렇게 말씀하셨다. "새 계명을 너희에게 주노니, 서로 사랑하라. 내가 너희를 사랑한 것 같이 너희도 서로 사랑하라. 너희가 서로 사랑하면 이로써 모든 사람이 너희가 내 제자인 줄 알리라"(요 13:34-35). 바울은 에베소 신자들에게 이렇게 명했다. "그러므로 사랑을 받는 자녀같이 너희는 하나님을 본받는 자가 되고, 그리스도께서 너희를 사랑하신 것 같이 너희도 사랑 가운데서 행하라. 그는 우리를 위하여 자신을 버리사 향기로운 제물과 희생제물로 하나님께 드리셨느니라"(엡 5:1-2).

용서하지 못하는 결정적 이유는 사랑하지 않기 때문이다. 반대로, 용서는 고귀한 사랑의 법을 성취한다(참조. 약 2:8). 용서하는 사랑은 더없이 귀한 보석이며 교회의 삶에 값진 보배다. 용서하는 사랑이 없으면 교회는 찢기고 갈라지며 산산조각이 난다. 교회는 징계(권징)를 충실하게 행할 뿐 아니라 회개하는 죄인들을 용서해야 한다. 신자 개개인뿐 아니라 교회가 함께 사람들을 용서할 때 사랑이 더없이 잘 드러난다.

순종을 증명하기 위해

너희가 범사에 순종하는지 그 증거를 알고자 하여 내가 이것을 너희에게 썼노라. (2:9)

이미 말했듯이, 용서는 겸손과 긍휼과 기쁨과 사랑을 비롯해 그리스도인들의 가장 고상한 몇몇 덕목을 반영한다. 그러나 설령 그러지 않더라도, 용서는 여전히 올바른 행위다. 하나님이 용서를 명하시기 때문이다. 바울이 고린도전서와 고린도후서 사이에 엄한 편지를 쓴 것은(2:4) 고린도 신자들이 **범사에 순종하는지 그 증거를 알기**(시험하기) 위해서였다. 고린도 신자들이 기꺼이 용서하느냐는 이들의 마음이 하나님 앞에서 올바른지를 보여주는 진정한 **증거**(test, 시험)였다. 인간 역사를 흘긋 보더라도 알 수 있듯이, 타락한 인간은 쉽게 용서하지 않는다. 인종과 인종, 종교와 종교 사이에 전쟁이 끊이지 않고 복수가 되풀이 되며, 개인과 개인 사이에도 복수가 끊이지 않는다. 이 때문에 아담의 타락후 인류 역사는 만신창이가 되었다. 죄악과 교만으로 가득한 인간은 용서를 약함으로 보고 복수를 강함으로 본다. 고린도 신자들은 죄지은 사람을 징계함으로써 **순종**을 증명했다. 그를 용서하고 다시 교제에 받아들이는 것도 이들의 순종을 증명할 것이었다. 예수님은 이렇게 명하셨다. "만일 네 형제가 죄를 범하거든 경고하고, 회개하거든 용서하라"(눅 17:3). 고린도 신자들은 죄짓는 지체를 징계함으로써 이 명령의 앞부분에 순종했으며, 그를 온전히 용서한다면 뒷부분에 순종하게 되는 것이다.

하나님은 그들의 마음에 있는 것을 드러내려고 자신의 백성을 늘 시험하신다. 출애굽기 16:4에서, 하나님은 모세에게 이렇게 말씀하셨다. "보라 내가 너희를 위하여 하늘에서 양식을 비 같이 내리리니, 백성이 나가서 일용할 것을 날마다 거둘 것이라. 이같이 하여 그들이 내 율법을 준행하나 아니하나 내가시험하리라." 모세는 이스라엘에게 이렇게 말했다.

> 네 하나님 여호와께서 이 사십 년 동안에 네게 광야 길을 걷게 하신 것을 기억하라. 이는 너를 낮추시며 너를 시험하사 네 마음이 어떠한지 그 명령을 지키는지 지키지 않는지 알려 하심이라…네 조상들도 알지 못하던 만나를 광야에서 네게 먹이셨나니, 이는 다 너를 낮추시며 너를 시험하사 마침내 네게 복을 주려 하심이었느니라. (신 8:2, 16)

신명기 13:3에서, 모세는 이렇게 덧붙였다. "너는 그 선지자나 꿈꾸는 자의 말을 청종하지 말라. 이는 너희의 하나님 여호와께서 너희가 마음을 다하고 뜻을 다하여 너희의 하나님 여호와를 사랑하는 여부를 알려 하사 너희를 시험하심이니라."

바울은 고린도교회를 시험했다. 이들이 징계하고 용서하는지 알아보기 위해서였다. 오늘의 대다수 교회와 달리, 고린도교회는 두 시험을 모두 통과했다. 이들은 죄를 지적하는 어려운 일을 했다. 또한 죄지은 사람을 사랑으로 용서하고 회복시키라는 바울의 명령에도 순종했다. 이 서신 조금 뒤에서 바울은 이렇게 썼다.

> 그런즉 내가 너희에게 쓴 것은 그 불의를 행한 자를 위한 것도 아니요 그 불의를 당한 자를 위한 것도 아니요 오직 우리를 위한 너희의 간절함이 하나님 앞에서 너희에게 나타나게 하려 함이로라. 이로 말미암아 우리가 위로를 받았고 우리가 받은 위로 위에 디도의 기쁨으로 우리가 더욱 많이 기뻐함은 그의 마음이 너희 무리로 말미암아 안심함을 얻었음이라. 내가 그에게 너희를 위하여 자랑한 것이 있더라도 부끄럽지 아니하니, 우리가 너희에게 이른 말이 다 참된 것 같이 디도 앞에서 우리가 자랑한 것도 참되게 되었도다. 그가 너희 모든 사람들이 두려움과 떪으로 자기를 영접하여 순종한 것을 생각하고 너희를 향하여 그의 심정이 더욱 깊었으니. (고후 7:12-15)

디도가 확인하고 바울에게 알렸듯이, 고린도 신자들은 바울에게 순종했고 불의를 행한 자(the offender)를 용서했다. 혼돈과 혼란에 휩싸여 요동치던 교회가 이제 순종하는 교회가 되었다.

교제를 회복하기 위해

너희가 무슨 일에든지 누구를 용서하면 나도 그리하고, 내가 만일 용서한 일이 있으면 용서한 그것은 너희를 위하여 그리스도 앞에서 한 것이니, (2:10)

바울은 불의를 행한 자(the offender, 바울을 비방하고 공격한 자)를 용서하려는 다수의 결정에 동의했으며, 여기서 바울의 겸손이 드러났다. "바울파"는 이 사람이 고통을 더 겪길 원했으나 바울은 여기에 동의하지 않았다. 바울은 이미 그를 **용서했다.** 이번에도, 바울은 자신을 향한 공격을 대단하게 여기지 않았다. 그의 주된 관심은 교제가 회복되고 고린도교회가 하나 되는 것이었다. 그래서 바울이 그 사람을 **용서한 일이 있으면 용서한 그것은** 무엇보다도 고린도교회를

위하여 한 것이었다.

바울은 **그리스도 앞에서** 온전하게 살았으며, 주님이 자신의 생각과 말과 행위를 모두 아신다는 것을 알았다. 이 서신 조금 뒤에서, 바울은 고린도 신자들에게 자신이 "하나님 앞에서와 그리스도 안에서" 말한다는 것을 상기시켰다(2:17). 4:2에서, 바울은 "하나님 앞에서 각 사람의 양심에 대하여 <u>스스로 추천하노라</u>"고 했다(참조. 7:12; 12:19). 그는 디모데에게 이렇게 썼다. "하나님 앞과 살아 있는 자와 죽은 자를 심판하실 그리스도 예수 앞에서 그가 나타나실 것과 그의 나라를 두고 엄히 명하노니, 너는 말씀을 전파하라. 때를 얻든지 못얻든지 항상 힘쓰라. 범사에 오래 참음과 가르침으로 경책하며 경계하며 권하라"(딤후 4:1-2). 바울은 자신을 공격한 사람을 진심으로 용서했다. 그는 늘 그리스도 앞에서 살았는데 그 그리스도께서 그 사람을 온전히 용서하셨기 때문이다.

용서는 교회가 하나됨을 유지하는 데 더없이 중요하다. 용서가 없으면 불화와 부조화와 적의와 복수심이 교회의 하나됨을 무너뜨릴 수 있다.

사탄을 좌절시키기 위해

> **이는 우리로 사탄에게 속지 않게 하려 함이라. 우리는 그 계책을 알지 못하는 바가 아니로라.** (2:11)

교회를 향한 사탄의 목적과 하나님의 목적은 정반대다. 하나님은 겸손하고 긍휼과 기쁨과 사랑이 넘치며 순종하는 교제를 원하신다. 반대로, 사탄은 죄가 더없이 지배하는 교제를 원한다. 죄를 지적할 때, 사탄은 거칠고 무자비하게 지적하길 원한다. 죄를 처리하지 않는 것과 회개하는 죄인들을 용서하지 않는 것은 둘 다 교회를 무너뜨릴 수 있다. 바울은 고린도 신자들에게 힘주어 말했다. 이들은 회개하는 사람을 용서하고 회복시켜 **사탄에게 속지 않아야** 했다. 용서하지 않으면 마귀의 손아귀에 놀아나는 셈이 되고 교회를 분열시키는 데 필요한 도구를 마귀에게 안겨주는 꼴이 된다.

신자들은 사탄의 **계책을 알지 못하는** 일이 없어야 하며, "마귀의 간계를 능히 대적하기 위하여 하나님의 전신 갑주를 입"어야 하고(엡 6:11), "마귀에게 틈을 주지 말"아야 한다(엡 4:27). 이렇게 하는 아주 중요한 두 방법이 죄를 처리하고 죄인들을 용서하는 것이다.

용서는 용서하는 사람에게 영향을 미치고(고후 2:5), 용서받는 사람에게 영향을 미치며(2:6-8), 교회 전체에 영향을 미친다(2:9-11). 죄인들을 징계하고 회개하는 사람들을 회복시키는 수고는 교회가 주님을 사랑하는지 알 수 있는 진짜 시험이다.

5

낙담한 목회자의 기쁨 회복하기
(2:12-17)

¹²내가 그리스도의 복음을 위하여 드로아에 이르매, 주 안에서 문이 내게 열렸으되 ¹³내가 내 형제 디도를 만나지 못하므로 내 심령이 편하지 못하여 그들을 작별하고 마게도냐로 갔노라. ¹⁴항상 우리를 그리스도 안에서 이기게 하시고 우리로 말미암아 각처에서 그리스도를 아는 냄새를 나타내시는 하나님께 감사하노라. ¹⁵우리는 구원 받는 자들에게나 망하는 자들에게나 하나님 앞에서 그리스도의 향기니, ¹⁶이 사람에게는 사망으로부터 사망에 이르는 냄새요 저 사람에게는 생명으로부터 생명에 이르는 냄새라. 누가 이 일을 감당하리요? ¹⁷우리는 수많은 사람들처럼 하나님의 말씀을 혼잡하게 하지 아니하고, 곧 순전함으로 하나님께 받은 것 같이 하나님 앞에서와 그리스도 안에서 말하노라. (2:12-17)

사역에 대한 부르심은 그 무엇과도 비교할 수 없는 축복과 특권으로의 초대다. 그러나 그와 동시에, 낙담과 어려움과 슬픔과 아픔과 절망을 겪으리라는 초대이기도 하다. 자신의 사역이 아무리 풍성하게 복을 받더라도, 목회자라면 누구라도 이처럼 낙심하고 풀이 죽는 암울한 순간을 알고 있다. 하나님의 사람 찰스 스펄전(Charles Spurgeon)은 이렇게 썼다.

한바탕 우울증이 우리 대부분을 찾아옵니다. 우리는 대개 아주 즐겁지만 이따금 어쩔 수 없이 푹 가라앉습니다. 강한 사람이라고 늘 강인하지는 않으며, 지혜로운 사람이라고 늘 준비되어 있지는 않고, 용감한 사람이라고 늘 용기 있지는 않으며, 기뻐하는 사람이라고 늘 행복하지는 않습니다. 여기저기 철인들이 있을지 모릅니다. 이들은 닳고 찢겨도 별로 개의치 않습니다. 그러나 녹이 이런 사람들이라고 피해가지는 않습니다. 평범한 사람들의 경우, 주님은 이들이 티끌일 뿐임을 아시며 이들로 이것을 알게 하십니다. ("The Minister's Fainting Fits," in *Lectures to My Students*, First Series [Reprint; Grand Rapids: Baker, 1980], 167)

다음 편지가 보여주듯이, 어떤 목회자들은 너무 심하게 낙담한 나머지 목회를 그만둔다.

사랑하는 짐 선교사님에게. 끝났습니다. 어제 사직서를 제출했습니다. 사직서는 즉시 수리되었고, 저는 오늘 아침부터 부동산 회사에서 일을 시작했습니다. 다시는 목회를 하지 않을 것입니다. 이 편지를 읽는 선교사님의 마음이 보이는 듯합니다. 노엽게 여기지 않으실 테지만 실망도 하지 않으셨으면 합니다. 조금도 선교사님을 탓하지 않습니다. 제 자신이 조금 싫습니다. 신학교 시절을 기억하십니까? 그때 우리는 미래를 이야기했고, 하나님 나라를 위해 무엇을 할지 그려보았습니다. 우리는 이타적인 그리스도인의 섬김이 무한히 필요하다는 것을 알았고, 나가서 세상의 구원을 위해 우리 몸을 감당하길 바랐습니다. 졸업식 전날 밤 나눈 대화를 절대 잊지 못할 것입니다. 선교사님은 해외에 나가기로 되어 있었고 저는 제일교회로 가기로 되어 있었습니다. 우리는 유용하게 쓰임 받으리라는 원대한 꿈을 꾸었고 목사님은 그 꿈을 이루었습니다. 지난 25년을 뒤돌아보면, 제가 도왔던 사람들, 제가 하도록 허락받았던 가치 있는 일들이 떠오릅니다. 그러나 오늘밤 여기 앉아 생각하는데, 제가 목사가 되는 것은 절대로 하나님의 뜻이 아니라는 확신이 그 반대라는 확신보다 강합니다. 그게 하나님의 뜻이었더라도, 저는 그 값을 치를 만큼 크고 용감하지 못합니다. 설령 선교사님이 저를 겁쟁이라 하게 되더라도, 제가 그만 둔 이유를 말씀드리겠습니다.…

최근 몇 년간, 진실하고 이타적이며 헌신적인 그리스도인을 거의 보지 못했습니다. 제 평가가 특별히 치우치거나 불공정하다고 믿지 않습니다. 제가 아는 한, 저는 비판적이지 않습니다. 그러나 최근 여러 해 사이, 제 안에 어떤 확신이 점점 커졌습니다. 보통 교인들이 하나님 나라와 그 확장에, 또는 동료 신자들의 안녕에 별 관심이 없다는 것입니다. 그저 자신의 영혼을 지옥에서 구원하려고 그리스도인이 된 것 같습니다. 다른 이유는 없는 것 같습니다. 최대한 행동을 안 하고 최대한 무관심하게 살아갑니다. 다른 사람들을 위해 손가락 하나 까딱하지 않고도 천국에 갈 수 있다는 생각이 든다면 기꺼이 그럴 것입니다. 제가 섬겼던 어느 교회에서든 하나님의 일에 진심으로 관심을 쏟고 이타적으로 헌신된 사람은 극소수에 지나지 않았습니다. 꿈쩍도 하려들지 않는 교인들을 동료 신자들을 위해 작은 일이라도 감당하라며 밀고 당기며 재우치고 설득하는 데 제 시간을 다 쏟았습니다. 이들은 교회 예배에 성실하게 참석하겠다고 약속했지만 열 명 중 한 명도 기도회에 참석할 생각을 하지 않았습니다. 많은 교인이 아침 예배에 거의 참석하지 않았고 저녁 예배에 참석하는 교인은 극소수였습니다. 자신들이 그리스도를 섬기는 일에 헌신했다는 사실은 이들에게 아무 의미도 없는 것 같았습니다.

저는 지쳤습니다. 교회에서 진정한 희생을 기대할 수 있는 사람이 저 하나뿐이라는 데 지쳤습니다. 그리스도인이 그리스도인처럼 살도록 밀고 당기는 데 지쳤습니다. 교인들을 위한 일을 계획하지만 그 일이 결국 내 일이 되거나 방치되는 데 지쳤습니다. 제가 합당한 삯을 받는다면 그럴 필요가 없을 텐데, 빚쟁이들을 피하는 데 지쳤습니다. 노년을 무일푼으로 살아야 한다는 섬뜩한 생각에 지쳤습니다. 저는 그리스도를 떠나는 게 아닙니다. 그분을 사랑합니다. 여전히 그분을 섬기려 노력할 것입니다.

오랜 친구이니 저를 너그럽게 판단해 주시길 빕니다. 선교사님의 우정마저 잃는다면 견딜 수 없을 것입니다.

선교사님의 오랜 친구 윌리엄 드림.

(A. T. Robertson, *The Glory of the Ministry* [New York: Revell, 1911], 24-27에서 인용).

윌리엄처럼, 사도 바울도 낙심이 낯설지 않았다. 그러나 윌리엄과 달리, 바울은 삶이 끝날 때까지 사역을 계속했다(딤후 4:7). 바울은 사역하며 겪은 육체적 고난을 열거한 후 이렇게 덧붙였다. "이 외의 일은 고사하고 아직도 날마다 내 속에 눌리는 일이 있으니, 곧 모든 교회를 위하여 염려하는 것이라. 누가 약하면 내가 약하지 아니하며 누가 실족하게 되면 내가 애타지 아니하더냐?"(고후 11:28-29). 바울에게 가장 깊은 실망과 낙담을 안긴 것은 고린도교회였다. 고린도교회의 미성숙과 얄팍함과 죄와 무관심과 자신을 향한 반감에, 심지어 자신의 사도적 권위에 대한 노골적 도전에, 바울은 마음이 찢어졌다. 바울이 고린도 신자들에게 보낸 첫째 편지는 죄와 이기심과 혼란과 세속성을 비롯해 온갖 영적 무질서에 관한 슬픈 내용이었다. 고린도 신자들은 믿기 전 몸에 배었던 죄악된 패턴들을 교회에 가지고 들어왔으며, 아버지의 아내와 근친상간을 저지르는 가장 추악한 형태의 성도착을 용납했다(고전 5:1-8). 이들은 서로 싸웠으며 서로를 법정에 세웠다(고전 6:1-8). 이들은 결혼과 독신에 관해 혼동했다(고전 7장). 이들은 그리스도 안에서 얻은 자유를 오용했으며 이 자유에 관해 교만했다(고전 8:1). 이들이 행하는 주의 만찬은 죄와 이기심으로 얼룩졌다(고전 11:17-34). 이들은 영적 은사를 심하게 오해했다. 그래서 어떤 사람이 모임 중에 알 수 없는 언어로 예수 그리스도를 저주했을 때, 이것을 성령의 역사로 여겼다(고전 12:3). 게다가, 몇몇 거짓 사도들이 근간에 고린도에 와서 바울에 관해 거짓을 늘어놓으면서 그의 인격을 공격했다. 이들은 자신들의 이단사설로 고린도교회를 휘어잡으려 했고, 이를 위해 사도 바울의 신뢰성을 무너뜨리고 바울을 대신해 고린도교회의 권위 있는 선생들이 되려 했다. 고린도 신자 중에 얼마가 이들에게 속았고, 이 때문에 바울은 마음이 찢어졌다.

그러나 고린도 신자들에게 온갖 문제가 있었는데도 바울은 이들을 깊이 사랑했으며 자기 인생에서 적어도 18개월을 쏟아부어 이들을 목양했다(행 18:11). 바울은 고린도 신자들을 깊이 사랑했기에 이들에게서 깊은 상처를 받을 위험이 있었다. 실제로 이들은 바울에게 깊은 상처를 안겼다(고후 12:15). 바울의 마지막 고린도 방문은 아주 고통스러웠으며(2:1), 그가 겪은 아픔과 슬픔과 실망이 이 단락에 분명하게 나타난다. 설상가상으로, 바울이 최근에 사역했고 고린도전서를 썼던 에베소에서도 일이 잘 풀리지 않았다. 바울이 복음을 전하자 소요가 일어났고, 이 때문에 바울은 하마터면 목숨을 잃을 뻔했다(행 19:23-41). 이 책 1장에서 말했듯이, 바울은 에베소에서 여러 차례 심문도 받았고, 그래서 "힘에 겹도록 심한 고난을 당하여 살 소망까지 끊어지고…사형 선고를 받은 줄 알았다"(고후 1:8-9). 당연히, 바울이 겪은 모든 일에 비춰 볼 때, 고린도후서는 비애와 슬픔을 담고 있다.

현재 본문을 두 단락으로 나눌 수 있다. 첫째 단락은 바울이 고린도 신자들에게 실망했다는 것이고, 둘째 단락은 그리스도 때문에 바울이 이들을 격려했다는 것이다.

바울의 낙담

¹²내가 그리스도의 복음을 위하여 드로아에 이르매, 주 안에서 문이 내게 열렸으되 ¹³내가 내 형제 디도를 만나지 못하므로 내 심령이 편하지 못하여 그들을 작별하고 마게도냐로 갔노라. (2:12-13)

바울은 에베소를 떠나 **드로아에 이르렀다. 드로아**는 서부 소아시아에 자리한 에게해 항구였으며, 다르다넬스 해협 입구 근처에 위치한 무시아 지방에 속했다. 드로아(Troas)는 유명한 도시 트로이에서 15킬로미터 남짓 떨어져 있었으며, 그 지명도 트로이(Troy)에서 왔다. 드로아는 주전 300년경 건설되었으며, 로마 식민지에서 부러움을 사는 지위를 아우구스투스 황제로부터 부여받았다.

바울은 에베소에서 두려움 없이 복음을 전함으로써 심각한 소요 사태를 촉발했으며(행 19:23-41), 이 때문에 에베소를 떠나 **드로아**로 갔을 것이다. 그러나 더 중요한 것은 바울이 그곳에서 디도를 만나길 바랐다는 것이다. 바울은 디도를 고린도에 보내 고린도교회가 고린도전서에 어떻게 반응했는지, 특히 "엄한 편지"에(고후 2:3-4을 보라) 어떻게 반응했는지 알아보게 했다. 디도가 가져올 소식을 초조하게 기다리는 동안, 바울은 더없이 두려웠으며 근심으로 마음이 무거웠다. 바울은 디도가 고린도에서 에베소로 돌아가는 길에 **드로아**를 경유하리라는 것을 알았다. 더는 기다릴 수 없었기에, 바울은 한시라도 빨리 디도를 만나고 그가 가져오는 소식을 듣길 바라며 드로아에 갔다.

바울은 전에 2차 선교여행 때 **드로아**에 갔었다(행 16:8-11). 그러나 그때 그곳에 교회를 세우지 못한 게 분명하다. 바울이 마게도냐와 고린도에서 돌아오는 길에 **드로아**를 방문했을 때 그곳에 교회가 있었다(행 20:6-12). 그러므로 바울이 이번 방문 때 **드로아**에 교회를 세운 것으로 보인다. 디도를 기다리면서, 기회 있을 때마다 늘 그렇게 했듯이, 바울은 **그리스도의 복음**을 전했다. 그가 **드로아**에 간 것은 단순히 디도를 만나기 위해서가 아니라 복음을 전하기 위해서이기도 했다.

바울은 **주 안에서 문이 내게 열렸**다고 말한다. 이 말은 바울이 **드로아**에서 디도를 기다리면서 복음을 전했다는 것을 한층 더 확실히 보여준다. 바울이 복음을 전할 기회를 얻지 못했고 긍정적 반응도 얻지 못했다면, **주 안에서 문이** 그에게 **열렸**다는(주님이 그에게 문을 여셨다는) 것을 달리 어떻게 알 수 있었겠는가? 바울은 일반적으로 사역 기회를 말할 때 이 어구를 사용했다. 고린도전서 16:8-9에서, 바울은 에베소에서 문이 열렸다고 했다. "내가 오순절까지 에베소에 머물려 함은 내게 광대하고 유효한 문이 열렸으나 대적하는 자가 많음이라." 바울과 바나바는 1차 선교여행을 마치고 모교회, 곧 안디옥교회로 돌아가 "하나님이 함께 행하신 모든 일과 이방인들에게 믿음의 문을 여신 것을 보고"했다(행 14:27). 바울은 골로새 신자들에게 "우리를 위하여 기도하되 하나님이 전도할 문을 우리에게 열어 주사 그리스도의 비밀을 말하게 하시기를 구하라"고 당부했다(골 4:3).

드로아에서 **문이 열린** 것은 바울이 오래 갈망하고 기도한 기회를 하나님 준비하셨다는 것을 말한다. 그러나 바울은 고린도 상황에 짓눌린 나머지 기회에 집중하기 어려웠다. 그는 **심령이 편하지 못하였다(had no rest for my spirit)**. 바울은 마음이 소란스럽고 불안했으며, 이 때문에 **드로아**에서 **열린** 사역의 **문**이 닫힐 위기에 처했다. 고린도교회를 심히 걱정했고, 이 때문에 머릿속에 온갖 고통스러운 질문이 일어났다. 고린도 신자들이 그를 향한 사랑을 단언했을까? 아니면 거짓 사도들을 따랐을까? 고린도 신자들이 그가 앞서 꾸짖은 구체적 문제들—분쟁, 다툼, 근친상간, 결혼, 독신, 이혼, 여자의 역할, 우상숭배, 영적 교만, 주의 만찬 및 영적 은사 오용—을 처리했을까? 바울은 마음이 아팠다. 고린도 신자들이 이런 질문들에 어떻게 답했는지 알지 못했고, 따라서 드로아에서 자유롭게 사역할 수 없었기 때문이다. 디도에게 소식을 들을 때까지, 바울은 더없이 두려웠다. 그는 고린도 상황에 짓눌린 나머지 드로아에서 사역의 **문**이 열린 것에 신경 쓰지 못했다. **드로아에서 디도를 만나지 못했기에 마게도냐로 갔다.** 더는 기다릴 수 없었다. 디도를 찾아 고린도 신자들의 반응을 들어야 했다. 그래서 에게해 북서해변에 맞닿아 있으며 아가야 북부에 자리한 **마게도냐** 지방으로 향했다.

바울의 삶에서 캄캄한 시간이었다. 그는 고린도 신자들을 더없이 사랑했기에 이들 걱정으로 마음이 찢어져 낙심할 지경이었다(고후 7:5-6). 그러나 바울은 포기하지 않았다. 그는 "사방으로 욱여쌈을 당하여도 싸이지 아니하며 답답한 일을 당하여도 낙심하지(despairing, 절망하지) 아니"했다(4:8). 그는 낙담했으나 주저앉지 않았고, 디도를 만나 좋은 소식을 들으리라는 희망을 놓지 않았다. 그때까지 바울은 깊은 두려움과 싸웠다. 주님께 집중할 때 안도감이 찾아왔다.

바울이 받은 격려

[14]항상 우리를 그리스도 안에서 이기게 하시고 우리로 말미암아 각처에서 그리스도를 아는 냄새를 나타내시는 하나님께 감사하노라. [15]우리는 구원 받는 자들에게나 망하는 자들에게나 하나님 앞에서 그리스도의 향기니, [16]이 사람에게는 사망으로부터 사망에 이르는 냄새요 저 사람에게는 생명으로부터 생명에 이르는 냄새라. 누가 이 일을 감당하리요? [17]우리는 수많은 사람들처럼 하나님의 말씀을 혼잡하게 하지 아니하고, 곧 순전함으로 하나님께 받은 것 같이 하나님 앞에서와 그리스도 안에서 말하노라. (2:14-17)

14절에서, 바울은 갑자기 태도를 바꾸어 **하나님께 감사**한다. 무슨 이유 때문인지는 본문에 분명하게 나타나지 않는다. 사실, 바울은 마게도냐에서 마침내 디도를 만나(7:5-7) 고린도 상황에 관해 전체적으로 고무적인 소식을 들었다. 마음 졸이던 바울은 이 소식에 안도한 게 분명하다. 그러나 바울이 얻은 기쁨과 격려의 주된 이유는 이것이 아니었다. 이것이 주된 이유였다면 이 단락에서 그렇다고 말했을 것이다. 대신에, 바울은 7장에 가서야 이것을 말한다. 바울은 고린도교회에 자신에게 여전히 적대적인 소수가 있다는 것을 알았다. 거짓 사도들이 고린도교회에 여전히 있었고, 지독히 죄악된 도시 고린도 또한 교회에 악영향을 끼치고 있었다. 지혜롭게도, 바울은 자신에게 등을 돌렸던 고린도 신자들이 또다시 등을 돌릴 수 있다는 것도 알았다. 어쨌든, 바울은 고린도교회 문제들이 말끔히 해결되었다고 생각하지 않았던 게 분명하다. 그렇게 생각했다면, 뒤이어 긴 편지, 곧 고린도후서를 쓰지 않았을 것이다.

그러나 바울은 환경에서 위로와 기쁨과 격려를 얻으려 하지 않았으며, "우리 주 예수 그리스도의 하나님이시요 자비의 아버지시요 모든 위로의 하나님"을 바라보았다(1:3). 바울이 낙담을 치료하는 비법은 감사하는 마음이었다. 바울은 시선을 자신이 처한 어려움에서 떼어 자신의 하나님께 고정했다.

바울은 로마 세계의 중요한 행사, 곧 개선행진(the Triumph)을 14-17절의 배경으로 사용했다. 윌리엄 바클레이(William Barclay)는 이것을 이렇게 기술한다.

[바울은] 로마의 개선행진과 만국의 정복자 그리스도를 생각한다. 승리한 로마 장군이 누릴 수 있는 가장 큰 영예는 개선행진이었다. 그러려면 몇 가지 조건이 충족되어야 했다. 실제로 전투를 지휘한 최고 사령관이어야 했다. 군사원정이 완전히 종결되고 그 지역에 평화가 정착되며 승리한 군대가 돌아와야 했다. 한 차례 전투에서 적군을 적어도 오천 명은 쓰러뜨려야 했다. 단순히 재난을 복구하거나 공격을 격퇴하는 것이 아니라 영토를 적잖게 확장해야 했다. 내전에서 거둔 승리가 아니라 다른 나라에게 거둔 승리여야 했다.

개선행진에서, 승리한 장군은 다음 순서로 로마 거리들을 지나 감피돌리오 광장까지 행진했다. 로마 관리들과 원로원이 맨 앞에 섰다. 나팔수들이 그 뒤를 따랐다. 정복지에서 취한 전리품이 그 뒤를 따랐다. 예를 들면, 티투스가 예루살렘을 정복하고 돌아왔을 때, 예루살렘 성전에서 탈취한 가지가 일곱인 촛대와 진설병을 올려놓는 황금 테이블과 황금 나팔들이 로마 거리들을 지나며 이송되었다. 정복한 땅의 그림들과 정복한 성채와 배의 모형들이 그 뒤를 따랐다. 그리고 제물로 바칠 흰 소가 그 뒤를 따랐다. 포로가 된 왕들과 지도자들과 장수들이 사슬에 묶인 채 그 뒤를 따랐는데, 이들은 감옥에 갇혔다가 거의 곧바로 처형될 터였다. 막대기(가는 자작나무 막대기들 속에 도끼를 넣어 붉은 가죽끈으로 둥글게 묶은 fasces였을 것이다. 이것은 권력과 사법권을 상징했다—옮긴이)를 든 릭토르들(lictors, 집정관을 따라 다니며 죄인을 다루던 관리)이 그 뒤를 따랐고, 수금 연주자들이 그 뒤를 따랐다. 제사장들이 향이 타고 있는 향로를 흔들며 그 뒤를 따랐다. 그 뒤에 장군이 뒤따랐다. 장군은 네 마리 말이 끄는 전차에 서 있었다. 그는 황금 야자수 잎을 수놓은 자주색 튜닉을 입었고, 그 위에 황금별들을 새긴 자주색 토가를 걸쳤다. 그는 손에 상아로 만든 홀을 들고 있었는데 그 꼭대기에 로마를 상징하는 독수리가 앉아 있었다. 그리고 노예가 그의 머리 위에 주피터의 관을 들고 있었다. 장군의 뒤에는 그의 가족이 타고 있었다. 군대가 한껏 장식한 채 '개선행진을 보라(Io triumphe)!'고 외치며 맨 뒤를 따랐다. 행렬은 꽃으로 장식되고 군중들이 환호하는 거리거리를 행진했다. 평생 한 번 있을까 말까 한 엄청난 날이었다.

이것이 바울이 머릿속에 그렸던 그림이다. 그는 그리스도께서 온 세상에서 개선행진하시고 자신도 그 행렬에 참여하고 있는 것을 본다. 바울은 그 무엇도 이 개선행진을 멈출 수 없다고 확신한다.

(*The Letters to the Corinthians*, rev. ed. [Louisville: Westminster, 1975],[14] 183 - 184)

이렇게 기뻐하는 모습은 바울이 12, 13절에서 표현한 낙담과 선명하게 대비된다. 비유컨대, 바울은 절망의 구덩이에서 벗어나 기쁘기 그지없는 개선행진에 참여했다.

---

14 『로마서 · 고린도전후서: 바클레이 성경주석』, (기독교문사, 2009).

14-17절에서, 바울은 자신에게 영적 승리를 안겨준 다섯 가지 특권을 열거한다. 첫째는 주권적 하나님의 인도를 받는 특권이며, 둘째는 그리스도 안에서 승리가 약속되었다는 특권이고, 셋째는 그리스도를 위해 영향을 미치는 특권이며, 넷째는 그리스도 안에서 하나님을 기쁘시게 하는 특권이고, 다섯째는 그리스도 안에서 능력을 갖는 특권이다.

바울은 주권적 하나님의 인도를 받는 특권에 감사했다

항상 우리를…이기게 하시고…하나님께 감사하노라. (2:14a, d)

주님의 주권적 인도를 인정하는 것이 목회자가 (또는 어느 신자라도) 누리는 기쁨의 근간이며 그의 사역을 떠받치는 힘이다. 바울의 확실한 소망은 어떠한 삶의 환경에서든 **하나님**이 신자들을 **항상** 인도하신다(**always leads**, 항상…이기게 하시고[15])는 것이다. 바울은 고린도나 에베소나 어디서든 사역하며 어떤 시련이나 박해를 당하더라도 하나님이 다스리신다는 사실을 기뻐했다.

바울은 주권자인 주님의 대열에 속하는 특권에, 개선행진에서 최고 사령관이신 주님의 뒤를 따라 행진하는 특권에 언제나 경이감을 느꼈다. 그는 디모데에게 이렇게 썼다.

나를 능하게 하신 그리스도 예수 우리 주께 내가 감사함은 나를 충성되이 여겨 내게 직분을 맡기심이니, 내가 전에는 비방자요 박해자요 폭행자였으나 도리어 긍휼을 입은 것은 내가 믿지 아니할 때에 알지 못하고 행하였음이라. 우리 주의 은혜가 그리스도 예수 안에 있는 믿음과 사랑과 함께 넘치도록 풍성하였도다. 미쁘다 모든 사람이 받을 만한 이 말이여, 그리스도 예수께서 죄인을 구원하시려고 세상에 임하셨다 하였도다. 죄인 중에 내가 괴수니라. 그러나 내가 긍휼을 입은 까닭은 예수 그리스도께서 내게 먼저 일체 오래 참으심을 보이사 후에 주를 믿

---

15 NASB: who always leads us in triumph(항상 우리를 이끌어 승리하게 하시고).

어 영생 얻는 자들에게 본이 되게 하려 하심이라. (딤전 1:12-16)

바울은 자신이 처한 환경 때문에 초조해하지 않았고, 그 대신 하나님의 인도를 받는 놀라운 특권을 묵상했으며, 이 때문에 낙담이 변하여 기쁨이 되었다.

바울은 그리스도 안에서 승리가 약속되었다는 특권에 감사했다

그리스도 안에서 이기게 하시고 (2:14b)

바울은 로마군의 개선행진 이미지를 계속 사용하면서 하나님이 신자들로 **그리스도 안에서 이기게(in triumph in Christ)** 하신다고 선포했다. 신자들은 승리의 행진에서 모든 원수를 정복하신 사령관을 따르며, 그분이 죄와 죽음과 지옥에게 거두신 결정적 승리에 참여한다. 마태복음 16:18에서, 예수님은 자신이 사탄과 지옥의 권세에게 거둔 궁극적 승리를 말씀하셨다. "내가 이 반석 위에 내 교회를 세우리니, 음부의 권세가 이기지 못하리라." 바울이 로마서 16:20에서 선언했듯이, 예수님을 따르는 이들은 그분의 승리에 참여한다. "평강의 하나님께서 속히 사탄을 너희 발아래에서 상하게 하시리라." 히브리서 저자도 이 승리를 말했다. "자녀들은 혈과 육에 속하였으매, 그도 또한 같은 모양으로 혈과 육을 함께 지니심은 죽음을 통하여 죽음의 세력을 잡은 자 곧 마귀를 멸하시며"(히 2:14). 요한1서 3:8에서, 사도 요한은 이렇게 썼다. "하나님의 아들이 나타나신 것은 마귀의 일을 멸하려 하심이라." 그리스도께서 십자가에서 이 승리를 거두셨다. "통치자들과 권세들을 무력화하여 드러내어 구경거리로 삼으시고 십자가로 그들을 이기셨느니라"(골 2:15). 바울이 로마 신자들에게 썼듯이, "이 모든 일에 우리를 사랑하시는 이로 말미암아 우리가 넉넉히 이기느니라"(롬 8:37). 신자들은 그리스도와 함께 승리하는 자들일 뿐 아니라 "상속자 곧 하나님의 상속자요 그리스도와 함께한 상속자"들이다(롬 8:17; 참조. 갈 3:29; 엡 3:6; 딛 3:7; 약 2:5). 신자들은 개선행진에서 사령관을 뒤따르며 전리품, 곧 하나님이 "흑암의 권세에서 건져내사 그의 사랑의 아들의 나라로 옮기"신 영혼들을(골 1:13; 참조. 롬 8:18-25, 28-30) 앞세우고 행진한다.

신자들은 때로 좌절하고 낙담하기도 할 테지만 최종 승리를 거둘 게 확실하다. 신자들은 영광의 날 주 예수 그리스도의 개선행진에 참여할 것이며, 그날 하늘 찬양대가 이렇게 노래할 것이다. "세상 나라가 우리 주와 그의 그리스도의 나라가 되어 그가 세세토록 왕 노릇 하시리로다"(계 11:15). 신자들이 그분과 함께 영원히 왕 노릇 할 것이다(딤후 2:12; 벧전 1:3-5).

바울은 그리스도를 위해 영향을 미치는 특권에 감사했다

우리로 말미암아 각처에서 그리스도를 아는 냄새를 나타내시는(2:14c)

개선행진의 **냄새(sweet aroma**, 향기)는 행렬에서 제사장들이 들고 있는 향로에서 향이 타는 냄새와 군중이 거리에 던진 화환에서 나는 향기다. 향기는 영향력을 말한다. 바울의 핵심은 하나님이 아래로 향하는 놀라운 은혜와 자비를 베풀어 신자들로 **말미암아 각처에서(in every place) 그리스도를 아는 냄새를 나타내신다**는 것이다. 하나님은 인간 전파자들을 사용해 복음의 **냄새**를 풍기시고 그리스도를 아는 지식(**knowledge**, 아는), 곧 구원으로 인도하는 지식으로 사람들에게 영향을 미치신다. 바울은 로마 신자들에게 이렇게 썼다. "그런즉 그들이 믿지 아니하는 이를 어찌 부르리요? 듣지도 못한 이를 어찌 믿으리요? 전파하는 자가 없이 어찌 들으리요? 보내심을 받지 아니하였으면 어찌 전파하리요? 기록된 바 아름답도다 좋은 소식을 전하는 자들의 발이여 함과 같으니라"(롬 10:14-15).

신자들이 이처럼 큰 특권, 곧 영원한 복음을 위해 영향을 미치는 특권을 누릴 자격이 있는 게 아니다. 바울은 자신이 하나님을 이렇게 섬길 자격이 없다는 것을 너무나 잘 알았다. 그는 고린도전서 15:9에서 이렇게 썼다. "나는 사도 중에 가장 작은 자라. 나는 하나님의 교회를 박해하였으므로 사도라 칭함 받기를 감당하지 못할 자니라." 에베소 신자들에게는 이렇게 덧붙였다. "이 복음을 위하여 그의 능력이 역사하시는 대로 내게 주신 하나님의 은혜의 선물을 따라 내가 일꾼이 되었노라. 모든 성도 중에 지극히 작은 자보다 더 작은 나에게 이 은혜를 주신 것은 측량할 수 없는 그리스도의 풍성함을 이방인에게 전하게 하시고"(엡 3:7-8). 앞서 말했듯이, 바울은 디모데에게 그리스도께서 교회를 박해하던 자신을 택하여 복음을 전하게 하신 것이 참으로 놀랍다고 했다.

> 나를 능하게 하신 그리스도 예수 우리 주께 내가 감사함은 나를 충성되이 여겨 내게 직분을 맡기심이니, 내가 전에는 비방자요 박해자요 폭행자였으나 도리어 긍휼을 입은 것은 내가 믿지 아니할 때에 알지 못하고 행하였음이라. 우리 주의 은혜가 그리스도 예수 안에 있는 믿음과 사랑과 함께 넘치도록 풍성하였도다. 미쁘다, 모든 사람이 받을 만한 이 말이여, 그리스도 예수께서 죄인을 구원하시려고 세상에 임하셨다 하였도다. 죄인 중에 내가 괴수니라. 그러나 내가 긍휼을 입은 까닭은 예수 그리스도께서 내게 먼저 일체 오래 참으심을 보이사 후에 주를 믿어 영생 얻는 자들에게 본이 되게 하려 하심이라. (딤전 1:12-16)

그 어떤 전파자도 주 예수 그리스도를 **아는** 지식, 곧 구원에 이르게 하는 지식을 선포하는 더없이 큰 특권을 가볍게 여겨서는 안 된다. 전파자들이 성공하느냐 그러지 못하느냐, 인기를 얻느냐 그러지 못하느냐, 야심을 실현하느냐 그러지 못하느냐는 중요하지 않다. 예수 그리스도를 위해 영원한 영향을 미치는 데서 얻는 만족으로 충분해야 한다. 중요한 것은 결과가 아니라 특권이다. 낙심하는 전파자가 낙심하는 것은 환경에 초점을 맞추기 때문이다. 기쁨에 겨운 전파자가 기뻐하는 것은 하나님을 섬기는 일이 갖는 영원한 가치에 초점을 맞추기 때문이다. 낙심하는 전파자는 자신이 겪는 어려움을 생각한다. 기뻐하는 전파자는 자신이 누리는 특권을 생각한다.

바울은 그리스도 안에서 하나님을 기쁘시게 하는 특권에 감사했다

¹⁵우리는 구원 받는 자들에게나 망하는 자들에게나 하나님 앞에서 그리스도의

향기니, [16a]이 사람에게는 사망으로부터 사망에 이르는 냄새요 저 사람에게는 생명으로부터 생명에 이르는 냄새라. (2:15-16a)

개선행진에서, 황제는 감피돌리오 광장에 마련된 큰 보좌에 앉았으며, 행렬이 마침내 그곳에 이르렀을 때 향로의 향기를 맡았다. 바울은 전파자의 사역을 **하나님 앞에서 그리스도의 향기(a fragrance of Christ to God)[16]**에 비유한다. 전파자가 사람들에게 복음을 선포한다. 그렇더라도 사실상 그의 청중은 하나님이다. 전파자가 복음 사역을 성실하게 행하면 그리스도를 아는 향기가 사람들에게 퍼진다. 그러나 복음 사역의 **향기**는 다름 아닌 **하나님**의 보좌로 올라간다.

하나님을 기쁘시게 하려는 열정이 바울의 마음에 타오르고 있었다. 이 서신의 조금 뒤에서, 바울은 이렇게 썼다. "그런즉 우리는 몸으로 있든지 떠나든지 주를 기쁘시게 하는 자가 되기를 힘쓰노라"(5:9). 갈라디아 1:10에서는 날카롭게 물었다. "이제 내가 사람들에게 좋게 하랴 하나님께 좋게 하랴? 사람들에게 기쁨을 구하랴? 내가 지금까지 사람들의 기쁨을 구하였다면 그리스도의 종이 아니니라." 그는 에베소 신자들에게 "주를 기쁘시게 할 것이 무엇인가 시험하여 보라"고 권면했으며(엡 5:10), 골로새 신자들에게 "주께 합당하게 행하여 범사에 기쁘시게 하라"고 권면했다(골 1:10). 바울은 데살로니가 신자들에게 이렇게 선언했다. "오직 하나님께 옳게 여기심을 입어 복음을 위탁받았으니, 우리가 이와 같이 말함은 사람을 기쁘게 하려 함이 아니요 오직 우리 마음을 감찰하시는 하나님을 기쁘시게 하려 함이라"(살전 2:4). 그리고 이들에게 이렇게 촉구했다. "그러므로 형제들아, 우리가 끝으로 주 예수 안에서 너희에게 구하고 권면하노니, 너희가 마땅히 어떻게 행하며 하나님을 기쁘시게 할 수 있는지를 우리에게 배웠으니, 곧 너희가 행하는 바라. 더욱 많이 힘쓰라"(살전 4:1). 중요한 것은 전파자의 인기나 그가 섬기는 교회의 크기가 아니다. 중요한 것은 전파자가 성실하게 복음을 선포함으로써 하나님을 기쁘시게

---

16 새번역: 하나님께 바치는 그리스도의 향기

하는 것이다.

바울이 복음을 전파할 때 **그리스도의 향기**가 풍겼다. 이 향기는 늘 하나님을 기쁘게 했을 뿐 아니라 듣는 사람들에게 이중적 효과를 미쳤다. **구원받은 자들에게,** 사도가 전하는 복음의 **향기는 생명으로부터 생명에 이르는 냄새** (fragrance, 향기)였다. 이들은 택함을 받고 구속된 하나님의 백성으로, 완전하고 최종적인 영화(glorification)를 향해 나아간다. 반대로, 동일한 메시지가 **망하는 자들,** 곧 영원한 심판을 받을 믿지 않는 죄인들에게는 **사망으로부터 사망에 이르는 냄새**였다. 로마의 개선행진에서, 높임을 받을 승리자들과 처형될 패배자들 양쪽 모두 제사장들의 향로에서 번지는 향을 맡았다. 이것은 전자에게는 승리를, 후자에게는 눈앞에 닥친 죽음을 상징했다. 베드로가 베드로전서 2:6-8에서 말했듯이, 그리스도께서도 사람들에게 동일한 이중적 영향을 미치신다.

> 성경에 기록되었으되, 보라 내가 택한 보배로운 모퉁잇돌을 시온에 두노니, 그를 믿는 자는 부끄러움을 당하지 아니하리라 하였으니, 그러므로 믿는 너희에게는 보배이나 믿지 아니하는 자에게는 건축자들이 버린 그 돌이 모퉁이의 머릿돌이 되고, 또한 부딪치는 돌과 걸려 넘어지게 하는 바위가 되었다 하였느니라. 그들이 말씀을 순종하지 아니하므로 넘어지나니, 이는 그들을 이렇게 정하신 것이라.

하나님은 회개하는 죄인들을 구속하실 때 자신의 긍휼이 표현되는 것을 기뻐하신다. 하나님은 복음을 거부하는 자들의 죽음과 멸망을 기뻐하지 않으신다(겔 18:23, 32; 33:11; 딤전 2:4; 벧후 3:9). 그렇더라도 하나님은 자신의 공의가 표현되는 것을 기뻐하신다. 하나님의 말씀은 선포될 때 그분의 목적을 성취할 것이다. "내 입에서 나가는 말도 이와 같이 헛되이 내게로 되돌아오지 아니하고 나의 기뻐하는 뜻을 이루며 내가 보낸 일에 형통함이니라"(사 55:11).

바울은 그리스도 안에서 능력을 갖는 특권에 감사했다

^{16b}**누가 이 일을 감당하리요?** ¹⁷**우리는 수많은 사람들처럼 하나님의 말씀을 혼잡하게 하지 아니하고, 곧 순전함으로 하나님께 받은 것 같이 하나님 앞에서와 그리스도 안에서 말하노라.** (2:16b-17)

그 누구도 전능하신 하나님을 올바로 섬기는 일을 자신의 인간적 능력으로는 **감당할** 수 없다. 인간의 자원은 영원히 사람들에게 영향을 미치기에 부족하다. 바울은 자신이 하나님의 사역을 수행하기에 부족하다는 것을 거듭 인정했다. 3:5에서, 바울은 이렇게 선언했다. "우리가 무슨 일이든지 우리에게서 난 것 같이 스스로 만족할 것이 아니니, 우리의 만족¹⁷은 오직 하나님으로부터 나느니라." 그는 영적 능력을 얻는 비결을 깨달았기에 이렇게 쓸 수 있었다. "그러므로 내가 그리스도를 위하여 약한 것들과 능욕과 궁핍과 박해와 곤고를 기뻐하노니 이는 내가 약한 그 때에 강함이라"(12:10). "내가 나 된 것은 하나님의 은혜로 된 것"이기 때문이다(고전 15:10). 그는 골로새 신자들에게 이렇게 썼다. "이를 위하여 나도 내 속에서 능력으로 역사하시는 이의 역사를 따라 힘을 다하여 수고하노라"(골 1:29). 바울은 하나님의 능력과 힘주시는 은혜를 전적으로 의지했다(참조. 엡 1:18-20; 3:7, 20; 빌 2:13).

수많은 거짓 선생이 영적 능력도 없이 부족한 자신만 믿고 일하면서 **하나님의 말씀을 혼잡하게 한다. 혼잡하게 하다(peddling)**는 명사 '카펠로스'(*kapēlos*)에서 파생한 동사 '카펠루오'(*kapēleuō*)의 번역이다. '카펠로스'는 어리숙한 구매자들을 교묘하게 속여 싸구려 모조품을 사게 만드는 행상인이나 사기꾼이나 잡상인이었다. 바울은 특히 고린도의 거짓 사도들을 염두에 두었는데, 이들은 하나님의 진리와 유대교 율법주의를 교묘히 섞어 고린도 신자들에게 팔았다.

그러나 이러한 영적 사기꾼들과 달리, 바울은 **순전함**으로, **하나님 앞에서와 그리스도의 능력 안에서**(하나님 앞에서 그리스도의 능력으로) 말했다. 바울은 자

---

17 adequacy: 적절함, 충분함, 자격

신의 부족함을 인지하고 자신의 사역에 동력을 공급하시는 하나님의 능력을 전적으로 의지했으며, 따라서 사람들에게 영향을 미치려고 하나님의 말씀에 다른 것을 섞을 필요가 없었다. 바울은 복음을 전할 때 "말의 지혜로 하지 아니"하고(고전 1:17) 그리스도의 능력으로 했다. '에일리크리네이아'(*eilikrineia,* **sincerity, 순전함**)는 '에일레'(*eilē,* "햇빛")와 '크리노'(*krinō,* 판단하다)의 합성어다. 무엇인가를 햇빛에 비추어 점검한다는 뜻이다. 바울의 순전한 삶과 혼합되지 않은 메시지는 더없이 자세히 점검하더라도 흠이 없을 것이다. 축소된 거짓 복음은 누구라도 선포할 수 있지만, 참 복음은 오직 하나님의 능력으로 선포할 수 있다.

바울은 자신의 문제 대신 특권에 초점을 맞춤으로써 낙담에서 벗어나는 길을 찾았다. 이 특권들은 개선행진하시는 만왕의 왕과 함께하고, 영원을 위해 사람들에게 영향을 미치며, 하나님을 기쁘시게 하고, 그분의 사역을 뒷받침하는 그분의 능력을 갖추는 것이다. 바울은 이 특권들을 묵상할 때 상한 마음이 치유되고 기쁨이 회복되었다.

6

유능한 사역자
(3:1-6)

¹우리가 다시 자천하기를 시작하겠느냐? 우리가 어찌 어떤 사람처럼 추천서를 너희에게 부치거나 혹은 너희에게 받거나 할 필요가 있느냐? ²너희는 우리의 편지라. 우리 마음에 썼고 뭇 사람이 알고 읽는 바라. ³너희는 우리로 말미암아 나타난 그리스도의 편지니, 이는 먹으로 쓴 것이 아니요 오직 살아 계신 하나님의 영으로 쓴 것이며, 또 돌판에 쓴 것이 아니요 오직 육의 마음판에 쓴 것이라. ⁴우리가 그리스도로 말미암아 하나님을 향하여 이같은 확신이 있으니, ⁵우리가 무슨 일이든지 우리에게서 난 것 같이 스스로 만족할 것이 아니니, 우리의 만족은 오직 하나님으로부터 나느니라. ⁶그가 또한 우리를 새 언약의 일꾼 되기에 만족하게 하셨으니, 율법 조문으로 하지 아니하고 오직 영으로 함이니, 율법 조문은 죽이는 것이요 영은 살리는 것이니라. (3:1-6)

그 어느 직업보다, 목회 사역은 가장 훌륭하고 영적으로 자격을 잘 갖춘 가장 숙련된 사람을 요구한다. 기준이 높은 데는 많은 이유가 있다. 삶의 영적 측면이 육체적 측면보다 중요하기 때문이고, 하나님을 섬기는 일이 다른 누구를 섬기는 일보다 힘들기 때문이며, 하나님 나라와 영광이 걸려 있기 때문이고, 하나님의 종들은 그들의 섬김에 대해 더 엄격하게 평가받기 때문이다(히 13:17; 약 3:1).

목회 사역이 너무나 힘든 것이기에 바울은 이렇게 수사적으로 물었다. "누가 이 일을 감당하리요?"(고후 2:16). 하나님의 말씀을 전하고 하나님의 백성을 인도하는 엄청나고 영원히 의미 있는 일을 누가 감당할 수 있는가? 이 단락에서, 바울은 이 질문에 답한다. "우리의 만족(adequacy)[18]은 오직 하나님으로부터 나느니라. 그가 또한 우리를 새 언약의 일꾼 되기에 만족하게 하셨으니"(3:5-6). 하나님이 사역을 하도록 부르시고 은사와 능력을 주신 자들만 사역을 하기에 적합하다(adequate). 스스로 사역자가 된 자들은 부적합하며 무능하다. 바울이 유능한 사역자였던 것은 복음을 전하도록 하나님이 그를 지명하셨기 때문이다. 사도행전 26:16에서, 바울은 하나님이 어떻게 자신에게 말씀하셨는지 말한다. "내가 네게 나타난 것은 곧 네가 나를 본 일과 장차 내가 네게 나타날 일에 너로 종과 증인을 삼으려 함이니." 그는 에베소 신자들에게 이렇게 썼다. "이 복음을 위하여 그의 능력이 역사하시는 대로 내게 주신 하나님의 은혜의 선물을 따라 내가 일꾼이 되었노라"(엡 3:7). 골로새서 1장에서는 자신이 일꾼(minister)이 되었다고 두 차례 선언했다. "나 바울은 이 복음의 일꾼이 되었노라…내가 교회의 일꾼 된 것은"(23, 25절). 디모데에게 쓴 편지에서는 이렇게 말했다. "나를 능하게 하신 그리스도 예수 우리 주께 내가 감사함은 나를 충성되이 여겨 내게 직분을 맡기심이니…내가 전파하는 자와 사도로 세움을 입은 것은 참말이요 거짓말이 아니니…내가 이 복음을 위하여 선포자와 사도와 교사로 세우심을 입었노라"(딤전 1:12; 2:7; 딤후 1:11).

바울이 이 문제를 다룬 것은 고린도에 들어온 거짓 사도들이 사역자로서 그의 유능함(competency, 자격)을 끊임없이 공격하기 때문이었다. 고통스럽게도 고린도후서 전체에서 바울은 대적들이 자신에 관해 퍼붓는 거짓말에 맞서 자신을 변호해야 했다. 거짓 사도들은 바울의 신뢰성을 무너뜨리려 했다. 그를 권위 있는 선생의 자리에서 몰아내고 사탄에게서 비롯된 자신들의 저주받을 거짓말을 고린도 신자들에게 가르치기 위해서였다. 이 목적을 이루려고

---

18 새번역: 자격. 여기서 "만족"(adequacy)로 번역된 헬라어(*hikanoi*)와 2:16에서 "감당하리요"(adequate)로 번역된 헬라어(*hikanos*)가 같다.

바울의 인격을 악랄하게 공격했을 뿐 아니라 사역자로서 그의 유능함(자격)에 의문을 제기했다.

바울은 이들의 교활한 공격에 답하면서 자신이 약한 위치에 있음을 알았다. 바울이 무슨 말로 자신을 변호하더라도 거짓 사도들은 그 말을 왜곡해 교만하고 이기적이며 자화자찬에 빠졌다며 그를 비난할 터였다. 이보다 진리와 동떨어진 것도 없었을 것이다. 바울은 자신의 특권과 평판을 지키려고 이기적으로 자신을 변호하는 일에 전혀 관심이 없었으나, 자신을 변호하는 일이 매우 중요하다는 것을 알았다. 그는 하나님의 진리가 고린도 신자들에게 흘러가는 사도적 통로였기 때문이다. 거짓 사도들이 바울의 신뢰성을 허무는 데 성공하면 하나님의 진리를 고린도교회로 흘려보내는 통로가 막힐 터였다.

바울은 자신의 영적 자격을 변호하면서 예수 그리스도의 유능한 사역자(일꾼)에게서 나타나는 다섯 가지 표식을 제시했다. 바울은 이 다섯 가지를 모두 갖추었다. 유능하고 유력한 사역자는 경건하다고 평판이 자자하고, 삶을 변화시키는 일에 쓰임 받아 왔으며, 자신의 소명을 확신하고, 하나님의 능력을 겸손히 의지하며, 새 언약의 메시지를 전한다.

유능한 사역자는 경건하다고 평판이 자자하다

우리가 다시 자천하기를 시작하겠느냐? 우리가 어찌 어떤 사람처럼 추천서를 너희에게 부치거나 혹은 너희에게 받거나 할 필요가 있느냐? (3:1)

유능하고 영적 영향력을 갖춘 사역자는 **자천**하거나 다른 사람들의 간접 증언에 기댈 필요가 없다. 그 자신의 삶이 덕스럽고 경건하기로 잘 알려져 있기 때문이다. 자화자찬하고 있다는 그 어떤 혐의라도 벗기 위해, 바울은 자신을 변호하면서 노골적 주장을 전혀 하지 않았다. 대신에, 고린도 신자들에게 두 가지 질문을 던지면서 이들을 부드럽게 꾸짖었는데, 두 질문 모두 부정적 대답을 요구했다.

바울은 먼저 이렇게 물었다. **우리가 다시 자천하기를 시작하겠는가?** 바울은 편집자의 **우리**(editorial **we**)를 사용했다. 이것이 단수 "나"를 사용하는 것보다 덜 위협적이고 더 겸손하며 더 부드러운 접근 방식이기 때문이다. 바울이 이렇게 질문한 것은 거짓 사도들의 비난(고발), 곧 사실 그가 이기적이고 교만하게 자화자찬한다는 비난 때문이었다. 이들은 바울이 고린도전서에서 그의 사도적 권위를 단언한 경우들을 가리켰을 것이다(참조. 고전 4:15 - 16; 11:1; 14:18; 15:10). 그러나 온통 꾸짖고 바로잡는 편지에서, 바울이 하나님의 진리를 위해 자신의 사도적 권위에 호소하는 것은 필연이었다. 바울의 동기는 결코 자화자찬이 아니었으며, 그는 이 진실을 고린도후서 전체에서 되풀이한다. 5:12에서, 바울은 이렇게 선언했다. "우리가 다시 너희에게 자천하는 것이 아니요 오직 우리로 말미암아 자랑할 기회를 너희에게 주어 마음으로 하지 않고 외모로 자랑하는 자들에게 대답하게 하려 하는 것이라." 그런가 하면 10:12에서는 이렇게 덧붙였다. "우리는 자기를 칭찬하는 어떤 자와 더불어 감히 짝하며 비교할 수 없노라. 그러나 그들이 자기로써 자기를 헤아리고 자기로써 자기를 비교하니 지혜가 없도다." 10:18에서, 바울은 분명하게 말했다. "옳다 인정함을 받는 자는 자기를 칭찬하는 자가 아니요 오직 주께서 칭찬하시는 자니라."

바울의 질문들은 그가 편지를 쓴 것 목적을 보여준다. 그의 목적은 사람들이 그가 대단하다고 생각하게 만드는 게 아니라 진실을 말함으로써 그의 사역이 적법했음을 밝히는 것이었다. 그는 자신의 양심이 깨끗하다고 당당하게 단언했다. "우리가 세상에서 특별히 너희에 대하여 하나님의 거룩함과 진실함으로 행하되 육체의 지혜로 하지 아니하고 하나님의 은혜로 행함은 우리 양심이 증언하는 바니, 이것이 우리의 자랑이라"(1:12). 그러나 이러한 단언도 허풍쟁이의 자기변명이 아니었다. 고린도전서 4:4-5에서, 그는 이렇게 썼다.

> 내가 자책할 아무것도 깨닫지 못하나 이로 말미암아 의롭다 함을 얻지 못하노라. 다만 나를 심판하실 이는 주시니라. 그러므로 때가 이르기 전, 곧 주께서 오시기까지 아무것도 판단하지 말라. 그가 어둠에 감추인 것들을 드러내고 마음의 뜻을 나타내시리니, 그때에 각 사람에게 하나님으로부터 칭찬이 있으리라.

바울은 알았다. 의미 있는 칭찬은 사람의 칭찬이나 심지어 자기 양심의 칭찬이 아니라 하나님의 칭찬뿐이다.

바울은 겸손한 사람이었다. 그렇더라도 그는 하나님이 초자연적으로 자신에게 주신 복음을 전파하는 자로서(갈 1:11-12) 그리고 성경 계시의 영감된 기록자로서 자신이 교회에 아주 중요하다는 것을 잘 알았다. 그러므로 그는 하나님의 진리가 방해받지 않도록 자신을 변호할 수밖에 없었다. 바울은 고린도 신자들의 변덕이 안타깝고 실망스러웠으며, 이것이 그의 질문에서 드러난다. **우리가 다시 자천하기를(commend ourselves) 시작하겠는가?** 그는 자신을 칭찬(추천)하라며 고린도 신자들을 재우치려는 게 아니다. 고린도 신자들에게 그들의 태도를 평가하고 점검하게 하려는 것이다. '수니스타노'(*sunistanō*, **commend**, 칭찬하다, 추천하다)의 의미 중 하나는 "소개하다"이다. 바울과 고린도 신자들은 숱한 일을 함께 겪었다. 그런데도 바울이 자신을 이들에게 다시 소개할 필요가 있겠는가? 이제 이들은 바울을 아주 잘 알지 않는가? 바울이 처음부터 다시 시작해 자신이 어떤 사람인지 이들에게 다시 증명해야 하는가? 이들이 그간 바울을 알고 지냈고 바울은 적어도 18개월을 이들과 함께하며 사역했다(행 18:11). 그런데 어떻게 이들이 거짓 사도들의 거짓말을, 바울에 관한 거짓말을 믿을 수 있단 말인가? 이들이 아는 바울은 거짓 사도들이 말하는 그런 사람이 아니었다. 이들은 바울의 가르침과 전파와 교제와 기도와 사랑과 눈물을 직접 경험하지 않았던가?

바울은 둘째 질문을 던짐으로써 말하려는 핵심을 제시했다. 이 질문도 부정적 대답을 요구했다. **우리가 어찌 어떤 사람처럼 추천서를 너희에게 부치거나 혹은 너희에게 받거나 할 필요가 있느냐?** 거짓 선생들은 바울의 신뢰성을 떨어뜨리려고 바울에게 공식 **추천서**가 없다고 주장했다. 이런 **추천서**는 고대 세계에서 흔히 사용되었는데, 어떤 사람들을 그들을 모르는 사람들에게 소개하기 위해서였다(참조. 느 2:7; 행 9:2; 18:27; 22:5; 롬 16:1; 고전 16:3). 거짓 사도들은 고린도에 왔을 때 예루살렘교회로부터 받았다면서 거짓 **추천서**를 제시했을 것이다(참조. 행 15:24). 이들은 이 추천서를 이용해 고린도 신자들로 자신들을 받아들이게 하려 했다.

거짓 사도들은 **추천서**를 고린도 신자들**에게(to)** 제시했을 뿐 아니라 **추천서**를 고린도 신자들**에게(from)** 받으려 했다. 거짓 사도들은 거듭나지 않았기에 삶이 부패했다. 그러므로 이들은 정체가 탄로 날 것이 두려워 한곳에 오래 머물 수 없었다. 그러나 다른 곳으로 옮기기 전, 자신들이 속인 자들에게서 **추천서**를 받으려 했다. 이들은 이렇게 받은 **추천서**를 이용해 다음 희생자들을 속였다.

그러나 바울은 이런 거짓 사도들과 달랐다. 바울은 자신의 신뢰성을 고린도 신자들에게 증명하는 **추천서**가 필요 없었다. 바울이 덕스럽고 경건하며 진실하게 살고 복음을 능력 있게 전파한다는 것은 고린도 신자들이 직접 겪어 알고 있었다. 고린도 신자들이 바울에게 추천서를 요구하는 것은 어이없을 일이었다. 이들은 사랑하는 사도에 관해 진실을 이미 알고 있었다. 그런데도 어리석기 짝이 없게도 거짓 사도들에게 속아 이 진실을 의심했다. 비극이었다. 바울의 흠 없는 삶과 유효한 사역 자체가 그의 추천서였다.

유능한 사역자는 삶을 변화시키는 일에 쓰임 받는다

²너희는 우리의 편지라. 우리 마음에 썼고 뭇 사람이 알고 읽는 바라. ³너희는 우리로 말미암아 나타난 그리스도의 편지니, 이는 먹으로 쓴 것이 아니요 오직 살아계신 하나님의 영으로 쓴 것이며, 또 돌판에 쓴 것이 아니요 오직 육의 마음판에 쓴 것이라. (3:2-3)

바울의 진정성은 그의 흠 없는 삶뿐 아니라 그가 고린도 신자들의 삶에 미친 영향에서도 분명하게 드러났다. 앞서 말했듯이, 거짓 사도들은 추천서에 기대어 고린도 신자들로 자신들을 받아들이게 하려 했다. 그러나 바울의 **편지**는 거짓 사도들의 편지(추천서)보다 훨씬 뛰어났다. 고린도 신자들 자체가 바울의 편지였다. 하나님은 바울을 사용해 방탕하고 악하기 이를 데 없는 고린도에서 이 편지를 쓰셨다. 확연히 덕스러운 그의 삶을 제외하고, 바울이 자신의 수고가 하나님에게 비롯되었음을 증명하는 데 필요한 추천서는 하나뿐이었다. 그것은 바울이 전하고 가르친 진리를 통해 고린도 신자들이 구원받았으며 성화되고 있다는 사실이었다.

거짓 사도들과 달리, 바울은 추천서를 주머니나 가방에 넣고 다니지 않았다. 그의 추천서는 그의 **마음에** 기록되어 있었다(썼고). 바울의 언어는 그가 고린도 신자들을 향해 품은 큰 애정을 담아냈다(참조. 6:11-13). 고린도 신자들은 바울에게 더없이 소중했으므로 바울과 그 일행은 이들을 늘 **마음에** 품고 다녔다. 바울은 이 서신에서 이렇게 썼다. "너희가 우리 마음에 있어 함께 죽고 함께 살게 하고자 함이라"(7:3).

바울의 추천서는 꼭꼭 숨겨져 있어 소수만 읽을 수 있는 사적인 편지가 아니었다. 그의 추천서는 **뭇 사람이 알고 읽었다.** 고린도 신자들의 변화된 삶을 목격한 사람들 모두 그의 추천서를 읽었다. 그의 추천서는 계속해서 **나타나(manifested)**거나 눈에 띄었다. 바렛(C. K. Barrett)은 이렇게 썼다. "그리스도 안에 있는 고린도 그리스도인들의 존재 자체가 그리스도로부터 세상으로 이어지는 소통이며 인류를 향한 그리스도의 목적을 드러낸다. 부수적으로, 이 소통이 바울을 믿을만한 전달자, 곧 그리스도의 말씀의 전달자로 추천하는 효력이 있다"(*The Second Epistle to the Corinthians*, Black's New Testament Commentary[Peabody, Mass.: Hendrickson, 1997], 108).

고린도 신자들은 **그리스도의 편지**, 곧 그분이 쓰신 살아있는 편지였다. 오직 그리스도만이 바울 같은 신실한 자들이 전하는 그분의 말씀을 통해 구원하고 거룩하게 하시기 때문이다. 여기서 우리는 본질적이고 놀라운 진리를 깨닫는다. 전파자(설교자)가 하나님의 계시를 정확히 선포할 때 그리스도께서 그를 통해 말씀하신다는 것이다. 예수님은 장차 모든 시대에 교회를 통해 나타날 신자들을 가리켜 "그들도 내 음성을 듣고"(그들이 내 음성을 들으리라)라고 말씀하셨다(요 10:16). 27절에서, 예수님은 이 진리를 되풀이하셨다. "내 양은 내 음성을 들으며." 어떻게 모든 양이 그분의 음성을 들었는가? 전파자가 하나님의 말씀을 정확히 선포할 때, 그것은 그리스도의 마음일 뿐 아니라(고전 2:16) 교회의 주인(Lord)께서 자신의 양 떼에게 들려주시는 음성이다.

바울은 구원하는 믿음이란 언제나 "들음에서 나며 들음은 그리스도의 말씀으로 말미암느니라"고 했으며(롬 10:17), 전파자가 없으면 사람들이 들을 수 없다고 했다(14절). 그러므로 목자장(Great Shepherd)의 음성을 신실한 전파자들을 통해 그분의 양 떼에게 들려주는 것은 하나님의 계획이다. 바울이 말했을 때, 또는 어느 전파자라도 말씀의 진리를 정확히 말할 때, 그리스도께서 말씀하신 것이다. 그러므로 진리가 역사한 결과들은 실제로 그리스도께서 쓰신 **편지**다. 바울은 이 영적 **편지**의 저자가 자신이라고 주장하려 하지 않았다. 자신이 스스로를 높인다며 대적들이 자신을 비난할 여지를 주고 싶지 않았기 때문이다. 그러나 **그리스도**께서 바울을 사용해 고린도 신자들을 돌보셨으며, 따라서 이들은 실제로 바울의 사역을 칭찬했다. **우리로 말미암아**(cared for by us, "보살피다 to minister" 또는 "섬기다 to serve"를 뜻하는 '디아코네오' *diakoneō*에서 나왔다)라는 어구는 그리스도의 전파자라는 바울의 역할을 암시한다. 바울의 복음 선포를 통해 이 **편지**가 기록되었다. 바울의 비유로 말하자면, 그리스도께서 이 **편지**를 쓰셨고 바울이 자신의 사역을 통해 이것을 고린도 신자들에게 전달했다.

거짓 사도들의 편지와 달리, 바울의 편지는 **먹으로 쓴 것이 아니요 오직 살아 계신 하나님의 영으로 쓴 것**이었다. 먹으로 쓴 인간의 말은 침묵한다. 시간이 지나면 빛이 바랠 뿐이다. 누구라도 먹으로 죽은 편지를 쓸 수 있다. 그러나 오직 그리스도만이 **살아계신 하나님의 영**의 초자연적 능력으로 살아 있는 편지를 쓰실 수 있다. 바울의 편지, 곧 고린도 신자들의 변화된 삶은 하나님의 영이 초자연적 능력으로 쓰신 것이었다. 이것은 바울이 예수 그리스도의 참된 종이라는 반박할 수 없는 증거였다. 고린도전서 2:4-5에서, 바울은 이렇게 썼다. "내 말과 내 전도함이 설득력 있는 지혜의 말로 하지 아니하고 다만 성령의 나타나심과 능력으로 하여, 너희 믿음이 사람의 지혜에 있지 아니하고 다만 하나님의 능력에 있게 하려 하였노라." 그리고 그는 데살로니가 신자들에게 이렇게 상기시켰다. "우리 복음이 너희에게 말로만 이른 것이 아니라 또한 능력과 성령과 큰 확신으로 된 것임이라"(살전 1:5). "이러므로 우리가 하나님께 끊임없이 감사함은 너희가 우리에게 들은 바 하나님의 말씀을 받을 때에 사람의 말로 받지 아니하고 하나님의 말씀으로 받음이니, 진실로 그러하도다.

이 말씀이 또한 너희 믿는 자 가운데에서 역사하느니라"(살전 2:13). 바울이 그리스도의 말씀을 선포했고 하나님의 영이 고린도 신자들을 변화시켰다. 베드로는 이것을 이렇게 말했다.

> 너희가 거듭난 것은 썩어질 씨로 된 것이 아니요 썩지 아니할 씨로 된 것이니, 살아 있고 항상 있는 하나님의 말씀으로 되었느니라. 그러므로 모든 육체는 풀과 같고 그 모든 영광은 풀의 꽃과 같으니 풀은 마르고 꽃은 떨어지되, 오직 주의 말씀은 세세토록 있도다 하였으니, 너희에게 전한 복음이 곧 이 말씀이니라. (벧전 1:23-25)

그리스도께서 바울을 통해 이렇게 전파하신 결과는 살아있는 편지였으며, 모든 사람이 이 편지를 알고 또 읽었다. 바울은 자신의 사역이 참됨을 더는 입증할 필요가 없었다.

더 강한 대비를 위해, 바울은 자신의 추천서가 **돌판에 쓴 것이 아니요 오직 육의 마음판에 쓴 것**이라고 말한다. 이렇게 말함으로써, 바울은 거짓 사도들과 정면으로 맞섰다. 거짓 사도들은 기독교에 할례, 옛 언약의식, 율법주의를 섞은 거짓 복음을 전했다. **돌판**은 하나님이 십계명을 초자연적으로 새기신 것이었다(출 31:18; 32:15-16). 그러나 시내산의 기적은 구원의 기적에 비할 게 못 된다. 하나님은 고린도에서 **돌판**이 아니라 **마음판**에 쓰셨다. 두 경우 모두, 하나님은 동일한 법을 새기셨다. 하나님의 도덕 기준은 바뀌지 않는다. 신자들은 새 언약 아래 있기 때문에 하나님의 율법을 더는 지킬 필요가 없다고 생각하는 사람들이 있다. 잘못된 생각이다. 신자들이 새 언약 아래 있다고 율법을 지키지 않아도 되는 게 아니다. 새 언약은 신자들을 자유하게 하며, 성령으로 신자들이 율법을 지킬 수 있게 한다. 시내산에서 **돌판**에 새겨진 율법은 외적인 것이었다. 이 율법은 사람들로 그들의 무능력, 곧 하나님의 거룩하고 의로우며 선한 요구들에 완전하게 순종할 수 없는 무능력을 대면하게 했고 이로써 사람들을 정죄했다. 그러나 새 언약에서, 하나님은 자신의 율법을 자신이 구속하는 자들의 **마음**에 쓰신다. 내주하시는 성령의 능력이 이들로 율법을 지킬 수 있게 하며, 은혜로 이들에게 전가된 예수 그리스도의 의가 이들이 율법을 범한 죄를 모두 덮는다.

구약 선지자들은 하나님이 그분의 율법을 **육의 마음(human heart)**에 쓰실 거라고 했다. 예레미야는 하나님의 은혜로운 새 언약의 약속을 기록했다. "그러나 그 날 후에 내가 이스라엘 집과 맺을 언약은 이러하니, 곧 내가 나의 법을 그들의 속에 두며 그들의 마음에 기록하여, 나는 그들의 하나님이 되고 그들은 내 백성이 될 것이라"(렘 31:33). 이와 비슷하게, 에스겔은 이렇게 썼다. "내가 그들에게 한 마음을 주고 그 속에 새 영을 주며 그 몸에서 돌 같은 마음을 제거하고 살처럼 부드러운 마음을 주어, 내 율례를 따르며 내 규례를 지켜 행하게 하리니, 그들은 내 백성이 되고 나는 그들의 하나님이 되리라"(겔 11:19-20; 참조. 36:26-27).

고린도의 거짓 사도들은 돌판에 쓴 외적 율법에 매달렸으며, 행위와 종교 의식으로 구원받는다고 주장했다. 늘 그렇듯이, 이것은 파멸로 이끄는 메시지다. 그 누구도 온 율법을 완전하게 지킬 수 없기 때문이다.

> 무릇 율법 행위에 속한 자들은 저주 아래에 있나니, 기록된 바 누구든지 율법 책에 기록된 대로 모든 일을 항상 행하지 아니하는 자는 저주 아래에 있는 자라 하였음이라. 또 하나님 앞에서 아무도 율법으로 말미암아 의롭게 되지 못할 것이 분명하니, 이는 의인은 믿음으로 살리라 하였음이라. 율법은 믿음에서 난 것이 아니니, 율법을 행하는 자는 그 가운데서 살리라 하였느니라. 그리스도께서 우리를 위하여 저주를 받은 바 되사 율법의 저주에서 우리를 속량하셨으니, 기록된 바 나무에 달린 자마다 저주 아래에 있는 자라 하였음이라. (갈 3:10-13)

갈라디아 신자들을 향한 바울의 꾸짖음이 고린도 신자들에게도 똑같이 적용되었다.

> 내가 하나님의 은혜를 폐하지 아니하노니, 만일 의롭게 되는 것이 율법으로 말미암으면 그리스도께서 헛되이 죽으셨느니라…너희가 이같이 어리석으냐? 성령

으로 시작하였다가 이제는 육체로 마치겠느냐?…율법 안에서 의롭다함을 얻으려 하는 너희는 그리스도에게서 끊어지고 은혜에서 떨어진 자로다. (갈 2:21; 3:3; 5:4).

역사에 등장한 모든 율법주의자처럼, 거짓 사도들은 **돌판**에 쓴 율법과 **육의 마음판**에 쓴 율법 간의 연속성을 부정했다. (아이러니하게도, 이들의 반대편에 자리한 율법폐기론자들, 곧 은혜로 받는 구원은 율법에 대한 신자의 의무를 폐기한다고 주장하는 자들도 이러한 연속성을 부정한다.) 그러나 **육의 마음판**에 쓴 하나님의 율법은 **돌판**에 쓴 하나님의 율법을 폐기하지 않는다. 십계명이 하나님의 도덕법 전부를 간결하게 요약한다. 서기관이 율법의 계명 중에 어느 것이 가장 크냐고 물었을 때, 예수님은 이렇게 답하셨다. "네 마음을 다하고 목숨을 다하고 뜻을 다하고 힘을 다하여 주 너의 하나님을 사랑하라 하신 것이요, 둘째는 이것이니, 네 이웃을 네 자신과 같이 사랑하라 하신 것이라"(막 12:30-31). 예수님은 이 답변으로 십계명의 두 부분을 요약하셨다. 하나님 사랑과 사람 사랑이다. 그러므로 돌판에 쓴 외적 율법과 마음판에 쓴 내적 율법 사이에 그 어떤 불연속성도 없다. 둘 다 신자들에게 하나님과 사람들의 마음을 상하게 하지 말라고 가르친다. 그러나 돌판에 쓴 율법은 죄인들을 구원하지 못한다. 죄인들이 이 돌판을 산산조각 내기 때문이다. 구원은 새 마음, 곧 율법을 사랑하고 율법을 지키려 하며(시 119:97) 모든 잘못을 용서하는 마음을 준다.

바울은 붓과 먹으로 쓴 추천서가 필요 없었다. 고린도 신자들의 변화된 삶, 하나님의 율법이 이들의 마음판에 새겨졌다는 사실이 그가 진짜라는 것을 증명했다.

유능한 사역자는 자신의 소명을 확신한다

우리가 그리스도로 말미암아 하나님을 향하여 이 같은 확신이 있으니,(3:4)

바울이 자신의 사역을 변호한 것은 그 어떤 성가신 자기 의심을 떨쳐버리기 위

119

해서가 아니었다. 바울은 하나님이 자신을 사역자로 부르셨다는 것을 전혀 의심하지 않았다. 이러한 흔들림 없는 **확신(confidence)**이 있었으므로 매우 어려운 사역에 꼭 필요한 용기와 담대함을 가질 수 있었다. 바울은 그 어떤 장애물이나 박해나 낙담에도 자신의 소명을 의심하지 않았다. 이러한 확신이 있었기에 초점을 좁히고 하나님이 자신을 불러 맡기신 사역에 흔들림 없이 일편단심으로 헌신할 수 있었다. 고린도전서 9:16에서, 바울은 이렇게 썼다. "내가 복음을 전할지라도 자랑할 것이 없음은 내가 부득불 할 일임이라. 만일 복음을 전하지 아니하면 내게 화가 있을 것이로다." 고린도후서 조금 뒤에서, 자신을 더없이 값진 보배, 곧 하나님의 진리를 담은 질그릇에 비유했다(4:7). 그리고 4:8-11에서, 자신이 사역하며 겪은 시련을 열거했다.

> 우리가 사방으로 욱여쌈을 당하여도 싸이지 아니하며, 답답한 일을 당하여도 낙심하지 아니하며, 박해를 받아도 버린 바 되지 아니하며, 거꾸러뜨림을 당하여도 망하지 아니하고, 우리가 항상 예수의 죽음을 몸에 짊어짐은 예수의 생명이 또한 우리 몸에 나타나게 하려 함이라. 우리 살아 있는 자가 항상 예수를 위하여 죽음에 넘겨짐은 예수의 생명이 또한 우리 죽을 육체에 나타나게 하려 함이라.

그러나 바울은 그 어떤 어려움이 닥쳐도 굴하지 않고 자신의 의무를 중단 없이 수행했다. "기록된 바 내가 믿었으므로 말하였다 한 것 같이 우리가 같은 믿음의 마음을 가졌으니 우리도 믿었으므로 또한 말하노라"(4:13). 자신의 소명에 관해, 바울은 늘 한결같았다. 그에게 대안이나 타협이란 없었다. 하나님이 말씀하셨고, 바울이 믿었으며 주저 없이 말했다. 바울은 자신을 질그릇으로 보았다. 그렇더라도 하나님이 그를 사역자로 부르셨다는 사실에서 흔들리지 않는 **확신**을 얻었다.

다른 사도들도 바울만큼 깊은 확신을 갖고 일했다. 적대적인 공회가 "베드로와 요한이 담대하게 말함을 보고 그들을 본래 학문 없는 범인으로 알았다가 이상히 여기며 또 전에 예수와 함께 있던 줄도 알"았다(행 4:13). 박해 위협 앞에서, 사도들은 물러서길 거부했고 물러서는 대신 기도했다. "주여, 이제도 그들의 위협함을 굽어보시옵고 또 종들로 하여금 담대히(with all confidence) 하나님의 말씀을 전하게 하여 주시오며"(행 4:29).

바울의 **확신**은 자신의 능력을 경솔하고 오만하게 신뢰하는 게 아니었다. 그의 확신은 자기 확신이 아니라 **그리스도로 말미암아 하나님을 향하여** 갖는 확신이었다. 그는 로마 신자들에게 이렇게 썼다. "그리스도께서 이방인들을 순종하게 하기 위하여 나를 통하여 역사하신 것 외에는 내가 감히 말하지 아니하노라. 그 일은 말과 행위로…이루어졌으며"(롬 15:18-19). 고린도전서에서, 바울은 이렇게 인정했다. "내가 나 된 것은 하나님의 은혜로 된 것이니, 내게 주신 그의 은혜가 헛되지 아니하여 내가 모든 사도보다 더 많이 수고하였으나 내가 한 것이 아니요 오직 나와 함께 하신 하나님의 은혜로라"(고전 15:10). 에베소서 3:7에서, 바울은 이렇게 단언했다. "이 복음을 위하여 그의 능력이 역사하시는 대로 내게 주신 하나님의 은혜의 선물을 따라 내가 일꾼(minister)이 되었노라." 바울은 자신의 능력이나 달란트가 아니라 자신 안에서 역사하는 **그리스도의 능력으로 말미암아(through)** 자신의 사역을 성취했다.

반대로, 거짓 사도들은 자신만만하고 오만했으며 자신의 영리함을 전적으로 믿었다. 그러나 이들은 사실 사람을 기쁘게 하고 거짓으로 하나님의 말씀을 더럽히는 자들이었다(참조. 고후 2:17). 반대로, 바울의 사역은 **그리스도의 능력으로 말미암아 하나님을** 기쁘시게 하는 것이 목적이었다. 바울의 주님은 그가 하는 사역의 근원이자 궁극적 목적이었다.

유능한 사역자는 하나님의 능력을 겸손히 의지한다

[5]우리가 무슨 일이든지 우리에게서 난 것 같이 스스로 만족할 것이 아니니, 우리의 만족은 오직 하나님으로부터 나느니라. [6a]그가 또한 우리를 새 언약의 일꾼 되기에 만족하게 하셨으니, (3:5-6a)

바로 앞에서 말했듯이, 바울은 자신의 사역에 확신이 있었고 담대했으며 용기가 있었고 단호했다. 누구라도 그를 오해하지 않도록, 바울은 서둘러 부정문을 덧붙였다. **우리가…스스로 만족할 것이 아니니(not that we are adequate in ourselves)**.[19] 바울은 자신의 힘과 지혜로는 아무것도 이룰 수 없었다(참조. 고전 1:18; 2:5). 이 서신 뒤쪽에서, 바울은 이렇게 썼다. "그러므로 내가 그리스도를 위하여 약한 것들과 능욕과 궁핍과 박해와 곤고를 기뻐하노니, 이는 내가 약한 그 때에 강함이라"(고후 12:10). 바울은 자신이 부족할뿐더러 인간적 자원도 없었기에 하나님의 능력이 흘러가는 통로가 되었다.

하나님은 사역자들을 선택하실 때 인간적 기준에서 강하고 고상한 자들을 찾지 않으신다(참조. 고전 1:26). 경건한 스코틀랜드 목회자 로버트 맥체인(Robert Murray McCheyne)은 어느 젊은 목회자에게 일깨웠다. "많은 달란트가 아니라 예수님을 많이 닮음이 하나님께서 주시는 복입니다. 거룩한 일꾼은 하나님의 손에 들린 엄청난 무기입니다"(Andrew A. Bonar, *Memoirs of McCheyne*[Reprint; Chicago: Moody, 1978], 95). 바울은 고도로 훈련받은 뛰어난 지성인이었으나(행 26:24) 자신의 지성을 의지하지 않았다. 그뿐 아니라 자신의 웅변술을 의지해(참조. 행 14:12) 사람들을 설득하려 들지도 않았다(고전 2:4). 대신에, "성령의 나타나심과 능력으로" 일했다(고전 2:4; 참조. 고전 4:20; 살전 1:5).

바울은 자신의 인간적 능력을 전혀 신뢰하지 않았기에 **무슨 일이든 자신에게서 난 것 같이 여기지(to consider anything as coming from** himself, 그 어떤 것이라도 자신에게서 비롯되었다고 여기지) 않는다고 놀랍게 고백했다. 여기서 **consider**(여기다)로 번역된(개역개정에는 이에 상응하는 번역어가 없다) 헬라어 '로기조마이'(*logizomai*)는 "추론하다"(to reason), "계산하다"(to calculate), "입금하다"는 뜻이다. 하나님의 능력과 지혜가 있었기에, 바울은 자신의 사역을 올바로 평가하고 판단할 수 있었다. 그뿐 아니라, 바울은 자기 계획을 실행하기보다 하나님의 인도를 따랐다(참조. 행 16:6-10). 그는 자신**에게서 난 것**은 아무것도 신뢰하지 않았다. 바울 자신은 쓸모없고 힘도 없었다. 바울은 성령의 능력으로 겸손하게 섬겼으며, 자신의 **만족(adequacy,** 자격)은 오직 하나님으로

---

19 새번역: 우리가 이런 일을 할 수 있는 자격이 우리에게서 났다고 생각하지 않습니다.

부터, 자신을 유능하게 하실 수 있는 유일한 분으로부터 온다는 것을 온전히 인정했다.

유능한 사역자는 새 언약의 메시지가 있다

그가 또한 우리를 새 언약의 일꾼 되기에 만족하게 하셨으니, 율법 조문으로 하지 아니하고 오직 영으로 함이니, 율법 조문은 죽이는 것이요 영은 살리는 것이니라. (3:6)

바울은 유능한 사역자의 자질을 논하면서 이제 메신저에서 그의 메시지로, 그가 하는 사역의 성격에서 그 내용으로 옮겨간다.

고린도의 거짓 사도들은 유대주의자들이었거나 이들과 밀접하게 연결된 분파로 당시 문화의 대중 철학들에 이미 퍼져 있었을 것이다. 유대주의자들은 끈질긴 역병처럼 바울의 사역 내내 그를 쫓아다녔다. 이들은 거짓 선생들이었으며, 구원을 받으려면 예수 그리스도를 믿어야 할 뿐 아니라 모세 율법을 (그 의식들을 포함해) 지켜야 한다고 단언했다. 자신들이 먹잇감으로 찍은 자들이 가진 관념들에서 그들이 솔깃해할 요소라면 무엇이든 취했으면, 그런 후에는 은혜의 복음을 부정하고 이방 신자들에게 유대 관습을 강요하려 했다. 이들은 사실상 잡상인이었으며, 자기 목적을 이루려고 "하나님의 말씀을 혼잡하게 했다"(2:17).

그러나 참 사역자들은 **새 언약의 일꾼(servants)**이다. 이들은 옛 언약(모세의 율법 언약)과 **새 언약**을 섞지 않는다. **새 언약**만이 구원하기 때문이다. 새 언약의 놀라운 진실은 그 누구도 외적인 유대교를 통해 하나님께 나올 필요가 없다는 것이다. 이방인들은 하나님 나라에서 이류 시민이 아니라 "복음으로 말미암아 그리스도 예수 안에서 함께 상속자가 되고 함께 지체가 되고 함께 약속에 참여하는 자"들이며(엡 3:6), 더는 "외인도 아니요 나그네도 아니요 오직 성도들과 동일한 시민이요 하나님의 권속"이다(엡 2:19). 이방인들이 유대인들과 동등하다는 혁명적 개념은 믿는 유대인들과 믿지 않는 유대인들 양쪽 모두를 충격에 몰아넣었다(참조. 행 11:2-3).

새 언약의 영광과 은혜를 이해하려면 성경의 언약들을 짧게라도 되짚어 보아야 한다. 구원과 무관한 두 언약이 있다. 노아 언약(창 9:16)과 제사장 언약이다(민 25:10-13). 이 언약들은 하나님의 약속, 곧 결코 다시 물로 세상을 심판하지 않겠다는 약속과 자신의 백성을 위해 늘 제사장을 주겠다는 약속을 표현했다.

구원과 관련된 두 언약이 있다. 아브라함 언약(창 17:17; 18:10-19)과 다윗 언약이다(삼하 7:12-16; 23:5). 아브라함 언약에서, 하나님은 아브라함에게 한 민족과 땅과 복과 궁극적으로 메시아를 약속하셨다. 다윗 언약에서, 하나님은 다윗에게 솔로몬보다 큰 아들, 하나님의 영광스런 지상 나라를 다스릴 왕이 되고 이스라엘과 세상에 구원과 복을 가져다줄 분을 약속하셨다. 문제는 이 약속들을 어떻게 받느냐다. 역사 내내, 유대인들은 이 약속들이 성취되길 기다렸다. 모세 언약에서(출 24:7-8), 하나님은 그분의 나라에서 언약의 복은 모두 의인을 위한 것이라고 하셨다. 그리고 의인의 기준은 하나님의 율법에 완전하게 순종하느냐다. 그러나 그 누구도 이 기준을 채울 수 없다! 그렇다면 사람들이 어떻게 구원받고 복을 받으며 영광스런 나라에 들어가는가? 새 언약이 답을 제시한다. 새 언약만이 복과 구원과 영생의 조건을 제시한다(렘 31:31-34; 겔 16:60; 37:26; 히 8:6-13). 아담부터 지금의 하늘과 땅이 멸망하기 전에 구원받을 마지막 사람까지, 구원받는 사람은 누구라도 새 언약의 조건으로 구원받는다. 새 언약은 예수 그리스도께서 십자가에서 돌아가셨을 때 공식적으로 비준되었다. 그분이 죄인들을 대신해 치르신 희생으로 앞으로 믿을 모든 사람의 모든 죗값이 완전히 지불되었기 때문이다. 그 후로 새 언약은 늘 작동하고 있다. 구원은 자신이 하나님의 법을 어긴 자들이며 그 법에 순종할 능력이 전혀 없음을 깨닫는 자들에게 찾아온다. 이들은 은혜와 자비와 새 마음을 갈구한다(참조. 눅 18:13).

그러므로 **새 언약**과 복음 메시지의 핵심은 십자가다. 바울은 주 예수 그리스도께서 최후의 만찬에서 하신 말씀을 되풀이하며 이렇게 썼다. "식후에 또한 그와 같이 잔을 가지시고 이르시되, 이 잔은 내 피로 세운 새 언약이니, 이것을 행하여 마실 때마다 나를 기념하라"(고전 11:25). 옛 언약과 달리, 새 언약은 황소나 염소의 피가 아니라 그리스도의 피로 비준되었다.

> 그리스도께서는 장래 좋은 일의 대제사장으로 오사 손으로 짓지 아니한 것, 곧 이 창조에 속하지 아니한 더 크고 온전한 장막으로 말미암아 염소와 송아지의 피로 하지 아니하고 오직 자기의 피로 영원한 속죄를 이루사 단번에 성소에 들어가셨느니라. 염소와 황소의 피와 및 암송아지의 재를 부정한 자에게 뿌려 그 육체를 정결하게 하여 거룩하게 하거든, 하물며 영원하신 성령으로 말미암아 흠 없는 자기를 하나님께 드린 그리스도의 피가 어찌 너희 양심을 죽은 행실에서 깨끗하게 하고 살아계신 하나님을 섬기게 하지 못하겠느냐? 이로 말미암아 그는 새 언약의 중보자시니, 이는 첫 언약 때에 범한 죄에서 속량하려고 죽으사 부르심을 입은 자로 하여금 영원한 기업의 약속을 얻게 하심이라. (히 9:11-15)

따라서 유능한 사역자는 율법이나 의식으로 구원받는다고 전하지 않는다. "이것들은 장래 일의 그림자이나 몸(substance, 본질)은 그리스도의 것이니라"(골 2:17). 그는 신자들의 죄를 위해 십자가에 달려 죽고(고전 1:23) 신자들의 칭의를 위해 다시 살아났으며(롬 4:25) 늘 살아계셔 신자들을 위해 중보하시는 그리스도를 전한다(히 7:25). 하나님 나라에 들어가려면 그리스도를 믿는 외에 다른 길이 없다(요 1:12; 3:18, 36; 14:6; 행 4:12; 16:31; 롬 3:21 - 22; 10:9). 이것이 새 언약의 전파자가 전하는 메시지다. 그러므로 바울은 이렇게 썼다. "내가 너희 중에서 예수 그리스도와 그가 십자가에 못 박히신 것 외에는 아무것도 알지 아니하기로 작정하였음이라"(고전 2:2).

새 언약의 사역자로서, 바울은 **율법 조문**의 일꾼이 아니라 오직 **영(Spirit)**의 일꾼이었다. **조문(letter)**과 **영(Spirit)**이 대비되어 옛 언약과 새 언약이 한층 더 구분된다. 율법의 **조문**에 겉으로 매달린다고 구원받는 게 아니다. "율법은 거룩하고 계명도 거룩하고 의로우며 선하도다"(롬 7:12). 그렇더라도 "율법의 행위로 그의 앞에 의롭다 하심을 얻을 육체가 없다"(롬 3:20). "사람이 의롭다 하심을 얻는 것은 율법의 행위에 있지 않고 믿음으로 되"기 때문이다(롬 3:28;

참조. 갈 2:16). 구원은 "중생의 씻음과 성령의 새롭게 하심"을 통해 온다(딛 3:5; 참조. 요 3:5; 롬 8:2; 고전 6:11; 살후 2:13).

히브리서 저자는 옛 언약의 외적 **조문**과 새 언약의 내적 실체가 대조적이라는 것을 강조한다.

> 그들의 잘못을 지적하여 말씀하시되, 주께서 이르시되, 볼지어다 날이 이르리니 내가 이스라엘 집과 유다 집과 더불어 새 언약을 맺으리라. 또 주께서 이르시기를 이 언약은 내가 그들의 열조의 손을 잡고 애굽 땅에서 인도하여 내던 날에 그들과 맺은 언약과 같지 아니하도다. 그들은 내 언약 안에 머물러 있지 아니하므로 내가 그들을 돌보지 아니하였노라. 또 주께서 이르시되, 그 날 후에 내가 이스라엘 집과 맺을 언약은 이것이니, 내 법을 그들의 생각에 두고 그들의 마음에 이것을 기록하리라. 나는 그들에게 하나님이 되고 그들은 내게 백성이 되리라. 또 각각 자기 나라 사람과 각각 자기 형제를 가르쳐 이르기를 주를 알라 하지 아니할 것은 그들이 작은 자로부터 큰 자까지 다 나를 앎이라. 내가 그들의 불의를 긍휼히 여기고 그들의 죄를 다시 기억하지 아니하리라 하셨느니라. 새 언약이라 말씀하셨으매, 첫 것은 낡아지게 하신 것이니 낡아지고 쇠하는 것은 없어져 가는 것이니라. (히 8:8-13)

하나님이 모세와 시내산에서 맺으신 옛 언약과 새 언약의 차이는 도덕적 기준의 차이가 아니다. 하나님의 도덕법은 바뀌지 않는다. 하나님의 불변하는 거룩이 그 근거이기 때문이다. 그러나 옛 언약에서 법은 외적이었고 기록된 명령들로 구성되었다. 반면에, 새 언약에서 법은 내적이며 성령께서 마음에 쓰신 것이다.

조문은 두 방식으로 **죽인다.** 첫째, 이것은 산 죽음(the living death)을 통해 **죽인다.** 산 죽음이란 사람들이 율법을 지킬 능력이 없기 때문에 슬퍼하고 좌절하며 채워지지 않고 죄책감과 수치를 느끼는 것을 말한다. 바울은 이렇게 썼다. "전에 율법을 깨닫지 못했을 때에는 내가 살았더니 계명이 이르매 죄는 살아나고 나는 죽었도다. 생명에 이르게 할 그 계명이 내게 대하여 도리어 사망에 이르게 하는 것이 되었도다. 죄가 기회를 타서 계명으로 말미암아 나를 속이고 그것으로 나를 죽였는지라"(롬 7:9-11). 둘째, **조문**은 영원한 죽음(지옥 형벌)을 통해, 이것을 지키지 않는 자들이 받을 벌을 통해 **죽인다**. 바울은 이렇게 썼다. "무릇 율법 행위에 속한 자들은 저주 아래에 있나니, 기록된 바 누구든지 율법 책에 기록된 대로 모든 일을 항상 행하지 아니하는 자는 저주 아래에 있는 자라 하였음이라"(갈 3:10).

그러나(but) 새 언약 아래서, **영은 살리는 것이다**(the Spirit gives life, 영은 생명을 주신다). 예레미야 31:33에서, 하나님은 이렇게 말씀하셨다. "내가 나의 법을 그들의 속에 두며 그들의 마음에 기록하여 나는 그들의 하나님이 되고 그들은 내 백성이 될 것이라." **영**은 새 언약의 신자들로 하나님의 법을 성취할 수 있게 하시며, 그래서 이들은 시편 기자와 함께 이렇게 노래할 수 있게 된다. "내가 주의 법을 어찌 그리 사랑하는지요! 내가 그것을 종일 작은 소리로 읊조리나이다"(시 119:97; 참조. 113, 163, 165절).

이것은 그리스도의 죽음 이전에는 신자들이 늘 좌절하며 죄책감을 느끼고 후회하며 살면서 순종이 주는 기쁨과 평안을 전혀 몰랐다는 뜻이 아니다. 시편 119:165에서, 시편 기자는 이렇게 썼다. "주의 법을 사랑하는 자에게는 큰 평안이 있으니 그들에게 장애물이 없으리이다"(참조. 시 19:7-11). 시편 32:1-2에서, 다윗은 용서받음의 복을 노래했다. "허물의 사함을 받고 자신의 죄가 가려진 자는 복이 있도다. 마음에 간사함이 없고 여호와께 정죄를 당하지 아니하는 자는 복이 있도다." 이들은 새 언약의 조건, 즉 회개, 은혜, 믿음으로 구원받았다(참조. 사 55:1-2, 6-7). 하나님이 이들을 거듭나게 하셨으며, 그래서 이들은 하나님의 율법을 사랑하고 지킬 수 있었다. 성령께서 이들의 삶에서 역사하셨기 때문이다(이 책 7장에 실린 논의를 보라). 핵심은 **조문**이 구약 시대를 살았든 현재를 살든 간에 율법을 지킴으로써 구원받으려는 자들을 **죽인다**는 것이다. 시대와 무관하게 어느 누구라도 율법을 지켜 구원받을 수는 없다. "누구든지 온 율법을 지키다가 그 하나를 범하면 모두 범한 자가 되"기 때문이다(약 2:10). 율법은 결코 구원에 이르는 수단으로 계획되지 않았고, 오히려 "우리를 그리스도께로 인도하는 초등교사가 되어 우리로 하여금 믿음으로 말미암아 의롭다 함을 얻게 하"도록 계획되었다(갈 3:24). 그러므로 예수 그리스도의 참 사역자는 새 언약의 메시지, 곧 복음을 선포하는데 복음만이 "모든 믿는 자에 게 구원을 주시는 하나님의 능력"이기 때문이다(롬 1:16).

누가 이 사역을 감당할 수 있는가? 하나님은 더없이 귀한 특권, 곧 삶을 변 화시키는 새 언약의 진리를 선포하는 특권을 누구에게 맡기시는가? 경건하고 유능하며 확신 있고 겸손하며 하나님을 의지하는 사람들, 곧 복음의 진리를 아무것도 섞지 않고 그대로 전하는 사람들이다. 이들이 어떻게 자격을 갖추 게 되는가? "모든 성경은 하나님의 감동으로 된 것으로 교훈과 책망과 바르게 함과 의로 교육하기에 유익하니, 이는 하나님의 사람으로 온전하게 하며 모 든 선한 일을 행할 능력을 갖추게 하려 함이라"(딤후 3:16-17).

놀랍게도, 성령의 은사와 가르침을 받은 유오한 사람들이 전하는 하나님의 무오한 말씀, 곧 성경을 올바로 나누고 분명하게 선포하는 것이 구원하는 새 언약의 복음을 퍼트리기 위해 하나님이 선택하신 수단이다. 전파자가 없으면 사람들이 듣지 못한다(롬 10:14). 구원받은 자라도 인도해 주는 자가 없으면 성 경을 이해하지 못할 수 있다(참조. 행 8:30-31).

7

새 언약의 영광 1부:
생명을 주고, 의를 낳으며, 영원하다

(3:6-11)

⁶그가 또한 우리를 새 언약의 일꾼 되기에 만족하게 하셨으니, 율법 조문으로 하지 아니하고 오직 영으로 함이니, 율법 조문은 죽이는 것이요 영은 살리는 것이니라. ⁷돌에 써서 새긴 죽게 하는 율법 조문의 직분도 영광이 있어 이스라엘 자손들은 모세의 얼굴의 없어질 영광 때문에도 그 얼굴을 주목하지 못하였거든, ⁸하물며 영의 직분은 더욱 영광이 있지 아니하겠느냐? ⁹정죄의 직분도 영광이 있은즉 의의 직분은 영광이 더욱 넘치리라. ¹⁰영광되었던 것이 더 큰 영광으로 말미암아 이에 영광될 것이 없으나 ¹¹없어질 것도 영광으로 말미암았은즉 길이 있을 것은 더욱 영광 가운데 있느니라. (3:6-11)

사도 시대 이후로 줄곧 그러했듯이, 성례를 비롯한 온갖 예식과 의식을 내세우는 기독교가 성경이 말하는 진정한 복음을 심각하게 위협한다. 이런 거짓 체계에서는 종교 제도가 그리스도를 대신하고 참 그리스도를 밀어낸다. 사람들은 믿음을 통해 살아계신 그리스도와 연결되는 게 아니라 기계적 행위를 통해 제도와 연결될 뿐이다. 외적 예식이 내적 예배를 대신한다. 성례가 은혜의 '상징'이 아니라 은혜의 '수단'이 된다. 사역자들이 사람들과 하나님 사이에서 중재자로 추앙받으며, 성도들을 구원하고 거룩하게 하며 사역을 위해 준비시키는 (엡 4:12) 은혜를 전하는 겸손한 종으로 남는 게 아니라 이른바 구원에 필요하다는 의식들을 행한다. 개혁자들이 이러한 죽은 율법주의에 맞섰으며, 이로써

129

오랜 세월 계속된 예식주의(ceremonialism)를 버리고 순전한 새 언약의 복음을 회복하려는 탐구에 불을 댕겼고, 마침내 개신교 종교개혁이 불길처럼 일어났다. 오늘의 교회도 예식주의라는 아주 치명적인 이단을 경계해야 한다.

바울은 마음이 몹시 아팠다. 예식주의라는 무서운 질병이 고린도교회에 침투했기 때문이었다. 자칭 "사도들이"(실제로는 율법주의 이단이었다) 고린도 신자들에게 율법주의라는 너무나 무거운 멍에를 지우려 했다(참조. 행 15:10; 갈 5:1). 이들은 할례를 받고 안식일과 월삭과 절기와 구약의 음식 규정을 지켜야 구원받을 수 있다고 가르쳤다. 본질적으로, 이들은 이방인들이 구원받고 하나님 나라에 들어가려면 먼저 유대교로 개종해야 한다고 주장했다.

이런 거짓 선생들은 옛 언약의 일꾼이었다(이들은 모세 언약이 구원에 유효하다고 주장했다). 반대로, 바울은 새 언약의 일꾼이었다. 이 책 앞 장에서 살펴보았듯이, 영적으로 유효한 사역자(effective minister)는 새 언약의 복음을 전한다. 바울은 자유하게 하는 메시지를 전했다. 이 때문에 고린도의 거짓 사도들, 새 언약의 복음을 반대하는 자들이 그를 맹렬하게 공격했다. 바울은 자신의 순전함과 사역을 변호하면서 새 언약을 짧지만 풍성하게 제시했다.

바울은 고린도 신자들에게 자신을 변호해야 한다는 게 몹시 슬펐다. 바울은 고린도에서 1년 반을 사역할 때 고린도교회에 자신의 삶을 쏟아부으며(행 18:11) 이들을 가르치고 목양했다. 바울은 고린도 신자들과 아주 가까웠다. 그래서 고린도후서는 성령의 감동으로 기록된 바울 서신 중에 가장 개인적인 서신이며, 여기서 바울은 자신을 가장 투명하게 드러낸다. 예를 들면, 바울은 호소하듯 썼다. "고린도인들이여, 너희를 향하여 우리의 입이 열리고 우리의 마음이 넓어졌으니, 너희가 우리 안에서 좁아진 것이 아니라 오직 너희 심정에서 좁아진 것이니라. 내가 자녀에게 말하듯 하노니, 보답하는 것으로 너희도 마음을 넓히라"(고후 6:11-13).

바울은 이 편지를 쓰면서 마음이 아프고 고통스러웠다. 고린도 신자들을 깊이 사랑하기 때문이었다. 12:14에서, 바울은 이들을 자신의 자녀라고 했으며 뒤이어 이렇게 썼다. "내가 너희 영혼을 위하여 크게 기뻐하므로 재물을 사용하고 또 내 자신까지도 내어 주리니, 너희를 더욱 사랑할수록 나는 사랑을 덜 받겠느냐?"(15절). 고린도전서 4:14-15에서는 자신이 고린도 신자들을 꾸짖는 동기를 설명했다. "내가 너희를 부끄럽게 하려고 이것을 쓰는 것이 아니라. 오직 너희를 내 사랑하는 자녀 같이 권하려 하는 것이라. 그리스도 안에서 일만 스승이 있으되 아버지는 많지 아니하니, 그리스도 예수 안에서 내가 복음으로써 너희를 낳았음이라."

고린도교회의 상황 외에도 많은 문제가 바울의 삶에 아픔과 고통을 안겼다. 고린도후서 4:8-10에서, 바울은 이렇게 말했다. "우리가 사방으로 욱여쌈을 당하여도 싸이지 아니하며, 답답한 일을 당하여도 낙심하지 아니하며, 박해를 받아도 버린 바 되지 아니하며, 거꾸러뜨림을 당하여도 망하지 아니하고, 우리가 항상 예수의 죽음을 몸에 짊어짐은 예수의 생명이 또한 우리 몸에 나타나게 하려 함이라." 나중에, 바울은 "환난과 궁핍과 고난과 매맞음과 갇힘과 난동과 수고로움과 자지 못함과 먹지 못함"을 겪었다고 썼다(6:4-5). 그는 마게도냐에 갔을 때, "육체가 편하지 못하였고 사방으로 환난을 당하여 밖으로는 다툼이요 안으로는 두려움이었다"(7:5). 11:23-29에서, 바울은 자신이 그리스도를 위해 당한 고난을 요약했다. 거짓 사도들은 이러한 고난을 하나도 당하지 않았다.

그들이 그리스도의 일꾼이냐? 정신없는 말을 하거니와 나는 더욱 그러하도다. 내가 수고를 넘치도록 하고 옥에 갇히기도 더 많이 하고 매도 수없이 맞고 여러 번 죽을 뻔하였으니, 유대인들에게 사십에서 하나 감한 매를 다섯 번 맞았으며, 세 번 태장으로 맞고, 한 번 돌로 맞고, 세 번 파선하고, 일주야를 깊은 바다에서 지냈으며, 여러 번 여행하면서 강의 위험과 강도의 위험과 동족의 위험과 이방인의 위험과 시내의 위험과 광야의 위험과 바다의 위험과 거짓 형제 중의 위험을 당하고, 또 수고하며 애쓰고 여러 번 자지 못하고 주리며 목마르고 여러 번 굶고 춥고 헐벗었노라. 이 외의 일은 고사하고 아직도 날마다 내 속에 눌리는 일이 있으니, 곧 모든 교회를 위하여 염려하는 것이라. 누가 약하면 내가 약하지 아니하며 누가 실족하게 되면 내가 애타지 아니하더냐?

그러나 바울은 자신이 돌보는 모든 교회 중에서 고린도교회를 가장 걱정했다. 고린도교회는 복을 많이 받았다. "너희가 그 안에서 모든 일 곧 모든 언변과 모든 지식에 풍족하므로 그리스도의 증거가 너희 중에 견고하게 되어 너희가 모든 은사에 부족함이 없이…"(고전 1:5-7). 앞서 말했듯이, 이들은 어느 교회도 누리지 못한 특권을 누렸다. 특별한 사도가 목회자로서 2년 가까이 이들을 섬겼다. 그러나 고린도 신자들은 풍성한 복을 받았는데도 혼란스러웠다. 옛 삶을 벗어버리기 어려웠다. 교회는 여러 분파로 나뉘어 서로 싸웠다(고전 1:11-12). 이들은 영적으로 아주 미숙했다. 그래서 바울은 마치 "그리스도 안에서 어린 아이들을" 대하듯 이들을 대했다(고전 3:1). 그런데도 이들은 이교도라도 질색할 성적 타락을 용납했으며, 이 죄를 통탄하기는커녕 오히려 교만해졌다(고전 5:1-2). 고린도 신자들은 자신들 사이의 분쟁을 스스로 해결하는 대신 자신들의 치부를 이교도 재판관들 앞에 대놓고 드러냈다(고전 6:1-8). 이들은 그리스도 안에서 얻은 자유를 왜곡해 음행을 정당화했으며(고전 6:12-20) 창녀와 놀아나기까지 했다(고전 6:16). 정반대로, 어떤 사람들은 철저한 성적 금욕을 주장했으며 심지어 결혼과 관련해서도 이런 주장을 펼쳤다(7:1-5). 강한 신자들은 우상에게 바쳤던 고기를 먹을 자유를 과시하면서 약한 신자들의 양심을 짓밟았다(고전 8:1-13; 참조. 10:23-32). 여자들은 하나님이 계획하신 역할을 버리고 당시의 페미니스트 운동에 가담했다(고전 11:1-16; 14:34-35). 고린도 신자들은 주의 만찬을 마치 이교도 향연처럼 대했다. 어떤 사람들은 배터지게 먹었고 어떤 사람들은 쫄쫄 굶었으며, 충격적이게도 어떤 사람들은 고주망태가 되기까지 했다(고전 11:17-34). 이들의 영적 은사가 심하게 왜곡되었다. 그래서 바울은 무려 세 장에 걸쳐 이들을 바로잡아야 했다(고전 12-14장). 놀랍게도, 누군가 황홀경 상태에서 예수를 저주했을 때 고린도 신자들은 그가 성령의 통제를 받으며 말한다고 믿었다(12:3). 이들은 교만해서 영적 은사를 오용했고, 그래서 예배가 무질서해졌다(고전 14:26-33). 고린도 신자들은 유행하는 헬라 철학의 먹이가 되었고 핵심적인 부활 교리에서마저 흔들렸다(고전 15장).

무엇보다도, 많은 고린도 신자가 거짓 사도들을 받아들였고 이들이 바울의 인격과 사역을 비방하며 쏟아내는 거짓말에 현혹되었다. 바울은 치명적인 예식주의가 고린도교회에 침투했고 이 때문에 진리를 버린 자들까지 있다는 소식에 가슴이 미워졌다. 그의 삶에서 사랑하는 고린도교회가 예식주의와 의식주의에 빠져드는 모습을 보는 것보다 큰 아픔은 없었다. 로버트슨(R. T. Robertson)은 이렇게 썼다.

> 바울이 전파자의 삶에서 밝은 면을 볼 수 있다면 어두운 면이 무엇인지도 안다. 그의 삶에는 빛을 차단할 구름이 많다. 실제로 유대주의자들이 고린도에서 한 일과 비교해 자신의 일을 자랑하지 않을 수 없을 때, 바울은 자신이 겪은 고난을 열거한다. 그는 "옥"에 갇히기도 했고, "매"도 수없이 맞았으며, 여러 번 "죽을" 뻔했고, 여러 차례 "파선"했으며, 여러 번 "자지 못했고," "주리고 목말랐다." "내가 부득불 자랑할진대 내가 약한 것을 자랑하리라." 그러나 이제 바울은 자신의 약함조차 자랑할 수 없다. 그는 아무것도 자랑할 수 없다. 그는 상한 사람이며, 마음과 몸이 상한 사람이다. (*The Glory of the Ministry* [New York: Revell, 1911], 31 - 32)

바울은 고린도 신자들이 좀 더 지혜롭지 못한 게 특히 안타까웠을 것이다. 이들은 바울이 수행한 새 언약의 사역을 통해 구원받았으며 주의 만찬에 참여할 때마다 이 구원을 되새겼다(고전 11:24-25). 그리고 예수 그리스도의 희생이 죄를 영원하고도 완전하게 대속하며, 따라서 옛 언약의 희생 제사가 더는 필요 없다는 것을 알았다(참조. 히 10:12). 그뿐 아니라, 옛 언약이 아무도 구원하지 못한다는 것도 알았다. 옛 언약은 사람들이 얼마나 죄악된지 보여주었고, 이로써 이들로 하나님의 은혜와 자비를 갈망하게 했을 뿐이었다. 그러므로 옛 언약은 죄인들의 시선을 구원자에게로 돌려놓았다. 놀랍게도 이들은 바울의 가르침과 정반대로, 구원의 진리를 혼란스럽게 하는 자들을 따랐다. 역사와 현재가 증명하듯, 이런 일이 드물지 않다(참조. 갈 3:1-7).

고린도후서 3:6-18은 새 언약의 여러 특징을 압축해 요약하는데, 새 언약을 가장 완전하게 설명하는 것은 히브리서다. 바울이 이 단락에서 하듯이, 히브리서 저자는 새 언약의 우월성을 분명히 밝힌다. 새 언약은 언제나 모세 언약보다 나은 언약이었다. 새 언약은 더 나은 중보자, 곧 예수 그리스도가 있기 때문이다(히 8:6). 중보자는 분쟁에서 양 진영을 중재한다(참조. 갈 3:20). 옛 언약의 중보자들, 곧 이스라엘 선지자들과 제사장들과 모세는(참조. 출 20:19; 신 5:5; 갈 3:19) 하나님과 인간을 제대로 대변할 수 없었다. 인간이었기 때문이다. 그러나 하나님이자 사람이신 예수님은 인간을 하나님에게 하나님을 인간에게 완벽하게 대변하실 수 있다. 그러므로 바울은 "하나님과 사람 사이에 중보자도 한 분이시니 곧 사람이신 그리스도 예수라"고 선언한다(딤전 2:5). 새 언약의 신자들은 오직 예수 그리스도를 통해 하나님께 직접 나아간다. "이는 그로 말미암아 우리 둘이 한 성령 안에서 아버지께 나아감을 얻기" 때문이다(엡 2:18). 제사장들이나 성인들이나 성모 마리아가 신자들을 대신해 하나님께 중보할 필요가 없다.

새 언약이 옛 언약보다 우월한 것은 더 나은 여러 약속을 담고 있기 때문이다. 그 가운데 가장 의미 깊은 약속은 모든 죄를 완전히 용서하고 영원히 씻어주시겠다는 것이다. 예레미야는 하나님이 주신 새 언약의 약속을 기록한다. "내가 그들의 악행을 사하고 다시는 그 죄를 기억하지 아니하리라"(렘 31:34). 옛 언약은 죄를 씻을 수 없었다. "이는 황소와 염소의 피가 능히 죄를 없이 하지 못함이라"(히 10:4). 죄 사함은 오직 그리스도의 피로 얻는다. 히브리서 저자는 이렇게 선언한다. "이 뜻을 따라 예수 그리스도의 몸을 단번에 드리심으로 말미암아 우리가 거룩함을 얻었노라…오직 그리스도는 죄를 위하여 한 영원한 제사를 드리시고 하나님 우편에 앉으사"(히 10:10, 12; 참조. 7:27; 9:12; 마 26:28).

히브리서 8:8-12은 새 언약의 일곱 가지 특징을 기술한다.

첫째, 새 언약은 하나님에게서 비롯된다. 히브리서 8:8에서, 하나님은 "내가…새 언약을 맺으리라"고 선언하신다. 새 언약의 조항들은 하나님의 주권적 계획과 목적에 기초한다.

둘째, 새 언약은 옛 언약과 다르다. 새 언약은 업그레이드가 아니라 전혀 새로운 것이다. 히브리서 8:8에서 "새"(new)로 번역된 헬라어는 '카이노스'(kainos)인데, 이것은 다르다는 의미에서 새롭다는 뜻이지 시간적으로 뒤에 나왔다는 의미에서 새롭다는 뜻이 아니다.

셋째, 새 언약은 "이스라엘 집과 유다 집과 더불어" 맺어진다(히 8:8). 그러나 물론 이것은 이방인들이 새 언약에서 배제된다는 뜻이 아니다. "믿음으로 말미암은 자들은 아브라함의 자손"이며 "그리스도의 것이면 곧 아브라함의 자손이요 약속대로 유업을 이을 자"이기 때문이다(갈 3:7, 29). 이방인들도 예수 그리스도를 믿음으로써 새 언약의 복을 받는다. 모세가 받은 율법은 이방인들에게, 모세를 전혀 모르는 이방인들에게도 늘 적용되며 율법을 범하면 영원한 심판을 받는다. 그러므로 새 언약의 용서도 이방인들, 곧 하나님의 은혜와 용서를 구하는 이방인들에게 늘 제시된다.

넷째, 새 언약은 율법이 아니라 은혜다. 히브리서 8:9에서, 하나님은 새 언약을 이렇게 말씀하셨다. "이 언약은 내가 그들의 열조의 손을 잡고 애굽 땅에서 인도하여 내던 날에 그들과 맺은 언약과 같지 아니하도다. 그들은 내 언약 안에 머물러 있지 아니하므로 내가 그들을 돌보지 아니하였노라." 이스라엘의 불순종으로 옛 언약이 폐기된 게 아니라 이스라엘이 약속받은 복을 잃었다. 새 언약 아래서, 하나님은 사랑이 풍성한 아버지로서 불순종하는 자녀들을 징계하신다(히 12:5-11). 그렇더라도 이들은 죄 사함의 복을 절대 잃지 않을 것이다(렘 31:34).

다섯째, 돌판에 쓴 옛 언약과 달리, 새 언약은 내적인 것이다(고후 3:7; 참조. 출 31:18). 히브리서 8:10은 새 언약 아래서 "내 법을 그들의 생각에 두고 그들의 마음에 이것을 기록하리라"는 하나님의 약속을 기록한다.

여섯째, 새 언약은 개인적이다. 새 언약이 마침내 이스라엘에게 성취되겠지만(롬 9:26-27), 유대인들이 회개하고 복음을 믿을 때에야 성취될 것이다. 구원은 오직 개개인에게 찾아온다. 어느 날, 유대인들이 새 언약 아래 예수 그리스도를 믿음으로써(슥 12:10) "작은 자로부터 큰 자까지 다 나를[주님을] 알" 것이다(히 8:11).

일곱째, 새 언약은 완전한 용서를 가져온다. 앞서 말했듯이, 완전한 용서는 옛 언약이 줄 수 없는 것이다(히 10:4). 예수 그리스도의 피가 새 언약이 약속하는 죄 사함을 준다(마 26:28; 참조. 히 9:14-15).

히브리서 저자가 제시하는 목록 외에, 바울은 이 단락에서 새 언약의 뚜렷한 특징 여덟 가지를 제시한다. 새 언약은 생명을 주고, 의를 낳으며, 영구적이고, 소망을 주며, 분명하고, 그리스도 중심이며, 성령께서 활성화하시며, 변화를 일으킨다.

새 언약은 생명을 준다

그가 또한 우리를 새 언약의 일꾼 되기에 만족하게 하셨으니, 율법 조문으로 하지 아니하고 오직 영으로 함이니, 율법 조문은 죽이는 것이요 영은 살리는 것이니라. (3:6)

앞 장에서 언급했듯이 바울은 고린도의 거짓 사도들과 반대로 **새 언약**의 일꾼이었다. 옛 언약은 "죽음의 직분"(ministry of death, "죽게 하는…직분")이고(3:7) "정죄의 직분"(ministry of condemnation)이었다(3:9). 반대로, **새 언약**은 **율법 조문(letter)**이 아니라 **영(Spirit)**으로 된 것으로 영원한 생명(life)을 준다(**살리는 것이니라**).

바울 당시 대다수 유대인은 하나님이 율법을 주신 목적을 잘못 배웠다. 종교 지도자들은 율법이 구원의 길이라고 가르쳤다. 하나님은 율법에 이런 목적을 전혀 부여하지 않으셨다(롬 3:20). 반대로, "율법이 들어온 것은 범죄를 더하게 하려 함이라"(롬 5:20; 참조. 갈 3:19). 율법은 사람들이 하나님의 거룩한 기준을 따라 살 능력이 전혀 없으며, 따라서 구속자가 필요하다는 것을 알려주었다(갈 3:24). 이것은 율법에 조금이라도 문제가 있다는 뜻이 아니다(롬 7:7). 반대로, 율법은 "거룩하고 의로우며 선하다"(롬 7:12). 문제는 율법 자체가 아니라 죄인들이 율법을 지킬 수 없다는 것이다.

다소 출신의 열성적 바리새인 사울은 그렇게도 엄격하게 지켰던 율법이 생명이 아니라 죽음을 안긴다는 것을 깨닫고 충격에 빠졌다. "전에 율법을 깨닫지 못했을 때에는 내가 살았더니 계명이 이르매 죄는 살아나고 나는 죽었도다. 생명에 이르게 할 그 계명이 내게 대하여 도리어 사망에 이르게 하는 것이 되었도다. 죄가 기회를 타서 계명으로 말미암아 나를 속이고 그것으로 나를 죽였는지라"(롬 7:9-11).

율법은 세 가지 방식으로 죽인다. 첫째, 율법은 기쁨과 평안과 소망을 죽이고 율법에 순종할 능력이 없는 데서 비롯되는 좌절과 슬픔과 절망과 죄책으로 이것들을 대체함으로써 죽인다. 둘째, 죄인들은 율법을 지킬 수 없기 때문에 영적 죽음을 부른다(갈 3:10; 참조. 롬 6:23). 셋째, 범한 율법이 영원한 심판의 토대가 되며 율법을 지켜 구원받으려는 자들을 죽인다. 이들은 율법을 지킬 능력이 없음을 인정하고 그리스도께 나오는 대신 성례와 의식의 죽은 행위를 따른다. 그래서 바울이 말한 유대인들, 곧 "하나님의 의를 모르고 자기 의를 세우려고 힘써 하나님의 의에 복종하지 아니"한 유대인들과 같다(롬 10:3). 율법주의자들은 율법의 참 목적을 왜곡했으며, 따라서 이들에게 남은 것은 율법의 **조문(letter)**뿐이다. 다시 말해, 율법의 참된 영적 목적이 빠진 율법의 외적 요구들뿐이다. 율법주의자들은 "율법 조문과 할례를 가지고 율법을 범하는" 유대인들 같다. "표면적 유대인이 유대인이 아니요 표면적 육신의 할례가 할례가 아니"기 때문이다(롬 2:27-28).

그러나 성경은 **새 언약**의 신자들에 관해 이렇게 선언한다. "그리스도 예수 안에 있는 생명의 성령의 법이 죄와 사망의 법에서 너를 해방하였음이라"(롬 8:2). 따라서 이들은 자유하기에 "영의 새로운 것으로 섬길 것이요 율법 조문의 묵은 것으로 아니"한다(롬 7:6). 자신이 정죄 아래 있는 죄인이라는 사실을 율법으로 깨달았다면 회개하고 하나님께 자비를 구해야 한다. 누가복음 18장에 나오는 세리가 고전적인 예다. 그는 자신이 지은 죄와 하나님의 율법을 범했다는 사실에 짓눌려 하나님께 간구했다. "하나님이여, 불쌍히 여기소서. 나는 죄인이로소이다." 그래서 의롭다 하심을 받고 집으로 돌아갔다. 반면에, 자신이 율법을 지킨 것을 구원의 수단으로 여겼던 바리새인은 의롭다 하심이 아니라 정죄를 받았다(눅 18:9-14).

새 언약은 의를 낳는다

⁷돌에 써서 새긴 죽게 하는 율법 조문의 직분도 영광이 있어 이스라엘 자손들은

모세의 얼굴의 (없어질) 영광 때문에도 그 얼굴을 주목하지 못하였거든, ⁸하물며 영의 직분은 더욱 영광이 있지 아니하겠느냐? ⁹정죄의 직분도 영광이 있은즉 의의 직분은 영광이 더욱 넘치리라. (3:7-9)

하였거든(but if)은 "하였기 때문에"(since)로 번역하는 게 더 좋을 수 있다. 바울의 유대인 대적들은 하나님의 율법을 반대했다며 그를 비난하기 일쑤였으나(행 21:28) 이것은 사실이 아니었다. 하나님의 거룩한 율법을 요약한 십계명은 하나님이 친히 **돌에 써서 새긴** 것이다(출 32:15-16). 이 때문에, 바울은 율법이 하나님의 **영광**으로 가득하다고 단언했다. 다시 말해, 율법은 하나님의 의로우심을 완벽하게 투영한다.

그러나 자신의 율법주의적 대적들과 달리, 바울은 율법이라는 옛 언약(the old covenant of the Law)을 적절한 시각으로 보았다. 다시 말해, 그는 옛 언약을 죽음의 직분(ministry of death, 죽게 하는…직분)으로 보았다. 율법은 아무도 구원하지 못한다. 율법은 사람들로 구원자가 필요함을 깨닫게 할 뿐이다. 사실, 율법은 역사상 가장 큰 대량학살자다. 율법은 예수 그리스도를 믿어 구원에 이르는 자들 외에 모든 사람을 필연적으로 정죄해 영원한 지옥 형벌에 처한다.

율법은 하나님이 요구하시는 의의 기준을 정함으로써 죄인들을 정죄한다. 로마서 7:7에서, 바울은 이렇게 썼다. "그런즉 우리가 무슨 말을 하리요? 율법이 죄냐? 그럴 수 없느니라. 율법으로 말미암지 않고는 내가 죄를 알지 못하였으니, 곧 율법이 탐내지 말라 하지 아니하였더라면 내가 탐심을 알지 못하였으리라"(참조. 롬 3:20; 5:13, 20). 타락한 인간 지성은 하나님의 거룩한 율법을 마주할 때에야 죄악된 행위를 정확히 깨달을 수 있다.

율법은 또한 죄를 더함으로써 죄인들을 정죄한다. 바울은 이렇게 한탄했다. "죄가 기회를 타서 계명으로 말미암아 내 속에서 온갖 탐심을 이루었나니, 이는 율법이 없으면 죄가 죽은 것임이라"(롬 7:8). 당연하게도, 죄악되고 타락한 인간 본성은 하나님의 율법이 금하는 것들을 함으로써 하나님의 율법에 맞선다. 따라서 실제로 율법은 구속받지 못한 자들의 삶에서 더 많은 죄를 낳는다.

존 번연은 『천로역정』에서 이 진리를 극적으로 설명한다.

> [해석자가 크리스천의] 손을 잡고 넓은 응접실로 안내했다. 청소를 전혀 하지 않아 먼지가 소복했다. 해석자는 응접실을 잠시 둘러보더니 사람을 불러 비질을 시켰다. 하인이 비질을 시작하자 먼지가 사방으로 날렸고 크리스천은 숨이 막힐 지경이었다. 해석자가 곁에 섰던 계집아이에게 말했다. "물을 가져다 뿌려라." 하녀가 그렇게 하자, 먼지가 가시고 응접실이 깨끗해졌다.
> 크리스천이 물었다. "여기에 무슨 뜻이 있습니까?"
> 해석자가 답했다. "이 응접실은 향기로운 복음의 은혜로 거룩해진 적이라고는 없는 사람의 마음입니다. 먼지는 그 사람의 원죄와 내면의 타락인데, 이것이 그 사람 전체를 더럽혔지요. 처음에 청소를 시작한 사람은 율법입니다. 뒤이어 물을 가져다 뿌린 소녀는 복음이지요. 보셨다시피, 첫째 하인이 비질을 시작하자마자 먼지가 사방으로 날려 도무지 응접실을 청소할 수 없었고 당신도 숨이 막힐 지경이었지요. 이것은 율법이 그 행위로 마음에서 죄를 씻어내기는커녕 도리어 죄를 되살려내고 죄에 힘을 더하며 죄를 키운다는 것을, 심지어 죄를 찾아내고 금할 때조차 그런다는 것을 보여줍니다. 율법은 죄를 굴복시킬 힘이 없기 때문이지요(롬 5:20; 7:9; 고전 15:56). (Reprint, Grand Rapids: Zondervan, 1976], 33–34)

율법이 드러낸 자신의 죄악과 마주했을 때, 바울은 거울에서 보듯이 자신을 보았고 자신이 영적으로 죽었다는 것을 알았다. "전에 율법을 깨닫지 못했을 때에는 내가 살았더니, 계명이 이르매 죄는 살아나고 나는 죽었도다. 생명에 이르게 할 그 계명이 내게 대하여 도리어 사망에 이르게 하는 것이 되었도다. 죄가 기회를 타서 계명으로 말미암아 나를 속이고 그것으로 나를 죽였는지라"(롬 7:9-11). 바울은 자신이 영원한 멸망, 곧 지옥으로 향하는 속절없는 죄인이라는 것을 깨달았다. 그러나 이번에도 바울은 하나님의 율법에 잘못이 전혀 없음을 강조했다. "우리가 율법은 신령한 줄 알거니와 나는 육신에 속하여 죄 아래에 팔렸도다"(7:14). 그는 갈라디아 신자들에게 이렇게 썼다. "율법이 하나님의 약속들과 반대되는 것이냐? 결코 그럴 수 없느니라. 만일 능히 살게 하는 율법을 주셨더라면 의가 반드시 율법으로 말미암았으리라"(갈 3:21). 율법은 결코 구원의 수단으로 계획되지 않았다. 율법은 은혜나 자비나 용서를 주지 못한다. 율법은 죄인을 의롭게 할 능력이 없다. 율법의 목적은 거룩하고 순전한 하나님의 기준을 계시하고 드러난 죄인들을 구원자에게 인도하는 것이다(갈 3:24; 히 4:12-13). 그러나 율법에 의지해 구원을 얻으려는 자들에게 율법은 죽음의 직분(ministry of death)이다.

바울은 이스라엘 역사에서 친숙한 사건을 들어 율법의 영광을 설명한다. 모세가 시내산에서 율법을 받았다. 모세가 하나님의 쉐키나 영광에 싸여 지낸 후, **이스라엘 자손들은 모세의 얼굴의** 없어질 **영광 때문에도 그 얼굴을 주목하지 못하였다.** 출애굽기 34:29은 이렇게 말한다. "모세가 그 증거의 두 판을 모세의 손에 들고 시내산에서 내려오니, 그 산에서 내려올 때에 모세는 자기가 여호와와 말하였음으로 말미암아 얼굴 피부에 광채가 나나 깨닫지 못하였더라." 모세의 얼굴에 투영된 하나님의 영광의 빛이 아주 강렬했다. 그래서 "아론과 온 이스라엘 자손이 모세를 볼 때에 모세의 얼굴 피부에 광채가 남을 보고 그에게 가까이 하기를 두려워하"였다(30절). 모세가 안심시킨 "후에야 온 이스라엘 자손이 가까이 오는지라. 모세가 여호와께서 시내산에서 자기에게 이르신 말씀을 다 그들에게 명령하고"(32절). 그 후, 모세는 하나님 앞에 들어가 말하고 나오면 얼굴을 수건으로 가렸다(33-35절). 바울의 핵심은 모세가 산에서 내려온 후 그의 얼굴을 보는 모두에게 율법의 영광이 분명하게 드러났다는 것이다.

바울은 이렇게 물었다. 그러나 옛 언약에 없어지는 영광이 있었는데 **하물며 영의 직분**(새 언약)**은 더욱 영광이 있지 아니하겠느냐?** 옛 언약에서 돌판에 쓴 율법, 죽음과 정죄를 낳는 율법에도 하나님의 영광이 있었다. 율법이 거룩하고 공의로운 하나님의 본성을 계시하기 때문이다. 새 언약은 하나님의 영광을 완전히 계시한다. (옛 언약처럼) 하나님의 거룩한 본성과 공의와 진노와 심판을 계시할 뿐 아니라 하나님의 긍휼과 자비와 은혜와 용서도 드러내기 때문이다 (참조. 출 33:19). 새 언약으로 말미암아 **영(Spirit)**이 생명과 의를 주신다. "이는 그리스도 예수 안에 있는 생명의 성령의 법이 죄와 사망의 법에서 너를 해방하였음이라"(롬 8:2). 옛 언약은 의를 명한다. 새 언약은 의를 준다. 옛 언약은 사람들로 진리를 듣게 한다. 새 언약은 사람들로 진리를 행하게 한다.

구약 성도들은 율법을 지킴으로써 구원받은 게 아니라 자신들에게 율법을 지킬 능력이 없다는 사실에 절망해 하나님께 나와 회개하며 의에 주리고 자신의 죄를 애통했다(참조. 마 5:2-7). 그러자 하나님이 장차 그리스도께서 대속의 죽음으로 성취하실 일 때문에 긍휼과 자비로 이들의 죄를 용서하셨다(참조. 고후 5:21). 구약 성도들은 믿음을 통해 은혜로 구원받았기에 도덕법이 복과 기쁨의 근원이라는 것을 발견했다. 그래서 시편 기자와 함께 기뻐할 수 있었다. "내가 주의 법을 어찌 그리 사랑하는지요. 내가 그것을 종일 작은 소리로 읊조리나이다"(시 119:97; 참조. 119:13, 163, 165). 따라서 이들에게 율법은 "곧 많은 순금보다 더 사모할 것이며 꿀과 송이 꿀보다 더 달"게 되었다(시 19:10; 참조. 119:103). 율법을 대하는 이들의 태도가 이들을 구원한 게 아니었다. 오히려 구원이 율법을 대하는 이들의 태도를 바꿔놓았고, 이들은 회개하고 믿음으로써 하나님의 은혜로운 용서를 구했다.

그러나 그리스도 안에서 얻는 구원과 무관할 때, 옛 언약은 **정죄의 직분**(ministry of condemnation), 곧 심판의 직분이요 궁극적으로 영벌의 직분이었다. 사람들을 하나님의 심판대에 세웠으나 영원한 지옥 형벌 외에 하나님의 공의를 만족하는 수단을 전혀 제시하지 못했다. 그러나 옛 언약은 단점들에도 불구하고 **영광**이 있었다. 하나님의 본성, 곧 거룩을 투영했기 때문이다. 옛 언약이 어떤 **영광**을 가졌다면 **의의 직분**(ministry of righteousness, 새 언약을 묘사하는 이름이다)은 하나님의 본성, 곧 사랑과 은혜를 계시함으로써 **영광이 더욱 넘친다**. 새 언약은 옛 언약을 훨씬 능가한다. 옛 언약이 줄 수 없는 것, 곧 **의**를 주기 때문이다. 새 언약 아래, "이제는 율법 외에 하나님의 한 의가 나타났으니…예수 그리스도를 믿음으로 말미암아 모든 믿는 자에게 미치는 하나님의 의니 차별이 없느니라"(롬 3:21-22). 새 언약에서, 하나님은 그리스도의 의를 신자들에게 전가해(고후 5:21) 이들에게 "공의의 겉옷"을 입히신다(사 61:10).

바울의 영적 여정 자체가 새 언약이 옛 언약보다 우월하다는 것을 보여준다. 바울이 가진 옛 언약의 신임장은 흠잡을 데 없었다. "나는 팔 일 만에 할례를 받고 이스라엘 족속이요 베냐민 지파요 히브리인 중의 히브리인이요 율법으로는 바리새인이요 열심으로는 교회를 박해하고 율법의 의로는 흠이 없는 자라"(빌 3:5-6). 그는 옛 언약의 의식과 규정을 엄격히 지키며 겉보기에 흠 없이 살았다. 사실, 바울은 1세기 유대교에서 뜨는 별이었다. "내가 내 동족 중 여러 연갑자보다 유대교를 지나치게 믿어 내 조상의 전통에 대하여 더욱 열심이 있었으나"(갈 1:14).

그러나 다메섹 가는 길에 부활하신 그리스도를 극적으로 만나 삶이 바뀐 후, 그의 시각도 완전히 바뀌었다. 바울은 옛 언약과 관련해 힘들게 쌓아 올렸고 그렇게도 자랑스러워했던 모든 성취를 "그리스도를 위하여 다 해로 여"겼다(빌 3:7). 그가 이 "모든 것을 해로 여김은 내 주 그리스도 예수를 아는 지식이 가장 고상하기 때문"이었다(8절). 그래서 이렇게 고백했다. "내가 가진 의는 율법에서 난 것이 아니요 오직 그리스도를 믿음으로 말미암은 것이니 곧 믿음으로 하나님께로부터 난 의라"(9절). 새 언약은 옛 언약에서 얻을 수 없는 의를 계시할 뿐 아니라 은혜로 이 의를 준다.

새 언약은 영구적이다

7b(모세의 얼굴의) 없어질 (영광 때문에도 그 얼굴을 주목하지 못하였거든) 10영광되었던 것이 더 큰 영광으로 말미암아 이에 영광될 것이 없으나 11없어질 것도 영광으로 말미암았은즉 길이 있을 것은 더욱 영광 가운데 있느니라. (3:7b, 10-11)

모세의 얼굴에 투영된 영광은 **없어질(fading as it was)** 영광으로 옛 언약의 비영구성을 상징했다. 모세의 얼굴에 투영된 영광처럼, 옛 언약은 결코 영구적인 것이 아니었다. 옛 언약의 영광은(참조. 7절) 없어지고(바래고) 사라질 영광이었다. 옛 언약은 죄인들의 어려움을 푸는 해결책이 아니었다. 죄인들을 구원할 수 없기 때문이었다. 옛 언약은 구원이 아니라 영벌의 기초를 놓았고, 칭의가 아니라 정죄의 기초를 놓았으며, 도덕적 정결이 아니라 도덕적 책임추궁

(culpability)의 기초를 놓았다.

옛 언약은 하나님의 구속 목적을 드러내는 최종 계시가 아니었으며, 이것은 구약성경에서도 분명하게 나타난다. 하나님은 예레미야를 통해 새 언약을 약속하셨다(렘 31:31-34). 히브리서 저자는 새 언약이 내포하는 의미를 말하면서 이렇게 썼다. "새 언약이라 말씀하셨으매 첫 것은 낡아지게 하신 것이니 낡아지고 쇠하는 것은 없어져 가는 것이니라"(히 8:13). 누구라도 구약성경을 읽었다면 옛 언약이 영구적인 것이 아님을 알 것이다.

반대로, 새 언약은 영구적이다. 바울은 이렇게 썼다. **영광되었던 것**(옛 언약)**이 더 큰 영광**(새 언약)**으로 말미암아 이에 영광될 것이 없으나 없어질 것**(옛 언약)**도 영광으로 말미암았은즉 길이 있을 것**(새 언약)**은 더욱 영광 가운데 있느니라.** 앞서 말했듯이, 옛 언약은 **영광되었다(had glory).** 그러나 새 언약이 훨씬 우월하기 때문에, 마치 옛 언약이 **더 큰 영광으로 말미암아 이에 영광될 것이 없는**[20] 것 같다. 옛 언약은 그 기능이 완료되면, 죄를 깨닫게 하고 회개를 낳으면 **없어진다.** 그러나 새 언약은 영구히 **있을 것**이며 결코 대체되거나 보충되지 않을 것이다. 믿음을 통해 은혜로 구원받는다는 것이 복음의 메시지이며 하나님이 인간에게 주시는 최종 결론이다. 예수 그리스도께서 십자가에서 자신을 희생함으로써 자신의 백성을 위해 "영원한 속죄를 이루셨고"(히 9:12) "새 언약의 중보자"가 되셨다(15절). 그리스도의 죽음은 매우 포괄적이고 최종적이기에 옛 언약의 성도들의 첫값을 지불했다. "이는 첫 언약 때에 범한 죄에서 속량하려고 죽으사 부르심을 입은 자로 하여금 영원한 기업의 약속을 얻게 하려 하심이라"(15절, 참조. 롬 3:24-25). 그분이 완결하신 일에 그 무엇도 추가해서는 안 된다. 옛 언약의 외적 의식으로 돌아가려 한다면 복이 아니라 저주를 부를 것이다(갈 3:10; 약 2:10).

---

20 NASB: has no glory because of the glory that surpasses it(자신을 능가하는 언약 때문에 영광이 없다).

8

새 언약의 영광 2부
소망 주고, 분명하며, 그리스도 중심이고,
성령께서 활성화하시며, 변화를 일으킨다
(3:12-18)

[12]우리가 이 같은 소망이 있으므로 담대히 말하노니, [13]우리는 모세가 이스라엘 자손들에게 장차 없어질 것의 결국을 주목하지 못하게 하려고 수건을 그 얼굴에 쓴 것 같이 아니하노라. [14]그러나 그들의 마음이 완고하여 오늘까지도 구약을 읽을 때에 그 수건이 벗겨지지 아니하고 있으니, 그 수건은 그리스도 안에서 없어질 것이라. [15]오늘까지 모세의 글을 읽을 때에 수건이 그 마음을 덮었도다. [16]그러나 언제든지 주께로 돌아가면 그 수건이 벗겨지리라. [17]주는 영이시니, 주의 영이 계신 곳에는 자유가 있느니라. [18]우리가 다 수건을 벗은 얼굴로 거울을 보는 것 같이 주의 영광을 보매, 그와 같은 형상으로 변화하여 영광에서 영광에 이르니, 곧 주의 영으로 말미암음이니라. (3:12-18)

구속사 전체에서, 사탄은 구원 문제를 혼란스럽게 하고 인간의 노력 문제로 만들려 했다. 사탄이 늘 사용하는 아주 기만적이고 효과적인 계책이 있다. 믿음을 통해 은혜로 구원받는다는 참 복음을 외적이며 의식적이고 성례적인 것들이 대신하게 하는 것이다. 이런 거짓 종교는 사람을 속여 잘못 생각하게 만든다. 자신은 종교적이기 때문에 자신과 하나님 사이에 아무 문제도 없다고 생각하게 만든다. 이로써 거짓 종교는 이들에게 구원이 아니라 심판을 안긴다. 바울의 세계에서, 사탄에게서 비롯되고 의식에 중점을 두는 이러한 거짓 종교가 유대 율법주의의 외형을 띠었으며, 유대주의자들이 교회 안에서 이러한 율법주의를 옹호했다. 이러한 이단은 새 언약이 구원의 수단을 온전히 제시했으며 이로써 옛 언약이 유효하지 않다는 진리를(히 8:13) 받아들이지 않았다. 이들은 이방인이 구원받으려면 먼저 유대교로 개종해야 한다고 주장했다. 이를 위해 옛 언약의 의식들을 지켜야 한다고 했다. 그러나 새 언약의 실체가 이르렀는데도 옛 언약의 그림자에 매달리는 것은 어리석었다(참조. 히 10:1).

유대주의자들은 옛 언약을 잘못 해석했을 뿐 아니라 잘못된 해석을 적극적으로 선전했다. 앞서 보았듯이, 어느 시대라도 율법을 지키거나 의식을 행함으로써 구원받은 사람이 없다. 구원은 언제나 믿음을 통해 은혜로 받는다. 바울은 갈라디아 신자들에게 이렇게 썼다. "이같이 율법이 우리를 그리스도께로 인도하는 초등교사가 되어 우리로 하여금 믿음으로 말미암아 의롭다 함을 얻게 하려 함이라"(갈 3:24). 히브리서 저자는 한 장 전체를 할애해 구약성경에서 고귀한 하나님의 사람들이 율법을 지켜서가 아니라 믿음으로 구원받았다는 것을 증명한다. 이들은 "구름 같이 둘러싼 허다한 증인들"을 이루며(히 12:1), 믿음으로 살 때 찾아오는 영적 유익을 증언한다. 히브리서 저자는 먼저 독자들에게 구약 성도들은 믿음으로 하나님 앞에서 의롭다함을 얻었다는 것을 상기시켰다. "선진들이 이로써 증거를 얻었느니라"(히 11:2). 뒤이어 구약에 등장하는 대표적인 믿음의 영웅들을 열거한 후(히 11:4-38) "이 사람들은 다 믿음으로 말미암아 증거를 받았"다고 단언하며(39절) 이로써 믿음을 칭송하는 말로 구약의 영웅 목록을 닫는다.

그러나 강한 믿음과 모범적 삶에도 불구하고, 구약에 등장하는 믿음의 영웅들은 놀랍게도 "약속된 것을 받지 못하였으니, 이는 하나님이 우리를 위하여 더 좋은 것을 예비하셨은즉 우리가 아니면 그들로 온전함을 이루지 못하게 하려 하심이라"(히 11:39-40). 구약 구속사의 정점에 등장하는 사람들조차 옛 언약으로 "온전함을 이루지 못했다"(즉, 구원받지 못했다; 참조. 히 7:11, 19; 9:9; 10:1, 14; 12:23). 새 언약, 곧 하나님이 우리에게 주신 "더 좋은 것"이 없으면 구원도 없다. 새 언약이 없었다면 구약 신자들은 결코 구원받지 못했을 것이다. 옛 언약이 이들을 구원하지 못했을 것이기 때문이다. 죄 사함은 주 예수 그리스도의 대속하는 희생을 통해서만 온다. 주 예수 그리스도의 희생적 죽음이 구원을 가능하게 했고 옛 언약 아래 있는 자들에게 적용되었다(롬 3:24-25; 히 9:14-15).

새 언약의 복음을 선포하고 변호하는 일은 하나님의 사람이라면 누구에게나 높은 우선순위를 갖는다. 바울은 고린도에서 이 일에 집중했는데 고린도 교회에 거짓 선생들이 들어왔다. 이들은 스스로 사도라 주장하며, 옛 언약의 의식이 구원의 전제조건이라고 했다. 거짓 사도들은 고린도 신자들의 신뢰를 얻으려고 바울의 진정성과 그가 하는 사역의 신뢰성을 공격했다. 바울은 거짓 선생들의 공격에 답하면서 새 언약이 옛 언약보다 우월하다는 것을 입증했다. 고린도후서 3:16-18에서, 바울은 새 언약의 여덟 가지 특징을 열거한다. 새 언약은 생명을 주고, 의를 낳으며, 영구적이고, 소망을 주며, 분명하고, 그리스도 중심이며, 성령께서 활성화하시고, 변화를 일으킨다. 앞장에서 처음 세 가지 특징을 살펴보았다: 새 언약은 생명을 주고, 의를 낳으며, 영구적이다. 이 장에서는 나머지 다섯 가지를 살펴보려 한다: 새 언약은 소망을 주고, 분명하며, 그리스도 중심이고, 성령께서 활성화하시며, 변화를 일으킨다.

새 언약은 소망을 준다

우리가 이 같은 소망이 있으므로 담대히 말하노니, (3:12)

구약 신자들은 마땅히 하나님의 자비를 향한 **소망**이 있었지만(욥 13:15; 시 31:24; 33:18, 22; 38:15; 39:7; 42:5, 11; 43:5; 62:5; 71:5, 14; 119:49, 166; 130:5, 7; 131:3; 146:5; 렘 29:11; 31:17; 애 3:24), 이 **소망**은 옛 언약에 기초하지 않았다. 옛 언약은 끝없는 제사를 동반했는데도 죄 사함의 **소망**을 주지 못했다(참조. 히 10:4). 반대로, 새 언약에는 **소망**이 있었다. 새 언약은 죄 사함과 완전한 구속(속죄)을 제시한다. 예수님이 "오직 자기의 피로 영원한 속죄를 이루"셨기 때문이다(히 9:12). "그러므로 자기를 힘입어 하나님께 나아가는 자들을 온전히 구원하실 수 있으니, 이는 그가 항상 살아 계셔서 그들을 위하여 간구하심이라"(히 7:25). 구약 성도들의 **소망**은 새 언약에 기초했다(참조. 히 11:24-26; 벧전 1:10-12).

소망은 하나님이 새 언약의 약속을 모두 성취하시리라는 확실한 믿음이다. 그 약속 중에 많은 부분이 이미 성취되었다. 그러나 새 언약이 크고 영광스럽더라도 그 중심은 아직 완전하게 드러나지 않았다. 새 언약은 십자가에서 비준되었고 그 유익이 늘 믿음으로 적용된다. 그렇더라도 신자들은 장차 영화롭게 될 때에야 새 언약의 소망이 온전히 성취되는 것을 경험할 것이다. 그때에야 신자들은 영화로운 몸(glorified bodies)을 받고 죄의 형벌뿐 아니라 죄의 존재로부터도 자유롭게 될 것이다(롬 8:16-17, 23-25, 29-30; 갈 5:5; 빌 3:20-21; 벧후 1:4; 요일 3:2).

바울은 로마 신자들을 축복하며 새 언약의 소망을 표현했다. "소망의 하나님이 모든 기쁨과 평강을 믿음 안에서 너희에게 충만하게 하사 성령의 능력으로 소망이 넘치게 하시기를 원하노라"(롬 15:13). 그는 에베소 신자들이 "마음의 눈을 밝히사 그의 부르심의 소망이 무엇이며 성도 안에서 그 기업의 영광의 풍성함이 무엇"인지 알게 되길 기도한다(엡 1:18). 같은 서신 뒤쪽에서, 바울은 이들에게 일깨웠다. "몸이 하나요 성령도 한 분이시니, 이와 같이 너희가 부르심의 한 소망 안에서 부르심을 받았느니라"(엡 4:4). 그는 골로새 신자들에게 이렇게 말했다. "너희를 위하여 하늘에 쌓아 둔 소망으로 말미암음이니, 곧 너희가 전에 복음 진리의 말씀을 들은 것이라"(골 1:5; 참조, 23, 27절). 바울은 데살로니가 신자들에게 "구원의 소망의 투구를 쓰자"라고 했다(살전 5:8). 히브리서 저자는 이렇게 선언했다.

> 하나님은 약속을 기업으로 받는 자들에게 그 뜻이 변하지 아니함을 충분히 나타내시려고 그 일을 맹세로 보증하셨나니, 이는 하나님이 거짓말을 하실 수 없는 이 두 가지 변하지 못할 사실로 말미암아 앞에 있는 소망을 얻으려고 피난처를 찾은 우리에게 큰 안위를 받게 하려 하심이라. 우리가 이 소망을 가지고 있는 것은 영혼의 닻 같아서 튼튼하고 견고하여 휘장 안에 들어가나니. (히 6:17-19)

그는 또한 "더 좋은 소망이 생기니, 이것으로 우리가 하나님께 가까이 가느니라"고 했다(히 7:19). 베드로는 이렇게 썼다. "우리 주 예수 그리스도의 아버지 하나님을 찬송하리로다. 그의 많으신 긍휼대로 예수 그리스도를 죽은 자 가운데서 부활하게 하심으로 말미암아 우리를 거듭나게 하사 산 소망이 있게 하시며"(벧전 1:3). 그리고 독자들에게 이렇게 권면했다. "예수 그리스도께서 나타나실 때에 너희에게 가져다주실 은혜를 온전히 바랄지어다(fix your hope completely)…너희 믿음과 소망이 하나님께 있게 하셨느니라"(13, 21절).

새 언약이 주는 소망은 더없이 확실하고 견고하며 되돌릴 수 없다. 따라서 이 소망을 전하는 자들은 확신을 갖고 **담대히 말한다.** 이들은 복음의 메시지를 두려움 없이 주저하지 않고 선포한다. '파레시아'(parrēsia, **boldness,** 담대히)는 아무리 반대가 심하더라도 주저함이나 흔들림 없이 확신을 갖고 용감하게 거침없이 복음을 선포하는 것을 말한다. 바울은 자유하게 하는 새 언약의 메시지를 주저 없이 전했으며, 옛 언약에 맹렬히 집착하는 유대인 대적들이 격분하더라도 개의치 않았다.

새 언약은 분명하다

¹³우리는 모세가 이스라엘 자손들에게 장차 없어질 것의 결국을 주목하지 못하게 하려고 수건을 그 얼굴에 쓴 것 같이 아니하노라. ¹⁴ᵃ그러나 그들의 마음이 완고하여 오늘까지도 구약을 읽을 때에 그 수건이 벗겨지지 아니하고 있으니,

(3:13-14a)

모세는 하나님을 만나고 나온 후 **수건을 그 얼굴에 썼다.** 그러나 새 언약을 담대하게 선포하는 자들은 이러한 **모세와 같지 않다(not like Mose, 같이 아니하노라).**

모세가 그들에게 말하기를 마치고 수건으로 자기 얼굴을 가렸더라. 그러나 모세가 여호와 앞에 들어가서 함께 말할 때에는 나오기까지 수건을 벗고 있다가 나와서는 그 명령하신 일을 이스라엘 자손에게 전하며, 이스라엘 자손이 모세의 얼굴의 광채를 보므로 모세가 여호와께 말하러 들어가기까지 다시 수건으로 자기

얼굴을 가렸더라. (출 34:33-35)

모세는 겁에 질린 이스라엘이 자신의 얼굴에서 나는 광채를 보지 못하게 수건으로 얼굴을 가렸다(출 34:30). 옛 언약의 영광은 더 영광스러운 새 언약 앞에서 사라지게 되어 있었다. 그렇더라도 옛 언약의 영광은 눈이 멀게 할 만큼 강렬하게 빛나는 영광이었다. 모세는 하나님의 영광을 볼 수 없었다. 하나님의 영광을 보면 죽을 터였기 때문이다(출 33:20). 마찬가지로 모세의 얼굴에 나타나는 영광은 부분적인데도 백성이 쳐다볼 수 없을 만큼 강렬했다.

모세가 얼굴에 수건을 쓴 것은 바울이 말하는 **장차 없어질 것의 결국을 이스라엘 자손이 주목하지 못하게 하기** 위해서였다. 이 표현은 영광스런 모세 언약의 본성, 곧 그림자 같고 수건에 싸여 있으며 갈수록 희미해지는 것을 상징한다. 모세 언약은 모형, 그림, 상징, 신비로 넘쳐났다. 오실 메시아와 그분이 하실 일과 연결된 새 언약 없이는 모세 언약을 결코 완전히 이해할 수 없다. 영감된 구약 저자들조차 자신들이 쓰는 모든 것을 완전히 이해하지는 못했다(벧전 1:10-12). 요한계시록이 새 언약의 신자들과 닮았다. 마지막 때 살아 있는 자들만 요한계시록의 상징을 온전히 이해할 것이다.

대조적으로, 새 언약은 옛 언약에서 모호했던 하나님의 비밀(mystery, 신비)을 계시한다. 신약성경의 신비는 전에는 감춰졌으나 지금은 계시된 진리를 기술한다. 이러한 신비를 이해하는 것이 새 언약의 신자들이 누리는 특권이다. 마태복음 13:11에서, 예수님은 제자들에게 이렇게 말씀하셨다. "천국의 비밀(mystery)을 아는 것이 너희에게는 허락되었으나 그들에게는 아니되었나니." 신약성경은 다음과 같은 것들을 비롯해 구약성경에서 분명하게 드러나지 않았던 숱한 비밀을 계시한다. 이스라엘이 부분적이고 일시적으로 우둔해짐(롬 11:25), 구원의 복음(롬 16:25; 고전 2:7; 엡 6:19; 골 4:3; 딤전 3:16), 새 언약의 전체적 가르침(고전 4:1; 딤전 3:9), 교회의 휴거(고전 15:51), 유대인들과 이방인들이 교회에서 하나됨(엡 3:3-4, 9), 그리스도와 교회의 연합(엡 5:32; 골 1:26-27), 예수님이 성육하신 하나님이라는 진리(골 2:2-3, 9), 불법이 마지막 때에 완전히 드러남(살후 2:7) 등이다. 새 언약은 옛 언약에서 희미하고 모호했던 진리를 분명하게 드러낸다.

바울은 이스라엘이 수건에 가렸고 없어질 옛 언약의 영광을 이해하려고 **주목하지 않은** 이유를 제시했다. 이것은 모세의 잘못이나 옛 언약의 잘못이 아니라 **그들의 마음이 완고하여**졌기 때문이다. **완고하여(hardened)**는 동사 '포로오'(*pōroō*)의 한 형태이며 "완악한(stubborn)으로도 번역될 수 있다. 이스라엘이 옛 언약의 영광을 알지 못했던 것은 마음이 완악하고 강퍅해져 믿지 않았기 때문이다. 히브리서 저자는 믿지 않는 유대인 독자들에게 선조들의 전철을 밟지 말라고 경고했다.

> 광야에서 시험하던 날에 거역하던 것 같이 너희 마음을 완고하게 하지 말라…성경에 일렀으되, 오늘 너희가 그의 음성을 듣거든 격노하시게 하던 것 같이 너희 마음을 완고하게 하지 말라 하였으니…오랜 후에 다윗의 글에 다시 어느 날을 정하여 오늘이라고 미리 이같이 일렀으되, 오늘 너희가 그의 음성을 듣거든 너희 마음을 완고하게 하지 말라 하였나니. (히 3:8, 15; 4:7)

자신들의 역사 내내, (사가랴와 엘리사벳[눅 1:5 – 6], 시므온 [눅 2:25], 안나[눅 2:36]를 비롯해 몇몇 믿음의 남은자들을 제외하고[참조. 롬 11:5]), 유대인들은 "그들의 목을 곧게 하여 내[하나님의] 말을 듣지 아니"했다(렘 19:15; 참조 7:26; 17:23; 신 10:16; 왕하 17:14; 대하 30:8; 느 9:29). 스데반은 당시의 유대인 지도자들을 대면했을 때 이스라엘의 비극적 과거를 이렇게 요약했다. "목이 곧고 마음과 귀에 할례를 받지 못한 사람들아 너희도 너희 조상과 같이 항상 성령을 거스르는도다"(행 7:51). 안타깝게도, 바울은 (회당 예배 중에 구약을 읽었을 때처럼; 참조. 눅 4:7-21) **오늘까지도 구약을 읽을 때에 그 수건이 벗겨지지 아니하고 있다**고 했다. **구약(old covenant, 옛 언약)**은 여전히 모호했고 그 목적은 제대로 이해되지 못했다. 사람들은 옛 언약을 지킴으로써 구원받을 수 있다고 잘못 생각했다. 이들은 옛 언약의 도덕적 기준을 낮춤으로써 외적이고 피상적인 의를 성취했다. 그러나 이렇게 함으로써, 율법의 목적, 곧 자신들의 죄와 무력함을 드러내는 목적을 무력화했다. 이들은 자신들이 잃은 자들이라는 사실을 깨닫지 못했고, 따라서 자신들에게 구원자가 필요하다는 것을 알지 못했다. 무지의 수건 때문에, 완고한 마음이 옛 언약의 참 목적을 깨닫지 못했다. 그래서 이들은 자신들에게 새 언약이 필요하다는 것을 알지 못했다.

예수님은 이런 무지를 어떻게라도 변명할 수 없다고 하셨다. "너희가 성경에서 영생을 얻는 줄 생각하고 성경을 연구하거니와 이 성경이 곧 내게 대하여 증언하는 것이니라…모세를 믿었더라면 또 나를 믿었으리니, 이는 그가 내게 대하여 기록하였음이라"(요 5:39, 46). 제자들까지 이런 무지를 드러냈기에, 예수님은 엠마오 가는 길에 "미련하고 선지자들이 말한 모든 것을 마음에 더디 믿는 자들이여"라며 두 제자를 꾸짖으셨다(눅 24:25). 히브리서 저자는 새 언약을 거부하면 위험하다고 엄히 경고한다.

모세의 법을 폐한 자도 두세 증인으로 말미암아 불쌍히 여김을 받지 못하고 죽었거든 하물며 하나님의 아들을 짓밟고 자기를 거룩하게 한 언약의 피를 부정한 것으로 여기고 은혜의 성령을 욕되게 하는 자가 당연히 받을 형벌은 얼마나 더 무겁겠느냐? 너희는 생각하라. 원수 갚는 것이 내게 있으니 내가 갚으리라 하시고, 또 다시 주께서 그의 백성을 심판하리라 말씀하신 것을 우리가 아노니, 살아 계신 하나님의 손에 빠져 들어가는 것이 무서울진저. (히 10:28-31)

모세도 자신의 백성이 마음이 강퍅해져 보지 못함을 슬퍼했다. 출애굽기 32:32에서, 모세는 하나님께 간구했다. "그러나 이제 그들의 죄를 사하시옵소서. 그렇지 아니하시오면 원하건대 주께서 기록하신 책에서 내 이름을 지워 버려 주옵소서." 모세는 자신의 백성을 더없이 아꼈기에 이들을 대신해 자신을 기꺼이 희생하려 했다. 바울은 신약성경에서 바로 이런 태도를 보여주었다. "나의 형제 곧 골육의 친척을 위하여 내 자신이 저주를 받아 그리스도에게서 끊어질지라도 원하는 바로라. 그들은 이스라엘 사람이라"(롬 9:3-4).

이들이 옛 언약을 정확히 이해했다면 새 언약을 정확히 이해하지 못하도록 막았던 (그리고 지금도 막고 있는) 수건이 제거되었을 것이다.

새 언약은 그리스도 중심이다

^{14b}그 수건은 그리스도 안에서 없어질 것이라. ¹⁵오늘까지 모세의 글을 읽을 때에 수건이 그 마음을 덮었도다. ¹⁶그러나 언제든지 주께로 돌아가면 그 수건이 벗겨지리라…^{18a}우리가 다 수건을 벗은 얼굴로 거울을 보는 것 같이 주의 영광을 보매,(3:14b-16, 18a)

옛 언약을 모호하게 했던 수건은 오직 **그리스도 안에서 없어지며**, 그리스도가 없으면 구약성경에 기록된 옛 언약의 계시는 비밀(mystery)로 남는다. 그러나 그리스도께서 오셔서 자신의 죽음으로 새 언약을 비준하셨다. 그러므로 그리스도를 믿는 자들에게 영적 지각이 제 기능을 하고 모든 것이 분명해진다. 바울은 유대인들에 관해 (안식일 예배의 한 부분으로; 참조. 행 13:27; 15:21) **오늘까지 모세의 글을 읽을 때에 수건이 그 마음을 덮었도다**라고 써야 하는 게 몹시 마음 아팠다. 새 언약이 분명하게 했는데도 이들은 구약성경의 참 의미를 이해하지 못했다. 역설적이게도, 메시아가 고난받으리라는 구약의 예언들이 이러한 무지 때문에 성취되었다. "예루살렘에 사는 자들과 그들 관리들이 예수와 및 안식일마다 외우는 바 선지자들의 말을 알지 못하므로 예수를 정죄하여 선지자들의 말을 응하게 하였도다"(행 13:27).

완고한 **마음의 수건** 때문에, 이들은 스스로를 구원할 수 있다고 생각했고, 그래서 두 언약의 의미를 모두 놓쳤다. 이들은 심히 교만해 선한 행위로써, 율법을 지킴으로써(적어도 외적으로; 참조. 눅 18:21), 적절한 의식을 행함으로써 자기 의를 세우려 했다. 그러나 하나님이 받아들이시는 상하고 통회하는 마음은(시 51:17; 사 57:15; 66:2; 마 5:3; 눅 18:11 – 14) 회개하고 온유하며 죄를 슬퍼하고 의에 주리고 목마르며 긍휼과 용서를 간구하는 마음이다. 바울은 옛 언약이 아니라 마음이 문제라는 것을 거듭 분명히 했다. 자신의 죄에 마음 아파하고 그 죄를 고백하며 회개하지 않는 자들은 새 언약의 복을 절대로 경험하지 못한다.

주께로 돌아갈 때에야(참조. 사 45:22) **그 수건이 벗겨진다.** 새 언약의 복은 오직 주 예수 그리스도를 믿는 믿음을 통해 하나님의 은혜로 온다. 그렇게 되면, 거센 바람에 안개가 걷히듯 옛 언약에 담긴 진리를 가렸던 안개가 모두 사라진다. 고린도후서 4:6에서, 바울은 등불 비유를 사용해 이 경험을 묘사했다. "어두운 데에 빛이 비치라 말씀하셨던 그 하나님께서 예수 그리스도의 얼굴에 있는 하나님의 영광을 아는 빛을 우리 마음에 비추셨느니라."

바울은 모세가 하나님 앞에서 수건을 벗은 데서 **수건이 벗겨짐**을 구원의 이미지로 차용했다. "모세가 여호와 앞에 들어가서 함께 말할 때에는 나오기까지 수건을 벗고 있다가"(출 34:34). 모세가 수건을 벗은 것은 하나님의 영광을 직접 보고 싶었기 때문이다. 예수 그리스도를 통해 하나님께 나아가는 죄인들도 다르지 않다. **수건이 벗겨지고** 이들은 그리스도의 얼굴에 투영된 하나님의 영광을 분명하게 본다. (자신의 삶에서 수건이 벗겨진 방법에 대한 바울의 설명은 행 22:3-16, 빌 3:4-12을 보라.) 필립 휴스(Philip E. Hughes)는 이렇게 썼다.

그리스도께서 변형되실 때 무슨 일이 있었는지 생각해보면 이 구절이 더 잘 이해된다. 그 산꼭대기에서, 모세와 엘리야가 나타나 그리스도와 함께했다. 그러나 '오직 그리스도만' 베드로와 야고보와 요한의 눈앞에서 변형되어 하늘 광채를 발하셨다. '그분의' 얼굴이 해처럼 빛났고 '그분의' 옷이 희어져 광채가 났다. 구름 속에서 나는 소리는 '오직 그분'에 관해서 말했다. "이는 나의 아들 곧 택함을 받은 자니 너희는 그의 말을 들으라." 소리가 그치자, 제자들의 눈앞에는 '오직 예수님 밖에' 없었다. 오직 그분만 계셨다. 모세와 엘리야가 등장할 때 나타난 영광은 그들 자신의 영광이 아니라 그리스도의 영광이었다. 그리스도께서 창세전에 아버지와 함께 가지셨던 영광이었다(요 17:5). 광야에서 모세의 얼굴에서 빛났던 영광이 투영된 야훼의 영광이었듯이, 변화산에서 모세를 둘러쌌던 영광은 동일한 야훼의 영광이었다. 오직 그리스도의 영광만이 완전하고 지속적이며 복음적인 영광이다. 그분을 향하는 것은 세상의 빛을 향하는 것이다. 그분을 따르는 것은 어둠 속을 걷는 게 아니라 생명의 빛을 얻는 것이다(요 8:12). (*The Second Epistle to the Corinthians*, The New International Commentary on the New Testament [Grand Rapids: Eerdmans, 1992], 114-115)

우리가 다(we all)라는 포괄적 어구는 새 언약의 모든 신자를 포함한다. 옛 언약에서는 오직 모세만 수건을 벗은 얼굴로 하나님을 보았다. 그러나 새 언약에서는 모든 그리스도인이 **수건을 벗은 얼굴로** 예수 그리스도 안에 계시된 **주의 영광을 볼** 수 있다(참조. 마 17:1-2; 요 1:14; 골 1:15; 히 1:3; 벧후 1:17-18). 신자들은 마치 **거울을 보는 것 같이** 그리스도 영광을 보는데, 가까이서 친밀하게 본다는 뜻이다. 고대 세계에서 거울은 유리가 아니라 광택을 낸 금속으로 만들었다. 그러므로 거울에 비친 형상은 선명했으나 완벽한 형상은 아니었다. 이것은 새 언약의 적절한 유비다. 새 언약에서, 그리스도인들은 그리스도를 선명하게 보지만 장차 보게 되는 것만큼 선명하게 보지는 못한다(고전 13:12; 참조. 요일 3:2).

새 언약은 성령께서 활성화하신다

주는 영이시니, 주의 영이 계신 곳에는 자유가 있느니라. (3:17)

옛 언약에는 순종을 활성화하는 것이 전혀 없다. 율법은 간수이며 죄인들을 가두고 사형선고를 내려 지옥에 보낸다. 그러나 새 언약은 생명을 주시는 성령의 능력으로 자유하게 한다("영은 살리는 것이니라," 3:6).

바울은 **주는 영이시니**라고 선언하는데, 성령의 신성을 강하게 단언하는 선언이다(참조. 행 5:3-4). 옛 언약을 주신 바로 그 하나님이 새 언약을 주셨다. 율법을 주신 바로 그 하나님이 새 언약 아래서 구원을 주신다. 구약성경의 전능하신 야웨가 새 언약 안에서 **자유**를, 곧 율법을 지킴으로써 구원을 획득하려는 헛된 시도에서 벗어나는 자유를 주시는 바로 그 하나님이다. **주의 영**이 어느 시대든 회개하는 죄인들에게 **자유**를 주신다. 율법의 속박에서(롬 7:1-6), 사탄의 속박에서(히 2:14-15), 두려움의 속박에서(롬 8:15), 죄의 속박에서(롬 6:2, 7, 14), 사망의 속박에서 벗어나는 자유를 주신다(롬 8:2).

구약성경에서 성령께서 하시는 사역에 관해 혼란이 많았다. 어떤 사람들은 시대마다 성령께서 하시는 사역이 다르다고 믿는다. 그러나 구속사 내내 성령께서 하시는 사역은 일관적이다. 성령께서 구약성경에서 하신 사역을 네 범주로 요약할 수 있다.

성령께서 구약성경에서 하신 첫째 사역은 창조다. 창세기 1:2은 이렇게 말한다. "땅이 혼돈하고 공허하며 흑암이 깊음 위에 있고 하나님의 영은 수면 위에 운행하시니라." 시편 104:30에서, 시편 기자는 성령께서 창조에서 하신 역할을 이렇게 노래했다. "주의 영을 보내어 그들을 창조하사 지면을 새롭게 하시나이다." 이사야는 수사학적으로 물었다.

> 누가 손바닥으로 바닷물을 헤아렸으며 뼘으로 하늘을 쟀으며 땅의 티끌을 되에 담아 보았으며 접시저울로 산들을, 막대 저울로 언덕들을 달아 보았으랴? 누가 여호와의 영을 지도하였으며 그의 모사가 되어 그를 가르쳤으랴? (사 40:12-13)

하나님의 영은 물리적 세상의 창조뿐 아니라 인간 창조에도 참여하셨다. "하나님의 영이 나를 지으셨고 전능자의 기운이 나를 살리시느니라"(욥 33:4).

성령께서 구약성경에서 하신 둘째 사역은 능력 주심(empowerment)이었다. 구약성경은 주의 영이 다양한 개개인에게 임하셨다고 자주 기록한다(그리고 거역하는 사울 왕에게서 떠나셨다고도 기록한다; 삼상 16:14). 물론, 이것은 성령과 구약 신자들 간의 정상적 관계를 가리키는 게 아니다. 하나님의 참 자녀라면 누구에게나 성령이 있다(참조. 롬 8:9). 사람이 거듭날 때 하나님이 주시는 생명은 인간의 방법으로 유지될 수 없기 때문이다. 구약성경이 성령께서 사람들에게 임했다고 말할 때, 이것은 성령께서 다음과 같은 구체적인 사람들에게 능력을 주어 특별한 일을 하게 하신 것을 가리킨다: 사사들(옷니엘[삿 3:9-10], 기드온[삿 6:34], 입다[삿 11:29], 삼손[삿 14:6, 19; 15:14; 참조. 13:25]); 장인들(브살렐[출 31:2-3; 35:30-31], 오홀리압[출 31:6; 35:34], 그 외[출 36:1], 히람[왕상 7:13-14]); 선지자들(발람[민 24:2], 아마새[대상 12:18], 야하시엘[대하 20:14], 여호야다의 아들 스가랴[대하 24:20], 에스겔[겔 11:5]); 민간 지도자들(모세[민 11:17], 이스라엘의 70 장로[민 11:25-26], 여호수아[민 27:18], 사울[삼상 10:6, 10; 11:6; 참조. 삼상 16:14], 다윗[삼상 16:13; 참조. 시 51:11]).

성령께서 구약성경에서 하신 셋째 사역은 계시였다. 성령이 구약성경의 저자다. 스가랴 7:12은 거역하는 이스라엘 때문에 탄식한다. "그 마음을 금강석 같게 하여 율법과 만군의 여호와가 그의 영으로 옛 선지자들을 통하여 전한 말을 듣지 아니하므로 큰 진노가 만군의 여호와께로부터 나왔도다"(참조. 느 9:30). 구약성경은 "오직 성령의 감동하심을 받은 사람들이 하나님께 받아 말한 것"이다(벧후 1:21).

성령께서 구약성경에서 하신 넷째이자 가장 의미 깊은 사역은 거듭남이다. 어떤 사람들은 거듭남이나 새로 태어남이 구약성경에서 낯선 개념이라 주장한다. 그러나 증거가 분명하게 보여주듯이, 구약 신자들은 거듭났다. 거듭남에 선행하며 죄를 깨닫게 하는 성령의 사역은(참조. 요 16:8) 신약성경에 국한되지 않는다. 창세기 6:3에서, "여호와께서 이르시되, 나의 영이 영원히 사람과 함께 하지 아니하리니, 이는 그들이 육신이 됨이라. 그러나 그들의 날은 백이십 년이 되리라 하시니라." 하나님의 영이 죄악된 마음들로 죄를 깨닫게 하시는 일은 신약성경에 국한되지 않는다.

더욱이 아담의 타락 이후, 인간은 전적으로 부패한 상태다. 로마서 3:10-18에서 바울은 전적 부패(total depravity)를 고전적으로 기술하는데, 사실 이 기술은 전적으로 구약성경에서 비롯되었다. 성경에서 전적 부패를 가장 분명하게 말하는 곳은 예레미야 17:9이다. "만물보다 거짓되고 심히 부패한 것은 마음이라 누가 능히 이를 알리요?" 아담의 타락 이후, 전적으로 부패한 인간은 스스로를 구원할 수 없으며, 어느 시대 그 누구라도 성령으로 거듭나지 않고는 구원받지 못한다.

전적으로 부패한 사람이 거듭나지 않은 채 어떻게 "내가 주의 법을 어찌 그리 사랑하는지요!"라고 외칠 수 있었겠는가(시 119:97, 113, 163)? 노아가 거듭나지 않았다면 어떻게 "의인이요 당대에 완전한 자"일 수 있었겠는가(창 6:9)? 아브라함이 성령으로 거듭나지 않았다면 어떻게 신약성경이 그를 믿음의 본보기로 삼을 수 있겠는가(롬 4:1-16; 갈 3:6-9)? 다윗이 거듭나지 않았다면 어떻게 구약성경이 이렇게 말할 수 있었겠는가? "다윗이 헷 사람 우리아의 일 외에는 평생에 여호와 보시기에 정직하게 행하고 자기에게 명령하신 모든 일을 어기지 아니하였음이라"(왕상 15:5; 참조. 3:14; 11:4, 33). 성령께서 이들로 거듭나게 하지 않으셨다면 어떻게 히브리서 11장에 열거된 구약 인물들이 그처럼 모범적인 믿음의 삶을 살 수 있었겠는가? 구약 성도들의 변화된 삶은 그들이 성령으로 거듭났다는 증거다.

예수님이 유명한 유대 지도자 니고데모와 나누신 대화에서, 구약 신자들이 거듭남을 경험했다는 강력한 증거를 얻을 수 있다. 대화를 나눈 시점은 예수님의 죽음으로 새 언약이 비준되기(눅 22:20) 전이었다. 그러나 예수님은 니고데모에게 이렇게 선언하셨다. "실로 진실로 네게 이르노니, 사람이 거듭나지 아니하면 하나님의 나라를 볼 수 없느니라…사람이 물과 성령으로 나지 아니하면 하나님의 나라에 들어갈 수 없느니라"(요 3:3, 5). 따라서 구약의 회심은 "거듭남"과 "물(참조. 겔 36:24-27의 새 언약 본문)과 성령으로 남"을 포함했다. 어느 시대든 언제나 구원은 거듭나게 하시는 성령의 역사를 통해 온다.

성령의 사역이 옛 언약과 새 언약 아래서 다른 것은 정도의 차이다. 예수님은 제자들에게 말씀하실 때 이것을 암시하셨다. "내가 아버지께 구하겠으니, 그가 또 다른 보혜사를 너희에게 주사 영원토록 너희와 함께 있게 하리니, 그는 진리의 영이라. 세상은 능히 그를 받지 못하나니, 이는 그를 보지도 못하고 알지도 못함이라. 그러나 너희는 그를 아나니, 그는 너희와 함께 거하심이요 또 너희 속에 계시겠음이라"(요 14:16-17). "그는 너희와 함께 거하심이요"라는 예수님의 말씀이 암시하듯이, 옛 언약의 신자들처럼, 제자들에게도 이미 성령이 있었다. 그러나 성령께서 이들의 삶에 충만히 임재하고 일하시는 것은 새 언약이 비준된 이후일 터였다. 예수님은 그때 성령이 "너희 속에 계시겠음이라"고 하셨다. 예수님은 요한복음 7:37-39에서도 이러한 임박한 충만을 말씀하셨다.

> 명절 끝날 곧 큰 날에, 예수께서 서서 외쳐 이르시되, 누구든지 목마르거든 내게로 와서 마시라. 나를 믿는 자는 성경에 이름과 같이 그 배에서 생수의 강이 흘러나오리라 하시니, 이는 그를 믿는 자들이 받을 성령을 가리켜 말씀하신 것이라.(예수께서 아직 영광을 받지 않으셨으므로 성령이 아직 그들에게 계시지 아니하시더라).

새 언약의 신자들과 옛 언약의 신자들이 성령의 능력과 힘주심(enabling)을 경험하는 정도가 다르다. 전자가 후자를 능가한다. 게다가, 성령께서 신자들을 연합해 교회로서 한 몸을 이루게 하신다(고전 12:13). 그러나 성령께서 구원과 관련해 옛 언약에서 하신 일과 새 언약에서 하시는 일은 본질적으로 동일하다.

새 언약은 변화를 일으킨다

그와 같은 형상으로 변화하여 영광에서 영광에 이르니, 곧 주의 영으로 말미암음이니라. (3:18b)

그리스도 안에서 수건이 벗겨질 때, 신자들은 "예수 그리스도의 얼굴에 있는 하나님의 영광을 아는 빛"을 받으며(4:6) **그와 같은 형상으로 변화하여 영광에서 영광에 이른다. 변화하여(are being transformed**, 변화되고 있다)는 동사 '메타모르포오'(*metamorphoō*)의 현재분사 수동태를 번역한 것이며 신자들의 점진적 성화를 가리킨다. 그리스도인의 삶은 주 예수 그리스도의 **형상**을 조금씩 닮으면서 한 수준의 **영광**에서 다른 수준의 **영광**으로 올라가는 지속적 과정이다.

신자들이 그리스도를 닮아가는 변화는 바울 서신에 자주 등장하는 주제다. 로마서 12:2에서, 바울은 "너희는 이 세대를 본받지 말고 오직 마음을 새롭게 함으로 변화를 받"으라고 권면했다. 그는 골로새 신자들에게 그들이 "새 사람을 입었으니, 이는 자기를 창조하신 이의 형상을 따라 지식에까지 새롭게 하심을 입은 자니라"고 일깨웠으며(골 3:10), 갈라디아 4:19에서 "나의 자녀들아, 너희 속에 그리스도의 형상을 이루기까지 다시 너희를 위하여 해산하는 수고를 하노니"라고 썼다. 그런가하면 자신은 "그리스도 예수 안에서 하나님이 위에서 부르신 부름의 상을 위하여 달려가노라"고 썼다(빌 3:13-14). 신자들에게 부르심의 상은 그리스도와 같이 되는 것이다(요일 3:2). 주님과 같이 되는 것, 이것이 이생에서 우리의 목표이기도 하다. 예수 그리스도의 **형상**으로 변화되는 과정은 신자들의 영화(glorification)에서 절정에 이를 것이며, 그때 그리스도께서 "만물을 자기에게 복종하게 하실 수 있는 자의 역사로 우리의 낮은 몸을 자기 영광의 몸의 형체와 같이 변하게 하실" 것이다(빌 3:21; 참조. 고전 15:49, 51-53).

의식과 성례의 종교는 새 언약의 신자들에게 아무것도 주지 못한다. 칭의를 주지 못하고, 거룩하게 할 능력이 없으며, 영화에 이르게 하지 못한다. 그리스도인의 삶은 의식이 아니라 예수 그리스도와의 관계이며, 의식이 아니라 "그리스도를 향하는 진실함과 깨끗함"이다(고후 11:3). 신자들이 일편단심으로 성경에 집중할 때, 예수님의 얼굴에 투영된 하나님의 영광을 보며, **주의 영**(**Lord, the Spirit**, "영이신 주님"—새번역)의 강력한 내적 역사를 통해 그분의 형상으로 변화될 것이다(참조. 엡 3:16). 18절은 다음 장에서 자세히 살펴보겠다.

9

예수님의 얼굴 들여다보기

(3:18-4:6)

¹⁸우리가 다 수건을 벗은 얼굴로 거울을 보는 것 같이 주의 영광을 보매, 그와 같은 형상으로 변화하여 영광에서 영광에 이르니, 곧 주의 영으로 말미암음이니라. ¹그러므로 우리가 이 직분을 받아 긍휼하심을 입은 대로 낙심하지 아니하고, ²이에 숨은 부끄러움의 일을 버리고 속임으로 행하지 아니하며 하나님의 말씀을 혼잡하게 하지 아니하고, 오직 진리를 나타냄으로 하나님 앞에서 각 사람의 양심에 대하여 스스로 추천하노라. ³만일 우리의 복음이 가리었으면 망하는 자들에게 가리어진 것이라. ⁴그 중에 이 세상의 신이 믿지 아니하는 자들의 마음을 혼미하게 하여 그리스도의 영광의 복음의 광채가 비치지 못하게 함이니, 그리스도는 하나님의 형상이니라. ⁵우리는 우리를 전파하는 것이 아니라 오직 그리스도 예수의 주되신 것과 또 예수를 위하여 우리가 너희의 종 된 것을 전파함이라. ⁶어두운 데에 빛이 비치라 말씀하셨던 그 하나님께서 예수 그리스도의 얼굴에 있는 하나님의 영광을 아는 빛을 우리 마음에 비추셨느니라. (3:18-4:6)

타락하고 악한 이 세상에서, 삶은 곧 투쟁이다. 욥기는 삶을 그림처럼 생생하게 묘사한다. "사람은 고생을 위하여 났으니 불꽃이 위로 날아가는 것 같으니라"(욥 5:7). 그리스도인의 삶도 예외가 아니다. 사실, 신자가 예수 그리스도께 헌신할수록 삶이 더 힘들어지는 것 같다. 주 예수 그리스도께서 자신의 사람들에게 "세상에서는 너희가 환난을 당하"리라고 경고하셨다(요 16:33). 바울과 바

나바는 냉혹한 진리를 전했다. "우리가 하나님의 나라에 들어가려면 많은 환난을 겪어야 할 것이라"(행 14:22). 바울은 디모데에게 일깨웠다. "무릇 그리스도 예수 안에서 경건하게 살고자 하는 자는 박해를 받으리라"(딤후 3:12).

그러나 같은 절에서, 예수님은 제자들이 겪을 시련을 경고하셨을 뿐 아니라 "담대하라. 내가 세상을 이기었노라"며 이들을 위로하셨다(요 16:33). 또한 이들을 돕는 분("보혜사")으로 성령을 보내겠다고 약속하셨다(요 14:16, 26; 15:26; 16:7). 히브리서 저자는 하나님의 약속을 기록한다. "내가 결코 너희를 버리지 아니하고 너희를 떠나지 아니하리라"(히 13:5). 시편 기자를 통해, 하나님은 자신의 백성에게 선언하셨다. "환난 날에 나를 부르라. 내가 너를 건지리니, 네가 나를 영화롭게 하리로다"(시 50:15). 하나님은 자신의 자녀들에게 약속하신다. 하나님의 자녀들은 자신들이 더없이 약할 때 하나님이 더없이 강하심을 발견할 것이다(고후 12:9-10).

신자들은 어떻게 고난 가운데 승리를 경험하는가? 그들은 어떻게 환난 가운데 하나님이 약속하신 도움을 얻는가? 해답은 이 단락을 앞뒤로 감싸는 진리에 있다. 예수 그리스도의 얼굴에 계시되며 성경의 거울에 비친 하나님의 영광을 보는 것이다(3:18; 4:6). 하나님의 영광은 그 어느 곳보다 그분의 아들에게서 분명하게 나타난다. 그러므로 그리스도인의 삶을 성공적으로 사는 유일한 방법은 "주의 영광을 보는" 것이다(18절). 히브리서 저자는 이것을 이렇게 표현했다. "믿음의 주요 또 온전하게 하시는 이인 예수를 바라보자. 그는 그 앞에 있는 기쁨을 위하여 십자가를 참으사 부끄러움을 개의치 아니하시더니 하나님 보좌 우편에 앉으셨느니라"(히 12:2).

바울에게 그리스도께 초점을 맞춘다는 것은 생생한 신학적 진리일 뿐 아니라 생생한 실제적 원리였다. 그가 고린도후서에 썼듯이, 바울은 사역하면서 더없이 어려운 상황들을 만났다. 해당 단락들을 함께 읽으면 서신 전체에 투영된 그의 싸움이 얼마나 치열했는지 파악하는 데 도움이 된다: "그리스도의 고난이 우리에게 넘친 것 같이"(고후 1:5); "우리가 환난 당하는 것도 너희가 위로와 구원을 받게 하려는 것이요"(1:6);

형제들아, 우리가 아시아에서 당한 환난을 너희가 모르기를 원하지 아니하노니, 힘에 겹도록 심한 고난을 당하여 살 소망까지 끊어지고, 우리는 우리 자신이 사형 선고를 받은 줄 알았으니, 이는 우리로 자기를 의지하지 말고 오직 죽은 자를 다시 살리시는 하나님만 의지하게 하심이라. 그가 이같이 큰 사망에서 우리를 건지셨고 또 건지실 것이며, 이 후에도 건지시기를 그에게 바라노라. (1:8-10)

"내가 마음에 큰 눌림과 걱정이 있어 많은 눈물로 너희에게 썼노니"(2:4); "내 심령이 편하지 못하여"(2:13);

우리가 사방으로 욱여쌈을 당하여도 싸이지 아니하며, 답답한 일을 당하여도 낙심하지 아니하며, 박해를 받아도 버린 바 되지 아니하며, 거꾸러뜨림을 당하여도 망하지 아니하고, 우리가 항상 예수의 죽음을 몸에 짊어짐은 예수의 생명이 또한 우리 몸에 나타나게 하려 함이라. 우리 살아 있는 자가 항상 예수를 위하여 죽음에 넘겨짐은 예수의 생명이 또한 우리 죽을 육체에 나타나게 하려 함이라. 그런즉 사망은 우리 안에서 역사하고 생명은 너희 안에서 역사하느니라. (4:8-12)

"그러므로 우리가 낙심하지 아니하노니 우리의 겉사람은 낡아지나 우리의 속사람은 날로 새로워지도다. 우리가 잠시 받는 환난의 경한 것이 지극히 크고 영원한 영광의 중한 것을 우리에게 이루게 함이니"(4:16-17);

오직 모든 일에 하나님의 일꾼으로 자천하여 많이 견디는 것과 환난과 궁핍과 고난과 매 맞음과 갇힘과 난동과 수고로움과 자지 못함과 먹지 못함 가운데서도 깨끗함과 지식과 오래 참음과 자비함과 성령의 감화와 거짓이 없는 사랑과 진리의 말씀과 하나님의 능력으로 의의 무기를 좌우에 가지고 영광과 욕됨으로 그러했으며 악한 이름과 아름다운 이름으로 그러했느니라. 우리는 속이는 자 같으나 참되고, 무명한 자 같으나 유명한 자요, 죽은 자 같으나 보라 우리가 살아 있고, 징계를 받는 자 같으나 죽임을 당하지 아니하고, 근심하는 자 같으나 항상 기뻐하고, 가난한 자 같으나 많은 사람을 부요하게 하고, 아무것도 없는 자 같으나 모

든 것을 가진 자로다. (6:4-10)

"우리가 마게도냐에 이르렀을 때에도 우리 육체가 편하지 못하였고 사방으로 환난을 당하여 밖으로는 다툼이요 안으로는 두려움이었노라. 그러나 낙심한 자들을 위로하시는 하나님이 디도가 옴으로 우리를 위로하셨으니"(7:5-6);

> 그들이 그리스도의 일꾼이냐? 정신없는 말을 하거니와 나는 더욱 그러하도다. 내가 수고를 넘치도록 하고 옥에 갇히기도 더 많이 하고 매도 수없이 맞고 여러 번 죽을 뻔 하였으니, 유대인들에게 사십에서 하나 감한 매를 다섯 번 맞았으며, 세 번 태장으로 맞고, 한 번 돌로 맞고, 세 번 파선하고, 일주야를 깊은 바다에서 지냈으며, 여러 번 여행하면서 강의 위험과 강도의 위험과 동족의 위험과 이방인의 위험과 시내의 위험과 광야의 위험과 바다의 위험과 거짓 형제 중의 위험을 당하고, 또 수고하며 애쓰고 여러 번 자지 못하고 주리며 목마르고 여러 번 굶고 춥고 헐벗었노라. 이 외의 일은 고사하고 아직도 날마다 내 속에 눌리는 일이 있으니, 곧 모든 교회를 위하여 염려하는 것이라. (11:23-28)

> 여러 계시를 받은 것이 지극히 크므로 너무 자만하지 않게 하시려고 내 육체에 가시 곧 사탄의 사자를 주셨으니, 이는 나를 쳐서 너무 자만하지 않게 하려 하심이라. 이것이 내게서 떠나가게 하기 위하여 내가 세 번 주께 간구하였더니, 나에게 이르시기를, 내 은혜가 네게 족하도다 이는 내 능력이 약한 데서 온전하여짐이라 하신지라. 그러므로 도리어 크게 기뻐함으로 나의 여러 약한 것들에 대하여 자랑하리니, 이는 그리스도의 능력이 내게 머물게 하려 함이라. 그러므로 내가 그리스도를 위하여 약한 것들과 능욕과 궁핍과 박해와 곤고를 기뻐하노니, 이는 내가 약한 그때에 강함이라. (12:7-10)

마지막 인용문이 말하듯이, 바울의 고난은 그의 엄청난 인간적 힘까지 압도했다. 고린도의 거짓 사도들이 그를 인신공격했을 뿐 아니라 고린도교회의 많은 신자가 이들을 따랐으며, 이것은 바울에게 결코 작은 시련이 아니었다.

그러나 바울은 이러한 시련에 굴복해 믿음이 꺾이거나 사역을 접지 않았다. 그는 고린도후서 11:3에서 고린도교회 상황을 크게 걱정했다. "뱀이 그 간계로 하와를 미혹한 것 같이 너희 마음이 그리스도를 향하는 진실함과 깨끗함에서 떠나 부패할까 두려워하노라." 그러나 이러한 걱정과 슬픔의 표현에 그리스도인의 삶의 본질도 담겨 있다. 기독교는 예수 그리스도를 향한 헌신 그 이상도 그 이하도 아니다. 바울이 삶에서 마주하는 온갖 시련을 이겨낼 수 있었던 것은 마음을 주님께 고정했기 때문이었다.

사실, 그리스도인으로서 바울의 삶은 예수 그리스도 안에 계시된 하나님의 영광을 본 데서 시작되었다. 바울은 다메섹 가는 길에 주님을 극적으로 만났고, 이로써 교만하고 율법주의적이며 바리새주의적인 자기 확신이 영원히 산산조각 났다(참조. 빌 3:4-6). 바울은 예수님의 얼굴에 계시된 눈부신 하나님의 영광을 보았을 때 그때껏 자신의 영적 이익 쪽에 자리했던 율법주의를 영적 손해 쪽으로 옮겼다(빌 3:7-8).

새 언약에서 주목할 만한 부분은 예수 그리스도 안에 계시된 하나님의 영광을 모든 신자가 볼 수 있다는 것이다. 이것은 가장 고상한 구약 성도들에게도 허락되지 않았던 특권이다. "이는 하나님이 우리를 위하여 더 좋은 것을 예비하셨은즉 우리가 아니면 그들로 온전함을 이루지 못하게 하려 하심이라"(히 11:40).[21] 옛 언약에서 하나님의 영광을 부분적으로 모호하게 했던 수건이 "옛적에 선지자들을 통하여 여러 부분과 여러 모양으로 우리 조상들에게 말씀하신 하나님이 이 모든 날 마지막에는 아들을 통하여 우리에게 말씀하셨"을 때에야 벗겨졌는데, 이 아들은 "하나님의 영광의 광채"다(히 1:1-3).

성경이 예수님의 얼굴을 보는 것을 말할 때 주관적이고 신비로운 경험을 말하고 있는 게 아니라는 점을 분명히 하는 게 중요하다. 도널드 휘트니(Donald S. Whitney)는 이렇게 썼다.

---

21 새번역: 하나님께서 우리를 위하여 더 좋은 계획을 미리 세워두셔서, 우리가 없이는 그들이 완성에 이르지 못하게 하신 것입니다.

신비주의의 본질은 중재 없이, 다시 말해 수단 없이 하나님을 경험하려는 시도다. 이것은 하나님의 임재를 그 어떤 외적 도움도 없이 '직접' 경험할 수 있다는 믿음이다…문제는 이것이 매우 영적으로 들리지만 성경은 결코 우리에게 이렇게 하라고 명하거나 이런 경험을 기술하지 않는다는 것이다. (*Ten Questions to Diagnose Your Spiritual Health* [Colorado Springs, Colo.: NavPress, 2001], 60)

따라서 바울은 예수님의 얼굴을 보는 것을 말할 때 성경에 계시된 그리스도를 객관적이고 역사적으로 보는 것을 염두에 둔다. 베드로후서 1:19에서, 베드로 사도는 성경이 경험보다 우월하다고 단언한다. 베드로는 변화산에서 놀라운 그리스도의 영광을 보았는데도 성경을 지식을 얻는 더 신뢰할만한 근원으로 여겼으며 성경이 "더 확실한 예언"이라고 했다.

새 언약의 신자들은 예수님의 얼굴을 성경에 계시된 대로 보면서 삶의 모든 시련을 마주할 힘과 기쁨과 소망을 얻는다. 이러한 힘과 기쁨과 소망은 하나님을 아는 데서 비롯되는데, 하나님은 예수 그리스도 안에서 가장 선명하게 계시된다. 이 단락에서, 바울은 예수님의 얼굴을 보는 것과 관련해 여덟 가지를 기술한다. 그리스도의 얼굴을 보면 분명해지고, 변화되며, 힘을 얻고, 정결해지며, 진리를 사랑하게 되고, 이것은 특권이며, 겸손해지고, 주권적으로 허용된다.

그리스도의 얼굴을 보면 분명해진다

우리가 다 수건을 벗은 얼굴로 거울을 보는 것 같이 주의 영광을 보매, (3:18a)

창조 세계가 하나님에 관해 계시하는 진리들이 있지만(롬 1:20) 이것들은 구원하기에 부족하다. 구원하는 하나님 지식(saving knowledge of God, 하나님을 알며 구원에 이르게 하는 지식)은 오직 예수 그리스도를 통해 온다(참조. 요 14:6; 행 4:12; 롬 1:16). 옛 언약의 신자들과 달리, 새 언약의 신자들은 모두 **수건을 벗은 얼굴로** 그리스도의 얼굴을 볼 수 있다. 바울은 **우리가 다…거울을 보는 것 같이 주의 영**

광을 보는 특권을 가졌다고 말한다. 그리스도 안에 "신성의 모든 충만이 육체로 거하시"기 때문에(골 2:9), 신자들은 그리스도와 그분이 하신 일에서 하나님이 어떤 분인지 본다. 그리스도께서 하나님의 긍휼(마 9:36; 14:14; 15:32; 20:34; 막 1:41; 5:19; 눅 7:13), 지혜(요 7:46; 참조. 마 7:29; 눅 4:22), 능력(마 13:54; 14:2; 눅 4:36), 주권적 권위를 나타내셨다(마 9:6; 요 17:2). 하나님은 그 어느 곳보다 예수 그리스도의 얼굴에서 더 선명하게 계시된다. "하나님이 이 모든 날 마지막에는 아들을 통하여 우리에게 말씀하셨으니…이는 하나님의 영광의 광채시요 그 본체의 형상이시라"(히 1:1-3).

구원의 세 측면인 칭의, 성화, 영화는 모두 예수님을 보는 것을 포함한다. 그리스도의 얼굴을 보고 그분을 주님과 구주로 영접할 때, 신자들은 그리스도 안에서 새 삶을 시작한다. 그러나 신자들은 칭의를 위해 그리스도를 보듯이 성화를 위해서도 그리스도를 보아야 한다. 그런데 성화는 "믿음의 주요 또 온전하게 하시는 이인 예수를 바라보"는 것을 포함하고(히 12:2) 성경을 통해 그리스도의 마음을 아는 것을 포함한다(고전 2:16). "그의 안에 산다고 하는 자는 그가 행하시는 대로 자기도 행"하기 때문이다(요일 2:6). 마침내 영화(glorification)에서, 그리스도께서 "만물을 자기에게 복종하게 하실 수 있는 자의 역사로 우리의 낮은 몸을 자기 영광의 몸의 형체와 같이 변하게 하"실 것이다(빌 3:21).

신자들이 하나님을 제대로 안다면 살면서 겪는 어려움에 패배할 이유가 없다. 하나님을 알지 못하는 자들은 그리스도의 얼굴을 보고 있지 않다. 신자들은 그리스도를 알수록 하나님을 더 잘 안다. 그리스도를 보는 것이 아버지를 보는 것이기 때문이다(요 14:9). 신자들은 하나님을 알수록 살면서 겪는 시련과 어려움을 이길 준비가 더 잘 갖춰진다. 고난은 신자들로 자신을 덜 의지하게 함으로써 하나님의 능력이 신자들에게서 나타날 수 있게 할 뿐이다(참조. 고후 12:9).

그리스도의 얼굴을 보면 변화된다

그와 같은 형상으로 변화하여 영광에서 영광에 이르니, 곧 주의 영으로 말미암음이니라. (3:18b)

그리스도의 얼굴에서 하나님의 영광을 볼 때, 신자들은 **그와 같은 형상으로** 끊임없이 **변화하여 영광에서 영광에 이르고** 있다. 신자들은 점점 더 높은 수준의 **영광**에 이른다. 바꿔 말하면, 신자들은 예수 그리스도를 점점 더 닮는다. 이 책 앞 장에서 말했듯이, 바울은 빌립보서 3:12-14에서 그리스도인의 삶은 그리스도처럼 되는 것이 목표라고 가르쳤다.

> 내가 이미 얻었다 함도 아니요 온전히 이루었다 함도 아니라 오직 내가 그리스도 예수께 잡힌 바 된 그것을 잡으려고 달려가노라. 형제들아, 나는 아직 내가 잡은 줄로 여기지 아니하고 오직 한 일 즉 뒤에 있는 것은 잊어버리고 앞에 있는 것을 잡으려고 푯대를 향하여 그리스도 예수 안에서 하나님이 위에서 부르신 부름의 상을 위하여 달려가노라.

바울은 갈라디아 신자들에게 이렇게 썼다. "나의 자녀들아. 너희 속에 그리스도의 형상을 이루기까지 다시 너희를 위하여 해산하는 수고를 하노니"(갈 4:19). 초기 신자들이 안디옥에서 "그리스도인"(문자적으로, "그리스도의 일당에 속한")이라 불렸던 것은 이들이 그리스도를 닮았기 때문이었다(행 11:26). 영적 성숙을 가늠하는 잣대는 "그리스도의 장성한 분량이 충만한 데까지" 이르렀느냐는 것이다(엡 4:13). 구원에서 하나님의 궁극적 목적은 신자들이 "그 아들의 형상을 본받"는 것이기 때문이다(롬 8:29).

신자들이 성경에 계시된 예수 그리스도의 얼굴을 꾸준히 볼 때, 이 목적이 신자들의 삶에서 성취된다. 신자들이 이렇게 할 때, **주의 영**(the Lord, the Spirit, "영이신 주님"—새번역)이 이들을 그리스도의 형상으로 변화시키신다.

그리스도의 얼굴을 보면 힘을 얻는다

그러므로 우리가 이 직분을 받아 궁휼하심을 입은 대로 낙심하지 아니하고,(4:1)

그러므로는 바울이 3:6-18에서 했던 새 언약에 관해 논의를 상기시킨다. 수건을 벗고 그리스도의 얼굴을 볼 때 시련을 견디는 힘을 얻는다. 새 언약 아래서 이렇게 그리스도의 얼굴을 볼 수 있다. 이렇게 그리스도의 얼굴을 볼 때, 바울은 새 언약의 **직분(ministry)**을 감당할 힘을 얻었다. 바울은 복수형 **우리**를 사용해 자신을 겸손하게 지칭한다. 바울이 자신과 자신의 사역을 변호하는 일은 개인적 성격을 갖는데, 그는 이렇게 함으로써 개인적 성격을 완화했다(이 책 6장에서 3:1에 관한 논의를 참조하라). **우리가 이 직분을 받아(we have this ministry)**라는 표현에서 바울의 겸손한 인정이 강조된다. 다시 말해, 바울은 하나님의 은혜로 새 언약의 일꾼이 되는 특권을 받았음을 겸손하게 인정한다(참조. 5:18; 행 20:24; 26:16; 롬 15:15 - 16; 고전 4:1-3; 엡 3:7 -8; 골 1:23, 25; 딤전 1:12; 2:7; 딤후 1:11). 바울이 **직분**을 받은 것은 순전히 하나님의 **궁휼하심(mercy)** 덕분이었다. 하나님의 **궁휼하심**이란 하나님이 죄인들에게 마땅한 심판을 보류하심을 말한다. 그러니까 하나님은 구원받지 못한 자들에게는 회개하고 믿을 기회를 주려고 심판을 일시적으로 보류하시고 구속받은 자들에게는 심판을 영원히 보류하신다. 이 문맥에서 하나님의 **궁휼하심**은 바울이 "비방자요 박해자요 폭행자"였기 때문에(딤전 1:13) 그를 정죄하는 대신 "직분을 맡기심"으로써 그에게 **궁휼하심**을 보여주셨다는 뜻이다(12절).

바울은 예수님에게 시선을 고정했기 때문에 힘을 얻고 **낙심하지 아니했다.** '엥카케오'(engkakeō, **loose heart, 낙심하다**)는 두려움에 굴복하다, 용기를 잃다, 겁쟁이처럼 행동하다는 뜻이다. 바울은 고난을 겪고 거짓 사도들에게서 맹렬한 공격을 받았으나 항복하지 않았다. 바울은 영광의 하나님을 아는 확신에 찬 지식에서 용기를 얻었으며, 이 영광을 예수 그리스도의 얼굴에서 보았다. 하나님의 주권적 궁휼이 그를 구원했고, 그에게 직분을 맡겼으며, 그에게 그 직분을 감당할 힘을 주었다.

그리스도의 얼굴을 보면 정결해진다

이에 숨은 부끄러움의 일을 버리고 속임으로 행하지 아니하며(4:2a)

바울은 극적으로 회심할 때 그리스도의 영광을 처음 보았으며, 그 이후로 이전의 **숨은 삶**(hidden life), 곧 **부끄러움**(shame)의 삶을 **버린** 게 분명하다. 바울은 자신의 죄를 경멸했고 거기서 벗어나려 몸부림쳤다. "오호라 나는 곤고한 사람이로다! 이 사망의 몸에서 누가 나를 건져내랴?"(롬 7:24). 그리스도인으로서 그의 삶은 처음부터 정결한 삶이었다. 거룩을 추구했기 때문이다.

사람들이 예수 그리스도의 얼굴에 계시된 하나님의 영광을 보고 거듭날 때, 사람들이 하나님이 누군지 알고 그분의 거룩한 율법이 무엇을 요구하는지 알며 예수 그리스도 안에 구원이 있음을 알 때, 자신의 죄를 버리고 돌이켜 전심으로 경건을 좇는다. 회개한다면서 죄에서 돌이키지 않는 것은 성경이 말하는 회개가 아니다. (성경이 말하는 회개에 관한 논의는 다음을 보라. John MacArthur, *The Gospel According to Jesus*, rev. ed.[Grand Rapids: Zondervan, 1994],[22] *The Gospel According to the Apostles*[Nashville: Word, 2000].)

역접 접속사 '알라'(*alla*, **but**)는[23] "반대로"(on the contrary) 또는 "다른 한편으로"(on the other hand)로 번역할 수 있다. 이것은 바울과 고린도의 거짓 사도들이 정반대라는 뜻이다. **숨은 부끄러움의 일**(things hidden because of shame)은 이들이 바울을 비난했던 **일**(things, 것들)일 수 있다. 그러나 실제로 이런 일을 저지른 것은 바울이 아니라 거짓 사도들이었다. 거짓 사도들이 숨은 **부끄러움**의 삶을 살았고 숨은 의도를 갖고 고린도교회에 들어온 장본인이었다. 바울은 회심하기 전에 **숨은 삶**, 곧 은밀한 **부끄러움**의 삶을 살았다(참조. 빌 3:4-6). 그는 마태복음 23:27에서 예수님이 매섭게 책망하신 동료 바리새인

---

22 『주님 없는 복음』, 황을호 옮김(생명의 말씀사, 2017).

23 NASB에서 2절은 접속사 but으로 시작한다: but we have renounced the things hidden….

들과 같았다. "화 있을진저, 외식하는 서기관들과 바리새인들이여! 회칠한 무덤 같으니, 겉으로는 아름답게 보이나 그 안에는 죽은 사람의 뼈와 모든 더러운 것이 가득하도다." 이들처럼, 바울도 속이 더러울 수밖에 없었다. 율법주의가 육신을 제어할 수 없고 거짓 구원은 그 누구도 변화시킬 수 없기 때문이다.

'아이스쿠네'(*aischunē*, **shame, 부끄러움**)는 당혹과 치욕을 안기는 수치스럽고 비열한 행위를 말한다. 회심하기 전, 바울은 이처럼 캄캄하고 은밀하며 위선적인 생활을 했다. 그러나 그가 예수 그리스도를 만났을 때 은밀한 죄의 삶이 죽었다. 그는 "새로운 피조물"이 되었다. 그의 삶에서 "이전 것은 지나갔으니 보라 새 것이 되었도다"(고후 5:17). 물론 이것은 바울이 다시는 죄를 짓지 않았다는 뜻이 아니라 죄를 지으면 자백하고 돌이켰다는 뜻이다. 바울은 죄라는 전염병이 자신 안에 산다는 것을 느꼈으나(롬 7:14-23) 죄악되고 은밀한 삶에 더 이상 매달리지 않았다. 바울처럼, 신자들은 전에 행하던 부끄러운 행위를 버려야 한다. 이런 행위가 자신의 삶에 다시 기어들려한다면 기도와 말씀으로 물리쳐야 한다.

그러나 이 진술을 달리 해석하기도 한다. 새 언약의 사역과 열매가 풍성한 말씀 선포가 문맥이며, 따라서 바울은 공격적 복음(offensive gospel, 거부감을 일으키는 복음)을 전혀 부끄러워하지 않는다고 말하고 있을 수 있다(참조. 고전 1:18, 23-25). 복음이 헬라인들에게는 어리석은 것이고 유대인들에게는 거리끼는 것(stumbling block)이었기에 전체적으로 배척당했다. 따라서 복음은 어느 선포자에게나 부끄러움을 안겼으나 바울은 복음의 진리를 숨기려 하지 않았다(롬 1:16-17).

바울은 자신과 거짓 사도들을 한층 더 대비시키면서 자신이 **속임으로 행하지 아니했다**고 선언했다. '파누르기아'(*panourgia*, **craftiness, 속임**)는 간계와 속임수를 가리킨다(눅 20:23; 고후 11:3; 엡 4:14). '파누르기아'를 행하는 자는 파렴치하며 자신의 목적을 위해 무슨 짓이든 하려 했다. 거짓 사도들은 그들 자신이 부패한 게 분명한데도, (자신들이 은밀하게 그러하듯이) 조종하는 자요 돈과 권력과 영향력을 추구하는 자라며 바울을 비난했다. 그러나 이 중 어느 하나도 사실이 아니었다. 바울은 속이는 자가 아니었다. 바울은 숨은 의도가 없었다.

바울은 겉과 속이 같았다. 바울은 새 언약의 복음을 담대하게 두려움 없이 전하는 자였다. 그가 고린도전서 2:1-2에서 말했듯이, 바울의 방식은 단순하고 분명하며 솔직했다. "형제들아, 내가 너희에게 나아가 하나님의 증거를 전할 때에 말과 지혜의 아름다운 것으로 아니하였나니, 내가 너희 중에서 예수 그리스도와 그가 십자가에 못 박히신 것 외에는 아무것도 알지 아니하기로 작정하였음이라." 바울은 당시 이방 종교에 만연한 생각, 곧 전수자들만 아는 깊고 은밀한 비밀 지식이 있다는 생각을 받아들이지 않았다. 그는 이른바 복음의 부끄러운 특징을 제거해 사람들을 속이려 들지도 않았다(참조. 고후 2:17).

거짓 선생들이 바울을 공격한 것은 바울이 분명하고 명확한 방식으로 사역하기 때문이기도 했다. 이들은 더 미묘하고 베일에 싸인 방식을, 불신자들에게 더 호소력이 있고 입맛에 맞으며 덜 거슬리는 방식을 선호했다. 바울처럼 분명하게 전하는 자들이 거슬리는 것은 부끄러움을 당하는 것에 개의치 않고 진리를 꾸밈없이 그대로 전하기 때문이다. 바울은 다음에서 바로 이런 태도를 보였다. "주께서 주신 권세는 너희를 무너뜨리려고 하신 것이 아니요 세우려고 하신 것이니, 내가 이에 대하여 지나치게 자랑하여도 부끄럽지 아니하리라. 이는 내가 편지들로 너희를 놀라게 하려는 것 같이 생각하지 않게 함이라"(고후 10:8-9). 바울은 결코 복음을 부끄러워하지 않았다. 바울은 결코 복음의 진리를 숨기거나 복음에 다른 것을 교묘하게 섞지 않았다. 거짓 선생들은 사람들의 마음을 상하게 하고 싶지 않았다. 사람들에게서 돈을 뜯어내고 싶었다. 이들은 또한 자신들의 메시지에 신비를 섞고 싶었다. 이들은 신비에 취했으며, 이렇게 하면 자신들의 특권이 커지고 추종자들이 깊은 인상을 받을 터였다.

사실, 1세기 거짓 사도들은 마케팅 전문가였다. 이들은 복음을 상품으로 보았고 자신들을 세일즈맨으로 보았다. 이들은 상품(복음)을 판매할 때 신비와 마법을 덧붙임으로써 진실을 가리고 상품을 맵시 나게 포장했다. 1세기 소비자들에게 더 잘 먹히길 바라며 메시지를 비틀어 더 매력적이고 세련되게 재포장했다. 이렇게 해서 회심자들을 (그리고 돈을) 얻는 데 성공했다. 바울은 혼합되지 않은 순수한 복음을 솔직하고 강력하게 제시했으며(참조. 롬 1:16), 이로써 듣는 사람들에게 좌절과 위협을 안겼다. 또한, 사람들의 은밀하고 부끄러운 삶도 드러났다. 그러므로 사람들이 바울을 격렬하게 반대한 것은 이상할 게 없었다.

바울과 거짓 사도들이 다른 점은 바울은 구원을 위해 그리스도를 보았고 거짓 사도들은 그러지 않았다는 것이다. 진실로 예수 그리스도의 얼굴을 보는 자라면 그 누구라도 속이는 자일 수 없다. 진실로 예수 그리스도의 얼굴을 보는 자라면 그 누구라도 부끄럽고 은밀한 죄의 삶을 지속할 수 없다. "주를 향하여 이 소망을 가진 자마다 그의 깨끗하심과 같이 자기를 깨끗하게 하"기 때문이다(요일 3:3).

그리스도의 얼굴을 보면 진리를 사랑한다

하나님의 말씀을 혼잡하게 하지 아니하고, 오직 진리를 나타냄으로 하나님 앞에서 각 사람의 양심에 대하여 스스로 추천하노라. (4:2b)

예수 그리스도는 성육한 진리다. 그분이 직접 선언하셨다. "내가…진리요"(요 14:6; 참조. 요 1:14, 17; 계 19:11). 사람들은 구원을 위해 예수 그리스도를 볼 때 진리와 사랑에 빠졌다. 잃은 자들은 영원히 멸망할 것이다. "이는 그들이 진리의 사랑을 받지 아니하여 구원함을 받지 못함이라"(살후 2:10). 그러므로 구원받는다는 것은 진리를 사랑한다는 뜻이다.

바울은 회심한 순간부터 부끄럽고 은밀한 죄의 삶을 버렸을 뿐 아니라 복음이 부끄럽다는 생각도 버렸다. 복음이 거슬린다고(offense) 복음을 부끄러워하면 **하나님의 말씀을 혼잡하게 하는** 죄를 지을 터였기 때문이다(참조. 빌 1:20). **혼잡하게 하다(adulterating)**는 '돌로오'(doloō)가 번역된 것으로 성경 외의 헬라어에서 불순물이 섞여 오염된 금이나 변질된 포도주를 가리키는 데 사용되었다(Richard C. Trench, *Synonyms of the New Testament* [Reprint; Grand Rapids: Eerdmans, 1983], 230). 바울의 메시지는 분명하고 순전하며 아무것도 섞이지 않은 진리의 복음이었다.

그러나 거짓 사도들도 이와 같았다고 할 수는 없었다. 이들은 자신의 목적을 위해 하나님의 말씀을 **혼잡하게** 하느라 바빴다. 고린도후서 2:17에서, 바울은 "하나님의 말씀을 혼잡하게" 했다며 이들을 고발했다. 이들은 바울을 사기꾼이요 협잡꾼이고 속이는 자라며 거짓으로 고발했다. 그러나 바로 이들 자신이 사기꾼이요 협잡꾼이며 속이는 자였다. 틀림없이, 이들은 모세 율법을 가르치지 않음으로써 진리를 훼손했다며 바울을 고발했다. 이들은 바울이 아주 단순한 메시지를 전함으로써 하나님의 은밀하고 숨은 것들을 부인했고 이로써 하나님의 말씀 온전히 전하지 않았다고도 주장했을 것이다. 안타깝게도, 오늘날 많은 사람이 성경만으로 충분하다고 선포하는 사람들에게 똑같은 혐의를 씌운다. 심리학이나 신비주의나 이른바 초자연적 경험과 상관없이, 기쁘고 충만하며 하나님을 높이며 사는 데 필요한 것이 성경 하나에 다 들어있다는 믿음을 아주 순진하고 유치하기 이를 데 없는 것이라며 조롱한다. 더욱 안타깝게도, 많은 그리스도인이 "바른 교훈을 받지 아니하며 귀가 가려워서 자기의 사욕을 따를 스승을 많이 두고 또 그 귀를 진리에서 돌이켜 허탄한 이야기를 따를" 것이다(딤후 4:3-4). 교묘하게 유혹하는 거짓 가르침의 노래가 많은 사람을 꾀어 그들의 믿음을 파선시키려 한다.

성장하는 그리스도인은 확실한 표식이 있다. 성경의 **진리**를 사랑한다는 것이다. 성경의 진리는 공개적으로 분명하게 나타날(manifestation, **나타냄**) 때 아무리 대놓고 조롱받더라도 영적 능력과 영향력을 발한다. 그러나 전파자들이 복음을 부끄러워하고 인간의 지혜를 하나님의 지혜로 포장해 선포할 때, 이들이 하는 일은 아무 힘이 없다. 따라서 성실한 전파자는 성경의 진리를 전한다. 그의 임무는 믿음에 기초한 분명하고 순전한 교훈(doctrine)을 선포하는 것이다. 모든 신자는 진리를 사랑해야 한다. 모든 신자는 "갓난아기들 같이 순전하고 신령한 젖을 사모"해야 한다. "이는 그로 말미암아 너희로 구원에 이르도록 자라게 하려 함이라"(벧전 2:2; 참조. 딤전 4:6).

바울은 복음을 꾸밈없이 솔직하게 전했고, 이것이 **각 사람의 양심에 대하여 그를 추천하는** 효과가 있었다. 모든 사람이, 복음을 듣지 못한 사람들까지도 (비록 제한적이더라도) 하나님의 율법을 아는 지식을 타고난다. 복음을 들으면

양심이 깨어난다. 이것은 복음을 거부하는 자들 속에도 진리의 메시지가 있다는 증거다. 이것은 사실이다. "하나님의 말씀은 살아 있고 활력이 있어 좌우에 날선 어떤 검보다도 예리하여 혼과 영과 및 관절과 골수를 찔러 쪼개기까지 하며 또 마음의 생각과 뜻을 판단하"기 때문이다(히 4:12).

바울은 삶의 모든 부분에서 그렇게 살았듯이 **하나님 앞에서** 진리를 전했다. 고린도전서 4:3-4에서, 바울은 이렇게 썼다. "너희에게나 다른 사람에게나 판단 받는 것이 내게는 매우 작은 일이라. 나도 나를 판단하지 아니하노니, 내가 자책할 아무것도 깨닫지 못하나 이로 말미암아 의롭다 함을 얻지 못하노라. 다만 나를 심판하실 이는 주시니라." 바울은 사람이 아니라 하나님께 인정받으려 했다. 모든 전파자는 (그리고 모든 신자는) 결국 하나님을 향해 책임이 있기 때문이다.

신자가 진리에 얼마나 충실한지 보면 영적으로 얼마나 성숙했는지 알 수 있다(참조. 시 119:97-106; 113, 119, 127, 161-162, 174). 교회사 내내, 진리에 가장 헌신된 사람들이 교회의 삶에 가장 큰 영향을 미쳤다. 진리를 사랑하는 사람들이 예수님 안에서 진리를 찾을 것이다(엡 4:21).

그리스도의 얼굴을 보는 것은 특권이다

³**만일 우리의 복음이 가리었으면 망하는 자들에게 가리어진 것이라. ⁴그 중에 이 세상의 신이 믿지 아니하는 자들의 마음을 혼미하게 하여 그리스도의 영광의 복음의 광채가 비치지 못하게 함이니, 그리스도는 하나님의 형상이니라.** (4:3-4)

예수 그리스도의 얼굴을 보는 특권을 누구나 누리는 것은 아니다. "생명으로 인도하는 문은 좁고 길이 협착하여 찾는 자가 적기" 때문이다(마 7:14). 오직 영적 몽매함의 수건이 그리스도 안에서 벗겨진 자들만(참조. 고후 3:14) 그리스도의 얼굴을 볼 수 있다.

앞서 말했듯이, 거짓 사도들이 바울을 향해 퍼붓는 비난 중 하나는 복음을 전파하는 그의 방식에 문제가 있다는 것이었다. 바울의 방식, 곧 그가 고린도전서 2:2 밝힌 방식은 단순하고 솔직했다. "내가 너희 중에서 예수 그리스도와 그가 십자가에 못 박히신 것 외에는 아무것도 알지 아니하기로 작정하였음이라." 그는 솔직하게 인정했다. "내 말과 내 전도함이 설득력 있는 지혜의 말로 하지 아니하고 다만 성령의 나타나심과 능력으로 하여"(고전 2:4). 그는 복음을 전하면서 죄와 회개와 믿음을 명확하게, 담대하게, 직접적으로 제시했다. 이 때문에 거짓 사도들은 거슬리고 효과적이지 못하다며 그를 비난했다. 바울의 복음 전파는 사람들을 소원하게 만들었다. 다시 말해, "유대인에게는 거리끼는 것이요 이방인에게는 미련한 것"이었다(고전 1:23). 그는 소비자의 거부감을 극복하는 더 나은 판매 전략이 필요했다.

이러한 생각이 오늘의 교회에 널리 퍼져 있다. 현대 비평가들은 복음을 더 섬세하면서도 덜 거슬리게 제시해야 한다고 주장한다. 죄와 회개와 심판과 지옥을 전하는 광경이 사라지고 "사용자 친화적" 교회들이 등장한다. 예배가 밀려나고 불신자들이 위협이 아니라 편안함을 느끼도록 계획된 쇼가 그 자리에 들어선다. 이렇게 하면 불신자들이 마음이 열려 그리스도를 고려해 보리라는 것이다.

현대 복음 전파 밑바닥에 적잖게 깔린 생각이 있다. 복음을 아주 기발하게 제시하면 누구라도 복음에 반응할 수 있고 반응하리라는 것이다. 이 견해는 불신자들을 소비자로 본다. 그래서 복음을 잘 팔려면 소비자들의 기호에 맞게 잘 포장해야 한다. 로이 클레먼츠(Roy Clements)는 이런 경향을 날카롭게 지적한다.

전파자(preacher)는…포고자(herald)이며, 포고자는 엄밀히 말해 단방향 소통자다. 포고자는 대화하는 게 아니라 자신이 받은 메시지를 선포한다. 그러나 우리의 소통 전문가들이 정확하다면, 선포는 그 누구도 바꾸지 않는다. 이들의 추론이 어디가 잘못되었는가?…신학이다. 이렇게 주장하는 사람들은 기독교의 전파가 마케팅과 비슷하다고 추정하기 때문이다. 당신에게 상품이 있다. 복음이다. 당신에게 소비자들이 있다. 회중이다. 전파자(설교자)는 세일즈맨이다. 소비자의 저항을 극복하고 이들을 설득시켜 구매하게 하는 것이 그의 일이다.

바울에 따르면, 이것이 좋은 유비가 아님을 보여주는 매우 단순하면서도 압도적인 이유가 있다. 전파자는 소비자의 저항을 극복하는 게 아니다. 그럴 수 없다. 소비자의 저항이 너무 커서 그 어느 전파자도 극복할 수 없다. 바울은 모든 전파자가 할 일은 이러한 저항을 절대 뚫을 수 없음을 드러내는 것이라고 말한다. 우리의 복음이 가려진다면 멸망하는 자들에게 가려지는 것이다. 이 세상의 신이 이들의 마음을 가려 "믿지 아니하는 자들의 마음을 혼미하게 하여 그리스도의 영광의 복음의 광채가 비치지 못하게" 한다.…전파자는 그 누구도 구원하지 못한다. 그는 구원받는 사람들이 그 사실을 깨닫게 하는 도구일 뿐이다. 전파는 하나님의 주권적 성례이기 때문에 복음 전파는 선포되어야 한다. (*The Strength of Weakness* [Grand Rapids: Baker, 1995], 75-76)

구원은 결코 인간의 설득이 내는 결과가 아니다. 구원은 하나님의 주권적 행위다. 요한복음 6:44에서, 예수님은 "나를 보내신 아버지께서 이끌지 아니하시면 아무도 내게 올 수 없으니"라고 하셨다. 사도행전 11:18은 "하나님께서 이방인에게도 생명 얻는 회개를 주셨도다"라고 단언한다. 루디아는 "주께서 그 마음을 열어 바울의 말을 따르게 하"셨을 때 구원받았다(행 16:14). 바울은 디모데에게 이렇게 조언했다.

주의 종은 마땅히 다투지 아니하고 모든 사람에 대하여 온유하며 가르치기를 잘하며 참으며 거역하는 자를 온유함으로 훈계할지니, 혹 하나님이 그들에게 회개함을 주사 진리를 알게 하실까 하며 그들로 깨어 마귀의 올무에서 벗어나 하나님께 사로잡힌 바 되어 그 뜻을 따르게 하실까 함이라. (딤후 2:24-26)

바울은 디도에게 이렇게 일깨웠다. "우리를 구원하시되 우리가 행한 바 의로운 행위로 말미암지 아니하고 오직 그의 긍휼하심을 따라 중생의 씻음과 성령의 새롭게 하심으로 하셨나니"(딛 3:5).

문제는 메시지를 선포하는 사람의 기술이나 메시지의 포장재나 선포에 사용되는 기교가 아니다. 문제는 듣는 사람의 상태다. 예수님은 이 원리를 씨 뿌리는 비유로 설명하셨다. 동일한 사람(씨 뿌리는 자)이 동일한 메시지(씨)를 선포한다. 유일한 변수는 네 가지 토양의 상태다. 복음의 메신저들이 반드시 갖춰야하는 것은 똑똑함이 아니라 명료함이다. 오직 하나님만 "허물과 죄로 죽은" 자들의 눈을 여실 수 있다(엡 2:1; 참조. 5절; 마 8:22; 엡 4:18).

바울은 자신의 복음 전파가 적실하지 못하고 거슬리며 효과적이지 못하다고 비난하는 자들에게 이렇게 답했다. **만일 우리의 복음이 가리었으면 망하는 자들에게 가리어진 것이라.** 타락하고 자신들의 죄로 죽었으며 영적으로 눈먼 자들, 복음의 메시지를 거부하는 자들은 영원한 멸망으로 치닫고 있다(참조. 고후 2:15; 3:14; 눅 13:3, 5; 롬 2:12; 고전 1:18; 살후 2:9 - 11). 그러므로 "육에 속한 사람은 하나님의 성령의 일들을 받지 아니하나니, 이는 그것들이 그에게는 어리석게 보임이요, 또 그는 그것들을 알 수도 없나니, 그러한 일은 영적으로 분별되기 때문이라"(고전 2:14). 문제는 교회가 위협적이지 않은 예배를 고안하거나 복음을 판매할 더 나은 마케팅 전략을 개발하는 게 아니다. 문제는 "사람들이 자기 행위가 악하므로 빛보다 어둠을 더 사랑"하기 때문에 복음의 메시지를 거부한다는 것이다(요 3:19).

불신자들이 죄를 사랑할 뿐 아니라 복음을 거부하는 것은 **이 세상의 신이 믿지 아니하는 자들의 마음을 혼미하게 하기** 때문이다. **믿지 아니하는 자들**은 3절이 말하는 망하는 자들이다. 둘은 동의어다. 어떤 사람들의 주장에도 불구하고, "믿지 않는 그리스도인"(unbelieving Christian)이란 있을 수 없다. 믿지 않는 자들은 망하는 자들이기 때문이다. '아이온'(aiōn, world, 세상)은 다음 경우처럼 세대(age)로 번역하는 게 더 낫다(마 12:32; 13:39, 40, 49; 24:3; 28:20; 눅 16:8; 18:30; 20:34; 고전 1:20; 2:6, 7, 8; 3:18; 갈 1:4; 엡 1:21; 골 1:26; 딛 2:12; 히 6:5 등). **이 세상의 신** 또는 이 세대의 신은 사탄인데(요 12:31; 14:30; 16:11; 엡 2:2; 딤후 2:26; 요일 5:19), 사탄은 지금 이 세상에서 온갖 이데올로기와 견해와 희망과 목표와 목적과 관점을 지배한다(참조. 고후 10:3-5). 세상의 철학과 심리학과 교육과 사회학과 윤리와 경제 배후에 사탄이 있다. 그러나 사탄이 가장 큰 영향을 미치는 영역은 거짓 종교일 것이다. 물론, 사탄은 **신**이 아니라 피조물이다. 사탄이 **신**이라 불리는 것은 추종자들이 그에게 속아 마치 그가 신인 것처럼 그를 섬기기 때문이다. 사탄은 그가 낳은 모든 거짓 종교가 내세우는 모든 거짓 신들의 원형이다.

사탄은 엄청나고 설득력 있는 영향력을 사회에 끼쳐 거듭나지 못한 자들을 속인다. 이들에게 **복음의 광채가 비치지 못하게**(이들이 복음의 빛을 보지 못하게) 하기 위해서다. 드문 경우를 제외하고, 사탄과 그의 귀신들은 개개인 안에 직접 거하지 않는다. 이들은 그럴 필요가 없다. 사탄은 불신자들을 더욱 타락시켜 이들을 더 깊은 어둠에 몰아넣는 체계를 만들어냈다. 불신자들은 자신의 허물과 죄로 죽었고(엡 2:1) 진리가 이들에게 가려졌으며(고후 3:15) 빛을 미워하고 어둠을 사랑할 뿐 아니라(요 3:19-20) "이 세상 풍조를 따르고 공중의 권세 잡은 자를 따랐으니, 곧 지금 불순종의 아들들 가운데서 역사하는 영이라…육체의 욕심을 따라 지내며 육체와 마음의 원하는 것을 하여 다른 이들과 같이 본질상 진노의 자녀"다(엡 2:2-3). 이들은 이들의 "아비 마귀에게서 났으니…아비의 욕심대로…행하고자 한다"(요 8:44). 인간의 마음에 도사린 모든 악—범죄, 미움, 원한, 분노, 불의, 음란, 국가 간의 갈등과 개인 간의 갈등—은 사탄이 자신의 목적을 위해 부추기는 것이다. 사탄이 만들어낸 세상 체계가 타락한 인간의 온갖 악한 욕망을 부채질하고, 타락한 인간으로 스스로 눈을 감고 자신의 어둠을 사랑하게 만든다.

마음(minds)으로 번역된 '노에마'(*noēma*)는 추론하거나 생각하는 능력을 가리킨다. 거듭나지 못한 자들은 영적 진리를 제대로 생각할 수 없다(고전 2:14). 이들의 마음은 "상실한 마음"(depraved mind, 타락한 마음—새번역)이기 때문이다(롬 1:28; 딤전 6:5; 딤후 3:8). 복음을 아무리 그럴싸하게 제시하더라도 상실한 마음을 설득해 복음에 호의적으로 반응하게 하지 못한다. 오직 하나님만 인간의 마음에 빛을 비추어(참조. 고후 4:6; 눅 24:45; 행 26:18) **그리스도의 영광의 복음**에 구원하는 믿음으로 반응하게 하실 수 있다. 하나님의 **영광**은 예수 그리스도 안에 계시된다. 예수 그리스도는 **하나님의 형상**이기 때문이다(요 1:14; 골 1:19; 2:9; 히 1:3). 그리스도 안에 계시된 하나님의 **영광**을 보는 특권은 하나님이 긍휼을 베풀어 영적 눈을 뜨게 하신 자들에게만 부여된다.

그리스도의 얼굴을 보면 겸손해진다

우리는 우리를 전파하는 것이 아니라 오직 그리스도 예수의 주되신 것과 또 예수를 위하여 우리가 너희의 종 된 것을 전파함이라. (4:5)

예수 그리스도의 영광스런 복음을 선포하는 일은 헤아릴 수 없는 특권이다. 따라서 어떤 사람들은 이 특권을 가졌다고 자랑하거나 교만해질 수도 있다. 사실, 거짓 사도들이 바울을 비방하며 퍼부은 비난 중 하나는 그가 이기적 동기에서 복음을 전한다는 것이었다. 이들은 바울의 사역이 자신을 높이고 자신을 과시하며 힘과 특권과 명성을 얻기 위한 것이라고 주장했다. 바울은 **우리는 우리를 전파하는 것이 아니라**고 선언하며, 이로써 자신을 거짓 사도들과 구분했는데, 거짓 사도들은 사실 자신을 전파했다. 이 서신 뒷부분에서, 바울은 이렇게 썼다. "우리는 자기를 칭찬하는 어떤 자," 곧 거짓 사도들과 "더불어 감히 짝하며 비교할 수 없노라." 이들은 어리석게도 "자기로써 자기를 헤아리고 자기로써 자기를 비교"했다(10:12). 이렇게 바울의 부정(否定)은 거짓 사도들의 비난에 대한 부정이자 이들에 대한 고발이었다.

바울은 결코 오만하거나 교만하거나 자신만만하지 않았다. 오히려 그는 고린도에서 사역할 때 "약하고 두려워하고 심히 떨었노라"고 했다(고전 2:3). 그는 자신의 능력과 성공을 자랑하는 대신 이렇게 썼다. "나를 위하여는 약한 것들 외에 자랑하지 아니하리라…나의 여러 약한 것들에 대하여 자랑하리니, 이는 그리스도의 능력이 내게 머물게 하려 함이라"(고후 12:5, 9). 바울은 그리스도의 영광을 보았고, 이것이 그의 삶을 지배했으며, 그리스도를 향한 사랑이 그를 삼켰다.

바울은 자신을 드러내는 대신 **그리스도 예수의 주되신 것(Christ Jesus as Lord)**을 선포했다. 바울은 예수 그리스도를 스스로 낮아져(빌 2:8) 십자가에 못 박히신 구원자로 선포했는데(고전 2:2), 그분은 자기 백성을 그들의 죄에서 구원하려고 돌아가셨다(마 1:21; 요 1:29; 행 5:31; 13:38; 요일 2:2; 3:5; 계 1:5). 그러나 바울은 예수 그리스도를 주권적 주님으로, 복종과 충성과 순종을 요구하시는 분으로도 선포했다(롬 10:9; 고전 12:3; 빌 2:10-11). (나는 그리스도의 주 되심을 이 장 앞부분에서 언급한 나의 저서 *The Gospel According to Jesus*와 *The Gospel According to the Apostles*에서 다루었다.)

새 언약에서 선포의 핵심은 예수 그리스도에 관한 진리를 전하는 것이다. "믿음은 들음에서 나며 들음은 그리스도의 말씀으로 말미암"기 때문이다(롬 10:17). 그리스도에 관한 참된 선포는 그분이 구원자요 주님이라는 진리를 포함한다. 그 목적은 사람들로 예수님이 누구며 왜 오셨고 무엇을 성취하셨는지 이해하게 하는 것이다. 그러면 하나님이 주권적 은혜로 그 진리를 사용해 그 사람의 마음에 구원을 주신다.

교만하고 자랑하는 거짓 사도들과 달리, 바울이 자신을 언급한 것은 오로지 자신의 비천함(humility)을 표현하기 위해서였다. 바울은 자신이 **예수를 위하여** 교회를 섬기는 예수 그리스도의 **종(bond-servant)**이라고 자주 선언했다(예를 들면, 롬 1:1; 갈 1:10; 빌. 1:1; 딛 1:1). 예수님의 얼굴을 진정으로 볼 때야말로 가장 겸손해진다. 그리스도를 사랑하며 그분을 섬기는 데 헌신한 사람들은 자신을 높이는 게 아니라 낮출 것이다. 또한 겸손하게 하나님의 백성을 섬길 것이다. 반대로, 교만한 자들은 예수님의 얼굴을 보지 않는다. 이들의 주된 관심사는 하나님 백성의 안녕이 아니라 자신이다.

그리스도의 얼굴을 보는 것은 주권적으로 허용된다

어두운 데에 빛이 비치라 말씀하셨던 그 하나님께서 예수 그리스도의 얼굴에 있는 하나님의 영광을 아는 빛을 우리 마음에 비추셨느니라. (4:6)

구속은 창조만큼이나 하나님의 주권적 사역이다. 사실, 바울은 창조 유비를 사용해 구원을 기술했다. "누구든지 그리스도 안에 있으면 새로운 피조물이라. 이전 것은 지나갔으니 보라 새것이 되었도다"(고후 5:17). 여기서 그는 물리적 세계의 창조에서 도출한 유비를 사용해 구원을 기술하면서 **어두운 데에 빛이 비치라 말씀하셨던** 바로 그 **하나님께서**(참조. 창 1:3) **예수 그리스도의 얼굴에 있는 하**

나님의 영광을 아는 빛을 우리 마음에 비추셨느니라고 말한다. 물리적 빛을 밝히신 바로 그 하나님이 영적 빛을 밝히신다. 둘 모두를 그 어떤 진화 과정도 없이 행하신다.

영적 어둠이 구속받지 못한 자들을 에워싸지만 마침내 하나님이 복음의 빛을 이들의 마음에 비추신다. 하나님만이 죄와 무지의 어둠을 몰아내실 수 있다. 그러나 하나님은 우리를 구원하실 때 "우리로 하여금 빛 가운데서 성도의 기업의 부분을 얻기에 합당하게" 하셨다(골 1:12-13). 예수님은 요한복음 8:12에서 이렇게 선언하셨다. "나는 세상의 빛이니 나를 따르는 자는 어둠에 다니지 아니하고 생명의 빛을 얻으리라"(참조. 요 9:5; 12:46). 구원 받을 때, 죄인들은 **예수 그리스도의 얼굴에 있는 하나님의 영광을 아는 빛**을 받는다. 하나님이 죄로 어두운 마음에 복음 전파를 통해 이 **빛**을 주권적으로 비추실 때(롬 10:13-15), 그리스도가 누군지 진정으로 알게 된다. 다시 말해, 그리스도는 성육하신 하나님이며, **하나님의 영광**이 **그분의 얼굴**에서 완전하게 빛난다는 것을 알게 된다.

이 풍성한 단락에서, 바울은 그리스도인의 삶은 본질적으로 "믿음의 주요 또 온전하게 하시는 이인 예수를 바라"봄을(히 12:2) 포함한다는 점을 계시했다. 그분을 바라봄이 그리스도인의 삶의 시작이고(칭의), 그리스도인의 삶의 기초이며(성화), 영원토록 신자들의 일이 될 것이다(영화).

10

질그릇에 담긴 더없이 귀한 보배

(4:7-15)

⁷우리가 이 보배를 질그릇에 가졌으니 이는 심히 큰 능력은 하나님께 있고 우리에게 있지 아니함을 알게 하려 함이라. ⁸우리가 사방으로 욱여쌈을 당하여도 싸이지 아니하며, 답답한 일을 당하여도 낙심하지 아니하며, ⁹박해를 받아도 버린 바 되지 아니하며, 거꾸러뜨림을 당하여도 망하지 아니하고, ¹⁰우리가 항상 예수의 죽음을 몸에 짊어짐은 예수의 생명이 또한 우리 몸에 나타나게 하려 함이라. ¹¹우리 살아있는 자가 항상 예수를 위하여 죽음에 넘겨짐은 예수의 생명이 또한 우리 죽을 육체에 나타나게 하려 함이라. ¹²그런즉 사망은 우리 안에서 역사하고 생명은 너희 안에서 역사하느니라. ¹³기록된 바 내가 믿었으므로 말하였다 한 것 같이 우리가 같은 믿음의 마음을 가졌으니, 우리도 믿었으므로 또한 말하노라. ¹⁴주 예수를 다시 살리신 이가 예수와 함께 우리도 다시 살리사 너희와 함께 그 앞에 서게 하실 줄을 아노라. ¹⁵이는 모든 것이 너희를 위함이니, 많은 사람의 감사로 말미암아 은혜가 더하여 넘쳐서 하나님께 영광을 돌리게 하려 함이라. (4:7-15)

포장을 보고 내용물의 가치를 판단해서는 안 된다는 옛말이 그리스도인들에게 분명히 해당된다. 땅에 묻힌 값진 보화처럼(참조. 마 13:44), 또는 못생긴 조개 속에 숨겨진 값진 진주처럼(참조. 마 13:46), 인간의 그릇은 그것이 담고 있는 복음의 가치를 반영하지 않는다. 이 단락의 핵심은 "예수 그리스도의 얼굴에 있

는 하나님의 영광"(고후 4:6)과 그것이 담긴 깨지기 쉽고 불완전하며 소박한 그릇이 놀랍도록 대조적이라는 것이다.

바울은 이 진리를 단순히 이론적으로 제시하지 않고 예를 들어 설명한다. 고린도후서의 많은 부분이 바울의 삶을 속속들이 들여다본다. 마찬가지로, 이 단락도 교훈을 제시하는 게 아니라 한 사람의 삶을 생생하게 보여준다. 이 단락은 바울을 지식을 전달하는 선생이 아니라 그 삶을 본받아야 할 인물로 제시한다. 바울의 삶은 하나님과 동행한다는 것이 진정 무엇을 의미하는지 보여주었다. 그러므로 바울은 고린도 신자들에게 "내가 그리스도를 본받는 자가 된 것 같이 너희는 나를 본받는 자가 되"고 말할 수 있었다(고전 11:1).

이 서신을 쓸 때, 바울은 고린도에서 맹렬하게 공격받았다. 거짓 사도들이 고린도교회에 침투해 율법주의 이단을 심을 환경을 조성하려고 바울을 공격했다. 이들은 귀신에게서 비롯된 거짓말을 늘어놓았으며, 고린도 신자들이 이러한 거짓말에 솔깃하게 하려면 먼저 바울의 사도성과 영성에 대한 고린도 신자들의 신뢰를 무너뜨려야 했다. 이를 위해, 이들은 바울의 인격과 사역을 상대로 전면전을 펼쳤다. 이들의 공격은 무자비하고 가차 없으며 옹졸했다. 거짓 사도들은 바울의 외모를 조롱하고 "그가 몸으로 대할 때는 약하고 그 말도 시원하지 않다"며 경멸적으로 말할 만큼 저급했다(고후 10:10). 이들에 따르면, 바울은 그다지 인상적인 인물이 아니었다. 그는 외모가 변변찮았고 말솜씨도 별로였다. 그는 얼굴이 흉하게 보일만큼 눈이 몹시 안 좋았을 수도 있다(참조. 갈 4:13-15). 거짓 사도들의 주장에 따르면, 너무나 많은 사람이 바울의 메시지를 거부한 것은 그가 인상적이지 못하고 평범하며 별 볼 일 없는 사람이기 때문이었다.

이렇게 상처를 주고 증오가 가득한 공격에 고린도 신자들의 마음이 하나님의 진리에서 사탄의 거짓말로 돌아섰으므로 바울은 대응하지 않을 수 없었다. 바울은 자신이 아니라 복음을 위해 자신을 변호하려 했다. 바울은 거짓 선생들이 그의 신뢰성을 무너뜨릴 수 있다면 그를 대신해 고린도교회의 권위 있는 선생이 될 수 있다는 것을 알았다. 그러면 그들의 거짓 가르침으로 고린도 신자들을 마음대로 속일 것이었다.

거짓 선생들의 공격에 바울은 진퇴양난에 처했다. 고린도교회가 진리(기록되고 성육한 진리)를 붙잡고 놓지 않게 하려면 바울이 거짓 선생들의 비방에 맞서 자신을 변호해야 했다. 그러나 바울이 자신을 변호하면 교만해 보일 위험이 있었다. 사실, 바울 자신이 자신의 숱한 단점을 그 누구보다 정확히 알고 있었다. 사실, 바울은 자신이 사역을 하고 있다는 사실에 늘 놀랐다. 고린도 신자들에게 보낸 영감받은 첫째 편지에서, 바울은 이렇게 고백했다. "나는 사도 중에 가장 작은 자라. 나는 하나님의 교회를 박해하였으므로 사도라 칭함받기를 감당하지 못할 자니라"(고전 15:9). 그는 디모데에게 이렇게 썼다. "나를 능하게 하신 그리스도 예수 우리 주께 내가 감사함은 나를 충성되이 여겨 내게 직분을 맡기심이니, 내가 전에는 비방자요 박해자요 폭행자였으나 도리어 긍휼을 입은 것은 내가 믿지 아니할 때에 알지 못하고 행하였음이라"(딤전 1:12-13).

그러면 바울은 이 딜레마에서 어떻게 벗어날 것인가? 어떻게 교만해 보이지 않으면서 자신을 변호하고 자신이 전하는 복음을 변호할 것인가? 거짓 사도들은 바울이 약하고 불완전하다고 했다. 바울은 이러한 주장을 반박하지 않고 받아들였다. 그러면서 더없이 값진 복음의 진리가 보잘것없는 그릇에 담겼다고 했다. 사실, 바울의 약함은 결코 그를 거부할 이유가 아니라 사도로서 그의 자격을 뒷받침하는 가장 설득력 있는 신임장 중 하나였다. 이를 표현하려고, 바울은 질그릇에 담긴 값진 보배를 비유로 사용했다.

모든 전파자들처럼(그리고 모든 신자들처럼), 바울의 불완전한 여러 부분은 빛나는 복음의 영광을 배경으로 선명하게 도드라졌다. 그러나 하나님이 불완전한 사람들을 사용하실 수 없다면 사역 현장에 아무도 없을 것이다. 죄 없는 사람은 없다. 그래서 하나님은 타락하고 약하며 불완전한 사람들 중에서 자신의 사역자들을 선택하셔야 한다.

가장 고결한 성도들이라도 완전함과는 거리가 멀었다. 믿음의 조상 아브라함은 목숨을 잃을까 두려워 두 번이나 아내 사라가 누이인 척했다(창 12:13; 20:2). 이스라엘을 애굽에서 구해낸 인간 구원자 모세는 성격이 불같았으며(출 2:11-12), 스스로 인정하듯이 말이 아주 어눌했다(출 4:10). 하나님의 마음에 맞는 사람이자(삼상 13:14) 이스라엘의 훌륭한 시인 다윗은(삼하 23:1) 간음죄와 살인죄를 범했다(삼하 11장). 엘리야는 이스라엘 하나님의 이름으로 거짓 선지자 수백 명과 용감하게 대결했으나 뒤이어 의심과 두려움에 빠져 목숨을 부지하려고 이세벨을 피해 달아났다(왕상 19:1-3). 고귀한 선지자 이사야는 입술이 부정한 사람이라고 고백했다(사 6:5). 열두 제자의 리더 베드로는 "나는 죄인이로소이다"라고 공개적으로 고백했으며(눅 5:8) 주님을 격하게 거듭 모른다고 함으로써 이것을 증명했다(마 26:69-74). 사랑의 사도인 요한은 "우레의 아들"이기도 했으며, 자신의 그룹에 속하지 않은 어떤 사람의 사역을 막으려 했다(막 3:17; 눅 9:49). 나중에, 그는 분개한 나머지 하늘에서 불이 내려 예수님을 배척한 사마리아 마을을 사르게 하길 원했다(눅 9:54).

바울은 하나님이 잘 사용하신 숱한 질그릇 중 하나일 뿐이었다. 바울은 진짜 사도였으며, 이것은 그의 인간적 능력이나 기술이나 성취가 아니라 그의 영적 특징에서 분명하게 드러난다. 이 단락은 바울이 매우 쓸모 있는 질그릇이었음을 보여주는 영적 특징 일곱을 제시한다. 바울은 겸손했고, 꺾이지 않았으며, 희생했고, 열매를 맺었으며, 신실했고, 소망이 넘쳤으며, 예배가 넘쳤다.

겸손했다

우리가 이 보배를 질그릇에 가졌으니 이는 심히 큰 능력은 하나님께 있고 우리에게 있지 아니함을 알게 하려 함이라. (4:7)

그러나(but)는[24] 7절을 6절과 대비시키는데, 6절은 성육하신 그리스도 안에 계시된 영원한 하나님의 광대하고 헤아릴 수 없는 영광을 기술한다. 더없이 값진 하나님의 보배가 비천한 인간 그릇에 담겼다. 모든 전파자(설교자)와 신자가 이처럼 겸손한 시각을 가져야 한다. 바울은 겸손한 시각으로 자신을 보았고, 이것이 그가 그토록 쓸모 있었던 주된 이유였다. 그는 이 서신 뒷부분에서

---

24 NASB에서, 4:7은 But we have this treasure in earthen vessels로 시작한다.

이렇게 썼다. "우리는 자기를 칭찬하는 어떤 자와 더불어 감히 짝하며 비교할 수 없노라"(고후 10:12). 바울은 거짓 사도들의 얄팍하고 외적인 기준에 맞춰 자신을 평가하려 하지 않았다. 그는 자신을 "자기로써 자기를 헤아리고 자기로써 자기를 비교하는" 자들과 비교하려 하지 않았다(10:12). 그는 "분수 이상의 자랑을 하지" 않았다(10:13). "자랑하는 자는 주 안에서 자랑"해야 하고(10:17) "옳다 인정함을 받는 자는 자기를 칭찬하는 자가 아니요 오직 주께서 칭찬하시는 자"이기 때문이다(10:18).

여기서 생각하는 **보배(treasure)**는 4:1의 "직분"(ministry)과 같다. 두 용어 모두 영원하신 하나님이 예수 그리스도로 세상에 오셨으며, 회개하고 믿는 모두에게 죄 사함과 영생을 주려고 십자가에서 죽은 후 다시 살아나셨다는 영광스런 복음의 메시지를 기술한다. 이 **보배**는 더없이 값지다. "그[그리스도] 안에는 지혜와 지식의 모든 보화가 감추어져" 있으며 "그 안에는 신성의 모든 충만이 육체로 거하시"기 때문이다(골 3:3, 9). 복음의 메시지가 계시한 진리는 세상에서 가장 심오한 진리이며, 더없이 강력하고 영원한 결과를 낳는다. 복음을 통해 사람들이 죄와 사망의 권세에서 해방되고(롬 8:2; 히 2:14), 정죄에서 놓여나며(롬 8:1), 예수 그리스도의 형상으로 변화되고(롬 8:29; 고후 3:18), 영원한 기쁨과 평안과 만족을 얻는다.

그러나 놀랍게도, 이처럼 더없이 값진 보배, 곧 복음이 소박한 **질그릇 (earthen vessels)**에 담긴다. '오스트라키노스'(ostrakinos, **earthen, 질**)는 구운 흙을 가리킨다. 바울이 여기서 말하는 **그릇**은 그저 평범한 항아리였다. 싸고 깨지기 쉬우며 쉽게 대체될 수 있고 사실상 가치가 없는 용기였다. 때로 이런 항아리에 금이나 은이나 보석 같은 값진 것을 숨겼다. 이런 귀중품을 담은 항아리를 흔히 땅에 묻었다. 사실, 예수님의 비유에서 밭에 감춰진 보화를 발견한 사람은(마 13:44) 쟁기질을 하다가 묻혀 있던 항아리가 쟁기에 걸려 깨지는 바람에 보화를 발견했을 것이다. 질항아리는 귀중한 문서를 보관하는 데도 사용되었다. 사해 두루마리는 쿰란 근처 동굴에서 질항아리에 보관된 채로 발견되었다.

그러나 **질그릇**은 일상에서 여러 비천한 목적에 가장 빈번하게 사용되었다. 고대에는 사람의 분뇨와 쓰레기를 질항아리에 담아 운반했다. 질항아리는 "천하게 쓰는" 용기였다(딤후 2:20). 다시 말해, 질항아리는 천하고 불쾌하며 입에 담기 민망한 목적에 사용되었다. 이런 질항아리는 타고난 가치가 없었다. 질항아리의 유일한 가치는 거기에 담긴 가치 있는 것이나 이것이 수행하는 역할에서 비롯되었다.

거짓 사도들은 바울을 헐뜯으며 비방했으나 바울은 이러한 비방을 반박하기는커녕 오히려 받아들여 자신이 진짜임을 확인시키는 데 이용했다. 바울은 자신의 인간적 한계와 약점을 인정했으며, 자신이 죄인 중에 "괴수"라고까지 했다(딤전 1:15). 그러나 값싸고 쉽게 깨지는 평범한 질항아리가 보배를 숨기는 데 사용되듯이, 바울은 영광스런 새 언약의 복음이라는 더없이 값진 보배를 담는 데 사용되었다. 그러므로 그는 담대하게 단언할 수 있었다. "나는 지극히 크다는 사도들보다 부족한 것이 조금도 없는 줄로 생각하노라"(고후 11:5). 그는 바로 다음 절에서 "내가 비록 말에는 부족하나 지식에는 그렇지 아니하다"고 했다. 바울은 헬라인들이 그렇게도 높이 평가하는 화려한 말솜씨는 없었으나 영적 지식은 전혀 부족하지 않았다.

하나님은 겸손하고 평범한 사람들, 사회가 주목하지 않는 사람들을 사용하길 기뻐하신다. 하나님은 이런 질항아리에 복음이라는 더없이 값진 보배를 담으신다. 고린도전서에서, 바울은 이 진리를 일깨웠다.

> 형제들아, 너희를 부르심을 보라. 육체를 따라 지혜로운 자가 많지 아니하며, 능한 자가 많지 아니하며, 문벌 좋은 자가 많지 아니하도다. 그러나 하나님께서 세상의 미련한 것들을 택하사 지혜 있는 자들을 부끄럽게 하려 하시고, 세상의 약한 것들을 택하사 강한 것들을 부끄럽게 하려 하시며, 하나님께서 세상의 천한 것들과 멸시 받는 것들과 없는 것들을 택하사 있는 것들을 폐하려 하시나니, 이는 아무 육체도 하나님 앞에서 자랑하지 못하게 하려 하심이라. (고전 1:26-29)

바울은 앞서 수사학적으로 물었다. "지혜 있는 자가 어디 있느냐? 선비가 어디 있느냐? 이 세대에 변론가가 어디 있느냐? 하나님께서 이 세상의 지혜를 미련하게 하신 것이 아니냐?"(고전 1:20). 하나님은 평범한 질항아리를 사용함으로써 영광을 받으신다. "기록된 바 자랑하는 자는 주 안에서 자랑하라 함과 같게 하려 함이라"(고전 1:31). 영적으로 쓸모 있으려면 겸손해야 하고, 우리자신을 있는 그대로 보아야 하며, 우리가 무엇을 성취하든 그 영광이 그 보배를 우리 속에 두신 하나님의 것이라는 사실을 인정해야 한다. 바울은 숱한 시련을 통해 교훈을 얻었다. 자신의 약함에서 하나님의 영광과 능력이 가장 잘드러난다는 것이다. 하나님이 그에게 "내 은혜가 네게 족하도다. 이는 내 능력이 약한 데서 온전하여짐이라"고 하셨기 때문에(고후 12:9), 바울은 기뻐하며단언할 수 있었다. "그러므로 내가 그리스도를 위하여 약한 것들과 능욕과 궁핍과 박해와 곤고를 기뻐하노니, 이는 내가 약한 그때에 강함이라"(12:10).

세상은 자신에게 매료되어 자신은 하나님이 사용하실 만큼 똑똑하고 중요하며 능력이 많다고 생각하는 사람들로 넘쳐난다. 그러나 하나님은 자신의말씀을 세상에 전할 사람들을 선택하실 때, 학식이 깊은 알렉산드리아 학자들이나 빼어난 아테네 철학자들이나 유창한 로마 웅변가들이나 독선적인 이스라엘 종교 지도자들을 선택하지 않으셨다. 하나님은 이들을 건너뛰고 베드로와 요한과 야고보와 안드레 같은 소박한 갈릴리 어부들을, 세리 마태 같은경멸받는 배신자를, 빌립과 마가와 나다나엘 같은 평범한 사람들을 선택하셨다(John MacArthur, *Twelve Ordinary Men* [Nashville: Word Publishing, 2002][25]을 보라). 하나님이 선택하신 의사 누가와 랍비요 학자인 바울처럼 학식을 갖춘 사람들이라도 겸손했고 잘 드러나지 않았다. 하나님은 이처럼 평범한 **질그릇**들에 더없이 값진 보배, 곧 복음을 담으셨다.

하나님은 겸손한 사람들을 선택해 복음을 선포하게 하시는데, **이는 심히 큰능력은 하나님께 있고 우리에게 있지 아니함을 알게 하려 함**이다. 하나님만이 "예수그리스도의 얼굴에 있는 하나님의 영광을 아는 빛"을 드러내신다(4:6). 하나님은 약하고 오류를 범하는 사람들을 사용함으로써 능력이 인간 메신저가 아니라 하나님의 메시지에 있다는 것을 분명히 하신다. 바로 이런 한계들 때문에,

---

25 『예수가 선택한 보통 사람들』, 김재영 옮김 (씨뿌리는 사람, 2003).

그리스도인들은 하나님의 능력이 더없이 강력하게 드러나는 것을 경험한다.

꺾이지 않았다

> [8]우리가 사방으로 욱여쌈을 당하여도 싸이지 아니하며, 답답한 일을 당하여도 낙심하지 아니하며, [9]박해를 받아도 버린 바 되지 아니하며, 거꾸러뜨림을 당하여도 망하지 아니하고,(4:8-9)

바울은 비천함(겸손)과 연약함 때문에 비틀거리거나 무너진 게 아니라 오히려 강해졌다. 역설적으로, 바울은 자신의 약함을 보면서 오히려 힘을 얻었다. 하나님의 능력이 막히지 않고 그를 통해 흘러갔기 때문이다. 바울은 자신의 영적 한계를 정직하게 평가했고, 따라서 이러한 영적 한계는 그의 사역에서 결코 청산해야 할 부채가 아니라 가장 큰 자산이었다.

바울은 무자비하게 두들겨 맞은 질항아리였다. 대적들은 그를 산산조각 내려 했다. 1:5에서, 바울은 "그리스도의 고난이 우리에게 넘쳤다"고 썼다. 8절과 9절에서는 이렇게 덧붙였다. "힘에 겹도록 심한 고난을 당하여 살 소망까지 끊어지고, 우리는 우리 자신이 사형 선고를 받은 줄 알았으니, 이는 우리로 자기를 의지하지 말고 오직 죽은 자를 다시 살리시는 하나님만 의지하게 하심이라." 그는 "환난과 궁핍과 고난과 매맞음과 갇힘과 난동과 수고로움과 자지 못함과 먹지 못함"을 겪었고(6:4-5), "주리고 목마르며 헐벗고 매 맞으며 정처가 없는" 게 무엇인지 알았다(고전 4:11). 바울은 온갖 육체적 고난을 겪었을 뿐 아니라(참조. 고전 11:23-27) 늘 "속에 눌리는 일이 있으니 곧 모든 교회를 위하여 염려하는 것"이었다(11:28). 그러나 바울은 온갖 고난을 당하는데도 자신이 하나님의 고귀한 종이라는 확신이 있었다. 그는 힘이 없었으나 하나님의 능력이 그를 통해 흘러 넘쳤기 때문이다.

바울은 인간적으로 보잘것없었고, 이것은 답할 수 없는 질문을 그의 대적들에게 안겼다. 그의 삶이 미치는 부정할 수 없는 영향을 이들이 어떻게 설명할 수 있겠는가? 바울이 성취한 것을 성취할 능력이 바울 자신에게 있지 않았다. 그러므로 이 능력은 하나님에게서 온 게 틀림없었다. 바울이 하나님의 능력으로 일했다면 참으로 하늘의 종이었으며, 그를 향한 대적들의 고발은 거짓이었다. 바울은 인간적 재능이 없는데도 사람들에게 영향을 미쳤으며, 이것은 그를 향해 쏟아진 거짓 고발에 대한 강력한 반박이었다.

네 개의 대비를 통해, 바울은 자신의 무능력이 자신의 사역 능력을 약화시키지 않았음을 보여주었다. 첫째, 바울은 **사방으로 욱여쌈을 당하여도 싸이지 아니했다. 욱여쌈을 당하다(afflicted)**는 헬라어 동사 '뜰리보'(*thlibō*)의 번역이며 압박당함을 가리킨다. 앞서 말했듯이, 바울은 육체적으로 영적으로 늘 압박을 받았으며, 그 압박이 너무 심해 이 서신 앞부분에서 이렇게 썼다. "힘에 겹도록 심한 고난을 당하여 살 소망까지 끊어지고 우리는 우리 자신이 사형 선고를 받은 줄 알았으니"(고후 1:8-9). 그러나 바울은 이렇게 압박을 받았는데도 **싸이지 아니했다(not crushed, 으스러지지 않았다).**[26] **싸이다(crushed, 으스러지다)**는 동사 '스테노코레오'(*stenochōreō*)의 번역이며 좁고 빡빡한 장소에 갇힘을 가리킨다. 바울은 압박을 받았으나 사역을 포기할 수 없었다.

둘째, 바울은 **답답한 일을 당하여도 낙심하지 아니했다.** 헬라어 본문은 언어유희를 담고 있다. **답답한 일을 당하다(perplexed)**와 **낙심하다(despairing)**로 번역된 분사는 각각 동사 '아포레오'(*aporeō*)와 '엑사포레오'(*exaporeō*)에서 왔다. 바울은 난관에 빠졌으나 주저앉지 않았다. 그는 어찌할 바를 몰랐으나 그래도 벗어날 길이 있었다. 그는 패배하기 직전이었으나 패배하지 않았다.

셋째, 바울은 **박해를 받아도 버린 바 되지 아니했다. 박해를 받다(persecuted)**는 동사 '디오코'(*diōkō*)에서 왔으며, 이 동사는 "뒤쫓다" 또는 "사냥하다"는 뜻이다. 숱한 대적이 밤낮으로 바울을 쫓아다니며 괴롭혔다((참조. 행 9:23-24, 28-29; 14:5-6, 19; 20:3; 23:12). 그런데도 바울은 **버린바 되지 않았다.** 주님은 결코 그를 헤어 나올 수 없는 어려움에 홀로 두지 않으셨다.

마지막으로, 바울은 **거꾸러뜨림을 당하여도 망하지 아니했다. 거꾸러뜨림을 당하다(struck down)**는 동사 '카타발로'(*kataballō*)에서 왔으며, 이 동사는 무

---

26 새번역: 우리는 사방으로 죄어들어도 움츠러들지 않으며

기를 사용할 때처럼 "쳐서 쓰러뜨리다"(to strike down) 또는 레슬링에서 하듯이 "내다 꽂다"(to throw down)는 뜻이다. **망하다(destroyed)**는 '아폴루미'(*apollumi*)에서 왔는데, 이 단어는 "멸망당하다"(ruined), "패배하다"(lost), 심지어 "죽임을 당하다"(killed)로도 번역될 수 있다. 현대 권투 용어로 표현하면, 바울은 다운당했을 수도 있지만 케이오(KO)되지는 않았다. 그는 역경을 회피한 게 아니라 성공적으로 견뎌냄으로써 승리했다.

그 누구도 이러한 맹공을 자신의 힘으로 견디면서 사역을 지속하기는 고사하고 기쁨과 평안을 유지할 수도 없다. 바울로 두려워하지 않고 두려운 사람이 되게 한 것은 하나님의 능력이었다. 그의 적들이 할 수 있는 어떤 것도 그를 파괴하지 못할 것이었다. 설령 그를 죽이더라도 그를 주님 품에 안길 뿐이었다(빌 1:21). 하나님의 능력이 그를 붙잡지 않았다면 바울은 약하기 이를 데 없었을 것이다. 그러나 하나님의 능력이 그를 붙잡았고, 그래서 바울은 온갖 어려움과 대적을 이길 수 있었다(참조. 고후 2:14).

희생했다

<blockquote>

[10]우리가 항상 예수의 죽음을 몸에 짊어짐은 예수의 생명이 또한 우리 몸에 나타나게 하려 함이라. [11]우리 살아 있는 자가 항상 예수를 위하여 죽음에 넘겨짐은 예수의 생명이 또한 우리 죽을 육체에 나타나게 하려 함이라. (4:10-11)

</blockquote>

10절에서 바울은 8절과 9절에서 말한 여러 역설을 요약하고 해석한다. **예수의 죽음을** 그의 **몸에 짊어짐은 예수의 생명이 또한 우리 몸에 나타나게 하려** 함이었다. **항상**이란 단어는 바울이 고린도전서 15:31에서 "나는 날마다 죽노라"고 했듯이(참조. 롬 8:36) 그의 고난이 지속되었다는 것을 말한다. 고난은 그에게 삶의 방식이었다.

바울은 **예수의 죽음을** 그의 **몸에 항상 짊어졌으며**, 이것은 거짓 사도들의 고발에 대한 강력한 반박이었다. 거짓 사도들은 바울이 고난받는 것은 그가 은밀하게 죄를 짓고 살기에 하나님이 그를 벌하시기 때문이라고 주장했다. 그러나 사실 바울은 예수 그리스도와 하나 되었기에 악인들에게 고난을 받았다. 주님을 미워하는 자들은 그분의 백성을 박해한다. 그러므로 바울이 겪는 온갖 시련은 결코 하나님이 그를 기뻐하지 않으신다는 표시가 아니라 사실상 명예훈장이었다(참조. 고후 1:5; 갈 6:17; 빌 3:10; 골 1:24).

그리스도인이라면 누구라도 그리스도 때문에 고난받는다고 놀라지 말아야 한다. 예수님이 이러한 고난을 친히 예견하셨기 때문이다.

보라, 내가 너희를 보냄이 양을 이리 가운데로 보냄과 같도다. 그러므로 너희는 뱀 같이 지혜롭고 비둘기 같이 순결하라. 사람들을 삼가라. 그들이 너희를 공회에 넘겨주겠고 그들의 회당에서 채찍질하리라. 또 너희가 나로 말미암아 총독들과 임금들 앞에 끌려가리니, 이는 그들과 이방인들에게 증거가 되게 하려 하심이라. 너희를 넘겨 줄 때에 어떻게 또는 무엇을 말할까 염려하지 말라. 그때에 너희에게 할 말을 주시리니, 말하는 이는 너희가 아니라 너희 속에서 말씀하시는 이, 곧 너희 아버지의 성령이시니라. 장차 형제가 형제를, 아버지가 자식을 죽는 데에 내주며 자식들이 부모를 대적하여 죽게 하리라. 또 너희가 내 이름으로 말미암아 모든 사람에게 미움을 받을 것이나 끝까지 견디는 자는 구원을 얻으리라. 이 동네에서 너희를 박해하거든 저 동네로 피하라. 내가 진실로 너희에게 이르노니, 이스라엘의 모든 동네를 다 다니지 못하여서 인자가 오리라. 제자가 그 선생보다, 또는 종이 그 상전보다 높지 못하나니. (마 10:16-24; 참조. 요 15:18-21)

죽음(dying)으로 번역된 단어는 바울이 사망(death)을 말할 때 흔히 사용하는 '따나토스'(*thanatos*)가 아니라 '네크로시스'(*nekrōsis*)다. '따나토스'는 사실이나 사건으로서의 죽음을 말하고 '네크로시스'는 죽음의 과정(process of dying)을 묘사한다. 앞서 말했듯이, 바울은 늘 죽음을 마주했고, 그래서 "나는 날마다 죽노라"고 썼다(고전 15:31). 그는 "자기를 부인하고 날마다 제 십자가를 지고 나[그리스도]를 따를 것"이 무엇인지 잘 알았다(눅 9:23).

그러나 역설적이게도, 바울이 **예수의 죽음**을 드러낸 것은 **예수의 생명이 또한 그의 몸에 나타나게 하려 함**이었다. 그가 갈라디아 신자들에게 썼듯이 "내가 그리스도와 함께 십자가에 못 박혔나니, 그런즉 이제는 내가 사는 것이 아니요 오직 내 안에 그리스도께서 사시는 것이라. 이제 내가 육체 가운데 사는 것은 나를 사랑하사 나를 위하여 자기 자신을 버리신 하나님의 아들을 믿는 믿음 안에서 사는 것이라"(갈 2:20). 바울은 용감하고 신실하게 인내하며 고난을 견뎠고, 이를 통해 그의 삶에서 살아계신 그리스도의 능력이 드러났다. 앞서 말했듯이, 하나님의 능력이 그를 통해 흘러갔다고 설명하는 외에 바울의 사역이 미친 영향을 설명할 길이 없었다.

바울은 11절에서 거듭 말한다. 자신은 예수의 죽음과 생명을 삶에서 경험했을 뿐 아니라 이것을 모든 신자들에게 확대했다는 것이다. **우리 살아 있는 자(we who live)**는 구속받은 자들, 그 안에 그리스도의 생명이 거하는 자들을 가리킨다(참조. 고후 13:5; 요 14:20; 엡 3:17; 골 1:27). 바울처럼, 이들은 **항상 예수를 위하여 죽음에 넘겨**진다. 이들이 그리스도와 사귀기 때문에, 세상은 이들을 미워하고 육체적 죽음으로 이들을 위협한다(참조. 마 24:9). **넘겨지다(delivered over)**는 '파라디도미'(*paradidōmi*)에서 왔는데, '파라디도미'는 예수님이 십자가형을 위해 넘겨지심을 묘사할 때 사용되는 바로 그 동사다(마 17:22; 20:18 – 19; 26:2; 27:26; 행 3:13; 롬 4:25; 8:32). 그러나 신자들이 날마다 죽는 목적은, 바울의 경우처럼, **예수의 생명이 또한** 그들의 **몸에 나타나게 하려 함**이다. 신자들의 고난은 목적이 있는 희생이며, 이들의 삶에서 하나님의 능력이 나타나게 한다.

열매를 맺었다

그런즉 사망은 우리 안에서 역사하고 생명은 너희 안에서 역사하느니라. (4:12)

이것은 역설적 진술들 중 마지막이며, 바울의 희생적 섬김이 낳은 풍성한 결과를 요약한다. **사망은 우리 안에서 역사하고(death works in us)**는 뒤로 돌아가 10절과 11절에서 바울이 날마다 죽음을 마주했던 현실을 가리킨다. 바울은 말 그대로 늘 죽음을 마주했다. 영원한 **생명**의 메시지를 고린도 신자들에게 전하기 위해서였다. 그는 고린도 신자들이 영적으로 살 수 있도록 자신이 육체적으로 기꺼이 죽으려고까지 했다.

바울이 고난을 당한 것은 자신을 위해서가 아니라 교회를 세우기 위해서였다. 그는 빌립보 신자들에게 일깨웠다. "만일 너희 믿음의 제물과 섬김 위에 내가 나를 전제로 드릴지라도 나는 기뻐하고 너희 무리와 함께 기뻐하리니"(빌 2:17). 골로새 신자들에게는 이렇게 썼다. "나는 이제 너희를 위하여 받는 괴로움을 기뻐하고 그리스도의 남은 고난을 그의 몸된 교회를 위하여 내 육체에 채우노라"(골 1:24). 또한 디모데에게 이렇게 썼다. "그러므로 내가 택함 받은 자들을 위하여 모든 것을 참음은 그들도 그리스도 예수 안에 있는 구원을 영원한 영광과 함께 받게 하려 함이라"(딤후 2:10). 사람들에게 복음을 전하며 고난을 받는 것은 바울에게 기쁨에 찬 특권이었다. 이렇게 복음을 들은 사람들은 바울의 용감한 인내가 맺은 열매가 되었다. 필립 휴스는 이렇게 썼다.

> 그리스도의 종들이 그리스도를 위해, 그리스도의 동일한 생명이 다른 사람들의 마음에 피어나고 그들로 다시 다른 사람들을 얻을 수 있도록, 자신의 생명을 기꺼이 그리고 끊임없이 죽음에 내어주는 것은 부활하신 예수님의 꺼지지 않는 생명이 이들로 그렇게 할 수 있게 하기 때문이다. 이것이…대대로 이어지며 끊어지지 않는 믿음의 사슬이다. (*The Second Epistle to the Corinthians*, The New International Commentary on the New Testament [Grand Rapids: Eerdmans, 1992], 145)

불신자들이 바울에게 적대감을 품은 것은 그가 복음을 선포하는 기술이 서툴기 때문이 아니었다. 반대로, 이것은 열매 맺는 바울의 사역이 사탄의 저항을 불러일으켰다는 증거였다.

신실했다

기록된 바 내가 믿었으므로 말하였다 한 것 같이 우리가 같은 믿음의 마음을 가

졌으니, 우리도 믿었으므로 또한 말하노라. (4:13)

바울은 열매 맺길 바랐다. 그러나 이것은 바울이 복음의 메시지에서 타협하려 했다는 뜻이 아니다. 바울은 자신의 확신을 굳게 지키고 자신이 참이라고 아는 것을 선포할 것이었다.

바울은 자신이 **기록된 바(what is written)**와 **같은 믿음의 마음** 또는 태도를 가졌다고, 바꾸어 말하면 같은 것을 믿는다고 선언했다. 다시 말해, 바울은 **내가 믿었으므로 말하였다**고(시 116:10) 쓴 시편 기자에게 동의했다. 이것이 담대하게 전하는 그를 비난하는 자들에게 주는 바울의 대답이었다. 바울은 믿음이 흔들리지 않았고, 이러한 믿음이 복음을 전하라며 그를 강권했다(참조. 롬 1:15; 고전 9:16). 바울은 복음의 진리를 믿었기에 복음을 선포하지 않을 수 없었다. 자신의 선포에 확신이 없는 사람들은 자신의 마음에 확신이 없기 때문이다. 이들은 하나님의 진리에 대한 확신이 약하기 때문에 메시지의 강도를 낮춤으로써 위로와 특권과 인기를 얻으려 한다. 참믿음이 있다면 진리를 강력하게, 일관되게, 흔들림 없이 증언하지 않을 수 없다. 믿음 때문에 보름스 제국의회에서 심리를 받을 때, 마르틴 루터는 당당하게 선언했다.

> 성경의 증거나 공개적이고 분명하며 뚜렷한 근거와 추론으로 나를 가르치거나 설득하지 못한다면—그리고 나의 양심은 하나님의 말씀에 사로잡혀 있습니다—내 주장을 철회할 수 없으며 철회하지 않겠습니다. 양심을 거슬러 행동하는 것은 안전하지 않을뿐더러 지혜롭지도 못하기 때문입니다. 나는 달리 어떻게 할 수 없습니다. 하나님, 나를 도우소서! 아멘. (James M. Kittelson, *Luther the Reformer* [Minneapolis: Augsburg, 1986][27] 161)

진리를 진정으로 믿는 자들은 그 진리를 **말하지** 않을 수 없다.

---

27 『개혁자 말틴 루터』, 김승철 옮김(컨콜디아사, 1995).

소망이 넘쳤다

**주 예수를 다시 살리신 이가 예수와 함께 우리도 다시 살리사 너희와 함께 그 앞
에 서게 하실 줄을 아노라.** (4:14)

복음은 가장 영광스럽고 중요한 실체, 곧 믿는 자들이 모두 부활하리라는 소망
을 제시한다. 그래서 바울은 두려움 없이 담대하게 복음을 전했다. 바울은 복
음을 전하면서 기꺼이 생명을 걸었다. **주 예수를 다시 살리신 이가**(아버지 하나님
이; 참조 1:9; 행 2:24, 32; 3:15; 4:10; 5:30; 10:40; 13:30, 33, 37; 롬 8:11; 10:9; 고전 6:14;
15:15; 갈 1:1; 골 2:12; 벧전 1:21) **예수와 함께** 자신도 **다시 살리**시리라는 것을 **알기**
때문이었다. 그는 죽음이 두렵지 않았다. "현재의 고난은 장차 우리에게 나타
날 영광과 비교할 수 없다"는 것을 알았기 때문이다(롬 8:18). 그는 처형을 기다
리며 디모데에게 이렇게 쓸 수 있었다.

> 전제와 같이 내가 벌써 부어지고 나의 떠날 시각이 가까웠도다. 나는 선한 싸움
> 을 싸우고 나의 달려갈 길을 마치고 믿음을 지켰으니, 이제 후로는 나를 위하여
> 의의 면류관이 예비되었으므로 주 곧 의로우신 재판장이 그 날에 내게 주실 것
> 이며, 내게만 아니라 주의 나타나심을 사모하는 모든 자에게도니라. (딤후 4:6-8)

바울은 확신했다. 하나님이 자신과 고린도 신자들로 그분 앞에 거룩하고
흠 없게 **서게 하실** 터였다. 고린도후서 11:2에서, 바울은 이렇게 썼다. "내가
하나님의 열심으로 너희를 위하여 열심을 내노니, 내가 너희를 정결한 처녀
로 한 남편인 그리스도께 드리려고 중매함이로다"(참조. 엡 5:27; 유 24). 바울이
기꺼이 목숨을 걸었던 것은 그 자신뿐 아니라 듣고 믿는 자들도 천국에 들어
가리라는 소망 때문이었다.

예배가 넘쳤다

이는 모든 것이 너희를 위함이니, 많은 사람의 감사로 말미암아 은혜가 더하여 넘쳐서 하나님께 영광을 돌리게 하려 함이라. (4:15)

바울은 자신이 고린도 신자들을 **위해 모든 것**을 했다고 선언하는데, 이 선언에서 그의 이타심이 드러난다. 그러나 바울의 최종 목적은 자신뿐 아니라 고린도 신자들이 복음을 전함으로써 구원하는 **은혜**가 갈수록 **많은 사람**에게 확산되어 **(spreading, 더하여)** 하나님이 영광을 받으시는 것이었다. 그 결과는 구속받은 자들이 구원의 복을 주신 하나님을 찬양할 때 **감사가 넘쳐서 하나님께 영광을 돌리는** 것이었다.

틀림없이, 바울의 목적은 결코 자신의 위로나 평판이나 인기가 아니었다. 그뿐 아니라, 그의 목적은 궁극적으로 다른 사람들의 구원도 아니었다. 바울의 이타적이고 희생적인 섬김의 최종 목적은 더 많은 목소리가 할렐루야로 하나님을 찬양하고 그분을 예배하는 것이었다. 주님의 종들은 예수 그리스도의 얼굴에 투영된 하나님의 영광의 빛에 자신의 마음과 영혼을 담근다. 그런 후, 그 장엄한 영광을 다른 사람들에게 비추어 그들로 구원받고 하나님을 예배할 수 있게 한다. 다니엘 12:3은 이렇게 말한다. "지혜 있는 자는 궁창의 빛과 같이 빛날 것이요 많은 사람을 옳은 데로 돌아오게 한 자는 별과 같이 영원토록 빛나리라."

놀라운 하나님의 계획은 평범한 질항아리들에 영광스러운 복음이라는 더없이 값진 보배를 담아 도움이 필요한 죄인들에게 전하는 것이다. 이들이 겸손하고 신실하게 하나님을 섬길 때, 하나님의 능력이 이들을 통해 다른 사람들에게 흘러간다. 최종 결과는 점점 더 많은 사람이 하나님을 예배하고 하나님께 영광을 돌리며 이렇게 외치는 것이다. "보좌에 앉으신 이와 어린 양에게 찬송과 존귀와 영광과 권능을 세세토록 돌릴지어다"(계 5:13).

11

인내하는 비결

(4:16-18)

---

¹⁶그러므로 우리가 낙심하지 아니하노니, 우리의 겉사람은 낡아지나 우리의 속 사람은 날로 새로워지도다. ¹⁷우리가 잠시 받는 환난의 경한 것이 지극히 크고 영원한 영광의 중한 것을 우리에게 이루게 함이니, ¹⁸우리가 주목하는 것은 보이는 것이 아니요 보이지 않는 것이니, 보이는 것은 잠깐이요 보이지 않는 것은 영원함이라. (4:16-18)

타락한 이 세상에서, 그리스도인에게 삶이란 기쁨과 슬픔, 축복과 고난, 환희와 비극이 뒤섞인 것이다. 모든 사람은 만족스러운 관계와 유쾌한 시간과 가슴 벅찬 경험을 약화하는 현실을 마주한다. "사람은 고생을 위하여 났으니 불꽃이 위로 날아가는 것 같으니라"(욥 5:7). 사람이 흔히 겪는 어려움이 그리스도인이라도 피해가지는 않는다. 예수님은 "세상에서는 너희가 환난을 당하"리라고 경고하셨다(요 16:33). 바울과 바나바는 새내기 신자들에게 이렇게 가르쳤다. "우리가 하나님의 나라에 들어가려면 많은 환난을 겪어야 할 것이라"(행 14:22). 바울은 디모데에게 일깨웠다. "무릇 그리스도 예수 안에서 경건하게 살고자 하는 자는 박해를 받으리라"(딤후 3:12). 야고보는 이렇게 썼다. "내 형제들아, 너희가 여러 가지 시험을 당하거든 온전히 기쁘게 여기라"(약 1:2). 사노라면 실망, 불만, 고통, 슬픔, 온갖 재난, 예상치 못한 상황, 박해 등을 만난다.

인내하는 법을 잘 배우는 사람들은 살면서 겪는 다양한 어려움에 잘 대처한다. 이 단락은 바울처럼 삶을 마주하는 법을, "사방으로 욱여쌈을 당하여도 싸이지 아니하며, 답답한 일을 당하여도 낙심하지 아니하며, 박해를 받아도 버린 바 되지 아니하며, 거꾸러뜨림을 당하여도 망하지 아니하고" 사는 법을 보여준다(고후 4:8-9). 인내의 힘을 배우는 사람들은 매 순간 죽음의 문턱에 서 있으나 생명의 최고점에 서 있다는 역설을 경험할 것이다. 바울은 이 역설을 이렇게 표현했다. "항상 예수의 죽음을 몸에 짊어짐은 예수의 생명이 또한 우리 몸에 나타나게 하려 함이라. 우리 살아 있는 자가 항상 예수를 위하여 죽음에 넘겨짐은 예수의 생명이 또한 우리 죽을 육체에 나타나게 하려 함이라"(4:10-11). 이런 사람들은 다윗과 함께 기뻐 외칠 수 있을 것이다. "여호와께서 사람의 걸음을 정하시고 그의 길을 기뻐하시나니, 그는 넘어지나 아주 엎드러지지 아니함은 여호와께서 그의 손으로 붙드심이로다"(시 37:23-24). 이들은 "모든 박해와 환난 중에서 너희[이들의] 인내와 믿음으로" 주목받을 것이다(살후 1:4). 이들은 "그리스도 예수 안에 있는 은혜 가운데서 강하"게 되고(딤후 2:1), "그리스도 예수의 좋은 병사로…고난을 받을" 수 있을 것이다(딤후 2:3; 참조. 4:5).

사도 바울은 삶에서 마주하는 가장 위협적인 어려움을 인내하는 법을 알았다. 바울은 혹독한 고난을 받았고, 그래서 성경은 그를 인내를 배우기에 가장 좋은 본보기로 제시한다. 바울보다 지속적이고 극심한 적대감에 시달린 사람을 떠올리기 어렵다. 그러므로 바울의 대응은 우리가 박해받을 때 갈 수 있는 곳까지, 우리 대부분이 가려고 하는 곳을 훨씬 넘어서는 곳까지 우리를 데려다 줄 수 있다.

회심할 때부터, 바울은 반대와 박해에 직면했다. 바울은 다메섹 가는 길에 극적으로 변화되었고(행 9:1-19), 그 후 "즉시로 각 회당에서 예수가 하나님의 아들이심을 전파"했다(행 9:20). 그리고 그는 "힘을 더 얻어 예수를 그리스도라 증언하여 다메섹에 사는 유대인들을 당혹하게" 했다(행 9:22). 그 결과는 이러했다. "여러 날이 지나매 유대인들이 사울 죽이기를 공모하더니, 그 계교가 사울에게 알려지니라. 그들이 그를 죽이려고 밤낮으로 성문까지 지키거늘, 그의 제자들이 밤에 사울을 광주리에 담아 성벽에서 달아내리니라"(9:23-25). 비시디아 안디옥에서, "유대인들이 그 무리를 보고 시기가 가득하여 바울이 말한 것을 반박하고 비방"했다(13:45). 뒤이어 이들은 "경건한 귀부인들과 그 시내 유력자들을 선동하여 바울과 바나바를 박해하게 하여 그 지역에서 쫓아"냈다(13:50). 이고니온에서, "순종하지 아니하는 유대인들이 이방인들의 마음을 선동하여 형제들에게 악감을 품게" 했다(14:2). 그 결과는 이러했다. "그 시내의 무리가 나뉘어 유대인을 따르는 자도 있고 두 사도를 따르는 자도 있는지라. 이방인과 유대인과 그 관리들이 두 사도를 모욕하며 돌로 치려고 달려드니, 그들이 알고 도망하여 루가오니아의 두 성 루스드라와 더베와 그 근방으로 가서"(14:4-6). 루스드라에서, "유대인들이 안디옥과 이고니온에서 와서 무리를 충동하니, 그들이 돌로 바울을 쳐서 죽은 줄로 알고 시외로 끌어 내치니라. 제자들이 둘러섰을 때에 바울이 일어나 그 성에 들어갔다"(14:19-20). 빌립보에서, 바울은 매를 맞고 감옥에 갇혔다(16:16-24). 데살로니가에서, 바울이 복음을 전하자 유대인들이 격분해 소요를 일으켰기에 바울은 그곳을 떠나 베뢰아로 가야 했다(17:5-10). 그러나 "데살로니가에 있는 유대인들은 바울이 하나님의 말씀을 베뢰아에서도 전하는 줄을 알고 거기도 가서 무리를 움직여 소동하게" 했다(17:13). 고린도에서, "바울이 하나님의 말씀에 붙잡혀 유대인들에게 예수는 그리스도라 밝히 증언하니 그들이 대적하여 비방하거늘 바울이 옷을 털면서 이르되 너희 피가 너희 머리로 돌아갈 것이요 나는 깨끗하니라 이 후에는 이방인에게로 가리라" 했다(18:5-6). 나중에, 격분한 유대인들이 바울을 로마 총독 갈리오 앞에 세웠고, 총독은 바울에 대한 이들의 고발을 즉석에서 기각했다(18:12-16). 에베소에서, 바울은 두려움 없이 복음을 전했고, 이 때문에 아데미 여신상을 만들어 돈을 버는 장인들과 충돌하게 되었다. 바울이 전하는 그리스도로 회심하는 사람들이 점점 늘면서 장인들은 생업이 위협을 받았고, 그래서 열렬한 아데미 숭배자들을 부추겨 소요를 일으켰다(19:23 이하). 팔레스타인으로 돌아가는 길에, 바울은 여행 계획을 수정할 수밖에 없었다. 유대인들이 그를 죽이려 모의했기 때문이다(20:3). 예루살렘에서, 바울이 성전에 있을 때 소아시아에서 온 유대인들이 그를 알아보았다. 이들은 바울에게 거짓 혐의를 씌워 군중을 선동했으며, 로마군이 달려와 막지 않았다면 바울은 성난 폭도에게 맞아 죽었을 것이다(21:27-32). 바울이 로마군의 보호를 받을 동안에도 유대인들은 여전히 바울을 죽이려 했다. 이들 중 40여 명이 바울을 죽일 계획을 세웠으며, 이 계획은 바울의 조카가 미리 알고 로마군 사령관에게 알린 후에야 좌절되었다(23:12-22). 2년간 로마 당국에 구류된 후, 바울은 로마 시민권을 행사해 가이사에게 상소했다. 그래서 배를 타고 로마로 가다가 2주 동안 폭풍에 휩싸였으며 결국 배가 파선했다(행 27장). 로마에서 1차 투옥에서 풀려났으나 결국 다시 체포되었다. 이렇게 마지막으로 투옥되었을 때 친구들에게 버림받았다. 그는 안타까운 마음으로 디모데에게 이렇게 썼다. "아시아에 있는 모든 사람이 나를 버린 이 일을 네가 아나니, 그 중에는 부겔로와 허모게네도 있느니라…내가 처음 변명할 때에 나와 함께 한 자가 하나도 없고 다 나를 버렸으나 그들에게 허물을 돌리지 않기를 원하노라"(딤후 1:15; 4:16).

그러나 이렇게 가차 없는 숱한 어려움에도 불구하고, 바울은 의기양양하게 견뎠고 삶이 끝날 무렵 이렇게 선언했다. "나는 선한 싸움을 싸우고 나의 달려갈 길을 마치고 믿음을 지켰으니, 이제 후로는 나를 위하여 의의 면류관이 예비되었으므로 주 곧 의로우신 재판장이 그 날에 내게 주실 것이며, 내게만 아니라 주의 나타나심을 사모하는 모든 자에게도니라"(딤후 4:7-8). 바울은 끝까지 견디며 경주를 마쳤다. 바울은 전투 중에 절대로 탈영하지 않았다. 바울은 마지막 호흡이 다하는 순간까지 충성했다. 그의 주님도 이렇게 하셨으며, 그래서 바울은 자신의 경험을 기록으로 남겼다.

누가 우리를 그리스도의 사랑에서 끊으리요? 환난이나 곤고나 박해나 기근이나 적신이나 위험이나 칼이랴? 기록된 바 우리가 종일 주를 위하여 죽임을 당하게 되며 도살당할 양 같이 여김을 받았나이다 함과 같으니라. 그러나 이 모든 일에 우리를 사랑하시는 이로 말미암아 우리가 넉넉히 이기느니라. 내가 확신하노니, 사망이나 생명이나 천사들이나 권세자들이나 현재 일이나 장래 일이나 능력이나 높음이나 깊음이나 다른 어떤 피조물이라도 우리를 우리 주 그리스도 예수 안에 있는 하나님의 사랑에서 끊을 수 없으리라. (롬 8:35-39)

모든 그리스도인은 바울을 본보기 삼아 외로움과 실망과 고통과 박해를 견디는 법을 배울 수 있다. 자신의 고난을 비롯해 삶을 보는 바울의 시각이 완전히 바뀐 것은 예수 그리스도의 얼굴에 계시된 하나님의 영광을 보았기 때문이었다(이 책 9장에서 3:18-4:6에 관한 논의를 보라). 이 영광을 본 것이 승리하는 삶의 기초였다. 그리스도와 새 언약 안에서 모든 놀라운 것이 그의 것이었으므로, 바울은 **낙심하지 아니**할 수 있었다. 아무리 많은 어려움이 닥쳐도, 바울은 자신의 소명이나 특권이나 의무를 소홀히 여길 수 없었다. 예수 그리스도 안에 계시된 하나님의 영광과 자신의 삶에 나타난 하나님의 강력한 보살핌을 바탕으로, 바울은 16-18절에서 땅에서 인내하는 하늘의 이유 셋을 제시한다. 다시 말해, 그가 **낙심하지 아니**할 수 있게 해준 세 가지 원리를 제시한다. 그는 신자들에게 영적 힘을 육체적 힘보다 가치 있게 여기고, 미래를 현재보다 가치 있게 여기며, 영원한 것을 일시적인 것보다 가치 있게 여기라고 권했다.

영적 힘을 육체적 힘보다 가치 있게 여겨라

그러므로 우리가 낙심하지 아니하노니, 우리의 겉사람은 낡아지나 우리의 속사람은 날로 새로워지도다. (4:16)

낡아**지나(but though)**는 낡아지더라도(even if), 낡아질 때라도(even when), 낡아지기 때문에(since)로 번역될 수 있다. 이것은 사실로 상정되는 조건을 제시하며, 바울이 고난을 견디고 **낙심하지 아니**했던 첫째 이유를 확고히 한다. 바울이 육체적 영역에서 무엇이라도 견딜 수 있었던 것은 영적 영역에 훨씬 더 관심이 많았기 때문이다. **겉사람(outer man)**은 "질그릇"(4:7) 같고 "죽을 육체"(mortal flesh, 4:11) 같으며, 육신, 곧 사람의 썩을 부분을 가리킨다. 날 때부터 죽을 때까지, 이 몸은 계속해서 **낡아지며(decaying)**, 솔로몬은 전도서 12:1-7에서 이 과정을 생생하게 묘사한다.

너는 청년의 때에 너의 창조주를 기억하라. 곧 곤고한 날이 이르기 전에, 나는 아무 낙이 없다고 할 해들이 가깝기 전에, 해와 빛과 달과 별들이 어둡기 전에, 비 뒤에 구름이 다시 일어나기 전에 그리하라. 그런 날에는 집을 지키는 자들이 떨 것이며, 힘 있는 자들이 구부러질 것이며, 맷돌질 하는 자들이 적으므로 그칠 것 이며, 창들로 내다보는 자가 어두워질 것이며, 길거리 문들이 닫혀질 것이며, 맷 돌 소리가 적어질 것이며, 새의 소리로 말미암아 일어날 것이며, 음악하는 여자들 은 다 쇠하여질 것이며, 또한 그런 자들은 높은 곳을 두려워할 것이며, 길에서는 놀랄 것이며, 살구나무가 꽃이 필 것이며, 메뚜기도 짐이 될 것이며, 정욕이 그치 리니, 이는 사람이 자기의 영원한 집으로 돌아가고 조문객들이 거리로 왕래하게 됨이니라. 은 줄이 풀리고 금 그릇이 깨지고 항아리가 샘 곁에서 깨지고 바퀴가 우물 위에서 깨지고 흙은 여전히 땅으로 돌아가고 영은 그것을 주신 하나님께로 돌아가기 전에[죽음, 곧 노화 과정의 궁극적 끝이 이르기 전에] 기억하라.

그러나 바울의 **겉사람**이 **낡아지고** 있었던 것은 단지 정상적 노화 과정 때문 이 아니라 그가 살았던 비정상적으로 고된 삶 때문이기도 했다. 바울은 그리 스도의 일을 하느라 때 이르게 늙었고 지칠 대로 지쳤다. 또한, 바울에게 타격 을 준 것은 굶주림과 자지 못함과 질병만이 아니었다. 바울이 갈라디아 신자 들에게 "내가 내 몸에 예수의 흔적을 지니고 있노라"고 쓴 데는 이유가 없지 않았다(갈 6:17). 그의 몸은 매를 맞고(행 16:22; 21:30-32), 채찍질 당하며(고후 11:24), 심지어 돌에 맞고(행 14:19; 고후 11:25), 감옥에 갇혀 생긴 흉터투성이였 다(행 16:24).

그러나 바울의 **겉사람**이 죽어감과 그의 **속사람**이 성장하고 성숙함은 직접 관련이 있었다. **속사람**은 마음, 곧 영원히 사는 영혼이다. 이것은 구원받아 다 시 태어나고 새롭게 창조되며(고후 5:17) 새 사람이 되며(엡 4:24; 골 3:10) 거룩 하게 하는 은혜로 쉼 없이 **새로워지**는 것이다. 바울은 하나님이 "그의 영광의 풍성함을 따라" 에베소 신자들을 이렇게 계속 새롭게 하시길 기도했으며, 이 렇게 거룩하고 새롭게 하시는 일을 "그의 성령으로 말미암아 너희 속사람을 능력으로 강건하게 하시"는 것으로 정의했다(엡 3:16). 이런 일이 일어날 때, 에베소 3:17-19의 진리가 실현된다.

믿음으로 말미암아 그리스도께서 너희 마음에 계시게 하시옵고 너희가 사랑 가운데서 뿌리가 박히고 터가 굳어져서 능히 모든 성도와 함께 지식에 넘치는 그리스도의 사랑을 알고 그 너비와 길이와 높이와 깊이가 어떠함을 깨달아 하나님의 모든 충만하신 것으로 너희에게 충만하게 하시기를 구하노라.

역설로 보이는 진리가 있다. 신자들이 육체적으로 약하고 자신의 자원이 고갈될 때 영적으로 강해질 수 있는 상황을 맞는다는 것이다. 바울은 이렇게 썼다. "그러므로 내가 그리스도를 위하여 약한 것들과 능욕과 궁핍과 박해와 곤고를 기뻐하노니, 이는 내가 약한 그때에 강함이라"(고후 12:10). 이사야도 동일한 진리를 되울렸다.

너는 알지 못하였느냐? 듣지 못하였느냐? 영원하신 하나님 여호와, 땅 끝까지 창조하신 이는 피곤하지 않으시며, 곤비하지 않으시며, 명철이 한이 없으시며, 피곤한 자에게는 능력을 주시며, 무능한 자에게는 힘을 더하시나니, 소년이라도 피곤하며 곤비하며 장정이라도 넘어지며 쓰러지되 오직 여호와를 앙망하는 자는 새 힘을 얻으리니, 독수리가 날개 치며 올라감 같을 것이요 달음박질하여도 곤비하지 아니하겠고 걸어가도 피곤하지 아니하리로다. (사 40:28-31)

살면서 겪는 시련과 환난과 어려움은 신자들로 겸손하게 하고 기도하게 하며 소망을 품고 하나님을 의지하게 하며, 따라서 내적인 힘을 길러준다. 바울은 고난당하면서 하나님의 능력을 경험했기에 이렇게 말할 수 있었다. "내게 능력 주시는 자 안에서 내가 모든 것을 할 수 있느니라"(빌 4:13). 바울은 삶이 끝날 무렵, 인간의 위로와 응원이 사라졌을 때 "주께서 내 곁에 서서 나에게 힘을 주셨다"고 했다(딤후 4:17). 베드로는 이렇게 덧붙였다. "모든 은혜의 하나님 곧 그리스도 안에서 너희를 부르사 자기의 영원한 영광에 들어가게 하신 이가 잠깐 고난을 당한 너희를 친히 온전하게 하시며 굳건하게 하시며 강하게 하시며 터를 견고하게 하시리라"(벧전 5:10). 고난은 영적 성장을 촉진한다.

낡아지는 **겉사람**은 썩겠지만 모든 신자는 어느 날 새롭고 썩지 않는 몸을 받을 것이다(고후 5:1 - 5; 롬 8:22 - 23; 고전 15:42 - 44, 49). 신자들이 이것을 알면 **속사람**을 **겉사람**보다 가치 있게 여기며, 여기서 영적 인내가 나온다.

미래를 현재보다 가치 있게 여겨라

우리가 잠시 받는 환난의 경한 것이 지극히 크고 영원한 영광의 중한 것을 우리

에게 이루게 함이니, (4:17)

바울은 육체적 고난 때문에 영적으로 강해졌을 뿐 아니라 영적 상급도 풍성해졌다. 바울은 자신의 대적을 능가했고 자신에게 닥친 환난보다 뛰어났다. 대적과 환난은 바울에게 해를 끼치기는커녕 도리어 그에게 더 큰 하늘 상급을 안겨주었다.

바울처럼, 고난받고 박해당하는 신자들은 하늘의 눈으로 땅을 보아야 한다. 신자들이 천국에서 받을 영원한 상에 비하면, 땅에서 겪는 고통은 미미하다. 바울은 고난을 **잠시 받는 환난의 경한 것**(momentary, light affliction)[28]이라 표현함으로써 고난을 보는 바른 시각을 드러냈다. 바울이 겪은 **환난**은 지속적이고 극심했다. 그러나 바울은 환난을 영원의 관점에서 **잠시 받는…경한 것**(견디기 쉬운 것; 대수롭지 않은 것)으로 보았다. 그는 자신의 생명이 "잠깐 보이다가 없어지는 안개"이며(약 4:14), 이 생명이 다하면 "사람이 자기의 영원한 집으로 돌아간다"는 것을 알았다(전 12:5). 그래서 로마 신자들에게 이렇게 썼다. "우리가 그[그리스도]와 함께 영광을 받기 위하여 고난도 함께 받아야 할 것이니라. 생각하건대 현재의 고난은 장차 우리에게 나타날 영광과 비교할 수 없도다"(롬 8:17-18). 베드로도 고난과 영원한 영광의 관계에 관해 썼다. 그는 베드로전서 1:3-5에서 신자들이 천국에서 받을 유업을 말한 후 이렇게 썼다.

그러므로 너희가 이제 여러 가지 시험으로 말미암아 잠깐 근심하게 되지 않을

---

28 새번역: 일시적인 가벼운 고난

수 없으나 오히려 크게 기뻐하는도다. 너희 믿음의 확실함은 불로 연단하여도 없어질 금보다 더 귀하여 예수 그리스도께서 나타나실 때에 칭찬과 영광과 존귀를 얻게 할 것이니라. (6-7절)

살면서 만나는 시련과 환난과 어려움은 **지극히 크고 영원한 영광의 중한 것을 우리에게 이루어** 주며, 따라서 긍정적 영향을 끼친다. 이생의 고난은 그 **영광의 중한 것**(무게), 곧 천국에서 받을 영원한 상에 비하면 가볍기 이를 데 없다. 이생에서 겪는 고난과 내세에서 누릴 **영광**(하나님을 찬양하고 영화롭게 하는 능력)은 직접적으로 연결된다. 예수님이 받으신 가장 큰 영광은 가장 큰 고난을 견디셨기에 받으신 영광이었다. "사람의 모양으로 나타나사 자기를 낮추시고 죽기까지 복종하셨으니, 곧 십자가에 죽으심이라. 이러므로 하나님이 그를 지극히 높여 모든 이름 위에 뛰어난 이름을 주사"(빌 2:8-9). 예수님은 마태복음 20:20-23에 기록된 한 사건에서 이 원리를 확인해주셨다.

그때에 세베대의 아들의 어머니가 그 아들들을 데리고 예수께 와서 절하며 무엇을 구하니, 예수께서 이르시되 무엇을 원하느냐? 이르되 나의 이 두 아들을 주의 나라에서 하나는 주의 우편에, 하나는 주의 좌편에 앉게 명하소서. 예수께서 대답하여 이르시되, 너희는 너희가 구하는 것을 알지 못하는도다. 내가 마시려는 잔을 너희가 마실 수 있느냐? 그들이 말하되 할 수 있나이다. 이르시되, 너희가 과연 내 잔을 마시려니와 내 좌우편에 앉는 것은 내가 주는 것이 아니라 내 아버지께서 누구를 위하여 예비하셨든지 그들이 얻을 것이니라.

이들은 자신들을 하나님 나라에서 높은 자리에 앉혀달라고 청했다. 예수님은 이러한 요청에 답해 그 자리는 고난의 잔을 마시는 자들을 위한 것이라고 하셨다. 자신이 십자가에서 죽을 것을 가리켜 말씀하신 것이었다(마 26:39). 그러므로 이생에서 더 고난받는 사람들이 하나님 나라에서 더 큰 영광을 받을 것이다. 베드로는 이렇게 썼다. "너희가 그리스도의 고난에 참여하는 것으로 즐거워하라. 이는 그의 영광을 나타내실 때에 너희로 즐거워하고 기뻐하게

하려 함이라"(벧전 4:13).[29]

사실, 신자들이 경험할 **영원한 영광의 중한 것**(eternal weight of glory)[30]은 이생의 고난보다 훨씬 크다. 그래서 바울은 이것이 **지극히**[31] **크다**(beyond all comparison)고 했다. 이렇게 번역된 헬라어 본문 '후페르볼레'(*huperbolē*, 여기서 과장법을 뜻하는 'hyperbole'이란 영어단어가 파생했다) '에이스 후페르볼레'(*eis huperbolē*)는 같은 단어를 중복해 가장 강한 강조를 표현한다. 이 표현은 "전혀 비교가 안 된다"(out of all proportion)는 뜻이다. 신자들을 기다리는 **영광의 중한 것**은 모든 한계를 초월한다. 과언이나 과장의 가능성을 초월한다. 바울은 고린도후서 1:8에서도 '후페르볼레'라는 단어를 사용해 자신이 극심한 고난을 받았다는 것을 표현했다. 그는 땅에서 그 누구와도 비교할 수 없이 많은 고난을 받았으나 천국에서 지극히 크고 비교할 수 없는 영광을 받을 터였다. (히브리어에서 "영광"이란 단어와 "무겁다"는 단어는 어근이 같으며, 이것이 바울이 여기서 단어를 선택하는 데 영향을 미쳤을 것이다.)

여기서 짚고 넘어가야 할 게 있다. 유일하게 **영원한 영광의 중한 것**을 낳는 고난은 그리스도를 위한 고난, 곧 그분을 높이는 고난이라는 것이다. 신자들이 신실하고 충실하며 헌신적으로 예수 그리스도를 증언하다가 고난을 받든 아니면 질병이나 이혼이나 가난이나 외로움처럼 살면서 일반적인 시련을 겪든 간에, 겸손하게 감사하며 하나님을 높이는 자세로 견디면 **영원한 영광의 중한 것**에 무게를 더할 것이다. 반대로, 죄를 지어 고난을 받는다면 하늘에서 받을 복에 전혀 도움이 되지 않을뿐더러 이미 확보한 상도 얼마간 잃을 수 있다(요이 8). 베드로는 이렇게 썼다. "죄가 있어 매를 맞고 참으면 무슨 칭찬이 있으리요? 그러나 선을 행함으로 고난을 받고 참으면 이는 하나님 앞에 아름다

---

29 NASB: To the degree that you share the sufferings of Christ, keep on rejoicing, so that also at the revelation of His glory you may rejoice with exultation(여러분이 그리스도의 고난에 참여하는 그 만큼 기뻐하십시오. 그러면 그분의 영광이 나타날 때 여러분이 기뻐 어쩔 줄 모를 것입니다).

30 새번역: 영원하고 크나큰 영광

31 새번역: 비교할 수 없을 정도로

우니라"(벧전 2:20). 그리고 또한 이렇게 썼다.

> 너희가 그리스도의 이름으로 치욕을 당하면 복있는 자로다. 영광의 영 곧 하나
> 님의 영이 너희 위에 계심이라. 너희 중에 누구든지 살인이나 도둑질이나 악행
> 이나 남의 일을 간섭하는 자로 고난을 받지 말려니와 만일 그리스도인으로 고난
> 을 받으면 부끄러워하지 말고 도리어 그 이름으로 하나님께 영광을 돌리라. (벧전
> 4:14-16)

바울은 지금 흘리는 눈물 사이로 천국에서 자신을 기다리는 미래의 영광을
보았다.

영원한 것을 일시적인 것보다 가치 있게 여겨라

우리가 주목하는 것은 보이는 것이 아니요 보이지 않는 것이니, 보이는 것은 잠
깐이요 보이지 않는 것은 영원함이라. (4:18)

바울은 "이 세상의 외형은 지나"간다는 것을 알았고(고전 7:31; 참조. 요일 2:17),
그래서 영원에 초점을 맞추었다. 그는 4:14에서 고린도 신자들에게 "주 예수
를 다시 살리신 이가 예수와 함께 우리도 다시 살리사 너희와 함께 그 앞에 서
게 하실" 것을 일깨우면서 하늘의 시각을 갖는 게 중요하다고 힘주어 말했다.
그는 고린도전서 2:9에서 이렇게 썼다. "하나님이 자기를 사랑하는 자들을 위
하여 예비하신 모든 것은 눈으로 보지 못하고 귀로 듣지 못하고 사람의 마음으
로 생각하지도 못하였다." 그리고 빌립보 신자들에게 다음과 같은 진실에 집중
하라고 했다. "우리의 시민권은 하늘에 있는지라. 거기로부터 구원하는 자 곧
주 예수 그리스도를 기다리노니, 그는 만물을 자기에게 복종하게 하실 수 있는
자의 역사로 우리의 낮은 몸을 자기 영광의 몸의 형체와 같이 변하게 하시리
라"(빌 3:20-21). 또한 골로새 신자들에게 "위의 것을 생각하고 땅의 것을 생각
하지 말라"고 했다(골 3:2).

그러나 영원한 하늘의 것들에 저절로 초점이 맞춰지는 게 아니다. 신자들이 노력해야 한다. 바울은 오로지 **우리가 주목할 때(while we look)** 이렇게 된다고 썼다. 인내는 신자들이 올바른 방향에 주목할 때에야 찾아온다. 이것은 **보이는 것이 아니요 보이지 않는 것**에 주목한다는 뜻이다. 바울은 이것을 이렇게 설명한다. **보이는 것은 잠깐이요 보이지 않는 것은 영원함이라.** '프로스카이로스'(*proskairos*, **temporal, 잠깐이요**)는 일시적인 것들, 지속하지 않는 것들, 어느 날 소멸할 것들, 시간에 속한 것들을 가리킨다. 간단히 말해, '프로스카이로스'는 영원하지 않은 모든 것, 물질세계의 모든 사상과 가치와 기준과 성취를 포함한다.

바울은 지나가는 세상 체계의 매력에 전혀 관심이 없었다. 그는 재산을 축적하거나 호화로운 부동산을 소유하거나 화려한 경력을 쌓는 데 전혀 관심이 없었다. 바울은 태도가 이러했기에, 세상 기준을 적용하면 처참한 실패자로 보였다. 어쨌든, 바울은 고등교육을 받은 헬라파 유대인이었고, 당시에 가장 탁월한 랍비 가말리엘의 제자였으며(행 22:3; 참조. 5:34) 심지어 공회원이었을 수도 있다(행 26:10). 그는 유대 사회 꼭대기에 올랐을 것이다(참조. 갈 1:14). 그러나 그의 대적들이 경멸적으로 말했듯이, 바울은 "나사렛 이단의 우두머리"가 되려고 이 모든 것을 기꺼이 포기했다(행 24:5). 바울은 이러한 세상의 평가에 조금도 개의치 않았다. "이 세상도, 그 정욕도 지나가되 오직 하나님의 뜻을 행하는 자는 영원히 거하느니라"는 것을 알기 때문이었다(요일 2:17).

신자들에게 **영원한** 것들에 초점을 맞추라고 했을 때, 바울은 삼위일체 하나님과 사람의 영혼을 염두에 두었다. (그 외에 영원한 존재는 거룩한 천사들과 타락한 천사들[귀신들]이지만, 바울은 여기서 이들을 염두에 두고 있지 않다.) 바울은 하나님께 집중했으며, 이는 그에게서 터져 나오는 하나님을 향한 많은 찬양에서 확인할 수 있다(예를 들면, 롬 11:33-36; 16:27; 갈 1:5; 엡 3:21; 빌 4:20; 딤전 1:17; 6:16; 딤후 4:18). 그는 그리스도께 흔들림 없이 충성했고, 그래서 "차라리 몸을 떠나 주와 함께 있는" 것을 더 원했다(고후 5:8; 참조. 빌 1:23). 바울의 인생 최대 목표는 예수 그리스도를 본받는 자가 되는 것이었다(고전 11:1). 그리고 바울은 성령의 인도에 복종하며 살았고(참조. 행 16:6-7), 성령의 능력으로 사역했으며(살전 1:5), 성령의 열매를 맺었다(참조. 갈 5:22-23).

바울은 사람들의 영혼을 향한 열정도 있었으며, 그 열정이 얼마나 강했던지 이렇게 외쳤다. "내가 그리스도 안에서 참말을 하고 거짓말을 아니하노라. 나에게 큰 근심이 있는 것과 마음에 그치지 않는 고통이 있는 것을 내 양심이 성령 안에서 나와 더불어 증언하노니, 나의 형제 곧 골육의 친척을 위하여 내 자신이 저주를 받아 그리스도에게서 끊어질지라도 원하는 바로라. 그들은 이스라엘 사람이라"(롬 9:1-4). 바울은 사람들의 영원한 영혼을 향한 열정이 있었고, 그래서 이렇게 할 수 있었다. "내가 택함 받은 자들을 위하여 모든 것을 참음은 그들도 그리스도 예수 안에 있는 구원을 영원한 영광과 함께 받게 하려 함이라"(딤후 2:10). 바울은 이 열정 때문에 마침내 목숨까지 내놓았다.

바울은 아무리 어렵고 고통스러운 시련이나 환경을 만나더라도 이것을 견디는 비결을 아는 사람이 어떠한지 보여주는 최고의 본보기였다. 바울처럼 속사람이 영적 힘을 기르고 현재에 매여 미래에 눈을 감지 않으며 일시적인 것이 아니라 영원한 것에 마음을 두는 사람들은 바울과 함께 당당하게 외칠 수 있을 것이다. "우리가 사방으로 욱여쌈을 당하여도 싸이지 아니하며, 답답한 일을 당하여도 낙심하지 아니하며, 박해를 받아도 버린 바 되지 아니하며, 거꾸러뜨림을 당하여도 망하지 아니하고"(고후 4:8-9).

12

당당하게 죽음과 마주하기

(5:1-8)

¹만일 땅에 있는 우리의 장막 집이 무너지면 하나님께서 지으신 집 곧 손으로 지은 것이 아니요 하늘에 있는 영원한 집이 우리에게 있는 줄 아느니라. ²참으로 우리가 여기 있어 탄식하며 하늘로부터 오는 우리 처소로 덧입기를 간절히 사모하노라. ³이렇게 입음은 우리가 벗은 자들로 발견되지 않으려 함이라. ⁴참으로 이 장막에 있는 우리가 짐진 것 같이 탄식하는 것은 벗고자 함이 아니요 오히려 덧입고자 함이니, 죽을 것이 생명에 삼킨 바 되게 하려 함이라. ⁵곧 이것을 우리에게 이루게 하시고 보증으로 성령을 우리에게 주신 이는 하나님이시니라. ⁶그러므로 우리가 항상 담대하여 몸으로 있을 때에는 주와 따로 있는 줄을 아노니, ⁷이는 우리가 믿음으로 행하고 보는 것으로 행하지 아니함이로라. ⁸우리가 담대하여 원하는 바는 차라리 몸을 떠나 주와 함께 있는 그것이라. (5:1-8)

이 편지에서 썼듯이, 바울은 날마다 죽음을 마주했다. 적대감이 그를 에워쌌고, 반감이 끊이지 않았으며, 극심한 반대와 박해라는 현실과 위협도 마찬가지였다. 믿지 않는 유대인들과 이방인들이 똑같이 그의 목숨을 노렸고, 그를 자신들의 종교를 위협하고(참조. 행 13:50; 18:13) 자신들의 경제적 번영을 위협하며 (참조. 행 19:23-27), 심지어 자신들의 정치적 안정을 위협하는 존재로 보았다(참조. 행 17:6). 바울은 자신이 죽을 날이 임박했음을 감지했으며, 이런 분위기는 이 서신에 거듭 나타난다.

형제들아, 우리가 아시아에서 당한 환난을 너희가 모르기를 원하지 아니하노니, 힘에 겹도록 심한 고난을 당하여 살 소망까지 끊어지고, 우리는 우리 자신이 사형 선고를 받은 줄 알았으니, 이는 우리로 자기를 의지하지 말고 오직 죽은 자를 다시 살리시는 하나님만 의지하게 하심이라. 그가 이같이 큰 사망에서 우리를 건지셨고 또 건지실 것이며 이 후에도 건지시기를 그에게 바라노라. (고후 1:8-10)

우리가 이 보배를 질그릇에 가졌으니, 이는 심히 큰 능력은 하나님께 있고 우리에게 있지 아니함을 알게 하려 함이라. 우리가 사방으로 욱여쌈을 당하여도 싸이지 아니하며, 답답한 일을 당하여도 낙심하지 아니하며, 박해를 받아도 버린 바되지 아니하며, 거꾸러뜨림을 당하여도 망하지 아니하고, 우리가 항상 예수의 죽음을 몸에 짊어짐은 예수의 생명이 또한 우리 몸에 나타나게 하려 함이라. 우리 살아 있는 자가 항상 예수를 위하여 죽음에 넘겨짐은 예수의 생명이 또한 우리 죽을 육체에 나타나게 하려 함이라. 그런즉 사망은 우리 안에서 역사하고 생명은 너희 안에서 역사하느니라.(4:7-12)

바울은 자신의 삶을 이렇게 기술했다. "죽은 자 같으나 보라 우리가 살아 있고 징계를 받는 자 같으나 죽임을 당하지 아니하고"(6:9) "여러 번 죽을 뻔하였으니"(11:23). 바울은 자신이 최전선에 배치된 군인처럼 늘 죽음의 문턱에서 있다는 현실을 어떻게 마주했는가?

바울은 두려움 없이 복음을 전했으며, 어떤 사람들은 그 강도를 조금 낮추길 기대했을 것이다. 바울이 이렇게 복음을 전했기에 그의 원수들을 격분시켰고 그의 생명이 위험에 처했기 때문이다. 그러나 적대감과 박해가 심할수록 바울은 더욱 담대해졌다. 그는 전혀 흔들리지 않고 용감하게 진리를 선포했다. 그는 확신을 갖고, 심지어 기쁨으로 죽음을 마주했으며, 당당하게 현실을 보았기에 이렇게 썼다. "우리가 담대하여 원하는 바는 차라리 몸을 떠나 주와 함께 있는 그것이라."(5:8). "이는 내게 사는 것이 그리스도니 죽는 것도 유익함이라…내가 그 둘 사이에 끼었으니 차라리 세상을 떠나서 그리스도와 함께 있는 것이 훨씬 더 좋은 일이라"(빌 1:21, 23). 그는 죽음이 두렵지 않았기에 박해나 고통이나 고난이 두렵지 않았다. 언제라도 항상 "담대할" 수 있었다(고후 5:6, 8).

이 단락은 바울이 4:16-18에서 계시한 진리에 기초한다. 바울은 환경이 아무리 어렵더라도 "낙심하지 아니"했으며, 그 이유는 이러했다. "우리의 겉사람은 낡아지나 우리의 속사람은 날로 새로워지도다. 우리가 잠시 받는 환난의 경한 것이 지극히 크고 영원한 영광의 중한 것을 우리에게 이루게 함이니, 우리가 주목하는 것은 보이는 것이 아니요 보이지 않는 것이니, 보이는 것은 잠깐이요 보이지 않는 것은 영원함이라"(4:16-18). 그는 오는 세상에서 받을 훨씬 큰 상을 위해 이 세상에서 기쁘게 고난을 받았다.

누구에게나 죽음은 동정심이라고는 눈곱만큼도 없는 집주인처럼 퇴거 통지서를 흔들며 찾아온다. 그러나 이렇게 퇴거할 때, 신자들은 비참한 세상 동네에서 벗어나 무한하고 웅장하며 영광스런 하늘 동네로 거처를 옮길 뿐이다. 따라서 신자들에게, 이생의 슬픔과 실망과 고난이 죽음보다 못하다. 죽음을 통해, 신자들은 지금 살고 있는 너절한 빈민가를 벗어나 천성에 자리한 영원한 아버지 집에 들어간다.

이것을 알기에, 그리스도인들은 죽음을 두려워하지 말아야 한다. "세상을 떠나서 그리스도와 함께 있는 것이 훨씬 더 좋은 일"이므로, 그리스도인들은 이렇게 되길 갈망해야 한다(빌 1:23). 물론, 이것은 그리스도인들이 어리석게도 이 땅의 삶에 소홀하거나 신경 쓰지 말아야 한다는 뜻이 아니다. 그리스도인들의 몸은 하나님의 것이다(고전 6:19-20). 그러나 육체적 안녕에 집착하거나 죽음을 병적으로 두려워하는 것은 그리스도인의 시각에 어긋난다. 재소자들이 자유를 갈망하듯, 아픈 사람이 건강을 갈망하듯, 배고픈 사람이 먹을 것을 갈망하듯, 목마른 사람이 마실 것을 갈망하듯, 가난한 사람이 월급날을 갈망하듯, 군인이 평화를 갈망하듯, 신자들은 그렇게 천국을 갈망해야 한다. 그리스도인들은 죽음 앞에서 소망을 품고 용기를 가져야 하며, 이것은 그리스도인들이 하나님을 향한 믿음을 드러내고 자신의 천국 소망이 진짜임을 증명하며 하나님의 약속을 더욱 확신하는 마지막 기회다.

바울은 이 단락에서 확신을 갖고 죽음을 마주하는 네 가지 동기를 제시한다. 다음 몸(next body)은 최고이며, 다음 삶(next life)은 완전하고, 다음 존재(next existence)는 하나님의 목적을 성취하며, 다음 거처(next dwelling)는 주님과 함께한다.

다음 몸은 최고다

만일 땅에 있는 우리의 장막 집이 무너지면 하나님께서 지으신 집 곧 손으로 지은 것이 아니요 하늘에 있는 영원한 집이 우리에게 있는 줄 아느니라. (5:1)

바울이 4:17에서 말한 "영원한 영광의 중한 것"(eternal weight of glory)[32]은 새 몸을 포함한다. 이 진리는 바울에게 큰 위로였다. 바울의 육체적 몸은 아담의 타락(the Fall), 자신의 죄, 역경, 질병, 고된 삶, 박해에 무자비하게 타격을 받았고, 그래서 그는 썩지 않고 불멸하는 부활의 몸을 갈망했다.

바울은 **아느니라(for we know)**라고 자신 있게 단언한다. 이것은 영화롭게 된 신자들의 몸이 아득한 가능성이나 막연한 바람이 아니라는 뜻이다. 신자들의 몸은 영화롭게 될 것이다. 이것은 철학적 사변이나 신비로운 환상이 아니라 고정된 실재, 곧 하나님의 약속에 기초한 확정된 사실이다(롬 8:13, 23; 고전 15:35-49; 빌 3:21).

바울은 무너질 "때"(when)라고 쓰지 않고 **만일** 무너**지면(if)**이라고 썼다. 그는 언제든 죽을 준비되어 있었으나 자신의 죽음을 피할 수 없는 것으로 보지 않았기 때문이다. 그는 예수 그리스도의 재림이 임박했다고 보았으며, 자신이 살아 있을 때 주님이 재림하실 수도 있다고 믿었다. 그가 휴거를 말하는 단락들에서 복수대명사 "우리"를 사용한 데서 보듯이, 이것이 그의 가장 깊은 바람이었다. 고린도전서 15:51에서, 바울은 이렇게 썼다. "보라 내가 너희에게 비밀을 말하노니, 우리가 다 잠 잘 것이 아니요 마지막 나팔에 순식간에 홀연히 다 변화되리니." 또한 데살로니가 신자들에게 이렇게 썼다.

---

32 새번역: 영원하고 크나큰 영광

우리가 주의 말씀으로 너희에게 이것을 말하노니, 주께서 강림하실 때까지 우리 살아남아 있는 자도 자는 자보다 결코 앞서지 못하리라. 주께서 호령과 천사장의 소리와 하나님의 나팔 소리로 친히 하늘로부터 강림하시리니, 그리스도 안에서 죽은 자들이 먼저 일어나고, 그 후에 우리 살아남은 자들도 그들과 함께 구름 속으로 끌어 올려 공중에서 주를 영접하게 하시리니, 그리하여 우리가 항상 주와 함께 있으리라. (살전 4:15-17)

우리가 휴거 때까지 살아 있지 못하다면, 바울은 "차라리 몸을 떠나 주와 함께 있는" 쪽을 더 원했다(고후 5:8). 그는 빌립보 신자들에게 동일한 진리를 표현했다. "내가…차라리 세상을 떠나서 그리스도와 함께 있는 것이 훨씬 더 좋은 일이라"(빌 1:23). 육신에 그대로 머무는 것은 그의 셋째 선택지일 뿐이었다.

만일 땅에 있는 우리의 장막 집이 무너지면은 죽음을 가리키는 은유적 표현이다(참조. 사 38:12). 바울 자신이 천막 제조자(tentmaker)였고(행 18:3), 그래서 **땅에 있는 장막**(**earthly tent**, 육체적 몸)이란 유비를 사용해 이 세상에서 영혼이 거하는 일시적인 **집**(temporary **house**)을 표현했다(참조. 벧후 1:13-14). 그리스도의 성육신을 말하면서, 사도 요한은 '스케노오'(*skēnoō*, 문자적으로 "장막에 살다")라는 동사를 사용해 영원하신 하나님이 세상에 오셔서 인간의 몸을 취하신 것을 표현했다(요 1:14). **장막(tent)**은 인간의 몸을 표현하기에 맞춤인 은유다. 인간의 몸은 영원한 영혼들의 일시적 집이며, 이들의 진짜 집은 하늘에 있고(빌 3:20), 따라서 이들은 이 세상에서 나그네요 임시 거주민이다(창 47:9; 대상 29:15; 시 119:19; 히 11:13; 벧전 1:1, 17; 2:11). 광야를 방황하던 이스라엘의 성막은 이들이 약속의 땅에 들어갔을 때 영구 건축물로 대체되었다. 마찬가지로, 신자들이 지금 거하는 임시 **장막**은 어느 날 하늘에서 영원하며 썩지 않을 몸으로 대체될 것이다(고전 15:42, 53-54).

죽음으로 **땅에 있는 장막**이 무너지면, 신자들은 **하나님께서 지으신 집(building from God) 곧 손으로 지은 것이 아니요 하늘에 있는 영원한 집**이 있다. **집(building**, 건물)은 고정되고 안전하며 영구적인 기초 위에 세워진 것을 암시한다. 이것이 **땅에 있는 장막**(그의 육체적 몸)을 대체하기 때문에, 바울이 말하는 **하나님께서 지으신 집**은 영화로운 그의 몸, "주 예수를 다시 살리신 이가 예수와 함께 우리도[그도] 다시 살리"신 후에 그가 받을 몸이 틀림없다(고후 4:14).

바울은 고린도후서를 쓰고 얼마 후에 로마서를 썼는데, 거기서 영화로운 부활의 몸을 갖길 바라는 동일한 갈망을 표현했다.

> 생각하건대 현재의 고난은 장차 우리에게 나타날 영광과 비교할 수 없도다. 피조 물이 고대하는 바는 하나님의 아들들이 나타나는 것이니, 피조물이 허무한 데 굴 복하는 것은 자기 뜻이 아니요 오직 굴복하게 하시는 이로 말미암음이라. 그 바 라는 것은 피조물도 썩어짐의 종노릇 한 데서 해방되어 하나님의 자녀들의 영광 의 자유에 이르는 것이니라. 피조물이 다 이제까지 함께 탄식하며 함께 고통을 겪고 있는 것을 우리가 아느니라. 그뿐 아니라 또한 우리 곧 성령의 처음 익은 열 매를 받은 우리까지도 속으로 탄식하여 양자 될 것 곧 우리 몸의 속량을 기다리 느니라. 우리가 소망으로 구원을 얻었으매 보이는 소망이 소망이 아니니, 보는 것을 누가 바라리요? (롬 8:18-24)

창조된 우주 전체가 아담의 타락(the Fall)으로 허무한 데 굴복하지만, 어느 날 "썩어짐의 종노릇 한 데서 해방"될 것이다(21절). 바울은 영광스럽고 오래 갈망하던 그 날 신자들이 "몸의 속량"을 경험하리라고 말한다(23절).

바울이 영화로운 몸을 갈망했던 주된 이유는 그 몸을 입으면 육체적 연약 함과 흠과 결함에서 해방되기 때문이 아니라 죄로부터 해방되기 때문이었다. 몸의 장막은 죄의 집이며, 그래서 바울은 이렇게 탄식했다. "나는 육신에 속하 여 죄 아래에 팔렸도다"(롬 7:14). "내 속에 거하는 죄니라"(롬 7:17, 20). "나에게 악이 함께 있는 것이로다"(롬 7:21). "오호라 나는 곤고한 사람이로다. 이 사망 의 몸에서 누가 나를 건져내랴?"(롬 7:24). 바울은 타락하고 죄악된 육신의 제 약에서 해방되어 절대적으로 정결한 상태에서 하나님을 섬기고 예배하며 찬 양하길 갈망했다. 이것이 부활한 몸의 가장 큰 특징이다.

더 나아가 바울은 영화로운 부활의 몸을 **손으로 지은 것이 아닌…집**(house

not made with hands)으로 묘사했다. 이것은 부모에게 물려받은 육체적 몸
이 아니다. 예수님이 재판을 받으실 때, 거짓 증인들은 그분이 요한복음 2:19
에서 하신 말씀을 지칭하며 이렇게 말했다. "우리가 그의 말을 들으니 손으로
지은 이 성전을 내가 헐고 손으로 짓지 아니한 다른 성전을 사흘 동안에 지으
리라 하더라"(막 14:58). 이들은 예수님의 말씀이 헤롯 성전을 가리킨다고 오해
했다. 그러나 사실 예수님은 "성전된 자기 육체를 가리켜 말씀하신 것"이었다
(요 2:21). 다시 말해, 자신의 부활체를 가리켜 말씀하신 것이었다. 바울은 동일
한 표현을 골로새서 2:11에서 사용했다. "또 그 안에서 너희가 손으로 하지 아
니한 할례를 받았으니, 곧 육의 몸을 벗는 것이요 그리스도의 할례니라." 그러
나 **손으로 지은 것이 아닌**이란 표현이 가장 결정적으로 사용된 곳은 히브리서
9:11이다. "그리스도께서는 장래 좋은 일의 대제사장으로 오사 손으로 짓지
아니한 것 곧 이 창조에 속하지 아니한 더 크고 온전한 장막으로 말미암아…"
이 구절에서 **손으로 지은 것이 아닌**이란 표현은 "이 창조에 속하지 아니한"이란
표현과 동일시된다. 그러므로 이것은 영적이고 초월적이며 영원한 것, 땅과
육체와 무관하고 일시적이지 않은 것을 가리킨다.

바울은 고린도전서 15:36-49에서 신자들의 부활체를 가장 자세하게 묘사
했다. 이 단락은 "죽은 자들이 어떻게 다시 살아나며 어떠한 몸으로 오느냐?"
라고(35절) 묻는 사람들에게 주는 그의 답변이었다. 바울은 이 질문에 네 가지
로 답했다.

첫째, 그는 36-38절에서 자연을 예로 들었다.

> 어리석은 자여, 네가 뿌리는 씨가 죽지 않으면 살아나지 못하겠고, 또 네가 뿌리
> 는 것은 장래의 형체를 뿌리는 것이 아니요 다만 밀이나 다른 것의 알맹이 뿐이
> 로되, 하나님이 그 뜻대로 그에게 형체를 주시되 각 종자에게 그 형체를 주시느
> 니라.

씨는 겉모양이 평범하고 단순하며 볼품없다. 그래서 씨의 죽음에서 꽃이나
나무나 식물의 멋들어진 영광을 추론하기란 불가능하다. 마찬가지로, 우리의

썩을 육체를 보면서 신자들의 불멸하는 부활체를 상상하기란 불가능하다.

둘째, 바울은 39-42a절에서 몇몇을 비교했다.

> 육체는 다 같은 육체가 아니니 하나는 사람의 육체요 하나는 짐승의 육체요 하나는 새의 육체요 하나는 물고기의 육체라. 하늘에 속한 형체도 있고 땅에 속한 형체도 있으나 하늘에 속한 것의 영광이 따로 있고 땅에 속한 것의 영광이 따로 있으니, 해의 영광이 다르고 달의 영광이 다르며 별의 영광도 다른데 별과 별의 영광이 다르도다. 죽은 자의 부활도 그와 같으니.

사람의 몸과 짐승의 몸과 새의 몸과 물고기의 몸, 즉 땅에 속한 몸이 각기 다르듯이, 부활의 몸도 육의 몸과 전혀 다를 것이다.

셋째, 바울은 42b-44절에서 몇몇을 대비(對比)했다.

> 썩을 것으로 심고 썩지 아니할 것으로 다시 살아나며, 욕된 것으로 심고 영광스러운 것으로 다시 살아나며, 약한 것으로 심고 강한 것으로 다시 살아나며, 육의 몸으로 심고 신령한 몸으로 다시 살아나나니, 육의 몸이 있은즉 또 영의 몸도 있느니라.

육의 몸은 썩으며 죄악되고 약하다. 반대로, 부활의 몸은 썩지 않고 죄로부터 자유하며 강력하다.

마지막으로, 바울은 45-49절에서 신자들이 입을 부활체의 원형을 제시했다.

> 기록된 바, 첫 사람 아담은 생령이 되었다 함과 같이 마지막 아담은 살려 주는 영이 되었나니, 그러나 먼저는 신령한 사람이 아니요 육의 사람이요 그 다음에 신령한 사람이니라. 첫 사람은 땅에서 났으니 흙에 속한 자이거니와 둘째 사람은 하늘에서 나셨느니라. 무릇 흙에 속한 자들은 저 흙에 속한 자와 같고 무릇 하늘에 속한 자들은 저 하늘에 속한 이와 같으니, 우리가 흙에 속한 자의 형상을 입은

것 같이 또한 하늘에 속한 이의 형상을 입으리라.

신자들은 아담의 몸과 같은 육의 몸을 입고 있듯이, 어느 날 그리스도의 몸과 같은 영화로운 몸을 입을 것이다. 바울은 빌립보 신자들에게 이렇게 썼다. "그러나 우리의 시민권은 하늘에 있는지라. 거기로부터 구원하는 자 곧 주 예수 그리스도를 기다리노니, 그는 만물을 자기에게 복종하게 하실 수 있는 자의 역사로 우리의 낮은 몸을 자기 영광의 몸의 형체와 같이 변하게 하시리라"(빌 3:20-21). 사도 요한은 이렇게 썼다. "사랑하는 자들아, 우리가 지금은 하나님의 자녀라 장래에 어떻게 될지는 아직 나타나지 아니하였으나 그가 나타나시면 우리가 그와 같을 줄을 아는 것은 그의 참모습 그대로 볼 것이기 때문이니"(요일 3:2).

다음 삶은 완전하다

²참으로 우리가 여기 있어 탄식하며 하늘로부터 오는 우리 처소로 덧입기를 간절히 사모하노라. ³이렇게 입음은 우리가 벗은 자들로 발견되지 않으려 함이라. ⁴참으로 이 장막에 있는 우리가 짐진 것 같이 탄식하는 것은 벗고자 함이 아니요 오히려 덧입고자 함이니, 죽을 것이 생명에 삼킨 바 되게 하려 함이라. (5:2-4)

바울은 **참으로(for indeed)**라는 표현을 두 차례 반복해 천국을 향한 갈망을 표현하고 자신이 어느 날 그 영광에 들어가리라는 확신을 표현했다. 그러나 그때까지, 모든 신자가 **여기 있어(in this house,** 이 집에서) **탄식하며, 하늘로부터 오는 우리 처소로 덧입기를 간절히 사모한다.** 주 예수를 사랑하는 자들은 다음 삶을, "이 썩을 것이 썩지 아니함을 입고 이 죽을 것이 죽지 아니함을 입을 때"를 갈망한다(고전 15:54). 바울은 현세의 삶이 주는 숱한 좌절과 실망과 한계와 약점에 지쳐 "하나님의 아들들이 나타나는 것"을 고대했다(롬 8:19). 바울은 **하늘로부터 오는 처소를 덧입기를 간절히 사모했다.** 바울이 혼합해 사용하는 은유는(마치 옷을 입듯이 집을 입는 것) 그의 부활체와 완전하고 영원한 삶을 가리키는

데, 이것이 쇠약해지고 죄 때문에 부패하는 이생의 삶을 대체하며 그를 타락한 인성(fallen humanness)에서 해방할 터였다.

이렇게(inasmuch as we, 3절)는 동일한 생각을 전달하며, 2절이 참이고 그가 새 몸을 입을 것이기 때문에 **벗은 자로 발견되지 않으리라**는 것을 의미한다. 따라서 **벗은 자**란 부활체가 없는 영혼을 가리킨다. 장차 영화로운 몸을 입으리라는 바울의 소망은 헬라 문화에 침투한 이원론 철학과 극명하게 대비된다. 이 철학은 물질은 악하고 영은 선하다고 가르쳤다. 그러므로 이 철학을 고수하는 자들의 최종 목적은 몸에서 해방되어 몸이 없는 영이 되는 것이었다. 윌리엄 바클레이(William Barclay)는 이렇게 썼다.

> 헬라와 로마 사상가들은 몸을 경멸했다. 이들은 "몸은 무덤이다"라고 했다. 플로티누스(Plotinus)는 자신에게 몸이 있는 게 수치스럽다고 했다. 에픽테투스(Epictetus)는 자신을 향해 "그대는 시체를 짊어진 불쌍한 영혼이로다"라고 했다. 세네카(Seneca)는 이렇게 썼다. "나는 내 몸의 노예가 될 만큼 하찮은 존재가 아니며 더 고상한 것들을 위해 태어났다. 내 몸은 나의 자유를 구속하는 족쇄일 뿐이다.…이토록 혐오스러운 거처에 자유로운 영혼이 거한다." 유대교 사상도 때로 이런 의식을 가졌다. "썩어 없어질 육신이 영혼을 무겁게 하고 흙으로 된 이 천막이 시름겨운 정신을 짓누릅니다"(지혜서 9:15).
>
> 바울은 다르다. 그는 소멸의 평화가 있다는 열반을 갈망하지 않는다. 그는 신에게 흡수되길 갈망하지 않는다. 그는 몸이 없는 영혼의 자유를 갈망하지 않는다. 그는 하나님이 그에게 새 몸을, 신령한 몸을 주실 날을 기다린다. 그는 그 몸을 입고, 천국에서도 여전히 하나님을 섬기며 찬양할 수 있을 것이다. (*The Letters to the Corinthians*, rev. ed. [Louisville: Westminster, 1975],[33] 204-5)

이원론 철학은 초기 교회에 큰 위협이었다. 바울은 디모데에게 후메내오

---

[33] 『로마서 · 고린도전후서: 바클레이 성경주석』, 기독교문사, 2009.

와 알렉산더에 관해 경고했다. 이들은 에베소의 거짓 선생으로, 부활이 이미 지나갔다고 가르쳤다. 이들은 신자들이 그리스도의 죽음 및 부활과 하나됨이 유일한 부활이라 주장하고 장차 있을 몸의 부활을 부정했을 것이다. 고린도 신자들은 이러한 이원론 철학에 크게 영향을 받았고, 그래서 바울은 고린도 전서를 쓰면서 한 장 전체에 걸쳐 몸의 부활을 변호해야 했다(고전 15장). 바울이 고린도전서에서 이 문제를 다룬 후에도 이원론 철학의 영향이 고린도 신자들 사이에 여전히 남아 있었던 게 분명하다.

이교도 헬라인들은 영혼이 몸에서 해방되어야 지복(至福) 상태에 들어갈 수 있다고 생각했을 것이다. 그러나 바울은 이렇게 생각하지 않았다. 그러므로 바울은 고린도 신자들에게 일깨웠다. 죽음으로 땅에 있는 자신의 장막이 무너질 때, 자신은 몸이 없는 **벗은** 영혼으로 영원히 존재하게 되지 않으리라는 것이었다. 그는 몸에서 벗어나길 갈망한 게 아니라 완전한 부활의 몸을 갈망했다. 바울은 이것을 너무나 뜨겁게 갈망했기에 휴거, 즉 살아 있는 신자들의 몸이 영화로운 몸으로 곧바로 변화되는 순간을 직접 경험하길 바랐다(고전 15:51-52). 그는 알았다. 자신이 휴거 전에 죽으면 그때까지 기다려야 영화로운 몸을 입을 터였다(살전 4:16). 하늘 성도들은 자신들의 부활체를 기다리고 있으며, 그래서 히브리서 저자는 이들을 가리켜 "온전하게 된 의인의 영들"이라고 했다(히 12:23).

바울은 **참으로**라는 어구를 반복해 자신의 요점을 강조하면서 하나의 진리를 거듭 제시했다. 신자들이 **이 장막에 있으면서 짐진 것 같이 탄식한다**는 것이다. 바울은 이 사실을 로마서 8:23에서도 제시했다. "우리 곧 성령의 처음 익은 열매를 받은 우리까지도 속으로 탄식하여 양자 될 것 곧 우리 몸의 속량을 기다리느니라." 신자들은 육신의 몸을 입고 있을 때 죄와 고통의 짐에 짓눌리며, 그래서 신령한 몸(spiritual bodies)을 갈망한다. 바울은 벗은 영혼을 거듭 경멸하면서, 자신은 몸에서 분리된 영혼처럼 벗는 게 아니라 영화로운 몸을 덧입기를 원한다는 것을 또다시 강조했다(**벗고자 함이 아니요 오히려 덧입고자 함이라**). 그러면 **죽을 것이** 충만하고 완전하며 영원한 **생명에 삼킨 바 되고** 신자들은 부활하신 주님처럼 될 것이다. 요한처럼, 이들이 "그가 나타나시면 우리가

[자신들이] 그와 같을 줄을 아는 것은 그의 참모습 그대로 볼 것이기 때문이다"(요일 3:2).

초기 교회 대 신학자 아우구스티누스는 바울의 핵심을 이렇게 요약했다.

> 우리는 썩을 몸을 짊어지고 있다. 그러나 이러한 짐의 원인은 몸의 본성이나 본질이 아니라 그 썩음이라는 것을 알기에, 우리는 몸을 벗길 원하는 게 아니라 몸의 불멸을 입길 원한다.…아담이 죄를 짓지 않았다면, 그의 몸을 벗은 게 아니라 불멸과 썩지 않음을 입었을 테고 그의 유한함(죽을 몸)이 생명에게 삼켜졌을 것이다. 다시 말해, 그는 육의 몸에서 영의 몸으로 옮겨졌을 것이다. (다음에서 재인용했다. Philip E. Hughes, *The Second Epistle to the Corinthians*, The New International Commentary on the New Testament [Grand Rapids: Eerdmans, 1992], 171.)

다음 존재는 하나님의 목적을 성취한다

곧 이것을 우리에게 이루게 하시고 보증으로 성령을 우리에게 주신 이는 하나님이시니라. (5:5)[34]

신자들에게 아직 미래인 것은 하나님이 과거에 준비하시고(prepared, 이루게 하시고), 그분의 계획과 뜻에 따라 전개되는 것이다. 영원한 과거에, 하나님이 구원하려고 신자들을 주권적으로 택하셨다. 시간 속에서, 하나님이 이들을 구속하셨다. 미래에, 하나님이 이들에게 영화로운 부활의 몸을 주실 것이다. **이것을 (for this very purpose, 바로 이 목적을 위해)**은 하나님이 영원 전에 세우셨고 '택하심과 관련해 발하신 포고'(elective decree)와 단단히 연결된 주권적 계획이 성취될 때 영화로운 몸(glorified bodies)을 입으리라는 것을 강조한다. 로마서

---

34 NASB: Now He who prepared us for this very purpose is God, who gave to us the Spirit as a pledge(바로 이 목적을 위해 우리를 준비하신 분이 하나님이며, 그분이 우리에게 성령을 보증으로 주셨다).

8:28-30에서, 바울은 우리에게 익숙한 구절을 남겼다.

> 우리가 알거니와 하나님을 사랑하는 자 곧 그의 뜻대로 부르심을 입은 자들에게
> 는 모든 것이 합력하여 선을 이루느니라. 하나님이 미리 아신 자들을 또한 그 아
> 들의 형상을 본받게 하기 위하여 미리 정하셨으니, 이는 그로 많은 형제 중에서
> 맏아들이 되게 하려 하심이니라. 또 미리 정하신 그들을 또한 부르시고, 부르신
> 그들을 또한 의롭다 하시고, 의롭다 하신 그들을 또한 영화롭게 하셨느니라.

구원에서 하나님의 궁극적 목적은 칭의가 아니라 영화(glorification)이며,
이 때 신자들이 "그 아들의 형상을 본받게"[35] 된다(29절). 그리스도의 형상으
로 변화됨에는 그분의 몸처럼 영화로운 몸을 받는 것도 포함된다(고전 15:49).
예수님은 다음과 같이 말씀하실 때 소명(부르심)에서 영화까지 영원한 '포
고'(布告)의 성취를 두루 말씀하셨다.

> 아버지께서 내게 주시는 자는 다 내게로 올 것이요 내게 오는 자는 내가 결코 내
> 쫓지 아니하리라. 내가 하늘에서 내려온 것은 내 뜻을 행하려 함이 아니요 나를
> 보내신 이의 뜻을 행하려 함이니라. 나를 보내신 이의 뜻은 내게 주신 자 중에 내
> 가 하나도 잃어버리지 아니하고 마지막 날에 다시 살리는 이것이니라. 내 아버지
> 의 뜻은 아들을 보고 믿는 자마다 영생을 얻는 이것이니, 마지막 날에 내가 이를
> 다시 살리리라. (요 6:37-40)

그러므로 하나님이 신자들을 위해 세우신 영광스러운 목적은 영원부터 시
작해 영원까지 이른다. 이것은 영원한 과거에 계획되었고 영원한 미래에 성
취될 것이다. 시간은 그 사이에 자리하며 순식간에 지나가는 순간일 뿐이다.
신자들이 영적으로 아무리 성숙하고 하나님을 아무리 잘 섬기더라도, 하나님
의 목적은 오직 영화로운 몸에서 성취될 것이다.

---

35 새번역: 자기 아들의 형상과 같은 모습이

바울은 하나님이 **보증**(계약금, 착수금, 보증금, 참조. 고후 1:22; 엡 1:14)**으로 성령을 우리에게 주신** 것을 알았기에 더욱 확신을 갖고 죽음을 마주할 수 있었다. 내주하시는 성령이(롬 5:5; 8:9; 고전 6:19-20) 하나님의 약속, 곧 신자들을 위한 그분의 궁극적 목적이 성취되리라는 약속이다. 바울은 빌립보 신자들에게 이렇게 썼다. "너희 안에서 착한 일을 시작하신 이가 그리스도 예수의 날까지 이루실 줄을 우리는 확신하노라"(빌 1:6). 바울이 로마서 8:35-39에서 힘주어 선언했듯이, 그 무엇도 이 과정을 막지 못한다.

> 누가 우리를 그리스도의 사랑에서 끊으리요? 환난이나 곤고나 박해나 기근이나 적신이나 위험이나 칼이랴? 기록된 바, 우리가 종일 주를 위하여 죽임을 당하게 되며 도살당할 양 같이 여김을 받았나이다 함과 같으니라. 그러나 이 모든 일에 우리를 사랑하시는 이로 말미암아 우리가 넉넉히 이기느니라. 내가 확신하노니, 사망이나 생명이나 천사들이나 권세자들이나 현재 일이나 장래 일이나 능력이나 높음이나 깊음이나 다른 어떤 피조물이라도 우리를 우리 주 그리스도 예수 안에 있는 하나님의 사랑에서 끊을 수 없으리라.

내주하시는 성령이 하나님의 보증서, 곧 신자들은 하나님의 소유이며 하나님이 이들을 구속해 자신의 영광을 찬양하게 하시리라는 보증서다. 그러므로 그리스도인이 구원을 잃을 수 있다고 믿는 것은 어리석다. 하나님이 영원 전에 개시하셨고(선택, 택하심) 영원한 미래까지 시행하리라 보증하신 계획(영화)을 그 무엇도 막을 수 없다. 달리 주장한다면, 하나님이 그분의 목적을 성취할 능력이 없다고 생각하는 것이므로 그분의 영광을 깎아내리는 것이다.

다음 거처는 주님과 함께한다

⁶그러므로 우리가 항상 담대하여 몸으로 있을 때에는 주와 따로 있는 줄을 아노니, ⁷이는 우리가 믿음으로 행하고 보는 것으로 행하지 아니함이로라. ⁸우리가 담대하여 원하는 바는 차라리 몸을 떠나 주와 함께 있는 그것이라. (5:6-8)

6-8절에서, 바울의 천국 소망은 절정에 이르렀다. 그는 새롭고 영화로운 몸을, 완전한 천국을, 하나님 계획이 영원히 성취되는 것을 고대했다. 그러나 이 모든 것보다 놀라운 것이 있었다. 죽음이 그를 주님 앞에 데려다 주리라는 것이었다. **그러므로**는 뒤로 돌아가 바울이 1-5절에서 표현한 몇몇 근본 진리와 연결된다. 이 진리들에 굳게 서서, 바울은 죽음 앞에서 **항상 담대했다.** 그의 **담대함(courage)**은 일시적 느낌이나 지나가는 감정이 아니었다. 변함없는 마음 상태였다. 그는 완전한 확신을 갖고 기쁘게 죽음을 마주했다. 바울은 자신의 삶에 들어온 사람들을 사랑하지 않았던 게 아니라 주님을 더 사랑했다. 바울에게 삶은 완주해야 하는 경주였고 이겨야 하는 전투였으며 완수해야 하는 청지기직이었다. 경주가 끝나고 전투에서 승리하며 청지기직을 완수한다면, 바울은 이생의 삶에 매달릴 이유가 없었다. 그가 이 땅에 남은 이유는 단 하나, 주님을 섬기는 것이었다. 그러므로 그는 섬김을 완수하면 언제라도 떠날 준비가 되어 있었다.

> 전제와 같이 내가 벌써 부어지고 나의 떠날 시각이 가까웠도다. 나는 선한 싸움을 싸우고 나의 달려갈 길을 마치고 믿음을 지켰으니, 이제 후로는 나를 위하여 의의 면류관이 예비되었으므로, 주 곧 의로우신 재판장이 그 날에 내게 주실 것이며 내게만 아니라 주의 나타나심을 사모하는 모든 자에게도니라. (딤후 4:6-8)

그러나 이생에서 신자들에게 삶이란 **몸으로 있을 때에는**(육신을 입고 살 때에는) **주와 따로 있는(we are absent form the Lord)** 것이다. 신자들은 기도와 말씀 연구를 통해 주님과 소통하고, 내주하시는 성령을 통해 주님과 교제한다. 그러나 어떤 의미에서 하나님과 떨어져 있기에, 신자들은 이러한 분리가 끝나길 갈망한다. 시편 42:1-2은 이러한 갈망을 이렇게 표현한다. "하나님이여, 사슴이 시냇물을 찾기에 갈급함 같이 내 영혼이 주를 찾기에 갈급하니이다. 내 영혼이 하나님 곧 살아계시는 하나님을 갈망하나니, 내가 어느 때에 나아가서 하나님의 얼굴을 뵈올까?" 시편 기자는 수사학적으로 묻고 답한다. "하늘에서는 주 외에 누가 내게 있으리요? 땅에서는 주밖에 내가 사모할 이 없나이다"(시 73:25). 바울은 "항상 주와 함께 있을" 날을 갈망했다(살전 4:17). 아브라함은 이렇게 떨어져 있다는 생각에 "하나님이 계획하시고 지으실 터가 있는 성을 바랐"으며(히 11:10), 구약 성도들은 자신들이 "땅에서는 외국인과 나그네"라는 것을 인정했다(히 11:13). 오직 천국에서, 신자들은 하나님과 친밀하며 단절되지 않는 교제를 나눌 것이다(참조. 계 21:3-4, 22-23; 22:3-4).

7절의 삽입어구 **이는 우리가 믿음으로 행하고 보는 것으로 행하지 아니함이로라는**[36] 어떻게 신자들이 이생에서 보이지 않는 하나님과 교제하고 그분을 섬길 수 있는지 설명해준다. 이러한 **믿음**은 막연한 환상이나 모호한 미신이 아니라 성경의 진리에 기초한 강한 확신이다. 이러한 믿음은 "바라는 것들의 실상이요 보이지 않는 것들의 증거"다(히 11:1).

뒤이어 바울은 당당하게 선언하며 단락을 끝맺는다. **우리가 담대하여 원하는 바는 차라리 몸을 떠나 주와 함께 있는 그것이라.** 그는 6절에서 말했던 진실을 되풀이한다. 죽음이 늘 현실로 코앞에 닥쳐오지만, 그렇더라도 자신은 미래를 늘 긍정적으로 바라본다는 것이다. **차라리 몸을 떠나 주와 함께 있는** 쪽을 더 바란다는 것은 잠시 이 땅에서 사는 것을 나그네와 거류민의 삶으로 이해하고 천국을 참되고 영원한 집으로 보는 것이다.

주님이 교회를 휴거시키시기 전에 죽는 신자들은 누구나 죽음이란 현실을 마주한다. 영화로운 몸을, 천국의 완전한 삶을, 자신들을 향한 하나님의 목적이 성취되길, 그분과 함께 영원히 살길 고대하는 자들은 바울과 함께 당당하게 말할 수 있을 것이다. "사망아 너의 승리가 어디 있느냐? 사망아 네가 쏘는 것이 어디 있느냐?"(고전 15:55).

---

36 NASB에서는 이 부분(7절)이 삽입구로 처리되어 있다. Therefore, being always of good courage, and knowing that while we are at home in the body we are absent from the Lord—**for we walk by faith, not by sight**—we are of good courage, I say, and prefer rather to be absent from the body and to be at home with the Lord(5:6-8).

13

가장 고귀한 야망
(5:9-10)

> [9]그런즉 우리는 몸으로 있든지 떠나든지 주를 기쁘시게 하는 자가 되기를 힘쓰노라. [10]이는 우리가 다 반드시 그리스도의 심판대 앞에 나타나게 되어 각각 선악 간에 그 몸으로 행한 것을 따라 받으려 함이라. (5:9-10)

야망(ambition)은 늘 평판이 나빴다. 청교도 작가 토마스 브룩스(Thomas Brooks, 1608-1680)는 이렇게 썼다. "야망은 화려한 불행이며, 은밀한 독이고, 숨은 역병이며, 솜씨 좋은 사기꾼이고, 위선의 어머니이며, 질투의 부모이고, 온갖 악의 근원이며, 거룩을 좀먹는 자이고, 마음의 눈을 가리는 자이며, 치료제를 질병으로 바꾸는 자다. 높은 자리는 절대로 편하지 않으며 왕관에는 가시가 박혀 있다"(다음에서 재인용했다. John Blanchard, *Truth for Life*[Welwyn: Evangelical Press, 1986], 179). 맹목적 야망을 품으면 확신이 흔들리고 신념을 저버리며 인격마저 내팽개친다. 야망은 흔히 "무모한," "교만한," "걷잡을 수 없는," "신중하지 못한," "무자비한" 같은 단어들과 연결된다. 이런 부정적 수식어들은 앞뒤 가리지 않는 야망 때문에 버려진 가족과 친구와 원칙에 자행되는 대학살을 반영한다. 야망은 부, 특권, 권력, 사회적 지위, 대중의 환호, 타인들에 대한 지배를 추구하라며 사람들을 내몬다.

영어 단어 "ambition"(야망, 야심)은 라틴어 '암비티오'(*ambitio*)에서 왔으며, '암비티오'는 문자적으로 "돌아다니다"(to go around)를 뜻하는 동사에서 왔다. 로마인들은 선거에서 표를 얻으려 돌아다니는 정치인들을 가리킬 때 이 단어를 사용했다. 이 단어는 확신 없는 사람들, 어떤 대가를 치르더라도 윗자리에 오르려는 사람들, 무슨 수를 쓰더라도 이기적 목적을 이루려는 사람들을 가리키는 데 사용되었다. 따라서 누군가 야망이 있다고 말한다면 그의 인격을 단호하게 부정적으로 말하는 것이었다. 스티븐 닐(Stephen Neill, 1900-1984, 성공회 사제)은 야망이 내포하는 이런 부정적 의미를 표현하면서 이렇게 말했다. "내가 생각하기에, 이 단어가 내포하는 일반적 의미에서 야망은 보통 사람들에게 늘 죄악되다. 확신컨대, 야망은 그리스도인에게 언제나 죄악되며, 성직자에게는 더더욱 용납될 수 없다"(다음에서 재인용했다. J. Oswald Sanders, *Spiritual Leadership*, rev. ed. [Chicago: Moody, 1980],[37] 14).

야망은 예수 그리스도를 죽음으로 내몬 주된 죄라고 할 수 있겠다.

> 우리 아담의 후손들이 커지길 원하기 때문에
> 그분이 작아지셨다.
> 우리가 낮아지려하지 않기 때문에
> 그분이 낮아지셨다.
> 우리가 다스리길 원하기 때문에
> 그분이 와서 섬기셨다. (Sanders, 16)

성경은 죄악된 야망을 정죄한다. 하나님은 예레미야 선지자를 통해 이렇게 말씀하셨다. "네가 너를 위하여 큰일을 찾느냐? 그것을 찾지 말라"(렘 45:5).

야망이란 단어가 일반적으로 부정적 의미를 내포하는데도, 바울은 이렇게 썼다. **우리는… 힘쓰노라**(also we have as our ambition, 우리도 야망이 있습니다). 적절한 야망이 있다. 성경은 이기적 야망을 금하지만 주님을 기쁘게 하려는 야망은 금하지 않는다. 바울은 이 단어를 부정적 의미로 사용한 게 아니라 고귀하고 존귀한 것을 사랑한다는 긍정적 의미로 사용했다. 사실, '필로티메

---

37 『영적 지도력』, 이동원 옮김(요단출판사, 2004).

오마이'(*philotimeomai*, **have as our ambition**, 우리는 야망이 있습니다, **우리는…힘 쓰노라**)는 '필로스'(*philos*, "사랑")와 '티메'(*timē*, "존귀 honor")가 결합된 합성어다. 바울은 이처럼 고귀한 야망을 품었다.

바울은 자신의 서신들에서 '필로티메오마이'라는 단어를 이곳 외에 두 곳에서 사용했다(신약성경에서 이 단어는 이 세 곳에서만 사용되었다). 로마서 15:20에서, 바울은 이렇게 썼다. "또 내가 그리스도의 이름을 부르는 곳에는 복음을 전하지 않기를 힘썼노니[38][원형은 '필로티메오마이'] 이는 남의 터 위에 건축하지 아니하려 함이라." 그런가하면, 데살로니가전서 4:11에서는 데살로니가 신자들을 이렇게 독려했다. "또 너희에게 명한 것 같이 조용히 자기 일을 하고 너희 손으로 일하기를 힘쓰라(make it your ambition)." 바울이 다른 헬라어 단어들을 사용하기는 했지만, 동일한 핵심이 디모데전서 3:1에서도 나타난다. "사람이 감독의 직분을 얻으려(aspire, 헬라어 원형은 *oregō*) 함은 선한 일을 사모하는(desires, 헬라어 원형은 *epithumeō*) 것이라 함이로다."

그리스인의 삶에는 고귀한 야망, 탁월하고 존귀한 것을 향한 열망이 자리해야 할 중심이 있다. 이 단락에서, 바울의 야망을 구성하는 세 가지 측면이 나타난다. 바울은 가장 높은 목표를 향해 야망을 품었고, 가장 넓은 헌신으로 이 야망을 뒷받침했으며, 이 야망은 가장 깊은 동기에서 비롯되었다.

바울은 가장 높은 목표를 향해 야망을 품었다

주를 기쁘시게 하는 자가 되기를 (5:9c)

누구라도 품을 수 있는 가장 고귀하고 높은 야망은 하나님을 기쁘시게 하는 것이다. 바울은 '유아레스토스'(*euarestos*, **pleasing**, 기쁘시게 하는)란 형용사를 자신의 서신들에서 자주 사용했다. 로마서 12:1-2과 14:18에서, 바울은 이 단어를 사용해 하나님이 받으실만한 행위를 말했다. 그는 에베소 신자들에게 "주를

---

38 *philotimoumenon.*

기쁘시게 할 것이 무엇인가 시험하여 보라"고 촉구했다(엡 5:10). 또한, 빌립보 신자들이 바울을 재정적으로 지원해주었는데, 바울은 이것이 "하나님을 기쁘시게 한 것"이라고 했다(빌 4:18). 골로새서 3:20에서는 자녀가 부모에게 순종하는 것이 "주 안에서 기쁘게 하는 것"[39]이라고 했다. '유아레스토스'는 디도서 2:9에서도 사용되는데, 주인을 기쁘게 하는 노예들을 가리킨다. 경건한 야망은 삶의 모든 부분에서 주님을 기쁘게 하려 한다(골 1:10).

바울이 품은 야망의 초점은 고린도전서 4:3-5에서 가장 선명하고 또렷하다.

> 너희에게나 다른 사람에게나 판단 받는 것이 내게는 매우 작은 일이라. 나도 나를 판단하지 아니하노니, 내가 자책할 아무것도 깨닫지 못하나 이로 말미암아 의롭다 함을 얻지 못하노라. 다만 나를 심판하실 이는 주시니라. 그러므로 때가 이르기 전 곧 주께서 오시기까지 아무것도 판단하지 말라. 그가 어둠에 감추인 것들을 드러내고 마음의 뜻을 나타내시리니, 그때에 각 사람에게 하나님으로부터 칭찬이 있으리라.

고린도교회를 에워싼 문제들이 숱했다. 그중 하나는 다른 사람들을 부당하게 판단하는 것이었다. 이들은 여러 파당으로 나뉘어(참조. 고전 1:12; 3:4) 서로 끊임없이 정죄했다. 이 책 앞 장들에서 말했듯이, 바울 자신도 고린도교회에 나타난 자칭 사도라며 귀신에 붙잡힌 거짓 사도들에게 무자비하게 공격받았다. 이 거짓 선생들은 바울의 사도 자격, 바울의 사역 방식, 바울의 인격, 심지어 바울이 전하는 복음의 메시지까지 공격했다.

바울은 이들의 격렬한 공격에 흔들리지 않고 이렇게 답했다. "너희에게나 다른 사람에게나 판단 받는 것이 내게는 매우 작은 일이라"(고전 4:3). 이들이 바울을 어떻게 보느냐는 바울에게 중요하지 않았다. 바울은 사람이 아니라 하나님을 기쁘게 하려 했기 때문이다. 바울은 자신을 하나님의 종이요 청지

---

39 새번역: 주님을 기쁘게 해 드리는 일

기로 보았으며(고전 4:1; 참조. 9:17; 엡 3:2; 골 1:25; 딛 1:7), 그러므로 그분께 책임을 다했다. 바울은 세상이 (긍정적이든 부정적이든) 편견을 갖고 자신을 평가하는데 관심이 없었다. 공식 판결을 내리는 재판정이든 사람들의 의견을 듣는 비공식적 자리든 간에, 그 어떤 인간 법정도 그에게 최종 판결을 내릴 수 없었다.

바울은 한 발 더 나가 "나도 나를 판단하지 아니하노니"라고 썼다(고전 4:3). 아주 지혜롭게도, 바울은 자신도 자신에게 좋은 쪽으로 편견을 갖고 있으며, 따라서 객관적이지 못하다는 것을 알았다. 바울은 "자책할 아무것도 깨닫지 못"했으나[40](4절; 참조. 고후 1:12), "만물보다 거짓되고 심히 부패한 것은 마음이라. 누가 능히 이를 알리요?"라는 말씀이(렘 17:9) 무슨 뜻인지 알았다. 그러므로 자신이 고린도전서 10:12에서 했던 경고를 자신에게 적용했다. "그런즉 선 줄로 생각하는 자는 넘어질까 조심하라."

바울은 조사나 판단을 받아들이지 않는 뻔뻔하고 반항적이며 독선적인 사람이 아니었다. 그뿐 아니라, 신자들은 다른 신자들이 계속 죄를 짓더라도 지적해서는 안 된다고 주장하지도 않았다(참조. 고전 5:12; 6:1-5). 그는 어떤 죄 문제를 말하고 있는 게 아니었다. 자신은 "자책할 아무것도 깨닫지 못"한다(양심에 거리끼는 것이 없습니다.—새번역)라고 했기 때문이다(고전 4:4). 바울이 말하려는 핵심은 자신뿐 아니라 고린도 신자들도 자신을 제대로 판단할 수 없다는 것이었다. 이 판단은 상위 법정의 몫이었다. "다만 나를[그를] 심판하실 이는 주"이시기 때문이다(4절).

바울은 "그러므로 때가 이르기 전 곧 주께서 오시기까지 아무것도 판단하지 말라"고 고린도 신자들을 독려하면서 자신이 말하려는 핵심을 마무리했다(5절). 누군가의 삶과 사역을 최종적으로 정확하게 판단하실 분은 주님이다. 다시 오실 때, 주님이 "어둠에 감추인 것들을 드러내고 마음의 뜻을 나타내시리니, 그때에 각 사람에게 하나님으로부터 칭찬이 있으리라"(5절). 그러므로 신자들은 "주께 합당하게 행하여 범사에 기쁘시게" 해야 한다(골 1:10; 참조. 살전 4:1). 삶이 끝날 즈음, 바울은 자신의 영적 야망을 얼마간 성취했다고 믿었

---

40 새번역: 양심에 거리끼는 것이 없습니다

다(딤후 4:7-8).

바울은 가장 폭넓은 헌신으로 자신의 야망을 뒷받침했다

몸으로 있든지 떠나든지 (5:9b)

모든 것을 아우르는 **몸으로 있든지 떠나든지**(whether at home or absent)라는
표현이 암시하듯이, 바울은 자신의 고귀한 야망에 무한히 헌신했다. 9절 첫머
리에 나오는 "그런즉"(therefore also)처럼, 이 표현도 바울의 생각을 앞선 단락
과 연결한다(참조. 5:6, 8). 이 책 12장에서 5:1-8을 살펴보며 말했듯이, 바울은
늘 죽음의 문턱에서 살았다. 바울은 항상 존재하는 위협을 묘사하면서 몹시 날
카롭고 매섭게 썼다.

> 우리가 사방으로 욱여쌈을 당하여도 싸이지 아니하며, 답답한 일을 당하여도 낙
> 심하지 아니하며, 박해를 받아도 버린 바 되지 아니하며, 거꾸러뜨림을 당하여도
> 망하지 아니하고, 우리가 항상 예수의 죽음을 몸에 짊어짐은 예수의 생명이 또한
> 우리 몸에 나타나게 하려 함이라. 우리 살아 있는 자가 항상 예수를 위하여 죽음
> 에 넘겨짐은 예수의 생명이 또한 우리 죽을 육체에 나타나게 하려 함이라. 그런
> 즉 사망은 우리 안에서 역사하고 생명은 너희 안에서 역사하느니라. (고후 4:8-12;
> 참조. 6:9)

바울은 끊임없이 죽음을 마주했고, 그래서 고린도후서 5:1에 썼듯이 "땅에
있는 장막 집"(육신의 몸)을 떠나 "하나님께서 지으신 집 곧 손으로 지은 것이
아니요 하늘에 있는 영원한 집"(부활의 몸)을 받길 갈망했다. 바울의 첫째 선택
은 살아서 휴거를 맞는 것인데, 그때 이러한 변화가 일어날 터였다. 이것이 그
를 향한 하나님의 뜻이 아니라면(사실 이것은 하나님의 뜻이 아니었다), 바울의 둘
째 선택은 "차라리 몸을 떠나 주와 함께 있는" 것이었다(5:8). 셋째 선택은 "육
신으로 있는 것"이었다(빌 1:24).

고린도후서 5:6에서, 바울은 몸으로 **있는** 것(being at **home** in the body)과 주님과 **따로 있는** 것(**absent** from the Lord)을 말했다. 8절에서는 몸을 **떠나**(**absent** from the body) 주님과 함께 **있는**(at **home** with the Lord) 것을 말했다. 땅에서 불완전하게 또는 하늘에서 완전하게 하나님을 기쁘게 하려는 바울의 야망은 변하지 않았다. 그는 동일한 너비의 헌신을 표현하며 이렇게 단언했다. "우리 중에 누구든지 자기를 위하여 사는 자가 없고 자기를 위하여 죽는 자도 없도다. 우리가 살아도 주를 위하여 살고 죽어도 주를 위하여 죽나니, 그러므로 사나 죽으나 우리가 주의 것이로다"(롬 14:7-8).

어떤 사람들은 바울이 하늘을 갈망했다는 사실이 땅에 있는 자신의 몸에 무관심했고 죄악된 육신의 몸으로 무엇을 하든 상관없다는 반율법주의 시각을 옹호했다는 것을 암시한다고 생각할는지 모른다. 이런 시각은 당시에 지배적이었던 헬라 철학의 이원론, 곧 몸은 무가치하며 영혼을 가두는 하찮은 감옥이라는 사상에 부합했을 것이다. 그러나 바울은 영원한 보상을 얻을 방법으로 육신의 몸으로 하나님을 섬길 수 있다는 것을 알았다. 따라서 바울은 천국과 부활의 몸을 갈망했기에 이 세상에서 어떻게 사느냐에 훨씬 더 주의를 기울였다. 고린도전서 9:27에서, 바울은 이렇게 썼다. "내가 내 몸을 쳐 복종하게 함은 내가 남에게 전파한 후에 자신이 도리어 버림을 당할까 두려워함이로다." 그는 로마 신자들에게 이렇게 촉구했다. "너희 몸을 하나님이 기뻐하시는 거룩한 산 제물로 드리라. 이는 너희가 드릴 영적 예배니라"(롬 12:1). 바울은 이생에서든 내세에서든 하나님을 기쁘시게 하려는 야망을 품었으며, 여기서 그가 주님께 바친 헌신의 폭이 얼마나 넓었는지 드러난다.

바울의 야망은 가장 깊은 동기에서 비롯되었다

이는 우리가 다 반드시 그리스도의 심판대 앞에 나타나게 되어 각각 선악 간에 그 몸으로 행한 것을 따라 받으려 함이라. (5:10)

바울이 이처럼 고귀한 야망을 품었던 것은 주님이 친히 그의 마음 깊은 곳을 꿰뚫어 속속들이 드러내시리라는 것을 알았기 때문이다. 이 일은 미래에 신자들이 **다 반드시 그리스도의 심판대 앞에 나타나게 될** 때 일어날 것이다. 의미가 강한 두 단어 **다(all)**와 **반드시(must)**는 이 일이 필연적으로 일어나고 포괄적이리라는 것을 강조한다. 이러한 지식은 바울이 이생에서 하나님을 기쁘게 하려 했던 강한 동기였다.

'파네로오'(*phaneroō*, **appear, 나타나다**)는 "명시하다"(to make manifest), "분명히 하다"(to make clear), "가시화하다"(to make visible), "계시하다"(to reveal)는 뜻이다. 필립 휴스는 '파네로오'의 의미를 논하면서 이렇게 썼다. "명시되다(to be made manifest)는 단순히 나타나다(to appear)는 뜻이 아니라 모든 체면의 허울이 벗겨지고 한 사람의 실상이 공개적으로 낱낱이 노출된다는 뜻이다"(*The Second Epistle to the Corinthians*, The New International Commentary on the New Testament [Grand Rapids: Eerdmans, 1992], 180). 어떤 사람들은 신자들의 숨은 동기와 마음의 태도가 거룩한 천사들에게 드러나리라고 주장했다. 그러나 성경은 이런 추측을 전혀 뒷받침하지 않는다. 어떤 사람들은 바울이 여기서 말하는 드러남은 다른 신자들에게 드러남일 거라 주장하지만, 성경은 이 견해도 지지하지 않는다. 신자들은 자신의 행위가 드러나는 데 정신이 팔린 나머지 다른 사람들의 행위가 드러나는 데 신경을 쓰지 못할 것이다. 그뿐 아니라, 신자들의 마음이 전지하신 하나님께 드러날 필요도 없다. 그분은 이미 신자들의 삶을 속속들이 다 아시기 때문이다.

그 날, 신자들의 삶과 인격과 행위에 관한 모든 진실이 각 신자에게 분명해질 것이다. 각 신자는 자신의 사역과 섬김과 동기에 내려지는 진정한 판결이 무엇인지 알게 될 것이다. 모든 위선과 가식이 제거될 것이다. 나무와 건초와 그루터기처럼 영원한 의미가 없는 모든 것이, 일시적인 것들이 모두 사라지고 영원히 가치 있는 것들만 남을 것이다. 사무엘상 16:7에서, 하나님은 이렇게 선언하신다. "내가 보는 것은 사람과 같지 아니하니 사람은 외모를 보거니와 나 여호와는 중심을 보느니라." 히브리서 저자는 이렇게 덧붙인다. "지으신 것이 하나도 그 앞에 나타나지 않음이 없고 우리의 결산을 받으실 이의 눈앞에 만물이 벌거벗은 것 같이 드러나느니라"(히 4:13). 하나님이 신자들 안에서 그리고 신자들을 통해 하신 일에 대한 진정한 평가가 그 날 드러날 것이다.

그리스도의 심판대에서, 신자들은 죄에 대해 심판받지 않을 것이다. 모든 신자의 모든 죄는 십자가에서 심판받았으며, 그때 "하나님이 죄를 알지도 못하신 이를 우리를 대신하여 죄로 삼으신 것은 우리로 하여금 그 안에서 하나님의 의가 되게 하려 하심"이다(고후 5:21). 십자가에서, "그리스도께서 우리를 위하여 저주를 받은 바 되사 율법의 저주에서 우리를 속량하셨다"(갈 3:13). 우리의 대속물로서, 그리스도께서 "친히 나무에 달려 그 몸으로 우리 죄를 담당하셨으니, 이는 우리로 죄에 대하여 죽고 의에 대하여 살게 하려 하심"이다(벧전 2:24). "오직 그리스도는 죄를 위하여 한 영원한 제사를 드리시고 하나님 우편에 앉으"셨다(히 10:12; 참조. 엡 1:7; 4:32; 요일 2:1-2). 그리스도께서 우리의 대속 제물이 되셨다. "그러므로 이제 그리스도 예수 안에 있는 자에게는 결코 정죄함이 없나니…누가 정죄하리요? 죽으실 뿐 아니라 다시 살아나신 이는 그리스도 예수시니, 그는 하나님 우편에 계신 자요 우리를 위하여 간구하시는 자시니라"(롬 8:1, 34). 그러나 구원이 행위로 말미암지 않더라도, 행위는 참 구원의 필연적 결과다. 필립 휴스는 이렇게 주석한다.

> 이와 같은 구절이 믿음과 행위라는 주제에 관한 바울의 가르침과 야고보의 가르침이 불일치하는 게 아니라 본질적으로 일치한다는 것을 보여준다는 점을 기억해야 한다. 죄인이 의롭다고 칭함을 받는 것은 자신의 행위가 아니라 그리스도를 믿은 믿음으로다. 그러나 숨겨진 믿음의 뿌리는 선한 행위라는 가시적 열매를 맺어야 한다. 그리스도께서 이 열매를 기대하신다. 이 열매가 아버지께 영광을 돌리고 하나님의 은혜가 실제로 역사한다는 것을 세상에 보여주는 증거이기 때문이다. 특히 열매를 '많이' 맺으면, 아버지께서 영광을 받으신다(요 15:8). (*The Second Epistle to the Corinthians*, 183)

심판대(judgment seat)로 번역된 '베마'(*bēma*)는 가장 단순하게 정의하면 층계로 오르는 자리, 즉 연단을 말한다. 70인역(헬라어로 번역된 구약성경)은 느헤미야 8:4에서 이 단어를 이런 의미로 사용한다. 헬라 문화에서, '베마'는 우승한 선수들이 올라가 월계관을 받는 높은 연단을 가리켰다. 이를테면, 현대 올림픽의 시상대와 아주 비슷했다. 신약성경에서, 이 단어는 빌라도의 재판석(마 27:19; 요 19:13), 헤롯의 단상(행 12:21), 베스도의 재판 자리를(행 25:6, 10, 17) 가리키는 데 사용되었다. 고린도에도 '베마'가 있었는데, 여기서 믿지 않는 유대인들이 로마 총독 갈리오 앞에서 바울을 고발했다(행 18:12, 16, 17). 사람들을 '베마' 앞에 세우는 것은 그들의 행동을 조사하기 위해서였다. 다시 말해, 사법적 의미에서 기소나 면죄 여부를 결정하거나 어떤 업적을 인정하고 포상하기 위해서였다. 바울은 로마 신자들에게 동일한 사건을 말하면서 이것을 "하나님의 심판대(bēma)"라고 했다(롬 14:10). 아버지 하나님이 최종 심판관이지만 "심판을 다 아들에게 맡기셨다"(요 5:22). 폴 바넷(Paul Barnett)은 이렇게 주석했다.

> 평행구절—"우리가 다 하나님의 심판대 앞에 서리라"(롬 14:10)—은 예수 그리스도와 하나님의 역할이 일치한다는 것을 암시한다. 하나님이 심판하시고 그리스도께서 심판하신다. 신약은 흔히 그리스도를 하나님이 세우신 심판자, 다니엘 7:13, 14, 26-27에 나오듯이 인자로서 자신의 역할에 적합한 심판자라 칭한다(예를 들면, 요 5:22, 27; 9:39; 마 25:31-32; 행 10:42; 17:31; 참조. 계 20:11-15). (*The Second Epistle to the Corinthians*, The New International Commentary on the New Testament [Grand Rapids: Eerdmans, 1997],[41] 275 n. 45)

각각(each one)은 신자들의 심판이 개인적이라는 점을 강조한다. 이 심판은 집단적 심판이 아니라 개인적 심판이다. 앞서 말했듯이, 이 심판의 목적은 사법적이지 않다. 모든 신자가 **각각 선악 간에 그 몸으로 행한 것을 따라 받으려 함이라.** 이것이 이 심판의 목적이다. **받다(recompensed)**는 동사 '코미조'(*komizō*)의 한 형태를[42] 번역한 것인데, '코미조'는 "마땅하게 돌려받다"는

---

41 『고린도후서』, 전용우 옮김(부흥과 개혁사, 2020).

42 *komisētai*

뜻이다. 다시 말해, 범죄에 대한 벌을 받거나 인정받을 일에 대해 상을 받는다는 뜻이다. 신자들은 주 예수 그리스도 앞에 설 때, 자신이 **몸으로 행한 것을 따라 받을** 것이다(참조. 계 22:12). 그러므로 신자들은 자신의 몸을 무시하거나 반율법주의 방식이나 이원론적 방식으로 경멸해서는 안 된다. 대신에, 신자들은 자신의 "몸을 하나님이 기뻐하시는 거룩한 산 제물로 드려"야 한다. 이것이 신자들이 "드릴 영적 예배"다(롬 12:1). 몸으로 행하는 것들이 잠재적으로 영원한 가치를 갖는다(참조. 마 6:19-21).

바울은 **악(bad)**이라는 단어를 사용한다. 그러나 이것은 신자들의 심판이 죄에 대한 심판이라는 뜻이 아니다. 신자들의 모든 죄가 이미 그리스도 안에서 심판받았기 때문이다. **선(good)**과 **악(bad)**의 대비는 도덕적 선과 도덕적 악의 대비가 아니다. 여기서 **악(bad)**으로 번역된 단어는 도덕적 악을 뜻하는 '카코스'(*kakos*) 또는 '포네로스'(*ponēros*)가 아니라 "무가치하다" 또는 "쓸모없다"를 뜻하는 '파울로스'(*phaulos*)다. 리처드 트렌치(Richard C. Trench)는 이렇게 설명한다. "'파울로스'는 악을 다른 측면에서 생각한다. 능동적 악의나 수동적 악의가 아니라 아무짝에도 쓸모없다는 측면에서, 그 어떤 참된 유익도 도출할 수 없다는 측면에서 생각한다"(*Synonyms of the New Testament* [Reprint; Grand Rapids: Eerdmans, 1983], 317). '파울로스'는 본질적으로 영원한 가치를 갖지도 않고 죄악되지도 않은 일상적 일들을 말한다. 이를테면, 산책, 쇼핑, 시골길 드라이브, 고급 학위 과정 밟기, 승진, 그림 그리기, 시 쓰기 등을 말한다. 신자들이 그리스도의 심판대 앞에 설 때, 이처럼 도덕적으로 중립적인 것들이 판단을 받을 것이다. 하나님을 영화롭게 하겠다는 동기에서 했다면, 이것들은 **선**으로 여겨질 것이다. 이기심을 채우려고 했다면, 이것들은 **악**으로 여겨질 것이다.

고린도전서 3:11-15은 **선**한 것들과 **악**한(무가치한) 것들의 차이를 가장 분명하게 정의한다.

이 닦아 둔 것 외에 능히 다른 터를 닦아 둘 자가 없으니, 이 터는 곧 예수 그리스도라. 만일 누구든지 금이나 은이나 보석이나 나무나 풀이나 짚으로 이 터 위에 세우면 각 사람의 공적이 나타날 터인데 그 날이 공적을 밝히리니, 이는 불로 나타내고 그 불이 각 사람의 공적이 어떠한 것을 시험할 것임이라. 만일 누구든지 그 위에 세운 공적이 그대로 있으면 상을 받고, 누구든지 그 공적이 불타면 해를 받으리니, 그러나 자신은 구원을 받되 불 가운데서 받은 것 같으리라.

그리스도인의 삶의 유일한 기초는 주 예수 그리스도다(벧전 2:6-8). 그러나 베드로가 권면했듯이, 신자들은 반드시 이 기초 위에 건축해야 한다.

그러므로 너희가 더욱 힘써 너희 믿음에 덕을, 덕에 지식을, 지식에 절제를, 절제에 인내를, 인내에 경건을, 경건에 형제 우애를, 형제 우애에 사랑을 더하라. 이런 것이 너희에게 있어 흡족한즉 너희로 우리 주 예수 그리스도를 알기에 게으르지 않고 열매 없는 자가 되지 않게 하려니와 이런 것이 없는 자는 맹인이라 멀리 보지 못하고 그의 옛 죄가 깨끗하게 된 것을 잊었느니라. 그러므로 형제들아, 더욱 힘써 너희 부르심과 택하심을 굳게 하라. 너희가 이것을 행한즉 언제든지 실족하지 아니하리라. (벧후 1:5-10)

신자들은 "나무나 풀이니 짚"이 아니라 "금이나 은이나 보석"으로 영원을 위해 집을 지어야 한다. 후자는 가치 있고 영구적이며 파괴될 수 없고 심판의 불을 견딜 것이다. 전자는 악하지 않지만 가치 없고 불에 탄다. 이것들은 지속하지 못하며 영원한 가치가 없는 것들을 말한다. "각 사람의 공적이 나타날" 날, 심판을 상징하는 불이 이것들을 태울 것이다. 신자들은 주님을 기쁘게 하고 영화롭게 하려는 동기에서 비롯된 행위에 대해 상을 받을 것이다. 바울은 천국을 갈망했으나 이 때문에 이 땅에서 무책임하거나 불성실하게 행동하지 않았다. 오히려 정반대였다.

14

순전한 사역
(5:11-17)

¹¹우리는 주의 두려우심을 알므로 사람들을 권면하거니와 우리가 하나님 앞에 알리어졌으니 또 너희의 양심에도 알리어지기를 바라노라. ¹²우리가 다시 너희에게 자천하는 것이 아니요 오직 우리로 말미암아 자랑할 기회를 너희에게 주어 마음으로 하지 않고 외모로 자랑하는 자들에게 대답하게 하려 하는 것이라. ¹³우리가 만일 미쳤어도 하나님을 위한 것이요 정신이 온전하여도 너희를 위한 것이니, ¹⁴그리스도의 사랑이 우리를 강권하시는도다. 우리가 생각하건대, 한 사람이 모든 사람을 대신하여 죽었은즉 모든 사람이 죽은 것이라. ¹⁵그가 모든 사람을 대신하여 죽으심은 살아 있는 자들로 하여금 다시는 그들 자신을 위하여 살지 않고 오직 그들을 대신하여 죽었다가 다시 살아나신 이를 위하여 살게 하려 함이라. ¹⁶그러므로 우리가 이제부터는 어떤 사람도 육신을 따라 알지 아니하노라. 비록 우리가 그리스도도 육신을 따라 알았으나 이제부터는 그같이 알지 아니하노라. ¹⁷그런즉 누구든지 그리스도 안에 있으면 새로운 피조물이라. 이전 것은 지나갔으니 보라 새 것이 되었도다. (5:11-17)

리더십은 형태가 다양하다. 그렇더라도 지도자라면 몇몇 공통 자질이 꼭 필요하며, 유능한 영적 지도자라면 특히 그러하다.

첫째, 영향력 있는 지도자들은 집중한다. 이들은 명확히 정의된 사명을 가지고 있으며, 분명한 목적을 위해 한눈팔지 않고 이 사명을 좇는다.

둘째, 영향력 있는 지도자들은 내면에서 동기를 부여받는다. 이들은 대개 유리한 외부 요소에 기대어 사명을 성취하려 하지 않는다.

셋째, 영향력 있는 지도자들은 용감하다. 이들은 대개 자신의 과제나 목표에 온 마음을 쏟으며, 따라서 역경을 만나도 물러서지 않고 방해물이나 장애물을 만나도 멈추지 않는다.

넷째, 성공하는 지도자들은 지식이 많다. 이들은 자신이 무엇을 알아야 하는지 알고, 자신이 믿는 것에 확신이 있으며, 늘 열심히 배운다.

다섯째, 영향력 있는 지도자들은 강하다. 이들은 사명 성취에 필요한 힘, 곧 고되고 힘든 수고를 견디는 힘이 있다.

여섯째, 지도자들이 영향력이 있으려면 낙관적이어야 하고 자신의 계획과 자신의 사람들에 관해 최선을 다해야 한다.

일곱째, 다른 사람들을 존중하는 지도자들은 열성적이며 설득력이 있다. 이들은 자신의 비전과 사역을 나누며 사람들을 덩달아 흥분시키고, 그래서 사람들의 뜨거운 지원을 끌어낼 수 있다.

여덟째, 유능한 지도자들은 위험을 기꺼이 감수한다. 이들은 반드시 해야 한다고 믿는 일에 모든 것을 건다.

아홉째, 영향력 있는 지도자들은 능숙하게 소통한다. 이들은 자신의 비전, 생각, 계획을 효과적으로 제시해 함께하는 사람들에게 동기를 부여할 수 있다.

열째, 영향력 있는 지도자들은 상상력이 풍부하다. 이들은 대개 현 상태 유지에 만족하지 않고 더 큰 것들을 추구한다.

마지막으로, 영향력 있는 지도자들은 독립적이며 스스로 서고 생존할 수 있을 만큼 강하다.

이 모든 필수 자질을 한데 모으면 한결같음(consistency) 또는 순전함(integrity)이다. 이것이 없으면, 앞서 말한 지도자의 나머지 자질을 모두 더하더라도 빈 깡통에 지나지 않는다. 순전함은 나머지 모든 자질을 견고하게 하고 하나로 묶는다. 순전함은 모든 태도와 행동을 하나로 묶는 접착제다.

순전함(integrity, "전체 entire"를 뜻하는 라틴어 *integer*에서 왔다)은 나눠지 않은 상태나 성질로 정의할 수 있다. 이것은 위선이나 이중성을 보이지 않으면서 윤리적 기준이나 도덕적 기준을 고수하는 사람들에게 적용된다. 순전한 사람들의 삶은 자신이 말한 신념과 일치한다. 이들은 "설교한대로 실천한다." 이들은 정직하고 진실하며 청렴하다. 성경의 표현을 빌리면, 순전한 사람들은 "흠이 없다." 모든 신자가 이러해야 하지만(빌 2:15; 딤전 5:7), 특히 장로들이 이러해야 한다(딤전 3:2; 딛 1:6-7).

성경은 위선을 정죄하며, 이로써 순전함의 가치를 강조한다. 예수님은 당시 종교 지도자들을 위선자라며 거듭 맹렬하게 공격하셨다(마 6:2, 5, 16; 15:7; 22:18; 눅 12:1, 56; 13:15). 마태복음 23장에서, 예수님은 순전함이 없다며 서기관들과 바리새인들을 맹렬히 꾸짖으셨다. 이들은 "말만 하고 행하지 아니하기" 때문이었다(3절). "화 있을진저"로 시작해 일련의 저주를 퍼부은 후(13-16, 23, 25, 27, 29절), 위선자라며 이들을 거듭 공격하신 후, 예수님은 엄한 책망으로 끝맺으셨다. "뱀들아, 독사의 새끼들아, 너희가 어떻게 지옥의 판결을 피하겠느냐?"(33절).

로마서 12:9에서, 바울은 "사랑에는 거짓(hypocrisy, 위선)이 없나니"라고 했으며, 베드로와 바나바가 위선을 보일 때 주저 없이 책망했다(갈 2:11-13). 디모데전서 4:2에서, 바울은 "외식함(hypocrisy, 위선)으로 거짓말하는 자들"(문자적으로, "위선적인 거짓말쟁이들"), 곧 많은 사람을 속이려는 자들에 관해 경고했다. 야고보는 경건하고 성경적인 지혜는 "거짓(hypocrisy, 위선)이 없으며"(약 3:17), 하나님은 삶이 이중적이지("두 마음을 품지") 않은 자들에게 복을 주시고(1:5-8) 은혜를 베푸신다고 했다(4:8). 베드로도 위선("외식")은 신자들의 삶에 발붙일 곳이 없다고 가르쳤다(벧전 2:1).

성경은 또한 교훈과 본보기를 들어 순전함의 중요성을 단언한다. 욥은 엄청난 고난을 겪었는데도 순전함을 잃지 않았다. "여호와께서 사탄에게 이르시되, 네가 내 종 욥을 주의하여 보았느냐? 그와 같이 온전하고 정직하여 하나님을 경외하며 악에서 떠난 자가 세상에 없느니라. 네가 나를 충동하여 까닭 없이 그를 치게 하였어도 그가 여전히 자기의 온전함(integrity, 순전함)을 굳게 지켰느니라"(욥 2:3). 욥의 아내는 남편에게 어리석은 충고를 했다. 그렇더라도 그녀의 충고는 욥의 순전함을 확인해주었다. "당신이 그래도 자기의 온전함(integrity, 순전함)을 굳게 지키느냐? 하나님을 욕하고 죽으라"(2:9). 욥의 조언자를 자청한 친구들도 욥의 고난이 회개하지 않은 죄 때문이라며 그를 몰아붙였다. 그렇더라도 이들은 자신의 순전함을 주장하는 욥을 인정했다. 4:6에서, 엘리바스는 이렇게 말했다. "네 경외함이 네 자랑이 아니냐? 네 소망이 네 온전한 길이(integrity of your ways) 아니냐?" 욥은 자신을 트집 잡는 자들의 비난에 결코 굴복하지 않고 순전함을 변함없이 지켰다. "나는 결코 너희를 옳다 하지 아니하겠고 내가 죽기 전에는 나의 온전함(integrity, 순전함)을 버리지 아니할 것이라"(27:5). "하나님께서 나를 공평한 저울에 달아보시고 그가 나의 온전함(integrity, 순전함)을 아시기를 바라노라"(31:6).

욥처럼, 하나님이 인정하셨듯이, 다윗도 순전한 사람이었다.

> 솔로몬이 여호와의 성전과 왕궁 건축하기를 마치며 자기가 이루기를 원하던 모든 것을 마친 때에 여호와께서 전에 기브온에서 나타나심 같이 다시 솔로몬에게 나타나사 여호와께서 그에게 이르시되, 네 기도와 네가 내 앞에서 간구한 바를 내가 들었은즉 나는 네가 건축한 이 성전을 거룩하게 구별하여 내 이름을 영원히 그 곳에 두며 내 눈길과 내 마음이 항상 거기에 있으리니, 네가 만일 네 아버지 다윗이 행함 같이 마음을 온전히(integrity) 하고 바르게 하여 내 앞에서 행하며 내가 네게 명령한 대로 온갖 일에 순종하여 내 법도와 율례를 지키면 내가 네 아버지 다윗에게 말하기를 이스라엘의 왕위에 오를 사람이 네게서 끊어지지 아니하리라 한 대로 네 이스라엘의 왕위를 영원히 견고하게 하려니와. (왕상 9:1-5)

시편 78:72에서, 시편 기자는 이렇게 선언했다. "이에 그가[다윗이] 그들을 자기 마음의 완전함(integrity, 순전함)으로 기르고."

다윗은 자신의 순전함을 여러 시편에서 거듭 증언했다. "여호와께서 만민에게 심판을 행하시오니, 여호와여 나의 의와 나의 성실함(integrity)을 따라 나를 심판하소서"(시 7:8). "내가 주를 바라오니 성실(integrity)과 정직으로 나를 보호하소서"(25:21). "내가 나의 완전함(integrity)에 행하였사오며…여호와여 나를 판단하소서"(26:1). "나는 나의 완전함(integrity)에 행하오리니"(26:11).

"주께서 나를 온전한 중에(in my integrity) 붙드시고"(41:12). "내가 완전한 마음으로(in the integrity of my heart) 내 집 안에서 행하리이다"(101:2).

성경은 또한 순전함의 복을 말한다. "여호와여, 주의 장막에 머무를 자 누구오며, 주의 성산에 사는 자 누구오니이까? 정직하게(with integrity) 행하며 공의를 실천하며 그의 마음에 진실을 말하며"(시 15:1-2). "그는 정직한 자를 위하여 완전한 지혜를 예비하시며 행실이 온전한(walk in integrity) 자에게 방패가 되시나니"(잠 2:7). "바른 길로 행하는(walks in integrity) 자는 걸음이 평안하려니와 굽은 길로 행하는 자는 드러나리라"(잠 10:9). "정직한 자의 성실(integrity)은 자기를 인도하거니와 사악한 자의 패역은 자기를 망하게 하느니라"(잠 11:3). "가난하여도 성실하게 행하는(walks in his integrity) 자는 입술이 패역하고 미련한 자보다 나으니라"(잠 19:1). "온전하게 행하는(walks in his integrity) 자가 의인이라. 그의 후손에게 복이 있느니라"(잠 20:7). "가난하여도 성실하게 행하는(walks in his integrity) 자는 부유하면서 굽게 행하는 자보다 나으니라"(잠 28:6).

순전함은 영적 삶과 리더십에 필수다. 그러므로 순전함을 반드시 지켜야 하는 게 분명하다. 고린도전서 9:24-27에서, 바울은 죄 때문에 사역을 감당할 자격을 박탈당하지 않으려고 치열하게 훈련했다고 말한다.

> 운동장에서 달음질하는 자들이 다 달릴지라도 오직 상을 받는 사람은 한 사람인 줄을 너희가 알지 못하느냐? 너희도 상을 받도록 이와 같이 달음질하라. 이기기를 다투는 자마다 모든 일에 절제하나니, 그들은 썩을 승리자의 관을 얻고자 하되 우리는 썩지 아니할 것을 얻고자 하노라. 그러므로 나는 달음질하기를 향방 없는 것 같이 아니하고, 싸우기를 허공을 치는 것 같이 아니하며, 내가 내 몸을 쳐 복종하게 함은 내가 남에게 전파한 후에 자신이 도리어 버림을 당할까 두려워함이로다.

진정한 영적 지도자는 그 삶이 순전하고 흠이 없으며 책망할 것이 없는 사람들이다(딤전 3:2; 딛 1:6-7; 참조. 시 101:6).

그러나 지도자들은 또한 거짓 비난에 맞서 자신의 순전함을 지켜야 한다. 순전함을 지킴에는 이러한 둘째 측면이 포함되며, 바울은 이 둘째 측면에 관해 썼다. 그는 죄에 맞서 자신의 삶을 지키는 일뿐 아니라 거짓말에 맞서 자신의 평판을 지키는 일도 중요하다는 것을 알았다. 이 책 앞 장들에서 말했듯이, 바울이 자신의 순전함을 변호하는 것이 이 서신의 주제다(참조. 고후 1:12 - 13; 2:17; 3:5; 4:2, 5; 5:9-10; 6:3 - 4, 11; 7:2; 8:20 - 21; 10:7; 11:5 - 6, 30; 12:11-12; 13:5 - 6). 고린도교회에 침투한 거짓 선생들이 바울의 신뢰성을 공격했다(참조. 6:8). 이들은 고린도 신자들이 자신들의 거짓말을 곧이듣게 하려 했다. 그러려면 고린도 신자들의 마음에서 바울의 신뢰성을 무너뜨려야 했다. 이들의 고발은 거짓이었지만 그런데도 이들은 위험했다. 이들이 바울에게 씌운 혐의를 고린도 신자들이 믿는다면, 바울이 전한 하나님의 말씀이 신뢰를 잃을 것이었다.

안타깝게도, 많은 고린도 신자가 바울을 비방하는 거짓 선생들의 거짓말에 넘어가 바울을 순전하지 못한 사람으로 여겼다. 바울은 하나님의 진리를 전하는 권위 있는 메신저로 쓰임을 받았다. 그런데 이러한 그의 위치가 위태로 웠다. 바울은 이러한 위험을 직감했기에 진리와 진리의 하나님을 위해 자신을 변호했다.

그러나 바울은 딜레마에 부딪혔다. 바울이 자신을 변호하지 않으면, 고린도 신자들이 그를 버리고 거짓 선생들을 따를 터였다. 그러나 바울이 자신을 변호하면, 교만하게 자화자찬을 늘어놓는다는 비난에 휩싸일 터였다. 자화자찬을 늘어놓는다는 거짓 비난을 논박하기 위해, 바울은 자신을 변호하지 않을 수 없었다.

이 단락을 이해하는 열쇠는 동사 '페이또'(peithō, **persuade,** 납득시키다, **권면하거니와**)의 의미에 있다. 어떤 주석가들은 사도행전 17:4, 18:4, 19:8, 26, 26:28; 28:23 - 24에서처럼 이것은 사람들에게 복음의 진리를 납득시키는 것을 가리킨다고 믿는다. 그러나 고린도후서의 문제는 복음이 아니다. 고린도후서는 일차적으로 복음전파를 위한 서신(evangelistic epistle)이 아니다. 바울은 고린도 신자들에게 복음의 진리를 납득시키려 애쓰는 게 아니라 자신이 순전하다는 진실을 납득시키려 애쓰고 있었다. 그러므로 '페이또'는 갈라디아서

1:10에서처럼 "~에게 좋게 하다"(seek the favor of, 호의를 구하다)로 번역하는 게 더 낳을 수 있다. 바울은 자신의 순전함에 관해 고린도 신자들의 호의적 판단(favorable judgement)을 구했다.

고린도 신자들이 바울의 진정한 영적 상태에 의문을 품었을는지 모른다. 그렇더라도 바울의 진정한 영적 상태는 이미 **하나님 앞에 알리어졌다(made manifest to God)**. 다시 말해, 바울이 진실하고 정직하며 참되다는 사실이 하나님의 눈에 더없이 분명했다. 바울이 이처럼 담대하게 선언했다는 것은 성령께서 양심의 고발을 통해 그로 죄를 깨닫게 하지 않으셨다는 뜻이며, 그의 순전함을 드러내는 강력한 증거였다(참조, 고후 1:12; 행 23:1; 24:16; 딤후 1:3).

바울은 자신의 순전함이 자신의 양심에 알리어졌듯이 고린도 신자들의 **양심에도 알리어지기를 바랐다.** 그는 앞서 썼듯이 "숨은 부끄러움의 일을 버리고 속임으로 행하지 아니하며 하나님의 말씀을 혼잡하게 하지 아니하고 오직 진리를 나타냄으로 하나님 앞에서 각 사람의 양심에 대하여 스스로 추천"했다(고후 4:2). 고린도 신자들이 해야 할 선택은 단순했다. 양심의 증언에 귀 기울일 것인가, 아니면 바울을 비난하는 자들의 거짓말에 귀 기울일 것인가? 이들의 양심은 잘 알았다. 이들은 바울이 경건하게 살고 도덕적으로 흠잡을 데 없다는 것을 알았다. 바울이 적어도 18개월 동안 이들과 함께하면서 날마다 이들을 목양했기 때문이다(행 18:11). 이들은 바울을 직접 지켜보았으며, 따라서 그의 순전함을 조금도 의심하지 말았어야 했다.

바울은 자신을 악랄하게 공격하는 거짓말쟁이들에 맞서 자신의 순전함을 변호하면서 자신을 변호하는 여섯 가지 동기를 제시했다. 주님을 향한 공경, 교회를 향한 염려, 진리를 향한 헌신, 구주를 향한 감사, 의를 향한 갈망, 잃은 자들을 향한 부담감 등이다.

주님을 향한 공경

우리는 주의 두려우심(the fear of the Lord)을 알므로 (5:11a)

하나님을 **두려워한다(fear)**는 것은 하나님을 공경하고 경외하며 존중함이 예배와 경배와 섬김으로 나타난다는 것이다(참조. 7:1; 욥 28:28; 시 19:9; 22:23; 111:10; 잠 1:7; 8:13; 9:10). 사도행전 9:31은 이렇게 말한다. "온 유대와 갈릴리와 사마리아 교회가 평안하여 든든히 서가고 주를 경외함(the fear of the Lord)과 성령의 위로로 진행하여 수가 더 많아지니라." 그러므로 **주의 두려우심**은 무서움이나 공포를 가리키지 않는다. 이런 유형의 두려움은 "평안"과 "위로"를 낳지 못할 것이기 때문이다.

바울은 누군가 자신을 잘못 생각하지나 않을까 몹시 불안했다. 다시 말해, 누군가 자신이 깊이 사랑하고 공경하며 섬기는 주님을 자신이 잘못 대변한다고 생각하지나 않을까 몹시 불안했다. 바울은 자신이 누군가에게 예수 그리스도의 이름을 욕되게 하는 사람으로 비춰지는 게 섬뜩했다(참조. 롬 2:24). 바울은 하나님의 영광을 위해 살았다(고전 10:31; 참조. 롬 12:1). 그래서 사람들의 눈에 자신이 정반대로 사는 것처럼 비치는 것을 용납할 수 없었다. 그뿐 아니라, 바울은 자신이 주님을 욕되게 한다는 거짓 비난에 침묵할 수 없었다. 이런 비방이 그의 사역을 쓸모없고 열매도 없게 만들 것이기 때문이었다. 그러므로 바울은 자신의 순전함을 변호하지 않을 수 없어 겸손하게 마지못해 변호했다(참조. 고후 10:12-18).

교회를 향한 염려

우리가 다시 너희에게 자천하는 것이 아니요 오직 우리로 말미암아 자랑할 기회를 너희에게 주어 마음으로 하지 않고 외모로 자랑하는 자들에게 대답하게 하려 하는 것이라. (5:12)

바울이 자신을 변호한 것은 하나님뿐 아니라 교회를 위해서였다. 그는 자신을 향한 거짓 비난을 방치하면 교회가 황폐해질 수 있다는 것을 알았다. 거짓 선생들이 바울에 관해 쏟아내는 거짓말을 믿는 사람이 고린도 신자 중에 많아지면, 교회 전체가 친바울파와 반바울파로 갈라질 수 있었다. 바울은 교회 일치를 매우 소중히 여기는데(12:20; 엡 4:3, 13; 골. 3:14; 참조. 요 17:20 - 23), 이 때문에 교회 일치가 무너질 터였다. 교회 지도자들의 평판이 공격받을 때, 교회는 어느 때보다 빠르게 분열한다.

바울의 순전함이 공격받았고, 이로써 교회는 분열될 위험에 처했을 뿐 아니라 영적 성장이 막힐 위험에 처했다. 바울은 하나님의 계시가 고린도교회에 흘러드는 통로였다. 그러므로 고린도 신자들이 바울에 대한 신뢰를 잃으면 바울을 통해 전달되는 계시의 근원도 잃을 터였다. 엎친 데 덮친 격으로, 그 근원이 거짓 선생들이 전하는 귀신의 가르침으로 대체될 터였다. 그 결과 복음이 무너질 터였다.

바울은 이 서신 앞부분에서 했던 선언을(고후 3:1) 되풀이 하면서 고린도 신자들에게 일깨웠다. **우리가 다시 너희에게 자천하는 것이 아니요.** 그는 "옳다 인정함을 받는 자는 자기를 칭찬하는 자가 아니요 오직 주께서 칭찬하시는 자"라는 것을 잘 알았다(10:18). 그가 12:11에서 일깨우듯이, "나는 너희에게 칭찬을 받아야 마땅하도다."[43] 바울이 자신을 변호하려는 것은 자신을 위해서가 아니라 이들을 위해서였다. 바울은 자신이 자천하지 않는다고 거듭 선언했다. 앞서 말했듯이, 이것은 바울이 이렇게 한다고 비난받았다는 것을 암시한다. 거짓 사도들이 바울을 향해 거짓 비난을 퍼부었다. 바울이 스스로 잘했다고 나팔 불고 자신을 추어올리며 이기적 계획들을 추진한다는 것이었다. 이들은 바울이 없을 때 이렇게 했으며, 바울이 고린도를 안타깝고 고통스럽게 방문하는 중에도 이렇게 했을 것이다(2:1).

실제로, 바울은 절대로 자신을 자랑할 사람이 아니었다. 그는 고린도전서 4:4에서 이렇게 썼다. "내가 자책할 아무것도 깨닫지 못하나 이로 말미암아 의롭다 함을 얻지 못하노라. 다만 나를 심판하실 이는 주시니라." 그는 고린도 신자들에게 두 차례 일깨웠다. "자랑하는 자는 주 안에서 자랑하라"(고전 1:31; 고후 10:17). 그는 오로지 자신의 약함을 자랑했다(11:30; 12:9-10). 그는 심지어 자신이 사역하며 성취한 것을 자신의 공으로 돌리려 하지도 않았다. 고린도

---

43 새번역: 여러분은 나를 인정해 주었어야 마땅합니다.

전서에서, 바울은 이렇게 썼다. "내가 복음을 전할지라도 자랑할 것이 없음은 내가 부득불 할 일임이라. 만일 복음을 전하지 아니하면 내게 화가 있을 것이로다"(고전 9:16).

바울은 자신의 동기를 더 명확히 하면서 이렇게 썼다. 그가 자신의 순전함을 변호하는 것은 고린도 신자들에게 바른 의미에서 그를 **자랑할 기회를** 주어 **이들이 마음으로 하지 않고 외모로 자랑하는 자들에게 대답하게 하려는** 데 목적이 있다는 것이다. 바울은 대적들에게 자신을 칭찬하지 않았다. 대신에, 친구들을 무장시켜 자신을 변호하게 하는 지혜로운 선택을 했다. 바울은 대적들에게 직접 대응하는 게 무의미하다는 것을 알았다. 이들은 바울의 말을 왜곡해 자신들의 악한 목적에 끼워 맞출 것이었다(참조. 잠 26:4; 29:9). 그러므로 고린도교회에서 자신을 지지하는 신자들을 준비시켜 이들이 바울을 깎아내리는 자들에게 **대답하게 하는** 것이 더 효과적이었다(잠 27:2). 이렇게 함으로써, 바울은 이들에게 자신을 **자랑할 기회**까지 주었다. '카우케마'(*kauchēma*, **proud, 자랑하다**)는 부적절하고 죄악된 자랑을 가리킬 수 있으나(롬 4:2; 고전 5:6) 여기서는 이들이 바울의 영적 순전함을 확신한다는 것을 가리킨다(참조. 고후 1:14; 9:3; 갈 6:4; 빌 1:26; 2:16; 히 3:6).

바울은 자신을 비난하는 자들에게 역공을 펼치면서 **마음으로 하지 않고 외모로 자랑하는 자들**이라며 이들을 몰아붙였다. 이들은 종교적 **외모**는 그럴듯했으나 **마음**은 썩었다. 그러므로 바울이 아니라 이들이 순전하지 못한 위선자였다. 이들은 예수님이 "회칠한 무덤"이라고 책망하신 자들, "겉으로는 아름답게 보이나 그 안에는 죽은 사람의 뼈와 모든 더러운 것이 가득한" 자들, "겉으로는 사람에게 옳게 보이되 안으로는 외식과 불법이 가득한" 자들과 같았으며(마 23:27-28), 바울이 "육체의 모양을 내려 하는 자들"이라며 폭로한 자들과 같았다(갈 6:12).

그러나 바울은 겉과 속이 다르지 않았다. 이것은 하나님이 보시기에 분명했을 뿐 아니라, 고린도 신자들이 바울에 관해 참되다고 알고 있는 것에 반응할 때 이들의 양심에도 분명했다.

진리를 향한 헌신

우리가 만일 미쳤어도 하나님을 위한 것이요 정신이 온전하여도 너희를 위한 것이니. (5:13)

거짓 선생들은 바울에게 악의적 비난을 퍼부었다. 그중 하나는 바울이 어리석고 정신이 온전하지 못하다는 것이었다(참조. 11:1, 16 - 17; 12:6, 11; 고전 4:10). **우리가 미쳤다(we are beside ourselves)**로 번역된 동사의 어근 '엑시스테미'(*existēmi*)는 마가복음 3:21에서 예수님의 친족들이 가졌던 잘못된 믿음, 곧 예수님이 "미쳤다"(lost His senses)는 믿음을 가리키는 데 사용된다. 이 동사는 문자적으로 "정신이 나갔다"(out of one's mind)는 의미에서 "자신 밖에 서다"(to stand outside oneself) 또는 "자신 옆에 있다"(to be beside oneself)는 뜻이다. 바울은 진리에 아주 열정적으로 몰두했다. 그래서 바울의 대적들은 그가 정신이 이상할 만큼 광신적이라고 보았다. 놀랍게도, 고린도교회는 이러한 거짓되고 터무니없는 주장을 대놓고 거부하지 않았다. 오히려 이러한 주장을 받아들이는 사람들과 바울이 **정신이 온전하다(of sound mind)**고 주장하는 사람들 사이에 논쟁이 벌어졌다. 정신이 온전하다는 말은 제정신이고 분별력이 있으며 자신의 재능들을 제어한다는 뜻이다.

세상은 대개 독단적이고 진리에 열정적인 사람들, 즉 위선적인 유대 지도자들을 더없이 분명하게 비판하는 세례 요한 같은 사람들을 달가워하지 않는다. "독사의 자식들아, 누가 너희를 가르쳐 임박한 진노를 피하라 하더냐?"(마 3:7). 그 결과, 예측할 수 있듯이, 이들은 "귀신이 들렸다"며 세례 요한을 비웃었다(마 11:18).

놀랍지 않게도, 동일한 위선자들이 현실과 동떨어졌다며 성육한 진리이신 주 예수 그리스도를(요 1:14, 17; 14:6; 계 3:7; 19:11) 비난하는 신성모독을 범했다. 마태복음 11:19에서, 예수님은 그들이 "포도주를 즐기는 사람"(a drunkard, 술꾼), 곧 술의 지배를 받는 자라며 자신을 조롱했다고 하셨다. 이들은 세례 요한을 그렇게 비난했듯이, 예수님을 귀신들렸다며 비난했고 그분을 조롱하며 물었다. "우리가 너를 사마리아 사람이라 또는 귀신이 들렸다 하는 말이 옳지 아니하냐?"(요 8:48; 참조. 7:20; 8:52; 10:20). 그러나 이들은 여기서 그치지 않고 한술 더 떠 예수님이 다름 아닌 사탄에게 사로잡혔다며 이렇게 주장했다. "이가 귀신의 왕 바알세불을 힘입지 않고는 귀신을 쫓아내지 못하느니라"(마 12:24; 참조. 10:25). 이로써 이들은 생각할 수 있는 가장 악한 신성모독을, 성령을 거스르는 용서받을 수 없는 신성모독을 저질렀다(마 12:31-32).

이번만이 아니었다. 사람들이 진리에 몰두한 바울을 보고 그가 제정신이 아닐 거로 생각한 경우가 또 있었다. 바울은 아그립바 왕 앞에서 자신의 회심을 극적으로 증언하고 복음을 강력하고 솔직하게 제시했다. 그러자 로마 총독 베스도가 "크게 소리 내어 이르되, 바울아 네가 미쳤도다. 네 많은 학문이 너를 미치게 한다"고 했다(행 26:24). 그러나 그가 차분하고 품위 있게 대답한 데서 보듯이, 바울은 미친 게 아니었다. "베스도 각하여, 내가 미친 것이 아니요 참되고 온전한 말을 하나이다"(25절).

바울이 열성적이었다면 **하나님을 위한 것**이었다. 그는 청지기였으며(고전 4:1; 9:17; 엡 3:2; 골 1:25), 하나님 말씀의 값진 진리를 맡았고 하나님을 영화롭게 하려는 야망이 있었다. 바울은 열정과 확신 없이 이 진리를 전할 수는 없었다. 하나님의 말씀이 이렇게 선포될 때 하나님이 높임을 받으신다는 것을 알기 때문이었다. 바울의 대적들이 주장했듯이, 설령 바울이 자제력을 잃었더라도, 사람들이 하나님의 진리를 듣고 믿으며 높이게 하려는 그의 열망 때문이었다(참조. 엡 6:19; 골 4:3; 살후 3:1).

다른 한편으로, 바울이 **정신이 온전하**고 분별 있게 생각한다면, 고린도 신자들을 **위한** 것이었다. 사람들이 바울이 **미쳤다**고 생각하든 **정신이 온전하다**고 생각하든, 그에게는 중요하지 않았다(참조. 고전 4:1-5). 바울에게 중요한 것은 진리가 선포되어 하나님이 높임을 받으시는 것이었고, 그래서 바울은 진리를 성실하게 선포했다. 그러나 그와 동시에 바울은 고린도 신자들을 위해 부드럽고 겸손하며 인내했다(고후 10:1; 딤후 4:2).

구주를 향한 감사

**그리스도의 사랑이 우리를 강권하시는도다. 우리가 생각하건대, 한 사람이 모든
사람을 대신하여 죽었은즉 모든 사람이 죽은 것이라.** (5:14)

주님을 향한 사랑이 바울을 강권했던 게 분명하다. 그렇더라도 이 문맥에서
그리스도의 사랑은 바울을 향한 그리스도의 사랑으로 보는 게 가장 좋다. 그리
스도의 사랑은 그분의 희생적 죽음에서 가장 분명하게 나타났으며, 바울은 뒤
이어 이 주제를 다룬다. 이러한 거대하고 값없으며 과분한(unmerited) **사랑**이
자신을 변호하도록 바울을 강권하고 몰아붙이며 자극했다. 그리스도께서 바울
을 사랑해 구원하셨기에, 바울은 그 어떤 방해물이라도 헤치고 그분을 섬기려
했다.

바울은 로마서 8:35-39에서 기념비적으로 표현했듯이 그리스도의 사랑에
놀라움을 잠시도 잃지 않았다.

> 누가 우리를 그리스도의 사랑에서 끊으리요? 환난이나 곤고나 박해나 기근이
> 나 적신이나 위험이나 칼이랴? 기록된 바, 우리가 종일 주를 위하여 죽임을 당하
> 게 되며 도살당할 양 같이 여김을 받았나이다 함과 같으니라. 그러나 이 모든 일
> 에 우리를 사랑하시는 이로 말미암아 우리가 넉넉히 이기느니라. 내가 확신하노
> 니, 사망이나 생명이나 천사들이나 권세자들이나 현재 일이나 장래 일이나 능력
> 이나 높음이나 깊음이나 다른 어떤 피조물이라도 우리를 우리 주 그리스도 예수
> 안에 있는 하나님의 사랑에서 끊을 수 없으리라.

그리스도의 사랑은 희생하는 사랑이다. 바울은 이 부분을 갈라디아서 2:20
에서 친숙하게 표현했다. "내가 그리스도와 함께 십자가에 못 박혔나니, 그런
즉 이제는 내가 사는 것이 아니요 오직 내 안에 그리스도께서 사시는 것이라.
이제 내가 육체 가운데 사는 것은 나를 사랑하사 나를 위하여 자기 자신을 버
리신 하나님의 아들을 믿는 믿음 안에서 사는 것이라." 그는 에베소 신자들에

게 "지식에 넘치는 그리스도의 사랑"을 말했다(엡 3:18; 5:25). 이해할 수 없고 꺾을 수 없으며 조건 없는 그리스도의 사랑이 바울을 압도했다.

더 나아가, 그리스도의 사랑이 바울을 강권했다(controlled, 지배했다). '수네코'(sunechō, controls, 지배하다, 강권하다)는 행동을 촉발하는 압박을 말한다. 그리스도께서 바울 같은 신자들에게 쏟으시는 엄청난 사랑이 감사 예배의 행위로 그분을 전심으로 섬기도록 그를 압박했다. 바울이 신뢰를 잃고 그의 사역을 잃는다면, 자신의 사역을 통해 그리스도께 감사를 표현할 기회를 잃을 터였다. 이러한 위협이 자신의 순전함을 변호하도록 바울을 몰아붙인 핵심 요인이었다.

그리스도의 사랑이 바울을 강권한(지배한) 것은 바울이 자신과 그리스도가 하나 되었다고 심오하게 결론지었기(concluded, 생각하건대) 때문이다. 그는 **한 사람이 모든 사람을 대신하여 죽었은즉 모든 사람이 죽은 것이라**고 확신했다. 옛 언약 아래서, 무수한 짐승이 희생제물로 죽었으나 죄를 완전히 사하지 못했다. "이는 황소와 염소의 피가 능히 죄를 없이 하지 못함이라"(히 10:4). 짐승의 죽음은 아무 효능이 없었다. 이러한 죽음은 모두 옛 언약이 구원의 수단이 못 된다는 것을 끊임없이 증언했다. 그러나 완전히 대조적으로, 예수 그리스도께서 "거룩하게 된 자들을 한 번의 제사로 영원히 온전하게 하셨다"(히 10:14; 참조. 9:14, 28; 10:10, 12, 19; 13:12; 롬 3:24-25; 5:9; 엡 1:7; 벧전 1:18-19; 요일 1:7; 계 1:5).

전치사 '후페르'(huper, for, 대신하여)는 "~를 도우려고"(in behalf of) 또는 "~을 위해"(for the benefit of)로 번역될 수 있지만 "~대신"(in the place of)이 가장 좋은 번역으로 보인다. 이것은 대속(代贖)이라는 본질적이고 대체할 수 없는 진리를 제시한다. 다시 말해, 그리스도께서 그분을 믿는 **모든 사람** 대신 돌아가셨다는 것이다. 자신의 죽음으로, "그리스도께서 우리를 위하여 저주를 받은 바 되사 율법의 저주에서 우리를 속량하셨다"(갈 3:13). "우리로 하여금 그 안에서 하나님의 의가 되게 하려"고 "하나님이 죄를 알지도 못하신 이를 우리를 대신하여 죄로 삼으"셨기 때문이다(고후 5:21).

구약성경에서, 이사야는 메시아가 죄인들의 대속물로 죽으리라고 예언했다.

그는 실로 우리의 질고를 지고

우리의 슬픔을 당하였거늘

우리는 생각하기를 그는 징벌을 받아

하나님께 맞으며 고난을 당한다 하였노라.

그가 찔림은 우리의 허물 때문이요

그가 상함은 우리의 죄악 때문이라.

그가 징계를 받으므로 우리는 평화를 누리고

그가 채찍에 맞으므로 우리는 나음을 받았도다.

우리는 다 양 같아서 그릇 행하여 각기 제 길로 갔거늘

여호와께서는 우리 모두의 죄악을 그에게 담당시키셨도다.

그가 자기 영혼의 수고한 것을 보고

만족하게 여길 것이라.

나의 의로운 종이 자기 지식으로 많은 사람을 의롭게 하며

또 그들의 죄악을 친히 담당하리로다.

그러므로 내가 그에게 존귀한 자와 함께 몫을 받게 하며

강한 자와 함께 탈취한 것을 나누게 하리니,

이는 그가 자기 영혼을 버려 사망에 이르게 하며

범죄자 중 하나로 헤아림을 받았음이니라.

그러나 그가 많은 사람의 죄를 담당하며

범죄자를 위하여 기도하였느니라. (사 53:4-6, 11-12)

　　구약성경에 예언된 대리(substitution) 개념이 신약성경에서 분명하게 제시된다. 성경 전체에서 신학적으로 가장 풍성하고 심오한 단락에서, 사도 바울은 이렇게 썼다.

　　우리가 아직 연약할 때에 기약대로 그리스도께서 경건하지 않은 자를 위하여 죽으셨도다. 의인을 위하여 죽는 자가 쉽지 않고 선인을 위하여 용감히 죽는 자가

혹 있거니와 우리가 아직 죄인 되었을 때에 그리스도께서 우리를 위하여 죽으심으로 하나님께서 우리에 대한 자기의 사랑을 확증하셨느니라. 그러면 이제 우리가 그의 피로 말미암아 의롭다하심을 받았으니 더욱 그로 말미암아 진노하심에서 구원을 받을 것이니, 곧 우리가 원수되었을 때에 그의 아들의 죽으심으로 말미암아 하나님과 화목하게 되었은즉, 화목하게 된 자로서는 더욱 그의 살아나심으로 말미암아 구원을 받을 것이니라. (롬 5:6 - 10; 참조. 요 6:51; 고후 5:21; 엡 5:2; 살전 5:9 - 10; 딤전 2:5 - 6; 딛 2:14; 히 2:9; 벧전 2:24; 3:18)

예수 그리스도의 대속은 기독교 신학의 중심이다(이 책 16장에서 5:21에 대한 논의를 보라). 모든 사람이 죄인이며(롬 3:23) 하나님의 공의는 모든 죄인에게 죽음을 요구한다(롬 6:23). 그러나 그리스도의 죽음이 하나님의 공의를 완전히 만족시켰고 그분의 진노를 가라앉혔으며(롬 3:22, 25 - 26; 히 2:17; 요일 2:2; 4:10), 이것은 그리스도를 믿는 모든 사람에게 해당된다(롬 3:28, 30; 4:5; 5:1; 갈 2:16; 3:8, 11, 24).

그리스도께서 **모든 사람**을 위해 돌아가셨다고 할 때, 이들이 정확히 누구인지 아는 것이 중요하다. **한 사람이 모든 사람을 대신하여 죽었다**는 어구는, 따로 떼어놓으면, 그리스도께서 이 땅에 살았던 모든 사람을 위해 돌아가셨다는 것을 암시할 수 있다. 그러나 바울은 **~은즉 모든 사람이 죽은 것이라(therefor all died)**는 어구를 덧붙임으로 자신의 말이 무슨 뜻인지 분명하게 밝혔다. 그는 "모든 사람이 죽은 상태였다"(all were dead)라고 말하지 않았다. 이렇게 말했다면 이 땅을 살았던 모든 죄인을 가리키는 것일 터였다. 모든 사람이 죄로 죽은 상태이기(all are dead in sin) 때문이다(엡 2:1). 그러나 바울은 상태가 아니라 한 사건, 곧 그리스도의 죽음에서 일어난 신자들과 그리스도의 연합을 말하고 있었다. 두 어구가 함께 그리스도께서 위하여 돌아가신 **모든 사람**을 그리스도를 믿음으로써(롬 3:24-26) 그리스도 안에서 **죽은 모든 사람**으로 규정한다(참조. 롬 6:1-4). 아담 안에 있는 모든 사람이(전 인류가) 그의 죄 때문에 죄인이 되었듯이, 그리스도 안에 있는 모든 사람이(구원을 얻기 위해 그리스도를 믿는 모든 사람이) 그리스도의 죽음 때문에 의롭게 된다(롬 5:19; 고전 15:21-22).

죄인들은 처음으로 죄를 짓고 이후로도 숱하게 죄를 지을 때 죽어야 마땅하지만, 하나님은 이들을 죽이지 않으신다. 이렇듯 육체적·일시적 의미에서, 하나님은 "모든 사람의 구주"(Savior of all men)다(딤전 4:10). 하나님은 죄인들에게 인내하시고 이들이 곧바로 죽음과 지옥에 이르게 하지 않으신다. 이렇듯 하나님은 본성적으로 구주(Savior)다. 그래서 구원받지 못한 자들이 일반 은총을 누린다. "하나님이 그 해를 악인과 선인에게 비추시며 비를 의로운 자와 불의한 자에게 내려주심이라"(마 5:45). 하나님은 모든 사람에게 온정어린 사랑을 베푸시고(참조. 렘 48:35-37; 마 23:37; 막 10:21; 눅 19:41-44), 이들의 죽음을 기뻐하지 않으시며(겔 18:30-32; 33:11), 이들에게 복음을 제시하신다(마 11:28-30; 22:2-14; 계 22:17; 참조. 사 55:1-2). 그러나 하나님이 일시적·육체적으로 "모든 사람의 구주"이더라도 영원히·영적으로 "특히 믿는 자들의 구주"다(딤전 4:10). 대속은 오직 그리스도 안에서 믿음으로 말미암아 은혜로 죽은 자들을 위한 것이다. 만약 그리스도께서 온 인류를 위한 대속물로 돌아가셨다면 이 땅에 살았던 모든 사람이 구원받을 것이다. 이들의 죗값이 지불되고 하나님의 공의가 만족될 터이기 때문이다. 그러나 그렇지 않은 게 분명하다. 대다수가 하나님의 구원을 거부하고 따라서 하나님이 이들을 지옥에 보내, 거기서 자기 죗값을 영원히 치르게 하실 터이기 때문이다(마 25:41, 46; 살후 1:9; 계 14:9-11; 20:11-15; 참조. 마 7:13-14; 눅 13:23-24).

바울의 마음은 감사로 넘쳤다. 영원하고 거룩하신 하나님이 대속물로 죽어 그의 죗값을 지불하도록 그분의 아들을 세상에 보내셨기 때문이다. 이 놀라운 진리는, 마치 바울이 자신의 구원에 기여하기라도 했듯이, 그에게 자축할 여지를 조금도 주지 않았다. 이 진리가 화해, 칭의, 죄 사함, 하나님과 화목함, 진노와 심판에서 벗어나는 해방의 근원이다. 바울은 무엇보다도 주권적으로, 은혜로 그를 구속하신 분을 위해, 자신의 피를 통해 그렇게 하신 분을 위해 살려고 했다. 그러므로 바울은 자신의 사역을 변호했다. 자신의 섬김을 통해 자신의 감사를 표현할 기회를 놓치지 않기 위해서였다.

의를 향한 갈망

그가 모든 사람을 대신하여 죽으심은 살아 있는 자들로 하여금 다시는 그들 자신을 위하여 살지 않고 오직 그들을 대신하여 죽었다가 다시 살아나신 이를 위하여 살게 하려 함이라. (5:15)

이 핵심은 바로 앞에서 제시한 핵심과 단단히 연결되어 서로 분리될 수 없다. 그리스도께서 그분 안에서 죽은 **모든 사람을 대신하여 죽으심은(died for all) 살아 있는 자들로 하여금 다시는 그들을 위하여 살지 않고 오직 그들을 대신하여 죽었다가 다시 살아나신 이를 위해 살게 하려는** 데 목적이 있다. 구원은 놀라운 기적이며, 그리스도의 죽음뿐 아니라 그분의 부활에서 일어나는 신자들과 그리스도의 연합을 포함한다.

> 그러므로 우리가 그의 죽으심과 합하여 세례를 받음으로 그와 함께 장사되었나니, 이는 아버지의 영광으로 말미암아 그리스도를 죽은 자 가운데서 살리심과 같이 우리로 또한 새 생명 가운데서 행하게 하려 함이라. 만일 우리가 그의 죽으심과 같은 모양으로 연합한 자가 되었으면, 또한 그의 부활과 같은 모양으로 연합한 자도 되리라…만일 우리가 그리스도와 함께 죽었으면, 또한 그와 함께 살 줄을 믿노니…그가 죽으심은 죄에 대하여 단번에 죽으심이요 그가 살아계심은 하나님께 대하여 살아계심이니, 이와 같이 너희도 너희 자신을 죄에 대하여는 죽은 자요 그리스도 예수 안에서 하나님께 대하여는 살아 있는 자로 여길지어다. (롬 6:4-5, 8, 10-11)

> 내가 율법으로 말미암아 율법에 대하여 죽었나니, 이는 하나님에 대하여 살려 함이라. 내가 그리스도와 함께 십자가에 못 박혔나니, 그런즉 이제는 내가 사는 것이 아니요 오직 내 안에 그리스도께서 사시는 것이라. 이제 내가 육체 가운데 사는 것은 나를 사랑하사 나를 위하여 자기 자신을 버리신 하나님의 아들을 믿는 믿음 안에서 사는 것이라. (갈 2:19-20)

이는 너희가 죽었고 너희 생명이 그리스도와 함께 하나님 안에 감추어졌음이라.
(골 3:3)

따라서 그리스도 안에서, 신자들은 죄에 대한 죽음 뿐 아니라 의에 대한 부활까지 경험한다. 그 결과, 신자들은 **다시는 그들 자신을 위하여 살지 않고 오직 그들을 대신하여 죽었다가 다시 살아나신 이를 위하여 살아야** 한다(참조. 엡 2:10; 딛 2:14; 벧전 2:24).

참 그리스도인이 모두 그러듯이, 바울도 예수 그리스도를 위해 살았다. 바울은 에베소 장로들에게 마지막 권면을 하면서 이렇게 단언했다. "내가 달려갈 길과 주 예수께 받은 사명 곧 하나님의 은혜의 복음을 증언하는 일을 마치려 함에는 나의 생명조차 조금도 귀한 것으로 여기지 아니하노라"(행 20:24). 또한 로마 신자들에게 이렇게 일깨웠다. "우리가 살아도 주를 위하여 살고 죽어도 주를 위하여 죽나니, 그러므로 사나 죽으나 우리가 주의 것이로다"(롬 14:8). 바울은 자신과 교만하며 자랑하는 거짓 선생들, 곧 갈라디아 신자들을 괴롭히는 자들을 대비하며 이렇게 선언했다. "그러나 내게는 우리 주 예수 그리스도의 십자가 외에 결코 자랑할 것이 없으니, 그리스도로 말미암아 세상이 나를 대하여 십자가에 못 박히고 내가 또한 세상을 대하여 그러하니라"(갈 6:14). 빌립보 신자들에게는 이렇게 썼다. "이는 내게 사는 것이 그리스도니 죽는 것도 유익함이라"(빌 1:21). "푯대를 향하여 그리스도 예수 안에서 하나님이 위에서 부르신 부름의 상을 위하여 달려가노라"(빌 3:14). 주 예수 그리스도가 사도 바울의 생명이었다(골 3:4).

바울은 그리스도를 욕되게 하는 자로 비춰진다면 도저히 견딜 수 없었을 것이다. 그리스도를 위해 사는 것이 그의 삶에서 가장 중요했기 때문이다. 바울이 자신의 순전함을 변호한 데는 또 다른 목적이 있었다. 자신이 계속해서 그리스도를 위해 산다는 게 무슨 뜻인지 보여주는 하나의 본보기로 남을 수 있기 위해서였다. 고린도전서 11:1에서, 바울은 고린도 신자들에게 "내가 그리스도를 본받는 자가 된 것 같이 너희는 나를 본받는 자가 되라"고 촉구했다(참조. 고전 4:1; 살전 1:6). 그가 거짓말이 그의 순전함을 무너뜨리도록 내버려둔다면, 고린도 신자들이 그를 따르는 대신 거짓 사도들을 따를 것이었다. 바울은 이런 상황을 도저히 용납할 수 없었고, 그래서 자신의 순전함을 강하게 변호했다.

잃은 자들을 향한 부담감

[16]그러므로 우리가 이제부터는 어떤 사람도 육신을 따라 알지 아니하노라. 비록 우리가 그리스도 육신을 따라 알았으나 이제부터는 그같이 알지 아니하노라. [17]그런즉 누구든지 그리스도 안에 있으면 새로운 피조물이라. 이전 것은 지나갔으니 보라 새 것이 되었도다. (5:16-17)

바울이 자신의 순전함을 변호하는 매우 중요한 이유, 곧 나머지 모든 이유를 아우르는 이유가 있다. 잃은 자들에게 계속 다가갈 수 있기 위해서였다. 바울은 사람들이 그리스도를 믿어 구원에 이르는 믿음(saving faith in Christ)으로 나오는 모습을 보길 간절히 바랐다. 예를 들면, 이교도 문화의 중심지 아덴에서, 바울은 "그 성에 우상이 가득한 것을 보고 마음에 격분했다"(행 17:16). 그는 로마 신자들에게 이렇게 썼다. "형제들아, 내가 여러 번 너희에게 가고자 한 것을 너희가 모르기를 원하지 아니하노니, 이는 너희 중에서도 다른 이방인 중에서와 같이 열매를 맺게 하려 함이로되"(롬 1:13). 고린도 신자들에게 쓴 영감된(신약성경에 포함된) 첫째 편지에서, 바울은 "복음을 전하는" 것이 자신의 사명임을 분명히 했으며(고전 1:17), 사실 같은 서신 뒷부분에서 이렇게 썼다. "내가 부득불 할 일임이라. 만일 복음을 전하지 아니하면 내게 화가 있을 것이로다"(9:16).

그러나 바울이 잃은 자들을 향해 느끼는 부담감(책임감, burden for the lost)은 로마서에 기록된 그의 충격적 발언에서 가장 찡하게 표현된다.

내가 그리스도 안에서 참말을 하고 거짓말을 아니하노라. 나에게 큰 근심이 있는 것과 마음에 그치지 않는 고통이 있는 것을 내 양심이 성령 안에서 나와 더불어 증언하노니, 나의 형제 곧 골육의 친척을 위하여 내 자신이 저주를 받아 그리스

도에게서 끊어질지라도 원하는 바로라. (롬 9:1-3)

바울은 잃어버린 동족 이스라엘이 구원받는 모습을 보고 싶은 마음이 너무나 간절했기에, 그럴 수 있다면, 이를 위해 자신의 구원까지 기꺼이 포기하려 했다. 놀랄 것도 없이, 그가 "마음에 원하는 바와 하나님께 구하는 바는 이스라엘을 위함이니, 곧 그들로 구원을 받게"하는 것이었다(롬 10:1). 바울은 잃은 자들을 향한 부담감 때문에 자신의 순전함을 변호했다. 자신의 신뢰성과 함께 복음을 유효하게 전하는 능력을 잃지 않기 위해서였다.

이 두 절에서, 잃은 자들을 향한 바울의 부담감이 언제 시작되었는지 알 수 있다. 접속사 '호스테'(hōste, 그러므로)는 뒤로 돌아가 구원을 말하는 14절과 15절을 가리킨다. 회심 후, 바울은 사람을 보는 시각이 완전히 달라졌다. 그때부터, 바울은 어떤 사람도 **육신을 따라 알지(recognize,** oida, 문자적으로, "알다 know," "인지하다 perceive") **아니**했다. 거짓 선생들은 사람들을 외적 · 세상적 기준에서 평가했으나(참조. 고후 5:12; 갈 6:12), 바울은 더 이상 사람들을 이런 기준에서 평가하지 않았다. 전에 이방인들을 비웃었고 자신의 그룹에 속하지 않은 유대인들까지 비웃었던 교만한 바리새인이(참조. 요 7:49) 이제 겉모양 그 너머를 보았다. 그의 선입견과 증오가 "헬라인이나 유대인이나 할례파나 무할례파나 야만인이나 스구디아인이나 종이나 자유인"을 비롯해 모두를 향한 사랑으로 바뀌었다(골 3:11).

바울은 사람들을 보는 시각이 바뀌었을 뿐 아니라 **그리스도**를 보는 시각도 바뀌었다. 전에는 그리스도를 **육신을 따라 알았다.** 전에는 그리스도를 인간적 시각에서 평가했으며 그리스도는 인간일 뿐이라고 결론지었다. 설상가상으로, 예수는 거짓 메시아라고 단정했다. 예수는 이단이며 유대교에 맞선 반역자일 뿐이었다. 따라서 죽어 마땅한 자였다. 그래서 바울은 예수 추종자들을 박해하는 데 온 삶을 바쳤다. 그는 나중에 이렇게 고백했다.

나도 나사렛 예수의 이름을 대적하여 많은 일을 행하여야 될 줄 스스로 생각하고, 예루살렘에서 이런 일을 행하여 대제사장들에게서 권한을 받아 가지고 많은 성도를 옥에 가두며, 또 죽일 때에 내가 찬성투표를 하였고, 또 모든 회당에서 여러 번 형벌하여 강제로 모독하는 말을 하게하고, 그들에 대하여 심히 격분하여 외국 성에까지 가서 박해하였고. (행 26:9-11)

바울은 전에 예수를 이렇게 알았**으나(yet)** 회심 후 그분을 **그같이 알지 아니** 했다. 사도 바울의 평가는 바리새인 사울의 평가와 완전히 달랐다. 그는 더 이상 예수를 떠돌이 갈릴리 랍비로 보지 않았고 메시아를 사칭하는 자요 유대교의 원수로 보지도 않았다. 대신에, 바울은 그분을 참 모습 그대로, 성육하신 하나님으로, 구주로, 하늘의 주님으로, 홀로 구약 예언들을 성취하고 죄를 사하는 참 메시아로 보았다. 바울이 이렇게 시각이 바뀐 것은 다메섹 가는 길에 부활하신 주님을 만나 눈이 먼 순간이었다. 예수님에 대한 바울의 평가가 달라졌을 때, 나머지 모든 사람에 대한 그의 평가도 달라졌다. 바울은 자신의 삶에 일어난 심오한 변화가 그리스도를 믿는 모두의 삶에서도 똑같이 일어나리라는 것을 알았다.

그런즉(therefore), 바울은 **누구든지 그리스도 안에 있으면 새로운 피조물이라** 라고 결론지었다. 이것은 15절에서도 도출되는 결론이기도 하다. 하나님의 은혜와 긍휼은 누구든지, 가장 악한 죄인이라도, 죄인 중에 괴수라도 넉넉히 품을 만큼 넓다(딤전 1:15-16). 그러나 오직 하나님만이 "예수 믿는 자를 의롭다 하신다"(롬 3:26; 참조. 갈 3:26). 예수님의 대속적 죽음이 이들의 죽음이 되었고 그분의 부활 생명이 이들의 생명이 되었다.

바울이 자주 사용하는 **그리스도 안에(in Christ)**라는 표현이 구원의 모든 풍성한 복을 간결하면서도 깊이 있게 요약한다(참조. 롬 8:1; 16:3, 7; 고전 1:30; 갈 3:28; 엡 1:1; 빌 1:1; 4:21; 골 1:2, 28; 몬 23). 누구든지 **그리스도 안에** 있으면 **새로운 피조물**이 된다(참조. 갈 6:15). '카이노스'(kainos, **new**, 새로운)는 단지 순서상 새로운 게 아니라 질적으로 새롭다는 뜻이다. 신자들의 "옛 사람이 예수와 함께 십자가에 못 박혔다"(롬 6:6). 그러므로 신자들은 "옛 사람을 벗어 버리고…새 사람을 입는다"(엡 4:22, 24; 골 3:9-10).

새로 태어남으로써 일어나는 이러한 변화는 순간적 기적일 뿐 아니라 평생 계속되는 성화 과정이기도 하다. 이렇게 변화된 사람들에게는 모든 것이 달라진다. **이전 것은(the old things) 지나갔다.** 옛 가치관, 옛 사상, 옛 계획, 옛 사랑, 옛 바람, 옛 신념이 사라지고 구원이 수반하는 **새 것(new things)**이 그 자리를 대신한다. 동사 '기노마이'(*ginomai*)의 완료시제**(have become, 되었도다)**는 과거의 어떤 행위가 현재도 계속해서 결과를 미친다는 것을 암시한다. 하나님은 새로운 바람과 사랑과 성향과 진리를 구속받은 자들에게 심으시며, 그래서 이들은 옛 창조 가운데서 새 창조의 시각을 갖고 살아간다(참조. 갈 6:14). 이러한 시각을 기르고 발전시키면, 신자들이 죄와 싸워 이기고 예수 그리스도의 형상을 닮아가는 데 도움이 된다.

그러므로 바울이 자신의 순전함을 변호한 것은 자신이 신뢰받는다는 것을 알고 복음을 담대하게 전하기 위해서였다. 게다가, 자신을 위해 그렇게 많은 일을 행하신 구주를 향한 공경과 감사, 교회를 향한 깊은 염려, 진리를 향한 열정적 헌신, 의를 향한 갈망, 잃은 자들이 구주께 나오길 바라는 열망이 그의 순전함을 지키도록 바울을 강권했다. 바울은 이렇게 했기 때문에 고린도 신자들에게 당당하게 촉구할 수 있었다. "그러므로 때가 이르기 전 곧 주께서 오시기까지 아무것도 판단하지 말라. 그가 어둠에 감추인 것들을 드러내고 마음의 뜻을 나타내시리니, 그때에 각 사람에게 하나님으로부터 칭찬이 있으리라"(고전 4:5).

15

화목하게 하는 직분
(5:18-20)

¹⁸모든 것이 하나님께로서 났으며 그가 그리스도로 말미암아 우리를 자기와 화목하게 하시고 또 우리에게 화목하게 하는 직분을 주셨으니, ¹⁹곧 하나님께서 그리스도 안에 계시사 세상을 자기와 화목하게 하시며 그들의 죄를 그들에게 돌리지 아니하시고 화목하게 하는 말씀을 우리에게 부탁하셨느니라. ²⁰그러므로 우리가 그리스도를 대신하여 사신이 되어 하나님이 우리를 통하여 너희를 권면하시는 것 같이 그리스도를 대신하여 간청하노니, 너희는 하나님과 화목하라.

(5:18-20)

오늘의 교회는 사역과 관련해 끝이 없어 보일만큼 다양한 방법과 전략과 양식에 직면해있다. 어떤 사람들은 교회가 문화적 도덕을 강제하기 위해(도덕주의) 심지어 하나님 나라를 열기 위해 사회적 · 정치적 변화를 선동해야 한다고 주장한다(후천년설). 어떤 사람들은 불신자들이 위협이 아니라 환대를 느끼는 분위기를 조성하기 위해 교회의 메시지가 공격적이지 않고 부드러우며 긍정적이어야 한다고 주장한다(실용주의). 또 어떤 사람들은 교회의 주된 과제는 신학적 차별성을 변호하는 것이라고 믿는다(교파주의).

그러나 성경은 교회의 사명이 무엇인지 더없이 명확하게 말한다. 복음전파가 교회의 사명이다. 이 명확한 단락에서, 바울은 교회의 가장 중요한 책임이 무엇인지 분명하게 밝힌다. 세상에서 그리스도를 대변하는 것이다. 하나님은 모든 신자, 특히 목회자들을 불러 사명을 맡기셨다. 화목의 메시지를 선포하는 것이다. 화목의 메시지(the message of reconciliation, 화해의 메시지)라는 용어는 이런 저런 형태로 이 세 절에서 다섯 차례 나타난다.

영광스런 복음의 좋은 소식은 죄로 황폐해진 관계, 곧 잃어버린 죄인들과 거룩한 하나님 사이의 관계가 회복될 수 있다는 것이다. 이것은 언뜻 보기에 불가능하다. 완전하고 무한하며 의로운 하나님의 공의는 그분의 율법을 범하는 자들을 모두 벌하라고 요구한다. 죄인들은 하나님의 공의로운 심판대 앞에 서 있으며 스스로 어찌할 방법이 없다. 하나님을 만족시키거나 자신의 상태를 바꿀 수 없다. 그러나 하나님의 화목 계획을 통해, 거룩하신 분과 죄인들을 갈라놓은 모든 적개심과 적대감과 소외가 사라지며, 전에 하나님의 원수였던 자들이 그분의 친구가 된다. 이 화목의 메시지를 선포하는 고귀한 소명과 특권이야말로 세상에서 가장 중요한 의무다. 이것은 영원한 운명을 다루기 때문이다.

화목의 복음은 바울이 전하는 메시지의 심장이었다. 그는 로마 신자들에게 이렇게 썼다. "그러므로 나는 할 수 있는 대로 로마에 있는 너희에게도 복음 전하기를 원하노라. 내가 복음을 부끄러워하지 아니하노니, 이 복음은 모든 믿는 자에게 구원을 주시는 하나님의 능력이 됨이라. 먼저는 유대인에게요 그리고 헬라인에게로다"(롬 1:15-16). 바울은 마음에 불타는 갈망, 곧 화목의 메시지를 전하려는 갈망을 고린도전서에서 이렇게 표현했다.

> 그리스도께서 나를 보내심은 세례를 베풀게 하려 하심이 아니요 오직 복음을 전하게 하려 하심이로되, 말의 지혜로 하지 아니함은 그리스도의 십자가가 헛되지 않게 하려 함이라…우리는 십자가에 못 박힌 그리스도를 전하니, 유대인에게는 거리끼는 것이요 이방인에게는 미련한 것이로되…내 말과 내 전도함이 설득력 있는 지혜의 말로 하지 아니하고 다만 성령의 나타나심과 능력으로 하여. (고전 1:17, 23, 2:4)

에베소서 3:8에서, 바울은 자신에게 일어난 놀라운 일을 표현했다. "모든 성도 중에 지극히 작은 자보다 더 작은 나에게 이 은혜를 주신 것은 측량할 수 없는 그리스도의 풍성함을 이방인에게 전하게 하시고." 바울은 그리스도의 십자가를 통해 죄인들이 하나님과 화목할 수 있다는 단순하고 직설적인 메시지에서 잠시도 눈을 떼지 않았다(참조. 고전 2:2).

이 단락은 이 서신에서 가장 신학적이다. 이 단락에서, 바울은 어떻게 하나님이 이 화목을 가능하게 하셨는지 포괄적으로 말한다. 본문은 이 화목이 하나님의 뜻으로, 용서의 행위로, 믿음의 순종으로 이루어진다는 것을 보여준다. (이 책의 다음 장에서 5:21을 다룰 때, 이 화목이 대속을 통해 이루어졌다는 것을 살펴보겠다.)

화목은 하나님의 뜻으로 이루어진다

모든 것이 하나님께로서 났으며 그가 그리스도로 말미암아 우리를 자기와 화목
하게 하시고 또 우리에게 화목하게 하는 직분을 주셨으니, (5:18)

모든 것(all these things)은 뒤로 돌아가 바로 앞 단락(14-17절), 곧 회심 때 일어나는 전적인 변화를 말하는 부분을 가리킨다. 그 단락에서, 바울은 신자들이 그리스도 안에서 죽고 다시 살아남을 새로운 피조물로 변화되는 것으로 묘사했다. **모든 것**, 즉 이 변화와 관련된 것들은 **하나님께로서(from God)** 비롯된다 (참조. 고전 8:6; 11:12; 약 1:17). 다시 말해, 죄인들이 자신의 힘으로 하나님과 화목할 수 없다. 거듭나지 못한 사람들은 죄에 대한 하나님의 진노를 누그러뜨리거나 그분의 거룩한 공의를 만족시키거나 그분이 제시하신 의의 기준에 부합할 능력이 없다. 이들은 하나님의 율법을 치명적으로 범했기에 그분 앞에서 영원히 쫓겨날 상황이다. 모든 거짓 종교의 전제, 곧 치명적이고 현혹하는 전제는 인간이 자신의 도덕적 종교적 노력과 성취를 토대로 스스로 하나님과 화목할 수 있다는 것이다. 그러나 하나님만이 화목의 길을 계획하셨고 하나님만이 죄인들의 화목을 시작하실 수 있다. **하나님이…우리를 자기와 화목하게** 하셨다는 것이 다름 아닌 복음의 좋은 소식이다.

하나님이 세상을 너무나 사랑해 화목의 길을 내셨다. 하나님은 죄인들이 자신과 화목하길, 이들을 자녀 삼길 원하셨다. 이러한 바람은 하나님의 거룩한 성품에 낯설지 않고 그 성품과 일치한다. 하나님과 관련해, 영광스러운 사실 중 하나는 그분이 본성적으로 구주라는 것이다.

세상의 기초가 놓이기 전, 하나님은 자신의 은혜의 영광을 영원히 드러내기 위해 죄인들을 구원하기로 자유롭게 외부의 영향을 받지 않고 결정하셨다. 하나님은 죄에 대한 자신의 진노로부터 구해낼 자들을 선택해 그 이름을 생명책에 기록하셨다. 하나님은 전혀 주저하지 않는 구원자(Savior, 구주)다. 사실, 성경은 하나님에게 이 칭호를 자주 부여한다(시 106:21; 사 43:3, 11; 45:15, 21; 49:26; 60:16; 63:8; 호 13:4; 눅 1:47; 딤전 1:1; 2:3; 4:10; 딛 1:3, 4; 2:10, 13; 3:4, 6; 유 25).

"네가 어디 있느냐?"고 하셨던 창세기 3:8-9부터 지금까지, 하나님은 죄인들을 구원하려 하신다. 에스겔 34:16은 이렇게 말한다. "그 잃어버린 자를 내가 찾으며 쫓기는 자를 내가 돌아오게 하며 상한 자를 내가 싸매 주며 병든 자를 내가 강하게 하려니와 살진 자와 강한 자는 내가 없애고 정의대로 그것들을 먹이리라." 바울이 로마서에서 쓴 것처럼, 하나님은 열정적으로 화목하게 하시는 분이다.

> 그러면 이제 우리가 그의 피로 말미암아 의롭다 하심을 받았으니, 더욱 그로 말미암아 진노하심에서 구원을 받을 것이니, 곧 우리가 원수 되었을 때에 그의 아들의 죽으심으로 말미암아 하나님과 화목하게 되었은즉, 화목하게 된 자로서는 더욱 그의 살아나심으로 말미암아 구원을 받을 것이니라. 그뿐 아니라 이제 우리로 화목하게 하신 우리 주 예수 그리스도로 말미암아 하나님 안에서 또한 즐거워하느니라. (롬 5:9-11)

우리의 화목에 대해 감사해야 하는 것은 하나님이 예수 그리스도를 통해 이렇게 하기로 계획하셨기 때문이다.

동사 '카탈라쏘'(katallassō, **reconciled, 화목하게 하시고**)와 명사 '카탈라게'(*katallagē*, **reconciliation**, 화목, **화목하게 하는**)는 신약성경에서 바울 서신에만
사용된다. 두 단어는 늘 하나님을 화목하게 하시는 분(reconciler)으로, 죄인들
을 화목하게 되는 자들(the one reconciled)로 묘사한다. 인간의 죄가 하나님과
인간의 관계를 단절시켰기 때문이다(참조. 사 59:2). 로마서 5:11에서, 바울은
이렇게 선언한다. "그뿐 아니라 이제 우리로 화목하게 하신 우리 주 예수 그리
스도로 말미암아 하나님 안에서 또한 즐거워하느니라." 바울은 에베소 신자
들에게 이렇게 썼다.

> 이제는 전에 멀리 있던 너희가 그리스도 예수 안에서 그리스도의 피로 가까워졌
> 느니라. 그는 우리의 화평이신지라. 둘로 하나를 만드사 원수된 것, 곧 중간에 막
> 힌 담을 자기 육체로 허시고 법조문으로 된 계명의 율법을 폐하셨으니, 이는 이
> 둘로 자기 안에서 한 새 사람을 지어 화평하게 하시고, 또 십자가로 이 둘을 한
> 몸으로 하나님과 화목하게 하려 하심이라. 원수된 것을 십자가로 소멸하시고.
> (엡 2:13-16)

골로새서 1:20-22은 하나님이 다음과 같이 선택하셨다고 단언한다.

> 그의 십자가의 피로 화평을 이루사 만물 곧 땅에 있는 것들이나 하늘에 있는 것
> 들이 그로 말미암아 자기와 화목하게 되기를 기뻐하심이라. 전에 악한 행실로 멀
> 리 떠나 마음으로 원수가 되었던 너희를 이제는 그의 육체의 죽음으로 말미암아
> 화목하게 하사 너희를 거룩하고 흠 없고 책망할 것이 없는 자로 그 앞에 세우고
> 자 하셨으니.

따라서 화목은 사람이 하는 일이 아니라 사람이 받는 것이다. 화목은 사람
이 성취하는 게 아니라 받아들이는 것이다. 화목은 사람이 하나님을 거부하
길 그치기로 결정할 때 이루어지는 게 아니라 하나님이 사람을 거부하길 그
치기로 결정하실 때 이루어진다. 화목은 하나님이 주시는 것이며, 이를 통해
소외된 죄인들을 향한 하나님의 거룩한 분노가 누그러지고 이들을 향한 그분

의 적대감이 제거되며 그분과 이들 사이에 조화로운 관계가 확립된다. 화목이 이루어지는 것은 "동이 서에서 먼 것 같이"(시 103:12) 하나님이 그분에게 속한 자들의 "모든 죄를 깊은 바다에 던지고"(미 7:19), 이들의 "모든 죄를 주의 등 뒤에 던질"(사 38:17) 길을 자신의 은혜로 계획하셨기 때문이다.

하나님이 **그리스도로 말미암아** 신자들을 자신과 화목시키신 것은 우주가 알수 있는 가장 광대한 희생적 사랑의 표현이다. 다시 말해, 하나님이 그 값을 치르셨다. 성자 하나님의 완전한 희생만이 성부 하나님의 거룩한 공의가 요구하는 것을 만족시킬 수 있었다. 예수 그리스도는 하나님과 사람 사이의 유일한 중보자다(딤전 2:5; 참조. 히 8:6; 9:15; 12:24). 그러므로 "다른 이로써는 구원을 받을 수 없나니, 천하사람 중에 구원을 받을 만한 다른 이름을 우리에게 주신 일이 없음이라"(행 4:12). 하나님은 자신의 목적과 뜻을 따라 신자들을 자신과 화목시키려고 아들의 희생적 죽음을 계획하셨다.

> 이제는 전에 멀리 있던 너희가 그리스도 예수 안에서 그리스도의 피로 가까워졌느니라. 그는 우리의 화평이신지라. 둘로 하나를 만드사 원수된 것, 곧 중간에 막힌 담을 자기 육체로 허시고 법조문으로 된 계명의 율법을 폐하셨으니, 이는 이 둘로 자기 안에서 한 새 사람을 지어 화평하게 하시고 또 십자가로 이 둘을 한 몸으로 하나님과 화목하게 하려 하심이라 원수된 것을 십자가로 소멸하시고. (엡 2:13-16)

그리스도께서 "이제는 그의 육체의 죽음으로 말미암아 화목하게 하사 너희를 거룩하고 흠 없고 책망할 것이 없는 자로 그 앞에 세우고자 하셨으니"(골 1:22). 예수 그리스도께서 "이제 자기를 단번에 제물로 드려 죄를 없이 하시려고 세상 끝에 나타나셨느니라"(히 9:26). "오직 그리스도는 죄를 위하여 한 영원한 제사를 드리시고 하나님 우편에 앉으사"(히 10:12). 그분의 희생이 하나님의 거룩한 진노를 누그러뜨려(롬 3:25; 히 2:17; 요일 2:2; 4:10) 화목을 가능하게 했다.

하나님은 화목하게 된 모두에게 **화목하게 하는 직분**(**the ministry of**

reconciliation, 화목의 사역)을 주셨다. 이것은 지상명령(마 28:19-20)과 동등하고 복음을 선포하라는 모든 명령과 동등하다. '디아코니아'(*diakonia*, **ministry, 직분**)는 식사 시중 같은 비천한/겸손한 섬김(humble service)을 의미한다(참조. 눅 10:40; 행 6:1). 그러나 메신저들이 비천/겸손하더라도(이 책 10장에서 4:7에 관한 설명을 보라) 이들이 잃어버린 세상을 향해 선포하는 메시지는 이제껏 선포된 메시지 중에 가장 고귀하다.

화목은 용서의 행위로 이루어진다

곧 하나님께서 그리스도 안에 계시사 세상을 자기와 화목하게 하시며 그들의 죄를 그들에게 돌리지 아니하시고 화목하게 하는 말씀을 우리에게 부탁하셨느니라. (5:19)

바울은 '호스 호티'(*hōs hoti*, **namely,** 곧)라는 말로 시작해 어떻게 **하나님께서 그리스도 안에 계시사 세상을 자기와 화목하게 하시**는지 설명한다. 그리스도 안에라는 표현은 18절의 "그리스도로 말미암아"라는 표현과 더불어 하나님의 아들을 화목의 실행자(agent of reconciling)로 규정한다. **그리스도 안에**라는 표현은 이 실행이 이뤄지는 방식을 규정한다. 즉 신자와 구주의 연합을 통해서다. **그리스도 안에** 있는 자는 모두 "그리스도를 대신하여 사신"(ambassadors for Christ)이 된다(20절).

세상을…화목하게 하시며(reconciling the world)를 보편구원론(universalism), 곧 모든 사람이 구원받는다는 거짓 교리를 가르치는 표현으로 이해해서는 안 된다. 보편구원론자들은 아주 단순하게 주장한다. 하나님이 세상을 화목하게 하셨다면 하나님과 인간 사이의 장벽이 모두에게 제거되었고 따라서 모든 사람이 구원받는다는 것이다.

성경은 그리스도께서 어떤 의미에서 온 세상을 위해 돌아가셨다고 가르친다. 세례 요한은 그리스도를 향해 "보라 세상 죄를 지고 가는 하나님의 어린 양이로다"라고 했다(요 1:29). 모든 그리스도인에게 친숙한 요한복음 3:16은 이렇게 선언한다. "하나님이 세상을 이처럼 사랑하사 독생자를 주셨으니, 이는 그를 믿는 자마다 멸망하지 않고 영생을 얻게 하려 하심이라." 성경은 두 차례 예수 그리스도를 "세상의 구주"라고 부른다(요 4:42; 요일 4:14). 예수님은 요한복음 6:51에서 이렇게 선언하셨다. "나는 하늘에서 내려온 살아 있는 떡이니, 사람이(anyone) 이 떡을 먹으면 영생하리라. 내가 줄 떡은 곧 세상의 생명을 위한 내 살이니라." 디모데전서 2:6은 그분이 "모든 사람을 위하여 자기를 대속물로 주셨으니"라고 말한다. 히브리서 2:9은 "[예수께서] 하나님의 은혜로 말미암아 모든 사람을 위하여 죽음을 맛보려 하심이라"고 말하며, 요한1서 2:2은 "그는 우리 죄를 위한 화목제물이니 우리만 위할 뿐 아니요 온 세상의 죄를 위하심이라"고 말한다.

이 구절들은 그리스도께서 실제로 모든 사람의 죗값을 지불하셨다는 것을 의미할 수 없다. 성경은 대다수 사람이 지옥에서 영원한 형벌을 받을 테고(마 25:41, 46; 살후 1:9; 계 14:9-11; 20:11-15; 참조, 겔 18:4, 20; 마 7:13-14; 눅 13:23-24; 요8:24) 소수만 구원받으리라고 가르치기 때문이다(마 7:13-14). 그리스도께서 모든 사람의 죗값을 지불하셨다면 어떻게 그리스도께서 형벌을 받으신 그 죄 때문에 하나님이 사람들에게 지옥행을 선고하실 수 있겠는가? 그리스도께서 영원히 잃어버린바 된 자들의 죗값을 지불하지 않으셨다면 **하나님께서 그리스도 안에 계시사 세상을 자기와 화목하게 하신다**는 것은 무슨 뜻인가?

이 분명한 딜레마에 대한 답은 앞 구절들에서 언급된 보편구원론의 언어가(예를 들면, "세상," "모든 사람"이) 인류 전반(mankind in general)을 가리킨다고 이해해야 한다는 것이다. 그리스도는 예외 없이(without exception) 모든 사람을 위해 돌아가신 게 아니라 차별 없이(without distinction) 모든 사람을 위해 돌아가셨다. 이 문맥에서, **세상**은 화목이 이루어지는 영역을 가리킨다. 이것은 하나님이 자신과 화목하게 하시려는 존재의 부류, 곧 모든 민족과 인종과 종족의 사람들을 가리킨다.

그리스도의 죽음은 '실제로' 무한한 가치를 갖는다. 그리스도는 하나님의 무한한 아들이기 때문이다. 하나님이 얼마나 많이 구원하시든 또는 얼마나 적게 구원하시든 간에, 그리스도의 희생은 이들의 죗값을 지불하기에 충분하다. 그리스도의 죽음에 담긴 고유 가치가 무한하기 때문에 구원 제의도 무한하다. 그러므로 구원을 받으라는 일반적 부르심은 모두를 향한다(사 45:22; 55:1; 마 11:28; 22:14; 계 22:17). "하나님이…이제는 어디든지 사람에게 다 명하사 회개하라 하셨으니"(행 17:30). 그리고 신자들은 세상 모든 사람을 향해 그리스도께 나오라고 할 수 있다(마 28:19; 눅 24:47; 행 1:8). 그러나 복음이 모두에게 자유롭게 제시되더라도 그리스도의 죽음은 실제로 믿을 자들의 죄만 사했다.

하나님은 예수 그리스도를 믿을 자들을 영원 전에 결정하셨다. "창세 전에 그리스도 안에서 우리를 택하셨고"(엡 1:4), 이들의 이름이 "죽임을 당한 어린 양의 생명책에 창세 이후로" 기록되어 있다(계 13:8; 참조. 17:8; 21:27). 예수 그리스도의 대속이 오직 이들에게만 유효하고 실제로 오직 이들의 죗값만 지불하도록 하나님이 계획하셨다. 이런 이유로, 성경은 그리스도의 죽음이 주는 혜택을 누리는 자들과 관련해 좁은 시각도 제시한다. 요한복음 10:11에서, 예수님은 "나는 선한 목자라. 선한 목자는 양들을 위하여 목숨을 버리거니와"라고 하셨으며, 15절에서는 "나는 양을 위하여 목숨을 버리노라"고 덧붙이셨다. 대제사장의 기도에서, 예수님은 이렇게 말씀하셨다. "내가 그들을 위하여 비옵나니, 내가 비옵는 것은 세상을 위함이 아니요 내게 주신 자들을 위함이니이다. 그들은 아버지의 것이로소이다"(요 17:9). 하나님은 "자기 아들을 아끼지 아니하시고 우리 모든 사람을 위하여 내주"셨으며 "택하신 자들을…의롭다 하신다"(롬 8:32-33). 바울은 이렇게 권면했다. "남편들아, 아내 사랑하기를 그리스도께서 교회를 사랑하시고 그 교회를 위하여 자신을 주심 같이 하라"(엡 5:25).

이 맥락에서 이 주석 시리즈의 디모데전서 4:10에 대한 나의 설명 일부를 삽입하면 도움이 되겠다. 디모데전서 4:10은 이렇게 말한다. "이를 위하여 우리가 수고하고 힘쓰는 것은 우리 소망을 살아계신 하나님께 둠이니, 곧 모든 사람, 특히 믿는 자들의 구주시라." 나는 이 구절을 주석하며 이렇게 썼다.

어떤 의미에서 하나님이 **모든 사람, 특히 믿는 자들의 구주**시냐를 두고 많은 논쟁이 있었다. 어떤 사람들은 영원한 지옥에 관한 성경의 가르침을 제거하려고 바울이 여기서 보편구원론(universalism), 곧 모든 사람이 구원받으리라고 가르친다고 주장한다. 이러한 시각은 '성경의 유비'(analogia Scriptura)로 알려진 기본적인 해석학 원리를 무시한다. 이 원리에 따르면, 성경은 결코 자기모순에 빠지지 않는다. 성경은 한 구절에서 이렇게 가르치고 다른 구절에서 그와 반대로 가르치지 않는다.

성경은 하나님을 거부하는 자들은 지옥행을 선고받으리라고 분명하게 가르친다(계 20:11-15). 마태복음 25:41, 46절은 지옥 형벌이 영원히 지속되리라고 말한다. 데살로니가후서 1:8-9은 하나님을 알지 못하고 복음에 순종하길 거부하는 자들은 하나님 앞에서 쫓겨나 영원히 형벌을 받으리라고 말한다. 예수님은 지옥의 위험을 거듭 말씀하셨다(마 8:12; 13:41-42, 49-50; 22:13; 24:51; 25:30; 눅 13:28). 예수님은 자신을 거부하는 자들을 향해 그들의 죄 가운데 죽으리라고 엄히 경고하셨다(요 8:24). 보편구원론은 성경과 명백히 모순된다. 성경은 원어에서 지옥이 영원하다고 말할 때와 하나님과 천국이 영원하다고 말할 때 같은 단어를 사용하기 때문이다.

둘째 견해는 잠재적/실제적 견해라 이름 붙일 수도 있겠다. 이 견해에 따르면, 그리스도는 잠재적으로 모든 사람의 구주지만 실제로는 오직 믿는 자들의 구주다. 그리스도의 죽음이 하나님과 모든 사람 사이의 장벽을 제거할 만큼 강력했던 게 사실이다. 그러므로 모든 사람이 구원으로 나오라는 부름을 받을 수 있으며 그 부름을 받아들이지 않으면 심판을 받는 게 마땅하다. 그리스도의 죽음으로, 하나님은 세상 죄를 해결할 방책을 마련하셨다(참조. 이 책 6장에서 디모데전서 2:6에 대한 설명을 보라).

그러나 이것은 이 구절의 가르침이 아니며, 부사 '말리스타'(malista, **especially, 특히**)가 사용되었다는 사실이 이것을 보여준다. 이것은 **믿는 자들**이 누리는 구원과 동일한 종류의 구원을 모든 사람이 어느 정도 누리리라는 것을 의미하는 게 틀림없다. 이 부사는 반의(反意)나 대비(對比)가 아니며, **모든 사람**이 동일한 의미에서 구원을 받는다고 말할 수 없으며, 신자들은 다른 의미에서 구원을 받는다. 종류의 차이가 아니라 정도의 차이다.

이 구절은 하나님이 실제로 모든 사람의 구주이며, 실제로 이들을 구원하시는 분—그러나 모든 사람을 단지 일시적 의미에서 구원하지만 신자들은 영원한 의미에서 구원하시는 분—이라 가르친다고 이해하는 게 최선으로 보인다. 두 경우 모두, 하나님은 이들의 구주이며, 하나님이 이들을 위해 행하시는 구원이 있다. 모든 사람은 이생에서 보호하고 구원하며(delivering) 유지하시는 하나님의 능력을 어느 정도 경험한다. 신자들은 지금뿐 아니라 영원히 이것을 완전하게 경험할 것이다.

구주(Savior)라는 단어가 성경에서 늘 죄로부터의 구원만을 의미하지는 않는다. 헬라어로 번역된 구약성경인 70인역에서, '소테르'(*sotēr*, **Savior, 구주**)는 때로 "구조자"(deliverer, 구원자)라는 조금 약한 의미로 사용된다(참조. 삿 3:9; 왕하 13:5; 느 9:27). 동일한 단어군의 단어들도 신약성경에서 때로 이러한 의미를 갖는다(참조. 눅 1:71; 행 7:25; 27:34; 빌 1:19; 히 11:7). 관련된 단어 '소조'(*sōzō*, "구원하다 to save")는 복음서에서 육체적 치유를 가리키는 데 사용된다(마 9:21-22; 막 5:23; 눅 8:36, 50; 요 11:12; 참조. 행 4:9). 하나님은 모든 죄인이 죄 때문에 받아야 하는 죽음과 심판을 보류하셨다는 점에서 **모든 사람의 구주시다**(참조. 겔 18:4, 32; 롬 6:23). 하나님은 사람들을 즉각적인 심판에서 구해내시고(deliverer) "하늘로부터 비를 내리시며 결실기를 주시는 선한 일을 하사 음식과 기쁨으로 여러분의[이들의] 마음에 만족하게 하시"는데(행 14:17), 이것은 하나님이 모두의 구주라는 것을 보여준다. 하나님은 은혜를 베푸사 "만민에게 생명과 호흡과 만물을 친히 주시며"(행 17:25) "그 해를 악인과 선인에게 비추시며 비를 의로운 자와 불의한 자에게 내려주신다"(마 5:45). 하나님은 모든 사람에게 일반 은총을 베푸신다. 불신자들이라고 그들의 죄 때문에 즉시 죽지는 않는다. 이런 의미에서 불신자들도 하나님의 선하심과 긍휼을 경험한다. 그뿐 아니라, 하나님은 불신자들이 늘 고통당하고 궁핍하게 하지도 않으신다. 이들은 이생에서 하나님의 일시적 축복을 경험한다.

이사야 63:8-10에서 이 원리가 설명된다.

> "그가 말씀하시되 그들은 실로 나의 백성이요 거짓을 행하지 아니하는 자녀라 하시고, 그들의 구원자가 되사, 그들의 모든 환난에 동참하사, 자기 앞의 사자로 하여금 그들을 구원하시며, 그의 사랑과 그의 자비로 그들을 구원하시고, 옛적 모든 날에 그들을 드시며 안으셨으나, 그들이 반역하여 주의 성령을 근심하게 하였으므로, 그가 돌이켜 그들의 대적이 되사 친히 그들을 치셨더니."

8절은 하나님이 이스라엘의 구원자(Savior)가 되셨다고 말한다. 하나님은 이스라엘을 애굽에서 이끌어내셨고 이들을 돌보셨다. 하나님은 이스라엘에게 양식과 물을 주셨고 이들을 원수들에게서 건져주셨다. 하나님이 영적 의미에서 모든 이스라엘의 구원자가 아니었다는 것은 10절에 분명하게 나타나는데, 10절은 하나님이 이들의 대적이 되어 이들을 치셨다고 말한다. 이 구절은 4:10에 나타나는 바울의 생각과 비슷하다. 하나님은 일시적 의미에서 **모든 사람의 구주**이며, 믿는 자들이 죄의 형벌에서 영원히 건짐을 받는다는 영적 의미에서 **특히 믿는 자들의 구주**다! (The MacArthur New Testament Commentary: *1 Timothy* [Chicago: Moody, 1995], 167-169)

그들의 죄를 그들에게 돌리지 아니하시고(not counting their trespasses against them)는 화목의 방법을 보여준다. 화목의 방법은 죄 용서다. 오직 죄책(guilt of sin)을 용서받음으로써, 죄인들은 하나님과 화목할 수 있다. 죄가 죄인들을 하나님으로부터 영원히 분리하기 때문이다. 이사야는 이렇게 썼다. "오직 너희 죄악이 너희와 너희 하나님 사이를 갈라놓았고 너희 죄가 그의 얼굴을 가리어서 너희에게서 듣지 않으시게 함이니라"(사 59:2). 찰스 스펄전은 이렇게 경고했다. "여러분은 여러분의 죄와 반드시 분리되어야 합니다. 그러지 않으면 여러분과 여러분의 하나님이 결코 함께하지 못합니다"("Rightly Dividing the Word of Truth," in *The Metropolitan Tabernacle Pulpit*, vol. 21 [Pasadena, Tex.: Pilgrim, 1980], 88).

주님의 비유에 등장하는 자애로운 주인처럼(마 18:27), 하나님은 회개하고 믿는 죄인들을 값없이 용서하고, 갚을 수 없는 이들의 빚을 탕감하며, 이들을 자신과 화목하게 하신다(고전 1:30; 빌 1:11; 3:9; 벧후 1:1; 참조. 사 61:10). 다윗은 용서받은 기쁨을 표현하며 이렇게 썼다. "허물의 사함을 받고 자신의 죄가 가려진 자는 복이 있도다. 마음에 간사함이 없고 여호와께 정죄를 당하지 아니하는 자는 복이 있도다"(시 32:1-2). 로마서 4:8에서, 바울은 이 아름다운 진리를 이렇게 되울렸다. "주께서 그 죄를 인정하지 아니하실 사람은 복이 있도다." 같은 장에서, 바울은 하나님을 "경건하지 아니한 자를 의롭다 하시는 이"라고 표현했다(5절; 참조. 롬 3:26). 그런가하면, 골로새 신자들에게 하나님이 "우리의 모든 죄를 사하신다"는 것을 일깨웠다(골 2:13). 그리스도께서 신자들 대신 죽어 이들의 죗값을 지불하고 그 죄책을 담당하셨다. 신자들의 죄가 더는 그들에게 돌려지지 않으며 결코 다시 있지 않을 것이다(참조. 롬 8:31-39). 그리스도의 의가 신자들에게 전가됨으로써, 모든 빚이 완전히 청산되었다(이 책 16장에서 5:21에 대한 설명을 참조하라).

하나님은 자신과 화목하게 하신 모두에게 **화목하게 하는 말씀을···부탁하셨다**(tithēmi; 문자적으로, "두다 place" 또는 "놓다 set"). 바울은 화목의 메시지를 전하는 책임과 특권, 곧 18절에서 언급한 화목하게 하는 직분에 압도된 나머지 이 진리를 여기서 명확히 한다. 필립 E. 휴스가 설명하듯이, '로고스'(logos, **words, 말씀**)는 "메시지"의 동의어 그 이상이다.

헬라 사상에서, 로고스는 허구적이고 위조된 것을 기술하는 "신화"(mythos)라는 용어와 반대로 참이고 신뢰할만한 것을 가리킨다. 예를 들면, 소크라테스는 구체적 이야기는 "허구적 신화가 아니라 참인 로고스다"라고 했다. 따라서 "로고스"라는 용어는, 일종의 배음(背音, overtone)처럼, 진리와 진정성이란 의미를 내포하며 따라서 "진리의 말씀"인 복음의 동의어로 적절하다. (*The Second Epistle to the Corinthians*, The New International Commentary on the New Testament [Grand Rapids: Eerdmans, 1992], 207)

그러므로 성경은 화목의 메시지를 천국 말씀(*logos*, 마 13:19), 구원의 말씀 (행 13:26), 복음의 말씀(행 15:7), 십자가의 도(*logos*, 고전 1:18), 생명의 말씀(빌 2:16), 진리의 말씀으로 묘사한다(엡 1:13; 골 1:5). 종교적 신화들이 판치는 세상 에서, 그리스도인들은 사람들이 하나님과 화목할 수 있는 유일한 길, 이로써 지옥에서 벗어나 천국을 영원히 누릴 수 있는 길에 관한 진리를 선포한다.

화목은 믿음의 순종으로 이루어진다

그러므로 우리가 그리스도를 대신하여 사신이 되어 하나님이 우리를 통하여 너 희를 권면하시는 것 같이 그리스도를 대신하여 간청하노니, 너희는 하나님과 화 목하라. (5:20)

앞서 말했듯이, 하나님만이 화목하게 하시는 분이신 것은 사실이다. 그렇더 라도 화목은 죄인의 믿음과 무관하게 이루어지지 않는다. 바울은 **그러므로 우 리가 그리스도를 대신하여 사신이 되어(Therefore, we are ambassadors for Christ)**라고 썼다(참조. 엡 6:20). 우리 시대처럼, 고대에도 대사는 중요하고 고 귀한 역할이었다. 대사(ambassadors)는 '프레스부스'(*presbus*, "노인")에서 파생 한 동사 '프레스뷰오'(*presbeuō*)의 한 형태다. 이것은 적절한 용어다. 고대에 대 사들은 대개 나이와 경험이 많은 사람이었기 때문이다. 대사는 자신을 보낸 사 람의 메신저이자 대리자이며, 신자들은 천국의 메신저이자 대리자(대표)다. 대 사가 외국에 살듯이, 신자들도 외국에 산다. 신자들은 천국 시민이지만(빌 3:20) 이 세상에서 자신들의 왕을 대리하며 "거류민과 나그네"로 살아간다(벧전 2:11). 신자들은 잃은 자들, 곧 타락한 세상에서 멸망을 향해가는 반역자들에게 좋은 소식, 곧 이들이 천국의 거룩한 왕과 화목할 수 있다는 소식을 선포한다.

누구든지 주의 이름을 부르는 자는 구원을 받으리라. 그런즉 그들이 믿지 아니하는 이를 어찌 부르리요? 듣지도 못한 이를 어찌 믿으리요? 전파하는 자가 없이 어찌 들으리요? 보내심을 받지 아니하였으면 어찌 전파하리요? 기록된 바, 아름답도다 좋은 소식을 전하는 자들의 발이여 함과 같으니라. (롬 10:13-15)

신자들은 하나님의 대사다. 그러므로 **하나님이** 이들을 **통하여** 잃은 자들에게 **권면하시는(were making an appeal,** 호소하시는) **것 같다. 우리도** 구주이신 아들 **그리스도를 대신하여(on behalf of)** 불신자들에게 **하나님과 화목하라고 간청한다(beg).** 이렇게 사람들에게 하나님과 화목하라고 간청해야 하는 것으로 볼 때, 하나님이 주신 수단, 곧 믿음을 통해 복음의 진리에 개인적으로 반응하지 않고는 죄인이 진노와 심판에서 벗어나 축복과 상급으로 옮겨갈 수 없는 게 분명하다. 요한복음 6:47에서, 예수님은 "믿는 자는 영생을 가졌나니"라고 하셨다(참조. 40절; 1:12; 3:16, 18, 36; 5:24; 요일 5:13). 하나님은 "예수 믿는 자를 의롭다" 하시는 분이다(롬 3:26). 왜냐하면 "사람이 의롭다 하심을 얻는 것은 율법의 행위에 있지 않고 믿음으로 되기" 때문이다(롬 3:28; 참조. 30절). 바울은 이렇게 썼다. "일을 아니할지라도 경건하지 아니한 자를 의롭다 하시는 이를 믿는 자에게는 그의 믿음을 의로 여기시나니"(롬 4:5). "믿음으로 의롭다하심을 받은" 자들이 "하나님과 화평을 누린다"(롬 5:1). 갈라디아 신자들은 행위로 구원을 얻는다고 가르치는 율법주의적 이단들에게 공격받고 있었다. 이러한 갈라디아 신자들에게, 바울은 이렇게 썼다.

사람이 의롭게 되는 것은 율법의 행위로 말미암음이 아니요 오직 예수 그리스도를 믿음으로 말미암는 줄 알므로 우리도 그리스도 예수를 믿나니 이는 우리가 율법의 행위로써가 아니고 그리스도를 믿음으로써 의롭다 함을 얻으려 함이라. 율법의 행위로써는 의롭다 함을 얻을 육체가 없느니라…또 하나님 앞에서 아무도 율법으로 말미암아 의롭게 되지 못할 것이 분명하니 이는 의인은 믿음으로 살리라 하였음이라…이같이 율법이 우리를 그리스도께로 인도하는 초등교사가 되어 우리로 하여금 믿음으로 말미암아 의롭다 함을 얻게 하려 함이라. (갈 2:16;

3:11, 24)

바울은 빌립보 신자들에게 자신이 그리스도 안에서 품은 구원의 소망이 의에 근거한다면서 그 의에 관해 이렇게 썼다. "내가 가진 의는 율법에서 난 것이 아니요 오직 그리스도를 믿음으로 말미암은 것이니 곧 믿음으로 하나님께로부터 난 의라"(빌 3:9).

구원하는 믿음의 객관적 요소는 예수님은 하나님이며(요 8:24), 하나님이 예수님을 죽은 자 가운데서 다시 살리셨고(롬 4:24; 10:9), 그분 외에는 구원이 없다는(요 14:6; 행 4:12) 것을 믿고 그분을 주님으로 고백하는 것을 포함한다(롬 10:9). 그러나 구원하는 믿음의 요소 중 자주 간과되는 주관적 요소가 있다. 죄를 애통하고 회개하며 하나님께 자비를 구하는 겸손한 태도다. 야고보는 이렇게 썼다. "하나님을 가까이하라. 그리하면 너희를 가까이하시리라. 죄인들아, 손을 깨끗이 하라. 두 마음을 품은 자들아, 마음을 성결하게 하라. 슬퍼하며 애통하며 울지어다. 너희 웃음을 애통으로, 너희 즐거움을 근심으로 바꿀지어다. 주 앞에서 낮추라. 그리하면 주께서 너희를 높이시리라"(약 4:8-10; 참조. 마 5:3-11).

바울은, 그리스도의 대사로서, "그의 이름을 위하여 모든 이방인 중에서 믿어 순종하게 하는" 것을 자신의 사명으로 보았다(롬 1:5). 주 예수 그리스도께서 이 사명을 모든 신자에게 맡기며 말씀하셨다. "그러므로 너희는 가서 모든 민족을 제자로 삼아 아버지와 아들과 성령의 이름으로 세례를 베풀고"(마 28:19). 그러므로 하나님이 모든 신자에게 맡기신 화목하게 하는 직분(the ministry of reconciliation, 화목의 사역)보다 더 고귀한 부르심이 없고, 더 큰 특권이 없으며, 더 긴급한 과업이 없다.

16

소망의 열다섯 단어
(5:21)

하나님이 죄를 알지도 못하신 이를 우리를 대신하여 죄로 삼으신 것은 우리로 하여금 그 안에서 하나님의 의가 되게 하려 하심이라. (5:21)

그 시작은 역사에 기록된 가장 오래된 생물학전(세균전) 가운데 하나였다. 1347년, 몽골군이 크림반도(현재의 우크라이나)에 자리한 제네바의 교역 거점 카파(Caffa)를 포위했으며, 페스트로 죽은 시신들을 투석기에 실어 성벽 안으로 날려 보냈다. 공포에 질린 방어자들은 이탈리아로 도망쳤고, 그 과정에서 치명적인 전염성 박테리아도(그리고 이것을 퍼트리는 쥐와 벼룩까지) 함께 옮겨갔다. 그 후 3년 사이, 지금은 흑사병(Black Death)으로 알려진 전염병이 유럽 전역에 퍼졌다. 이 전염병으로 약 이천만 명이 죽었다. 다시 말해, 당시 유럽 인구 삼분의 일에서 이분의 일이 죽었다. 이 치명적 전염병은 이후 거듭 발생했으며, 위험하고 통제 불가능한 살인자는 20세기에 항생제가 개발된 후에야 자취를 감추었다.

흑사병은 역사상 가장 악명 높은 전염병이었다. 그러나 흑사병만이 아니었다. 1918-1919년에 유행한 독감으로 약 오천만 명이 죽었으며, 거의 같은 시기에 동유럽에서 발생한 발진티푸스로 수백만 명이 추가로 죽었다. 말라리아와 황열을 비롯해 비교적 최근에 나타난 에이즈 같은 전염병으로 죽은 사람도 수백만 명에 이른다.

그러나 다른 모든 전염병을 합친 것보다 더 넓게 퍼져 있고 더 치명적인 전염병이 있다. 청교도 저자 랄프 베닝(Ralph Venning, 1621-1673)이 그렇게 불렀듯이, 이것은 "전염병 중의 전염병"이다. 이것은 지금껏 이 땅에 살았던 모든 사람에게 영향을 미친다. 치명률이 100퍼센트다. 다른 전염병들은 육체적 죽음을 초래할 뿐이지만 이 전염병은 영적 죽음과 영원한 죽음도 초래한다. 이 전염병의 이름은 "죄"다.

아담의 타락으로 온 인류가 죄에 빠졌기 때문에(롬 5:12-21) 모든 사람이 죄인으로 태어난다. 다윗은 이렇게 탄식했다. "내가 죄악 중에서 출생하였음이여, 어머니가 죄 중에서 나를 잉태하였나이다"(시 51:5). 시편 58:3에서, 다윗은 이렇게 덧붙였다. "악인은 모태에서부터 멀어졌음이여, 나면서부터 곁길로 나아가 거짓을 말하는도다"(참조. 창 8:21; 사 48:8). 모든 사람이 본성적으로(by nature) 죄인일 뿐 아니라 행위로(by action)도 죄인이다. 바울은 로마 신자들에게 "의인은 없나니 하나도 없으며"라고 썼다(롬 3:10; 참조. 시 14:1-3; 53:1-3). 같은 장 뒤쪽에서, 바울은 이렇게 덧붙였다. "모든 사람이 죄를 범하였으매 하나님의 영광에 이르지 못하더니"(롬 3:23). 그 결과 "범죄하지 아니하는 사람이 없고"(왕상 8:46) 그 누구도 "내가 내 마음을 정하게 하였다. 내 죄를 깨끗하게 하였다"고 할 수 없다(잠 20:9).

죄라는 전염병에 감염된 모든 사람에게 필연적 결과는 죽음이다. 에스겔 18:20은 "범죄하는 그 영혼은 죽을지라"고 말한다(참조. 4절). 아담의 비극적 비문 "그는…죽었더라"(창 5:5)가 그의 모든 후손의 비문이 될 것이다(참조. 8, 11, 14, 17, 20, 27, 31절; 9:29). 영적 영역도 징후가 좋지 않기는 마찬가지다. 죄는 두 가지의 참혹한 영적 결과를 낳는다. 첫째는 이생에서 하나님과 단절되는 것이고(엡 2:12; 4:18; 골 1:21), 둘째는 지옥에서 영원히 형벌을 받는다는 것이다(마 25:41, 46; 살후 1:9; 계 14:9-11; 20:11-15).

그러나 복음의 좋은 소식이 있다. 치명적 죄의 전염병에 감염된 죄인에게 치료약이 있다는 것이다. 하나님이 긍휼과 사랑으로 죄의 치료제를 주셨다. 그분의 아들의 희생이다. 주 예수 그리스도께서 "그의 피로 우리 죄에서 우리를 해방하셨다"(계 1:5). "그가 거룩하게 된 자들을 한 번의 제사로 영원히 온전하게 하셨기" 때문이다(히 10:14). "그리스도 안에서 그의 은혜의 풍성함을 따라 그의 피로 말미암아 속량 곧 죄 사함을 받은" 사람들은(엡 1:7) 죄의 치명적인 영적 영향에서 치료되었다. 그 결과, 이들은 "사망에서 생명으로 옮겼"으며 (요 5:24; 요일 3:14) 더는 "외인도 아니요 나그네도 아니요 오직 성도들과 동일한 시민이요 하나님의 권속이다"(엡 2:19).

하나님이 어떻게 치료가 가능하게 하셨는지가 19-20절의 주제다. 이 세 절에서 바울은 아름다운 화목의 진리, 즉 죄로 단절된 거룩한 하나님과 거듭나지 못한 죄인들 사이의 관계가 그리스도로 "말미암아" 그리스도 "안에서" 회복될 수 있다는 진리를 설명했다. 그러나 화목은 몇 가지 깊은 의문을 일으킨다. 절대적으로 무한히 거룩하신 하나님이 어떻게 죄인들과 화목하실 수 있는가? 하나님의 공의와 거룩한 율법은 이것을 범하는 모두를 정죄하고 벌하라고 요구하는데, 이것이 어떻게 만족될 수 있는가? 긍휼을 입을 자격이 전혀 없는 자들이 어떻게 긍휼을 입을 수 있는가? 어떻게 하나님이 참 의를 유지하면서 은혜를 베푸실 수 있는가? 어떻게 공의의 요구와 사랑의 요구 둘 다 충족될 수 있는가? 어떻게 하나님이 "의로우신" 동시에 죄인들을 "의롭다 하는" 분(justifier)이실 수 있는가(롬 3:26)?

이 질문들이 아주 어려워 보이지만, 짧은 한 절이 이 모든 질문에 답하고 구속의 역설을 해결한다. 성령을 간결하고 짧게 숙고하는 이 짧은 문장은 헬라어 본문에서는 단 열다섯 개의 단어로 화목의 딜레마를 해소한다. 이 문장은 대속의 본질을 드러내고, 복음 메시지의 핵심을 표현하며, 성경에서 가장 영광스러운 진리를—어떻게 타락한 인간과 하나님의 관계, 곧 죄 때문에 단절된 관계가 회복될 수 있는지를—분명하게 제시한다. 21절은 하나하나 성경의 돋보기로 세밀하고 소중하게 살펴야 하는 진귀한 보석들의 저장소 같다. 이 구절은 시혜자(benefactor), 대속물(substitute), 수혜자들(beneficiaries), 혜택(benefit)에 관한 진리를 제시한다.

시혜자

하나님이…삼으신 것은(He made) (5:21a)

이 책 앞장에서 보았듯이, 여기서 **He**는 20절 마지막에 나오는 아버지 하나님을 가리킨다.[44] 화목은 그분의 계획이며, 그분이 시작하고 적용하지 않으시면 이루어질 수 없다. 죄인들은 스스로 하나님께 나아갈 종교적 방법을 만들어낼 수 없다. 죄인들은 "허물과 죄로 죽었기" 때문이다(엡 2:1). 거짓 종교의 새빨간 거짓말은 인간이 자신의 노력으로 하나님과 화목할 수 있다는 것이다. 그러나 이러한 모든 시도는 헛되다. 죄인들의 "의는 다 더러운 옷 같으며 우리는[그들은] 다 잎사귀 같이 시들므로 우리의[그들의] 죄악이 바람 같이 우리를[그들을] 몰아간다"(사 64:6). 그 결과, "의인은 없나니 하나도 없다"(롬 3:10).

"그들은 이스라엘 사람이라. 그들에게는 양자됨과 영광과 언약들과 율법을 세우신 것과 예배와 약속들이 있고 조상들도 그들의 것이요 육신으로 하면 그리스도가 그들에게서 나셨으니"(롬 9:4-5). 이러한 이스라엘조차 자신들의 노력으로 하나님과 화목하게 하는 길을 낼 수 없었다. 로마서 10:1-3에서, 바울은 이스라엘을 심히 염려하면서 이러한 진리를 숙고한다.

형제들아, 내 마음에 원하는 바와 하나님께 구하는 바는 이스라엘을 위함이니, 곧 그들로 구원을 받게 함이라. 내가 증언하노니, 그들이 하나님께 열심이 있으나 올바른 지식을 따른 것이 아니니라. 하나님의 의를 모르고 자기 의를 세우려고 힘써 하나님의 의에 복종하지 아니하였느니라.

---

44 NASB는 20, 21절이 다음과 같다.
20. Therefore, we are ambassadors for Christ, as though God were entreating through us; we beg you on made Him who knew no sin to be sin on our behalf of Christ, be reconciled to 'God'.
21. 'He' behalf, that we might become the righteousness of God in Him.

이들은 하나님을 향한 열정이 있었는데도 구원을 성취하지 못했다. 자신들의 의를 통해 구원을 얻으려 했기 때문이다. 그 주체가 유대인들이든 이방인들이든 간에, 인간의 성취를 앞세우는 종교는 결코 이들과 하나님을 화목하게 할 수 없다. 화목을 이룰 수 있는 길은 단 하나, 하나님이 죄인들에게 손을 내미시는 것이다. 그런데 하나님이 그분의 아들이 치르신 희생을 통해 죄인들에게 손을 내미셨다.

그러므로 예수님이 십자가에 달리신 것은 변덕스러운 사람들이, 실제로 그렇게 했지만, 그분께 등을 돌렸기 때문이 아니었다. 예수님이 십자가에 달리신 것은 귀신에게 속은 거짓 종교 지도자들이, 실제로 그렇게 했지만, 그분의 죽음을 모의했기 때문이 아니었다. 예수님이 십자가에 달리신 것은 가룟 유다가, 실제로 그렇게 했지만, 그분을 배신했기 때문이 아니었다. 예수님이 십자가에서 돌아가신 것은 분노하고 난폭한 폭도가, 실제로 그렇게 했지만, 로마 총독을 위협해 그분에게 십자가형을 선고하게 했기 때문이 아니었다. 예수님이 십자가에 달리신 것은 죄인들을 자신과 화목하게 하시려는 하나님의 계획을 성취하기 위해서였다. 최초의 기독교 설교에서, 베드로는 이스라엘 민족에게 예수님이 "하나님께서 정하신 뜻과 미리 아신 대로 [죽음에] 내준 바 되었다"고 했다(행 2:23; 참조. 3:18; 13:27; 마 26:24; 눅 22:22; 요 18:11; 히 10:5, 7).

오직 하나님만이 그분의 공의의 요구를 만족시키고 그분의 진노를 누그러뜨리며 그분의 사랑과 은혜와 긍휼과 일치하는 죄의 대속을 계획하실 수 있었다. 오직 하나님만이 삼위일체의 둘째 위격이 다음과 같이 하시는 계획을 생각하실 수 있었다. "사람의 모양으로 나타나사 자기를 낮추시고 죽기까지 복종하셨으니 곧 십자가에 죽으심이라"(빌 2:8). 오직 하나님만이 어떻게 하면 죄인들을 "흑암의 권세에서 건져내사 그의 사랑의 아들의 나라로 옮기고"(골 1:13) 이들로 "빛 가운데서 성도의 기업의 부분을 얻기에 합당하게 할" 수 있는지 아셨다(골 1:12). 오직 하나님만이 어떻게 지옥에 가야 마땅한 죄인들로 그분이 받아들일 수 있고 그분과 영원을 보내기에 합당하게 할 수 있는지 아셨다. 그러므로 오직 하나님만이 구속 계획을 세우고 실행하며 죄인들을 자신과 화목하게 하실 수 있었다. 이 계획은 거듭나지 못한 자들의 이해를 더없이 초월하기에 이들에게는 어리석어 보인다(고전 1:18, 23; 2:14). 인간이 설계한 그 어떤 종교에도 이런 것이 없다.

화목은 하나님의 사랑에서 흘러나온다. 요한은 그 이유를 이렇게 설명한다. "하나님이 세상을 이처럼 사랑하사 독생자를 주셨으니, 이는 그를 믿는 자마다 멸망하지 않고 영생을 얻게 하려 하심이라"(요 3:16). 바울은 이렇게 썼다. "우리가 아직 죄인 되었을 때에 그리스도께서 우리를 위하여 죽으심으로 하나님께서 우리에 대한 자기의 사랑을 확증하셨느니라"(롬 5:8). "우리가 원수 되었을 때에 그의 아들의 죽으심으로 말미암아 하나님과 화목하게 되었다"(롬 5:10). "긍휼이 풍성하신 하나님이 우리를 사랑하신 그 큰 사랑을 인하여 허물로 죽은 우리를 그리스도와 함께 살리셨다"(엡 2:4-5).

기독교가 세상의 거짓 종교들과 다른 점은 사랑의 하나님이 죄인들에게 손을 내미셨음을 이렇게 강조한다는 것이다. 세상 종교의 신들은 때로 잔인하고 분노하며 적대적이고, 따라서 두려워하고 달래야 하는 존재로, 심지어 아이를 제물로 바쳐서 달래야 하는 존재로 그려진다(참조. 왕하 16:3; 23:10; 렘 32:35; 겔 16:21; 23:37). 또 바알처럼, 어떤 신들은 자신 앞에서 굽실대는 숭배자들에게 무관심한 것으로 보인다. 그래서 엘리야는 바알 숭배자들을 조롱하며 도발했다. "큰 소리로 부르라. 그는 신인즉 묵상하고 있는지 혹은 그가 잠깐 나갔는지 혹은 그가 길을 행하는지 혹은 그가 잠이 들어서 깨워야 할 것인지…"(왕상 18:27). 이들의 숭배자들은 이들의 주의를 끌려고 필사적이기 일쑤다(참조. 왕상 18:28).

그러나 기독교는 영광되고 자유하게 하는 진리, 하나님은 적대적이지도 무관심하지도 않고 본질적으로 사랑이 넘치는 구주라는 진리를 선포한다. 하나님은 달랠 필요가 없다(실제로 그 어떤 인간적 방법으로도 그분을 달랠 수 없다). 대신에, 하나님이 자신의 공의를 충족하고 죄인들이 그분의 사랑하는 자녀가 될 방법을 직접 제시하셨다. 하나님의 아들의 희생이다(롬 8:23; 요일 4:10, 14). 아들의 희생이 하나님의 진노를 완전히 누그러뜨렸다. 그 결과, 믿음을 통해 하나님께 오는 자들은 "그리스도 예수 안에 있는 속량으로 말미암아 하나님의 은혜로 값없이 의롭다 하심을 얻는다"(롬 3:24). 그리스도의 희생이 하나님의 의와 공의의 요구를 완전히 만족시켰고, 그래서 하나님은 용서와 화목을 값 없이 제시하신다. "오호라 너희 모든 목마른 자들아 물로 나아오라. 돈 없는 자도 오라. 너희는 와서 사 먹되 돈 없이, 값없이 와서 포도주와 젖을 사라"(사 55:1; 참조. 계 22:17).

화목을 위해서는 하나님의 아들의 죽음이 필요했다. "죄의 삯은 사망"이므 로(롬 6:23) "범죄하는 그 영혼은 죽을" 것이기 때문이다(겔 18:20). 구약의 경륜 에서 짐승을 무수히 잡아 제사를 드렸다는 사실이 이 진리를 생생하게 보여 준다. "황소와 염소의 피가 능히 죄를 없이 하지 못"하기에 이러한 희생제물들 은 죄를 대속할 수 없었다(히 10:4). 그렇더라도 이것들은 죄가 죽음을 낳으며 하나님의 율법을 범할 때 그 율법의 요구를 만족시키려면 죽음이 필요하다는 것을 강제로 일깨워주었다. 희생제물은 또한 이것을 끊임없이 바치는 사람들 로 희생제물이 가리키는 최종 대속물을 갈망하게 했다(참조. 사 53장). 그리고 아버지의 계획에 따라 최종 대속물이 세상에 왔을 때, 그분은 희생 제사 의식 과 짐승을 죽이는 의례에서는 그려질 뿐이었던 최종 만족을 하나님께 드리려 고 자신의 생명을 기꺼이 내려놓으셨다(요 10:11, 18; 빌 2:7-8).

대속물

죄를 알지도 못하신 이를 ··· 죄로(Him who knew no sin to be sin) (5:21b)

이 명칭은 유일하게 가능한 속죄제(sacrifice for sin)를 가리키는 게 틀림없다. 이 명칭은 이 세상에 살았던 모든 인간을 배제한다. "모든 사람이 죄를 범하였 으매 하나님의 영광에 이르지 못"하므로(롬 3:23) "범죄하지 아니하는 사람이 없기" 때문이다(왕상 8:46). 자신의 **죄를 알지도 못하는**(죄가 없는) 자만이 타인들 의 죄에 대한 하나님의 진노를 온전히 담당할 수 있었다. 그러나 그분은 또한 하나님이어야 했다. 오직 하나님만이 죄가 없기 때문이다. 그러므로 범위는 한 분, 하나님이요 사람이신 예수 그리스도로 좁혀진다.

하나님의 계획으로, 삼위일체의 둘째 위격이 사람이 되셨다(갈 4:4-5). 성경은 명확히 한다. 주 예수 그리스도는 인간 어머니가 있었지만 인간 아버지는 없었다. 요셉은 결코 그분의 아버지로 불리지 않는다. 그분은 성령으로 잉태되셨기 때문이다(마 1:18, 20; 눅 1:35). 하나님이자 사람(God-man)으로서, 그분은 속죄제물이 되어(요 1:29; 벧전 1:19) 구약성경에서 희생제물이 되는 흠 없는 어린양의 그림을(출 12:5; 겔 46:13) 성취하기에 완벽하신 분이었다.

성경에서, 예수 그리스도의 무흠(impeccability, 죄 없음)을 신자들과 불신자들이 똑같이 단언한다. 요한복음 8:46에서, 예수님은 자신을 대적하는 유대인들에게 강하게 물으셨다. "너희 중에 누가 나를 죄로 책잡겠느냐?" 빌라도는 예수님에게 사형 선고를 내리기 전 그분의 무죄를 거듭 단언하며 "내가 보니 이 사람에게 죄가 없도다"라고 선언했다(눅 23:4; 참조. 14, 22절). 예수님과 함께 십자가에 달린 강도가 회개하며 그분에 대해 "이 사람이 행한 것은 옳지 않은 것이 없느니라"고 했다(눅 23:41). 예수님의 십자가형을 집행한 냉혹하고 완악한 로마 백부장까지도 "이 사람은 정녕 의인이었도다"고 인정했다(눅 23:47).

사도들은 예수님이 이 땅에서 사역하실 때 그분의 삶을 가장 가까이서 지켜보았는데, 이들도 예수님이 죄가 없다고 증언했다. 베드로는 예수님이 "거룩하고 의로운 이"라고 공개적으로 선포했다(행 3:14). 그는 첫째 서신에서 예수님이 "흠 없고 점 없으며"(벧전 1:19), "죄를 범하지 아니하시고"(2:22), "의인"이라고 선언했다(3:18). 요한도 예수님이 죄가 없다고 증언하며 "그에게는 죄가 없느니라"고 썼다(요일 3:5). 영감된 히브리서 저자는 이렇게 말한다. "우리에게 있는 대제사장은 우리의 연약함을 동정하지 못하실 이가 아니요 모든 일에 우리와 똑같이 시험을 받으신 이로되 죄는 없으시니라"(히 4:15). 그분은 "거룩하고 악이 없고 더러움이 없고 죄인에게서 떠나 계시고 하늘보다 높이 되신 이"이기 때문이다(7:26).

그러나 그리스도의 죄 없음에 관한 가장 강력한 증언은 아버지 하나님의 증언이다. 그분은 그리스도를 두 차례 "내 사랑하는 아들이요 내 기뻐하는 자"라고 하셨다(마 3:17; 17:5). 예수님과 아버지 사이의 단절 없는 교제도 그분의 죄없음을 증언한다. 요한복음 10:30에서, 예수님은 아주 단순하게 말씀하셨다. "나와 아버지는 하나이니라"(참조. 14:9).

바울은 예수님을 죄인들을 위한 절대적으로 거룩한 대속물로 제시한 후, 하나님이 그분을 **죄로(to be sin)** 삼으셨다며 놀랄만한 선언을 한다. 이 중요한 어구를 주의 깊게 이해해야 한다. 이것은 그리스도께서 죄인이 되셨다는 뜻이 아니다. 앞서 언급한 구절들이 확실히 했듯이, 예수님은 죄가 전혀 없으며, 따라서 이 어구가 이런 의미일 가능성은 전혀 없다. 인간의 육신을 입은 하나님으로서, 예수님은 그 어떤 죄를 범하거나 그 어떤 방식으로든 하나님의 율법을 범하셨을 가능성이 없다. 마찬가지로 "눈이 정결하시므로 악을 차마 보지 못하시는" 하나님이(합 1:13; 참조. 약 1:13) 그분의 거룩한 아들은 고사하고 그 누구라도 죄인을 만드시라는 것도 생각할 수 없다. 예수님은 십자가에 달렸을 때 흠 없는 어린양이었고 개인적으로 악이 전혀 없었다.

이사야 53:4-6은 예수님이 죄가 되실 수 있었을 유일한 의미를 기술한다.

> 그는 실로 우리의 질고를 지고
> 우리의 슬픔을 당하였거늘
> 우리는 생각하기를, 그는 징벌을 받아
> 하나님께 맞으며 고난을 당한다 하였노라.
> 그가 찔림은 우리의 허물 때문이요
> 그가 상함은 우리의 죄악 때문이라.
> 그가 징계를 받으므로 우리는 평화를 누리고
> 그가 채찍에 맞으므로 우리는 나음을 받았도다.
> 우리는 다 양 같아서 그릇 행하여
> 각기 제 길로 갔거늘
> 여호와께서는 우리 모두의 죄악을
> 그에게 담당시키셨도다.

그리스도는 죄인이 되지 않았을 뿐 아니라 자신의 그 어떤 죄 때문에 벌을 받으신 것도 아니다. 그게 아니라, 아버지께서 믿을 모든 사람의 죄를 그리스도께 지움으로써 그리스도가 마치 죄인인 것처럼 그분을 대하셨다. 마치 그리스도께서 모든 죄를 직접 지으신 것처럼 모든 죄가 그리스도에게 지워졌고, 그리스도께서 십자가에서 이 모든 죄의 벌을 받으셨으며 이 모든 죄에 쏟아진 하나님의 불같은 진노를 온전히 겪으셨다. 바로 이 순간이었다. "예수께서 크게 소리 질러 이르시되, 엘리 엘리 라마 사박다니 하시니 이는 곧 나의 하나님, 나의 하나님, 어찌하여 나를 버리셨나이까 하는 뜻이라"(마 27:46). 그러므로 예수님이 죄가 되셨다는 유일한 의미는 전가(imputation)다. 그분은 개인적으로 정결했으나 공식적으로 죄책이 있었으며(culpable), 개인적으로 거룩했으나 법의학적으로 유죄였다(guilty). 그러나 그리스도께서는 십자가에서 돌아가실 때 우리처럼 악하게 되지 않으셨을 뿐 아니라 죄인들도 그분처럼 태생적으로 거룩하게 되지도 않는다. 하나님은 신자들의 죄를 그리스도께 돌리고 그리스도의 의를 죄인들에게 돌리신다.

갈라디아서 3:10, 13에서, 바울은 신자들의 죄가 그리스도께 반드시 전가되어야 한다는 것을 좀 더 설명했다. 10절에서, 바울은 이렇게 썼다. "무릇 율법 행위에 속한 자들은 저주 아래에 있나니, 기록된 바 누구든지 율법 책에 기록된 대로 모든 일을 항상 행하지 아니하는 자는 저주 아래에 있는 자라 하였음이라." 죄인들이 스스로 하나님과 화목할 방법은 없다. 그 누구도 "율법 책에 기록된 대로 모든 일을 항상 행할" 수 없기 때문이다. 율법의 1퍼센트만 범해도 영원한 지옥 형벌을 받는다. 따라서 인류 전체가 저주를 받았으며 어떻게 하더라도 이 저주에서 벗어날 수 없다. 그러므로 신자들이 하나님과 화목할 수 있는 이유는 단 하나뿐이다. "그리스도께서 우리를 위하여 저주를 받은 바 되사 율법의 저주에서 우리를 속량하셨으니, 기록된 바 나무에 달린 자마다 저주 아래에 있는 자라 하였음이라"(13절). "우리가 아직 연약할 때에 기약대로 그리스도께서 경건하지 않은 자를 위하여 죽으셨도다"(롬 5:6). 이것이 사실이 아니라면 그 누구도 하나님과 화목할 수 없다.

수혜자들

우리를 대신하여(on our behalf) (5:21c)

여기서 **우리**는 20절의 "그리스도를 대신하여 사신"이 된 사람(20절), "화목하게 하는 말씀"을 맡은 사람들(19절), 하나님과 화목한 사람들(18절), 그리스도 안에 있는 새로운 피조물을 가리킨다(17절). 그리스도의 대속적 죽음은 믿을 자들에게만 유효하며(요 1:12; 3:16 - 18; 롬 10:9 - 10), 아버지께서 그리스도께 주시고 그리스도께로 이끄시는 모든 자에게 유효하다(요 6:37, 44, 65). (이와 관련된 더 자세한 내용은 이 책 14장에서 5:14에 관한 설명을 보라.) 하나님이 예수님을 죽은 자 가운데서 다시 살리셨으며, 이것은 그분의 백성을 대신한 예수님의 희생을 하나님이 받으셨다는 증거다(롬 4:25).

혜택

우리로 하여금 그 안에서 하나님의 의가 되게 하려 하심이라. (5:21d)

하려 하심이라(so that)[45]는 헬라어 본문의 목적절을 반영한다. 하나님이 신자들의 죄를 그리스도께 전가하고 그리스도의 의를 신자들에게 전가하시는데, 그 혜택은 신자들이 하나님 앞에서 의롭게 **되는** 것이다. 신자들이 "그[그리스도] 안에서 발견되려 함이니, 내가[이들이] 가진 의는 율법에서 난 것이 아니요 오직 그리스도를 믿음으로 말미암은 것이니, 곧 믿음으로 하나님께로부터 난 의라"(빌 3:9). 하나님은 죄인에게 의를 요구하신다. 그래야 죄인을 받아들일 수 있기 때문이다. 그런데 하나님이 죄인에게 요구하시는 **의**는 다름 아닌 그분이 죄인에게 주시는 의다.

예수님이 신자들의 죗값을 완전히 지불하셨다. 따라서 하나님은 신자들에게 더는 죗값을 묻지 않으신다. 시편 32:1에서, 다윗은 이렇게 썼다. "허물의 사함을 받고 자신의 죄가 가려진 자는 복이 있도다." 시편 130:3-4에서, 시편 기자는 이렇게 덧붙였다. "여호와여, 주께서 죄악을 지켜보실진대 주여 누가 서리이까? 그러나 사유하심이 주께 있음은 주를 경외하게 하심이니이다." 욥

---

45 NASB: **so that** we might become the righteousness of God in Him.

서를 은유적으로 표현하는 그림들은 이렇게 표현한다. 하나님은 동이 서에서 먼 것처럼 신자들의 죄를 멀리 옮기셨고(시 103:12), 그분의 등 뒤로 던지셨으며(사 38:17), 절대로 다시 기억하지 않으리라 약속하셨고(사 43:25), 빽빽한 구름 뒤에 숨겨 그분의 눈에 보이지 않게 하셨으며(사 44:22), 깊은 바다에 던지셨다(미 7:19).

신자들은 오직 믿음으로, 즉 예수 그리스도께서 주신 완전한 구속을 믿음으로써 용서의 복을 경험한다. "예수 그리스도를 믿음으로 말미암아 모든 믿는 자에게 미치는 하나님의 의니 차별이 없느니라"(롬 3:22). 신자들은 "그리스도 예수 안에 있는 속량으로 말미암아 하나님의 은혜로 값없이 의롭다 하심을 얻은 자"들이다(롬 3:24). 그러므로 하나님은 "예수 믿는 자를 의롭다"하시는 분이다(롬 3:26). 로마서 3:28에서, 바울은 단호하게 말했다. "그러므로 사람이 의롭다 하심을 얻는 것은 율법의 행위에 있지 않고 믿음으로 되는 줄 우리가 인정하노라"(참조. 4:5; 5:1; 갈 2:16; 3:24).

죄인들이 회개하며 자신들의 죄를 인정하고(시 32:5) 예수님을 주님으로 고백하며(롬 10:9) 그분이 자신들을 대신해 성취하신 일만을 의지할 때(행 4:12; 16:31), 하나님이 그리스도의 의를 이들에게 돌리신다. 십자가에서, 하나님은 마치 예수님이 우리의 삶을 살고 우리의 모든 죄를 지으신 것처럼 그분을 대하셨다. 마치 우리가 그리스도의 삶을, 순전히 거룩한 삶을 산 것처럼 우리를 대하실 수 있기 위해서다. 십자가에서, 마치 그리스도께서 우리의 삶을 사셨던 것처럼, 죄악된 우리의 삶이 법적으로 그분께 지워졌다. 그리스도의 의로운 삶이, 마치 우리가 그분의 삶을 살았던 것처럼, 우리에게 돌려질 수 있기 위해서였다. 이것이 전가를 통한 칭의 교리, 곧 복음의 절정이다. 이 본문에서 아주 간결하면서도 강력하게 표현되는 이 진리가 죄라는 전염병의 유일한 치료제다.

17

존중과 모욕 —사역의 역설
(6:1-10)

¹우리가 하나님과 함께 일하는 자로서 너희를 권하노니, 하나님의 은혜를 헛되이 받지 말라. ²이르시되, 내가 은혜 베풀 때에 너에게 듣고 구원의 날에 너를 도왔다 하셨으니, 보라 지금은 은혜 받을 만한 때요 보라 지금은 구원의 날이로다. ³우리가 이 직분이 비방을 받지 않게 하려고 무엇에든지 아무에게도 거리끼지 않게 하고 ⁴오직 모든 일에 하나님의 일꾼으로 자천하여 많이 견디는 것과 환난과 궁핍과 고난과 ⁵매 맞음과 갇힘과 난동과 수고로움과 자지 못함과 먹지 못함 가운데서도 ⁶깨끗함과 지식과 오래 참음과 자비함과 성령의 감화와 거짓이 없는 사랑과 ⁷진리의 말씀과 하나님의 능력으로 의의 무기를 좌우에 가지고 ⁸영광과 욕됨으로 그리했으며 악한 이름과 아름다운 이름으로 그리했느니라. 우리는 속이는 자 같으나 참되고, ⁹무명한 자 같으나 유명한 자요, 죽은 자 같으나 보라 우리가 살아 있고, 징계를 받는 자 같으나 죽임을 당하지 아니하고, ¹⁰근심하는 자 같으나 항상 기뻐하고, 가난한 자 같으나 많은 사람을 부요하게 하고, 아무것도 없는 자 같으나 모든 것을 가진 자로다. (6:1-10)

아이러니하게도, 설교자(목사, 전파자)는 지역 사회에서 크게 사랑과 존경을 받는 동시에 크게 미움과 경멸을 받는다. 자신이 전하는 복음을 믿는 자들에게, 그는 존경받는 영적 아버지요 멘토이며 선생이다. 그는 이들에게 하나님의 진리를 선포하고, 이들을 격려하며, 이들에게 소망을 주고, 하나님의 말씀을 적용하도록 이들을 가르친다. 그러나 그의 메시지를 거부하는 자들에게, 그의 목소리는 유죄선고를 내리고 짜증 나게 하며 불안을 일으키는 목소리다. 이들에게, 그는 말썽꾼으로(참조. 왕상 18:17; 렘 38:2-4; 암 7:10; 눅 23:5; 행 16:20; 24:5), 수치스럽지만 평온한 이들의 삶을 방해하고 이들의 죄악된 세상을 뒤집어 버린다(행 17:6).

주 예수 그리스도께서 이 땅에서 사역하실 때, 존중과 멸시의 양극단을 경험하셨다. 어떤 사람들은 그분이 하늘의 주님이요 자신들의 소망과 꿈을 이루어주는 분이며 영원한 용서와 행복과 평화와 기쁨의 근원이라고 환호하며 그분 앞에 엎드려 경배했다. 반면에, 어떤 사람들은 그분이 귀신들린 사기꾼이요 자신들의 권력을 위협하는 자이며 자신들의 평화를 깨는 자이고 자신들의 종교를 대적하는 대적이라며 그분을 경멸했다. 이렇게 그분을 배척하는 모습은 사람들의 외침에서 절정에 이르렀다. "없이 하소서. 없이 하소서. 그를 십자가에 못 박게 하소서"(요 19:15).

이렇듯 사람들은 예수님을 극과 극으로 대했다. 그러므로 그분의 제자들도 이런 대우를 예상할 수밖에 없다. 마태복음 10:24에서, 주님은 이렇게 되리라고 거듭 단언하면서 자신의 제자들에게 일깨우셨다. "제자가 그 선생보다, 또는 종이 그 상전보다 높지 못하나니." 돌아가시기 전, 예수님은 열두 제자를 마지막으로 가르칠 때 이렇게 덧붙이셨다.

> 세상이 너희를 미워하면 너희보다 먼저 나를 미워한 줄을 알라. 너희가 세상에 속하였으면 세상이 자기의 것을 사랑할 것이나 너희는 세상에 속한 자가 아니요 도리어 내가 너희를 세상에서 택하였기 때문에 세상이 너희를 미워하느니라. 내가 너희에게 종이 주인보다 더 크지 못하다 한 말을 기억하라. 사람들이 나를 박해하였은즉 너희도 박해할 것이요 내 말을 지켰은즉 너희 말도 지킬 것이라. (요 15:18-20)

대사로서(고후 5:20), 신자들은 소외된 세상에 화목의 메시지를 전한다. 이 메시지를 듣는 자들은 이 메시지에 담긴 진리를 받아들이고 메신저를 소중히 여기거나, 메시지와 그 메시지를 선포하는 자를 배척할 것이다. 따라서 그리스도의 메신저들은 "구원받는 자들에게나 망하는 자들에게나 하나님 앞에서 그리스도의 향기니, 이 사람에게는 사망으로부터 사망에 이르는 냄새요 저 사람에게는 생명으로부터 생명에 이르는 냄새"다(2:15-16). 능력과 확신을 갖고 참 복음을 선포하는 자들은 모두에게 인기 있으리라 기대할 수 없다. 존중과 모욕, 존경과 멸시를 받는 것이 이들의 운명이다. 가장 충실하고 뜨겁게 복음을 전하는 자들은 대체로 가장 큰 축복을 경험하는 동시에 가장 심한 실망을 겪는다.

바울이 가장 좋은 예다. 그는 이 서신을 쓸 때 서로 충돌하는 현실에 사로잡혔다. 여러 단점에도 불구하고, 고린도 신자들은 그에게 축복이었다. 이들은 그리스도인의 사랑을 나누었으며(12:15), 바울은 이 서신 앞부분에서 그에게는 "너희를[이들을] 향하여 넘치는 사랑이 있다"고 했고(2:4) 나중에 이렇게 덧붙였다. "내가 이 말을 하는 것은 너희를 정죄하려고 하는 것이 아니라 내가 이전에 말하였거니와 너희가 우리 마음에 있어 함께 죽고 함께 살게 하고자 함이라"(7:3). 그의 마음은 기쁨으로 넘쳤다. 이들 중에 많은 사람이 복음을 믿었기 때문이다. 그러나 고린도 회중은 바울의 마음을 많이 아프게도 했다. 고린도교회에 침투한 거짓 선생들이 바울을 사정없이 공격했다. 바울의 고린도 방문이 순탄치 않았으며 고통스럽고 쓰라린 방문이 되고 말았다(참조. 2:1). 바울은 고린도 신자들을 대하면서 크나큰 기쁨부터 크나큰 슬픔까지 온갖 감정을 겪었다.

이러한 존중과 모욕, 기쁨과 슬픔 사이의 긴장이 그 어느 곳보다 이 서신에, 특히 이 단락에 잘 표현되어 있다. 고린도 신자들은 바울의 사역에 극단적으로 다른 반응을 보였고, 이런 과정에서 바울의 인내가 드러났다. 바울의 인내는 특권, 호소, 보호, 역설 등 네 가지 관점을 유지하는 것과 관련이 있다:

특권

우리가 하나님과 함께 일하는 자로서 (6:1a)

사역을 보는 가장 고귀한 시각은 사역을 하나님과(with God) 파트너가 되어 **함께 일하는(working together,** "협력하다"는 뜻하는 *sunergeō*에서 파생했다) 것으로 보는 것이다. 사역을 하면서 만나는 어려움 때문에 실망한다면, 그 출발점은 하나님의 종들이 부르심을 받아 누리는 큰 특권을 이해하지 못하는 데 있다. 이 책 5장에서 2:14-17을 살펴보며 말했듯이, 그리스도를 섬기는 자들은 누구든 아무리 혹독한 어려움을 만나더라도 자신이 누리는 특권에 감사하며 그 특권에 충실해야 한다. NASB에서 **with Him(하나님과)**은 이탤릭체로 되어 있는데, 이 부분이 헬라어 원문에 없다는 표시다. 그러나 번역자들이 이 부분을 추가한 것은 옳다. 5:19의 하나님과("하나님께서…세상을 자기와 화목하게 하시며") 20절의 하나님이("우리가 그리스도를 대신하여 사신이 되어 하나님이 우리를 통하여 너희를 권면하시는 것 같이") 선행사이기 때문이다. 놀랍게도, 영광의 하나님이 자신을 낮춰 신자들을 통해 일하면서 화목하게 하는 자신의 복음을 선포하신다.

온갖 시련 앞에서, 바울은 이 사실을 잠시도 놓치지 않았다. 아무도 그의 메시지에 반응하지 않더라도, 바울은 하나님의 동역자라는 큰 특권을 누린다는 사실만으로도 흔들리지 않을 수 있었다. 따라서 바울이 자신의 서신들 전체에서 이 진리를 강조한 것은 놀라운 일이 아니다. 고린도전서 3:9에서, 바울은 분명하게 말했다. "우리는 하나님의 동역자들이요." 같은 서신 뒷부분에서 이렇게 썼다. "사역은 여러 가지나 모든 것을 모든 사람 가운데서 이루시는 하나님은 같으니…이 모든 일은 같은 한 성령이 행하사 그의 뜻대로 각 사람에게 나누어 주시는 것이니라"(고전 12:6, 11). "그러나 내가 나 된 것은 하나님의 은혜로 된 것이니, 내게 주신 그의 은혜가 헛되지 아니하여 내가 모든 사도보다 더 많이 수고하였으나 내가 한 것이 아니요 오직 나와 함께 하신 하나님의 은혜로라"(고전 15:10). 바울은 에베소 신자들을 위해 이렇게 기도했다. "그의 힘의 위력으로 역사하심을 따라 믿는 우리에게 베푸신 능력의 지극히 크심이 어떠한 것을 너희로 알게 하시기를 구하노라"(엡 1:19). 그는 나중에 이들에게 이렇게 일깨웠다. "이 복음을 위하여 그의 능력이 역사하시는 대로 내게 주신 하나님의 은혜의 선물을 따라 내가 일꾼이 되었노라"(엡 3:7). 그리고 "우리 가운데서 역사하시는 능력대로 우리가 구하거나 생각하는 모든 것에 더 넘치도록 능히 하실 이에게" 다시 기도했다(20절; 참조. 요 15:4-5). 그는 빌립보 신자들에게 이렇게 일깨웠다. "너희 안에서 행하시는 이는 하나님이시니, 자기의 기쁘신 뜻을 위하여 너희에게 소원을 두고 행하게 하시나니"(빌 2:13; 참조. 히 13:20-21). 골로새 신자들에게는 이렇게 썼다. "이를 위하여 나도 내 속에서 능력으로 역사하시는 이의 역사를 따라 힘을 다하여 수고하노라"(골 1:29). 첫 선교여행을 마치고 안디옥에 돌아왔을 때, 바울과 바나바는 "교회를 모아 하나님이 함께 행하신 모든 일과 이방인들에게 믿음의 문을 여신 것을 보고했다"(행 14:27; 참조. 15:4).

마가복음 4:26-29에서, 예수님은 신자들이 하나님과 함께 일하는 신비와 놀라움을 비유로 설명해주셨다.

> 또 이르시되, 하나님의 나라는 사람이 씨를 땅에 뿌림과 같으니, 그가 밤낮 자고 깨고 하는 중에 씨가 나서 자라되 어떻게 그리 되는지를 알지 못하느니라. 땅이 스스로 열매를 맺되 처음에는 싹이요 다음에는 이삭이요 그 다음에는 이삭에 충실한 곡식이라. 열매가 익으면 곧 낫을 대나니, 이는 추수 때가 이르렀음이라.

복음을 선포하는 자들은 씨를 뿌린다. 그러나 오직 하나님만이 새로운 영적 생명이 움트고 자라게 하실 수 있다. 바울이 고린도전서에서 썼던 것과 같다. "나는 심었고 아볼로는 물을 주었으되 오직 하나님께서 자라나게 하셨나니, 그런즉 심는 이나 물 주는 이는 아무것도 아니로되 오직 자라게 하시는 이는 하나님뿐이니라"(고전 3:6-7). 심거나 물 주는 일은 더없이 영광스럽지만 자랑거리는 아니었다.

바울은 겸손했으나 복음의 일꾼으로서 누리는 큰 특권에 경외심을 잠시도 잃지 않았으며, 이것은 그가 디모데에게 쓴 편지에서 분명하게 드러난다.

> 나를 능하게 하신 그리스도 예수 우리 주께 내가 감사함은 나를 충성되이 여겨 내게 직분을 맡기심이니, 내가 전에는 비방자요 박해자요 폭행자였으나 도리어 긍휼을 입은 것은 내가 믿지 아니할 때에 알지 못하고 행하였음이라. 우리 주의

은혜가 그리스도 예수 안에 있는 믿음과 사랑과 함께 넘치도록 풍성하였도다. 미쁘다 모든 사람이 받을 만한 이 말이여, 그리스도 예수께서 죄인을 구원하시려고 세상에 임하셨다 하였도다. 죄인 중에 내가 괴수니라. 그러나 내가 긍휼을 입은 까닭은 예수 그리스도께서 내게 먼저 일체 오래 참으심을 보이사 후에 주를 믿어 영생 얻는 자들에게 본이 되게 하려 하심이라. (딤전 1:12-16)

바울은 자신이 흉악한 죄인임에도 하나님이 구원해 사역을 맡기셨다는 사실에 압도되었다. 바울은 찬양으로 증언을 마무리했다. "영원하신 왕 곧 썩지 아니하고 보이지 아니하고 홀로 하나이신 하나님께 존귀와 영광이 영원무궁하도록 있을지어다. 아멘"(딤전 1:17).

호소

¹ᵇ너희를 권하노니, 하나님의 은혜를 헛되이 받지 말라. ²이르시되, 내가 은혜 베풀 때에 너에게 듣고 구원의 날에 너를 도왔다 하셨으니, 보라 지금은 은혜 받을 만한 때요 보라 지금은 구원의 날이로다. (6:1b-2)

바울은 여기서 동사 '파라칼루멘'(*parakaloumen*,[46] **urge,** 촉구하다, **권하노니;** "호소하다 plead," "간청하다 beg")을 사용하는데, 이 동사의 시제는 현재다. 이것은 바울이 고린도 신자들을 향해 한결같이 뜨거운 관심(염려, 걱정)을 가졌다는 뜻이다(참조. 2:8; 10:1; 고전 16:15-16). 하나님의 대사들은 청중에게 진리에 반응하라고 간청하며 호소하는 자로서 섬기는 특권이 있다.

구체적으로, 바울은 고린도 신자들에게 **하나님의 은혜를 헛되이 받지 말라**고 촉구했다. 자신이 그들에게 그렇게도 충실하게 전해왔던 용서의 복음을 들을 아름다운 기회에 등을 돌리지 말라는 것이었다. 바울은 고린도에 오래 머물 때 고린도 신자들에게 자신의 삶을 쏟아부으면서(행 18:11) 복음을 믿으라고

---

46 현재 직설법 능동태 1인칭 복수이며, 원형은 *parakleō*

호소했고, 새로운 회심자들에게 은혜 안에서 어떻게 성장해야 하는지 가르쳤다. 그러나 고린도에서 일어난 사건들 때문에, 자신이 집중적으로 쏟은 수고가 무용지물이 될까 걱정이었다. 바울이 고린도전서에서 밝혔듯이, 고린도교회는 죄로 넘쳐났다. 거짓 선생들, 곧 예수님이 경고하셨고(마 7:15) 바울도 경고했던(행 20:29) 양의 옷을 입은 이리들이 고린도 신자들을 꾀어 많은 신자가 진리를 떠나게 하고 있었다. 그가 이 서신 뒷부분에 쓴 내용의 배후에 고린도 신자들을 향한 이런 뜨거운 관심(염려)이 있었다.

> 뱀이 그 간계로 하와를 미혹한 것 같이 너희 마음이 그리스도를 향하는 진실함
> 과 깨끗함에서 떠나 부패할까 두려워하노라. 만일 누가 가서 우리가 전파하지 아
> 니한 다른 예수를 전파하거나 혹은 너희가 받지 아니한 다른 영을 받게 하거나
> 혹은 너희가 받지 아니한 다른 복음을 받게 할 때에는 너희가 잘 용납하는구나.
> (고후 11:3-4)

바울은 팔짱을 낀 채 강 건너 불구경하듯 할 수 없었다. 자신의 영적 자녀들이(고전 4:15) 거짓 복음에 속거나 거짓 선생들에게 미혹되어 참된 성화의 길에서 떠나게 둘 수 없었다. 모든 충성된 사역자처럼, 하나님 앞에서 바울의 의무도 **하나님의 은혜를 헛되이 받지 말라**고 촉구하는 것이었다. 바울은 이들의 영원한 유익을 위해 은혜의 복음에 담긴 진리로 구현된 **하나님의 은혜**를 주었다.

바울은 먼저 고린도 신자들이 구원과 관련해 하나님의 은혜를 **헛되이** 받지나 않을까 염려했다. 어느 교회나 그렇듯이, 고린도교회도 모든 사람이 구속받지는 못했다. 어떤 사람들은 복음을 아는 지적 지식이 있었으나 구원하는 믿음이 없었다. 그래서 바울은 이들에게 강하게 요구했다. "너희는 믿음 안에 있는가 너희 자신을 시험하고 너희 자신을 확증하라. 예수 그리스도께서 너희 안에 계신 줄을 너희가 스스로 알지 못하느냐? 그렇지 않으면 너희는 버림받은 자니라"(고후 13:5). 고린도교회의 거듭나지 못한 자들은 거짓 선생들에게 속을 위험이 컸다. 이들이 다른 예수와 다른 성령과 다른 복음을 전하는 자들을 따른다면 특권을 버리고 영적 파멸에 이를 터였다. 바울은 갈라디아 신

자들을 향해서도 비슷한 걱정을 했다.

그리스도의 은혜로 너희를 부르신 이를 이같이 속히 떠나 다른 복음을 따르는 것을 내가 이상하게 여기노라. 다른 복음은 없나니, 다만 어떤 사람들이 너희를 교란하여 그리스도의 복음을 변하게 하려 함이라. 그러나 우리나 혹은 하늘로부터 온 천사라도 우리가 너희에게 전한 복음 외에 다른 복음을 전하면 저주를 받을지어다. 우리가 전에 말하였거니와 내가 지금 다시 말하노니, 만일 누구든지 너희가 받은 것 외에 다른 복음을 전하면 저주를 받을지어다. (갈 1:6-9)

고린도 신자들은 성화와 관련해서도 하나님의 은혜를 헛되이 받을 위험이 있었다. 율법주의자들이 이들을 미혹해 성령의 능력으로 사는 대신 육체의 힘으로 살게 하려 했다. 바울은 갈라디아 신자들을 꾸짖었는데, 이들도 율법주의에게 공격받고 있었다. "너희가 이같이 어리석으냐? 성령으로 시작하였다가 이제는 육체로 마치겠느냐?"(갈 3:3). 칭의처럼, 성화도 하나님의 일이다. 성화는 일련의 외적 규범을 율법주의적으로 지키는 데서 비롯되는 게 아니라 성령께서 주시는 진심 어린 사랑과 순종, 곧 주 예수 그리스도를 향한 사랑과 순종에서 비롯된다.

구원받지 못한 고린도 신자 중에 행위로 구원받는다는 거짓 복음에 미혹되는 자들이 있었다. 어떤 신자들은 구원받았으나 율법주의적 거짓 가르침이 이들의 영적 성장을 방해했다. 어느 쪽이든, 이들에게 바울과 함께 복음을 보내신 하나님의 은혜가 효력을 잃을 위험에 처했다.

거짓 선생들이 고린도교회를 더럽혔기에 복음전파가 방해를 받았다. 이 때문에 바울은 고린도 신자들의 변절이 더욱 안타까웠다. 당시는 (지금도) 화목하게 하는 직분을 위한 시간이기 때문이었다. 지금은 긴급한 때라는 것을 강조하려고 바울은 이사야 49:8을 인용했는데, 거기서 하나님은 이렇게 선언하셨다. **"내가 은혜 베풀 때에(at the acceptable time) 너에게 듣고 구원의 날에 너를 도왔다."**

하나님의 은혜 안에는 죄인들이 그분을 찾을 수 있는 때가 있다. 하나님은 노아 홍수 이전에 세상을 향해 경고하셨다. "나의 영이 영원히 사람과 함께 하지 아니하리니, 이는 그들이 육신이 됨이라. 그러나 그들의 날은 백이십 년이 되리라"(창 6:3). 이사야 55:6은 이렇게 말한다. "너희는 여호와를 만날 만한 때에 찾으라. 가까이 계실 때에 그를 부르라." 호세아는 배교한 이스라엘에게 경고했다. "그들이[너희가] 양 떼와 소 떼를 끌고 여호와를 찾으러 갈지라도 만나지 못할 것은 이미 그들에게서[너희에게서] 떠나셨음이라"(호 5:6).

바울은 보라(behold)와 지금은(now)을 거듭 사용해 말하려는 핵심을 강조하면서 지금은 하나님이 회개하는 죄인들의 말을 들으시는 은혜 받을 만한 때요…구원의 날이로다라고 선언했다. 지금, 곧 들판에 곡식이 익어 추수를 기다리는 때는(요 4:35) 복음을 받아들일 기회를 낭비하거나 허약하게 굴거나 망설이거나 거짓 선생들에게 속을 때가 아니다. 지금은 진리를 굳게 붙잡고 신실하게 선포할 때다. 예수님은 이렇게 훈계하셨다. "때가 아직 낮이매 나를 보내신 이의 일을 우리가 하여야 하리라. 밤이 오리니 그때는 아무도 일할 수 없느니라"(요 9:4).

바울은 때가 긴급하다는 것을 알았기에, 자신의 긴급한 소명에 충실해 고린도 신자들에게 그들의 삶에서 하나님의 은혜가 헛되게 하지 말라고 뜨겁게 호소했다.

보호

> ³우리가 이 직분이 비방을 받지 않게 하려고 무엇에든지 아무에게도 거리끼지 않게 하고 ⁴오직 모든 일에 하나님의 일꾼으로 자천하여 많이 견디는 것과 환난과 궁핍과 고난과 ⁵매 맞음과 갇힘과 난동과 수고로움과 자지 못함과 먹지 못함 가운데서도 ⁶깨끗함과 지식과 오래 참음과 자비함과 성령의 감화와 거짓이 없는 사랑과 ⁷진리의 말씀과 하나님의 능력으로 의의 무기를 좌우에 가지고 (6:3-7)

바울은 보호하는 목자였다. 그는 필연적으로 어떤 사람들은 하나님의 은혜를 거부하리라는 것을 알았으며, 이렇게 되는 것은 자신이 이들의 길에 걸림돌을 놓았기 때문이 아니라는 것을 분명히 하고 싶었다. 그는 로마서 2:24에서 하나님이 이스라엘에게 내리신 판결과 같은 판결이 자신의 삶과 사역에 내려지지 않길 바랐다. "하나님의 이름이 너희 때문에 이방인 중에서 모독을 받는도다." 사탄이 불신자들로 눈이 멀게 하며(고후 4:4), 그래서 불신자들은 하나님의 일을 이해하지 못한다(고전 2:14). 그러므로 바울은 **직분이 비방을 받지 않게(not be discredited)**[47] 하려고 무엇에든지 아무에게도 거리끼지 않게 하려고 조심했다. 그는 자신의 순전한 복음을 훼손할 그 어떤 얼룩도 자신의 덕에 절대 생기지 않게 하겠다고 결심했다(고전 9:27). 부정 형용사 '메데미안'(*mēdemian*, **no, 않게**)[48]은 의미가 강한 용어이며 "아니다, 절대 아니다"(no, not at all)로 번역될 수 있다. 부정의 의미를 표현하며 의미가 강한 또 다른 용어인 '메데니'(*mēdeni*)가 이어지는데,[49] "아무것도 아님"(not anything)이란 뜻이다. 두 용어는 **거리낌(offense, *proskopē*, "비틀거림의 원인 cause of stumbling")**의 여지를 전혀 남기지 않는다. 바울은 그리스도를 욕되게 하거나 누군가로 복음의 진리와 정결에 대해 흠을 찾게 만드는 것이라면 무엇이든 피하려 했다. 바울 자신의 순전함이 그의 사람들에게 보호막이었다.

교회의 복음 전파가 막히지 않게 하는 것이 바울의 변함없는 관심사였으며, 그는 이것을 디도에게 이렇게 표현했다.

오직 너는 바른 교훈에 합당한 것을 말하여, 늙은 남자로는 절제하며 경건하며 신중하며 믿음과 사랑과 인내함에 온전하게 하고, 늙은 여자로는 이와 같이 행실이 거룩하며 모함하지 말며 많은 술의 종이 되지 아니하며 선한 것을 가르치는 자들이 되고 그들로 젊은 여자들을 교훈하되 그 남편과 자녀를 사랑하며 신중하며 순전하며 집안일을 하며 선하며 자기 남편에게 복종하게 하라. 이는 하나님의

---

47 새번역: 흠을 잡지 못하게

48 개역개정에서는 "않게"라고 부사로 번역되었으나("무엇에든지 아무에게도 거리끼지 **않게** 하고") NASB에서 no는 형용사다. giving **no** cause for offense in anything(어떤 일에서도 공격받을 그 어떤 빌미도 주지 않고).

49 *mēdemian en mēdeni*

말씀이 비방을 받지 않게 하려 함이라. 너는 이와 같이 젊은 남자들을 신중하도록 권면하되, 범사에 네 자신이 선한 일의 본을 보이며 교훈에 부패하지 아니함과 단정함과 책망할 것이 없는 바른 말을 하게 하라. 이는 대적하는 자로 하여금 부끄러워 우리를 악하다 할 것이 없게 하려 함이라. 종들은 자기 상전들에게 범사에 순종하여 기쁘게 하고 거슬러 말하지 말며 훔치지 말고 오히려 모든 참된 신실성을 나타내게 하라. 이는 범사에 우리 구주 하나님의 교훈을 빛나게 하려 함이라. (딛 2:1-10)

바울은 알았다. 교회가 그레데섬에(디도가 이곳에서 사역했다) 복음을 효과적으로 전하려면 교회의 정결이 필수였다. 이 목적을 위해, 교회가 하지 말아야 할 것과 해야 할 것이 있었다. 교회는 하나님의 말씀이 비방 받게 해서는 안 되며(5절) 이로써 불신자들이 복음을 안 좋게 말할 그 어떤 빌미도 주지 말아야 했다(8절). 그런가 하면, 교회 구성원들은 자신들의 삶으로 진리의 메시지를 아름답게 장식해야(매력적이게 해야) 했다(10절).

바울은 그리스도를 믿는 일에 장애물을 놓지 않으려 애썼을 뿐 아니라 **모든 일에 하나님의 일꾼으로 자천하려**[50] 했다. 사역자는 신학교 졸업장이나 신학이나 인기나 성격이나 성공으로 추천받는 게 아니다. 그의 삶이 유일하게 중요한 추천서다. 사람들이 읽을 유일한 추천서다.

궁극적으로, 신실한 하나님의 일꾼들을 칭찬하는 것은 이들의 인내(endurance, 견디는 것)다. '후포모네'(*hupomonē*, **endurance,** 인내, **견디는 것**)는 신약성경에서 가장 아름다운 덕목에 속한다. 이 단어는 힘겨운 수고를 감내하고 전쟁의 충격에서 살아남으며 죽음 앞에서 흔들리지 않는 것을 포함한다. 그러나 이 단어가 내포하는 이러한 풍성한 의미를 그 어떤 영어 단어 하나로도 온전히 표현할 수 없다. 신약성경은 이 단어를 "환난"(롬 5:3), "믿음"(약 1:3), "소망"(살전 1:3), "기쁨"(골 1:11) 같은 여러 단어와 연결해 사용한다. '후포모네'는 미래의 영광이란 개념과도 연결된다(롬 2:7; 8:25). 따라서 이 '후포모네'는

---

50 새번역: 무슨 일에서나 하나님의 일꾼답게 처신합니다.

엄격하게, 금욕적으로, 힘겹게 시련을 받아들임을 말하는 게 아니라 미래의 영광을 고대하는 믿음과 소망과 기쁨을 말한다. '후포모네'는 "의기양양한 인내"(triumphant patience, 승리하는 인내)로 번역하는 게 가장 좋을 것 같다. 히브리서 11장은 적대감을 이기고 끝까지 믿음을 지켰다며 구약성경에 나오는 하나님의 종들을 칭찬한다.

인내는 바울의 삶의 뚜렷한 표식이었다. 유혹과 원수들의 위협과 여러 교회의 문제가 끊이지 않았는데도, 바울은 죽을 때까지 인내하며 믿음을 지켰고 늘 힘을 다해 하나님을 섬겼으며 교회를 보호하는 영향력을 끼쳤다. 이 서신 앞쪽에서, 바울은 당당하게 인내하며 고난을 견뎠다고 했다.

> 우리가 사방으로 욱여쌈을 당하여도 싸이지 아니하며, 답답한 일을 당하여도 낙심하지 아니하며, 박해를 받아도 버린 바 되지 아니하며, 거꾸러뜨림을 당하여도 망하지 아니하고, 우리가 항상 예수의 죽음을 몸에 짊어짐은 예수의 생명이 또한 우리 몸에 나타나게 하려 함이라. 우리 살아 있는 자가 항상 예수를 위하여 죽음에 넘겨짐은 예수의 생명이 또한 우리 죽을 육체에 나타나게 하려 함이라. (고후 4:8-11)

바울의 믿음은 전혀 흔들리지 않았다. 그의 소망은 전혀 사그라지지 않았다. 그의 기쁨은 전혀 줄어들지 않았다. 그는 이 진리를 잠시도 놓치지 않았다. "현재의 고난은 장차 우리에게 나타날 영광과 비교할 수 없도다"(롬 8:18; 참조. 고후 4:16 - 18; 행 20:24; 빌 3:8).

고린도후서 6:4-7에 나오는 목록은 인내의 다양한 요소를 규정한다. 4절과 5절은 부정적 측면들을 논하고 6절과 7절은 긍정적 측면들을 논한다. 감정이 잔뜩 실린 말로, 바울은 화목하게 하는 직분(ministry of reconciliation)이 우리가 하나님에게 요구하는 것이 아니라 하나님이 우리에게 요구하시는 것이라고 규정한다. 예수 그리스도의 대사들은 더 큰 위로와 번영이 아니라 더 큰 인내를 구한다.

부정 목록과 긍정 목록 둘 다 각각 셋씩 세 그룹으로 세분할 수 있다. 부정 요소 중에 처음 세 가지는 외적 압박에서 비롯된 내적 결과다. **환난(afflictions)** 은 '뜰립시스'(*thlipsis*)의 번역으로 영적 고난이나 육적 고난이나 정서적 고난을 가리킨다. 바울은 사도행전 14:22에서 이렇게 경고했다. "우리가 하나님의 나라에 들어가려면 많은 환난(*thlipsis*)을 겪어야 할 것이라." 그는 사도행전 20:23에서도 '뜰립시스'를 사용해 예루살렘에서 자신을 기다리는 "환난"을 말했다. **궁핍(hardships)**은 타락한 세상에서 살아갈 때 뒤따르는 여러 어려움을 가리키는 일반적 단어다(참조. 고전 7:26; 살전 3:7). 이것은 불가피(inevitability)라는 의미를 가지며(마 18:7은 이것을 "없을 수는 없으나 inevitable"로 옮겼다) 때로 compulsion(강제)로 번역된다(예를 들면, 고전 9:16; 고후 9:7; 몬 14).[51] '스테노코리아'(*stenochōria*, **distresses, 고난**)는 문자적으로 좁은 공간에 갇힘을 가리킨다. 이것은 벗어날 수 없는 시련과 어려움을 말한다.

두 번째 세 요소는 외부의 위협이다. **매맞음(beatings)**은 주먹질(눅 10:30), 매질(행 16:22-23), 채찍질을 가리킬 수 있다(눅 12:48). 바울은 **갇힘(imprisonments)**이 낯설지 않았고(고후 11:23; 참조. 행 16:24; 24:23-27; 28:16, 30; 딤후 1:8, 16; 2:9) 사역을 하는 동안 자신을 줄기차게 따라다녔던 **난동(tumults,** 폭동, 민간인 소요, 집단 폭행)도 낯설지 않았다(참조. 행 13:45; 14:19; 17:5; 18:12-17; 19:29; 21:30; 22:22-23; 23:10).

세 번째 그룹은 자초한 시련을 포함한다. '코포스'(*kopos*, **labors, 수고로움**)는 탈진할 정도로 힘든 일을 가리킨다. 바울의 사역은 몹시 힘들었다. 그뿐 아니라 바울은 자기 손으로 직접 일해 자신을 비롯해 함께 여행하는 사람들을 부양했다(행 20:34; 고전 4:12; 살전 2:9; 살후 3:8). 이렇게 오래고 힘든 노동의 결과는 **자지 못함(sleeplessness)**이기 일쑤였다(참조. 고후 11:27). 바울은 자신이 돌보는 교회들을 지칠 줄 모르고 섬겼으며(참조. 행 20:31) 직접 일해 자신을 경제적으로 부양했기 때문이다(살후 3:8). 바울은 사역을 위해 여러 가지가 필요했으며, 특히 자주 여행을 해야 했고, 그 결과가 **먹지 못함(hunger)**이기 일쑤였다(참조. 고후 11:27; 고전 4:11; 빌 4:12). 한 끼 해결할 식당이 없었다. 바울 당

---

51 개역개정은 각각 "부득불"(고전 9:16), "억지로"(고후 9:7), "억지"로(몬 14) 옮겼다.

시 여관이 아주 귀했으며 그마저도 해충이 들끓는 사창굴에 불과했다. 그러나 바울은 이 아홉 단어로 요약되는 그의 사역의 온갖 어려움을 기쁘게 견뎠다. 그는 그 이유를 이렇게 말한다. "내가 달려갈 길과 주 예수께 받은 사명 곧 하나님의 은혜의 복음을 증언하는 일을 마치려 함에는 나의 생명조차 조금도 귀한 것으로 여기지 아니하노라"(행 20:24).

바울의 두드러진 인내(endurance, 견디는 것)는 긍정적인 아홉 자질로도 나타났다. 깨끗함(purity, *hagnotēs*)이 당연하게도 목록 맨 위에 자리한다. 이것은 깨끗한 삶과 생각과 동기를 포함하는 포괄적 단어다. 모든 신자가 그러해야 하고(빌 2:15; 딤전 5:7), 특히 교회 지도자들이 그러해야 하듯이(딤전 3:2; 딛 1:6-7), 바울은 책망받을 것이 없었다. 하나님의 진리를 아는 바울의 **지식(knowledge)**은 그 누구도 따라올 수 없었고, 그는 죄악된 인간, 사탄의 전략, 거짓 종교 체계, 하나님의 구속하는 사랑, 유효한 가르침과 복음전파와 징계의 원칙에 대한 참된 이해에서 절대로 벗어나지 않았다. 그는 자신을 비난하는 자들에게 "내가 비록 말에는 부족하나 지식에는 그렇지 아니하니"라고 답했다(고후 11:6). 절대로 변하지 않는 진리에 대한 분명한 이해가 그의 인내를 떠받치는 토대였다. '마크로뚜미아'(*makrothumia*, **patience**, 오래 참음)는 구체적으로 사람들을 향한 관용을 가리킨다(참조. 엡 4:2; 딤후 4:2). 많은 사람이, 특히 고린도 신자들 자신이 바울의 인내를 지독하게 시험했다. 바울은 사악하고 무지하며 죄악되고 약하며 제멋대로이고 판단하며 비난하고 심지어 반항적인 사람들과 끊임없이 마주했다. 그러나 이들이 그에게 육체적 고통을 안기든 정서적 고통을 안기든 간에, 바울은 인내하며 이들을 사랑하고 꾸짖으며 가르치고 격려하며 위로했다.

바울은 **자비함(kindness)**[52]이라는 본질적 덕목에서도 본을 보였다. 이것은 행위가 선한 것을 가리킨다. 사람들이 그를 어떻게 대하든 간에, 바울은 이들에게 유익한 행동으로 답했다. 그는 갈라디아 신자들을 권면하면서 자신의 신조를 표현했다. "우리는 기회 있는 대로 모든 이에게 착한 일을 하되 더

---

52 새번역: 친절

욱 믿음의 가정들에게 할지니라"(갈 6:10). 인내할 힘을 주시는 분은 **성령**이다. 바울은 성령을 따라 행했으며(갈 5:16), 성령이 충만했고(행 13:9), 성령을 통해 아버지께 나아갔으며(엡 2:18), 부르심을 받았고(행 13:2), 사역을 위한 은사도 받았다(고전 12:7, 11). 성령의 능력으로 사역했고(롬 15:19), 성령의 인도를 따랐으며(행 16:6-7), 성령의 가르침을 받았고(고전 2:13), 성령 안에서 기도했으며(엡 6:18), 영으로 예배했다[53](빌 3:3). 그는 성령을 근심하게 하거나(엡 4:30) 소멸하지 않았다(살전 5:19). 성령께서 또한 바울 안에 **거짓 없는 사랑**(genuine love, 롬 12:9)을 낳으셨고, 이 사랑을 "우리 마음에 부으셨다"(롬 5:5; 참조. 갈 5:22). '아가페'(*agapē*, **사랑**)는 감각이나 감정이 아니라 자신을 희생하는 의지적 사랑이다. 바울의 사랑은 친구들을 품고, 자신이 섬기는 교회의 신자들을 품으며(참조. 고후 11:11; 12:15; 고전 16:24), 자신의 원수들까지 품을 만큼 넓었다(마 5:44).

　　진리의 말씀(word of truth)은 성경이다(딤후 2:15; 약 1:18). 특별히 이 단락에서, 바울이 염두에 둔 것은 하나님이 아들의 대속적 죽음을 통해 죄인들을 자신과 화목하게 하신다는 복음(골 1:5) 메시지다. 바울은 이 메시지를 죽는 날까지 흔들림 없이 충실하게 전했다(딤후 4:7-8). 신자들은 바울을 본받아야 한다. 원수가 복음을 맹렬히 공격하기 때문이다. 사탄은 구원 교리에 혼란의 씨를 뿌리면 저주받은 영혼들을 수확할 수 있다는 것을 안다. 바울은 자신의 똑똑함이 아니라 **하나님의 능력**으로 복음을 전했다. "복음은 모든 믿는 자에게 구원을 주시는 하나님의 능력이 됨이라. 먼저는 유대인에게요 그리고 헬라인에게로다"(롬 1:16). 고린도전서 1:18에서, 바울은 이렇게 덧붙였다. "십자가의 도(the word of the cross)가 멸망하는 자들에게는 미련한 것이요 구원을 받는 우리에게는 하나님의 능력이라." 바울은 복음을 희석하거나 재정의하거나 단순화하지 않았다. 그는 복음의 어려운 요구를 선포하길 주저하지 않았으며 죄인들이 불편하게 느끼게 만드는 것을 피하려 하지 않았다. 그는 복음을 분명하고 선명하게 전했다. 그가 앞서 고린도 신자들에게 썼듯이 "너희 믿음이

53　개역개정: 봉사하며

사람의 지혜에 있지 아니하고 다만 하나님의 능력에 있게 하려"는 데 목적이 있었다(고전 2:5). 바울은 **의의 무기를 좌우에 가지고** "선한 싸움을 싸웠다"(딤후 4:7). 그는 완전무장하고 진리의 대적들과 싸웠다. 바울은 고린도후서 10:3-5 에서 **의의 무기**를 자세히 설명한다.

> 우리가 육신으로 행하나 육신에 따라 싸우지 아니하노니, 우리의 싸우는 무기는 육신에 속한 것이 아니요 오직 어떤 견고한 진도 무너뜨리는 하나님의 능력이라. 모든 이론을 무너뜨리며, 하나님 아는 것을 대적하여 높아진 것을 다 무너뜨리고, 모든 생각을 사로잡아 그리스도에게 복종하게 하니.

바울은 힘없는 무기, 곧 인간의 발상과 지혜와 재주가 아니라 하나님의 말씀이라는 무적의 진리로 영적 대적과 맞서 싸웠다(엡 6:12). (10:3-5에 대한 자세한 설명은 이 책 25장을 보라.)

역설

⁸영광과 욕됨으로 그러했으며 악한 이름과 아름다운 이름으로 그러했느니라. 우리는 속이는 자 같으나 참되고, ⁹무명한 자 같으나 유명한 자요, 죽은 자 같으나 보라 우리가 살아 있고, 징계를 받는 자 같으나 죽임을 당하지 아니하고, ¹⁰근심하는 자 같으나 항상 기뻐하고, 가난한 자 같으나 많은 사람을 부요하게 하고, 아무것도 없는 자 같으나 모든 것을 가진 자로다. (6:8-10)

이 장 앞부분에서 말했듯이, 복음을 선포하는 자들은 사랑뿐 아니라 멸시도 받는다. 이 단락에서, 바울은 사역의 역설을 일련의 대조를 통해 설명한다. 신실한 전파자는 **영광과 욕됨** 둘 다 경험한다. 그는 칭송을 받을 뿐 아니라 멸시도 받고, 높임을 받을 뿐 아니라 비방도 받으며, 치켜세워질 뿐 아니라 비난도 받으며, 칭찬을 받을 뿐 아니라 욕도 먹는다. 따라서 어떤 사람들은 그에게 **악한 이름(evil report)**을 제시하고(그를 나쁘게 말하고) 어떤 사람들은 그에게 **아름다**

운 이름(good report)을 줄 것이다(그를 좋게 말할 것이다). 진리에 충실한 사람들은 모두가 자신들을 좋게 말하리라 기대해서는 안 된다(참조. 눅 6:26). 바울도 예외가 아니었다. 어떤 사람들은 바울에 관해 진실을 말했으며 그가 자신들의 삶에 미친 영향에 깊이 감사했다. 어떤 사람들은 그의 인격을 공격하고 그의 이름을 비방했으며, 그의 사역을 믿지 못할 것으로 깎아내리려 했다. 고린도교회에서도 이러한 이분법이 나타났다. 어떤 사람들은 바울을 헌신적으로 따랐다(고전 1:12; 3:4). 반면에, 어떤 사람들은 바울을 무자비하게 공격하고 그에게 근심을 안겼다(고후 2:1).

신실한 하나님의 대사들도 주 예수 그리스도처럼 **속이는 자 같으나 참되다** 여겨지리라 기대할 수 있다. 요한복음 7:12은 이렇게 말한다. "예수에 대하여 무리 중에서 수군거림이 많아 어떤 사람은 좋은 사람이라 하며 어떤 사람은 아니라 무리를 미혹한다 하나." 마찬가지로, 바울도 거짓 사도라는 혐의를 받았으나(고전 9:2) 사실 "지극히 크다는 사도들보다 부족한 것이 조금도 없었다"(고후 11:5). 거짓의 아비 사탄은(요 8:44) 진리를 수호하는 자라면 누구라도 평판을 무너뜨리려 한다.

바울은 자기 사역의 이분법을 더 자세히 설명하면서 수수께끼 같은 말을 한다. 자신은 **무명한 자 같으나 유명한 자(unknown yet well-known)**라는 것이다. 젊은 시절, 그는 "동족 중 여러 연갑자보다 유대교를 지나치게 믿어"(갈 1:14) 유대인 엘리트들에게(참조. 행 26:4-5) **유명한 자**였으나 신자들에게는 **무명한 자**였다(갈 1:22). 그러나 회심 후, 상황이 반전되었다. 그는 이전 동료들에게 무명한 자가 되었다. 그들이 바울과 더는 아무 상관 없게 되었다는 뜻이다. 그는 마침내 사랑받는 이방인의 사도로서 교회에게 **유명한 자**가 되었다. 그는 거듭나지 못한 세상에게 대체로 **무명한 자**였으나 모든 그리스도인에게 인격이나 평판이나 사역으로 유명한 자였다.

바울은 늘 죽음의 문턱에 있는 것 같았다. 그래서 자신을 **죽은 자 같으나 보라 우리가 살아 있다(as dying yet, behold, we live)**고 묘사했다. 이 서신 앞부분에서, 바울은 자신을 끈질기게 따라다니는 죽음의 위협에 관해 썼다.

형제들아, 우리가 아시아에서 당한 환난을 너희가 모르기를 원하지 아니하노니, 힘에 겹도록 심한 고난을 당하여 살 소망까지 끊어지고, 우리는 우리 자신이 사형 선고를 받은 줄 알았으니, 이는 우리로 자기를 의지하지 말고 오직 죽은 자를 다시 살리시는 하나님만 의지하게 하심이라. 그가 이같이 큰 사망에서 우리를 건지셨고 또 건지실 것이며 이 후에도 건지시기를 그에게 바라노라. (고후 1:8-10)

우리가 항상 예수의 죽음을 몸에 짊어짐은 예수의 생명이 또한 우리 몸에 나타나게 하려 함이라. 우리 살아 있는 자가 항상 예수를 위하여 죽음에 넘겨짐은 예수의 생명이 또한 우리 죽을 육체에 나타나게 하려 함이라. 그런즉 사망은 우리 안에서 역사하고 생명은 너희 안에서 역사하느니라. (고후 4:10-12)

바울이 회심했을 때부터, 유대인 동족들이 그의 목숨을 위협했다(행 9:24, 29; 14:19; 20:3, 23:12; 25:3). 바울이 유대교를 배신했다고 보았기 때문이다. 이들은 바울을 죽이려고 여러 차례 모의했다. 그런데도 하나님이 이제 그가 죽을 때라고 결정하실 때까지 바울은 주님의 보호를 받으며 **살아 있었다**(딤후 4:17). 그때까지, 바울은 **징계를 받는 자 같으나** 그의 대적들에게 **죽임을 당하지 아니했다**(참조. 고후 11:23-27).

바울은 고되고 고통스럽게 살았다. 그래서 어떤 사람들은 그가 **근심하는 자 (sorrowful)**일 거라 예상할 것이다(참조. 롬 9:2). 그는 잃은 자들(the lost), 불순종하는 자들, 미숙한 신자들, 거짓 가르침이 교회에 가하는 위협 때문에 가슴이 찢어졌다. 당연하게도 그는 이따금 낙심했다(참조. 고후 7:5-6). 그러나**(yet)** 이러한 근심(sorrow, 슬픔)에도 불구하고, 바울은 **항상 기뻐했다.** 하나님의 은혜와 능력과 선하심 때문에, 그에게는 깊고 한결같은 기쁨이 있었다. 그래서 "주안에서 항상 기뻐하라. 내가 다시 말하노니, 기뻐하라"(빌 4:4), "항상 기뻐하라"고(살전 5:16) 쓸 수 있었고, 자주 자신의 편지를 찬양으로 마무리했다. 바울에게 삶은 끝없는 슬픔(근심)과 계속되는 기쁨이 뒤섞인 역설 같았다.

세상적 소유를 기준으로 볼 때, 바울이 **가난한 자**였다는 것은 부인할 수 없는 사실이다. 어떤 사람들은 바울이 그리스도인이 된 후 상속권을 박탈당했다고 추측한다. 바울은 기댈만한 고액의 예금이 없었던 게 분명하며, 따라서 여러 교회의 재정 후원에 의지하고(빌 4:16) 자신의 고된 노동에 의지해 자신을 부양해야 했다(살전 2:9). 그러나(yet) 그는 자신의 메시지를 믿는 주변 사람들을 영원한 기업으로 영원히 **부요하게(rich)** 했다(고후 8:9; 엡 1:11; 3:8; 골 1:12; 참조. 벧전 1:4).

바울은 다른 사람들을 부요하게 하려고 스스로 가난하게 되길 조금도 주저하지 않았다. 그는 **아무것도 없는 자 같으나** 정말로 중요한 것, 곧 영원한 **것**을 모두 가진 자였다(참조. 마 6:19-20; 눅 12:33). 고린도전서 3:21-22에서, 바울은 이렇게 썼다. "만물이 다 너희 것임이라. 바울이나 아볼로나 게바나 세계나 생명이나 사망이나 지금 것이나 장래 것이나 다 너희의 것이요." 로마 신자들에게 이렇게 덧붙였다. "자기 아들을 아끼지 아니하시고 우리 모든 사람을 위하여 내주신 이가 어찌 그 아들과 함께 모든 것을 우리에게 주시지 아니하겠느냐?"(롬 8:32).

사역하다가 탈진하는 것은 과로 때문이 아니라 충족되지 않는 기대 때문이다. 그러나 비현실적 기대를 품지 않는 사람들은 그 기대가 충족되지 않아도 좌절하지 않을 것이다. 사역에서 적절한 기대를 품으려면 사역을 적절한 시각에서 보아야 한다. 사역의 특권을 이해하고 사역을 하면서 열정을 잃지 않으며 사역을 신중하게 보호하고 사역에 대한 역설적 반응을 예상하면 시야가 선명하게 유지된다.

사랑의 악센트
(6:11-13;7:2-4)

¹¹고린도인들이여, 너희를 향하여 우리의 입이 열리고 우리의 마음이 넓어졌으니, ¹²너희가 우리 안에서 좁아진 것이 아니라 오직 너희 심정에서 좁아진 것이니라. ¹³내가 자녀에게 말하듯 하노니, 보답하는 것으로 너희도 마음을 넓히라… ²마음으로 우리를 영접하라. 우리는 아무에게도 불의를 행하지 않고 아무에게도 해롭게 하지 않고 아무에게서도 속여 빼앗은 일이 없노라. ³내가 이 말을 하는 것은 너희를 정죄하려고 하는 것이 아니라. 내가 이전에 말하였거니와 너희가 우리 마음에 있어 함께 죽고 함께 살게 하고자 함이라. ⁴나는 너희를 향하여 담대한 것도 많고 너희를 위하여 자랑하는 것도 많으니, 내가 우리의 모든 환난 가운데서도 위로가 가득하고 기쁨이 넘치는도다. (6:11-13;7:2-4)

신실한 사역자에게 가장 힘들고 고통스러운 경험이 있다. 오해받고 엉뚱하게 비난받으며 순전함이 부당하게 공격받는 것이다. 이런 공격은 사람들이 사역자에게 갖는 신뢰와 확신을 무너뜨림으로써 그의 사역을 무너뜨릴 잠재력이 있다. 이러한 비방과 공격은 되돌리거나 바로잡기 어렵다. 이렇게 비방하고 공격하는 자들은 진리에 관심이 없기 때문이다. 그뿐 아니라, 이들의 동기는 덕이나 사랑이나 의가 아니라 미움과 복수와 신랄함과 질투와 자기과시다. 이렇게 거짓을 선동하는 자들은 교회의 일치와 복, 주님의 영광, 자신들이 공격하는 대상의 유익을 구하지 않는다.

역사 내내, 신실한 하나님의 종들은 이러한 잘못된 비방과 비난을 견뎠다. 초기 교회 전체가 무신론이라고(그리스도인들이 로마 신들을 받아들이지 않았기 때문에), 인육을 먹는다고(주의 만찬을 오해한 데서 비롯되었다), 음란하다고("거룩한 입맞춤"을 오해한 데서 비롯되었다[롬 16:16; 고전 16:20; 고후 13:12; 살전 5:26; 벧전 5:14]) 잘못된 비난을 받았다. 마르틴 루터를 파문하는 교황 칙서는 그에 관해 이렇게 기록했다. "이 루터는 보헤미아인들과 투르크인들을 지지하고, 이단자들에 대한 처벌을 개탄하며, 거룩한 박사들의 저술과 에큐메니칼 공의회의 결정과 로마 교황의 규례를 무시하고, 자기 혼자만의 의견을 신봉하는데, 이전 어떤 이단도 이러지 않았다. (Roland H. Bainton, *Here I Stand* [Nashville: Abingdon, 1950],[54] 148).

찰스 스펄전은 성경 진리를 굳건하게 변호했기에 적이 많았다. 스펄전은 자신이 견딘 사나운 공격을 이렇게 말했다. "개개인과 신문이 거의 매일 같이 나를 더없이 악랄하게 욕하고 더없이 끔찍하게 비방했다. 하나님의 사역자를 넘어뜨리려고 온갖 수단을 동원했다. 인간이 꾸며낼 수 있는 모든 거짓말을 내게 퍼붓는다"(다음에서 재인용했다. Iain Murray, *The Forgotten Spurgeon* [Edinburgh: Banner of Truth, 1986], 60).

그러나 악하고 무자비하며 부당한 공격을 사도 바울만큼 견뎌낸 사람도 없다. 그는 사역이 수반하는 고통을 가장 많이 겪은 사람이다. 어둠의 나라, 곧 사탄과 귀신들과 경건하지 못한 자들이 바울을 끊임없이 공격했다. 고린도에서, 이렇게 바울을 공격한 것은 거짓 사도들이었다. 이들은 바울을 인신공격했고 그에 관해 거짓말을 퍼트렸다. 이들은 힘과 돈과 명성을 구했고, 진리를 자신들의 귀신적 가르침(demonic doctrines)으로 대체할 기회를 모색했다. 이 목적을 성취하려고, 이들은 먼저 바울이 거짓말하고 자기 잇속을 챙기는 위선자라며 그를 거짓 비난함으로써 그의 인격과 가르침에 대한 사람들의 신뢰를 무너뜨려야 했다. 많은 고린도 신자가 확신이 흔들렸고 바울을 의심했다.

바울은 이 상황을 심히 염려해 자신의 순전함을 강하게 변호했다. 자신을

---

54 『마르틴 루터』, 이종태 옮김(생명의 말씀사, 2016).

위해서가 아니라 고린도 신자들을 위해서였다. 그는 주님이 직접 선택하신 통로였고 그를 통해 하나님의 진리가 고린도 신자들에게 흘러갔다. 거짓 선생들의 거짓말을 내버려 두면 진리의 물길이 막힐 터였다. 여기서도 바울은 고린도 신자들에게 자신이 고린도에 오래 머물 때 보였던 순전함을 상기시켰으며(참조. 행 18:11) 이 본문에서 이들을 향한 자신의 사랑을 변호했다.

바울에 대한 거짓 비난(거짓 고발) 가운데 첫째는 그가 고린도 신자들을 진정으로 사랑하지 않는다는 것이었다. 거짓 선생들에 따르면, 바울은 고린도 신자들을 학대하고 조종하며 그들 위에 군림했다. 그는 자신의 개인적 목적을 한층 더 성취하려고 고린도 신자들을 이용할 뿐이었다. 그러므로 바울은 고린도교회를 향한 자신의 사랑을 거듭 단언했다. 고린도후서 2:4에서, 바울은 이렇게 썼다. "내가 마음에 큰 눌림과 걱정이 있어 많은 눈물로 너희에게 썼노니, 이는 너희로 근심하게 하려 한 것이 아니요 오직 내가 너희를 향하여 넘치는 사랑이 있음을 너희로 알게 하려 함이라." 11:11에서는 "어떠한 까닭이냐? 내가 너희를 사랑하지 아니함이냐? 하나님이 아시느니라"고 덧붙였고, 12:15에서는 이들에게 분명하게 물었다. "너희를 더욱 사랑할수록 나는 사랑을 덜 받겠느냐?" 또한, 두 차례 이들을 가리켜 자신이 "사랑하는 자들"이라고 했다(7:11; 12:19).

바울은 고린도 신자들을 향한 자신의 사랑이 어떠한지 정의하면서 이 사랑과 이들을 향한 자신의 행동을 연결했다(참조. 고전 13:4-8). 사랑에 대한 이러한 논의는 신자들과 불신자들의 분리를 다루는 중간 단락(고후 6:14-7:1; 이 책 19장을 보라) 앞뒤로 이어진다.

바울은 참사랑의 본질을 말하면서 사랑의 열 가지 악센트 또는 특징을 표현했다: 정직, 애정, 교제, 정결, 겸손, 용서, 충실, 신뢰, 칭찬, 기쁨.

정직

고린도인들이여, 너희를 향하여 우리의 입이 열리고 우리의 마음이 넓어졌으

니,[55] (6:11)

바울은 **고린도인들**(고린도 신자들)에게 자유롭게(**freely,** 솔직하게, 숨김없이, 입이 **열리고**) 말했다. 사랑은 그 대상에게 유익할 그 어떤 것도 숨기지 않기 때문이다. 바울은 에베소 장로들에게 상기시켰다. "유익한 것은 무엇이든지 공중 앞에서나 각 집에서나 거리낌이 없이 여러분에게 전하여 가르치고…이는 내가 꺼리지 않고 하나님의 뜻을 다 여러분에게 전하였음이라"(행 20:20, 27). 예수님은 "마음에 가득한 것을 입으로 말함이라"고 하셨고(마 12:34), 바울은 사랑 때문에 세 가지에 관해 정직하게 말했다.

첫째, 바울은 하나님에 관해 정직하게 말했다. 그는 하나님의 말씀과 하나님의 기준에 관해 솔직하고 진실했다. 이 서신 앞부분에서, 바울은 자신의 진실함을 변호했고 고린도 신자들에게 상기시켰다. "오직 너희가 읽고 아는 것 외에 우리가 다른 것을 쓰지 아니하노니…오직 진리를 나타냄으로 하나님 앞에서 각 사람의 양심에 대하여 스스로 추천하노라"(고후 1:13; 4:2). 4:13에서, 그는 자신이 진리를 말함은 진리를 믿기 때문이라고 했으며, 13:8에서는 "우리는 진리를 거슬러 아무것도 할 수 없고 오직 진리를 위할 뿐"이라고 했다.

둘째, 바울은 죄에 관해 정직하게 말했다. 어떤 사람들은 죄를 지적하는 것은 사랑이 없는 행위라고 주장한다. 그러나 성경은 진리와 사랑이 분리될 수 없다고 단언한다(엡 4:15). 바울은 복음을 고린도 사람들에게 사랑으로 진실하게 제시했으며 죄와 의의 실상을 충분히 설명했다. 그는 십자가에 못 박힌 그리스도와 이것이 내포하는 모든 것을 전했다. 또한 이들의 죄를 지적하고 회개를 촉구했으며, 이 서신에서 이들을 가차 없이 징계하겠다고 경고했다(참조. 고후 12:18-13:3). 심지어 이들의 믿음이 진짜인지 시험하겠다고 했다(13:5). 2:9

---

55 NASB: Our mouth has spoken freely to you, O Corinthians, our heart is opened wide(고린도 사람들이여, 우리의 입이 여러분에게 자유롭게 말했으며, 우리의 마음이 활짝 열려 있습니다).
새번역: 고린도 사람 여러분, 우리는 여러분에게 숨김없이 말하였습니다. 우리는 마음을 넓혀 놓았습니다.

에서는 엄한 편지(2:4), 곧 자신이 고린도전서와 고린도후서 사이에 이들에게 보낸 편지를 쓴 동기를 설명했다. "너희가 범사에 순종하는지 그 증거를 알고자 하여 내가 이것을 너희에게 썼노라"(참조. 7:8-9).

마지막으로, 바울은 고린도 신자들을 향한 자신의 애정에 관해 정직하게 말했다. 호격 표현 **고린도인들이여**가 암시하듯, 바울은 이들을 몹시 사랑했다. 이들을 향한 바울의 **마음이 넓어졌다(heart is opened wide,** 문자적으로, "커지다 enlarged," "넓어지다 broadened"). 그는 늘 열려 있었고 솔직했으며 섬세했다(참조. 4:2). 이 표현은 바울의 마음에 이들을 위한 자리가 넉넉했다는 뜻이기도 하다. 7:3에서, 바울은 고린도 신자들에게 "너희가 우리 마음에 있다"고 했다(참조. 3:2; 빌 1:7). 고린도 신자들이 그에게 온갖 슬픔(근심)을 안겼는데도 바울은 이들을 마음에 품을 수 있었으며, 이것은 바울의 사랑이 진짜였다는 증거다(참조. 고후 12:14-15).

애정

너희가 우리 안에서 좁아진 것이 아니라 오직 너희 심정에서 좁아진 것이니라.

(6:12)

좁아진(restrained)은 '스테노코레오'(*stenochōreō*)에서 파생했으며, '스테노코레오'는 문자적으로 "좁히다"(to make narrow) 또는 "제한하다"(to confine)는 뜻이다. 바울은 고린도 신자들을 **좁히지(restrained,** 억누르지) 않았다. 다시 말해, 자신과 이들 사이가 조금이라도 멀어지게 하거나 둘 사이의 관계를 방해하는 그 어떤 것도 하지 않았다. 반대로, 이들이 바울을 향한 애정**(affections, 심정) 에서 스스로 좁아졌다.** 이들 중에 적지 않은 수가 자신들의 삶에서 바울을 밀어내고 그를 향해 마음을 닫았다. 이들은 바울에 관한 거짓말을 믿고 그에게 등을 돌려 거짓 선생들을 따랐다. 그 결과, 이들은 바울을 향한 애정을 버렸다.

고린도 신자들이 그에게 등을 돌렸기에, 바울은 마음이 몹시 아팠다. 그런데도 바울은 이들을 향한 애정을 전혀 잃지 않았다. 참사랑은 "모든 것을 참으

며…모든 것을 견디기" 때문이다(고전 13:7). 물론, 이것은 바울이 이들의 죄와
잘못을 눈감아 주었다는 뜻이 아니다. 바울은 필요할 때 이들을 징계하고 바
로잡았다. 그러나 이것은 이들을 향한 바울의 참된 애정 표현이었다. 주님의
경우도 사랑과 징계는 분리될 수 없다. "주께서 그 사랑하시는 자를 징계하시
고 그가 받아들이시는 아들마다 채찍질하심이라"(히 12:6).

교제

¹³내가 자녀에게 말하듯 하노니, 보답하는 것으로 너희도 마음을 넓히라. ²ᵃ마음
으로 우리를 영접하라. (6:13; 7:2a)

삶에서 짝사랑보다 고통스러운 것도 없다. 사랑은 반응을 갈망하기 때문이다.
고린도 신자들은 바울의 사랑에 답하지 못했고, 바울은 여기서 느끼는 가슴 아
픈 슬픔을 애절하게 표현한다. 고린도 신자들은 바울의 가슴을 찢어 놓았다.
그런데도 바울은 이들을 사랑하기에 이들을 포기할 수 없었다. 대신에, 바울은
보답하는 것으로(in a like exchange, 교환하는 것처럼)라는 표현을 사용해 이들
에게 호소했다. 이 표현은 문자적으로 "정확한 교환으로"라는 뜻이다. 바울은
고린도 신자들에게 자신이 그들을 사랑하듯이—희생적으로, 한결같이, 영구
히 사랑하듯이—그들도 자신을 사랑하라고 간청했다. 바울은 **자녀에게 말하듯**
이들에게 말할 수 있었다. 이들은 그의 영적 자녀였기 때문이다(고전 4:14 – 15;
참조, 갈 4:19; 딤전 1:2, 18; 딤후 1:2; 2:1; 딛 1:4; 몬 10). 그러므로 바울은 이들이 자
신을 거부한 것이 더욱더 고통스러웠다.

여리고 구슬프기까지 한 장면이다. 고결한 사도가 자신이 세운 교회 중에
문제가 가장 많은 교회에게 주저 없이 사랑을 구했다. 바울은 자존심을 내려
놓고 마음을 열어 자신이 상처받고 있다는 것을 이들에게 보여준다. 이어지
는 분리(신자와 불신자 간의 분리)에 관한 논의까지도(고후 6:14-7:1) 바울의 간절
한 바람, 곧 고린도 신자들이 거짓 선생들을 떠나 자신에게 돌아오길 원하는
마음을 보여준다.

뒤이어 바울은 이들에게 다시 손을 내밀며 호소한다. **마음으로 우리를 영접하라**(make room for us in your hearts, 너희 마음에 우리를 위한 자리를 마련하라). 번역자들이 헬라어 본문에는 없는 **마음으로**(in your heart, 너희 마음에)를 덧붙인 것은 적절하다. 이 어구가 문맥에 적합하기 때문이다(참조. 3절; 6:11, 13). 바울은 고린도 신자들을 향해 자신의 마음이 활짝 열려 있음을 상기시켰으며, 그런 후 마음을 활짝 열어 자신을 **영접하라**(make room, 자신을 위한 자리를 마련하라)고 간청했다. 바울은 알았다. 이들이 바울의 대적들과 죄악된 관계를 지속하는 한 이들과 바울 사이에 사랑의 관계는 회복될 수 없었다. 그러므로 고린도 신자들이 6:14-7:1에 제시된 바울의 가르침을 따르고 거짓 선생들과의 관계를 모두 끊는 것이 더더욱 긴급했다.

정결

우리는 아무에게도 불의를 행하지 않고 아무에게도 해롭게 하지 않고 (7:2b)

불신자들에게서 분리하라는 그의 권면에(6:14-7:1) 비춰보면, 바울의 주장은 특히 적절하다. 바울은 온갖 거짓 비난을 받았으나(참조. 4:2) **아무에게도 불의를 행하지 않았다**(wronged no one). **불의를 행했다**(wronged)는 "부당하게 대하다" 또는 "해치다"를 뜻하는 '아디케오'(*adikeō*)에서 왔다. 바울을 이렇게 비난한 사람들은 바울이 근친상간한 사람을 사탄에게 내준 것을 염두에 두었을 것이다(고전 5:5). 그러나 바울은 그 사람을 학대한 게 아니라 그의 죄를 적절하게 처리했다.

사실, 고린도 신자들이 바울에게 **불의를 행했다**. 바울은 이들 중 누구에게도 **해롭게 하지**(corrupted) 않았다. '프떼이로'(*phtheirō*, **corrupted**, 오염시키다, **해롭게 하지**)는 고린도전서 15:33에 나오는 용례가 암시하듯("악한 동무들은 선한 행실을 더럽히나니[corrupts]") 도덕적 오염을 가리킨다. 이번에도 고린도 신자들의 도덕을 타락시킨 죄를 지은 장본인은 바울이 아니라 그의 대적들이었다(참조. 고후 11:3). 고린도 신자들을 향한 바울의 사랑은 그 자신의 정결과 이들의 정결을 향한 그의 관심으로 표현되었다. 직접적으로든 간접적으로든, 자신의 가르침으로든 자신이 보인 본으로든, 바울은 그 어떤 부도덕한 행위도 부추기지 않았다.

겸손

아무에게서도 속여 빼앗은 일이 없노라. (7:2c)

사랑은 필연적으로 겸손을 포함한다. 겸손한 사람만이 타인을 이타적으로 사랑할 수 있기 때문이다. 교만한 사람들, 자신을 사랑하는 사람들은 타인을 사랑할 수 없다. '플레오네크테오'(*pleonekteō*, **we took advantage of,** 우리는 이용했다, **속여 빼앗은**)는 이익을 위해 타인을 이기적으로 이용함으로써 그들을 속여 빼앗는 것을 가리킨다. 구체적으로, 12:17-18에 나오는 용례가 암시하듯, 이것은 경제적 이익을 취하려고 사람들을 조종한다는 의미를 내포한다.

> 내가 너희에게 보낸 자 중에 누구로 너희의 이득을 취하더냐(taken advantage of)? 내가 디도를 권하고 함께 한 형제를 보내었으니, 디도가 너희의 이득을 취하더냐(take any advantage of)? 우리가 동일한 성령으로 행하지 아니하더냐? 동일한 보조로 하지 아니하더냐?

거짓 선생들의 거듭된 비난에도, 바울뿐 아니라 그의 동료 중 그 누구도 고린도 신자들을 경제적으로 이용하지(took advantage of) 않았다.

사실, 정반대였다. 바울은 개인적 이익을 위해 고린도 신자들을 이용하기는커녕 오히려 이들을 위해 고난과 어려움을 겸손하게 희생적으로 견뎠다. 그는 이 서신 앞부분에서 이렇게 썼다. "우리 살아 있는 자가 항상 예수를 위하여 죽음에 넘겨짐은 예수의 생명이 또한 우리 죽을 육체에 나타나게 하려 함이라. 그런즉 사망은 우리 안에서 역사하고 생명은 너희 안에서 역사하느니라"(4:11-12). 바울은 고린도 신자들을 심히 사랑했기에 이들을 위해 목숨마저 아끼지 않으려 했다(참조. 요 15:13). 바울은 겸손하게 자신을 낮추며 희생적으로 사랑했고, 이러한 사랑은 "자기의 유익을 구하지 아니했고"(고전 13:5) "자기 일을 돌볼뿐더러 또한 각각 다른 사람들의 일을 돌보았다"(빌 2:4).

용서

내가 이 말을 하는 것은 너희를 정죄하려고 하는 것이 아니라 (7:3a)

바울은 2절에서(또는 다른 곳에서) 자신의 순전함을 강하게 변호했으며, 고린도 신자들이 이것을 자신들에 대한 공격으로 받아들이지 않길 바랐다. '카타크리시스'(katakrisis, **condemn, 정죄하다**)는 최종 판결을 내리는 것을 가리킨다. 이 단어는 신약성경에 이곳 외에 단 한 곳에서 사용되는데, 죄인들을 정죄하는 율법의 일을 가리킨다(3:9). 바울은 이들에게 최종 판결을 내리고 있는 게 아니었다. 이들을 포기하고 있는 게 아니었다. 화가 난 게 아니었다. 이들을 최종 판결에 넘기고 있는 게 아니었다. 바울은 자신과 이들의 관계를 끊는 게 아니라 회복하길 원했다. 그러므로 바울은 이들의 죄와 배반을 꾸짖었고, 이들에게 회개하고 자신에게 다시 충실히 하라고 요구했다. 바울은 솔로몬이 표현한 진리를 알았다. "친구의 아픈 책망은 충직으로 말미암는 것"이다(잠 27:6). 바울은 진정한 성경적 사랑, "사랑은 허다한 죄를 덮기" 때문에(벧전 4:8) "악한 것을 생각하지 아니하는."(고전 13:5)[56] 사랑의 고상한 본보기였다.

충실

내가 이전에 말하였거니와 너희가 우리 마음에 있어 함께 죽고 함께 살게 하고자 함이라. (7:3b)

---

[56] NASB: does not take into account a wrong suffered(자신이 당한 잘못을 담아두지 않는다). 새번역: 원한을 품지 않습니다.

너희가 우리 마음에 있다. 이 선언은 6:11에 표현된 바울의 생각을 되울린다. **함께 죽고 함께 살게 하고자 함이라**는 표현에서, 바울이 고린도 신자들에게 변함없이 충실했다는 것이 드러난다. 콜린 크루즈(Colin G. Kruse, 1938-)는 이렇게 설명한다.

> 파피루스에서, "함께 살고 함께 죽는다"는 표현은 서로 간의 우정과 충실(loyalty)을 칭송하는 곳에서 발견된다. 이 표현의 의미는 관련된 사람들 사이에 평생 지속하고 설령 죽음이 끼어들더라도 이들을 하나로 이어줄 우정이 있다는 것이다(참조. 막 14:31). 바울은 우정을 단언하면서 순서를 바꿔 함께 살고 함께 죽는다가 아니라 함께 죽고 함께 산다고 말하는데, 이것은 기독교의 근본 시각을 반영한다. (*The Second Epistle of Paul to the Corinthians*, The Tyndale New Testament Commentaries [Grand Rapids: Eerdmans, 1995], 142)

더 나아가, 이 관계는 죽음을 초월해 영광스런 천국의 삶에서 영원히 지속할 것이다. 룻의 사랑처럼, 바울의 사랑은 죽음이 찾아올 때까지 충실했다. 룻기 1:16-17에서 룻은 나오미에게 이렇게 말했다.

> 내게 어머니를 떠나며 어머니를 따르지 말고 돌아가라 강권하지 마옵소서. 어머니께서 가시는 곳에 나도 가고 어머니께서 머무시는 곳에서 나도 머물겠나이다. 어머니의 백성이 나의 백성이 되고 어머니의 하나님이 나의 하나님이 되시리니, 어머니께서 죽으시는 곳에서 나도 죽어 거기 묻힐 것이라. 만일 내가 죽는 일 외에 어머니를 떠나면 여호와께서 내게 벌을 내리시고 더 내리시기를 원하나이다.

신뢰

나는 너희를 향하여 담대한 것도 많고[57] (7:4a)

---

57 NASB: Great is my confidence in you(너희에 대한 나의 확신이 크다).

언뜻 보면, 이 진술은 놀랍고 심지어 충격적이다. 고린도교회는 신약성경의 교회 중에 문제가 가장 많았다. 그러나 바울은 주님이 고린도교회에서 하신 일에 열려 있고 담대했다(bold). 다시 말해, 그 일을 자유롭게 말했다(freely speaking, *parrēsia*[**confidence**, 담대한 것]는 "언론의 자유"로도 번역될 수 있다). 그러므로 바울이 고린도 신자들을 향하여 **담대한 것(confidence)**이 **많은(great)** 것은(고린도 신자들을 크게 신뢰하는 것은) 이들의 이력 때문이 아니었다. 사실, 이들의 이력은 열린 신뢰가 아니라 신중한 조사를 요구했다. 그러나 참사랑은 순진하지 않지만 "모든 것을 믿으며 모든 것을 바란다"(고전 13:7). 이 사랑은 그 대상에 관해 가장 좋은 것 외에 그 무엇도 도무지 믿으려 하지 않는다.

물론, 이것은 '긍정적으로 생각하면 좋은 일이 생긴다'는 현대의 신화를 반영하는 게 아니다. 바울의 소망은 자신의 긍정적 태도가 고린도 신자들을 바꾸리라는 게 아니었다. 진정한 성경적 사랑은 좋은 일이 생기게 하는 게 아니라 좋은 일이 있으리라 믿고 바란다.

그러므로 고린도 신자들의 신실하지 못함과 충실하지 못함과 죄에도 불구하고, 바울은 고린도 신자들에 대한 신뢰(**confidence**, 확신, 담대한 것)를 잃지 않았다. 이들 때문이 아니라 하나님이 이들 가운데서 시작하신 구원 사역을 완수하시리라는 것을 알기 때문이었다(참조, 빌 1:6).

칭찬

너희를 위하여 자랑하는 것도 많으니[58] (7:4b)

놀랍게도, 바울은 미숙하고 충실하지 못하며 의심하고 애정 없는 교회를 **위하여 자랑하려** 했다. '카우케시스'(*kauchēsis*, **boasting**, 자랑)는 우쭐댐(pride)이라

새번역: 나는 여러분에게 큰 신뢰를 두고 있으며

58 NASB: great is by boasting on your behalf(너희에 대한 나의 자랑이 크다).
새번역: 여러분을 매우 자랑스럽게 생각합니다.

는 부정적 의미를 가질 수 있지만(예를 들면, 롬 3:27; 약 4:16), 여기서처럼 대개 칭찬(praise,[59] 찬양)이라는 긍정적 의미를 갖는다(참조. 고후 7:14; 8:24; 11:10, 17; 롬 15:17; 고전 15:31). 적절한 자랑은 주 안에서 하는 자랑이며(고후 10:17; 고전 1:31), 바울의 찬양하는 자랑(boast of praise)은 주님이 고린도교회에서 하시는 일을 자랑하는 것이었다. 고린도후서 7:14에 나오듯이, 그는 디도에게 자랑했다. "내가 그에게 너희를 위하여 자랑한 것이 있더라도 부끄럽지 아니하니, 우리가 너희에게 이른 말이 다 참된 것 같이 디도 앞에서 우리가 자랑한 것도 참되게 되었도다." 바울은 또한 고린도 신자들을 다른 교회들에게 자랑했다. "그러므로 너희는 여러 교회 앞에서 너희의 사랑과 너희에 대한 우리 자랑의 증거를 그들에게 보이라"(8:24). 고린도 신자들의 모든 단점에도 불구하고, 바울은 이들 때문에 주님을 찬양하려는 마음이 간절했다. 이것은 바울의 사랑이 진짜였다는 증거다.

기쁨

내가 우리의 모든 환난 가운데서도 위로가 가득하고 기쁨이 넘치는도다. (7:4c)

바울은 고린도 신자들을 신뢰하고 칭찬했다. 그런데 이보다 훨씬 놀라운 일은 이들이 바울에게 기쁨을 주었다는 것이다. 이들은 바울에게 온갖 문제를 일으켰다. 그런데도 바울은 완료 수동태 직설법 동사를[60] 사용해 자신에게 **위로가** 가득했고 여전히 **가득하다**고 했다. 아무리 많은 **환난**이라도 그가 느끼는 넘치는 기쁨(overflowing joy, 기쁨이 넘치는도다)을 막을 수 없었다. 바울뿐 아니라 디도도 고린도 신자들 때문에 기쁨을 느꼈다(7:13).

진정한 사랑의 열 가지 악센트는 신자들을 향한 하나님의 사랑을 투영

---

59 저자는 여기서 praise를 대상에 따라 칭찬(사람)과 찬양(주님)이라는 이중적 의미로 사용한다.

60 *peplerōmai*(I have been filled): *pleroō*(to make full, 채우다)의 완료 직설법 중간태(또는 수동태) 1인칭 단수

한다. 하나님은 신자들을 깊이 사랑하기에 신자들에게 정직하시며, 신자들을 향한 깊은 애정이 있기에 죄가 신자들과 그분의 교제를 방해할 때 슬퍼하신다. 또한 그분의 사랑 때문에, 하나님은 그분의 백성이 정결하길 바라신다(딛 2:14). 이 때문에, 신자들이 죄를 용서받을 수 있도록 주 예수 그리스도께서 "자기를 낮추시고 죽기까지 복종하셨으니, 곧 십자가에 죽으심이다"(빌 2:8). 또한 그분의 사랑 때문에, 하나님은 그분의 백성에게 영원히 충실하고(히 13:5) 그분의 백성에게 복음을 맡기신다(살전 2:4). 하나님은 그분의 백성을 사랑하고 자랑하며 기뻐하신다(참조. 시 149:4; 습 3:17). 바울을 본보기 삼아, 신자들은 하나님이 자신들을 사랑하시듯이 타인들을 사랑해야 한다.

19

불신자들과 분리
(6:14-7:1)

^{14}너희는 믿지 않는 자와 멍에를 함께 메지 말라. 의와 불법이 어찌 함께 하며 빛과 어둠이 어찌 사귀며 ^{15}리스도와 벨리알이 어찌 조화되며 믿는 자와 믿지 않는 자가 어찌 상관하며 ^{16}하나님의 성전과 우상이 어찌 일치가 되리요? 우리는 살아 계신 하나님의 성전이라. 이와 같이 하나님께서 이르시되, 내가 그들 가운데 거하며 두루 행하여 나는 그들의 하나님이 되고 그들은 나의 백성이 되리라. ^{17}그러므로 너희는 그들 중에서 나와서 따로 있고 부정한 것을 만지지 말라. 내가 너희를 영접하여 ^{18}너희에게 아버지가 되고 너희는 내게 자녀가 되리라. 전능하신 주의 말씀이니라 하셨느니라. ^{1}그런즉 사랑하는 자들아, 이 약속을 가진 우리는 하나님을 두려워하는 가운데서 거룩함을 온전히 이루어 육과 영의 온갖 더러운 것에서 자신을 깨끗하게 하자 (6:14-7:1)

구원하는 믿음, 곧 주 예수 그리스도를 믿는 믿음은 한 사람의 모든 부분을 완전히 바꿔놓는다. 그리스도인들은 "새로운 피조물"이다. 이들에게 "이전 것은 지나갔으니 보라 새것이 되었기" 때문이다(5:17). 그리스도인들은 "거듭났고"(요 3:3, 7; 벧전 1:3, 23), 하나님이 "흑암의 권세에서 건져내사 그의 사랑의 아들의 나라로 옮기셨으며"(골 1:13), "어둠에서 빛으로, 사탄의 권세에서 하나님께로 돌아섰다"(행 26:18).

신자들과 불신자들은 상반된 두 세계에 거한다. 그리스도인들은 그리스의 나라에 거하며 그리스도의 나라는 의와 빛과 영생이 특징이다. 불신자들은 사탄의 나라에 거하며 사탄의 나라는 불법과 어둠과 영적 죽음이 특징이다. 구원받은 자들과 구원받지 못한 자들은 애정, 믿음, 원리, 동기, 목표, 태도, 소망이 다르다. 간단히 말해, 이들은 상반된 시각으로 삶을 본다.

따라서 신자들과 불신자들의 관계는 기껏해야 일시적이고 외적인 것에 국한된다. 이들은 가족으로 유대를 누리고, 같은 직장에서 일하며, 사업상 서로 거래하고, 같은 동네에 살며, 취미와 소일거리가 같고, 심지어 특정 정치·사회 문제에서 의견이 일치할 수도 있다. 그러나 영적인 부분에서, 신자들과 불신자들은 전혀 다른 두 세계에 산다.

신자들은 두 세계 모두에 살 수 없다는 것을 분명히 알아야 한다. 사도 요한은 다음과 같이 쓸 때 이것을 분명하게 밝혔다. "이 세상이나 세상에 있는 것들을 사랑하지 말라. 누구든지 세상을 사랑하면 아버지의 사랑이 그 안에 있지 아니하니, 이는 세상에 있는 모든 것이 육신의 정욕과 안목의 정욕과 이생의 자랑이니, 다 아버지께로부터 온 것이 아니요 세상으로부터 온 것이라"(요일 2:15-16). 야고보는 같은 사실을 강한 어조로 표현했다. "간음한 여인들아, 세상과 벗된 것이 하나님과 원수됨을 알지 못하느냐? 그런즉 누구든지 세상과 벗이 되고자 하는 자는 스스로 하나님과 원수되는 것이니라"(약 4:4). 그런가하면 바울은 신자들에게 "이 세대를 본받지 말라"고 했다(롬 12:2).

고린도 신자들은 과거에 우상을 숭배하고 음란하게 살았던 생활에서 분명하게 벗어나려고 엄청나게 애썼다. 이들은 그리스도를 믿는다고 고백하고 교회의 일원이 되었었다. 그런데도 과거에 믿었던 이방 종교의 요소들을 여전히 고수하는 사람들이 있었다. 데살로니가 신자들처럼, 이들은 "우상을 버리고 하나님께로 돌아와서 살아계시고 참되신 하나님을 섬기"지만(살전 1:9) 우상을 섬기던 과거와 깨끗이 단절하지 못했다. 바울이 이들에게 보낸 첫째 편지에서 분명히 알 수 있듯이, 이들이 이전에 가졌던 이교도 신앙은 고린도 생활의 모든 부분에 스며 있었고 떼어내기가 전혀 쉽지 않았다.

설상가상으로, 거짓 선생들이 고린도교회에 오면서 복음의 진리와 유대교 율법주의와 이교 신비주의가 혼합된 유사 기독교를 가져왔다. 이들은 어떻게든 자신들을 고린도 신자들의 이전 행위와 연결해 더욱 인기를 얻고 더욱 득세하려 했다. 그래서 바울은 분리를 명했다.

이 단락에 제시된 분리하라(to separate)는 명령은 오해되고 거부되기 일쑤다. 많은 율법주의 그리스도인들의 주장과 달리, 여기서 명하는 분리란 그리스도인들이 특정한 일련의 규범을 따르지 않는 자들과 사귀지 말라는 뜻이 아니다. 진리를 가르치지만 신학과 사역 방식이 세세한 부분에서 일치하지 않는 사람들과 함께 일하지 말라는 뜻이 아니다. 분리란 세상을 깡그리 등지고 수도원에 들어간다는 뜻도 아니다. 어떤 고린도 신자들의 상상과 달리, 불신자들과 분리한다는 것은 믿지 않는 배우자와 이혼한다는 뜻이 아니다(고전 7:12-13). 성경이 말하는 분리란 교회의 책임, "온 천하에 다니며 만민에게 복음을 전파하는" 책임이 없어진다는 뜻이 결코 아니다(막 16:15).

고린도 신자들은 분리하라는 바울의 요구를 그가 이미 자신들에게 쓴 것에 비추어 이해했을 것이다. 고린도전서 9:19-21에서, 바울은 이렇게 썼다.

> 내가 모든 사람에게서 자유로우나 스스로 모든 사람에게 종이 된 것은 더 많은 사람을 얻고자 함이라. 유대인들에게 내가 유대인과 같이 된 것은 유대인들을 얻고자 함이요, 율법 아래에 있는 자들에게는 내가 율법 아래에 있지 아니하나 율법 아래에 있는 자 같이 된 것은 율법 아래에 있는 자들을 얻고자 함이요, 율법 없는 자에게는 내가 하나님께는 율법 없는 자가 아니요 도리어 그리스도의 율법 아래에 있는 자이나 율법 없는 자와 같이 된 것은 율법 없는 자들을 얻고자 함이라.

"음행하는 자들을 사귀지 말라"는 바울의 명령도(고전 5:9) 불신자들을 피하라는 게 아니었다. 그가 설명했듯이, "이 말은 이 세상의 음행하는 자들이나 탐하는 자들이나 속여 빼앗는 자들이나 우상숭배 하는 자들을 도무지 사귀지 말라 하는 것이 아니니, 만일 그리하려면 너희가 세상 밖으로 나가야 할 것이라"(10절). 이렇게 한다면 예수님이 지상명령에서 교회에게 맡기신 책임을(마 28:19-20) 회피하고 그분이 "세리와 죄인의 친구"가 되어 보이신 본을 무시하는 것이다(눅 7:34; 참조. 마 9:10-11). 바울은 이렇게 설명했다. "이제 내가 너희에게 쓴 것은 만일 어떤 형제라 일컫는 자가 음행하거나 탐욕을 부리거나 우상숭배를 하거나 모욕하거나 술취하거나 속여 빼앗거든 사귀지도 말고 그런 자와는 함께 먹지도 말라 함이라"(고전 5:11). 바울은 고린도 신자들이 사회적으로 비그리스도인들과 분리되길 원했던 게 아니라 교회 안에 있으며 스스로 그리스도인이라 하면서도 회개하지 않는 사람들과 분리하길 원했다. 이교 문화에서 종교적인 것과 세속적인 것을 분리할 길이 없었다. 그러므로 신자들은 우상숭배 요소들이 포함된 자리나 행사에 필연적으로 있게 될 터였다.

바울은 고린도전서의 두 단락에서 이런 경우 그리스도인의 자유가 어떻게 제한되는지 말한다(고전 8장; 10:23-33). 두 단락 모두 신자들이 이방 종교의 상황에 불신자들과 함께 있게 되리라 상정하며, 따라서 이 논의에 중요하다. 고린도전서 8:10에서, 바울은 성숙한 신자들에게 물었다. "지식 있는 네가 우상의 집에 앉아 먹는 것을 누구든지 보면 그 믿음이 약한 자들의 양심이 담력을 얻어 우상의 제물을 먹게 되지 않겠느냐?" 우상은 어쨌거나 아무것도 아님을 알기에(4절), 강한 신자 중에 어떤 사람들은 우상을 숭배할 뜻이 전혀 없이 우상의 신전에서 어울리며 음식을 먹는 게 전혀 해롭지 않다고 보았다. 바울은 이렇게 불신자들과 어울리는 것을 금하지 않았다. 대신에, 이렇게 하는 자들에게 우상숭배에서 막 벗어난 연약한 형제들이(이들의 본을 따르고 싶은 유혹을 받을 수 있는 사람들이) 옛 방식에 노출되어 다시 죄에 뛰어들게 하지 말라고 경고했다.

우상에게 바쳤던 고기를 먹는 문제를 두고도 고린도교회 안에서 논쟁이 벌어졌다. 사람들이 제물로 가져온 고기를 신전 사제들이 다 먹을 수 없었다. 그래서 여분의 고기를 시장에 내다 팔았다. 우상들이 대변하는 신들은 실제로 존재하지 않았다(고전 8:4). 따라서 신자들이 우상들에게 바쳤던 고기를 먹어도 아무 해가 없었다. 그러나 이번에도 바울은 강한 신자들에게 이런 자유를 행사해 이제 막 우상숭배에서 벗어난 약한 신자들을 자극하지 말라고 경고했다.

불신자 중 누가 너희를 청할 때에 너희가 가고자 하거든 너희 앞에 차려 놓은 것은 무엇이든지 양심을 위하여 묻지 말고 먹으라. 누가 너희에게 이것이 제물이라 말하거든 알게 한 자와 그 양심을 위하여 먹지 말라. (고전 10:27-28)

앞서 우상의 신전에서 식사하는 문제를 논하는 단락처럼, 이 단락도 그리스도인들이 이교도 친구들 및 가족들과 어울릴 거라고 상정한다. 바울은 이런 접촉을 금하지 않았으나 이렇게 하는 자들을 독려했다. 다시 말해, 연약한 신자들이 죄에 빠지거나 거룩에 거스르지 않게 하라며 이들을 독려했다. 이둘은 거룩에 꼭 필요하기 때문이었다.

성령께서 무슨 뜻으로 **믿지 않는 자와 멍에를 함께 메지 말라**고 명하셨는가? **멍에를 함께 메다(bound together)**는 "고르지 않게 멍에를 메다"를 뜻하는 동사 '헤테로주게오'(*heterozugeō*)의 분사형을 번역한 것이다. 바울은 이 유비를 신명기 22:10에서 가져왔는데, 거기서 모세 율법은 이스라엘에게 "너는 소와 나귀를 겨리하여 갈지 말라"고 명한다. 두 짐승은 본성이나 걸음걸이나 힘이 같지 않다. 그러므로 이처럼 서로 맞지 않는 짝이 함께 쟁기를 잘 끌기란 불가능하다. 문맥에서 그 무엇도 인간의 노력이라는 땅 위의 문제를 말하고 있다는 생각이 들게 하지 않는다. 바울의 유비에서, 신자들과 불신자들은 서로 다른 두 종족이며, 따라서 영적 영역에서 함께 일할 수 없다. 바울은 하나님의 일이라는 부분에서 분리를 요구했다. 영적 유익을 위한 협력이 불가능하기 때문이었다. 거짓 선생들은 하나님의 사람들과 이교도 숭배자들을 어떻게든 섞으려 했다. 그러면 복음이 방해받기 때문이었다. 이 본문은 바로 이것을 금한다.

관용과 협력의 가면을 쓰고 교회에 침투하는 것은 사탄의 가장 교활한 술책 중 하나다. 사탄은 교회와 싸우기보다 교회에 침투하길 원한다. 사탄이 교회와 맞설 때, 교회는 강해진다. 사탄이 교회와 손잡을 때, 교회는 약해진다. 비성경적 형태의 기독교들이나 거짓 종교들과 손잡고 영적 운동을 펼치는 분별력 없는 신자들이 있다면, 사탄이 침투하도록 문을 활짝 열고 하나님의 복을 잃는 것이다. 더 나아가, 이러한 이단 체계들을 수용한다면, 그 추종자들이 실제로 영원한 형벌을 향하고 있는데도 이들과 하나님 사이에 아무 문제가 없다며 이들을 거짓으로 안심시키는 것이다.

　분투하는 고린도교회는 거짓 종교와 동맹함으로써 타협하고픈 강력한 유혹에 끊임없이 시달렸다. 고린도는 특히 악한 도시였으며, 당시의 느슨한 도덕 기준으로 보더라도 그러했다. 사실, 고린도는 방탕하기로 악명 높았으며, "고린도화하다(Corinthianize, 고린도 사람처럼 되다)"라는 동사가 "창녀와 동침하러 가다"라는 뜻일 정도였다. 우상숭배가 고린도의 문화와 사회생활 모든 구석에 침투해 있었으며, 그래서 바울은 고린도 신자들에게 "너희는 우상 숭배하는 자가 되지 말라…우상 숭배하는 일을 피하라"고 경고했다(고전 10:7, 14). 바울은 이렇게 썼다. "무릇 이방인이 제사하는 것은 귀신에게 하는 것이요 하나님께 제사하는 것이 아니니, 나는 너희가 귀신과 교제하는 자가 되기를 원하지 아니하노라. 너희가 주의 잔과 귀신의 잔을 겸하여 마시지 못하고 주의 식탁과 귀신의 식탁에 겸하여 참여하지 못하리라"(고전 10:20-21).

　고린도에서 우상숭배의 중요한 요소 중 하나는 신전 매춘(ritual prostitution)이었다. 고린도의 아크로폴리스에 위치한 아프로디테 신전에 여사제가 천 명이 있었으며, 이들은 "종교" 창녀에 지나지 않았다. 매일 밤, 이들은 시내로 내려와 몸을 팔았다. 바울은 고린도전서 6:15에서 성적 부도덕(음란)을 엄히 경고할 때 이것을 염두에 두었을 것이다. "너희 몸이 그리스도의 지체인 줄을 알지 못하느냐? 내가 그리스도의 지체를 가지고 창녀의 지체를 만들겠느냐? 결코 그럴 수 없느니라." 그는 고린도 신자들에게 우상숭배를 피하라고 명했듯이(고전 10:7, 14) "음행을 피하라"고 명했다(고전 6:18; 참조. 딤후 2:22; 벧전 2:11).

　바울은 그 어떤 종교 행사나 사업이나 활동에서도 불신자들과 멍에를 함께 매지 말라고 명령한 후, 이 명령을 따라야 할 다섯 가지 이유를 제시했다. 그 어떤 영적 노력에서든 불신자들과 멍에를 함께 매는 것은 비합리적이고, 신성을 모독하며, 불순종하고, 유익하지 못하며, 은혜를 모르는 것이다.

비합리적이다

14b의와 불법이 어찌 함께 하며 빛과 어둠이 어찌 사귀며 15그리스도와 벨리알이

어찌 조화되며 믿는 자와 믿지 않는 자가 어찌 상관하며 (6:14b-15)

신자들이 불신자들과 손잡고 그 어떤 영적 노력을 함께 한다는 것은 말이 안된다. 이를 뒷받침하려고, 바울은 상식적인 네 가지 대비(對比)를 수사학적으로 제시하는데, 각각은 부정의 대답을 상정한 질문 형태를 띤다.

질문 1

의와 불법이 어찌 함께 하며 (6:14b)

'메토케'(metochē, **partnership**, 함께 하며)는 신약성경에서 이곳에만 나오며, 다음 질문에 나오는 '코이노니아'(koinonia, **fellowship**, 사귀며)와 동의어다. 관련 단어는 베드로와 함께 물고기를 잡는 동업자들(눅 5:7), 신자들이 하늘의 부르심을 함께 받음(히 3:1), 이들과 그리스도의 연합을 말하는 데 사용된다(히 3:14). 그러므로 이 단어는 공동생활과 삶의 관계에 참여함을 표현한다.

분명히, **의**와 **불법**은 정반대다. **의**는 하나님의 율법에 순종하는 것이다. **불법**은 하나님의 거룩한 율법에 맞서는 것이다. **의**는 신자들의 특징이다(롬 4:7; 엡 2:10; 딛 2:14; 히 8:12; 10:17). 그리스도의 의가 신자들에게 전가되었기 때문이며(고후 5:21; 참조. 롬 5:19; 고전 1:30; 빌 3:9) 신자들은 하나님에게서 나고 따라서 새 본성, 의롭게 된 본성을 소유하기 때문이다(롬 6:19). 반면에, **불법**은 불신자들의 특징이다. 불법은 구속받지 못한 죄인들의 본성이기 때문이다. 사도 요한은 그 차이를 더없이 명확히 했다.

> 죄를 짓는 자마다 불법을 행하나니, 죄는 불법이라. 그가 우리 죄를 없애려고 나타나신 것을 너희가 아나니, 그에게는 죄가 없느니라. 그 안에 거하는 자마다 범죄하지 아니하나니, 범죄하는 자마다 그를 보지도 못하였고 그를 알지도 못하였느니라. 자녀들아, 아무도 너희를 미혹하지 못하게 하라. 의를 행하는 자는 그의 의로우심과 같이 의롭고, 죄를 짓는 자는 마귀에게 속하나니, 마귀는 처음부터

범죄함이라. 하나님의 아들이 나타나신 것은 마귀의 일을 멸하려 하심이라. 하나님께로부터 난 자마다 죄를 짓지 아니하나니, 이는 하나님의 씨가 그의 속에 거함이요 그도 범죄하지 못하는 것은 하나님께로부터 났음이라. 이러므로 하나님의 자녀들과 마귀의 자녀들이 드러나나니, 무릇 의를 행하지 아니하는 자나 또는 그 형제를 사랑하지 아니하는 자는 하나님께 속하지 아니하니라. (요일 3:4-10)

'아노미아'(*anomia*, **lawlessness, 불법**)는 거듭나지 못한 모든 자의 특징이다. 늘 눈에 보이게는 아니더라도, 모두가 하나님의 율법에 맞서기 때문이다. 어떤 사람들은 다른 사람들보다 불법이 더 심하다. 예수님은 서기관들과 바리새인들을 강하게 꾸짖으셨는데, 이들은 외적인 의와 율법 준수로 유명했다. "화 있을진저, 외식하는 서기관들과 바리새인들이여, 회칠한 무덤 같으니 겉으로는 아름답게 보이나 그 안에는 죽은 사람의 뼈와 모든 더러운 것이 가득하도다. 이와 같이 너희도 겉으로는 사람에게 옳게 보이되 안으로는 외식과 불법이 가득하도다"(마 23:27-28).

궁극적으로, 불법의 사람들은 지옥에서 영원히 형벌을 받는다. 성경에서 가장 끔찍한 단락 중 하나에서, 예수님은 이런 사람들에게 어떤 판결을 내리실지 경고하셨다. "그때에 내가 그들에게 밝히 말하되, 내가 너희를 도무지 알지 못하니 불법을 행하는 자들아 내게서 떠나가라 하리라"(마 7:23). 마태복음 13:41-42에서, 예수님은 자신들의 불법을 회개하지 않으려는 자들에게 닥칠 무서운 운명을 또다시 말씀하셨다. "인자가 그 천사들을 보내리니, 그들이 그 나라에서 모든 넘어지게 하는 것과 또 불법을 행하는 자들을 거두어 내어 풀무불에 던져 넣으리니, 거기서 울며 이를 갈게 되리라." 이들은 예수님을 "하나님과 구주"(God and Savior, 딛 2:13; 벧후 1:1)로 믿길 거부하기 때문에 "[그들의] 죄 가운데 죽을" 것이다(요 8:24).

의로운 자들과 거역하는 자들은 이처럼 서로 완전히 대비되기 때문에 그 어떤 영적 사업에서도 동역할 수 없다. 죄와 덕이 서로 분리되듯이, 이들은 서로 분리된다.

질문 2

빛과 어둠이 어찌 사귀며 (6:14c)

빛과 **어둠**이 상호배타적인 것은 자명하다. 그러므로 이 대비는 일반적인 성경의 은유다(참조. 사 5:20; 요 1:5; 3:19; 8:12; 12:35, 46; 행 26:18; 롬 13:12; 엡 5:8, 11; 골 1:12 – 14; 살전 5:5; 벧전 2:9; 요일 1:5; 2:8 – 9). 지적으로, **빛**은 진리를 가리키고 **어둠**은 오류를 가리킨다. 도덕적으로, **빛**은 참을 가리키고 **어둠**은 거짓을 가리킨다. 그리스도 안에서 의로운 자들은 빛 가운데 다닌다(요 8:12; 12:35; 엡 5:8; 요일 1:7). 불의한 자들은 사탄의 어둠의 나라에 속한다(눅 22:53; 엡 6:12; 골 1:13). 의로운 자들의 궁극적 운명은 영원한 천국의 빛이고(골 1:12; 벧전 2:9; 계 22:5), 불의한 자들의 궁극적 운명은 영원한 지옥의 어둠이다(마 8:12; 22:13; 25:30; 벧후 2:17). **빛**의 자녀들이 **어둠**의 자녀들과 함께 일하길 기대하는 것은 빛과 어둠이 같은 시간에 같은 곳에 있길 기대하는 것만큼 어리석다.

질문 3

그리스도와 벨리알이 어찌 조화되며 (6:15a)

처음 두 수사학적 질문은 철저히 다른 신자들의 본성(의, 빛)과 불신자들의 본성(불법, 어둠)에 초점을 맞췄다. 바울이 던지는 셋째 수사학적 질문은 상호배타성을 보여주며 각 나라의 지도자들을 다룬다. 빛과 의의 나라를 다스리는 통치자 **그리스도**와 어둠과 불법의 나라를 다스리는 통치자 **벨리알**(Belial, 사탄을 가리키는 옛 이름) 사이에 근본적이고 영원한 적대감이 있다. **벨리알**은 신약성경에서 여기서만 사용된다. 히브리어 어구 "벨리알의 아들들"이(sons of Belial,[61] NKJV은 이 어구를 "corrupt men" 또는 "perverted men"으로 옮겼으며, NASB

---

61 개역개정은 "불량배"(신 13:13; 삿 19:22), "행실이 나빠"(삼상 2:12)로 옮겼다. 역대하

는 "worthless men"으로 옮겼다. 예를 들면, 신 13:13[히브리어 본문에서는 13:14]; 삿 19:22; 삼상 2:12; 대하 13:7) 구약성경에 십여 차례 나온다. "벨리알"은 사해사본 에서 사탄을 가리킨다. 이 칭호는 사탄에게 적합하다. 사탄은 지극히 무가치 한 자이기 때문이다. 그리스도와 사탄이 그 어떤 영적인 일에서든 협력할 수 있다는 생각은 황당하기 짝이 없다.

그리스도와 사탄이 **조화(harmony,** *sumphōnēsis* ["일치하다 to agree with"], 여기 서 symphony라는 영어 단어가 파생했다)를 이루는 것은 불가능하며, 하나님의 자 녀들과 사탄의 자녀들이 영적인 일에서 협력하는 것도 불가능하다. 신자들, 곧 "무엇을 하든지 다 하나님의 영광을 위하여 하는" 사람들은(고전 10:31) 불 순종의 아들들, 곧 "공중의 권세 잡은 자를 따라" 행하는 자들과(엡 2:2) 손잡을 수 없다. 하나님의 자녀들은 마귀의 자녀들과 공통점이 전혀 없다(요 8:44; 요 일 3:10).

질문 4

믿는 자와 믿지 않는 자가 어찌 상관하며 (6:15b)

이 질문은 앞의 세 질문을 요약하며, **믿는 자**(신자)와 **믿지 않는 자**(불신자) 사 이에 영적 공통점(common, 상관)이 전혀 없다는 명확한 진리를 강화한다. 믿 음은 믿지않음(unbelief, 불신앙)과 공통점이 전혀 없다. 믿음이 있는 자들(the faithful)과 믿음이 없는 자들(the faithless)은 서로 배타적인 이념들에 전념하며 서로 반대되는 세력에게 힘을 얻는다. 하나님이 패역한 이스라엘에게 물으셨 듯이, "두 사람이 뜻이 같지 않은데 어찌 동행하겠는가?"(암 3:3).

13:7에서는 앞의 두 단어와 합쳐 "난봉꾼과 잡배"로 옮겼다.

신성모독이다

하나님의 성전과 우상이 어찌 일치가 되리요? 우리는 살아계신 하나님의 성전이라. 이와 같이 하나님께서 이르시되, 내가 그들 가운데 거하며 두루 행하여 나는 그들의 하나님이 되고 그들은 나의 백성이 되리라. (6:16)

바울은 다섯째 수사학적 질문에서 신자들이 불신자들과 함께하지 말아야 하는 둘째 이유를 제시한다. 모든 거짓 종교는 결국 "귀신의 가르침"(doctrines of the demons)이며(딤전 4:1; 참조. 신 32:17; 계 9:20) 참 하나님께 매우 적대적이다. **하나님의 성전**과 **우상** 사이에 그 어떤 **일치(agreement)**도 있을 수 없다. 기독교는 그 어떤 형태의 거짓 종교와도 양립할 수 없다.

구약성경은 우상숭배와 참 하나님을 향한 예배를 섞을 때 일어나는 비참한 결과를 생생하게 그려낸다. 열왕기하 21:1-9은 유다 왕 중에 가장 악했던 므낫세의 통치를 기술하는데, 이 단락을 읽으면서 교훈을 얻을 수 있다.

> 므낫세가 왕이 될 때에 나이가 십이 세라. 예루살렘에서 오십오 년간 다스리니라. 그의 어머니의 이름은 헵시바더라. 므낫세가 여호와 보시기에 악을 행하여 여호와께서 이스라엘 자손 앞에서 쫓아내신 이방 사람의 가증한 일을 따라서 그의 아버지 히스기야가 헐어버린 산당들을 다시 세우며, 이스라엘의 왕 아합의 행위를 따라 바알을 위하여 제단을 쌓으며 아세라 목상을 만들며 하늘의 일월성신을 경배하여 섬기며, 여호와께서 전에 이르시기를 내가 내 이름을 예루살렘에 두리라 하신 여호와의 성전에 제단들을 쌓고, 또 여호와의 성전 두 마당에 하늘의 일월성신을 위하여 제단들을 쌓고, 또 자기의 아들을 불 가운데로 지나게 하며, 점치며 사술을 행하며, 신접한 자와 박수를 신임하여 여호와께서 보시기에 악을 많이 행하여 그 진노를 일으켰으며, 또 자기가 만든 아로새긴 아세라 목상을 성전에 세웠더라. 옛적에 여호와께서 이 성전에 대하여 다윗과 그의 아들 솔로몬에게 이르시기를, 내가 이스라엘의 모든 지파 중에서 택한 이 성전과 예루살렘에 내 이름을 영원히 둘지라 만일 이스라엘이 나의 모든 명령과 나의 종 모세가 명

령한 모든 율법을 지켜 행하면 내가 그들의 발로 다시는 그의 조상들에게 준 땅에서 떠나 유리하지 아니하게 하리라 하셨으나 이 백성이 듣지 아니하였고 므낫세의 꾐을 받고 악을 행한 것이 여호와께서 이스라엘 자손 앞에서 멸하신 여러 민족보다 더 심하였더라.

"이방 사람의 가증한 일"은 므낫세가 유다에 다시 들여온 우상숭배를 가리킨다. 구체적으로, "아버지 히스기야가 헐어버린 산당들을 다시 세우며, 이스라엘의 왕 아합의 행위를 따라 바알을 위하여 제단을 쌓으며 아세라 목상을 만들며 하늘의 일월성신을 경배하여 섬겼다." 더욱 므낫세가 악한 것은 "여호와께서 전에 이르시기를 내가 내 이름을 예루살렘에 두리라 하신 여호와의 성전에 제단들을 쌓았다"는 것이다. 이것으로 부족하기라도 하듯이, 므낫세는 성전 전체에 우상을 두었다. "또 자기가 만든 아로새긴 아세라 목상을 성전에 세웠더라. 옛적에 여호와께서 이 성전에 대하여 다윗과 그의 아들 솔로몬에게 이르시기를, 내가 이스라엘의 모든 지파 중에서 택한 이 성전과 예루살렘에 내 이름을 영원히 둘지라." 므낫세는 이렇게 하나님을 모독함으로써 유다에 하나님의 무서운 심판을 초래했다.

여호와께서 그의 종 모든 선지자들을 통하여 말씀하여 이르시되, 유다 왕 므낫세가 이 가증한 일과 악을 행함이 그 전에 있던 아모리 사람들의 행위보다 더욱 심하였고 또 그들의 우상으로 유다를 범죄하게 하였도다. 그러므로 이스라엘의 하나님 여호와가 말하노니, 내가 이제 예루살렘과 유다에 재앙을 내리리니, 듣는 자마다 두 귀가 울리리라. 내가 사마리아를 잰 줄과 아합의 집을 다림 보던 추를 예루살렘에 베풀고 또 사람이 그릇을 씻어 엎음 같이 예루살렘을 씻어 버릴지라. 내가 나의 기업에서 남은 자들을 버려 그들의 원수의 손에 넘긴즉, 그들이 모든 원수에게 노략거리와 겁탈거리가 되리니, 이는 애굽에서 나온 그의 조상 때부터 오늘까지 내가 보기에 악을 행하여 나의 진노를 일으켰음이니라 하셨더라. (왕하 21:10-15)

사무엘상 4, 5장은 참 하나님과 우상들이 양립할 수 없음을 보여주는 또 다른 사건을 기록한다. 이스라엘은 블레셋과 전쟁 중이었고 어느 작은 전투에서 군사 사천 명을 잃었다(4:1-2). 이스라엘은 하나님이 전투에서 자신들을 돕지 않으셨다는 데 실망했으며(이들의 죄와 배교 때문이었다) 실로에 사람을 보내 언약궤, 곧 하나님의 임재의 가시적 상징을 가져왔다(4:3-5). 이스라엘은 이제 자신들이 무적이라고 생각했고 다시 블레셋과 싸웠다. 그런데 이번에는 군사 삼만 명을 잃었을 뿐 아니라 언약궤까지 빼앗겼다. "블레셋 사람들이 쳤더니, 이스라엘이 패하여 각기 장막으로 도망하였고 살륙이 심히 커서 이스라엘 보병의 엎드러진 자가 삼만 명이었으며, 하나님의 궤는 빼앗겼고, 엘리의 두 아들 홉니와 비느하스는 죽임을 당하였더라"(4:10-11).

사기가 충천한 블레셋은 언약궤를 아스돗에 자리한 다곤 신전에 가져다 두었다(5:1-2). 이튿날 아침, 깜짝 놀라게도, 다곤 신상이 언약궤 앞에 꼬꾸라져 있었다(5:3). 이들은 우상을 다시 제자리에 두었으나 이튿날 아침에 와보니 똑같은 일이 벌어져 있었다. 이번에는 다곤 신상의 머리와 두 손이 잘려 나가고 없었다. 메시지는 분명했다. 참 하나님은 경쟁자를 허락하지 않으신다. 그분은 거짓 신들과 지분을 나누지 않으신다.

에스겔 8장은 이러한 사실을 한층 더 생생하게 보여준다. 3절에서, 하나님은 환상을 통해 에스겔을 예루살렘 성전으로 데려가(그는 실제로 바벨론에 있었다) "안뜰로 들어가는 북향한 문에 이르시니, 거기에는 질투의 우상 곧 질투를 일어나게 하는 우상의 자리가 있는 곳이라. 이스라엘 하나님의 영광이 거기에 있는데…"(3-4절). 우상과 하나님의 영광이 나란히 자리했다. 하나님은 이런 상황을 용납하실 수 없었고, 그래서 6절에서 이렇게 선언하셨다. "인자야, 이스라엘 족속이 행하는 일을 보느냐? 그들이 여기에서 크게 가증한 일을 행하여 나로 내 성소를 멀리 떠나게 하느니라." 하나님은 자신의 성소를 이교 우상들과 공유하느니 차라리 성소를 떠나신다.

그러나 하나님이 그분의 성전을 떠나게 하는 것은 우상만이 아니었다. 6절 끝에서, 하나님이 에스겔에게 "너는 다시 다른 큰 가증한 일을 보리라"고 하셨다. "다른 큰 가증한 일"이 무엇인지는 7-10절에 나온다.

그가 나를 이끌고 뜰 문에 이르시기로 내가 본즉 담에 구멍이 있더라. 그가 내게 이르시되, 인자야 너는 이 담을 헐라 하시기로 내가 그 담을 허니 한 문이 있더라. 또 내게 이르시되, 들어가서 그들이 거기에서 행하는 가증하고 악한 일을 보라 하시기로 내가 들어가 보니 각양 곤충과 가증한 짐승과 이스라엘 족속의 모든 우상을 그 사방 벽에 그렸고.

충격적이게도, 배교한 이스라엘은 우상 그라피티를 성전 벽에 그렸다. 자신들이 생각하기에 은밀한 곳에서, 이 그라피티 앞에서 이스라엘의 장로 칠십 명이 우상을 숭배하고 있었다(11-12절).

이 오싹한 장면조차 배교한 이스라엘이 얼마나 깊은 구덩이에 처박혔는지 온전히 표현하지 못했다. 에스겔의 환상에서, 하나님은 그를 "데리고 여호와의 전으로 들어가는 북문에 이르시기로 보니 거기에 여인들이 앉아 담무스를 위하여 애곡하더라"(14절). 성전에서 여인들과 함께 스물다섯 명 정도 되는 남자들이 신성모독을 자행하고 있었다. "여호와의 성전 문, 곧 현관과 제단 사이에서 약 스물다섯 명이 여호와의 성전을 등지고 낯을 동쪽으로 향하여 동쪽 태양에게 예배하더라"(16절). 거짓 신 담무스를 위해 애곡하는 여인들처럼, 이 남자들은 참 하나님의 성전에서 우상숭배를 자행했다. 이에 답해, 하나님은 심판을 약속하셨다. "그러므로 나도 분노로 갚아 불쌍히 여기지 아니하며 긍휼을 베풀지도 아니하리니, 그들이 큰 소리로 내 귀에 부르짖을지라도 내가 듣지 아니하리라"(18절). 주전 586년, 바벨론이 세 번째이자 마지막으로 쳐들어와 예루살렘을 파괴하고 포로들을 끌고 갔다. 이 심판으로, 하나님은 약속한 그대로 하셨으며, 바벨론을 부패하고 더럽혀진 성전을 파괴하는 신성한 무기로 사용하셨다.

오늘의 신자들은, 개인으로(고전 6:19) 그리고 집단으로(고전 3:16-17; 엡 2:22), **살아계신 하나님의 성전이다. 살아계신 하나님(the living God)**이란 표현은 성경에서 20여 차례 사용되며(예를 들면, 고후 3:3; 롬 9:26; 살전 1:9; 딤전 3:15; 4:10), 살아계신 하나님과 거짓 종교의 죽은 우상들을 대비시킨다. 권위 있는 어구 **하나님께서 이르시되(just as God said)**로 신자들이 곧 하나님의 성전이라고 단언하는 진술이 시작된다. 이 진술, 곧 구약성경의 여러 구절로(참조. 레 26:11-12; 렘 24:7; 겔 37:27) 이루어진 모자이크에서, 하나님이 약속하셨다. **내가 그들 가운데 거하며 두루 행하여 나는 그들의 하나님이 되고 그들은 나의 백성이 되리라.** 하나님의 성전, 그분의 언약 백성, 그분의 소중한 소유, 그분의 거처로서 신자들은 거짓 종교와 손잡을 수 없다. 하나님을 섬기려는 목적에서 이처럼 고르지 않게 멍에를 매는 것은 언제라도 용납될 수 없으며 신성모독이다.

불순종이다

그러므로 너희는 그들 중에서 나와서 따로 있고 부정한 것을 만지지 말라. (6:17a)

불신자들과 멍에를 함께 매는 것은 어리석고 불경할 뿐 아니라 하나님의 분명한 명령, 나오라(come out, 나와서)와 분리하라(be separate, 따로 있고) 두 동사의 명령형으로 표현된 명령에 불순종하는 것이기도 하다. **그러므로**는 17절의 명령과 16절에 표현된 원리를 연결한다. 살아계신 하나님이 내주하시는 자들로서, 신자들은 불신자들과 그 어떤 영적 일도 함께해서는 안 된다. 살아계신 하나님의 성전으로서, 신자들은 하나님의 진리를 촉진하겠다며 그 어떤 형태의 거짓 종교와도 손잡아서는 안 된다.

이 구절의 사상은 이사야 52장과 연결되는데, 거기서 하나님은 자신의 백성에게 이렇게 명하셨다. "너희는 떠날지어다. 떠날지어다. 거기서 나오고 부정한 것을 만지지 말지어다. 그 가운데에서 나올지어다. 여호와의 기구를 메는 자들이여, 스스로 정결하게 할지어다"(11절; 참조. 계 18:4). 이스라엘이 구원받았을 때처럼(사 52:7-10), 그리스도인들은 모든 거짓 종교와 깨끗이 단절하고, 더럽히는 그 종교의 영향력을 피해야 한다(참조. 딤후 2:16-17). 바울은 에베소서 5:5-11에서 이 원리를 되풀이했다.

너희도 정녕 이것을 알거니와 음행하는 자나 더러운 자나 탐하는 자 곧 우상숭배자는 다 그리스도와 하나님의 나라에서 기업을 얻지 못하리니, 누구든지 헛된 말로 너희를 속이지 못하게 하라. 이로 말미암아 하나님의 진노가 불순종의 아들들에게 임하나니, 그러므로 그들과 함께 하는 자가 되지 말라. 너희가 전에는 어둠이더니, 이제는 주 안에서 빛이라 빛의 자녀들처럼 행하라. 빛의 열매는 모든 착함과 의로움과 진실함에 있느니라. 주를 기쁘시게 할 것이 무엇인가 시험하여 보라. 너희는 열매 없는 어둠의 일에 참여하지 말고 도리어 책망하라.

"빛의 자녀들"은 "불순종의 아들들"과 "함께하는 자가 되지 말아야" 한다. 빛의 자녀들은 죄악된 사람들이 아니라 "주를 기쁘시게" 하는 데 관심을 기울여야 한다. 이를 위해, 빛의 자녀들은 "열매 없는 어둠의 일에 참여하지 말고 도리어 책망해야(expose, 폭로해야)" 한다. 교회의 목적은 불신자들이 편안해 하고 위협을 느끼지 않도록 하는 게 아니다. 반대로, 교회의 목적은 불신자들이 자신들의 죄에 불편을 느끼고 자신들이 마주하는 하나님의 심판과 지옥의 공포에 위협을 느끼게 하는 것이다.

하나님의 백성이 불신자들과 뚜렷이 구별되는 것이 언제나 하나님의 뜻이다. 레위기 20:24, 26에서, 하나님이 이스라엘에게 말씀하셨다. "나는 너희를 만민 중에서 구별한 너희의 하나님 여호와이니라…너희는 나에게 거룩할지어다. 이는 나 여호와가 거룩하고 내가 또 너희를 나의 소유로 삼으려고 너희를 만민 중에서 구별하였음이니라." 신약성경에서, 베드로는 이 원리를 되울리며 신자들을 권면했다. "너희가 순종하는 자식처럼 전에 알지 못할 때에 따르던 너희 사욕을 본받지 말고 오직 너희를 부르신 거룩한 이처럼 너희도 모든 행실에 거룩한 자가 되라. 기록되었으되, 내가 거룩하니 너희도 거룩할지어다 하셨느니라"(벧전 1:14-16).

이 구절의 셋째 명령 **부정한 것을 만지지 말라**는 불신자들과 분리하지 못하는 것은 불순종이라는 핵심에 힘을 더한다. **만지다(touch)**는 '하프토'(haptō)의 번역이며 요한1서 5:18에서처럼 유해한 접촉을 가리킨다. 신자들은 **부정한(unclean)** 거짓 가르침에 관여하지 말아야 한다. 신자들은 "어떤 자를[거짓 종교에 빠진 자를] 불에서 끌어내어 구원"해야 하고 "또 어떤 자를 그 육체로 더럽힌 옷까지도 미워하되 두려움으로 긍휼히 여겨"야 한다(유 23). 그러나 교회는 하나님 말씀의 진리를 왜곡하거나 거부하는 자들과 함께 예배하거나 복음을 전하거나 사역할 수 없다.

유익이 없다

17b내가 너희를 영접하여 18너희에게 아버지가 되고 너희는 내게 자녀가 되리라. 전능하신 주의 말씀이니라 하셨느니라. (6:17b-18)

불신자들과 분리하지 못하는 것은 어리석다. 이 같은 불순종이 신자들을 하나님과 나누는 친밀한 교제를 누리는 축복에서 차단하기 때문이다. 하나님은 불신자들과 분리하라는 그분의 명령에(17절) 주목하는 자들을 **영접하리라(welcome)** 약속하신다. '에이스데코마이'(*eisdechomai*, **welcome**, 영접하다)는 신약성경에서 이곳에만 사용되며, "받아들이다"(to receive) 또는 "호의를 베풀다"(to admit into one's favor)는 뜻이다. 70인역(헬라어로 번역된 구약성경)은 에스겔 20:34을 옮길 때, '에이스데코마이'는 하나님이 이스라엘을 열방에서 불러내 자신에게로 모으심을 말하는 데 사용된다. 자신을 불신자들과 분리하는 자들을 하나님이 두 팔을 활짝 벌려 받아들이시리라는 것이다.

이들은 또한 하늘 **아버지**께서 그분의 **자녀**들에게 주시는 복을 온전히 누릴 것이다. 바울은 사무엘하 7:14을 염두에 두었을 것이다. 거기서 하나님은 다윗에게 그의 아들 솔로몬에게 복을 주겠다고 약속하셨다. "나는 그에게 아버지가 되고 그는 내게 아들이 되리니." 하나님은 솔로몬에게 복을 주셨듯이 순종하는 그분의 자녀들에게 복을 주신다. 그러나 14절 뒷부분에서, 하나님은 이렇게 경고하셨다. "그가[솔로몬이] 만일 죄를 범하면 내가 사람의 매와 인생의 채찍으로 징계하려니와." 히브리서 저자도 하나님이 그분의 자녀들을 징계하신다고 단언했다. "주께서 그 사랑하시는 자를 징계하시고 그가 받아들이시는 아들마다 채찍질하심이라"(히 12:6). 늘 그러듯이, 순종은 복을 부르고 불순종은 징계를 부른다.

안타깝게도, 솔로몬은 불신자들과 타협하고 동맹을 맺음으로써 약속된 복을 잃었다. 열왕기상 11:1-11은 솔로몬이 쇠락하는 비극적 이야기를 들려준다.

> 솔로몬 왕이 바로의 딸 외에 이방의 많은 여인을 사랑하였으니, 곧 모압과 암몬과 에돔과 시돈과 헷 여인이라. 여호와께서 일찍이 이 여러 백성에 대하여 이스라엘 자손에게 말씀하시기를, 너희는 그들과 서로 통혼하지 말며 그들도 너희와 서로 통혼하게 하지 말라 그들이 반드시 너희의 마음을 돌려 그들의 신들을 따르게 하리라 하셨으나 솔로몬이 그들을 사랑하였더라. (1-2)

하나님이 예견하셨듯이, "솔로몬의 나이가 많을 때에 그의 여인들이 그의 마음을 돌려 다른 신들을 따르게 하였다"(4절). 그 결과 "왕의 마음이 그의 아버지 다윗의 마음과 같지 아니하여 그의 하나님 여호와 앞에 온전하지 못하였다"(4절). 솔로몬은 너무나 지혜롭고 진리를 깊이 깨달았다. 그런데도 그는 불신자들과 타협하고 동맹함으로써 스스로 무덤을 팠다. 우상숭배의 유혹은 너무나 강했다. 그래서 솔로몬은 이렇게 했다.

> 이는 시돈 사람의 여신 아스다롯을 따르고 암몬 사람의 가증한 밀곰을 따름이라. 솔로몬이 여호와의 눈앞에서 악을 행하여 그의 아버지 다윗이 여호와를 온전히 따름 같이 따르지 아니하고 모압의 가증한 그모스를 위하여 예루살렘 앞산에 산당을 지었고 또 암몬 자손의 가증한 몰록을 위하여 그와 같이 하였으며 그가 또 그의 이방 여인들을 위하여 다 그와 같이 한지라. 그들이 자기의 신들에게 분향하며 제사하였더라. (5-8절)

솔로몬의 불순종 때문에,

> 솔로몬이 마음을 돌려 이스라엘의 하나님 여호와를 떠나므로 여호와께서 그에게 진노하시니라. 여호와께서 일찍이 두 번이나 그에게 나타나시고 이 일에 대하여 명령하사 다른 신을 따르지 말라 하셨으나 그가 여호와의 명령을 지키지 않

앇으므로 여호와께서 솔로몬에게 말씀하시되 네게 이러한 일이 있었고 또 네가 내 언약과 내가 네게 명령한 법도를 지키지 아니하였으니 내가 반드시 이 나라를 네게서 빼앗아 네 신하에게 주리라. (9-11)

솔로몬이 불신자들과 타협한 결과는 엄청났다. 그의 나라가 둘로 갈라졌다. 구원받지 못한 자들과 어떤 식으로든 동맹하는 것은 신자들과 그들의 아버지 간의 사귐을 더럽히고 따라서 방해하는 불순종이며, 그분의 복을 잃게 한다.

배은망덕이다

그런즉 사랑하는 자들아, 이 약속을 가진 우리는 하나님을 두려워하는 가운데서 거룩함을 온전히 이루어 육과 영의 온갖 더러운 것에서 자신을 깨끗하게 하자

(7:1)

신자들은 하나님의 **약속을 가진** 자들이며, 이것은 신자들이 스스로 불신자들과 분리하는 강력한 동기다. 바울은 **그런즉(therefore)**이라는 단어를 사용해 자신이 앞서 말한 내용을 토대로 행동을 요구한다(참조. 롬 12:1-2; 벧후 1:3-8). 바울은 고린도후서 6:14, 17의 명령들을 뛰어넘어 6:16-18에 열거된 하나님의 **약속**들에 호소한다. 이 **약속**들을 마주할 때, 신자들의 마음에 압도적인 하나님의 후하심에 대한 사랑과 감사가 일어나야 한다. 사실, 회개하지 않는 죄인들의 특징 중 하나가 배은망덕이다(눅 6:35; 롬 1:21; 딤후 3:2).

사랑하는(beloved)이란 애정 어린 용어는(참조. 고후 12:19; 롬 1:7; 12:19; 고전 10:14; 골 3:12; 살전 1:4; 살후 2:13) 하나님의 약속들이 누구에게 해당하는지 규정한다. 오직 하나님이 **사랑하는** 자녀들, 그분의 사랑하는 아들과 연합했기에 하나님이 받아들이신 자들만(엡 1:6; 골 1:13) 하나님의 약속들을 받는다.

바울은 무엇이 적절한 감사의 행위인지 부정 용어와 긍정 용어 둘 모두로 규정했다. 부정적으로, 신자들은 **육과 영의 온갖 더러운 것에서 자신을 깨끗하게**

해야 한다(참조. 사 1:16; 약 1:21). 재귀대명사 '헤아우투스'(*heautous*, **ourselves, 자신을**)는 깨끗하게 하는 것이 하나님의 일이지만(참조. 행 15:9; 엡 5:26; 딛 3:5) 신자들의 노력과 무관하게 이루어지지 않는다는 것을 말한다(참조. 빌 2:12 - 13). '몰루스모스'(*molusmos*, **defilement, 더러운 것**)는 신약성경에서 이곳에만 나온다. 그러나 70인역에서 모두 세 차례 사용되는데, 모두 종교적 부패를 가리킨다. 바울은 신자들에게 스스로를 죄와 부도덕(음란)으로부터 깨끗하게 할 뿐 아니라, 특히 이 문맥에서, 거짓 종교와 관련된 모든 것으로부터 깨끗하게 하라고 요구한다. 이러한 온전한 씻음은 **육과 영** 양쪽 모두에서 일어나야 한다. 다시 말해, 내면과 외면을 모두 깨끗하게 해야 한다. 거짓 가르침은 죄악된 인간의 욕망에 영합해 마음을 오염시킴으로써 전인(全人)을 더럽힌다. 그러므로 신자들은 거짓 종교들이 조장하는 육신의 죄와 마음의 오염 둘 다 피해야 한다.

긍정적으로, 자신을 거짓 종교로부터 깨끗하게 하는 일은 **하나님을 두려워하는 가운데서 거룩함을 온전히 이루는** 것을 포함한다. 온전히 이루다 (perfecting)는 '에피텔레오'(*epiteleō*)의 번역으로, "끝내다"(to finish), "완료하다"(to complete), "성취하다"(to fulfill)는 뜻이다. 신자들은 자신을 더럽힐 모든 거짓말과 속임수로부터 자신을 분리함으로써 거룩함이라는 목표를 추구해야 하며(레 20:26; 마 5:48; 벧전 1:16), 이 목표가 어느 날 성취되리라는 소망에서 힘을 얻어야 한다(빌 1:6; 벧전 5:10; 요일 3:2). 신자들이 거룩을 추구하는 동기는 **하나님을 두려워함**이며, 이 두려움이 경건한 삶의 기초다(욥 28:28; 시 19:9; 34:11; 111:10; 잠 1:7; 8:13; 9:10; 15:33; 16:6; 23:17; 행 9:31).

교회는 주님이 주신 지상명령을 세상에서 성취해야 한다(마 28:19-20). 그러나 우리는 이를 위해 거짓 종교와 타협해서는 안 된다. 하나님은 신자들에게 불신자들과 분리하라고 분명하게 명령하시며, 이 명령에 불순종하는 것은 어리석고, 신성모독이며, 배은망덕하고, 하나님이 주시는 복을 걷어차는 것이다.

20

근심하는 목회자 위로하기

(7:5-16)

⁵우리가 마게도냐에 이르렀을 때에도 우리 육체가 편하지 못하였고 사방으로 환난을 당하여 밖으로는 다툼이요 안으로는 두려움이었노라. ⁶그러나 낙심한 자들을 위로하시는 하나님이 디도가 옴으로 우리를 위로하셨으니, ⁷그가 온 것뿐 아니요 오직 그가 너희에게서 받은 그 위로로 위로하고 너희의 사모함과 애통함과 나를 위하여 열심 있는 것을 우리에게 보고함으로 나를 더욱 기쁘게 하였느니라. ⁸그러므로 내가 편지로 너희를 근심하게 한 것을 후회하였으나 지금은 후회하지 아니함은 그 편지가 너희로 잠시만 근심하게 한 줄을 앎이라. ⁹내가 지금 기뻐함은 너희로 근심하게 한 까닭이 아니요 도리어 너희가 근심함으로 회개함에 이른 까닭이라. 너희가 하나님의 뜻대로 근심하게 된 것은 우리에게서 아무 해도 받지 않게 하려 함이라. ¹⁰하나님의 뜻대로 하는 근심은 후회할 것이 없는 구원에 이르게 하는 회개를 이루는 것이요 세상 근심은 사망을 이루는 것이니라. ¹¹보라 하나님의 뜻대로 하게 된 이 근심이 너희로 얼마나 간절하게 하며 얼마나 변증하게 하며 얼마나 분하게 하며 얼마나 두렵게 하며 얼마나 사모하게 하며 얼마나 열심 있게 하며 얼마나 벌하게 하였는가! 너희가 그 일에 대하여 일체 너희 자신의 깨끗함을 나타내었느니라. ¹²그런즉 내가 너희에게 쓴 것은 그 불의를 행한 자를 위한 것도 아니요 그 불의를 당한 자를 위한 것도 아니요 오직 우리를 위한 너희의 간절함이 하나님 앞에서 너희에게 나타나게 하려 함이로라. ¹³이로 말미암아 우리가 위로를 받았고 우리가 받은 위로 위에 디도의 기쁨으로

우리가 더욱 많이 기뻐함은 그의 마음이 너희 무리로 말미암아 안심함을 얻었음이라. [14]내가 그에게 너희를 위하여 자랑한 것이 있더라도 부끄럽지 아니하니 우리가 너희에게 이른 말이 다 참된 것 같이 디도 앞에서 우리가 자랑한 것도 참되게 되었도다. [15]그가 너희 모든 사람들이 두려움과 떪으로 자기를 영접하여 순종한 것을 생각하고 너희를 향하여 그의 심정이 더욱 깊었으니 [16]내가 범사에 너희를 신뢰하게 된 것을 기뻐하노라. (7:5-16)

삶에서 관계가 깨지는 것만큼 고통스러운 일도 없다. 결혼생활이 파탄에 이르고 자녀들이 어긋난 길로 나가며 우정에 금이 간다. 매우 고통스럽고 슬픈 일이다. 신자들 간에 관계가 이처럼 깨질 때, 그 아픔은 훨씬 크다. 신자들이 자신의 죄악된 행동 때문에 고통당하는 모습을 보노라면 관계의 파탄으로 인한 슬픔이 더욱 커진다.

사역은 많은 면에서 풍성한 보상이 따른다. 그렇더라도 사역은 고된 일이다. 하나님의 말씀을 적절하게 해석하고 신학을 이해하며 신자들을 바로 세우고 잘못한 사람들을 논박하려면 힘든 수고를 부지런히 기울여야 한다. 양떼에게 본이 되고 지도자들을 기르고 훈련하며 제멋대로인 자들을 훈계하고 마음이 약한 자들을 격려하며 약한 자들을 돕는 것은(살전 5:14) 하나같이 자신을 온통 쏟아야 하는 일이다. 그러나 사역에서 가장 고통스러운 부분은 양과 목자의 어려운 관계를 포함한다. 모든 목회자는 자신을 가장 많이 쏟아부은 대상에게서 돌아오는 게 가장 적을 때의 상처를 안다.

그가 이 서신에서 지적했듯이, 바울은 자신이 사랑하고 섬긴 교회 때문에 마음이 상했고 이렇게 상한 마음을 추슬렀다. 바울은 외부로부터 극심한 압력을 받고 환난을 당하며(1:4, 6, 8), 고난을 겪어(1:5, 7) "살 소망까지 끊어지고"(1:8) "자신이 사형 선고를 받은 줄 알았으며"(1:9) "이같이 큰 사망에서…건짐"을 받아야 했다(1:10). 4:8-12에서, 바울은 자신을 이렇게 묘사했다.

우리가 사방으로 욱여쌈을 당하여도 싸이지 아니하며, 답답한 일을 당하여도 낙심하지 아니하며, 박해를 받아도 버린 바 되지 아니하며, 거꾸러뜨림을 당하여도 망하지 아니하고, 우리가 항상 예수의 죽음을 몸에 짊어짐은 예수의 생명이 또한 우리 몸에 나타나게 하려 함이라. 우리 살아 있는 자가 항상 예수를 위하여 죽음에 넘겨짐은 예수의 생명이 또한 우리 죽을 육체에 나타나게 하려 함이라. 그런즉 사망은 우리 안에서 역사하고 생명은 너희 안에서 역사하느니라.

6:4-10에서, 바울은 자신이 당한 고난에 관해 이렇게 말했다.

오직 모든 일에 하나님의 일꾼으로 자천하여 많이 견디는 것과 환난과 궁핍과 고난과 매맞음과 갇힘과 난동과 수고로움과 자지 못함과 먹지 못함 가운데서도 깨끗함과 지식과 오래 참음과 자비함과 성령의 감화와 거짓이 없는 사랑과 진리의 말씀과 하나님의 능력으로 의의 무기를 좌우에 가지고 영광과 욕됨으로 그러했으며, 악한 이름과 아름다운 이름으로 그러했느니라. 우리는 속이는 자 같으나 참되고, 무명한 자 같으나 유명한 자요, 죽은 자 같으나 보라 우리가 살아 있고, 징계를 받는 자 같으나 죽임을 당하지 아니하고, 근심하는 자 같으나 항상 기뻐하고, 가난한 자 같으나 많은 사람을 부요하게 하고 아무것도 없는 자 같으나 모든 것을 가진 자로다.

바울이 당한 시련을 기술한 단락들 중에 11장이 가장 유명할 것이다.

그들이 그리스도의 일꾼이냐? 정신없는 말을 하거니와 나는 더욱 그러하도다. 내가 수고를 넘치도록 하고 옥에 갇히기도 더 많이 하고 매도 수없이 맞고 여러 번 죽을 뻔하였으니, 유대인들에게 사십에서 하나 감한 매를 다섯 번 맞았으며, 세 번 태장으로 맞고, 한 번 돌로 맞고, 세 번 파선하고, 일주야를 깊은 바다에서 지냈으며, 여러 번 여행하면서 강의 위험과 강도의 위험과 동족의 위험과 이방인의 위험과 시내의 위험과 광야의 위험과 바다의 위험과 거짓 형제 중의 위험을 당하고, 또 수고하며 애쓰고 여러 번 자지 못하고 주리며 목마르고 여러 번 굶고 춥고 헐벗었노라. (11:23-27)

간단히 말해, 바울의 삶은 "약한 것들과 능욕과 궁핍과 박해와 곤고"로 가득했다(12:10).

그러나 바울이 정말로 마음이 아팠던 것은 세상이 아니라 교회가 자신에게 하는 짓 때문이었다. 11:28에서, 바울은 자신이 겪은 시련을 열거한 후 이렇게 썼다. "이 외의 일은 고사하고[전혀 성격이 다르며] 아직도 날마다 내 속에 눌리는 일이 있으니, 곧 모든 교회를 위하여 염려하는 것이라." 그를 가장 괴롭힌 것은 고린도교회였다. 바울은 고린도교회에 자신을 2년 가까이 쏟아부었다. 그러나 그에게 돌아온 것은 고린도교회의 불충실(disloyalty)이었다. 고린도교회는 거짓 선생들이 교회에 들어와 바울의 인격과 사역을 공격하게 두었다. 게다가, 고린도 신자 중에 이들의 거짓말을 믿고 이들에게 가세해 바울에게 반기를 드는 자들까지 있었다. 바울의 고린도 방문이 고통과 슬픔(근심)으로 가득했을 때 이들 중 하나가 말로 바울을 공격하고 학대했던 게 분명하다(참조. 2:5-8, 10). 그런데 고린도교회의 다수가 이렇게 공격받는 바울을 변호하지 않았고, 이 때문에 바울은 깊은 상처를 받았다. 고린도 방문이 너무나 실망스러웠기에 바울은 두 번 다시 고린도에 돌아가 더 많은 아픔을 겪고 싶지 않았다(2:1). 이 방문의 결과로, 바울은 엄한 어조의 편지를 써서, 고린도 신자들이 자신을 불신하며 자신에게 충실하지 못하고 사랑을 보이지 못했다며 이들을 꾸짖었다. 바울은 2:4에서 "내가 마음에 큰 눌림과 걱정이 있어 많은 눈물로 너희에게 썼노니"라고 말하듯이 이 편지를 쓰는 게 더없이 고통스러웠다.

바울은 디도 편에 이 편지를 고린도에 보냈다. 디도는 바울이 사랑하는 믿음의 아들이었으며(딛 1:4), 돌아와 고린도 신자들이 이 편지에 보인 반응을 바울에게 전해주어야 했다. 바울은 에베소를 떠나(그는 에베소에서 엄한 편지를 썼다) 드로아에 갔으며(드로아는 소아시아 서쪽 해안에 자리한 항구였다), 고린도에서 돌아올 디도를 거기서 만나길 바랐다. 그러나 주님이 드로아에서 그에게 복음의 문을 열어주셨는데도(고후 2:12) 바울은 고린도 상황이 너무 걱정되어 드로아에서 사역할 수 없었다(2:13). 바울은 마음이 편하지 못했고 더는 기다릴 수 없었으며, 디도를 좀 더 빨리 만나 엄한 편지에 대한 고린도 신자들의 반응을 듣고 싶어 마게도냐로 향했다(2:13).

이 시점에서(2:13) 바울은 내러티브를 중단하고 옆길로 나가 자신의 사역을 길게 얘기했다(2:14-7:4). 여기 7:5에서, 바울은 엄한 편지를 보낸 뒤에 이어진 사건들로 되돌아왔다. 바울이 디도를 찾아 드로아를 떠나 **마게도냐에 이르렀을 때…육체가 편하지 못하였다(has no rest,** 참조. 2:13). 아무것도 달라지지 않았다. 그는 여전히 고린도 상황을 염려하고 있었다. 사실, 새로운 염려들이 생겼다. 엄한 편지 때문에 상황이 더 나빠지면 어떻게 되는가? 바울과 고린도 신자들 간의 파국은 이제 돌이킬 수 없는가? 고린도 신자들이 디도를 어떻게 대하겠는가? 바울이 잘 알듯이, 고린도는 외로운 전파자에게 적대적 환경일 수 있었다. 그러니 고린도교회가 디도를 스스로 지킬 수 있도록 두겠는가? 바울은 무거운 슬픔과 염려에서 놓여나지 못했고, 그래서 사역의 기쁨을 잃었다. 바울의 경험에서 잠언 13:12의 진리를 엿볼 수 있다. "소망이 더디 이루어지면 그것이 마음을 상하게 하거니와."

바울은 슬픔과 염려에서 벗어나길 바랐으나 오히려 **사방으로 환난을 당하였다(afflicted on every side).** 그는 이 환난을 먼저 **밖으로는 다툼(conflicts without)**이라 표현했다. '마케'(*machē*, **conflicts,** 다툼)는 문자적으로 "싸움"(fights) 또는 "갈등"(strife)을 뜻하며, '마카이라'(*machaira,* "검 sword")이라는 단어의 어원으로 보인다. 이것은 심각한 다툼(quarrels, 딤후 2:23), 분쟁(disputes, 딛 3:9), 충돌을(conflicts, 약 4:1) 말한다. 이것은 마게도냐에서 바울을 제거하려는 자들을 가리킬 것이다. 이들은 바울을 빌립보에서 소요를 일으켜 감옥에 갇혔다가 지진 덕에 기적적으로 풀려난 후 자신을 엉뚱하게 감옥에 가둔 것에 대해 공개 사과를 요구함으로써 시 관리들에게 굴욕을 안긴 골칫덩어리로 기억했을 것이다(행 16:16-40). 분명히, 이들은 바울을 자신들의 영토에 다시 반겨 맞아들인 게 아니라, 떠나라며 강하게 압박했을 것이다.

바울은 또한 초조하게 디도를 기다리는 동안 **안으로는 두려움(fears within)**에 휩싸였다. '포보스'(*phobos,* **두려움**)는 영어 단어 phobia(공포증)의 어원으로, 바울이 고린도교회의 상황을 심히 염려했다는 것을 말한다. 바울은 외부와 내부에서 압박을 받았고, 이 때문에 **낙심하기(depressed)**까지 했다. '타페이노스'(*tapeinos*, **depressed, 낙심한**)는 풀이 죽은 사람들, 낙담한 사람들, 빈털터리들, 곧 그들의 상황 자체가 동정심을 불러일으키는 사람들을 가리킨다(참조. 롬 12:16). 그러나 바로 이런 사람들을 하나님이 위로하신다. 이방 종교의 잔혹한 신들과 반대로, 하나님은 본래 위로하시는 분이다. 하나님은 "모든 위로의 하나님"이다(고후 1:3; 참조. 사 49:13; 살후 2:16).

내러티브는 바울이 낙심했다는 데서 끝나지 않는다. **낙심한 자들을 위로하시는 하나님이 디도가 옴으로 바울을 위로하셨다.** 그러므로 이것은 낙심이 아니라 기쁨을 말하는 단락이다. 사실, 이 단락에서 위로가 여섯 차례 언급되고 기쁨 또는 기뻐함이 다섯 차례 언급된다. 이 단락에서, 하나님은 불안해하고 슬퍼하는 목회자를 위로하고 그의 기쁨을 회복하신다.

디도가 옴으로 바울의 마음에 기쁨이 찾아왔다. 바울은 디도가 안전하게 돌아와서 기뻤고 둘의 교제가 새롭게 회복되어 기뻤다. 그러나 바울이 위로를 받은 것은 디도가 돌아왔기 때문만은 아니었다. 디도가 전해준 고린도 상황 때문이기도 했다. 여전히 해결되지 못한 문제들이 있었다(바울은 이 문제들을 10-13장에서 다루었다). 그러나 대다수 고린도 신자들이 회개했고 바울과 그가 가르친 진리에 충실하겠다고 재차 확인해주었으며, 그래서 바울은 크게 안심이 되었다.

이 단락은 매우 개인적인데, 깨진 관계를 어떻게 회복해야 하는지에 관해 깊은 통찰을 준다. 이 단락은 진정한 회복을 향한 참된 바람에서 나타나는 표식 일곱을 열거한다: 충실(loyalty), 회개(repentance), 정결(purity), 영성(spirituality), 일치(unity), 순종(obedience), 신뢰(trust). 문맥은 목회자와 그의 사람들 간의 관계지만, 이 원리들은 그 어떤 것이든 깨진 관계를 회복하는 데 필수적이다.

충실

그가 온 것뿐 아니요 오직 그가 너희에게서 받은 그 위로로 위로하고 너희의 사
모함과 애통함과 나를 위하여 열심 있는 것을 우리에게 보고함으로 나를 더욱

기쁘게 하였느니라. (7:7)

앞서 언급했듯이, 바울은 디도의 귀환에 위로를 받았다. 그러나 바울은 디도가 **온 것뿐 아니요 오직 그가** 고린도 신자들에게서 **받은 그 위로로 위로**를 받았다. 바울은 고린도 신자들이 자신을 저버린 것을 걱정했으며, 바울처럼 디도 또한 이 부분을 걱정했다. 그리고 의심할 여지 없이, 디도는 임무를 띠고 고린도에 가면서 무슨 일이 일어날지 알지 못해 적잖게 불안했다. 그러나 고린도 신자들은 회개하는 태도를 보임으로써 디도에게 위로와 기쁨을 안겼다. 이들은 바울이 보낸 엄한 편지에 적절하게 반응했다.

구체적으로 디도는 고린도 신자들의 반응, 곧 바울에 대한 이들의 충실함을 드러낸 반응의 세 가지 특징인 **사모함(longing), 애통함(mourning), 열심(zeal)**을 보고했다. 이것들은 함께 충실(loyalty)을 정의한다. 그런데 충실은 현대 어휘에서 빠르게 사라져가는 단어다. 포스트모던 사회는 자신을 중심에 두는 자기도취(narcissism)가 지배한다. 이런 사회에서 충실은 자산이 아니라 부채로 여겨진다. 그러나 충실은 어느 인간관계에서든 가장 바람직한 덕목이다. 반대로, 불충실(disloyalty)은 관계를 파괴한다.

고린도 신자들은 바울의 엄한 편지에 반응하면서 바울의 사도적 권위를 마지못해 받아들이지 않았다. 대신에, 바울을 보고 자신들과 바울의 관계가 회복되길 **사모하고** 갈망했다. 바울은 엄한 편지를 "마음에 큰 눌림과 걱정이 있어 많은 눈물로" 썼다(2:4). 고린도 신자들은 자신들의 죄가 바울에게 아픔과 슬픔을 안겼음을 깨닫고 **애통했다.** 이들은 자신들과 바울의 관계가 깨진 것에 마음이 아팠고 바울에게 충실하지 못한 것을 깊이 뉘우쳤다. 이들은 또한 **열심**을 표현했다. 자신들과 바울의 관계를 회복하려는 열심이자 바울을 더한 공격들로부터 보호하려는 열심이었다. **열심(zeal)**은 똑같이 강한 두 감정, 사랑과 미움의 결합이다. 열심은 강한 사랑이며, 이 사랑은 무엇이라도 그 대상에게 해가 될 것을 미워한다. 주 예수 그리스도께서 성전을 정화할 때 열심의 양면을 다 표현하셨다. 그분은 아버지의 집을 향한 뜨거운 사랑 때문에 그곳을 더럽히는 심각한 부정을 미워하셨다(요 2:13-17; 참조. 시 69:9). 고린도 신자들은 바울에게 충실했고, 이것은 바울에게 큰 위로를 안겼으며 디도의 귀환보다 그를 **더욱 기쁘게 했다.**

회개

> ⁸그러므로 내가 편지로 너희를 근심하게 한 것을 후회하였으나 지금은 후회하지 아니함은 그 편지가 너희로 잠시만 근심하게 한 줄을 앎이라. ⁹내가 지금 기뻐함은 너희로 근심하게 한 까닭이 아니요 도리어 너희가 근심함으로 회개함에 이른 까닭이라. 너희가 하나님의 뜻대로 근심하게 된 것은 우리에게서 아무 해도 받지 않게 하려 함이라. ¹⁰하나님의 뜻대로 하는 근심은 후회할 것이 없는 구원에 이르게 하는 회개를 이루는 것이요 세상 근심은 사망을 이루는 것이니라. (7:8-10)

고린도 신자들은 바울뿐 아니라 하나님께 정확히 반응했다. 이들은 사도에게 충실하겠다고 재확인했으며, 그에게 충실하지 못했던 것이 하나님께 죄를 지은 것임을 인정했다. 이러한 인정은 깨진 관계를 회복하는 데 필수 요소다.

바울은 고린도 신자들에게 그들의 잘못을 강하게 지적하는(confrontational, 대면하는) 편지를 보냈으며, 이 **편지가 그들을 근심하게 한** 것을 알았다(2:4). **후회하였으나 지금은 후회하지 아니함**(I do not regret it; though I did regret it) 이 보여주듯이, 바울은 그 편지를 쓴 것을 잠시 후회했다. 바울은 디도가 돌아와 고린도 신자들의 반응을 전해주길 애타게 기다리면서 그 편지 때문에 상황이 도리어 더 나빠지지나 않을까 염려했다. **그 편지**가 사실 그들로 **근심하게** 했으나 **잠시만** 근심하게 했을 뿐이었다. 헬라어 본문을 그대로 옮기면 "한 시간 동안"(for an hour)⁶²인데, 짧은 시간을 가리키는 은유다. 죄의 즐거움은 짧지만, 죄가 낳는 슬픔은 지속된다. 회개의 슬픔은 짧지만, 회개가 낳는 기쁨은 지속된다.

---

62 *pros hōran*(for an hour)

때로는 죄를 지적하려면 사랑과 연민이 편안해할 범위를 넘어서야 한다. 그러나 죄를 지적하는 일은 꼭 필요하다. 죄는 무서운 살인자이기 때문이다. 바울은 학대를 일삼고 가혹하게 징계하는 사람이 아니라 마지못해 징계하는 사람이었으며, 고린도 신자들에게 잠시나마 슬픔(근심)을 안기는 것을 기뻐하지 않았다. 그는 사랑하는 자녀를 징계하면서 혼합된 감정을 느끼는 아버지 같았다. 그러나 그가 엄한 편지를 쓴 것은 고린도 신자들과 진리를 사랑하기 때문이었고 이들의 죄가 낳을 결과가 두렵기 때문이었다. 바울은 비록 잠시 후회했으나 고린도 신자들의 죄를 꾸짖지 않으면 안 된다는 것을 알았다.

사역을 하다 보면 반드시 강하게 지적해야(대면해야, 맞서야) 할 때가 있다. 죄가 문 앞에 웅크리고 있다. 거짓 선생들이 어디나 있으며, 사탄은 잠시도 쉬지 않고 하나님의 일을 방해하려 한다. 신실한 목회자는 자신이 돌보는 사람들에게 성경에 순종하라고 주저 없이 요구해야 한다. 이 순종이 진정한 회개의 전제조건이며, 죄를 슬퍼할 때에야 진정한 회개가 일어날 수 있다. 그러므로 바울은 고린도 신자들이 **근심하게 된 것**이 아니라 **하나님의 뜻대로 근심하게 된 것**을 **기뻐할** 수 있었다. 이러한 근심은 **회개를 이루는 것**이기 때문이다. 바울은 이 근심(슬픔)의 결과를 보자 후회가 사라졌다.

고린도 신자들의 후회는 자기 연민이나 들킴이나 절망이나 비통이나 상처받은 자존심에서 비롯된 슬픔이나 조작된 후회가 아니었다. 이들의 슬픔은 **회개**(repentance, *metanoia*: 마음과 삶의 변화; 죄에서 거룩으로 돌이킴)로 이어졌고, 회개는 진정한 변화를 가져왔다. 이들은 방어적이지 않았다. 자신들을 희생자로 보지 않았으며 자신들의 죄악된 행위를 정당화하려 하지도 않았다. 이들은 **하나님의 뜻대로** 슬퍼했다. 이것은 죄에 대한 슬픔, 곧 치유하고 변화를 일으키는 슬픔이었으며, 하나님은 이들이 이런 슬픔을 느끼길 원하셨다. 이러한 슬픔은 회개를 낳기 때문이다.

바울은 고린도 신자들의 회개에서 위로를 얻었다. 바울은 안도했다. 이들이 바울과 그의 동역자들**에게서 아무 해도 받지 않을** 것이기 때문이다. 하나님이 바울의 사역을 통해 고린도 신자들에게 부어주실 수 있는 많은 복이 있었다. 이들이 계속 바울과 단절된 상태를 유지했다면 이러한 복을 모조리 잃었을 것이다. **해를 받다(suffer loss)**라는 표현은 고린도전서 3:15에도 나오는데, 거기서는 장차 신자들의 행위에 내려질 심판을 가리킨다. 고린도 신자들이 바울의 사역에서 얻을 수 있는 복을 잃었다면 불타 없어질 쓸모없는 "나무나 풀이나 짚"을 모았을 터였다(고전 3:12). 바울의 이타적인 사랑은 고린도 신자들이 하나님의 징벌을 받고 현재의 복을 잃을 뿐 아니라 미래의 상까지 잃지나 않을까 염려하게 했다(참조. 요이 8). 바울은 자신의 손해가 아니라 이들의 손해를 걱정했다.

누구라도 진정으로 회개한다면 회개를 낳은 슬픔(근심)을 후회하지 않을 것이다. **하나님의 뜻대로 하는 근심은 후회할 것이 없는…회개를 이루는 것**이기 때문이다. 고린도 신자들의 **회개**는 이들이 **구원**이란 부분에서 진정한 신자라는 표식이었다. 회개는 죄에서 하나님께로 돌이킴을 포함했다(살전 1:9). 성경이 말하는 참 회개는 단순히 압박에서 벗어나고 자신의 환경을 개선하려는 심리적이고 정서적이며 인간적인 회한이 아니다. 참 회개는 변화된 삶의 열매를 필연적으로 맺지만(참조. 마 3:8; 눅 3:8; 행 26:20) 행동이 아니라 영적이다. **세상 근심(sorrow of the world)**—회한, 상처 입은 자존심, 자기연민, 이루어지지 않은 희망—은 치료하는 힘이 없으며, 변화를 일으키거나 구원하거나 구속하는 능력이 없다. 세상 근심은 죄책감, 수치심, 분개, 비통, 절망, 낙담, 희망 없음, 심지어 유다의 경우처럼(마 27:3-5) **죽음**을 낳는다(**produces, 이룬다**).

이 단락은 구원에 회개가 꼭 필요하지 않다는 가르침과 양립할 수 없다. 이 단락이 보여주는 과정은 분명하다. 죄를 지적하면 슬픔(근심)을 낳고, 슬픔은 구원으로 이어진다. 이 단락은 회개란 단지 예수님이 누구신가에 관해 생각을 바꾸는 것이라고 정의하도록 허용하지 않는다. 본문은 회개와 죄를 슬퍼함을 불가분의 관계로 연결한다. 물론, 회개는 구원을 얻게 하는 인간의 행위가 아니다. 구원의 모든 측면처럼, 회개도 하나님이 인간의 마음에서 은혜로 행하시는 일이다(행 5:31; 11:18; 딤후 2:25). (회개가 구원에 필요한가에 관한 논의는 다음을 보라. John MacArthur, *The Gospel According to Jesus*, rev. ed. [Grand Rapids: Zondervan, 1994], and *The Gospel According to the Apostles* [Nashville: Word, 2000])

정결

보라 하나님의 뜻대로 하게 된 이 근심이 너희로 얼마나 간절하게 하며 얼마나
변증하게 하며 얼마나 분하게 하며 얼마나 두렵게 하며 얼마나 사모하게 하며
얼마나 열심 있게 하며 얼마나 벌하게 하였는가! 너희가 그 일에 대하여 일체 너
희 자신의 깨끗함을 나타내었느니라. (7:11)

바울은 크게 안도하고 기뻐했다. 고린도 신자들이 **그 일에 대하여** 자신들이
깨끗함을 나타냈기 때문이다. '하그노스'(*hagnos*, innocent, 깨끗함)는 "정결하
다"(pure, 11:2; 빌 4:8; 딛 2:5; 약 3:17; 요일 3:3), "죄로부터 자유롭다"(free from sin,
딤전 5:22), "순결하다"(chaste, 벧전 3:2)는 의미를 내포한다. 고린도 신자들은 자
신들의 회개가 진짜라는 것을 정결함으로 나타내 보였다. 세례 요한은 청중에
게 "회개에 합당한 열매를 맺으라"고 했을 때 거룩한 삶을 요구하고 있었다(마
3:8).

이 단락은 진정한 회개가 낳는 정결의 일곱 가지 특징을 열거하고, 성경 전
체에서 회개를 가장 분명하게 정의한다. 바울은 **보라(for behold)**라는 감탄어
구로 시작해 이러한 특징들을 제시했으며, 이 어구는 그가 매우 들떠 있음을
보여준다. 디도는 고린도 상황이 좋아졌다고 보고했고, 바울은 이 보고에 흥
분했다. 바울은 각 요소 앞에 비교를 나타내는 **얼마나(what)**를 거듭 사용해
자신이 느끼는 강렬한 감정을 강조했다.

첫째, 고린도 신자들은 하나님의 뜻대로 근심했고(**godly sorrow, 하나님의 뜻
대로 하게 된 이 근심**)[63] 그래서 의를 **간절하게(earnestness)** 바랐다. 이러한 근심
덕에, 이들은 바울에 대한 무관심과 자신들의 죄에 대한 안일함에 마침표를
찍었다. 이들은 상황을 바로잡고 자신들과 바울 사이에 깨진 관계를 회복하
길 갈망했다.

둘째, 고린도 신자들은 진정으로 회개했고, 이러한 회개는 **변증(vindication)**

---

63 새번역: 하나님의 뜻에 맞게 마음 아파함.

을 향한 갈망으로 나타났다. '아폴로기아'(*apologia*, **변증**)는 apologetics(변증학)의 어원이며, 문자적으로 "변호하는 말"(a speech in defense)이란 뜻이다. 이 단어는 바울이 예루살렘 군중 앞에서 자신을 변호하고(행 22:1; 참조. 25:16) 사도로서 자신의 권리를 변호하며(고전 9:3) 복음을 변호하고(빌 1:7, 16) 로마 당국자들 앞에서 자신을 변호하는 것을 묘사한다(딤후 4:16). 고린도 신자들은 강한 갈망이 있었다. 자신들의 오명을 씻고, 자신들의 죄가 남긴 얼룩을 없애며, 자신들의 죄책을 제거하고, 자신들이 믿을만하다는 것을 증명하려는 갈망이었다. 그러므로 이들은 분명히 했다. 다시 말해, 자신들의 죄를 알았던 누구라도 이제 자신들의 회개를 알게 해주었다.

셋째, 고린도 신자들은 진정으로 회개했고, 이러한 회개는 이들로 **분하게 (indignation)** 했다. '아가나크테시스'(*aganaktēsis*, **indignation**, 분개, 분하게)는 신약성경에서 이곳에만 나온다. 이 단어는 동사 '아가나크테오'(*aganakteō*)와 연결되는데, 이 동사는 "분개하다"(to be indignant) 또는 "화를 내다"(to be angry)라는 뜻이다(마 20:24; 21:15; 26:8; 막 10:14, 41; 14:4; 눅 13:14). 고린도 신자들은 자신들의 죄에 격분했다. 이들은 스스로에게 수치를 안기고 바울의 마음을 아프게 하며 하나님께 죄를 지었다는 사실에 화가 났다. 이들은 전에 소중히 여기던 죄를 이제 미워했다(참조. 롬 6:21).

넷째, 고린도 신자들은 두려워했으며**(fear, 두렵게 하며)**, 이것은 이들이 진정으로 회개했다는 증거였다. 이들은 하나님을 징계하고 심판하시는 분으로 알고 경외했다. 이들은 대놓고 뻔뻔스럽게 죄를 지었으나 이제 더는 하나님께 불순종하거나 그분을 욕되게 하지 않으려고 세심하게 주의를 기울였다.

다섯째, 고린도 신자들은 회개했고, 그 결과 자신들과 바울의 관계가 회복되길 **사모했다(longing)**.

여섯째, 고린도 신자들은 새로운 **열심(zeal)**, 곧 거룩을 향한 열심을 경험했다(앞에서 7절을 살펴볼 때 **열심**에 관해 논의했던 부분을 참조하라).

일곱째, 고린도 신자들은 잘못을 벌했으며**(avenging of wrong, 벌하게 하였는**

가)[64], 이것은 이들의 회개가 실제였다는 증거다. 진정으로 회개하는 사람들은 정의가 이뤄지는 것을 보고 자신들이 저지른 잘못을 보상하려는 마음이 간절하다(참조. 고후 2:6-7). 이들은 스스로를 변호하는 대신 자신들이 저지른 죄의 결과를 받아들인다.

회개는 고린도교회에서 죄를 지은 성도들을 정결하게 했으며, 이들이 살아가는 삶의 모든 부분에서 그 증거가 나타났다.

영성

그런즉 내가 너희에게 쓴 것은 그 불의를 행한 자를 위한 것도 아니요 그 불의를 당한 자를 위한 것도 아니요 오직 우리를 위한 너희의 간절함이 하나님 앞에서 너희에게 나타나게 하려 함이로라. (7:12)

고린도 신자들은 성숙하지 못했고 죄에 빠져 살았으므로 "육신에 속하여 사람을 따라 행했다"(고전 3:3). 그래서 이들은 바울에게 진정으로 느꼈던 감정을 잃어버렸다. 그러므로 바울의 목표 중 하나는 이들의 죄악되고 육신적인 태도를 벗겨내고 이들이 실제로 자신, 곧 바울을 어떻게 대하는지 드러내는 것이었다.

바울은 먼저 편지를 쓴 다른 잠재적 이유들을 제거함으로써 자신이 말하려는 핵심에 이르렀다. 이렇게 우회하는 방식 덕에, 그의 말은 극적인 효과를 더했다. 바울이 엄한 편지를 **쓴** 것은 **그 불의를 행한 자(the offender)를 위한 것이 아니었다.** 바울이 엄한 편지를 쓴 주목적은 자신이 고통스럽게 고린도를 방문했을 때 자신에게 크나큰 슬픔을 안긴 사람을 정죄하는 게 아니었다(고후 2:1). 그뿐 아니라, 그의 주된 관심사는 **그 불의를 당한 자,** 곧 자신도 아니었다. 바울은 개인적 복수를 하려는 게 아니었다. 바울이 엄한 편지를 쓴 가장 중요한 목적은 따로 있었다. 바울을 **위한** 고린도 신자들의 **간절함이 하나님 앞에서** 그들에게 **나타나게 하는** 것이었다.

---

[64] 새번역: 응징.

죄는 속인다. 이 때문에 고린도 신자들은 바울과 그가 전한 진리를 향한 자신들의 **간절함**과 충실과 사랑을 보지 못했다. 이들은 심하게 속았다. 그래서 이들이 겉으로 바울을 대하는 태도와 바울에 대해 실제로 느끼는 감정이 서로 어긋났다. 바울의 편지는 이들의 마음을 뒤덮었던 속임수의 껍질들을 벗겨내 그를 향한 이들의 진짜 감정을 이들에게 **나타냈다(made known)**. 바울의 편지는 이들의 영적 시력을 회복시켜 이들이 바울을 신뢰받는 하나님의 종으로, 자신들이 늘 알았던 존재로 볼 수 있게 해주었다.

하나됨

이로 말미암아 우리가 위로를 받았고 우리가 받은 위로 위에 디도의 기쁨으로 우리가 더욱 많이 기뻐함은 그의 마음이 너희 무리로 말미암아 안심함을 얻었음 이라. (7:13)

고린도 신자들은 회개했고 정결해졌으며 바울을 향한 충실함을 새롭게 했고, **이로 말미암아(for this reason,** 이 때문에) 바울은 **위로를 받았다.** 그러나 자신의 위로 **위에(besides,** 외에), 바울은 **디도의 기쁨으로,** 고린도 신자들의 회개와 순종에 대한 기쁨으로 **더욱 많이 기뻐했다.** 디도의 **마음이** 이들의 회개 때문에 **안 심함을 얻었다(has been refreshed)**[65]. 2:6에서 말했듯이, 고린도 신자들은 바울을 공격했던 자를 모두 하나 되어 징계함으로써 자신들이 바울에게 충실하다는 것을 증명해 보였다. 이들의 하나됨은 바울과 디모데 둘 모두에게 특히 큰 위로가 되었다(참조. 시 133:1; 요 17:21; 엡 4:3, 13; 빌 2:2). 고린도교회에 가장 절실한 것은 하나됨이었기 때문이다. 고린도교회는 여러 파당이 있었고(참조. 고전 1:10-13; 3:3-4; 11:18-19), 이 때문에 신약성경에서 가장 무질서한 교회였다. 그러나 이제 고린도교회는 하나 되었고, 자신들과 바울의 관계를 회복하고 그의 가르침을 붙잡으려 했다.

---

65 새번역: 위로를 받았습니다.

'아나파우오'(*anapauō*, **refreshed, 안심함을 얻었음이라**)는 여기서 영구적 평안과 반대되는 일시적 안심을 가리킨다(참조. 마 26:45; 막 6:31; 14:41; 눅 12:19; 계 6:11). 바울은 고린도에서 일어난 일이 매우 기뻤지만, 지혜롭게도 여전히 자신을 반대하는 자들이 있다는 것을 알았다. 사실, 바울은 이러한 반대자들을 이 서신 뒷부분에서 다루었다. 그러나 당분간 휴전이 있었고 고린도 신자들 대다수가 참여했다.

앞서 말했듯이, 진정한 회개의 표식 중 하나는 죄가 일으킨 해를 보상하려는 열망이다. 회개하는 고린도 신자들은 바울에게 등을 돌렸던 사람들을 찾아가 회개를 촉구했다. 이 운동이 확산되어 고린도 신자들 대다수가 참여했으며, 이로써 교회가 하나 되었고 바울과 디도는 위로를 받았다.

순종

¹⁴내가 그에게 너희를 위하여 자랑한 것이 있더라도 부끄럽지 아니하니 우리가 너희에게 이른 말이 다 참된 것 같이 디도 앞에서 우리가 자랑한 것도 참되게 되었도다. ¹⁵그가 너희 모든 사람들이 두려움과 떪으로 자기를 영접하여 순종한 것을 생각하고 너희를 향하여 그의 심정이 더욱 깊었으니 (7:14-15)

고린도 신자들은 회개했고, 이로써 바울에게 반기를 들었던 많은 신자가 이제 그에게 복종했다(참조. 히 13:17). 바울은 이들이 참 신자이며 죄를 지적받으면 회개하리라 확신했다. 그러므로 바울은 디도를 고린도에 보내기 전에 고린도 신자들이 순종으로 반응하리라며 희망을 담아 디도에게 **자랑했다.** 어떤 의미에서, 바울은 자신이 분별력 있는 사람이라는 평판을 그 결과에 걸었고 부끄러움을 당하지 않았다(**was not put to shame, 부끄럽지아니하니**). 바울이 고린도 신자들에게 **이른 말이 다 참된 것 같이**(참조. 고후 2:17; 4:2; 6:7) **디도 앞에서** 그가 **자랑한 것도 참되게 되었다**(**proved to be the truth,** 참되다고 입증되었다). 바울의 진실함과 분별력이 고린도 신자들이 보인 순종의 반응으로 입증되었다. 바울은 자신의 확신이 입증되어 기뻤다. 이것은 자신의 순전함(integrity)을 의미했고, 이로써 자신이 하나님의 종으로서 이들에게 유용하다는 사실이 변하지 않았기 때문이다.

고린도 신자들은 바울의 대리자 디도를 **두려움과 떪**으로 영접했으며(참조. 고전 2:3; 엡 6:5; 빌 2:12), 이것은 이들의 **순종**을 뒷받침하는 더 확실한 증거였다. 이들의 순종에, 디도는 두려움이 사라졌고 고린도교회에 더 깊은 애정을 갖게 되었다. 또한 이들이 순종했기에, 디도와 바울은 "[이들의] 영혼을 위하여 경성하기를…즐거움으로" 할 수 있었다(히 13:17).

고린도 신자들은 하나님의 말씀에 자발적으로 순종했고, 이로써 이들의 회개가 진짜였다는 게 증명되었다. 진정으로 회개할 때, 성경의 명령에 단서나 조건을 달지 않고 주저 없이 복종한다. 이렇게 순종하는 회중은 그 지도자에게 큰 기쁨이다.

신뢰

내가 범사에 너희를 신뢰하게 된 것을 기뻐하노라. (7:16)

바울은 고린도 신자들에 대한 신뢰를 재확인하면서 이 주제를 마무리했다. **신뢰(confidence,** 확신)로 번역된 '따르레오'(tharreō)는 "용감하다"(to be courageous), "담대하다"(to be bold), "감히…하다"(to dare)라는 뜻이다. 바울은 자신을 고린도 신자들에게 다시 맡기고 이들이 자신을 실망시키지 않으리라고 감히 믿을 용기가 있었다.

바울은 신뢰를 새롭게 회복했고, 이것은 이 서신의 첫째 섹션에(1-7장) 적합한 절정이다. 바울은 고린도 신자들의 회개에 용기를 얻어 마음에 소중히 간직했던 프로젝트를 이들에게 알렸다. 궁핍한 예루살렘교회 신자들을 위해 연보를 모으는 일이었다(8-9장). 또한 고린도 신자들의 회개에 힘입어, 바울은 자신의 사도적 권위에 맞서는 마지막 무리와 마주할 담대함을 얻었다(10-13장).

21

연보의 성경적 모델
(8:1-8)

¹형제들아, 하나님께서 마게도냐 교회들에게 주신 은혜를 우리가 너희에게 알리노니, ²환난의 많은 시련 가운데서 그들의 넘치는 기쁨과 극심한 가난이 그들의 풍성한 연보를 넘치도록 하게 하였느니라. ³내가 증언하노니, 그들이 힘대로 할 뿐 아니라 힘에 지나도록 자원하여 ⁴이 은혜와 성도 섬기는 일에 참여함에 대하여 우리에게 간절히 구하니, ⁵우리가 바라던 것뿐 아니라 그들이 먼저 자신을 주께 드리고 또 하나님의 뜻을 따라 우리에게 주었도다. ⁶그러므로 우리가 디도를 권하여 그가 이미 너희 가운데서 시작하였은즉 이 은혜를 그대로 성취하게 하라 하였노라. ⁷오직 너희는 믿음과 말과 지식과 모든 간절함과 우리를 사랑하는 이 모든 일에 풍성한 것 같이 이 은혜에도 풍성하게 할지니라. ⁸내가 명령으로 하는 말이 아니요 오직 다른 이들의 간절함을 가지고 너희의 사랑의 진실함을 증명하고자 함이로라. (8:1-8)

돈을 어떻게 보느냐는 영성을 가늠하는 유효한 지표다. 돈은 그 자체로 선하지도 않고 악하지도 않다. 부패한 사람들은 돈을 악하게 사용할 수 있다. 반면에, 선한 사람들은 돈을 의롭게 사용할 수 있다. 돈은 도덕적으로 중립적이다. 그렇더라도 자신의 돈으로 무엇을 하느냐에 사람들의 내적 도덕이 투영된다. 예수님은 "너희 보물 있는 곳에는 너희 마음도 있으리라"고 하셨다(눅 12:34).

성경은 돈을 소유하지 말라고 하지 않는다. 사실, 성경은 하나님이 "네게 재물 얻을 능력을 주셨고"(신 8:18), "우리에게 모든 것을 후히 주사 누리게 하신다"고 가르친다(딤전 6:17). 하나님이 주시는 복 때문에, 성경에서 욥(욥 1:3), 아브라함(창 13:2), 이삭(창 26:12-13), 야곱(창 30:43), 보아스(룻 2:1), 솔로몬(왕상 10:23) 같은 많은 경건한 사람이 매우 부유했다. 하나님은 그분의 백성에게 약속하셨다. 이들이 하나님께 순종하면 영적 복뿐 아니라 물질적 복도 받을 것이다(신 15:4-6; 26:15; 28:11).

그러나 성경은 돈을 소유하지 말라고 하지 않지만, 돈을 사랑하지 말라고 하며 이렇게 경고한다. "돈을 사랑함이 일만 악의 뿌리가 되나니, 이것을 탐내는 자들은 미혹을 받아 믿음에서 떠나 많은 근심으로써 자기를 찔렀도다"(딤전 6:10). 같은 장 뒷부분에서, 바울은 디모데에게 이렇게 권면했다. "네가 이 세대에서 부한 자들을 명하여 마음을 높이지 말고 정함이 없는 재물에 소망을 두지 말고 오직 우리에게 모든 것을 후히 주사 누리게 하시는 하나님께 두며"(17절). 돈을 사랑한다는 말은 돈에 대해 건강하지 못한 애정을 품고 내몰리듯 돈을 좇는다는 뜻이다. 이렇게 돈을 좇는 것은 아주 어리석다. 잠언은 이렇게 조언한다. "부자 되기에 애쓰지 말고 네 사사로운 지혜를 버릴지어다. 네가 어찌 허무한 것에 주목하겠느냐? 정녕히 재물은 스스로 날개를 내어 하늘을 나는 독수리처럼 날아가리라"(잠 23:4-5). 솔로몬은 세상에서 가장 큰 부자 중 하나였다. 그렇더라도 아주 지혜로워서 "은을 사랑하는 자는 은으로 만족하지 못하고 풍요를 사랑하는 자는 소득으로 만족하지 아니한다"는 것을 알았다(전 5:10).

아간을 돈을 사랑했고, 이 때문에 자신과 가족과 나라를 재앙에 몰아넣었다(수 7:1-25). 발람은 돈을 사랑했고, 이 때문에 어리석게도 하나님의 선민(選民)을 저주하려 했으며(민 22-24장) 그 결과는 그의 죽음이었다(민 31:8). 들릴라는 돈을 사랑했고, 이 때문에 삼손을 배신했으며(삿 16:4-6), 이 배신은 결국 수천 명의 죽음으로 이어졌다(삿 16:27-30). 유다는 돈을 사랑했고, 이 때문에 주 예수 그리스도를 배신했으며(마 26:14-16) 스스로를 영원한 지옥 형벌에 몰아넣었다(마 26:24; 행 1:25). 아나니아와 삽비라는 돈을 사랑했고, 이 때문에 자신들의 연보에 대해 위선을 떨며 거짓말을 했고(행 5:1-2), 그 결과 하나님의 손에 죽었다(행 5:5, 10).

돈을 사랑하면 하나님을 잊게 되고(신 8:11 - 14; 잠 30:9), 하나님이 아니라 자신의 재물을 신뢰하게 되며(욥 31:24 - 28; 시 52:7; 잠 11:28), 속게 되고(막 4:19), 확신이 약해져 타협하게 되며, 교만해지고(신 8:14), 하나님의 것을 도둑질하게 되며(말 3:8), 타인들의 필요에 눈감게 된다(요일 3:17; 참조. 잠 3:27). 돈을 사랑하면 도둑질을 하거나(직접적으로[출 20:15; 엡 4:28] 또는 사취함으로써[시 37:21; 호 12:7; 암 8:5; 미 6:11]) 고리대금을 하거나(출 22:25; 레 25:36 - 37; 느 5:7, 10; 시 15:5; 잠 28:8) 도박을 함으로써 돈을 불법적으로 좇게 되는데, 도박은 어리석게도 하나님의 공급이 아니라 우연을 믿는다.

성경은 다음을 비롯해 돈을 얻는 여러 방법, 곧 허용되는 방법을 제시한다: 선물(행 20:35; 빌 4:16), 투자(마 25:27), 저축(잠 21:20; 30:25), 지혜로운 계획(잠 27:23 - 24), 그리고 무엇보다도 노동(출 20:9; 잠 6:6 - 8; 14:23; 24:30 - 34; 28:19; 엡 4:28; 살후 3:10; 딤전 5:8).

돈과 관련해 성경의 원리들을 어기는 사람들은 돈이 아무리 많아도 부족하다고 생각한다. 이런 상황에 부닥친 사람들은 실제로 더 많은 돈이 필요한지 아니면 단지 더 많은 돈을 원할 뿐인지 깊이 생각해 보아야 한다. 이들이 깨달아야 할 게 하나 더 있다. 이들의 제한된 자원은 이들의 우선순위가 잘못되었다는 것을 하나님이 보여주시는 한 방식일 수 있다. 하나님이 과거에 주신 자원을 잘못 사용했기에, 특히 신용을 잘못 사용했기에(참조. 잠 6:1 - 5; 11:15; 17:18; 20:16; 22:7), 지금 자원이 부족할 수 있다. 그런가 하면, 돈이 부족한 것은 인색함(눅 6:38; 잠 11:24), 조급함이나 성급함(잠 21:5), 훈련(훈계) 부족(잠 10:4; 13:18), 게으름(잠 14:23; 19:15; 20:13; 24:30 - 34), 방탕(잠 21:17; 23:21), 망상(잠 28:19) 때문일 수 있다.

성경은 돈을 어떻게 써야 하는지에 관한 지침도 제시한다. 돈은 가족에게 필요한 것을 공급하고(딤전 5:8) 빚을 갚으며(롬 13:8) 미래를 위해 저축하는 데 써야 한다(잠 21:20; 30:25). 신자들이 이러한 기본 의무를 다했다면 하나님 나라를 확장하는 데 돈을 쓸 준비가 된 것이다.

많은 사람이 연보(giving, 헌금, 드림, 구제, 나눔)를 단지 또 하나의 의무로 본다. 그렇더라도 연보는 사실 더없이 값진 특권이다. 연보는 하나님이 약속하신 복을 그분의 백성에게 전달하는 통로이기 때문이다. 누가복음 6:38에서, 예수님은 이렇게 약속하셨다. "주라. 그리하면 너희에게 줄 것이니, 곧 후히 되어 누르고 흔들어 넘치도록 하여 너희에게 안겨 주리라. 너희가 헤아리는 그 헤아림으로 너희도 헤아림을 도로 받을 것이니라." 바울은 이렇게 덧붙였다. "적게 심는 자는 적게 거두고 많이 심는 자는 많이 거둔다"(고후 9:6). 의미심장하게도, 성경에서 복음서 외에 예수님의 지상 사역을 직접 인용하는 구절이 딱 하나 있는데, 그 구절은 연보(giving, 여기서는 구제) 문제를 이렇게 다룬다. "범사에 여러분에게 모본을 보여준 바와 같이, 수고하여 약한 사람들을 돕고 또 주 예수께서 친히 말씀하신 바 주는 것이 받는 것보다 복이 있다 하심을 기억하여야 할지니라"(행 20:35).

하나님께 후하게 드리면 하나님께서 더 크게 주신다. 하나님은 언제나 우리가 그분께 드리는 것보다 우리에게 더 많이 주신다. 신자들은 연보와 관련된 약속들에 자극을 받아 희생적으로 후하게 드리는 자가 되어야 한다. 안타깝게도, 세상 광고의 강력한 유혹, 이른바 기독교 사역들의 그럴듯한 호소, 방종, 믿음 부족 등은 모두 신자들이 드림의 복을 온전히 경험하지 못하게 방해한다.

초기 신자들은 이런 방해를 받지 않았다. 이들은 대개 두 방식으로 자유롭게 드렸다. 첫째, 이들은 교회를 이끌고 섬기는 책임을 맡은 사람들을 지원(부양)하기 위해 드렸다. 고린도전서에서, 바울은 고린도 신자들에게 상기시켰다.

어찌 나와 바나바만 일하지 아니할 권리가 없겠느냐? 누가 자기 비용으로 군 복무를 하겠느냐? 누가 포도를 심고 그 열매를 먹지 않겠느냐? 누가 양 떼를 기르고 그 양 떼의 젖을 먹지 않겠느냐? 내가 사람의 예대로 이것을 말하느냐? 율법도 이것을 말하지 아니하느냐? 모세의 율법에 곡식을 밟아 떠는 소에게 망을 씌우지 말라 기록하였으니, 하나님께서 어찌 소들을 위하여 염려하심이냐? 오로지 우리를 위하여 말씀하심이 아니냐? 과연 우리를 위하여 기록된 것이니 밭가는 자는 소망을 가지고 갈며, 곡식 떠는 자는 함께 얻을 소망을 가지고 떠는 것이라. 우리가 너희에게 신령한 것을 뿌렸은즉, 너희의 육적인 것을 거두기로 과하다 하겠느냐? 다른 이들도 너희에게 이런 권리를 가졌거든 하물며 우리일까보냐? 그러나 우리가 이 권리를 쓰지 아니하고 범사에 참는 것은 그리스도의 복음에 아무 장애가 없게 하려 함이로다. 성전의 일을 하는 이들은 성전에서 나는 것을 먹으며, 제단에서 섬기는 이들은 제단과 함께 나누는 것을 너희가 알지 못하느냐? 이와 같이 주께서도 복음 전하는 자들이 복음으로 말미암아 살리라 명하셨느니라. (고전 9:6-14)

바울은 디모데에게 이렇게 썼다. "잘 다스리는 장로들은 배나 존경할 자로 알되 말씀과 가르침에 수고하는 이들에게는 더욱 그리할 것이니라"(딤전 5:17).

둘째, 초기 교회는 가난한 자들의 필요를 채우기 위해 드렸다. 초기 교회 신자들의 대다수는 하층민이었으며(참조. 고전 1:26), 많은 신자가 자신의 경제적 필요를 충족시킬 수 없었다. 이 서신 8, 9장에서 썼듯이, 바울은 이러한 연보의 둘째 측면을 염두에 두었다. 그는 고린도교회의 가난한 자들에 관해 쓰지 않았다. 고린도 신자들은 그들을 충실하게 돌보았던 게 분명하다. 바울은 가난한 자들 전체에 초점을 맞추지도 않았다. 바울이 구체적으로 관심을 가졌던 것은 예루살렘교회의 많은 궁핍한 성도였다.

오순절에 탄생한 예루살렘교회는 많은 신자가 겪는 극심한 가난과 씨름해야 했다. 상황이 이러했던 데는 크게 세 이유가 있었다.

첫째, 예루살렘교회는 주로 순례자들로 구성되었다. 대다수는 아니더라도, 첫 회심자 중 많은 수가 오순절을 지키러 예루살렘에 온 순례자였다. 그 오순절에 교회가 태어났다. 이들은 헬라파 유대인으로 여러 이방인 지역, 곧 디아스포라 때 유대인들이 흩어졌던 지역에 살았다. 사도행전 2:9-11은 이들을 이렇게 말한다. "우리는 바대인과 메대인과 엘람인과 또 메소보다미아, 유대와 갑바도기아, 본도와 아시아, 브루기아와 밤빌리아, 애굽과 및 구레네에 가까운 리비야 여러 지방에 사는 사람들과 로마로부터 온 나그네 곧 유대인과 유대교에 들어온 사람들과 그레데인과 아라비아인들이라." 오순절에, 예루살렘교회 신자가 삼천 명이나 늘었다(행 2:41). 얼마 지나지 않아, 예루살렘교회는 신자가 오천 명이 되었는데(행 4:4), 이것도 여자는 뺀 숫자였다. 예루살렘 외에 세상 어디에도 교회나 그리스도인이 없었기에, 회심한 순례자들은 예루살렘에 그대로 남았다. 오직 예루살렘에서만 사도들에게 가르침을 받고 동료 신자들과 교제할 수 있었다. 이들 중 대다수는 부유하지 못했기에 예루살렘 여관에 머물 여유가 없었을 뿐 아니라, 전형적 여관의 상태를 고려할 때, 그러고 싶지도 않았을 것이다. 유대인 친척 집에 머물던 많은 순례자가 그리스도인이 된 후 친척들로부터 소외되었다. 이들은 예루살렘 유대인 신자들에게 얹혀사는 외에 달리 선택지가 없었다. 예루살렘 유대인 신자 중 많은 사람도 가난했으며, 따라서 회심한 순례자 수천 명과 함께 살아가는 일이 여간 힘들지 않았을 것이다.

예루살렘교회가 가난했던 또 다른 이유는 박해였다. 새로운 회심자들은 직장과 사업체를 잃었고 가족과 친구들에게 배척당했다. 예수님이 예견하셨듯이, 이들은 유대 사회에서 따돌림을 받았다(요 16:2).

예루살렘교회가 가난했던 셋째 이유는 지역의 경제 환경이 전체적으로 좋지 않았기 때문이다. 로마는 정복지에서 가능한 모든 것을 탈취해 자원을 확보하고 피정복민에게 세금을 무겁게 물렸다. 이 때문에 이스라엘 전역이 가난했다. 이 지역의 경제 상황이 나빴을 뿐 아니라 사도행전 11:27-29에 예언된 세계적 기근까지 덮쳤다.

예루살렘교회는 가난한 신자들의 필요를 채우려고 고귀한 노력을 기울였다. 사도행전 2:44-45은 이렇게 말한다. "믿는 사람이 다 함께 있어 모든 물건을 서로 통용하고 또 재산과 소유를 팔아 각 사람의 필요를 따라 나눠 주며." 그런가하면, 사도행전 4:32은 이렇게 덧붙인다. "믿는 무리가 한마음과 한 뜻이 되어 모든 물건을 서로 통용하고 자기 재물을 조금이라도 자기 것이라 하는 이가 하나도 없더라." 이들은 이기심을 버리고 서로의 필요를 채우는 데 집중했으며, 그래서 예루살렘교회 초기에 "그 중에 가난한 사람이 없었다"(행 4:34). 그러나 결국 필요가 커지고 박해가 심해지면서(참조. 행 8:1) 예루살렘교회는 매우 궁핍했고 돈이 부족했다.

바울은 이들의 필요를 파악하고 소아시아와 유럽 교회들에게서 예루살렘 교회를 위한 연보를 모으기로 했다(롬 15:25-27). 바울은 사랑의 예물이 유대인과 이방인이 일반적으로 서로에게 품는 의심과 냉소와 악의를 누그러뜨리는 데 도움이 되리라는 것을 알았다. 사랑의 예물은 예수 그리스도께서 자신의 죽음을 통해 유대인과 이방인 사이에 "막힌 담을 자기 육체로 허시고" 이들로 하나 되게 하셨다는 영적 진리를 가시적으로 표현한 것이다(엡 2:14).

바울은 고린도전서 말미에서 고린도 신자들에게 이 연보에 관해 처음 썼다(고전 16:1-4). 그러나 이보다 앞서 고린도에서 사역할 때 이들에게 이 연보에 참여하라고 요구했었다. 이들이 바울에게 반기를 들었기에 이 연보가 잠시 중단되었다. 그러나 이제 관계가 회복되었기에, 바울은 이들에게 이 문제를 다시 꺼냈다. 바울은 디도 편으로 고린도교회에 엄한 편지를 보냈을 때, 디도가 이들을 독려해 연보를 시작하게 했다(고후 8:6).

8장에서, 바울은 연보(giving)의 여러 동기를 제시했다. 연보는 신실한 그리스도인들의 행위이기 때문에(8:1-8), 마게도냐 교회들이(빌립보, 데살로니가, 베뢰아) 먼저 본을 보였다. 이 단락은 다음 몇 가지를 드러낸다. 연보의 동기는 하나님의 은혜다. 연보는 어려운 상황을 초월한다. 연보는 기쁨으로 하는 것이다. 연보는 가난에 구애받지 않는다. 연보는 후하다. 연보는 비례적이다. 연보는 희생적이다. 연보는 자발적이다. 연보는 특권이다. 연보는 예배 행위다. 연보는 목회자들에게 복종하는 것이다. 연보는 그리스도인의 다른 덕목들에 부합한다. 연보는 사랑의 증거다.

연보의 동기는 하나님의 은혜다

형제들아, 하나님께서 마게도냐 교회들에게 주신 은혜를 우리가 너희에게 알리노니, (8:1)

불변화사 '데'(*de*, **now**[66])는 바울이 새로운 주제로 옮겨간다는 표시다. 바울과 그가 사랑하는 고린도교회 **형제들**의 관계가 회복되었다(7:15-16). 그래서 이제 바울은 이들과 연보 문제를 논의할 수 있다. 바울은 먼저 이들에게 **하나님께서 마게도냐 교회들에게 주신 은혜**에 주목하라고 요구했으며, 이들을 연보의 본보기로 사용할 터였다. 로마의 속주 **마게도냐**는 현대 그리스 북부에 자리했으며, 고대 알렉산더 대왕의 왕국이었다. 앞서 말했듯이, 바울이 염두에 둔 세 **마게도냐 교회들**은 빌립보, 데살로니가, 베뢰아였다. 마게도냐는 지독히 가난한 지역, 전쟁으로 황폐했고 로마에 약탈당한 지역이었다. 그러나 심히 가난했는데도, 마게도냐 신자들은 놀랍도록 후했다(참조. 11:9; 빌 2:25; 4:15, 18).

고린도 신자들은 마게도냐 신자들이 얼마나 후했는지 알지 못했던 게 분명하며, 그래서 바울은 이들에게 이것을 알리려(**make known**, 알리노니) 했다. 이들이 했던 연보의 주된 동기는 박애나 인간적 온정이 아니라 이들의 마음에서 역사하는 **하나님의 은혜**였다. 구원하고 변화를 일으키며 거룩하게 하는 **은혜**는 여러 결과를 낳는데, 그중 하나는 궁핍한 사람들, 특히 다른 신자들에게 후하게 희생적으로 주고 싶은 마음이다.

마게도냐 신자들은 세상 부자들이 구제할 때 흔히 하듯 희생 없이 자신들이 부자라고 생색내듯 연보를 하지 않았다. 그뿐 아니라, 그들은 일시적인 것들에 대한 사랑과 영원한 것들에 대한 사랑이 일치하는 이기적인 그리스도인들처럼 연보를 하지도 않았다. 이들에게 연보는 전투다. 이들은 일시적인 것을 여전히 붙잡고 있기 때문이다. 마게도냐 신자들은 후하고 풍성하게 연보했으며, 이것은 "너희는 먼저 그의 나라와 그의 의를 구하라. 그리하면 이 모든 것을 너희에게 더하시리라"는 그리스도의 명령에 부합했다(마 6:33). 그러나 바울은 마게도냐 신자들이 이렇게 연보한 것은 하나님의 은혜에 자극받았기 때문이라고 말함으로써 이것을 인간적 공로로 보려는 모든 생각을 차단한다(참조. 엡 2:10).

---

66 NASB: **Now**, brethren, we wish to make known to you the grace of God…(8:1). 개역개정은 이 단어를 번역하지 않았다.

연보는 어려운 상황을 초월한다

환난의 많은 시련 가운데서 (8:2a)

바울은 강한 표현을 사용해 마게도냐 신자들의 절망적 상황을 생생하게 묘사한다. '폴루스'(*polus*, **great**, **많은**)는 "많은"(much, many)을 의미하며, 이들의 **시련**이 극단적이었다는 것을 말한다. '도키메'(*dokimē*, **ordeal**, **시련**)는 테스트나 시험(trial)을 가리킨다(2:9을 참조하고, 관련된 동사 *dokimazō*가 고전 3:13, 벧전 1:7에서 어떻게 사용되는지 참조하라). '뜰립시스'(*thlipsis*, **affliction**, **환난**)는 문자적으로 포도를 으깰 때처럼 짓누른다는 뜻이다. 비유적으로, 이것은 마게도냐 신자들이 가난과 박해 때문에 당한 영적 압박을 말한다.

성경은 마게도냐 교회들이 겪은 고난을 거듭 기술한다. 바울과 실라가 데살로니가에서 복음을 처음 전한 후였다.

> 그러나 유대인들은 시기하여 저자의 어떤 불량한 사람들을 데리고 떼를 지어 성을 소동하게 하여 야손의 집에 침입하여 그들을 백성에게 끌어내려고 찾았으나 발견하지 못하매 야손과 몇 형제들을 끌고 읍장들 앞에 가서 소리 질러 이르되, 천하를 어지럽게 하던 이 사람들이 여기도 이르매 야손이 그들을 맞아 들였도다 이 사람들이 다 가이사의 명을 거역하여 말하되 다른 임금 곧 예수라 하는 이가 있다 하더이다 하니, 무리와 읍장들이 이 말을 듣고 소동하여. (행 17:5-8)

바울은 마게도냐 교회들에 보낸 서신들에서도 박해를 언급했다.

> 또 너희는 많은 환난 가운데서 성령의 기쁨으로 말씀을 받아 우리와 주를 본받은 자가 되었으니. (살전 1:6)

> 형제들아, 너희가 그리스도 예수 안에서 유대에 있는 하나님의 교회들을 본받은 자 되었으니, 그들이 유대인들에게 고난을 받음과 같이 너희도 너희 동족에게서

동일한 고난을 받았느니라. 유대인은 주 예수와 선지자들을 죽이고 우리를 쫓아
내고 하나님을 기쁘시게 하지 아니하고 모든 사람에게 대적이 되어. (살전 2:14-
15)

그러므로 너희가 견디고 있는 모든 박해와 환난 중에서 너희 인내와 믿음으로
말미암아 하나님의 여러 교회에서 우리가 친히 자랑하노라. (살후 1:4)

그리스도를 위하여 너희에게 은혜를 주신 것은 다만 그를 믿을 뿐 아니라 또한
그를 위하여 고난도 받게 하심이라. (빌 1:29)

그러나 마게도냐 신자들은 어려운 환경을 극복했다. 이들의 환경은 힘들었
지만, 이들의 연보는 여기에 영향을 받지 않았다. 숱한 시련 가운데서, 이들은
다른 사람들의 필요를, 한 번도 만난 적 없는 사람들의 필요를 자신들의 필요
보다 앞세웠다. 이들은 가난했기 때문에 연보할 수 있는 액수에 한계가 있었
을 테지만, 그렇다고 이들의 사랑이 줄어들지는 않았다. 신실한 그리스도인들
은 상황에 상관없이 드린다. 가장 나쁜 환경이라도 예수 그리스도를 향한 이
들의 헌신을 막을 수 없기 때문이다.

연보는 기쁨으로 한다

그들의 넘치는 기쁨과 (8:2b)

'페리쎄이아'(perisseia, **abundance,** 넘치는)는 "과잉"(a surplus) 또는 "넘
침"(overflow)을 뜻한다. 바울은 이 단어를 사용해 구원하는 하나님의 은혜,
곧 하나님이 예수 그리스도를 통해 신자들에게 부으시는 은혜를 묘사했다(롬
5:17). 마게도냐 신자들은 마지못해 드리거나, 억지로 드리거나, 의무감에서 드
리거나, 강요에 못 이겨 드리지 않았다. 그뿐 아니라, 하나님이 벌을 내리시거
나 바울이 노여워할까 두려워서 드리지도 않았다. 이들은 기꺼이, 자유롭게, 기

쁘게 드렸다. "하나님은 즐겨 내는 자를 사랑하신다"는 것을 알았기 때문이다 (고후 9:7).

마게도냐 신자들의 기쁨은 이들의 아픔과 슬픔과 고난을 초월했다. 바울은 데살로니가 신자들에게 이렇게 썼다. "또 너희는 많은 환난 가운데서 성령의 기쁨으로 말씀을 받아 우리와 주를 본받은 자가 되었으니"(살전 1:6; 참조. 행 5:41). 이들의 드림은 그러한 현실을 반영했다. 이들은 가진 게 거의 없는데도 기쁘게 드렸기 때문이다. 이들은 하늘에 보화를 쌓길 기뻐했다(마 6:20; 19:21; 눅 12:33). 주는 자가 받는 자보다 더 복이 있으며(행 20:35) 하나님은 훨씬 더 많이 돌려주시리라는 것을 알았기 때문이다(눅 6:38).

연보는 가난에 구애받지 않는다

극심한 가난이 (8:2c)

마게도냐 신자들이 실제로 가진 게 얼마나 없었는지 표현하려고, 바울은 이들의 궁핍을 강한 언어로 기술했다. **극심한(deep)**은 '카타 바뚜스'(*kata bathous*, 문자적으로 "그 깊이를 따라")라는 어구를 번역한 것이다. 상응하는 영어 표현은 "extremely deep"(극도로 깊은, 극심한) 또는 구어체로 "the pits"(최악)이나 "rock bottom"(밑바닥)이다. 많은 세금, 노예제, 낮은 경제적 지위, 박해를 비롯해 여러 이유로, 마게도냐 신자들은 극심한 **가난**에 내몰렸다. '프토케이아'(*ptōcheia*, **poverty, 가난**)는 거의 아무것도 없으며 생존을 위해 구걸할 수밖에 없는 자들을 묘사하는 용어다. 바울은 8:9에서 이 단어를 사용해 그리스도의 가난, 곧 "자기를 비워 종의 형체를 가지사 사람들과 같이 되셨을" 때 겪으신 가난을 묘사했다(빌 2:7). 연관된 단어 '프토코스'(*ptōchos*)는 맹인들과 저는 자들(눅 14:13, 21), 빈곤한 과부(막 12:42), 거지 나사로를 묘사하는 데 사용된다(눅 16:20).

마게도냐 신자들은 하나님이 자신들의 모든 필요를 채우시리라 확신했고(시 37:25; 빌 4:19), 그래서 매이지 않고 후하게 드릴 수 있었다. 신실한 그리스도인들은 돈이 더 많아질 때까지 기다리지 않는다. 누가복음 21:1-4에 등장하는 가난한 과부처럼, 이들은 가난한데도 드린다. 예수님은 누가복음 16:10에서 이렇게 말씀하셨다. "지극히 작은 것에 충성된 자는 큰 것에도 충성되고 지극히 작은 것에 불의한 자는 큰 것에도 불의하니라." 연보(드림)는 얼마나 많이 가졌느냐는 문제가 아니라 이타적이고 사랑하는 마음을 표현하는 문제다. 마게도냐 신자들은 가난하다는 이유로 후하게 드리길 거부하지 않았으며, 이런 점에서 그리스도인의 연보가 어떠해야 하는지 보여주는 귀감이다.

연보는 후하다

그들의 풍성한 연보를 넘치도록 하게 하였느니라.[67] (8:2d)

바울은 이제 이 단락 내내 암시된 것을 분명하게 말했으며, 여러 단어를 중첩시켜 마게도냐 신자들이 매우 후했다는 사실을 표현했다. **넘치도록(overflowed)**은 앞서 2절에서 "넘치는"(abundance)으로 번역된 명사 '페리쎄이아'의 동사형 '페리쑤오'(*perisseuō*)를 번역한 것이다. 성경은 이 단어를 사용해 부자의 풍족한 재물(막 12:44), 넉넉한 물질적 소유(눅 12:15), 죄인들에게 넘치는 하나님의 구원하는 은혜(롬 5:15, 엡 1:7-8), 성령이 주시는 풍성한 소망(롬 15:13), 신자들이 그리스도 안에서 누리는 풍성한 위로(고후 1:5), 신자들을 향한 하나님의 풍성한 은혜를 표현했다(고후 9:8). '플루토스'(*ploutos*, **wealth, 풍성한**)는 물질적 부를 가리킬 수도 있지만(예를 들면, 마 13:22; 딤전 6:17; 약 5:2; 계 18:17) 이곳처럼 신약성경에서 영적 부를 말하는 데 더 일반적으로 사용된다(예를 들면, 엡 1:7, 18; 2:7; 3:8, 16; 빌 4:19; 골 1:27; 2:2; 히 11:26).

마게도냐 신자들은 물질적 소유에서 부하지 못했으나 후함의 부**(wealth of liberality, 풍성한 연보)**를 소유했다. '하플로테스'(*haplotēs*, **liberality, 연보**)는 "단순함"(simplicity, 개역개정은 "진실함," 고후 11:3) 또는 "진실함"(sincerity, 개역개정은

---

67 NASB: overflowed in the wealth of their liberality(그들의 후함의 부가 넘쳤다).
새번역: 넉넉한 마음으로 남에게 베풀었습니다.

"성실한 마음," 엡 6:5; 골 3:22)으로도 번역할 수 있다. 이것은 이중성이나 두 마음을 품는 것과 반대다. 두 마음을 품은 사람들은 드리는 능력이 온전하지 못하다. 이들 속에서 자신과 일시적 문제들을 향한 관심과 타인들과 하나님 나라를 향한 관심이 충돌하기 때문이다. 그러나 마게도냐 신자들은 한마음을 품는 데 부유했고, 자신이나 이 세상을 생각하지 않고 드렸다. 이들의 이타적 후함(selfless generosity)은 바울의 다음 명령을 실제로 적용한 것이었다. "아무 일에든지 다툼이나 허영으로 하지 말고 오직 겸손한 마음으로 각각 자기보다 남을 낫게 여기고 각각 자기 일을 돌볼 뿐더러 또한 각각 다른 사람들의 일을 돌보아 나의 기쁨을 충만하게 하라"(빌 2:3-4).

연보는 비례한다

내가 증언하노니, 그들이 힘대로 할 뿐 아니라 (8:3a)

바울은 '마르투레오'(martureō, 내가 증언하노니)라는 표현을 사용해 자신이 마게도냐 신자들의 후함을 직접 경험했다고 말한다(참조. 빌 4:15-18). 이들은 자신들의 소유에 비례해, 그들의 **힘대로(according th their ability,** 그들의 능력에 따라) 드렸다. '두나미스'(dunamis, **ability,** 힘)는 문자적으로 "힘"(power)이나 "기운"(strength)을 의미하며, 여기서는 마게도냐 신자들의 드리는 능력(capacity)이나 수단(means)을 가리킨다(이 단어가 마 25:15에서 어떻게 사용되는지 보라).

성경은 연보의 액수나 비율을 못 박지 않는다(아래 십일조에 관한 논의를 보라). 대신에, 연보는 각 사람에게 "있는 대로"(according to what a man has, 각자 가진 것에 따라) 하고 "없는 것"을(according to what he does not have, 각 사람에게 없는 것에 따라) 해서는 안 되며(고후 8:12, NASB),[68] "각 사람이 수입에 따라" 해야 한

---

[68] NASB: For if the readiness is present, it is acceptable 'according to what a man has, not according to what he does not have'.
개역개정: 할 마음만 있으면 '있는 대로' 받으실 터이요 '없는 것은' 받지 아니하시리라.

다(고전 16:2). 금액이나 비율을 어떤 식으로든 정한다면, 어떤 사람들에게는 희생적일 테지만 어떤 사람들에게는 그렇지 않을 것이다. 마게도냐 신자들의 연보가 갖는 다음 측면이 보여주듯이, 연보는 희생적이어야 한다.

연보는 희생적이다

힘에 지나도록 (8:3b)

마게도냐 신자들은 가진 것에 비례해 드렸으나 그 드림이 희생적이었다. 이들은 이처럼 가난한 회중에게 합리적으로 기대할 수 있는 수준에 **지나도록 (beyond)** 드렸다. 이들은 삶이 힘겨웠다. 2절에서 말했듯이, 이들은 극도로 가난한데다 박해까지 받고 있었다. 상황이 이렇게 절망적이었는데도, 이들은 자신을 생각하지 않았으며 가난한 예루살렘 성도들의 필요에 눈감지 않고 기쁜 마음으로 드렸다(참조. 히 13:16). 이들은 하나님의 약속, 곧 자신들의 필요를 모두 채우리라는 약속을 믿고(빌 4:19), 자신들을 걱정하길 거부했으며(마 6:25-34), 기쁜 마음으로 그분을 더 깊이 의지했다. 다윗은 값없이 하나님께 드리려 하지 않았고(대상 21:7), 가난한 과부는 자신이 가진 것을 전부 드렸다(막 12:42-44). 이들처럼, 마게도냐 신자들도 이기심을 내려놓고 드렸다.

연보는 자발적이다

자원하여 (8:3c)

마게도냐 신자들의 연보는 자발적이었다. 이들의 연보는 자율적이고 마음에서 우러났다. '아우따이레토스'(*authairetos*, **on their own accord**, **자원하여**)는 자신의 행동 과정을 선택하는 사람을 가리킨다. 이 표현은 신약성경에서 이곳 외에 단 한 곳에서 사용되는데, 거기서 바울은 이 표현을 사용해 디도가 고린도를 방문하기로 선택한 것을 말한다(8:17). 마게도냐 신자들은 강요받거나 조종당하거나 협박받은 게 아니라 자유롭게 드렸다.

바울은 마게도냐 신자들의 극심한 가난을 알았기에 이들에게 가난한 예루살렘 성도들을 위해 연보하라고 요청조차 하지 않았을 수 있다. 8:10과 9:2에서 분명하게 알 수 있듯이, 바울이 고린도 신자들에게 이 연보에 관해 처음 말한 지 1년쯤 지났다. 바울이 연보하려는 아가야(고린도는 아가야에 위치했다) 신자들의 열심을 마게도냐 신자들에게 말했을 때, 마게도냐 신자들이 감동을 받아 연보했다(9:2). 이제 거꾸로 되었다. 먼저 마게도냐 신자들이 고린도 신자들의 열심에 자극받아 연보를 했는데, 이제 바울은 뒤처진 고린도 신자들이 본받도록 마게도냐 신자들을 희생적 연보의 본보기로 제시했다.

어떤 사람들은 의무적 십일조를 주장한다. 그렇더라도 그리스도인의 연보는 순전히 자발적이다. 바울은 고정된 금액이나 비율을 마게도냐 신자들이나 고린도 신자들에게 요구하지 않았다. 그뿐 아니라, 신약성경의 다른 어느 저자도 이런 요구를 하지 않았다. 십일조 논쟁은 구약성경을 오해한 데서 비롯된다. 십일조 옹호론자들은 십일조가 모세 율법의 명령일 뿐 아니라 그전에도 있었다고 주장한다. 그러므로 이들은 십일조가 율법을 초월하며 연보에 대한 하나님의 보편적 기준이라고 주장한다.

그러나 설득력 있어 보이는 이러한 주장은 심각한 결점이 있다. 첫째, 어떤 규례가 단지 율법이 주어지기 전부터 있었다는 이유로 영구적이라고 상정하는 것은 잘못된 추론이다. 안식일도 율법 이전부터 있었다(출 16:23-29). 그러나 신약성경은 의무적 안식일 준수를 폐지한다(롬 14:5-6, 갈 4:10-11, 골 2:16). 동물 제사도 율법 이전부터 있었으나(창 4:2 – 4; 8:20; 22:13; 출 10:25) 예수 그리스도의 최종적 희생으로 폐기되었다(히 10:1-18).

십일조는 모세 시대 이전부터 언급되었으나 후대에 모세 율법이 명하는 십일조와 같지 않았다. 역사의 모든 시대에, 자발적 연보(voluntary giving)와 의무적 연보(required giving) 둘 다 존재했었다. 모세 이전에 드렸던 모든 예물처럼, 아브라함의 십일조와(창 14:20) 야곱의 십일조는 자발적이었다(창 28:22). 하나님이 드리라고 이들에게 명령하셨다는 암시는 없다. 그뿐 아니라, 아브라함은 모든 소유의 십일조를 드리지 않았고, 오히려 전투에서 취한 전리품의 십일조를 드렸다(히 7:4). 아브라함이나 야곱이 다시 십일조를 드렸다는 기록이 없다. 이들의 십일조는 단회적 사건이었다.

요셉 이야기에 나오듯이, 그 시대에 의무적 연보(required giving)가 있었던 게 분명하다. 요셉의 권고로, 연이어 7년간 풍년이 들었을 때, 바로는 애굽 사람들에게 20퍼센트를 세금으로 부과했다. 이렇게 거둔 곡식은 7년간 이어질 흉년을 대비해 비축했다(창 41:34; 47:24). 인간 역사에서 이처럼 이른 시기에 중요한 원리가 나타났다. 자발적 드림의 대상은 하나님이고, 의무적 드림(required giving, 의무 납세)의 대상은 정부다.

모세 때부터 예수님 때까지, 율법이 시행되던 때도 자발적 드림과 의무적 드림이 있었다. 레위기 27:30-32에 따르면, 십일조, 즉 열째 조각은 하나님의 것이었다. 아브라함과 야곱이 드린 십일조와 반대로, 이 십일조는 자발적 예물이 아니라 (이미 하나님의 것이었기에; 참조. 말 3:8) 의무적 드림(required giving, 의무적 연보)이었다. 민수기 18:21과 24절에 따르면, 십일조를 드린 것은 제사장으로서 하나님을 섬기는 레위인들을 부양하기 위해서였다. 이스라엘은 신정국가였다. 그래서 특히 왕정시대 이전에 레위인들이 이스라엘 정부를 구성했다. 그러므로 십일조는 세금의 한 형태였다. 게다가, 이스라엘은 종교 절기들의 경비를 대기 위해 두 번째 십일조를 내야 했다(신 12:10-11, 17-18). 세 번째 십일조, 곧 3년마다 내야 하는 십일조는 가난한 자들을 부양하기 위한 것이었다(신 14:28-29). 따라서 모세 시대의 의무적 드림, 곧 세금은 적어도 23.3퍼센트에 이르렀으며, 그 외에 다양한 의무적 예물을 고려할 때 많게는 25퍼센트에 이르렀을 것이다(참조. 레 19:9-10; 느 10:32-33).

모세 시대에 자발적 예물 또는 자원하는 예물도 드렸다. 예를 들면, 성막을 세울 때, "여호와께서 모세에게 말씀하여 이르시되, 이스라엘 자손에게 명령하여 내게 예물을 가져오라 하고 기쁜 마음으로 내는 자가 내게 바치는 모든 것을 너희는 받을지니라"(출 25:1-2). 의무적 드림(the required giving)과 반대로, 이 예물은 철저히 자발적이었다. 이 예물은 "기쁜 마음으로 내는 자"에게 받아야 했다. 이와 비슷하게, 이스라엘 백성은 나중에 성전 지을 재료를 자유롭게 드렸다(대상 29:1-9).

모세 시대 이전과 율법 시대처럼, 신약성경도 자발적 드림과 의무적 드림 둘 다 서술한다. 신약성경은, 교훈과 본보기를 통해, 세금(의무적 드림)을 정부에 내야 한다고 가르친다. 이스라엘 백성은 신정(神政)을 뒷받침하기 위해 세금을 냈을 뿐 아니라 로마 지배자들에게도 세금을 내야 했다. 후자는 이들에게 무거운 짐이었고, 그래서 이들은 매우 분개했다. 그러나 주 예수 그리스도께서는 납세 거부 운동을 일으키지 않고, 도리어 자신의 세금을 내셨다.

> 가버나움에 이르니, 반 세겔 받는 자들이 베드로에게 나아와 이르되, 너의 선생은 반 세겔을 내지 아니하느냐? 이르되 내신다 하고 집에 들어가니, 예수께서 먼저 이르시되 시몬아 네 생각은 어떠하냐? 세상 임금들이 누구에게 관세와 국세를 받느냐? 자기 아들에게냐? 타인에게냐? 베드로가 이르되, 타인에게니이다. 예수께서 이르시되, 그렇다면 아들들은 세를 면하리라. 그러나 우리가 그들이 실족하지 않게 하기 위하여 네가 바다에 가서 낚시를 던져 먼저 오르는 고기를 가져 입을 열면 돈 한 세겔을 얻을 것이니 가져다가 나와 너를 위하여 주라 하시니라. (마 17:24-27)

하나님의 아들로서, 예수님은 성전세가 면제였는데도 내셨다. 그뿐 아니라, 예수님은 바리새인들을 비판하실 때 십일조를 낸다고 비판하신 게 아니라(마 23:23) 모세 율법의 더 중요한 부분들을 무시한다고 비판하셨다. 예수님은 미운 로마인들에게까지 세금을 내야 한다고도 가르치셨다.

> 이에 바리새인들이 가서 어떻게 하면 예수를 말의 올무에 걸리게 할까 상의하고 자기 제자들을 헤롯 당원들과 함께 예수께 보내어 말하되, 선생님이여 우리가 아노니 당신은 참되시고 진리로 하나님의 도를 가르치시며 아무도 꺼리는 일이 없으시니 이는 사람을 외모로 보지 아니하심이니이다. 그러면 당신의 생각에는 어떠한지 우리에게 이르소서. 가이사에게 세금을 바치는 것이 옳으니이까 옳지 아니하니이까 하니, 예수께서 그들의 악함을 아시고 이르시되, 외식하는 자들아 어찌하여 나를 시험하느냐 세금 낼 돈을 내게 보이라 하시니, 데나리온 하나를 가

져왔거늘 예수께서 말씀하시되, 이 형상과 이 글이 누구의 것이냐? 이르되 가이
사의 것이니이다. 이에 이르시되, 그런즉 가이사의 것은 가이사에게, 하나님의
것은 하나님께 바치라 하시니. (마 22:15-21)

세금 납부는 "가이사의 것은 가이사에게" 바치는 것이며, 선택 사항이 아니
다. 오늘의 정부들이 세속적이고 신정(神政)이 아니더라도 하나님이 세우신
것이며(롬 13:1), 따라서 정부가 부과하는 세금을 내야 한다(롬 13:6-7).

신약성경은 자발적 드림(freewill giving)도 말한다. 앞서 말했듯이, 마게도냐
신자들과 고린도 신자들은 연보를 강요받지 않았다. 금액은 신자들 개개인이
결정했다. "각각 그 마음에 정한 대로 할 것이요 인색함으로나 억지로 하지 말
지니"(고후 9:7; 참조. 삭개오의 예[눅 19:8]). 신자들은 구약의 십일조가 아니라 주
예수 그리스도께서 보이신 본을 연보의 기초로 삼아야 한다. 그분은 "부요하
신 이로서 너희를 위하여 가난하게 되심은 그의 가난함으로 말미암아 너희를
부요하게 하려 하심이라"(고후 8:9). (십일조에 관한 더 자세한 논의는 다음을 보라.
John MacArthur, *Whose Money Is It, Anyway?* [Nashville: Word, 2000].)

연보는 의무가 아니라 특권이다

이 은혜와 성도 섬기는 일에 참여함에 대하여 우리에게 간절히 구하니, (8:4)

바울은 다시 한번 강조했다. 자신은 마게도냐 신자들에게 연보를 절대로 압박
하지 않았다는 것이다. 대신에, 마게도냐 신자들이 자신들도 참여하게 해 달라
고 요청했고 애걸하기까지 했다. '데오마이'(*deomai*, **begging, 구하니**)는 의미가
강한 단어로 "간청하다"(to implore) 또는 "애원하다"(to plead)는 뜻이다. 이 단
어는 누가복음 5:12에서 예수님께 자신을 고쳐달라고 간청한 나병 환자에 대
해, 누가복음 9:38에서 아들에게서 귀신을 쫓아내 달라는 예수님을 향한 아버
지의 간절한 간구에서, 고린도후서 5:20에서 죄인들에게 하나님과 화목하라고
간청하는 장면에서 사용된다. **간절히(with much urging)**는 "더없이 끈질기게"

로도 번역할 수 있으며, 연보하려는 마게도냐 신자들의 바람이 얼마나 강한지 한층 더 증언한다.

마게도냐 신자들이 그렇게도 간절히 구하는 특권은 **이 은혜와 성도 섬기는 일에 참여함**[69]이었다. 은혜(favor)로 번역된 '카리스'(*charis*)는 일반적으로 "은혜"(grace)로 번역된다. 이들은 본 적도 없는 신자들의 필요를 채우려고 돕는 복을 말 그대로 간청했다. 이들은 의무감이 아니라 변화된 마음에서 우러나는 후함에서 이렇게 했다.

연보는 예배 행위다

우리가 바라던 것뿐 아니라 그들이 먼저 자신을 주께 드리고 (8:5a)

and this[70](그리고 이것, 헬. *kai*)는 마게도냐 신자들이 한 연보의 그 다음 특징을 소개한다. 이들의 반응은 바울이 **바라던(expected)** 것 이상이었다. 바울은 예물을 바랐고, 이들은 자유롭게 예물을 드렸다. 그런데 이들은 **먼저 자신을 주께 드렸다. 먼저(first, *prōtos*)**는 여기서 처음이 아니라 최우선 순위를 뜻한다(다음에서도 이렇게 사용된다. 막 6:21; 눅 19:47; 행 13:50; 16:12; 17:4; 25:2; 28:7, 17). 마게도냐 신자들의 최우선 순위는 자신을 전심으로 주님께 드리는 것이었고, 교회에 드리는 연보가 그 뒤를 이었다.

최고의 예배 행위는 헌금을 드리거나 찬송을 부르는 게 아니라 자신을 드리는 것이다. 로마서 12:1-2에서, 바울은 이렇게 썼다.

그러므로 형제들아 내가 하나님의 모든 자비하심으로 너희를 권하노니, 너희 몸

---

69 NASB: the favor of participation in the support of the saints(성도들을 후원하는 일에 참여하는 호의).
새번역: 성도들을 구제하는 특권에 동참하게.

70 NASB: **and this**, not as we had expected, but they first gave themselves to the Lord (8:5a).

을 하나님이 기뻐하시는 거룩한 산 제물로 드리라. 이는 너희가 드릴 영적 예배니라. 너희는 이 세대를 본받지 말고 오직 마음을 새롭게 함으로 변화를 받아 하나님의 선하시고 기뻐하시고 온전하신 뜻이 무엇인지 분별하도록 하라.

"거룩한 제사장"으로서, 신자들은 "하나님이 기쁘게 받으실 신령한 제사를 드려야" 하는데(벧전 2:5), 그 중에 가장 중요한 제사는 자신을 드리는 것이다. 그리스도께 온전히 바친 헌신된 삶에서 비롯될 때, 비로소 헌금은 하나님이 받으실만한 예배 행위가 된다.

연보는 목회자에게 복종하는 것이다

⁵ᵇ또 하나님의 뜻을 따라 우리에게 주었도다. ⁶그러므로 우리가 디도를 권하여 그가 이미 너희 가운데서 시작하였은즉 이 은혜를 그대로 성취하게 하라 하였노라. (8:5b-6)

마게도냐 신자들은 자신을 주님께 드렸기에 또한 자신을 바울과 디도와 디모데에게도 주었다. 사실, 이들은 주님께 헌신했기 때문에 목회자들의 리더십에 복종했다. 그리스도인들이 주님 안에서 자기 위에 있는 자들에게 순종하는 것은 **하나님의 뜻**이다. 히브리서 13:7은 신자들에게 이렇게 가르친다. "하나님의 말씀을 너희에게 일러 주고 너희를 인도하던 자들을 생각하며, 그들의 행실의 결말을 주의하여 보고, 그들의 믿음을 본받으라." 베드로는 독자들에게 "장로들에게 순종하라"고 권면했다(벧전 5:5; 참조. 살전 5:12-13).

바울은 고린도 신자들이 마게도냐 신자들을 본받아 목회자들의 지시에 복종하리라 확신했고, 그래서 **디도를 권하여 그가 이미 너희 가운데서 시작하였은즉** 연보라는 **이 은혜**의 일도 **그대로 성취하게 하라 했다(urged).** 앞서 말했듯이, 디도는 고린도 신자들의 예물을 모으는 일을 1년 전 즈음에 **시작했다**(고후 9:2). 그는 최근에 엄한 편지를 들고 고린도에 돌아왔으며, 바울은 그를 보내면서 고린도 신자들이 연보를 성취하도록(complete, 완결하도록) 도와주라고 했다(**urged,** 촉구했다, **하였노라**). 이렇듯 바울은 자신의 편지들을 통해(참조. 고전 16:2), 디도는 그의 방문을 통해, 두 사람 모두 자신들이 고린도 신자들에게 무엇을 기대하는지 그들에게 알렸다.

연보는 그리스도인의 다른 덕목들에 부합한다

오직 너희는 믿음과 말과 지식과 모든 간절함과 우리를 사랑하는 이 모든 일에 풍성한 것 같이 이 은혜에도 풍성하게 할지니라. (8:7)

연보는 그리스도인의 다른 덕목들과 무관하게 진공 상태에서 이루어지지 않는다. 연보가 마음을 거슬러 이뤄져서는 안 된다. 그러면 위선이 될 것이기 때문이다.

바울은 **너희는…모든 일에 풍성하다**고 고린도 신자들에게 단언한다(참조. 고전 1:4-7). 이것은 흔들리는 신자들을 격려하는 칭찬이었다. 이들은 구원하고 안심시키며 거룩하게 하는 **믿음**이 풍성했으며, 주님을 강하게 신뢰하고 의지했다. '로고스'(*logos*, **utterance,** 말)는 여기서 말(speech)이 아니라 교훈(doctrine), "진리의 말씀[*logos*]"을 가리킨다(고후 6:7; 참조. 골 1:5; 딤후 2:15; 약 1:18). **지식(knowledge)**은 교훈을 삶의 문제에 적용하는 능력이다. **간절함**(**earnestness,** *spoudē*)은 "열의," "활력"(energy), "영적 열정"을 의미한다(참조. 고후 7:11-12). **사랑**(*agapē*)은 바울이 직접 본을 보이고 가르치며 전파함으로써 고린도 신자들 안에 불러일으킨(**inspired**)[71] 사랑, 곧 자신을 희생하는 고귀한 사랑이다.

고린도 신자들의 영적 덕목들 때문에, 바울은 이들에게 권면했다. **이 은혜에도 풍성하게 할지니라.** 하나님의 은혜가 이들 속에 이러한 덕목들을 낳았고, 바울은 이 은혜가 이들의 연보를 통해 흘러넘치길 원했다.

---

71 개역개정에서 "우리를 사랑하는 이 모든 일에"로 번역된 부분이 NASB에서는 "in the love we inspired in you"(우리가 너희 안에 일으킨 사랑에서)로 번역되었다.

연보는 사랑의 증거다

내가 명령으로 하는 말이 아니요 오직 다른 이들의 간절함을 가지고 너희의 사랑의 진실함을 증명하고자 함이로라. (8:8)

바울은 모범적 연보에 관한 논의를 끝맺으면서 고린도 신자들에게 상기시켰다. 자신이 하는 말이 **명령으로 하는 말**이 아니라는 것이다. 이것은 교회에 하는 연보는 자발적이고 자율적이어야 한다는 근본 원리를 다시 한번 강조한다. 바울이 금액이나 정해진 비율을 제시했다면, 고린도 신자들의 연보는 **명령**에 대한 순종이었을 것이다.

대신에, 바울은 고린도 신자들에게 도전을 요구했다. **다른 이들의 간절함을 가지고** 그들의 **사랑의 진실함을 증명하라**는 것이었다. 그가 말하는 다른 사람들이란 마게도냐 신자들이었다. 바울은 고린도 신자들에게 촉구했다. 마게도냐 신자들을 본받아 그들의 **사랑의 진실함**을 증명하라는 것이었다. 사랑이 진짜인지 알아보는 잣대는 감정이 아니라 행동이다. "누구든지 하나님을 사랑하노라 하고 그 형제를 미워하면 이는 거짓말하는 자니, 보는 바 그 형제를 사랑하지 아니하는 자는 보지 못하는 바 하나님을 사랑할 수 없느니라. 우리가 이 계명을 주께 받았나니, 하나님을 사랑하는 자는 또한 그 형제를 사랑할지니라"(요일 4:20-21).

마게도냐 신자들은 자발적이고 후하며 희생적인 연보의 본을 보였다. 이것은 고린도 신자들뿐 아니라 모든 신자에게 본보기였다. 이것은 지금 그리고 영원히 하나님의 풍성한 복을 경험하는 길이다.

22

우리를 부요하게 하는 가난

(8:9)

우리 주 예수 그리스도의 은혜를 너희가 알거니와 부요하신 이로서 너희를 위하여 가난하게 되심은 그의 가난함으로 말미암아 너희를 부요하게 하려 하심이라.

(8:9)

이런 이야기가 있다. 어느 페르시아 군주가 화려하고 눈부시게 왕국을 다스리면서 왕궁에서 부유하고 편안하게 살았다. 그러나 그는 평민에게 관심이 많고, 그래서 자주 가난한 사람처럼 옷을 입고 왕궁을 나와 가장 낮은 백성과 어울렸다.

어느 날, 그는 화부를 찾아갔다. 화부의 일은 목욕탕 물을 데우는 것이었다. 왕은 누더기 같은 옷을 걸친 채 긴 계단을 내려가 조그마한 지하실에 이르렀다. 화부가 잿더미에 앉아 불을 살피고 있었다. 군주는 그 옆에 앉았고 둘 사이에 대화가 오가기 시작했다. 점심시간, 화부는 거친 빵과 물 뿐인 초라한 음식을 손님과 나누었다. 얼마 후, 왕은 그곳을 떠났으나 자주 찾아왔고, 그의 마음은 외로운 사람을 향한 연민이 가득했다. 화부는 친절하고 따뜻한 친구에게 마음을 열었고, 그 친구는 그에게 지혜로운 조언을 아끼지 않았다.

마침내, 왕은 더는 신분을 감출 수 없어 자신이 누구인지 친구에게 털어놓았다. 그리고는 가난한 화부에게, 자신이 무슨 선물을 하면 좋겠느냐고 물었다. 놀랍게도, 그는 아무 말도 하지 않은 채 그저 가만히 앉아 친구를 사랑과 경이의 눈빛으로 바라볼 뿐이었다. 왕은 화부가 자신의 말을 이해하지 못했다고 생각했다. 그래서 자신이 화부를 부자로 만들어주거나 귀족이 되게 해주거나 한 도시의 통치자가 되게 해주겠다고 했다. 그러나 화부는 이렇게 대답했다. "폐하, 폐하의 말씀이 무슨 뜻인지 압니다. 그러나 폐하께서는 폐하의 궁전을 떠나 이곳에서 소인 곁에 앉아 소인의 초라한 음식을 먹고 소인의 마음에 있는 고통에 귀 기울여주셨습니다. 그러니 이보다 값진 선물이 어디 있겠습니까? 폐하께서는 다른 사람들에게 풍성한 선물을 주셨을는지 모릅니다. 그러나 소인에게는 폐하 자신을 주셨습니다. 소인은 폐하께서 폐하의 우정을 제게서 절대 거두지 않으시길 바랄 뿐입니다."

이 비유는 주 예수 그리스도의 성육신을 설명한다. 그분은 하늘의 왕이지만 영광스런 보좌를 떠나 죄인들의 친구가 되셨다. "주가 보좌 떠나"(Thou Didst Leave Thy Throne)라는 찬송의 작사자가 이것을 아주 잘 표현했다.

> 주께서 보좌를 떠나고
> 왕관 벗으셨네,
> 날 위해 이 땅에 오셨을 때.
> 그러나 베들레헴에
> 방이 없었네,
> 이 땅에 오신 거룩한 주님을 위한.
>
> 하늘 문 울렸네,
> 천사들 찬양하며
> 주가 왕이심을 선포할 때.
> 그러나 비천한 탄생으로
> 자신을 더없이 낮추어
> 이 땅에 오셨네.

이것은 연보를 논하는 매우 실제적이고 실용적인 구절이며, 여기에 더없이 값진 보화 같은 교리가 숨어 있다. 5:21처럼, 이 구절은 가치를 가늠할 수 없는 기독론의 보석이며, 주변에 박힌 모든 보석보다 훨씬 빛나며 여러 면으로 이뤄진 다이아몬드다. 놀라운 이 구절이 우리를 사로잡는다. 이 구절은 헬라어 단어 21개로 구성되지만, 그 거대한 범위와 심오함과 영향력은 이러한 단순함을 초월한다. 이 구절의 진리는 신학 전문 용어로 표현되지 않는다. 이 구절의 단어들은 복잡하거나 혼란스럽지 않다. 한 번만 읽어도 이 구절의 메시지를 파악할 수 있을 테지만, 이 구절에 담긴 진리를 완전히 이해하기란 영원히 불가능할 것이다. 이 구절은 신자들이 가난에서 부요함으로 올라갈 수 있도록 그리스도께서 부요함에서 가난으로 내려오셨다고 말한다.

앞 장에서 언급했듯이, 고린도후서 8, 9장의 주제는 그리스도인의 연보다. 이 단락에서, 바울은 자신이 가난한 예루살렘 성도들을 위해 모으고 있는 예물을 논했다. 바울은 고린도 신자들의 연보를 독려하려고 마게도냐 신자들이 보였던 본을 제시했다. 마게도냐 신자들은 심히 가난했는데도 후하게 희생적으로 연보했다(8:1-8).

그러나 바울은 사랑이 희생적 연보로 표현된다는 사실을 생각할 때, 세상이 알고 있는 이러한 사랑과 희생을 가장 잘 보여준 본보기, 곧 주 예수 그리스도께 끌리지 않을 수 없었다. 이 세상의 부자들은 연보(드림)로 자신을 가난하게 하는 경우가 거의 없다. 그러나 이들과 달리, 가난한 자들로 부요하게 하려고 부요하신 분이 가난하게 되셨다.

For(알거니와)는 이 구절을 8절에 연결한다. 8절에서, 바울은 이렇게 썼다. "내가 명령으로 하는 말이 아니요 오직 다른 이들의 간절함을 가지고 너희의 사랑의 진실함을 증명하고자 함이로라." 바울은 고린도 신자들에게 연보하라고 명령할 필요가 없었다. 고린도 신자들은 **우리 주 예수 그리스도의 은혜**를 알았기 때문이다. 이들은 마게도냐 신자들의 연보를 알지 못했을 테지만, 그리스도께서 하늘에서 내려와 자신의 생명을 죄인들을 위해 희생제물로 드리셨다는 것을 알았다. 이 후한 선물은 모든 그리스도인이 따라야 할 최고의 본보기다.

바울은 **은혜**라는 용어를 사용해 그리스도의 주심(Christ's giving)을 말한다. 그리스도께서 자신을 주신 동기는 자격 없는 죄인들을 향한 과분하고 (unmerited) 자발적인 인자(kindness), 순수하고 그 무엇에도 영향을 받지 않은 사랑에서 비롯된 인자이기 때문이다. 이러한 구주의 행위가 연보(giving, 드림, 내어줌)를 가장 순수하게 정의한다.

바울은 그분을 가리킬 때 성육하신 하나님의 완전한 이름(full name) **주 예수 그리스도**를 사용한다. 이 부요한 칭호는 그분의 위격(person)과 사역(work) 전체를 아우른다. **주(Lord)**는 그분이 구속사역을 완성하셨기 때문에 아버지께서 그분에게 주신 이름, 곧 모든 이름 위에 뛰어난 이름이다(빌 2:9). **예수**는 그분을 자기 백성의 구주로 묘사한다(마 1:21). **그리스도**는 그분을 기름부음 받은 메시아와 왕으로 묘사한다(마 27:11; 요 18:37).

이 구절에 담긴 진리의 여러 면을 크게 셋으로 분류할 수 있겠다: 그리스도의 부요, 그리스도의 가난, 그리스도의 선물.

그리스도의 부요

부요하신 이로서 (8:9a)

하나님으로서 예수님은 하늘과 땅에 있는 모든 것의 주인이다(출 19:5; 신 10:14; 욥 41:11; 시 24:1; 50:12; 고전 10:26). 그렇더라도 그분의 부요(riches)는 일차적으로 물질적 부요가 아니다. 바울이 여기서 염두에 둔 부요는 그리스도의 초자연적 영광과 성자 하나님으로서 그분의 지위 및 영원한 속성들과 관련된 부요다. 예수 그리스도의 영원성은 기독론 전체에서 가장 중요한 진리이며, 따라서 복음의 가장 중요한 진리이기도 하다. 그분이 영원하지 않다면 틀림없이 시작이 있어야 했을 테고, 그러므로 피조물이었을 것이다. 그리스도의 영원성은 그분의 신성을 뒷받침하는 분명하고 강력하며 반박할 수 없는 증거다. 영원성은 오직 하나님만 소유하시는 속성이기 때문이다.

이단들은 역사 내내 온갖 거짓 주장을 끊이지 않고 내놓았다. 그런데도 성경은 예수 그리스도께서 인간 역사보다 앞서 존재하실 뿐 아니라 영원하다고 가르친다. 그분은 자신의 존재를 자신 바깥의 그 무엇에도 의존하지 않으실 뿐더러 삼위일체의 둘째 위격이 어느 순간 존재하게 되신 게 아니다. 예수님은 발현(emanation, 발출), 반신반인(demigod), 천사장 미가엘, 하나님의 창조하신 영, 높아진 인간이 아니다. 예수님은 피조물이 아니라 창조자다(요 1:3, 10; 골 1:16; 히 1:2).

미가 5:2은 그분의 탄생을 예언하면서 그분을 이렇게 말한다. "베들레헴 에브라다야, 너는 유다 족속 중에 작을지라도 이스라엘을 다스릴 자가 네게서 내게로 나올 것이라. 그의 근본은 상고에, 영원에 있느니라." 이사야 9:6은 예수님을 자기 백성의 "영존하시는 아버지"로 묘사한다. 요한복음은 이런 진리로 시작한다. "태초에[창조 때; 참조. 창 1:1] 말씀이 계시니라. 이 말씀이 하나님과 함께 계셨으니 이 말씀은 곧 하나님이시니라." 예수 그리스도는 영원부터(from all eternity) 계셨다. 우주가 창조되고 시간이 시작될 때, 그분은 이미 계셨기 때문이다. 요한복음 8:58에서, 예수님은 믿지 않는 유대인들에게 자신이 영원히 존재한다고 선언하셨다. "진실로 진실로 너희에게 이르노니, 아브라함이 나기 전부터 내가 있느니라." 예수님이 단지 자신의 선재(先在)를 주장하고 계셨다면 "내가 있느니라"(I am)라고 하는 대신 "내가 있었느니라"(I was)라고 하셨을 것이다. 요한복음 17:5에서, 예수님은 이렇게 기도하셨다. "아버지여, 창세전에 내가 아버지와 함께 가졌던 영화로써 지금도 아버지와 함께 나를 영화롭게 하옵소서."

영원한 삼위일체의 둘째 위격으로서, 예수님은 성부 하나님만큼 **부요하다.** 바울은 골로새 신자들에게 이렇게 썼다. "그 안에는 신성의 모든 충만이 육체로 거하시고"(골 2:9). 히브리서 저자는 예수님은 "하나님의 영광의 광채시요 그 본체의 형상이시라"고 썼다(히 1:3). 그리스도의 영원성 논쟁과 신성 논쟁은 분리될 수 없다. 성경은 그리스도가 영원하고 하나님만 영원할 수 있다고 말한다. 따라서 예수님은 하나님이다. 그러므로 그분은 우주와 그 안의 모든 것을 소유하며, 모든 능력과 권세가 있고(마 28:18), 영광과 높임을 받으셔야 한다(요 5:23; 빌 2:9-11). 뛰어난 19세기 신학자 찰스 하지(Charles Hodge)는 이렇게 썼다.

하나님의 모든 이름과 칭호가 그분에게 적용된다. 그분은 하나님, 곧 전능하신 하나님, 위대하신 하나님, 만유 위에 계신 하나님이라 불린다. 그분은 여호와, 주, 만주의 주, 만왕의 왕이라 불린다. 하나님의 모든 속성이 그분에게 돌려진다. 그분은 무소부재하고 전지하며 전능하고 변할 수 없으며 어제나 오늘이나 영원히 동일하다고 선포된다. 그분은 우주의 창조자요 지탱자요 통치자로 제시된다. 만물이 그분에 의해, 그분을 위해 창조되었으며, 그분에 의해 만물이 유지된다. 그분은 모든 지적 피조물, 심지어 가장 존귀한 피조물에게도 예배의 대상이다. 모든 천사들이(즉, 사람과 하나님 사이에 존재하는 모든 피조물) 그분 앞에 엎드리라는 명령을 받는다. 그분은 모든 종교 감정, 곧 존경과 사랑과 믿음과 헌신의 대상이다. 그분을 향해, 사람들과 천사들이 각자의 성품과 행동에 책임이 있다. 그분은 사람들이 아버지(성부)를 공경하듯이 자신을 공경해야 하며, 하나님을 믿듯이 자신을 믿어야 한다고 하셨다. 그분은 자신과 아버지가 하나이며, 자신을 본 자들은 아버지도 보았다고 하신다. 그분은 모든 사람을 자신에게 불러 이들의 죄를 사하며, 이들에게 성령을 보내고, 안식과 평안을 주며, 이들을 마지막 날에 다시 살리고, 영생을 주겠다고 약속하신다. 하나님은 그리스도의 어떠하심 그 이상이 아니며, 그리스도께서 약속하신 것 그 이상을 약속하실 수 없고, 그리스도께서 하시는 일 그 이상을 하지 않으신다. 그러므로 그분은 태초부터, 모든 시대와 모든 곳에서 그리스도인의 하나님이다. (*Systematic Theology*, [Reprint: Grand Rapids: Eerdmans, 1979],[72] 2:382)

그리스도의 가난

너희를 위하여 가난하게 되심은 (8:9b)

예수님은 영원부터 하나님의 모든 부요를 가졌으나 신자들을 **위해 가난하게 되셨다.** 어떤 사람들은 이것이 그리스도께서 지상 생애 동안 경제적으로 가난하

---

[72] 『조직신학 1』, 김귀탁 옮김(CH북스, 2002).

셨던 것을 말한다고 이해했다. 아우구스티누스는 독자들에게 가난을 비롯해 그리스도의 덕목들을 본받으라면서 이 구절을 그리스도의 가난을 뒷받침하는 증거로 인용했다(*Of Holy Virginity*, para. 28). 자신의 설교 〈복음의 말씀에 관하여, 누가복음 14:16 "어떤 사람이 큰 잔치를 베풀고" 등〉에서, 아우구스티누스는 이렇게 말했다. "거지들을 불러오십시오. 그분이 이들을 초대하십니다. 그분은 '부요하신 이로서 우리를 위하여 가난하게 되셨습니다. 우리 거지들이 그분의 가난을 통해 부요하게 되도록 하기 위해서입니다'"(para. 8). 장 칼뱅은 이 구절을 이렇게 주석했다.

> 우리는 어머니의 태에서 나올 때부터 그분을 기다리고 있던 모든 궁핍과 결핍을 본다. 그리고 그분은 친히 이렇게 말씀하셨다. "여우도 굴이 있고 공중의 새도 집이 있으되 인자는 머리 둘 곳이 없도다"(눅 9:58). 이렇게 그분은 자신 속에서 가난을 거룩하게 하셨다. 신자들이 더는 가난을 꺼리지 않게 하기 위해서였다. 자신의 가난으로, 그분은 우리를 부요하게 하셨다. 우리가 우리의 풍성함에서 형제를 위해 쓸 것을 찾는 게 어렵지 않게 하기 위해서였다. (*The Second Epistle of Paul the Apostle to the Corinthians and the Epistles to Timothy, Titus, and Philemon* [Reprint; Grand Rapids: Eerdmans, 1973], 111)

많은 사람이 이른바 예수님의 가난에 관한 이 언급과 복음을 연결한다. 마치 예수님의 가난에 대해 공감을 이끌어내는 것이 상당한 구속적 가치 (redemptive value)를 갖기라도 하듯이 말이다.

그러나 이 구절은 예수님의 경제 상태나 그분이 살면서 처한 물질적 환경에 관한 논평이 아니다. 프레드 크래독(Fred. B. Craddock, 1928-2015)은 이렇게 썼다. "복음이 예수님이 십자가에서 견디신 고통과 동일시될 수 없듯이 그분의 경제적 가난과도 동일시 될 수 없다"("The Poverty of Christ," *Interpretation* 22 [Apr. 1968], 162). 주님의 참 가난은 그분이 살았던 비천한 환경이 아니라 그분이 "근본 하나님의 본체시나 하나님과 동등됨을 취할 것으로 여기지 아니하시고 오히려 자기를 비워 종의 형체를 가지사 사람들과 같이 되셨다"는 것이다(빌 2:6-7).

사실, 예수님은 극도로 가난하게 살지 않으셨다.

> 예수님의 경험과 관련해, 그분이 비천한 환경에서 태어나셨다는 점을 누가가 강
> 조하는 것은 사실이다. 그러나 이것은 그분의 가정이 가난했다는 뜻이 아니라 인
> 구조사 당시 베들레헴에 사람들이 과도하게 몰렸다는 뜻이다(눅 2:7). 마리아가
> 자신의 정결을 위해 드린 예물은 어린양을 살 여유가 없는 사람들에게 허용되
> 는 것이었으며(눅 2:24; 참조. 레 12:6-8), 이것은 그 가정이 부유하지 않았다는 뜻
> 이다. 예수님은 "마리아의 아들 목수"로 알려졌으며(막 6:3), 기능공으로서 극도로
> 가난하지 않았을 것이다. 갈릴리에서 사역하실 때, 예수님은 제자가 되려는 사람
> 에게 상기시키셨다. "여우도 굴이 있고 공중의 새도 집이 있으되 인자는 머리 둘
> 곳이 없도다"(눅 9:58). 그러나 이것을 순회 설교자로서 예수님이 계속해 경제적
> 으로 심히 어려운 환경에 처했다는 뜻으로 받아들여서는 안 된다. 여러 암시로
> 볼 때, 예수님이 행하신 치유 사역의 수혜자였고 그분의 사역에 공감하는 몇몇
> 부자들이 그분의 순회 사역과 그분을 따르는 자들을 후원하는 데 소요되는 비용
> 을 댔다(눅 8:1-3). 게다가, 순회 설교자들을 환대하는 것이 유대인들의 관습이었
> 으며(참조. 마 10:9-13), 예수님은 여러 집에서, 특히 마리아와 마르다의 집에서 이
> 러한 환대를 누리셨다(눅 10:38-42; 요 12:1-3). 그러므로 증거에 따르면, 예수님은
> 1세기 대다수 팔레스타인 유대인들보다 가난하지 않았고, 일부 유대인들(예를 들
> 면, 거지로 전락한 사람들)보다 부유했다. 실제로, 예수님과 그의 제자들은 자신들보
> 다 가난한 사람들을 도울 수 있을 만큼 돈이 있었다(참조. 요 12:3-6; 13:27-29).
>
> (Colin Kruse, *The Second Epistle of Paul to the Corinthians, The Tyndale New Testament*
> *Commentaries* [Grand Rapids: Eerdmans, 1995], 154)

주님은 자신이 경제적으로 가난해짐으로써 신자들을 영적으로 부요하게
하신 게 아니다. 바울은 자신을 "가난한 자 같으나 많은 사람을 부요하게 하
는" 자라고 했을 때처럼(고후 6:10) 이 구절에서 "부요"와 "가난"을 영적 의미로
사용했다.

주 예수 그리스도께서 **가난하게 되신** 것은 성육신에서, "여자에게서 나셨을" 때(갈 4:4), "죄 있는 육신의 모양으로" 오셨을 때(롬 8:3), "육신으로는 다윗의 혈통에서 나셨을" 때(롬 1:3), "잠시 동안 천사보다 못하게" 되셨을 때였다(히 2:7, 9). 그분은 하늘의 영광을 버리고(요 17:5) 자신의 신적 특권을 마음껏 사용할 권리를 내려놓으셨다. 성육신과 관련해 성경에 기록된 가장 심오한 신학 진술에서, 바울은 이렇게 썼다.

> 그는 근본 하나님의 본체시나 하나님과 동등됨을 취할 것으로 여기지 아니하시고, 오히려 자기를 비워 종의 형체를 가지사 사람들과 같이 되셨고, 사람의 모양으로 나타나사 자기를 낮추시고 죽기까지 복종하셨으니, 곧 십자가에 죽으심이라. 이러므로 하나님이 그를 지극히 높여 모든 이름 위에 뛰어난 이름을 주사 하늘에 있는 자들과 땅에 있는 자들과 땅 아래에 있는 자들로 모든 무릎을 예수의 이름에 꿇게 하시고 모든 입으로 예수 그리스도를 주라 시인하여 하나님 아버지께 영광을 돌리게 하셨느니라. (빌 2:6-11)

예수님은 "하나님의 본체"로(in the form of God) 존재했고 신성의 모든 부요를 가졌는데도 "자기를 비워 종의 형체를 가지사 사람들과 같이 되심"으로써 가난하게 되었다. 그분은 인간의 약점과 한계를 경험하셨다. 다시 말해, 그분은 주렸고(마 4:2; 21:18) 목말랐으며(요 4:7; 19:28) 피곤하셨다(막 4:38; 요 4:6). 게다가, 그분은 "모든 일에 우리와 똑같이 시험을 받으신 이로되 죄는 없으셨다"(히 4:15). 이렇듯 예수님은 자기 백성의 충성스런 대제사장으로서 자신의 백성과 완전히 일체가 되어 "자기를 낮추시고 죽기까지 복종하셨다."

에베소서 4:8-10은 그리스도께서 성육신 안에서 친히 가난하게 되심을 보는 또 다른 시각을 제시한다.

> 그러므로 이르기를 그가 위로 올라가실 때에 사로잡혔던 자들을 사로잡으시고 사람들에게 선물을 주셨다 하였도다. 올라가셨다 하였은즉 땅 아래 낮은 곳으로 내리셨던 것이 아니면 무엇이냐? 내리셨던 그가 곧 모든 하늘 위에 오르신 자니,

이는 만물을 충만하게 하려 하심이라.

바울은 "그가 위로 올라가실 때에 사로잡혔던 자들을 사로잡으시고 사람들에게 선물을 주셨다"고 할 때 시편 68:18을 인용해 그리스도께서 갈보리에서 지옥 권세에게 승리한 후 당당하게 하늘로 돌아가신 것을 묘사한다. 자신의 희생적 죽음을 통해, 그분은 사탄에게 사로잡혀 있던 죄인들을 자유하게 하셨다. 승천한 후, 그분은 자신의 죽음과 부활로 획득한 전리품을 나누고 "사람들에게 선물을 주셨다." 그러나 그리스도께서 갈보리에서 승리하실 수 있었던 이유는 단 하나, 그분이 먼저 "땅 아래 낮은 곳으로 내리셨기" 때문이다. 그분은 하늘의 영광을 버리고 고난과 죽음의 세상에 들어오셨다. 예수님은 죽음과 부활 사이에 타락한 가장 악한 천사들이 갇혀 있는 감옥에 가셨을 때, 가장 깊은 곳까지 내려가셨다. 거기서 예수님은 이들에게 지옥 권세에 대한 자신의 승리를 선포하셨다(참조. 골 2:15; 벧전 3:18-19).

그리스도의 성육신에서, 영원하신 하나님이 인간의 육체를 입고 십자가에 죽기까지 자신을 낮춤으로써 **가난하게 되셨다.** 이렇게 함으로써, 그분은 지옥 권세를 이기고 하나님이 맡긴 구속 사역을 완성하며 자신의 백성에게 더없이 값진 구원을 주셨다.

그리스도의 선물

그의 가난함으로 말미암아 너희를 부요하게 하려 하심이라. (8:9c)

그리스도께서 낮아지신 목적은 **그의 가난함으로** 가난한 죄인들을 **부요하게 하려 하심이다.** 그리스도께서는 가난한 죄인들을 물질적으로 부요하게 하신 게 아니라 이들에게 구원의 모든 복, 곧 용서와 기쁨과 영생과 빛과 영광을 주셨다. 베드로는 이들 부요를 "썩지 않고 더럽지 않고 쇠하지 아니하는 유업…너희를[신자들을] 위하여 하늘에 간직하신 것"이라고 했다(벧전 1:4).

죄인들은 그리스도의 부요가 절실히 필요하다. 죄인들은 영적으로 더없이 가난하기 때문이다. 죄인들은 "심령이 가난한 자"(마 5:3), 스스로 칭찬할 게 전혀 없는 거지들이다. 그러나 구원을 통해, 신자들은 "하나님의 상속자요 그리스도와 함께 한 상속자"가 되어(롬 8:17) 그리스도의 부요를 공유한다. 신자들은 "신성한 성품에 참여하는 자"가 되기 때문이다(벧후 1:4). 신자들이 구원받는 궁극적 목적은 이들로 그리스도처럼 되게 하고(요일 3:2) 하늘에 있는 그분의 영광을 투영하게 함으로써 "그리스도 예수 안에서 우리에게 자비하심으로써 그 은혜의 지극히 풍성함을 오는 여러 세대에 나타내려 하심"이다(엡 2:7).

신자들이 그리스도 안에서 누리는 부요를 바울이 고린도 신자들에게 기술한 것은 이게 처음이 아니었다. 고린도전서 1:4-5에서, 바울은 이렇게 썼다. "그리스도 예수 안에서 너희에게 주신 하나님의 은혜로 말미암아 내가 너희를 위하여 항상 하나님께 감사하노니, 이는 너희가 그 안에서 모든 일 곧 모든 언변과 모든 지식에 풍족하므로." 그리고 3:22에서 이렇게 덧붙였다. "바울이나 아볼로나 게바나 세계나 생명이나 사망이나 지금 것이나 장래 것이나 다 너희의 것이요."

자신을 비우고 희생하는 그리스도의 사랑을 통해, 고린도 신자들이 "그리스도 안에서 하늘에 속한 모든 신령한 복을" 받았다(엡 1:3). 그러므로 고린도 신자들은 이 진리에 감사해야 했다. 그뿐 아니라, 이들은 이에 감동해 다른 사람들에게 자신을 자유롭게, 희생적으로, 후하게 주어야 했다. 주 예수 그리스도께서 다른 사람들을 부요하게 하려고 스스로 가난하게 되셨으며, 이들은 그분을 본받아야 했다. 그리스도께서 스스로 가난하게 됨으로써 그리스도인들에게 온갖 부요를 주셨다. 그리스도인들이 이 모든 부요를 받기만하고 다른 사람들의 필요를 채우려 하지 않을 수 있겠는가? 야고보는 이렇게 썼다. "만일 형제나 자매가 헐벗고 일용할 양식이 없는데 너희 중에 누구든지 그에게 이르되 평안히 가라, 덥게 하라, 배부르게 하라 하며 그 몸에 쓸 것을 주지 아니하면 무슨 유익이 있으리요?"(약 2:15-16). 사도 요한은 이렇게 덧붙였다. "누가 이 세상의 재물을 가지고 형제의 궁핍함을 보고도 도와 줄 마음을 닫으면 하나님의 사랑이 어찌 그 속에 거하겠느냐?"(요일 3:17).

어떤 사람들은 바울이 이 구절, 곧 심오한 신학 진리를 내포한 구절을 연보 문맥에 포함시킨 게 어색하다고 볼는지 모른다. 그러나 이렇게 본다면, 프레드 크래독이 다음과 같이 말하듯이, 신학 진리가 일상생활과 동떨어져 존재하지 않는다는 사실을 간과하는 것이다.

> 세속의 일일 뿐 그리스도인의 관심과 책임과 무관한 것이란 없다. 두 세계가 있는 게 아니다. 한 세계뿐이다. 가난한 사람들을 도우려고 쓰는 돈은 기도만큼 "영적"이다.…유대 지방의 성도들을 위한 연보는 바울에게 성육신에 내포된 의미가 분명했다. 하나에 대한 논의가 다른 하나를 염두에 두어야 하는 것은 놀랍지 않다. 사실, 연보는 기독론의 의미를 가르치는 기회였으며, 기독론은 연보를 알리고 이끌어냈다. ("The Poverty of Christ," *Interpretation* 22 [Apr. 1968] 169)

겉보기에 세속적인 연보 문제가 사실 기독교의 핵심 진리, 곧 그리스도의 자발적 가난이 영적으로 궁핍한 자들을 부요하게 한다는 진리와 연결되었다.

23

순전한 청지기
(8:10-9:5)

[10]이 일에 관하여 나의 뜻을 알리노니, 이 일은 너희에게 유익함이라. 너희가 일 년 전에 행하기를 먼저 시작할 뿐 아니라 원하기도 하였은즉, [11]이제는 하던 일을 성취할지니, 마음에 원하던 것과 같이 완성하되 있는 대로 하라. [12]할 마음만 있으면 있는 대로 받으실 터이요 없는 것은 받지 아니하시리라. [13]이는 다른 사람들은 평안하게 하고 너희는 곤고하게 하려는 것이 아니요 균등하게 하려 함이니, [14]이제 너희의 넉넉한 것으로 그들의 부족한 것을 보충함은 후에 그들의 넉넉한 것으로 너희의 부족한 것을 보충하여 균등하게 하려 함이라. [15]기록된 것 같이 많이 거둔 자도 남지 아니하였고 적게 거둔 자도 모자라지 아니하였느니라. [16]너희를 위하여 같은 간절함을 디도의 마음에도 주시는 하나님께 감사하노니, [17]그가 권함을 받고 더욱 간절함으로 자원하여 너희에게 나아갔고 [18]또 그와 함께 그 형제를 보내었으니, 이 사람은 복음으로써 모든 교회에서 칭찬을 받는 자요 [19]이뿐 아니라 그는 동일한 주의 영광과 우리의 원을 나타내기 위하여 여러 교회의 택함을 받아 우리가 맡은 은혜의 일로 우리와 동행하는 자라. [20]이것을 조심함은 우리가 맡은 이 거액의 연보에 대하여 아무도 우리를 비방하지 못하게 하려 함이니, [21]이는 우리가 주 앞에서 뿐 아니라 사람 앞에서도 선한 일에 조심하려 함이라. [22]또 그들과 함께 우리의 한 형제를 보내었노니, 우리는 그가 여러 가지 일에 간절한 것을 여러 번 확인하였거니와 이제 그가 너희를 크게 믿으므로 더욱 간절하니라. [23]디도로 말하면 나의 동료요 너희를 위한 나의 동역자요

우리 형제들로 말하면 여러 교회의 사자들이요 그리스도의 영광이니라. [24]그러므로 너희는 여러 교회 앞에서 너희의 사랑과 너희에 대한 우리 자랑의 증거를 그들에게 보이라. [1]성도를 섬기는 일에 대하여는 내가 너희에게 쓸 필요가 없나니, [2]이는 내가 너희의 원함을 앎이라. 내가 너희를 위하여 마게도냐인들에게 아가야에서는 일 년 전부터 준비하였다는 것을 자랑하였는데, 과연 너희의 열심이 퍽 많은 사람들을 분발하게 하였느니라. [3]그런데 이 형제들을 보낸 것은 이 일에 너희를 위한 우리의 자랑이 헛되지 않고 내가 말한 것 같이 준비하게 하려 함이라. [4]혹 마게도냐인들이 나와 함께 가서 너희가 준비하지 아니한 것을 보면 너희는 고사하고 우리가 이 믿던 것에 부끄러움을 당할까 두려워하노라. [5]그러므로 내가 이 형제들로 먼저 너희에게 가서 너희가 전에 약속한 연보를 미리 준비하게 하도록 권면하는 것이 필요한 줄 생각하였노니, 이렇게 준비하여야 참 연보답고 억지가 아니니라. (8:10-9:5)

교회에서 돈만큼 민감한 주제도 없다. 연보나 기부나 기금 마련 행사를 말할 때마다, 어떤 사람들은 어김없이 부적절하고 거슬리며 심지어 불쾌한 것으로 받아들인다. 비판자들은 교회 지도자들이 끊임없이 돈을 요구할 뿐 아니라 그렇게 모은 돈을 잘못 사용한다며 이들을 공격한다.

안타깝게도, 이러한 공격은 얼마간 진실에 부합한다. 많은 지도자가 돈을 모으는 데 몰두하는 것 같다. 진실하지만 미혹된 개인들이 있다. 이들은 의심스러운 기금 마련 기술을 열정적으로 (또는 필사적으로) 의지한다. 그런가하면 노골적인 장사치들도 있다. 이들은 가난한 자들조차 의도적으로, 냉소적으로, 비윤리적으로 사취해 필사적으로 자기 주머니를 채우고 자신의 제국을 건설한다. 이들은 공격적이고 고압적인 기술을 구사하고 그럴듯한 캠페인을 벌인다. 그 결과, 엄청난 돈이 하나님 나라의 확장과 무관한 일에 허비된다.

이러한 오용 앞에서, 어떤 사람들은 이 문제를 아예 회피하는 것이 지혜롭다고 생각하는지 모른다. 이것은 올바른 해결책일 수 없다. 모든 교회와 신자는 돈을 어떻게 쓰느냐와 관련해 하나님의 뜻을 반드시 알아야 한다. 특히 연보(giving, 드림, 구제)는 그리스도인의 삶을 향한 하나님의 계획에서 아주 중요한 요소다. 연보는 하나님 나라를 확장하고, 그분의 이름을 영화롭게 하며, 다른 사람들의 필요를 채우고, 하늘에 보화를 쌓으며, 하나님의 복이 이생과 내세에서 임하게 한다. 교회가 주일에 함께 모이는 것처럼, 연보도 정해진 예배 요소여야 한다.

그리스도인들은 하나님이 맡기신 자원을 신중하게 관리하는 청지기여야 한다. 그리스도인들은 지혜롭게 돈을 벌고 저축하며 투자하고 써야 한다. 이런 부분들에서 신중해야 하듯이, 연보하는 방식에서도 신중해야 한다. 이 단락은 연보의 특권에 관한 성경의 가르침에 크게 기여한다. 겉보기에, 이 단락은 이천 년 전에 일어난 사건을 지나가듯 언급하는 것에 불과해 보인다. 그러나 이 단락은 시대를 초월한 실제적 원리, 곧 모든 신자에게 청지기직을 정의하는 원리를 담고 있다. 이 단락 전체에서, 순전한 청지기직(stewardship of integrity)은 다음 몇 가지를 요구하는 것으로 정의된다. 자발적 연보, 약속을 지키는 성실함, 소유에 비례하는 연보, 그리스도의 몸에 있는 자원의 균형을 맞추는 연보, 목회 리더십에 복종, 책임감, 사랑의 표현인 연보, 본이 되는 연보, 탐욕의 죄를 이기는 연보 등이다.

순전한 청지기는 자발적으로 연보한다

이 일에 관하여 나의 뜻을 알리노니, 이 일은 너희에게 유익함이라. 너희가 일 년 전에 행하기를 먼저 시작할 뿐 아니라 원하기도 하였은즉, (8:10)

연보는 정해진 금액이나 비율이 있는 게 아니라 순전히 자발적이다. (십일조에 관한 논의는 이 책 21장을 보라.) 바울은 마게도냐 신자들에게 구체적 비율을 내라고 압박하지 않았을뿐더러 이들이 그렇게 하리라 기대하지도 않았다. 오히려 그는 "자원하여" 했다며 이들을 칭찬했다(8:3). 바울은 이 단락에서 고린도 신자들에게 명령하지도 않았고, 대신에 **이 일에 관하여,** 연보에 관하여 이들에게 자신의 **뜻**(opinion, 의견)을 제시했다.

바울은 희생적으로 후하게 연보하는 것이 고린도 신자들에게 **유익**

(advantage)하다는 것을 알고 있었다. 9:6에서, 바울은 이렇게 썼다. "적게 심는 자는 적게 거두고 많이 심는 자는 많이 거둔다." 예수님은 누가복음 6:38에서 동일한 원리를 표현하셨다. "주라. 그리하면 너희에게 줄 것이니, 곧 후히 되어 누르고 흔들어 넘치도록 하여 너희에게 안겨 주리라. 너희가 헤아리는 그 헤아림으로 너희도 헤아림을 도로 받을 것이니라." 신자들이 후하게 줄 때(연보할 때), 하나님이 후하게 되갚아 주실 것이다. 이 진리를 확신했기에, 고린도 신자들은 아주 많이 드렸고, 그래서 바울은 이것을 "거액의 연보"(generous gift, 후한 선물, 고후 8:20)라 불렀으며, 이것으로 "성도들의 부족한 것을 보충할" 수 있었다(9:12).

순전한 청지기적 프로그램은 연보하라고 사람들을 압박하지 않는다. 너무나 자주, 교활한 지도자들이 두려움이나 이기심 같은 잘못된 동기에서 사람들을 강요해 돈을 내게 한다. 어떤 종류든 주님께 강제로 드리는 것은 성경적 방법이 아니다. 순전한 청지기직은 외적인 강요가 아니라 내적 헌신에서 비롯된 연보를 포함한다.

바울은 고린도 신자들에게 구체적 금액을 요구하지 않았고, 오히려 이들이 **일 년 전에 연보를 먼저 시작했다**는 사실을 일깨움으로써 이들에게 동기를 부여했다. **일 년 전**이란 표현은 "작년"으로도 번역될 수 있으며, 따라서 열두 달이 더 지났을 수 있다. 고린도 신자들은 먼저 연보를 시작**했을 뿐 아니라** 연보하길 먼저 **원하기도 했으며**, 여기서 이들이 강요에 의해서가 아니라 자유롭게 연보했다는 것을 알 수 있다.

바울은 예루살렘교회를 위한 연보와 관련해 고린도 신자들을 다음과 같은 순서로 대했다. 바울은 2차 선교여행 때 고린도교회를 세웠고(행 18:1-10), 그 곳에서 약 20개월을 목회했다(행 18:11, 18). 그는 고린도를 떠나 에베소에 갔고, 거기서 고린도 신자들에게 잘못을 바로잡는 편지를 썼는데(고전 5:9), 디도 편에 전달했을 것이다. 이 무렵, 바울은 가난한 예루살렘 그리스도인들을 위한 연보를 모을 계획을 세워놓았으며, 디도가 이 계획을 고린도 신자들에게 알렸다. 고린도교회는 긍정적으로 반응했으나 몇몇 질문을 했고, 바울은 고린도전서에서 이 질문에 답했다(고전 16:1-4). 거짓 선생들이 고린도에 이르러 바울에게 반기를 들도록 고린도 신자들을 선동했고, 이후 고린도 신자들은 일시적으로 연보를 중단했다. 바울은 셋째 편지, 곧 엄한 편지로 알려져 있으며(고후 2:3-4) 고린도전서와 고린도후서 사이에 쓴 편지에서 이 배반을 엄하게 다루었다. 바울은 (엄한 편지를 고린도에 전달했던) 디도 편에 위로가 되는 소식, 곧 대다수 고린도 신자들이 바울에게 등을 돌렸던 것을 회개했다는 소식을 들었다. 그러므로 고린도후서, 곧 고린도 신자들에게 보내는 넷째 편지를 쓸 때, 바울은 고린도 신자들에게 연보를 다시 시작하라고 촉구했다(8, 9장). 바울은 고린도전서 16:2에 제시한 원리, 곧 이들의 연보가 자발적이어야, 즉 "각 사람이 수입에 따라" 해야 한다는 원리에 맞춰 이렇게 했다.

순전한 청지기는 약속을 성실하게 지킨다

이제는 하던 일을 성취할지니, 마음에 원하던 것과 같이 완성하되(8:11a)

목회에서 아주 성가신 한 부분은 일을 잘 시작했으나 결코 끝내지 못하는 사람들을 다루는 것이다. 일을 완결 짓기란 쉽지 않다. 훈련과 헌신과 성실함이 필요하다. 많은 사람이 시작은 하지만, 심지어 연보하겠다고 약속하지만 그 약속을 완수하지 못한다. 고린도 신자들이 연보를 마무리 짓지 못하면, 이들의 좋은 의도는 별 의미가 없을 것이다. 그래서 바울은 이들에게 **하던 일을 성취하라**(finishing doing it)고 촉구했다. 이 프로젝트가 **완성되지** 못하면 이들이 **마음에 원하던 것**(readiness to desire), 곧 연보를 하려던 마음이 무의미했다. 바울은 이들이 하려 했으나 하지 못할까 걱정했다. 고린도전서 말미에서(16:2), 바울은 고린도 신자들에게 지시했다. "매주 첫날에 너희 각 사람이 수입에 따라 모아 두어서 내가 갈 때에 연보를 하지 않게 하라." 연보를 주일에 체계적으로, 질서 있게, 늘 하던 대로 해야 했다. 바울은 자신이 갔을 때에야 황급하게 연보하는 것을 원치 않았다.

앞서 말했듯이, 고린도 신자들이 연보를 중단한 것은 무관심하거나 이기적이어서가 아니라 바울에게 반기를 들도록 거짓 사도들이 이들을 선동했기 때문이다. 거짓 사도들은 바울에 관해 아주 악독한 거짓말을 퍼트렸으며, 그 중 하나는 바울이 돈을 위해 사역한다는, "속임으로 행한다"는 것이었다(고후 4:2). 그러나 거짓 사도들과 달리, 바울은 "하나님의 말씀을 혼잡하게 하지 아니했다"(2:17). 그런데도 거짓 사도들이 바울을 거짓으로 비난했기 때문에, 고린도 신자들 사이에 바울의 순전함에 관해 의심이 일어났고 결국 연보가 중단되었다. 지도자들에 대한 신뢰를 잃는 것만큼 연보 의지를 꺾어놓는 것도 없다. 그러나 이제 바울과 고린도 신자들의 관계가 회복되었으므로 이들이 시작한 일을 완성해야 할 때였다.

순전한 청지기는 소유에 비례해 연보한다

11b있는 대로 하라. 12할 마음만 있으면 있는 대로 받으실 터이요 없는 것은 받지 아니하시리라. (8:11b-12)

바울은 고린도 신자들이 연보를 후하게 하길 기대했으나 형편에 넘치도록 하길 기대하지는 않았다. **있는 대로(by your ability)**로 번역된 헬라어 어구를 문자적으로 옮기면 "너희가 가진 것에서"(out of what you have)다. 바울이 고린도전서에서 썼듯이, "각 사람이 수입에 따라 모아 두어야" 했다(고전 16:2). 마게도냐 신자들의 모범적 연보조차도 "그들이 힘대로 할 뿐 아니라 힘에 지나도록" 한 것이었다(고후 8:3). 다시 말해, 이들은 가진 것에서 연보했으나 기본 생필품 마련에 필요한 돈을 써가며 희생적으로 연보했다. 그러나 특별히 후하게 희생적으로 연보하려는 **마음(readiness, prothumia: "의지," "열정," "열심")만 있으면** 신자들이 기대 이상으로 하는 연보를 하나님이 **받으실** 것이다. 그러나 하나님은 연보할 때 **없는 것**을 하는 게 아니라 **있는 대로(according to what a person has)** 하길 기대하신다. 그러나 꾸어서 연보해서는 안 된다. 갚을 능력도 없이 빚내서 연보하는 것은 어리석다.

신자들이 감동하여 자기 능력에 지나도록 연보하며, 연보할 능력을 키우려 희생할 때, 예수님이 다음과 같이 말씀하신 가난한 과부의 본을 따르는 것이다. "내가 진실로 너희에게 이르노니, 이 가난한 과부는 헌금함에 넣는 모든 사람보다 많이 넣었도다. 그들은 다 그 풍족한 중에서 넣었거니와 이 과부는 그 가난한 중에서 자기의 모든 소유 곧 생활비 전부를 넣었느니라"(막 12:43-44).

고린도 신자 중 더러는 가진 자원이 부족함을 연보하지 않는 핑계로 삼았을 것이다. 가난한 과부처럼 가진 게 적은 사람은 연보를 조금밖에 할 수 없고 가진 게 많은 사람은 연보를 많이 할 수 있는 게 사실이다. 그러나 하나님께는 금액이 아니라 마음가짐이 중요하다. 하나님은 신자들이 가진 것에 비례해 연보하길 기대하시며, 가진 것보다 많이 하길 기대하지 않으시고 가진 것보다 적게 하길 기대하지도 않으신다. 목회자가 사람들을 압박해 가진 것 이상으로 연보하게 한다면 성경적 청지기직을 벗어나는 것이다. 가진 것에 비례해 연보하지 못하는 신자들도 마찬가지다.

순전한 청지기는 그리스도의 몸에서 자원이 균형을 이루도록 연보한다

[13]이는 다른 사람들은 평안하게 하고 너희는 곤고하게 하려는 것이 아니요 균등하게 하려 함이니, [14]이제 너희의 넉넉한 것으로 그들의 부족한 것을 보충함은 후에 그들의 넉넉한 것으로 너희의 부족한 것을 보충하여 균등하게 하려 함이라. [15]기록된 것 같이 많이 거둔 자도 남지 아니하였고 적게 거둔 자도 모자라지 아니하였느니라. (8:13-15)

거짓 사도들은 바울이 편애한다며 비난했는데, 이 때문에 고린도 신자 중 더러는 연보를 주저했을 것이다. 거짓 사도들은 바울을 비난했다. 바울 자신이 유대인이라 예루살렘의 유대인 교회를 몹시 편애한다는 것이었다. 따라서 바울을 반대하는 진영에 따르면, 그가 연보를 모으는 목적은 고린도 신자들에게서 빼앗아 동족을 편파적으로 부요하게 하려는 것이었다.

바울은 이러한 반대를 예상했기에 연보의 목적이 **다른 사람들은 평안하게… 하려는 것이 아님(not for the ease of others)**을 고린도 신자들에게 분명히 했다. 바울의 목적은 고린도 신자들을 **곤고하게 하고** 힘들게 함으로써 예루살렘 성도들을 더 편안하게 하는 게 아니었다. 바울은 부자들을 가난하게 하고 가난한 자들을 부유하게 하려는 게 아니었다. 대신에, 그의 목적은 편애에 맞서고 어떤 **균등(equality)**을 이루는 것이었다. 다시 말해, 마르크스주의나 사회주의적 의미의 경제적 평등이 아니라 자원이 균형을 이루게 하는 것이었다. 바울은 필요 이상으로 가진 사람들이 필요 이하로 가진 사람들을 돕길 바랐다. 이러한 태도는 진정한 신자의 표식이다. 요한은 이렇게 썼다. "누가 이 세상의 재물을 가지고 형제의 궁핍함을 보고도 도와 줄 마음을 닫으면 하나님의 사랑이 어찌 그 속에 거하겠느냐?"(요일 3:17). 요한은 이런 사람의 구원에 당연히 의문을 품는다.

바울은 동일한 원리를 디모데에게 표현하며 이렇게 말했다. "네가 이 세대에서 부한 자들을 명하여 마음을 높이지 말고 정함이 없는 재물에 소망을 두지 말고 오직 우리에게 모든 것을 후히 주사 누리게 하시는 하나님께 두며 선을 행하고 선한 사업을 많이 하고 나누어 주기를 좋아하며 너그러운 자가 되게 하라"(딤전 6:17-18). 하나님이 이렇게 복을 주신다면 부유한 게 전혀 잘못이 아니다. 그러나 부자들은 우쭐대거나 부를 의지해서는 안 된다. 대신에, "나누어 주기를 좋아하며 너그러운 자가 되어야" 한다. 고린도 신자들이 예루살렘 신자들보다 많이 가진 것은 잘못이 아니다. 그러나 고린도 신자들이 나누려 하지 않았다면, 이것은 잘못이었을 것이다. 그리스도인들은 외떨어진 개개인이 아니라 한 몸의 지체들이다(롬 12:5). 그러므로 그리스도인들은 서로 필요를 채울 책임이 있다.

물론, 이것은 일하지 않겠다는 사람들을 교회가 부양해야 한다는 뜻이 아니다. 성경은 게으름을 용인하지 않는다. 사실, 바울은 일하지 않으려는 자들에 관해 강력하게 선언했다. "누구든지 일하기 싫어하거든 먹지도 말게 하라"(살후 3:10). 교회의 책임은 게으른 사람들이 아니라 스스로를 부양할 수 없는 사람들의 기본 필요를 채워주는 것이다.

이제(at the present time, 지금은) 고린도 신자들의 **넉넉한 것(abundance)**으로 예루살렘 신자들의 **부족한 것(needs)을 보충했다.** 그러나 늘 이러지는 않을 터였다. 살다 보면 상황이 바뀔 수 있고, 따라서 고린도 신자들이 박해나 재난 때문에 가난해질 수도 있었다. 이런 일이 일어나면, 예루살렘 성도들의 **넉넉한 것**으로 고린도 신자들의 **부족한 것을 보충하게** 될 것이었다.

바울은 구약성경을 인용해 자신의 요점을 설명했다. 그는 **기록된 것 같이(as it is written)**라는 친숙한 어구로 구약성경을 인용하는데, 이것은 신약성경이 구약성경을 인용하는 일반적 방식이다(참조, 고후 9:9; 막 1:2; 7:6; 눅 2:23; 3:4; 요 6:31; 12:14-15; 행 7:42; 15:15; 롬 1:17; 2:24; 3:4, 10; 4:17; 8:36; 9:13, 33; 10:15; 11:8, 26; 15:3, 9, 21; 고전 1:31; 2:9; 10:7). 인용문 **"많이 거둔 자도 남지 아니하였고 적게 거둔 자도 모자라지 아니하였느니라"**는 이스라엘이 광야를 방황하는 이야기에서 가져왔다. 이스라엘이 원망하자(출 16:2-3), 이에 답해 하나님은 이들에게 하늘에서 양식을 내려주겠다고 약속하셨다(출 16:4). 이들이 만나를 거두었을 때, 사람에 따라 "거둔 것이 많기도 하고 적기도 했다"(출 16:17). 그러나 "많이 거둔 자도 남음이 없고 적게 거둔 자도 부족함이 없었다"(출 16:18). 틀림없이, 이들은 거둔 것을 나누었고, 그래서 각 사람과 가족이 먹기에 충분했다. 그리스도의 몸에서도 마찬가지다. 넉넉한 자는 부족한 자와 나누어야 하며, 그러면 모두가 충분히 갖게 된다.

순전한 청지기는 목회자의 리더십에 복종한다

[16]너희를 위하여 같은 간절함을 디도의 마음에도 주시는 하나님께 감사하노니,
[17]그가 권함을 받고 더욱 간절함으로 자원하여 너희에게 나아갔고 (8:16-17)

바울은 이 연보에 제기될 법한 또 다른 이의, 곧 이 연보 프로젝트가 바울 혼자만의 것이라는 이의를 예상하고 여기에 답했다. 이 연보는 단지 바울의 열정에서 비롯된 게 아니었다. **하나님**이 이 연보 프로젝트를 위한 **같은 간절함을 디도의 마음에도 주셨다. 디도**는 예루살렘 성도들을 너무나 잘 알고 너무나 사랑했으며(참조, 7:15), 그 또한 예루살렘 성도들을 구제하는 일에 전심으로 헌신했다. 하나님이 바울의 마음과 디도의 마음이 이렇게 하나 되게 하셨고, 이로써 이 연보가 하나님의 뜻이라는 것이 한층 더 확증되었다. 그뿐 아니라, 디도는 이방인이기 때문에, 바울을 반대하는 일당이 유대인을 편애한다며 디도를 비난할 수도 없었다.

그 누구도 바울이 억지로 디도를 이 연보 계획에 참여시켰다고 생각하지 않도록, 바울은 **그가 권함을 받고 더욱 간절함으로 자원하여 너희에게 나아갔다**[73]고 했다. 바울은 디도에게 참여를 요청했고 디도는 바울의 호소("권함")를 받아들였다. 그러나 디도는 이 프로젝트에 참여하려는 **간절함**이 아주 컸기에 **자원하여** 고린도에 갔다. 디도는 바울의 계획에 자진해 참여했으며, 이것은 둘이 한마음이었다는 더 강한 증거였다.

힘 있고 의지 강한 지도자들은 흔히 자신들의 프로젝트를 밀어붙일 수 있다. 그러나 성경이 말하는 건강한 청지기 프로그램들은 경건한 다수의 사람이 이끌 것이다. 교회 재정은 하나님의 마음을 구하는 데 마음을 같이 하는 지혜롭고, 신학적으로 건전하며, 영적으로 성숙한 사람들이 감독해야 한다.

순전한 청지기는 책임감이 있다

[18]또 그와 함께 그 형제를 보내었으니, 이 사람은 복음으로써 모든 교회에서 칭찬을 받는 자요 [19]이뿐 아니라 그는 동일한 주의 영광과 우리의 원을 나타내기 위하여 여러 교회의 택함을 받아 우리가 맡은 은혜의 일로 우리와 동행하는 자라. [20]이것을 조심함은 우리가 맡은 이 거액의 연보에 대하여 아무도 우리를 비방하지 못하게 하려 함이니, [21]이는 우리가 주 앞에서 뿐 아니라 사람 앞에서도 선한 일에 조심하려 함이라. [22]또 그들과 함께 우리의 한 형제를 보내었노니, 우리는 그가 여러 가지 일에 간절한 것을 여러 번 확인하였거니와 이제 그가 너희를 크게 믿으므로 더욱 간절하니라. [23]디도로 말하면 나의 동료요 너희를 위한 나의 동역자요 우리 형제들로 말하면 여러 교회의 사자들이요 그리스도의 영광이니

---

73 새번역: 그는 우리의 청을 받아들였을 뿐만 아니라, 더욱 열심을 내어서, 자진하여 여러분에게로 갔습니다(17절).

라. (8:18-23)

고린도 신자들이 잘 알고 크게 존경하는 디도만 이 연보 프로젝트에 참여한 게
아니었다. 이름 모를 **형제**도 참여했는데, **이 사람은 복음으로써 모든 교회에서 칭
찬을 받는 자**였다. 바울은 그를 디도와 **함께** 고린도에 **보내** 연보와 관련된 일을
돕게 했다. 바울이 높이 평가받는 이 사람을 연보 프로젝트에 포함한 것은 일
을 더없이 정직하고 순전하게 처리하려는 의도 때문이었다. 이렇게 함으로써,
있을 법한 그 어떤 비난, 즉 그가 돈을 오용할 수도 있다는 비난을 더 확실하게
차단했다.

어떤 사람들은 이름 모를 이 **형제**가 두기고였다고 추측했으며, 어떤 사람
들은 드라비모나 누가였다고 추측했다. 그러나 그의 이름이 명시되지 않기에
이런 추측은 쓸모없다. 그가 디도와 함께 왔다는 이유만으로도 고린도 신자
들은 틀림없이 그를 인정했을 것이다. 그러나 바울의 말에 담긴 의미는 그가
뛰어난 복음 전파자라는 사실을 고린도 신자들이 이미 알고 있었다는 것이
다. 바울이 그를 선택한 이유는 그가 비즈니스 감각이 뛰어나 연보 모으기에
도움이 되기 때문이 아니라 영적으로 성숙하고 성품에 흠이 없으며 순전하다
는 평판이 자자하기 때문이었다. 연보 프로젝트에 경건한 지도자가 또 하나
포함되었고, 이로써 이 프로젝트의 신뢰성이 한층 강화되었다. 이것은 교회의
영적 지도자에게 돈을 맡기는 신약성경의 패턴에도 부합했다(참고. 행 4:37).

바울과 디도는 이름 모를 형제를 선택해 연보 프로젝트를 감독하게 했다.
이뿐 아니라 이 형제는 **여러 교회의 택함을 받아…은혜의 일로** 이들과 **동행하는
자**였다. 그는 단지 사도의 또 다른 제자로서 사도의 지시대로 움직일 사람에
불과하지 않았다. 그는 여러 교회의 택함을 받았고, 이 때문에 바울과 디도는
둘이 공모해 돈을 오용하려 한다는 거짓 비난을 피했다. 바울이 염려한 이유
는 자신과 디도가 신뢰할 수 없는 사람이기 때문이 아니라 고린도에 있는 바
울의 대적들이 신뢰할 수 없는 사람이기 때문이었다. 이들이 바울과 디도를
비난하게 내버려 둔다면, 이미 불안한 고린도 신자들을 더 혼란하게 할 터였
다. 바울은 이들이 이렇게 하도록 둘 수 없었다.

바울과 그 일행이 **주의 영광**을 위해 이 연보를 **맡았다**. 이들은 절대로 그리스도의 이름에 욕이 되지 않길 바랐다. 이름 모를 전파자가 객관적인 외부 감사 역할을 함으로써 연보 관리에 관해 그 어떤 타당한 비난도 없게 했다. 이들은 또한 가난한 사람들을 도우려는 자신들의 **원**(readiness 준비)을 **나타내길**(to show, 보여주길) 원했다. 가난한 자들을 돕는 것은 바울이 늘 열망했던 일이다 (참조, 갈 2:10).

그러므로 바울은 대적들이 자신의 신뢰성을 공격하리라 예상해 예방책(precaution, 조심함)을 세웠다. 경건한 전파자를 선택해 디도와 동행하게 함으로써 그가 **맡은** 고린도 신자들의 **거액의 연보**(generous gift, 후한 선물)에 대하여 **아무도** 그를 **비방하지 못하게** 했다. 바울이 돈을 위해 사역한다며 고린도에 있는 바울의 대적들이 그를 비난했기에 이것은 지혜로운 보호 장치였다. 바울은 사도로서 자신의 권리와 특권을 변호하며 고린도전서 9:3-15에 이렇게 썼다.

나를 비판하는 자들에게 변명할 것이 이것이니, 우리가 먹고 마실 권리가 없겠느냐? 우리가 다른 사도들과 주의 형제들과 게바와 같이 믿음의 자매 된 아내를 데리고 다닐 권리가 없겠느냐? 어찌 나와 바나바만 일하지 아니할 권리가 없겠느냐? 누가 자기 비용으로 군복무를 하겠느냐? 누가 포도를 심고 그 열매를 먹지 않겠느냐? 누가 양 떼를 기르고 그 양 떼의 젖을 먹지 않겠느냐? 내가 사람의 예대로 이것을 말하느냐? 율법도 이것을 말하지 아니하느냐? 모세의 율법에 곡식을 밟아 떠는 소에게 망을 씌우지 말라 기록하였으니, 하나님께서 어찌 소들을 위하여 염려하심이냐? 오로지 우리를 위하여 말씀하심이 아니냐? 과연 우리를 위하여 기록된 것이니 밭가는 자는 소망을 가지고 갈며, 곡식 떠는 자는 함께 얻을 소망을 가지고 떠는 것이라. 우리가 너희에게 신령한 것을 뿌렸은즉, 너희의 육적인 것을 거두기로 과하다 하겠느냐? 다른 이들도 너희에게 이런 권리를 가졌거든 하물며 우리일까보냐? 그러나 우리가 이 권리를 쓰지 아니하고 범사에 참는 것은 그리스도의 복음에 아무 장애가 없게 하려 함이로다. 성전의 일을 하는 이들은 성전에서 나는 것을 먹으며, 제단에서 섬기는 이들은 제단과 함께 나누는 것을 너희가 알지 못하냐? 이와 같이 주께서도 복음 전하는 자들이 복음으로 말미암아 살리라 명하셨느니라. 그러나 내가 이것을 하나도 쓰지 아니하였고, 또 이 말을 쓰는 것은 내게 이같이 하여 달라는 것이 아니라. 내가 차라리 죽을지언정 누구든지 내 자랑하는 것을 헛된 데로 돌리지 못하게 하리라.

바울은 고린도 신자들에게 후원을 받을 권리가 얼마든지 있었는데도 이들의 후원을 받지 않았다. 그는 자신이 돈을 위해 사역한다는 거짓 비난에 신빙성을 더하고 싶지 않았다.

나중에 고린도후서에서, 바울은 이렇게 썼다.

내가 너희를 높이려고 나를 낮추어 하나님의 복음을 값없이 너희에게 전함으로 죄를 지었느냐? 내가 너희를 섬기기 위하여 다른 여러 교회에서 비용을 받은 것은 탈취한 것이라. 또 내가 너희와 함께 있을 때 비용이 부족하였으되 아무에게도 누를 끼치지 아니하였음은 마게도냐에서 온 형제들이 나의 부족한 것을 보충하였음이라. 내가 모든 일에 너희에게 폐를 끼치지 않기 위하여 스스로 조심하였고 또 조심하리라. (고후 11:7-9; 참조. 12:14-18)

바울은 고린도 신자들의 연보가 거액일 거라 예상했으며, 따라서 그가 신중했던 것은 더더욱 옳았다. '하드로테스'(hadrotēs, **generous gift, 거액의 연보**)는 신약성경에서 이곳에만 나오며 풍성함을 가리킨다. 바울의 대적들이 그를 거짓으로 비난했듯이 바울이 실제로 횡령자였다면, 이것은 군침 도는 표적이었을 것이다.

바울은 **주 앞에서 뿐 아니라 사람 앞에서도 선한 일에 조심했다(have regard**, 관심을 가졌다; 19절에 대한 설명을 보라). 어떤 사람들은 이렇게 물을지 모른다. 바울이 **주 앞에서(in the sight of the Lord,** 주님이 보시기에) 합당하게 행동한다면 사람들의 생각에 신경 쓸 이유가 없지 않을까? 바울은 사람을 기쁘게 하는 자가 아니었다(참조. 고전 9:22; 갈 1:10; 살전 2:4). 그렇다고 사람들의 생각에 신경 쓰지 않는 사람도 아니었다. 어쨌든 그들은 바울이 복음으로 다가가려 애쓰는 대상이었다. 바울은 대적들이 자신을 거짓으로 비난하게 둘 수 없었다. 그렇게 하도록 두면, 지켜보는 세상 앞에서 그가 신뢰를 잃고 의심을 사며 그가 복음을 전하는 데 방해될 것이었다(참조. 잠 3:4; 롬 12:17; 14:16; 고전 9:22; 10:32-33).

바울은 연보 문제를 순전하게 처리하려 했고, 이를 위해 디도와 이름 모를 전파자 외에 이름 모를 또 다른 **형제를 보냈다.** 이번에도, 그가 누군지 추측하는 것은 헛수고다. 앞서 언급한 유명한 전파자처럼, 고린도 신자들은 그를 알았고 존경했다. 그는 이름이 언급되지 않지만 크게 칭찬받는다. 바울은 **우리는 그가 여러 가지 일에 간절한 것을 여러 번 확인하였다**(whom we have often tested and found diligent in many things, 우리는 그를 자주 시험했는데 많은 일에서 성실한 것을 알게 되었다; "확인하였다 tested and found"의 어원은 *dokimazō*, 시험한 후 인정하다)고 했다. 그는 고린도 신자들을 **크게 믿으므로** 더 부지런해지고 ("더욱 간절하니라") 열정이 더해졌다. 바울은 고린도 신자들이 회개하고 다시 자신에게 충실하기로 했다는 소식을 들었고, 이 때문에 이번 연보 프로젝트에 더욱 열심히 참여했다.

뒤이어 바울은 자신의 재정위원회 위원들을 간단히 열거하고, 이들의 인품이 고상하며 흠잡을 데 없다는 점을 재차 강조했다. 디도는 바울과 함께 사역하는 **동료**(partner, *koinōnos*)일 뿐 아니라 고린도 신자들을 **위한**(among) 그의 **동역자**(fellow worker, *sunergos*)였다(참조. 롬 16:3, 9, 21; 빌 2:25; 골 4:11; 몬 1, 24). 이름 모를 두 **형제들로** 말하면, 이들은 **여러 교회의 사자들**(messengers, 문자적으로, "사도들")이었다. 이 어구는 신약성경에서 이곳에만 나오며, 이들을 공식적 권위를 가진 교회 대표들로 지명한다. 이들은 열두 사도나 바울과 달리 그리스도의 사도가 아니었다. 이들은 부활하신 주님을 직접 보지 못했고, 직접으로든(막 3:13-19; 행 9:15) 주님이 앞서 지명하신 자들을 통해서든 간에(행 1:21-22) 주님에 의해 선택되어 사도로 지명되지도 않았다. 신실한 두 형제는 연보 프로젝트를 도우라고 교회들이 보낸 사람이었다. 바울은 초기 교회가 돈을 맡긴 사람들의 뛰어난 성품을 보여주면서 이 셋을 **그리스도의 영광**이라 불렀다. 이보다 더한 칭찬이 있을 수 없었다. 살아서 **그리스도의 영광**이 된 사람들이라면 그분의 이름과 교회에 수치를 안기지 않을 것이다.

순전한 청지기는 사랑을 표현하는 연보를 한다

그러므로 너희는 여러 교회 앞에서 너희의 사랑과 너희에 대한 우리 자랑의 증거를 그들에게 보이라. (8:24)

바울은 고린도 신자들에게 연보의 중요성과 절차를 가르쳤다. 그는 부적절해 보이는 것은 무엇이라도 피하려고 합리적 예방책을 모두 취했다. 이제 고린도 신자들이 **여러 교회 앞에서**(문자적으로, "여러 교회의 면전에서") 연보해 자신들의 후함을 모두에게 보여줄 때였다. 이렇게 함으로써, 이들은 자신들의 **사랑…의 증거를 그들에게 보일** 터였다. 예수님이 말씀하셨듯이 말이다. "새 계명을 너희에게 주노니, 서로 사랑하라. 내가 너희를 사랑한 것 같이 너희도 서로 사랑하라. 너희가 서로 사랑하면 이로써 모든 사람이 너희가 내 제자인 줄 알리라"(요 13:34-35). 사랑하는 교회는 후한 교회이며, 고린도 신자들의 후한 사랑은 그리스도께서 이들 가운데서 하시는 일에 **대한** 바울의 **자랑**이 옳다는 것을 뒷받침할 것이었다.

순전한 청지기는 본이 되는 연보를 한다

¹성도를 섬기는 일에 대하여는 내가 너희에게 쓸 필요가 없나니, ²이는 내가 너희의 원함을 앎이라. 내가 너희를 위하여 마게도냐인들에게 아가야에서는 일 년 전부터 준비하였다는 것을 자랑하였는데, 과연 너희의 열심이 퍽 많은 사람들을 분발하게 하였느니라. ³그런데 이 형제들을 보낸 것은 이 일에 너희를 위한 우리의 자랑이 헛되지 않고 내가 말한 것 같이 준비하게 하려 함이라. ⁴혹 마게도냐인들이 나와 함께 가서 너희가 준비하지 아니한 것을 보면 너희는 고사하고 우리가 이 믿던 것에 부끄러움을 당할까 두려워하노라. (9:1-4)

본문 이 부분에서 장(章)이 갈리는 게 안타깝다. 8장 끝에 표현된 생각이 이 단락에 그대로 이어지기 때문이다. 바울은 고린도 신자들을 굳게 믿었기에 예루살렘 **성도를 섬기는 일(연보)에 대하여는** 이들에게 굳이 **쓸 필요가 없다**고 느꼈다. 바울은 이들의 **원함(readiness,** 새번역은 "열성"), 곧 이들의 첫 반응에 담긴 열의와 열성을 알았다. 그래서 **마게도냐인들에게 아가야**(고린도가 아가야 지방에 위치했다)**에서는 일 년 전부터 준비하였다는 것을 자랑했다.** 사실, 이 책 21장에서 말했듯이, 고린도 신자들이 먼저 본을 보인 **열심**이 **퍽 많은(most of,** 대다수) 마게도냐 신자들로 **분발하게 하여** 이 프로젝트에 매우 희생적으로 참여하게 했다.

그러나 앞서 말했듯이, 거짓 선생들이 바울에게 반기를 들라고 고린도 신자들을 선동했고, 이 때문에 고린도 신자들은 연보를 중단했다. 그래서 바울은 **형제들을**(디도와 이름 모를 두 형제를) **보냈다. 이들을 위한(about,** 관한) 자신의 **자랑이 헛되지 않게** 하기 위해서였다. 바꾸어 말하면, 고린도 신자들이 연보를 **준비하게** 하기 위해서였다. 바울은 **마게도냐인들이** 자신과 **함께** 고린도에 갔을 때(실제로 어떤 사람들이 그렇게 했듯이; 참조. 행 20:2-4) 이들이 **준비하지 아니한 것을 볼까** 걱정이었다. 이렇게 되면, 바울과 고린도 신자들 양쪽 다 바울의 거짓 **믿음(confidence,** 믿던 것), 곧 이들이 연보를 준비했으리라는 확신 때문에 **부끄러움을 당할** 터였다. 이처럼 당혹스러운 상황을 미연에 방지하려고, 바울은 고린도 신자들에게 그들이 시작했던 것을 끝내라고 했다. 고린도 신자들이 보인 본이 먼저 마게도냐 신자들을 분발시켜 연보를 하게 했듯이, 이들이 연보를 완결하는 것도 본이 될 것이었다. 하나님은 마지못한 연보가 아니라 본이 되는 연보를 바라신다.

순전한 청지기는 탐욕을 이기는 연보를 한다

그러므로 내가 이 형제들로 먼저 너희에게 가서 너희가 전에 약속한 연보를 미리 준비하게 하도록 권면하는 것이 필요한 줄 생각하였노니, 이렇게 준비하여야 참 연보답고 억지가 아니니라. (9:5)

앞서 말한 이유 때문에, 바울은 **이 형제들로**(디도와 이름 모를 두 형제로) **먼저** 고린도에 **가서** 고린도 신자들이 **전에 약속한 연보(bountiful gift)를 미리 준비하게 하도록 권면하는 것이 필요한 줄 생각했다.** 분명히, 고린도 신자들은 구체적이고 많은 금액을 약속했으며, 바울은 자신이 도착했을 때 이들이 그 연보를 확실하게 준비해 두게 하고 싶었다.

뒤이어 바울은 고린도 신자들이 약속을 못 지키게 할 수 있는 죄를 경고했다. 탐욕(covetousness)이다.[74] 탐욕은 연보를 가장 크게 방해하는 죄다. 고린도 신자들은 예루살렘 성도들을 위한 연보가 하나님의 일이며 하나님의 방식으로 이루어지고 있다는 것을 알았다. 그리고 이 연보에 참여하겠다고 약속했었다. 그러므로 이 약속을 지키지 않는 것은 죄악된 탐욕이었다.

탐욕만큼 추한 죄도 없다. 타인을 희생시켜 더 많이 움켜쥐는 것만큼 이기심과 교만을 생생하게 드러내는 죄도 없다. 탐욕은 타락한 인간 본성의 틀에 내재되어 있다. 예수님은 "속에서 곧 사람의 마음에서 나오는 것은…탐욕"이라고 하셨다(막 7:21-22). 죄인들이 탐욕을 부리는 것은 "탐욕에 연단된 마음을 가졌기" 때문이다(벧후 2:14). 탐욕(탐심)은 우상숭배이며(엡 5:5; 골 3:5), 습관적으로 탐욕을 부리는 자들은 하나님 나라를 유업으로 받지 못한다(고전 6:10; 엡 5:5). 탐욕 또는 탐심은 타락한 마음의 특징이며(롬 1:28-29) 사람들로 타인들을 억압하게 하고(미 2:2) 하나님을 배반하게 한다(시 10:3). 그리스도인들은 "만일 어떤 형제라 일컫는 자가…탐욕을 부리…거든 사귀지도 말아야" 한다(고전 5:11).

그러므로 순전한 청지기의 표식은 돈을 신실하게 관리함으로써 비판자들의 입을 막는 경건한 목회자들에게 복종하면서 자신이 가진 것에 비례해 자발적이고 성실하게 연보한다는 것이다. 이러한 연보의 동기는 하나님과 이웃을 향해 본을 보인 사랑이며, 이기적 탐심과 탐욕으로부터 완전히 자유롭다. 이러한 고귀한 기준들이 모든 연보를 가늠하는 잣대여야 한다.

---

74 개역개정에서 "억지가 아니니라"로 번역된 부분을 NASB는 다음과 같이 옮겼다 not affected by 'covetousness'(탐욕에 영향을 받은 것이 아니다).

24

번영에 이르는 길
(9:6-15)

⁶이것이 곧 적게 심는 자는 적게 거두고 많이 심는 자는 많이 거둔다 하는 말이로다. ⁷각각 그 마음에 정한 대로 할 것이요 인색함으로나 억지로 하지 말지니, 하나님은 즐겨 내는 자를 사랑하시느니라. ⁸하나님이 능히 모든 은혜를 너희에게 넘치게 하시나니, 이는 너희로 모든 일에 항상 모든 것이 넉넉하여 모든 착한 일을 넘치게 하게 하려 하심이라. ⁹기록된 바 그가 흩어 가난한 자들에게 주었으니 그의 의가 영원토록 있느니라 함과 같으니라. ¹⁰심는 자에게 씨와 먹을 양식을 주시는 이가 너희 심을 것을 주사 풍성하게 하시고 너희 의의 열매를 더하게 하시리니, ¹¹너희가 모든 일에 넉넉하여 너그럽게 연보를 함은 그들이 우리로 말미암아 하나님께 감사하게 하는 것이라. ¹²이 봉사의 직무가 성도들의 부족한 것을 보충할 뿐 아니라 사람들이 하나님께 드리는 많은 감사로 말미암아 넘쳤느니라. ¹³이 직무로 증거를 삼아 너희가 그리스도의 복음을 진실히 믿고 복종하는 것과 그들과 모든 사람을 섬기는 너희의 후한 연보로 말미암아 하나님께 영광을 돌리고 ¹⁴또 그들이 너희를 위하여 간구하며 하나님이 너희에게 주신 지극한 은혜로 말미암아 너희를 사모하느니라. ¹⁵말할 수 없는 그의 은사로 말미암아 하나님께 감사하노라. (9:6-15)

미국 독립선언문은 "생명, 자유, 행복 추구"라는 "양도할 수 없는 권리"를 선포했다. 그런데 우리 사회는 여기에 넷째 권리를 덧붙이려 한다. 번영을 추구할 권리다. 무모하게 부를 추구하는 것은 우리 시대의 강렬한 열정이다. 자칭 금융전문가들이 책과 광고를 비롯해 텔레비전 프로그램, 웹사이트, 소식지, 잡지 등을 엄청나게 쏟아낸다. 일부는 건전한 조언을 한다. 대다수는 벼락부자가 되는 모호한 계획들을 조장한다. 그러나 이들은 하나같이 주장한다. 자신들에게 현대판 엘도라도에 가는 지도가 있다는 것이다(엘도라도는 스페인 정복자들이 그렇게도 열심히 찾아다녔던 신화 속 황금 도시다). 현대인들은 스페인 정복자들의 특징이었던 무자비한 일편단심으로 자신만의 엘도라도를 추구한다.

세상은 물질주의를 무자비하게 추구한다. 그런데 안타깝게도, 교회가 이러한 세상적 추구의 먹이로 전락했다. 일부 그리스도인들은 부를 하나님이 주시는 복의 표시로 보며, 따라서 경제적 성공을 교회 지도자의 필수 자격요건으로 여긴다.

기독교의 이름으로 포장된 물질주의가 있다. 가장 충격적인 예는 의심할 여지 없이 이단적인 '믿음의 말씀 운동'(Word of Faith movement), 또는 '건강과 부의 복음'(Health and Wealth Gospel)이다. 이것을 지지하는 자들은 모든 신자가 부자 되는 것이 하나님의 뜻이라고 뻔뻔스럽게 외친다. 신자들이 믿음으로 부를 요구하고 적극적으로 말하면 이렇게 내뱉은 고백 자체가 부를 창출한다는 것이다. 믿음의 말씀 운동을 가르치는 자들은 하나님에게는 신자들이 요구하는 물품을 줄 의무가 있다고 주장한다. 이들은 뻔뻔스럽게도 성경의 주권적 하나님을(참조. 시 103:19; 딤전 6:15) 자신의 믿음으로 자신을 건강하고 부유하게 하려고 창조 능력을 휘두르는 신자의 주권으로 대체한다. 하나님은 신자의 소원을 모두 들어주는 실용적인 정령이 된다. (믿음의 말씀 운동에 대한 비판은 다음을 보라. John MacArthur, *Charismatic Chaos* [Grand Rapids: Zondervan, 1992][75]; D. R. McConnell, *A Different Gospel* [Peabody, Mass.: Hendrickson, 1988].)

믿음의 말씀 운동의 속이는 자들이 뻔뻔스럽게 선포하더라도, 신자들은 자신의 탐닉을 위해 자신의 현실을 만들어 내서는 안 된다. 자기중심적이고 교만으로 넘치는 이러한 욕망이 진정한 신자들의 특징일 수는 없다. 욥과 아브

---

75 『무질서한 은사주의』, 이용중 옮김(부흥과 개혁사, 2008).

라함처럼 경건한 신자 중에 매우 큰 부자가 있었던 것은 사실이다. 그러나 바울은 자신이 "주리고 목마르며 헐벗고 매맞으며 정처가 없다"고 했으며(고전 4:11), 예수님은 "여우도 굴이 있고 공중의 새도 집이 있으되 인자는 머리 둘 곳이 없도다"고 하셨다(눅 9:58). 교회는 언제나 부자도 있었고(참조. 마 27:57; 행 4:36-37; 8:27; 10:1-2; 16:14-15; 17:4; 딤전 6:17) 가난한 자도 있었다(참조. 행 6:1; 고전 1:26; 고후 8:2). 그분의 주권적 목적에 따라, "여호와는 가난하게도 하시고 부하게도 하시며 낮추기도 하시고 높이기도 하시기" 때문이다(삼상 2:7).

그러나 부하든 가난하든 간에, 성경은 "재물의 유혹"을 경고하고(막 4:19) 이렇게 권면한다. "부자 되기에 애쓰지 말고 네 사사로운 지혜를 버릴지어다. 네가 어찌 허무한 것에 주목하겠느냐? 정녕히 재물은 스스로 날개를 내어 하늘을 나는 독수리처럼 날아가리라"(잠 23:4-5). 예수님은 마태복음 6:24에서 "너희가 하나님과 재물을 겸하여 섬기지 못하느니라"고 하셨고, 누가복음 12:15에서 "삼가 모든 탐심을 물리치라"고 경고하셨다. 탐심은 불신자들의 특징이며(시 10:3; 롬 1:29; 고전 6:10; 엡 5:3), 특히 거짓 선생들의 특징이고(딤전 6:5; 딛 1:11; 벤후 2:1-3, 14-15; 유 11), 우상숭배의 한 형태다(엡 5:5; 골 3:5). 번영을 가르치는 선생들이 조장하는 물질주의와 정반대로, 예수님은 이렇게 명하셨다. "너희를 위하여 보물을 땅에 쌓아 두지 말라. 거기는 좀과 동록이 해하며 도둑이 구멍을 뚫고 도둑질하느니라. 오직 너희를 위하여 보물을 하늘에 쌓아 두라. 거기는 좀이나 동록이 해하지 못하며 도둑이 구멍을 뚫지도 못하고 도둑질도 못하느니라"(마 6:19-20).

견실한 재정과 관련해, 하나님은 세속적이거나 유사기독교적 물질주의와 매우 다른 계획을 갖고 계신다. 재물을 축적하려고 애쓰는 대신, 하나님의 계획에는 성실한 노동, 지혜로운 투자, 신중한 저축이 포함된다. 그러나 인간 중심의 방종과 대조적으로, 번영의 수단은 탐욕스러운 축적이 아니라 그 반대인 후한 연보(giving)다.

네 재물과 네 소산물의 처음 익은 열매로 여호와를 공경하라. 그리하면 네 창고가 가득히 차고 네 포도즙 틀에 새 포도즙이 넘치리라. (잠 3:9-10)

흩어 구제하여도 더욱 부하게 되는 일이 있나니, 과도히 아껴도 가난하게 될 뿐이니라. 구제를 좋아하는 자는 풍족하여질 것이요 남을 윤택하게 하는 자는 자기도 윤택하여지리라. (잠 11:24-25)

가난한 자를 불쌍히 여기는 것은 여호와께 꾸어 드리는 것이니, 그의 선행을 그에게 갚아 주시리라. (잠 19:17)

가난한 자를 구제하는 자는 궁핍하지 아니하려니와 못 본 체하는 자에게는 저주가 크리라. (잠 28:27)

만군의 여호와가 이르노라. 너희의 온전한 십일조를 창고에 들여 나의 집에 양식이 있게 하고 그것으로 나를 시험하여 내가 하늘 문을 열고 너희에게 복을 쌓을 곳이 없도록 붓지 아니하나 보라. (말 3:10)

주라. 그리하면 너희에게 줄 것이니, 곧 후히 되어 누르고 흔들어 넘치도록 하여 너희에게 안겨 주리라. 너희가 헤아리는 그 헤아림으로 너희도 헤아림을 도로 받을 것이니라. (눅 6:38)

이 구절들이 말하는 핵심은 분명하다. 드릴수록(나눌수록) 하나님은 더 많이 되돌려 주신다.

이 단락에서, 바울은 친숙한 농업 이미지를 사용해 한 가지 원리를 표현했다. **이것이 곧 적게 심는 자는 적게 거두고 많이 심는 자는 많이 거둔다 하는 말이로다.** 농부라면 누구라도 수확량이 심는 씨앗의 양에 정확히 비례한다는 것을 안다. **적게 심는 농부는 적게 거둔다. 많이 심는 농부는 많이 거둔다.** 이 원리를 영적 영역에 적용하면, 하나님께 드린 결과는 하나님의 복이라는 것이다. **많이(bountifully)**로 번역된 '유로기아'(*eulogia*)는 문자적으로 "복"(blessing)을 뜻한다. 후하게 드리는 자들은 하나님으로부터 후한 복을 거두고, 손해를 볼까 두려워 이기적으로 움켜쥐는 자들은 이득을 얻지 못한다.

8, 9장에서, 바울은 고린도 신자들에게 동기를 부여해 궁핍한 예루살렘교회 신자들을 위한 연보를 완결 짓게 하려 했다. 첫째, 바울은 고린도 신자들에게 마게도냐 신자들이 보인 모범을 일깨웠고(8:1-9), 그런 후에 이들을 직접 독려했으며(8:10-9:5), 이 단락에서 잠재적 유익을 지적했다. 하나님은 신자들이 심은 대로 거두게 하겠다고 자애롭게 약속하신다. 물론, 이기심에 호소하는 게 아니다. 하나님의 약속은 후하게 드리는 자들이 자기 욕망을 따라 소비할 수 있도록 이들에게 상을 주시겠다는 게 아니다. 이 단락이 전개되면서, 하나님이 신자들에게 은혜로 상을 주시는 진정한 목적이 분명해질 것이다.

고린도 신자들의 연보를 독려하기 위해, 바울은 그 결과로 거둘 수확의 다섯 측면을 제시했다: 하나님께 사랑받는다, 하나님께 후하게 받는다, 하나님께 영광이 된다, 하나님께서 친구들을 주신다, 하나님을 닮는다.

하나님께 사랑받는다

각각 그 마음에 정한 대로 할 것이요 인색함으로나 억지로 하지 말지니, 하나님은 즐겨 내는 자를 사랑하시느니라. (9:7)

하나님이 사랑하시는 사람이 되리라는 것보다 값진 약속을 상상하기 어렵다. 박애주의자들이 받는 세상 모든 갈채와 영예와 상을 다 합쳐도 하나님의 사랑을 받는 특권에 근접하지 못한다. 그러나 이것은 하나님이 **즐겨 내는 자** (cheerful giver)에게 하시는 약속이다. 하나님은 일반적 의미에서 세상을 사랑하신다(요 3:16). 그러나 하나님은 자신의 백성을 더 깊이, 더 놀랍게 사랑하며(요 13:1; 요일 4:16), 즐겨 내는 자 **각각(each one)**을 특별히 사랑하신다.

즐겨 드림(cheerful giving)은 외부의 강제가 아니라 내면, 곧 마음에서 비롯된다. 이것은 **마음에 정한 대로** 드리는 데서 시작된다. 다시 한번, 바울은 그리스도인의 연보가 철저히 자발적이라는 진리를 강조했다(이 책 21장, 8:3에 대한 설명을 보라). 그러나 그리스도인의 연보는 강요에 못 이겨서 하는 것은 아니지만, 건성으로, 성의 없이, 즉흥적으로 하는 것도 아니다. '프로아이레오.'(*proaireō*, **purposed,** 목적한, **정한**)는 신약성경에서 이곳에만 사용되며, 미리 결정한다는 의미를 내포한다. 연보에는 즉흥적 기쁨이 있다. 그렇더라도 연보는 충동적으로 이따금 하는 게 아니라 계획적이고 체계적으로 해야 한다(고전 16:2). 그뿐 아니라, 연보는 **인색함으로** 해서도 안 된다. '루페'(*lupē*, **grudgingly,** 인색함으로)는 문자적으로 "슬픔," "비탄," "고통"을 뜻한다. 연보는 후회하거나 아쉬워하거나 마지못해서 하거나 받은 것을 내놓는 것을 속 쓰려하는 태도로 해서는 안 된다. 앞서 말했듯이, 연보는 외부의 그 어떤 율법주의적 압박에 못이겨 **억지로(under compulsion)** 해서도 안 된다.

하나님이 인정하시는 연보는 **즐겨 내는 자**의 연보다. **즐겨(cheerful)**로 번역된 '힐라로스'(*bilaros*)에서 영어 단어 'hilarious'(즐거운, 명랑한, 웃음을 자아내는)가 나왔다. 행복하고 기쁘게 내는 자들, 연보의 특권을 기뻐하는 자들이 하나님의 사랑을 받는 특별한 대상이다.

하나님께 후하게 받는다

> [8]**하나님이 능히 모든 은혜를 너희에게 넘치게 하시나니, 이는 너희로 모든 일에 항상 모든 것이 넉넉하여 모든 착한 일을 넘치게 하게 하려 하심이라.** [9]**기록된 바 그가 흩어 가난한 자들에게 주었으니 그의 의가 영원토록 있느니라 함과 같으니라.** [10]**심는 자에게 씨와 먹을 양식을 주시는 이가 너희 심을 것을 주사 풍성하게 하시고 너희 의의 열매를 더하게 하시리니,** [11a]**너희가 모든 일에 넉넉하여 너그럽게 연보를 함은** (9:8-11a)

사랑하지 않고 줄 수는 있어도 주지 않고 사랑할 수는 없다. 하나님은 자신의 아들을 모든 신자에게 주신다. 그러나 앞서 말했듯이, 하나님은 후하게 즐겨 주는 자("내는 자")에게 특별히 복을 주신다. 사실, 하나님은 이런 신자들에게 말로 표현할 수 없을 만큼 웅장하고 거대하며 엄청나게 복을 주신다. 바울은 하나님의 후하심이 얼마나 큰지 말하려고 '파스'(*pas*, **all**, 모든)라는 단어와 관련된 형태를 8절에서 다섯 차례 사용하며 과장법을 썼다.[76] 하나님이 은혜로 주시는 데는 한계가 없다. 측량 자체가 불가능하다.

더 갖는 게 아니라 덜 갖는 것이 연보(giving, 나눔, 베풂, 드림)의 자연스러운 결과처럼 보인다. 그러므로 연보가 하나님의 복을 연다고 믿으려면 믿음이 필요하다. 그리스도인들은 하나님이 하겠다고 약속하신 것을 하나님이 **능히…하신다(is able)**고 믿어야 한다. '두나테오'(dunateō, **is able**, 능히 하시나니)는 문자적으로 "능력이 있다"(has power)는 뜻이다. 하나님은 능력이 크며(신. 4:37; 9:29; 느 1:10; 시 66:3; 79:11; 렘 32:17; 나 1:3; 계 11:17), 그 능력이 창조, 섭리, 이적, 구원, 예수 그리스도와 신자들의 부활, 악인들의 영원한 멸망(지옥)에서 나타난다. 따라서 바울이 "[고린도 신자들의] 믿음이 사람의 지혜에 있지 아니하고 다만 하나님의 능력에 있게 하려 하였노라"라고 표현한 것도 놀라운 일이 아니다(고전 2:5).

인간의 지혜는 번영이 재물을 나눔에서 오지 않고 움켜쥠에서 온다고 가르친다. 그러나 믿음은 하나님의 약속, 곧 주는 자("내는 자")에게 복을 주시리라는 약속을 신뢰하고 그 약속을 지키는 하나님의 능력을 신뢰한다. 하나님이 어떤 분인지 알기 때문이다. 다시 말해, 하나님은 "[신자들이] 구하거나 생각하는 모든 것에 더 넘치도록 능히 하실" 분이며(엡 3:20), 이들을 보호하고 지키시는 분이고(딤후 1:12; 히 7:25; 유 24), 이들이 유혹받을 때 도우시는 분이며(히 2:18), 이들을 죽은 자 가운데서 다시 살리실 분이다(히 11:19). 아브라함처럼, 신자들은 하나님이 "약속하신 그것을 또한 능히 이루실 줄을 확신"해야 한다(롬 4:21).

후하게 드리는 그리스도인들에게 **모든 은혜를 넘치게** 하려고, 하나님은 엄청나게 되돌려 주신다. 하나님은 조금도 아낌없이 풍성하게 주신다. 그래서 하나님의 자녀들은 **모든 일에 항상 모든 것이 넉넉하다.** 이 문맥에서, 이것은 일차적으로 물질적 자원을 가리킨다. 수확물은 씨와 성격이 같아야 하기 때문

---

76 개역개정 8절에서는 "모든"이 4회 사용되지만, 헬라어 본문에서는 pas와 관련된 형태가 5회 사용된다(pasan 2회, panti, pantote, pan).

이다. 신자들은 연보(드림, 나눔, 베풂)로 물질적 부를 심었기에 풍성한 물질적 복을 거둘 것이다. 하나님은 신자들이 드리는 것을 넘치도록 다시 채워줌으로써 이들이 아무것도 부족하지 않게 하신다. 하나님은 후하게 드리는 자(베푸는 자, 나누는 자)에게 그 후함을 한층 더 표현할 수단을 계속 주실 것이다.

바울 당시, 냉소주의 철학자들과 스토아 철학자들에게, '아우타르케이아'(autarkeia, **sufficiency, 넉넉함**)는 사람들과 환경으로부터 독립함을 뜻했다. 이들은 이러한 독립이 진정한 행복에 필수라고 보았다. 그러나 신자들의 넉넉함은 환경으로부터 독립함에서 오지 않고 하나님을 의지함에서 온다. 바울이 빌립보 신자들에게 썼듯이, "나의 하나님이 그리스도 예수 안에서 영광 가운데 그 풍성한 대로 너희 모든 쓸 것을 채우시리라"(빌 4:19).

하나님은 드리는 자(베푸는 자, 나누는 자)에게 되돌려 주신다. 번영 선생들이 거짓으로 암시하고 본을 보이듯이, 사람들이 자기 욕구를 따라 더 큰 자동차, 더 큰 집, 더 큰 보석을 살 수 있게 하기 위해서가 아니다. 하나님이 이들에게 공급하시는 목적은 **모든 착한 일을 넘치게 하게 하려 하심이다.** 주님은 즐겨 내는(나누는, 베푸는) 자들에게 주님을 높이는 선한 일을 하는 데 필요한 것을 넉넉하게 공급하신다. 다른 사람들에게 베풀고 그들을 섬기는 선순환이 계속될 수 있도록 주님은 이들이 쓰는 것을 끊임없이 채우신다. 후하게 드리는 자(베푸는 자, 나누는 자)는 그 삶이 의로운 행위로 더없이 넘쳐난다.

누구라도 이것이 자신이 세운 완전히 새로운 사회복지계획이라 생각하지 않도록 바울은 시편 112:9을 인용해 이것이 늘 하나님의 계획이었음을 보여주었다. **기록된 바(as it is written)**는 신약성경이 구약성경을 인용할 때 맨 앞에 나오는 전형적 어구다(막 1:2; 7:6; 눅 2:23; 3:4; 요 6:31; 12:14-15; 행 7:42; 15:15; 롬 1:17; 2:24; 3:4, 10; 4:17; 8:36; 9:13, 33; 10:15; 11:8, 26; 15:3, 9, 21; 고전 1:31; 2:9; 10:7). 후하게 드리는 자(베푸는 자, 나누는 자)는 **흩어 가난한 자들에게 준다.** 그러므로 **그의 의가 영원토록 있다.** 하나님은 현세와 영원에서 그의 필요를 채우고 그에게 상을 주신다.

신명기 15:10-11도 이것을 보여준다. 10절에서, 하나님은 모세를 통해 이렇게 선언하셨다. "너는 반드시 그[가난한 자]에게 줄 것이요, 줄 때에는 아끼는 마음을 품지 말 것이니라. 이로 말미암아 네 하나님 여호와께서 네가 하는 모든 일과 네 손이 닿는 모든 일에 네게 복을 주시리라." 궁핍한 자들에게 후한 자들은 하나님께 물질적 복을 받았다. 그러나 목적은 이들이 예수님의 비유에 나오는 어리석은 부자처럼 될 수 있게 하기 위해서가 아니었다. 어리석은 부자는 이렇게 말했다. "내가 이렇게 하리라. 내 곳간을 헐고 더 크게 짓고 내 모든 곡식과 물건을 거기 쌓아 두리라. 또 내가 내 영혼에게 이르되 영혼아 여러 해 쓸 물건을 많이 쌓아 두었으니 평안히 쉬고 먹고 마시고 즐거워하자 하리라"(눅 12:18-19). 하나님이 복을 주시는 목적이 11절에 나온다. 모세는 청중에게 일깨웠다. "땅에는 언제든지 가난한 자가 그치지 아니하겠으므로 내가 네게 명령하여 이르노니, 너는 반드시 네 땅 안에 네 형제 중 곤란한 자와 궁핍한 자에게 네 손을 펼지니라." 하나님이 끊임없이 재공급해주셨기에, 이들은 끊임없이 베풀어 다른 사람들의 필요를 채울 수 있었다.

바울은 구약성경을 세 번째 인용해 자신이 말하려는 핵심을 강화했다. 이번에 인용한 구절은 이사야 55:10이었다. 후하게 드려(베풀어, 나눠) 가난해질 사람이 없는 게 분명하다. **심는 자에게 씨와 먹을 양식을 주시는 이가** 이들에게 **심을 것을 주사 풍성하게 하시기** 때문이다. 하나님은 **심는 자에게 씨…를 주시는** 분이다. 하나님이 땅의 모든 식물을 창조하셨기 때문이다(창 1:11-12). 이로써 하나님은 **먹을 양식**이 되는 곡식을 주신다. 자연 세계에서 수확을 위한 씨를 주시는 바로 그 하나님이 후하게 드리는 자(베푸는 자, 나누는 자)가 **심을 것을 주사 풍성하게 하실 것이다.** 이들은 씨를 뿌리고 수확하며, 이로써 뿌릴 씨가 점점 많아진다. 후한 드림(나눔, 베풂, 연보)의 궁극적 수확은 영원한 상뿐 아니라 "공의를 심고 인애를 거두는" 자들에게(호 10:12) 이생의 일시적 축복이기도 하다. 이들은 **모든 일에 넉넉하여 너그럽게 연보를 하게(for all liberality)** 될 것이다.

하나님께 영광을 돌린다

11b그들이 우리로 말미암아 하나님께 감사하게 하는 것이라. 12이 봉사의 직무가

성도들의 부족한 것을 보충할 뿐 아니라 사람들이 하나님께 드리는 많은 감사로 말미암아 넘쳤느니라. ¹³이 직무로 증거를 삼아 너희가 그리스도의 복음을 진실히 믿고 복종하는 것과 그들과 모든 사람을 섬기는 너희의 후한 연보로 말미암아 하나님께 영광을 돌리고 (9:11b-13)

인간의 그 어떤 노력이든 간에 가장 고귀한 목표는 하나님의 영광이다(참조. 고전 10:31). 고린도 신자들의 후한 연보는 이미, 바울과 디도를 비롯해 이 연보 프로젝트에 참여한 사람들로 **말미암아**, 혜택을 받은 사람들로 **하나님께 감사하게 하**고 있었다. 예루살렘 성도들이 고린도 신자들의 연보를 받았을 때, 이들도 고린도 신자들로 이렇게 후한 연보를 하게 하신 하나님을 찬양하고 높였다.

인간은 감사할 줄 모르는 아이 같으며, 하나님은 "하나님을 영화롭게도 아니하며 감사하지도 아니하는" 자들 때문에 깊이 슬퍼하고 마음 아파하신다(롬 1:21). 반대로, 감사는 하나님께 영광을 돌리는 것이다(고후 4:15). 12절에서, 바울은 고린도 신자들이 행한 연보 **직무**(ministry of giving, 연보 사역)를 표현하면서 '레이투르기아'(*leitourgia*, **service**, 봉사)라는 단어를 사용했는데, 이 단어는 제사장 직무(priestly service)를 가리킨다(참조. 눅 1:23). 이 연보는 무엇보다도 사회 프로그램이 아니라 하나님을 향한 영적 봉사(service, 예배)였다.

바울은 고린도 신자들이 아주 후하게 연보하리라 예상했고, 그래서 이들의 **연보가 성도들의 부족한 것을 보충하리라** 기대했다. **보충하다(fully supplying)**로 번역된 단어는 동사 '플레로오'(*plēroō*)에 강조를 위해 두 전치사가 붙은 형태다.[77] 바울은 고린도 신자들의 선물이 크다는 것을 거듭 강조하는데, 앞서 이들의 선물을 가리켜 "거액의 연보"(generous gift)라 했다(8:20). 이것은 고린도 신자들이 경제적으로 비교적 부유했다는 것을 암시한다. 고린도는 중요한 상업 도시였고, 마게도냐 교회들을 가난하게 했던 박해가 아직 고린도교회에 미치지 않았던 게 분명했다. 고린도 신자들의 후함은 필요를 채울 터였다. 그러나 더 중요한 것은, 고린도 신자들의 후함은 가난한 예루살렘 신자들이 고

---

77 *en panti ploutizomevoi.*

린도 신자들의 연보로 인해 하나님을 찬양할 때 **하나님께 드리는 많은 감사로**도 이어지라는 점이었다.

이 선물(연보)은 고린도 신자들의 구원이 진짜라는 증거가 되기도 할 것이다. 사람들이 이 **직무**(고린도 신자들의 연보)**로 증거를 삼아(because of the proof given by this ministry,** 이 사역이 제시한 증거 때문에) 고린도교회가 **그리스도의 복음을 진실히 믿고 복종하는 것**에 대해 **하나님께 영광을 돌릴** 것이다. 초기 교회 유대인 신자들은 이방인 회심자들을 의심쩍어하기 일쑤였다. 많은 예루살렘 교회 신자들이 베드로가 복음을 이방인들에게 전했다는 소식에 크게 놀랐으며(행 11:1-3), 베드로는 이들을 매우 어렵게 설득한 끝에 이방인들을 그리스도 안에서 형제로 받아들이게 할 수 있었다(행 11:4-18). 그러니 예루살렘 신자들이 고린도 신자들의 믿음이 진짜라는 것을 믿기가 특히 어려웠을 게 분명하다. 고린도는 로마 세계에서 음란하기로 유명했고 고린도교회는 무질서하기 이를 데 없었으니, 두 사실은 유대인 신자들의 의심을 누그러뜨리는 데 거의 아무런 도움이 되지 않았을 것이다.

그러나 고린도 신자들의 희생적 연보는 동료 신자들을 향한 사랑, 곧 진정성의 표식을 명백히 보여주었다(요일 2:10; 3:17-18; 4:20-21). 이것은 이들이 "말씀을 행하는 자"이고 "듣기만 하여 자신을 속이는 자"가 아니라는 것을 증명했다(약 1:22; 참조. 엡 2:10). 고린도 신자들의 **복종(obedience,** 순종)은 이들이 **그리스도의 복음을 진실히 믿었다**는 것을 증명했다. 이들의 선행은 이들을 구원하지 않았으나 이들이 구원하지 못하는 죽은 믿음이 아니라 구원하는 믿음을 가졌다는 것을 증명했다(약 2:14-26). 고린도 신자들의 **후한 연보**를 듣는 **모든 사람**이 "감사로…하나님께 영광을 돌릴" 터였다(고후 4:15).

하나님이 주시는 친구들을 얻는다

또 그들이 너희를 위하여 간구하며 하나님이 너희에게 주신 지극한 은혜로 말미암아 너희를 사모하느니라. (9:14)

어떤 사람들은 가난한 신자들이 부자 신자들에게 줄 게 전혀 없다고 생각할는지 모른다. 그러나 그렇지 않다. 가난한 자들의 기도는 부자들의 상이며, 예루살렘 신자들은 고린도 신자들을 **위하여 간구**함으로써 이들의 후함에 보답할것이다. 예루살렘 성도들 뿐 아니라 다른 신자들도 고린도 신자들의 진정한 믿음을 듣고 이들을 위해 기도할 것이다. 진정한 교회 일치는 견실한 교리와 상호 기도에 기초한다. 고린도 신자들의 선물 때문에, 이들을 위해 헌신적으로 기도하는 친구들이 늘어날 것이다. 이들은 예수님이 불의한 청지기 비유에서 (눅 16:1-13) 말씀하신대로 할 것이다. "불의의 재물로 친구를 사귀라. 그리하면 그 재물이 없어질 때에 그들이 너희를 영주할 처소로 영접하리라"(9절).

동료 신자들은 고린도 신자들을 위해 기도할 뿐 아니라 그들과 더 깊고 더 친밀한 교제를 **사모할** 것이다. **하나님이** 고린도 신자들에게 **주신 지극한 은혜**를 볼 때, 이들의 마음에 이러한 열망이 꿈틀댈 것이다. 다른 신자들이 하나님의 은혜가 그토록 강하게 역사하는 사람들을 위해 기도할 뿐 아니라 이들과 교제하길 갈망할 것이다.

하나님을 닮는다

말할 수 없는 그의 은사로 말미암아 하나님께 감사하노라. (9:15)

이 단순한 마무리 축언은 성경에서 가장 부유한 선언 중 하나다. 물론, **말할 수 없는** 하나님의 **은사**(선물)는 그분의 아들이다. 그 아들은 역사상 가장 크고 아름다우며 놀라운 선물, 모든 선물을 끌어내는 선물이다.

이는 한 아기가 우리에게 났고 한 아들을 우리에게 주신 바 되었는데, 그의 어깨에는 정사를 메었고 그의 이름은 기묘자라, 모사라, 전능하신 하나님이라, 영존하시는 아버지라, 평강의 왕이라 할 것임이라. (사 9:6)

하나님이 세상을 이처럼 사랑하사 독생자를 주셨으니, 이는 그를 믿는 자마다 멸망하지 않고 영생을 얻게 하려 하심이라. 하나님이 그 아들을 세상에 보내신 것은 세상을 심판하려 하심이 아니요 그로 말미암아 세상이 구원을 받게 하려 하심이라. (요 3:16-17)

피조물이 다 이제까지 함께 탄식하며 함께 고통을 겪고 있는 것을 우리가 아느니라. (롬 8:22)

때가 차매 하나님이 그 아들을 보내사 여자에게서 나게 하시고 율법 아래에 나게 하신 것은. (갈 4:4)

하나님의 사랑이 우리에게 이렇게 나타난 바 되었으니 하나님이 자기의 독생자를 세상에 보내심은 그로 말미암아 우리를 살리려 하심이라. 사랑은 여기 있으니 우리가 하나님을 사랑한 것이 아니요 하나님이 우리를 사랑하사 우리 죄를 속하기 위하여 화목제물로 그 아들을 보내셨음이라. (요일 4:9-10)

하나님의 선물, 곧 주 예수 그리스도는 그리스도인의 연보(드림, 나눔, 베풂)의 기초다. 예수님은 "한 알의 밀"이며, 이것이 "땅에 떨어져…죽으면[죽어] 많은 열매를 맺었다"(요 12:24). 이를테면, 하나님이 그분을 한 알의 씨로 심어 구속받은 자들을 수확하셨다. 신자들은 "사랑을 받는 자녀같이 너희는 하나님을 본받는 자가 되어야" 하며(엡 5:1), 드릴(나눔, 베풀) 때 그 어느 때보다 하나님을 더 닮는다.

뒤이은 역사를 보면, 바울이 8, 9장에서 연보와 관련해서 했던 호소에 그리스도인들이 어떻게 반응했는지 알 수 있다. 고린도후서를 쓰고 얼마 되지 않아, 바울은 계획대로 고린도를 방문했다(고후 12:14; 13:1-2). 바울은 고린도에 3개월쯤 머물렀고(행 20:1-3), 그 기간에 로마서를 썼다. 로마서에서, 바울은 고린도 신자들이 연보에 관해 적극적으로 반응했다고 밝혔다.

그러나 이제는 내가 성도를 섬기는 일로 예루살렘에 가노니, 이는 마게도냐와 아가야 사람들이 예루살렘 성도 중 가난한 자들을 위하여 기쁘게 얼마를 연보하였음이라. 저희가 기뻐서 하였거니와 또한 저희는 그들에게 빚진 자니, 만일 이방인들이 그들의 영적인 것을 나눠 가졌으면 육적인 것으로 그들을 섬기는 것이 마땅하니라. (롬 15:25-27)

이들은 연보를 했을 뿐 아니라 "기쁘게" 연보했다. 이들은 기쁘고 행복하며 즐겁게 내는 자(givers, 드리는 자, 나누는 자, 베푸는 자)였다. 이들은 진정한 번영을 향해 가고 있었다.

영적 전쟁에서 승리하기
(10:1-6)

> ¹너희를 대면하면 유순하고 떠나 있으면 너희에 대하여 담대한 나 바울은 이제 그리스도의 온유와 관용으로 친히 너희를 권하고, ²또한 우리를 육신에 따라 행하는 자로 여기는 자들에 대하여 내가 담대히 대하는 것 같이 너희와 함께 있을 때에 나로 하여금 이 담대한 태도로 대하지 않게 하기를 구하노라. ³우리가 육신으로 행하나 육신에 따라 싸우지 아니하노니, ⁴우리의 싸우는 무기는 육신에 속한 것이 아니요 오직 어떤 견고한 진도 무너뜨리는 하나님의 능력이라. 모든 이론을 무너뜨리며, ⁵하나님 아는 것을 대적하여 높아진 것을 다 무너뜨리고, 모든 생각을 사로잡아 그리스도에게 복종하게 하니, ⁶너희의 복종이 온전하게 될 때에 모든 복종하지 않는 것을 벌하려고 준비하는 중에 있노라. (10:1-6)

이제(now)라는 단어가 암시하듯이,[78] 이 단락에서 이 서신의 새로운 섹션이 시작된다. (10-13장이 본래 별개의 편지였다는 견해에 대한 논박은 이 책의 서론을 보라.) 첫째 섹션은(1-7장) 바울과 고린도교회의 회복된 관계와 관련된 문제들에 초점을 맞추었다. 관계가 회복되었기에, 바울은 고린도 신자들이 예루살렘교회를 위한 연보에 참여하는 문제를 논의하는 게 적절하다고 느꼈다(8, 9장). 처음

---

78 개역개정은 "이제"가 1절 중간에 나오지만, NASB는 1절이 now로 시작한다(Now, Paul, myself urge you…)

두 섹션에서, 바울은 대체로 부드럽고 온화하며 달래듯이 말했다. 그러나 마지막 섹션에서(10-13장), 바울은 갑자기 어조를 바꾸어 강하고 권위적이며 공격적으로 말했다. 그 이유를 알려면, 바울이 이 편지를 쓸 때 고린도교회가 어떤 상황이었는지 살펴보아야 한다.

바울은 고린도교회를 세우고 20개월가량 교회를 다졌다(행 18:1-18). 그런 후, 다른 곳에서 사역하려고 고린도를 떠났다. 고린도를 떠난 후, 바울은 고린도교회에 심각한 문제들이 일어났다는 소식을 들었으며, 그래서 이들을 바로잡으려고 (성경에 없는) 편지를 썼다(고전 5:9). 바울은 더 많은 문제가 있다고 보고받았을 뿐 아니라(고전 1:11) 고린도 신자들에게서 편지로 몇몇 질문을 받았고(참조. 고전 7:1), 그래서 이들에게 두 번째 편지(고린도전서)를 썼다. 그러나 곧 훨씬 큰 문제가 일어났다. 이른바 거짓 사도들이 고린도교회에 침투해 바울의 사역과 사도성과 인격까지 맹렬하게 공격했다. 이들은 바울의 평판을 무너뜨리고 자신들을 권위 있는 선생으로 세워 고린도 신자들이 말도 안 되는 이들의 거짓말을 믿게 하려고 했다. 바울은 이러한 위협에 단호한 어투의 편지로 답했다. 이 편지는 엄한 편지(sever letter)로 알려져 있으며(고후 2:3-4), 이 편지를 받고 고린도교회 신자들이 대다수 회개했다. (바울이 고린도전서 5:9에서 언급한 편지처럼, 이 편지도 성경에 포함되지 않았으며, 두 편지 모두 지금껏 발견되지 않았다. 바울이 두 편지를 썼다는 사실을 아는 이유는 단 하나, 바울이 이 두 편지를 언급하기 때문이다.)

그러나 바울은 고린도교회의 회개를 인정했지만, 지혜롭게도 그는 거짓 선생들이 여전히 무시할 수 없는 세력이라는 것을 알았다. 고린도교회가 전체적으로 회개했지만, 이것은 독이든 개울물을 지하로 몰아넣은 것일 뿐이었다. 거기서 어떤 사람들은 바울에 맞서는 반란에 다시 불을 붙이려고 때를 기다렸다. 그동안, 이들은 바울에 맞서 더 교묘하게 전투를 벌인 게 분명했다. 반란의 마지막 찌끼까지 제거하려고, 바울은 고린도교회에 남아 있는 저항군을 소탕하는 수색섬멸작전을 개시했다. 그의 공격은 두 갈래였다. 바울은 이 서신 마지막 네 장에서, 이를테면 사전 폭격을 했다. 최종 공격은 바울이 몇 달 후 고린도를 방문했을 때 이루어졌다(고후 12:14; 13:1). 따라서 이 편지의 마지막 섹션은 저항하는 소수를 향한다. 다시 말해, 거짓 사도들과 이들에게 미혹되어 여전히 이들을 따르는 자들을 향한다.

적절하게도 바울은 전쟁 유비로 이 섹션을 시작했다. 전쟁 유비는 바울이 그리스도인의 삶을 묘사할 때 자주 사용하는 것이다. 예를 들면, 바울은 재정 후원을 받을 자신의 권리를 변호하면서 고린도 신자들에게 상기시켰다. "누가 자기 비용으로 군 복무를 하겠느냐?"(고전 9:7). 또한 디모데에게 이렇게 권면했다. "너는 그리스도 예수의 좋은 병사로 나와 함께 고난을 받으라. 병사로 복무하는 자는 자기 생활에 얽매이는 자가 하나도 없나니, 이는 병사로 모집한 자를 기쁘게 하려 함이라"(딤후 2:3-4; 참조. 빌 2:25; 몬 2). 바울은 그에게 "믿음의 선한 싸움을 싸우라"고 했다(딤전 6:12; 참조. 딤전 1:18).

죽음이 가까이 왔음을 직감했을 때, 바울은 당당하게 이렇게 썼다. "나는 선한 싸움을 싸우고 나의 달려갈 길을 마치고 믿음을 지켰으니"(딤후 4:7). 그는 모든 신자에게 어둠의 세력과 제대로 맞서 싸울 수 있게 영적 무장을 하라고 촉구했다(엡 6:10-18; 참조. 롬 13:12; 살전 5:8). 다메섹 가는 길에서 회심했을 때부터 죽을 때까지, 바울의 삶은 끊이지 않는 싸움이었다. 그는 어둠의 나라의 세력과 싸웠다. 다시 말해, 이와 관련된 귀신의 세력과 싸웠고(엡 6:12; 참조. 행 26:16-18) 인간의 세력과 싸웠다(참조. 행 9:23-24; 13:6-12, 45, 50; 14:2-5, 19; 17:5-9, 13; 18:12-17; 19:23-41; 20:3, 19; 살전 2:14-16; 딤전 1:20, 딤후 4:14-15). 그는 거짓 형제들과 싸웠고(고후 11:26; 갈 2:4) 거짓 사도들과 싸웠다(고후 11:13). 다시 말해, 하나님의 양 떼를 위협하는 사나운 이리들과 싸웠다(행 20:29; 참조. 마 7:15). 그는 일그러진 세상 철학들과도 싸웠다(골 2:8; 참조. 행 17:18). 그러나 바울은 결코 자신의 영예를 위해 싸우지 않았다. 그의 목적은 언제나 복음의 진리와 주님의 영광을 지키는 것이었다. 그가 이 서신에서 마지못해 자신을 변호했을 때, 이것은 단지 하나님의 복음의 진리를 선포하도록 보냄을 받은 예수 그리스도의 사도로서 자신의 신뢰성을 지키기 위해서였다. 이 문제는 아주 중요했다. 그래서 바울은 마지못해 겸손을 내려놓고 자신을 변호했다.

고린도의 악한 세력에 맞서는 싸움이 시작되자, 바울은 모두가 따라야 할 본을 보이려고 군인처럼 무장하고 나타난다. 그는 영적 전쟁에서 승리할 수 있는 군사의 네 가지 특징을 제시한다: 승리하는 군사는 연민하고 (compassionate)[79], 담대하며, 유능하고, 준비한다.

영적 전쟁에서 승리하는 군사는 연민한다

너희를 대면하면 유순하고 떠나 있으면 너희에 대하여 담대한 나 바울은 이제 그리스도의 온유와 관용으로 친히 너희를 권하고, (10:1)

앞서 말했듯이, **이제(now)**라는 단어는 바울이 여기서 이 편지의 마지막 섹션으로 옮겨간다는 표시다(NASB에서 1절은 now로 시작한다). 그러나 거짓 사도들과 그 추종자들에게 공격을 개시하기 전, 바울은 마지못해 이 전투에 참여한다는 뜻을 표현했다. 훌륭한 군사들은 치명적 무기를 사용하길 즐기지 않으며 어쩔 수 없이 사용할 뿐이다. 로버트 리(Robert E. Lee, 1807-1870)는 프레더릭스버그 전투에서 일어난 대학살을 조사하며 냉정하게 말했다. "전쟁이 그렇게 끔찍한 것은 잘된 일이다. 그렇지 않다면 우리는 전쟁을 좋아하게 될 것이다"(James M. McPherson, *Battle Cry of Freedom*, The Oxford History of the United States [New York: Oxford Univ., 1988], 572). 숭고한 용사의 힘은 그의 연민에 의해 제한되고 다른 선택이 없을 때만 사용된다. 바울은 바로 이런 마음으로 강력한 이 섹션을 시작했다.

물론, 이것은 주권적 주님이 바울에게 직접 위임하신 권위를 바울이 의심하거나 하찮게 여겼다는 뜻이 아니다. 사실, 바울은 **나 바울은(I, Paul, myself)**으로 시작함으로써 이 권위를 당당하게 단언했다.[80] 거짓 사도들과 달리, 바울은 자신의 권위를 그 어떤 인간 근원에도 두지 않았다. 그가 이 서신 앞부분에서 고린도 신자들에게 비꼬듯이 물었듯이 말이다. "우리가 다시 자천하기를 시작하겠느냐? 우리가 어찌 어떤 사람처럼 추천서를 너희에게 부치거나 혹은

---

79 연민(憐憫): 불쌍하고 가련하게 여김(출처: 표준대국어사전).

80 NASB에서 1절은 Now, Paul, myself urge you…로 시작한다.

너희에게 받거나 할 필요가 있느냐?"(3:1). 바울의 말은 하나님의 권위를 나타냈다. 필요하면, 그가 고린도를 방문할 때 그의 힘도 그럴 터였다(참조. 13:1-3).

그러나 사도의 힘을 휘두르기 전, 바울은 먼저 연민을 표현했다. 그는 복종하지 않는 소수에게 반역을 끝내고 진리와 화해하라며 **그리스도의 온유와 관용으로…권했다(urge,** 촉구했다). 바울은 대적들에게 개인적으로 복수하려 하지 않았다. 대신에, 주 예수 그리스도께서 자신에게 보이신 인내를 이들에게 보였다(딤전 1:16). '프라우테스'(*prautēs,* **meekness,** 온유)는 신약성경에서 일반적으로 "gentleness"(부드러움)로 번역된다. 이것은 불쾌함을 인내하며 견디는 결과를 낳는 겸손하고 부드러운 태도를 가리킨다. '프라우테스'는 분노, 미움, 비통, 복수욕이 없는 사람들의 특징이다. 이 단어는 약함이 아니라 통제되는 힘을 의미한다. '에피에이케이아'(*epieikeia,* **gentleness,** 관용)는 신약성경에서 이곳 외에 단 한 곳에서 사용되는데, 거기서는 "kindness"(개역개정은 "관용")로 번역된다(행 24:4). 권위자들에게 적용될 때, 이 단어는 "관대"(leniency)를 의미하며, 자신의 법적 권리를 최대로 주장하길 정중하게 거부하는 자들을 묘사한다.

물론, 이 두 단어에 표현된 태도를 **그리스도**보다 완벽하게 보여준 사람은 없다. 그분보다 큰 힘을 가졌거나 그 힘을 잘 통제한 사람도 없다. 베드로는 그리스도의 온유함과 통제된 힘을 신자들이 따라야 할 모범으로 제시했다.

> 부당하게 고난을 받아도 하나님을 생각함으로 슬픔을 참으면 이는 아름다우나 죄가 있어 매를 맞고 참으면 무슨 칭찬이 있으리요? 그러나 선을 행함으로 고난을 받고 참으면 이는 하나님 앞에 아름다우니라. 이를 위하여 너희가 부르심을 받았으니, 그리스도도 너희를 위하여 고난을 받으사 너희에게 본을 끼쳐 그 자취를 따라오게 하려 하셨느니라. 그는 죄를 범하지 아니하시고, 그 입에 거짓도 없으시며, 욕을 당하시되 맞대어 욕하지 아니하시고, 고난을 당하시되 위협하지 아니하시고, 오직 공의로 심판하시는 이에게 부탁하시며. (벧전 2:19-23)

마태복음 12:20은 고난받는 자들을 향한 그리스도의 온유를 말한다. "상한 갈대를 꺾지 아니하며 꺼져가는 심지를 끄지 아니하기를." 예수님은 간음하다 잡혀 온 여인에게 부드럽게 말씀하셨다. "여자여, 너를 고발하던 그들이 어디 있느냐? 너를 정죄한 자가 없느냐? 대답하되, 주여 없나이다. 예수께서 이르시되, 나도 너를 정죄하지 아니하노니, 가서 다시는 죄를 범하지 말라"(요 8:10-11). 예수님은 자신을 십자가에 단 자들을 위해 기도하셨다. "아버지, 저들을 사하여 주옵소서. 자기들이 하는 것을 알지 못함이니이다"(눅 23:34). 예수님은 심지어 유대 종교 지도자들을 혹독하게 저주하시면서도 부드럽고 연민에 찬 외침으로 끝맺으셨다. "예루살렘아, 예루살렘아, 선지자들을 죽이고 네게 파송된 자들을 돌로 치는 자여! 암탉이 그 새끼를 날개 아래에 모음 같이 내가 네 자녀를 모으려 한 일이 몇 번이더냐? 그러나 너희가 원하지 아니하였도다"(마 23:37).

그리스도께서 그분의 모든 군사에게 "나는 마음이 온유하고 겸손하니, 나의 멍에를 메고 내게 배우라"고 명하셨기 때문에(마 11:29) 바울은 알았다. 그리스도의 성품이 그분의 모든 군사에게 기준을 제시한다. 바울은 인내하며 자신의 힘을 제어함으로써 주님을 본받으려 했다. 고린도 신자 중에 바울을 홀대하는 사람들이 있었다. 그런데도 바울은 이들에게 어떻게든 매를 들지 않으려 했다(참조. 마 4:21).

사악하게도, 바울의 대적들은 그의 연민을 안 좋게 해석했고 겁쟁이의 나약함이라며 조롱하고 욕했다. 이들은 바울이 자신들을 **대면하면 유순하고 떠나 있으면** 자신들에 **대하여 담대하다**며 그를 비난했다. '타페이노스'(tapeinos, **meek, 유순하고**)는 신약성경 다른 곳에서 긍정적 덕목으로 사용된다. 그러나 바울의 대적들은 이 단어를 경멸의 의미로 사용했다. 바울의 대적들은 **대면할** 때 그가 나약한 사람이라고 에둘러 말했다. 오늘의 표현을 빌리자면, 바울은 겁쟁이였다. 그러나 이들은 바울이 안전거리 밖에 있으면 사자처럼 맹렬하게 행동한다며 그를 조롱했다.

바울이 겸손했던 것은 사실이다. 고린도전서 2:3에서, 바울은 이렇게 말했다. "내가 너희 가운데 거할 때에 약하고 두려워하고 심히 떨었노라." 그러나 거짓 사도들은 바울의 진정한 겸손을, 그가 하나님의 능력만 믿을 뿐 자신을 확신하지 않는 것을 비굴한 나약함으로 곡해했다. 이들은 이스라엘 사람들 가운데 메시아가 능력으로 와서 자신들의 원수들을 멸하리라 기대했다가 예수님이 "마음이 온유하고 겸손하다"는 게 드러나자 그분을 배척한 자들과 전혀 다르지 않았다(마 11:29; 참조. 사 53; 슥 9:9).

바울이 따로 있을 때는 담대하지만 함께 있을 때는 나약했다는 주장은 교묘한 계략이었다. 바울이 어떻게 대답하든 간에 그 대답을 뒤틀 수 있었다. 바울이 편지로 자신의 강함을 재확인하거나 함께 있을 때 자신의 유순함을 변호한다면, 거짓 주장 중 한 쪽을 인정하는 것으로 보일 터였다. 그러므로 대적들의 비난에 답하려고, 바울은 이 서신을 마무리하는 섹션에서 자신의 삶과 말이 어떻게 강함과 약함을 결합했는지 보여주며, 진리를 위해 싸우는 담대한 용사이면서 동시에 연민할 수 있음을 증명했다.

영적 전쟁에서 승리하는 군사는 담대하다

또한 우리를 육신에 따라 행하는 자로 여기는 자들에 대하여 내가 담대히 대하는 것 같이 너희와 함께 있을 때에 나로 하여금 이 담대한 태도로 대하지 않게 하기를 구하노라. (10:2)

바울을 약골로 아는 자들이 있었다. 완전히 잘못 안 것이었다. 연민하려고(불쌍히 여기려고) 모든 시도를 다 한 후, 바울은 진리를 위해 자신의 순전함을 지키려고 맹렬히 싸울 것이었다. 그의 용감한 삶이 성경에 잘 기록되어 있다. 그는 적대적 군중에 에워싸였고, 매를 맞았으며, 옥에 갇혔고, 폭도를 만났으며, 파선을 당했고, 암살 대상이 되기도 했다(11:23-33). 바울은 유대 공회(행 23장), 로마 총독들(행 24, 25장), 헤롯 아그립바 왕(행 26장), 심지어 황제 앞에서 두려워하지 않고 복음을 선포했다(행 25:11; 27:24). 그는 거짓 교리를 선포하는 자들에게 맞섰다(참조. 행 15:2). 그뿐 아니라, 바울은 열두 제자의 리더 베드로를 공개적으로 주저 없이 책망했다(갈 2:11-14).

바울은 반란자들을 연민해 이들을 살려주고 싶었고, 그래서 이들에게 회개하라고 했다. 이들이 회개하면, 바울은 이들과 **함께 있을 때** 자신의 권위를 내세우며 이들을 **담대한 태도로**[81] **대하지 않아도** 되었을 것이다. '따르레오'(*tharreō*, **bold,** 담대한)의 부정과거 부정사형은[82] 상태의 시작을 가리키며 "용감해지다"라는 뜻이다. 바울은 자신이 이들과 맞설 용기와 능력이 있지만 그것을 드러내도록 만들지 말라고 이들에게 간청했다. **담대히(courageous)**로 번역된 '톨마오'(*tolmaō*)는 '따르레오'의 동의어이며, 대담하다, 위협이나 결과에 개의치 않고 두려움 없이 행동하다는 뜻이다.[83] 진리를 변호할 때, 바울은 전혀 두려워하지 않았다. 그는 교회를 위협하는 자들과 싸우면서 물러서는 법이 없었다. 그가 앞서 고린도 신자들에게 썼듯이 말이다. "주께서 허락하시면 내가 너희에게 속히 나아가서 교만한 자들의 말이 아니라 오직 그 능력을 알아보겠으니"(고전 4:19). 그는 이 서신 말미에 이렇게 썼다. "그러므로 내가 떠나 있을 때에 이렇게 쓰는 것은 대면할 때에 주께서 너희를 넘어뜨리려 하지 않고 세우려 하여 내게 주신 그 권한을 따라 엄하지 않게 하려 함이라"(고후 13:10).

필요하면, 바울은 **우리를 육신에 따라 행하는 자로 여기는 자들**에 맞서 싸울 것이었다. 거짓 선생들과 그 추종자들은 바울을 조롱하고 비방했다. 바울이 **육신에 따라** 산다는, 부패한 마음에서 일어나는 구속받지 못한 인간의 죄악된 욕망들에게 지배받는다는 것이었다. 이들에 따르면, 바울은 악한 이기심에 휘둘리고, 탐욕스럽게 돈을 좇으며, 더러운 욕망을 좇았다.

이 서신 전체에서, 바울은 이런 터무니없는 비난들, 곧 자신을 해하려는 음모의 중심에 자리한 비난들에 맞서 자신을 변호했다. 고린도후서 1:12에서, 바울은 이렇게 썼다. "우리가 세상에서 특별히 너희에 대하여 하나님의 거룩함과 진실함으로 행하되 육체의 지혜로 하지 아니하고 하나님의 은혜로 행함은 우리 양심이 증언하는 바니, 이것이 우리의 자랑이라." 거짓 사도들과 달

---

81 새번역: 강경하게
82 *tharrēsai*.
83 개역개정에서 똑같이 담대하다(담대한, 담대히)로 번역되었으나 헬라어로는 다른 단어다.

리, 바울은 말씀을 정확히 다루었다. "우리는 수많은 사람들처럼 하나님의 말씀을 혼잡하게 하지 아니하고 곧 순전함으로 하나님께 받은 것 같이 하나님 앞에서와 그리스도 안에서 말하노라"(2:17). 그뿐 아니라, 바울은 은밀하게 죄를 지으며 살지도 않았고 "숨은 부끄러움의 일을 버리고 속임으로 행하지 아니하며 하나님의 말씀을 혼잡하게 하지 아니하고 오직 진리를 나타냄으로 하나님 앞에서 각 사람의[자신의] 양심에 대하여 스스로 추천"했다(4:2). 그는 고린도 신자들에게 이렇게 간청했다. "마음으로 우리를 영접하라. 우리는 아무에게도 불의를 행하지 않고 아무에게도 해롭게 하지 않고 아무에게서도 속여 빼앗은 일이 없노라"(7:2). 바울은 자신에게 등을 돌린 자들에게 정당하게 경고했다. 이들이 회개하지 않으면 전쟁을 하겠다는 뜻이었다. 바울은 이 전쟁에서 승리할 준비가 다 되어 있었다.

영적 전쟁에서 승리하는 군사는 유능하다

³우리가 육신으로 행하나 육신에 따라 싸우지 아니하노니, ⁴우리의 싸우는 무기는 육신에 속한 것이 아니요 오직 어떤 견고한 진도 무너뜨리는 하나님의 능력이라. 모든 이론을 무너뜨리며, ⁵하나님 아는 것을 대적하여 높아진 것을 다 무너뜨리고, 모든 생각을 사로잡아 그리스도에게 복종하게 하니, (10:3-5)

역사의 전장(戰場)들은 용감했으나 무장이 덜된 병사들의 주검으로 넘쳐난다. 그 유명한 리틀 빅 혼(Little Big Horn, 1876. 6. 25-26) 전투에서, 조지 암스트롱 커스터(George Armstrong Custer, 1839-1876)는 부하들을 이끌고 수가 훨씬 많은 수족(Sioux)과 샤이엔족(Cheyenne) 연합군에 무모하게 맞섰다(이들은 북미 원주민이었다). 이어지는 전투에서, 그의 연대는 와해되었고 그를 비롯해 그가 지휘하는 병사 210명이 모두 전사했다. 나치가 폴란드를 기습했을 때, 폴란드 기병대가 용감하지만 어리석게도 독일 탱크 진영을 향해 돌진했다. 기병대의 창과 칼은 기갑부대의 대포와 기관총에 상대가 되지 못했고, 이들은 모두 학살을 면치 못했다.

그리스도인 군사들은 연민하고 담대해야 할 뿐 아니라 전투를 위해 제대로 무장해야 한다. 바울의 대적들 중 누구라도 그가 유능한 군사가 아니라 생각하면 큰 코 다칠 터였다. 바울은 대적들에게 정직하게 경고했다. 자신은 "의의 무기"로 무장했고(6:7) 전투 준비가 되어 있다는 것이었다. **우리가 육신으로 행하나 육신에 따라 싸우지 아니하노니**는 일종의 말놀이다. 2절에서, 거짓 선생들은 바울을 비난했다. 바울이 도덕적 의미에서 육신에 따라 행한다는 것이었다. 다시 말해, 바울이 부패하고 부도덕하며, 정욕과 탐심과 교만에 휘둘린다는 것이었다. 바울은 대적들이 이 용어를 도덕적 의미로 사용한 것을 흉내 내면서 자신은 육체적 의미에서 **육신으로** 행하다고, 즉 자신은 인간이라고 단언했다. 바울은 자신이 부패했다는 거짓 비난을 인정하지 않았으나(참조. 1:12) 자신이 인간이라는 사실을 인정했다. 바울은 예수 그리스도의 사도였으나 사도의 권위를 연약한 인간의 몸에 지녔다. 그는 4:7에 기록된 것처럼 "낡아지는" "겉사람"으로(4:16) "땅에 있는" 일시적 "장막"에 사는(5:1) 질그릇일 뿐이었다.

그러나 바울은 육체적 의미에서 육신으로 행했더라도 **육신에 따라 싸우지 않았다.** 바울은 사람이었으나 사람의 무기로 싸우지 않았다. '스트라투오마이'(*strateuomai*, **war**, 싸우지)는 "전투를 벌이다" 또는 "군사로 복무하다"는 뜻이다. 모든 신자는 어둠의 나라와 영적 전쟁을 하는 군사다. 면제나 징집 연기는 없다. 신자들은 성경의 진리를 위해, 주 예수 그리스도의 영예와 영광을 위해, 죄인들의 구원을 위해, 성도들의 덕을 위해 싸운다. 에베소서 6:12에서, 바울은 이 전투를 이렇게 정의했다. "우리의 씨름은 혈과 육을 상대하는 것이 아니요 통치자들과 권세들과 이 어둠의 세상 주관자들과 하늘에 있는 악의 영들을 상대함이라." 이러한 귀신의 세력들이 악한 세상 체계 뒤에 있다.

그러나 육신의 무기로 싸워서는 영적 전쟁에서 승리할 수 없다. 그러므로 바울의 무기는 인간의 재주나 사상이나 방법이 아니었다. 인간의 이성, 지혜, 계획, 전략, 조직, 기술, 달변, 마케팅, 종교적 쇼맨십, 철학적 사변이나 심리학적 사변, 의식주의, 실용주의, 신비주의는 모두 어둠의 나라의 세력, 즉 "어둠의 세상 주관자들과 하늘에 있는 악의 영들"에 맞서는 유효한 무기가 아니다

(엡 6:12). 이것들은 죄인들을 "흑암의 권세"에서 구해내거나(골 1:13) 신자들을 그리스도의 형상으로 변화시키지 못한다. 이런 무기들은 기껏해야 피상적이고 일시적이며 기만적인 승리를 거둘 뿐이다.

영적 전쟁에서 제대로 싸워 승리하려면 하늘 무기고의 무기들이 필요하다. **하나님의 능력**이 충만한(**divinely powerful**) 무기들만이 원수들의 그 어떤 **견고한 진도 무너뜨리는** 데 적합하다. **견고한 진(fortresses)**이란 말에서, 신약성경을 읽는 사람들은 난공불락의 요새를 떠올릴 것이다. 대다수 헬라 도시처럼, 고린도에도 아크로폴리스가 있었다. 아크로폴리스는 도시 근처 산에 위치했기에, 도시가 공격받을 때 주민들이 피할 수 있는 요새였다. '오쿠로마'(*ochurōma*, **fortresses, 견고한 진**)는 성경 밖 헬라 문헌에서 감옥을 가리키는 말로도 사용되었다. 요새에 포위되어 있는 사람들은 침략자들에 의해 갇힌 셈이었다. 이 단어는 무덤을 가리키는 데도 사용되었다.

육신의 무기로는 죄인들이 스스로를 가둔 강력한 요새를 뚫지 못한다. 이런 허약한 무기로는 **견고한 진을 무너뜨리지** 못한다. 바울은 이런 견고한 진을 구체적으로 **이론(speculations,** *logismos*)이라 정의했는데, 이것은 모든 인간이나 귀신의 생각, 견해, 추론, 철학, 이론, 심리학, 시각, 관점, 종교를 가리키는 일반적 단어다. 바울이 여기서 염두에 둔 **견고한 진**은 귀신이 아니라 사상(ideologies)이다. 영적 전쟁에서 귀신과 직접 마주친다는 개념은 성경과 어울리지 않는다. 그리스도인들이 말로 귀신과 싸운다면 에너지를 허비하고 진짜 전쟁에 대한 무지를 드러내는 것이다. 우리가 회심시켜야 할 대상은 귀신이 아니라 죄인이다. 전투 대상은 세상이 믿도록 인간과 귀신이 퍼트리는 거짓 사상이다. 자기 생각의 요새에 갇힌 불쌍한 영혼들은 진리를 믿음으로써 이 요새를 벗어나야 한다. 그러지 않으면, 이 요새가 이들의 감옥이 되고 결국 무덤이 된다.

바울은 한 걸음 더 나가 생각이라는 죄인들의 요새를 **하나님 아는 것을 대적하여 높아진 모든 것(every lofty thing)**, 진리처럼 높아진 모든 비성경적 사고 체계라고 정의했다. 여기에 열쇠가 있다. 영적 전쟁은 귀신들과 벌이는 전투가 아니다. 영적 전쟁은 성경을 거슬러 높아진 온갖 거짓말에 사로잡힌 사람들의 마음을 두고 벌이는 전투다. 고린도전서 3:20에서, 바울은 이것들을 세상 지혜의 헛된 생각이라 불렀다. 사탄이 낳은 모든 비성경적 사상과 거짓 종교와 사이비 복음이 여기에 속한다. 바울은 이런 요새들을 잘 알았고, 회심할 때까지 평생 이런 요새 중 하나에서 살았다. 그는 당시 유대교의 열성적 추종자였는데, 이 유대교는 자신의 뿌리인 구약성경에 등을 돌리고 행위로 의롭게 되려는 의식주의적 체계가 되었다. 빌립보서 3:4-6에서, 바울은 자신이 신뢰했던 요새를 이렇게 묘사했다.

> 그러나 나도 육체를 신뢰할 만하며 만일 누구든지 다른 이가 육체를 신뢰할 것이 있는 줄로 생각하면 나는 더욱 그러하리니, 나는 팔일 만에 할례를 받고 이스라엘 족속이요 베냐민 지파요 히브리인 중의 히브리인이요 율법으로는 바리새인이요 열심으로는 교회를 박해하고 율법의 의로는 흠이 없는 자라.

그는 갈라디아 신자들에게 이렇게 썼다. "내가 내 동족 중 여러 연갑자보다 유대교를 지나치게 믿어 내 조상의 전통에 대하여 더욱 열심이 있었으나"(갈 1:14). 그는 이러한 열심 때문에 "나사렛 예수의 이름을 대적하여 많은 일을 행하였다"(행 26:9). 바울은 "하나님의 교회를 심히 박해하여 멸하려" 했다(갈 1:13; 참조. 행 8:1, 3; 9:1-2, 13-14, 21; 22:4-5; 고전 15:9; 빌 3:6; 딤전 1:13). 그러나 다메섹 가는 길에, 그가 자랑하던 요새가 하나님의 능력으로 무너졌고, 그는 주 예수 그리스께 사로잡혔다.

바울처럼, 구원받기 전, 모든 불신자는 요새(견고한 진)가 있으며, 하나님을 아는 참된 지식을 피해 이곳에 숨으려 한다. 이 요새들은 철학, 심리학, 세계종교, 컬트, 사이비 기독교, 현대 서구문화의 지배적 요새인 진화론적 자연주의를 비롯해 무수한 형태를 띤다. 이름이 암시하듯, 자연주의는 자연이 궁극적 실체라는 믿음이다. 제임스 사이어(James Sire, 1933-)는 자연주의를 다음과 같은 명제로 정의한다.

1. 물질은 영원히 존재하며, 존재하는 것의 전부다. 신은 존재하지 않는다.

2. 우주는 닫힌 체계 안에서 자연적 인과율의 일치체(uniformity)로 존재한다.

3. 인간은 복잡한 "기계"다. 인격은 우리가 아직 완전히 이해하지 못하는 화학적·물리적 성질의 상호관계다.

4. 죽음은 인격과 개체성의 소멸이다.

5. 역사는 인과율로 연결된 사건들의 직선적 연속이지만 전체적 목적은 없다.

6. 윤리는 오로지 인간과 관계된 것이다.

("The Silence of Finite Space: Naturalism"을 보라. *The Universe Next Door*, second edition[Downers Grove, Ill: InterVarsity, 1988],[84] 61-83, 4장 "The Silence of Finite Space: Naturalism"을 보라).

자연주의는 하나님을 공적 생활과 사회 정책과 법정에서 완전히 배제하고 도덕과 윤리에 배어 있는 성경의 영향을 모두 제거함으로써 하나님에 맞서 자신을 강화하려 한다. 이것을 비롯해 속이고 치명적인 사상들을 모두 파괴하고, 갇힌 죄인들을 구출해야 한다.

우리가 벌이는 전쟁의 목적은 사람들이 생각하는 방식을 바꾸는 것이다. 다시 말해, 사람들의 **모든 생각을 사로잡아** 더는 더러운 사상이 아니라 **그리스도에게 복종하게** 하는 것이다. 그러려면 적절한 무기가 필수다. 거짓 종교와 견해와 신념과 철학을 무너뜨리려면 무기 하나로 충분하다. 진리다. 이것은 너무나 분명하기에 바울은 굳이 언급하지 않는다. 거짓말을 드러내고 바로잡는 것은 하나뿐이다. 진리다. 그래서 그리스도인 군사의 무장에서 유일한 공격 무기는 "성령의 검 곧 하나님의 말씀"이다(엡 6:17). 영적 전쟁은 사상의 충돌이며, 죄인들이 진리에 맞서 세운 교만한 생각의 요새를 공격함으로써 마음에서 일어난다. '아이크말로티조'(*aichmalōtizō*, **taking captive, 사로잡아**)는 문자적으로 "창으로 사로잡다"는 뜻이다. 하나님의 진리를 사용해, 신자들은 원수의 요새를 산산조각 내고, 갇힌 자들을 데리고 나오며, 이들을 주 예수 그리스도께 **복종**시킨다. 이들은 죄인들을 흑암의 권세에서 구해내고 "불에서 끌어

---

84 『기독교 세계관과 현대사상』, 김헌수 옮김(IVP, 2007).

낸다"(유 23). 다메섹 가는 길에 예수 그리스도께 사로잡힌 자가 된 후, 바울은 곧바로 "주님, 무엇을 하리이까?"라고 물었다(행 22:10). 그의 마음에서 일어난 죄악되고 교만한 반란이 끝났다. 그의 요새가 무너져 내렸고, 주 예수 그리스도께서 그의 마음을 정복하셨다. 이것이 구속받는 모든 사람의 경험이다. **그리스도에게 복종**이란 표현은 구원과 동의어다(참조. 행 6:7; 롬 1:5; 15:18; 16:26; 히 5:9).

영적 전쟁에서 승리하는 비결은 사람들이 믿는 거짓말에 맞서 하나님의 말씀의 검을 능숙하게 휘두르게 되는 것이다. 진리를 알지 못하면 오류와 싸울 수 없다. 군사들이 무기 다루는 법을 끊임없이 훈련하듯이, 그리스도인 군사들도 성경을 끊임없이 연구해야 한다. 오직 하나님의 진리의 능력만이 사탄의 거짓 시스템이 내놓는 거짓말을 무너뜨릴 수 있다. "십자가의 도가…구원받는 우리에게는 하나님의 능력이라"(고전 1:18). 복음은 "모든 믿는 자에게 구원을 주시는 하나님의 능력"이다(롬 1:16; 참조. 고후 6:7; 히 4:12). 바울은 제자 디모데와 디도에게 권면했다. "너는 말씀을 전파하라. 때를 얻든지 못 얻든지 항상 힘쓰라…너는 바른 교훈에 합당한 것을 말하라"(딤후 4:2; 딛 2:1). 그때에야 이들은 "너는 그리스도 예수의 좋은 병사로 나와 함께 고난을 받으라"는 바울의 권면에 주목할 수 있을 것이다(딤후 2:3).

영적 전쟁에서 승리하는 군사는 준비한다

너희의 복종이 온전하게 될 때에 모든 복종하지 않는 것을 벌하려고 준비하는 중에 있노라. (10:6)

유능한 군사는 때가 얼마나 중요한지 안다. 유능한 군사는 마구잡이로 총을 쏘아 아군을 위험에 빠뜨리지 않고 적군이 분명하게 시야에 들어올 때까지 기다린다. 바울은 고린도교회의 **모든 복종하지 않는 것을 벌할** 용기와 능력이 있었다. 그는 잘못된 것을 들여오는 자들이 교회를 무너뜨리게 두지 않을 것이었다. 그러나 그는 또한 교회의 복종이 온전해질 때까지 징계를 미루었다. 바울은 각자 자기 입장을 취할 때까지 막강한 사도의 권세를 누구에게도 사용하지 않았다. 이렇게 하면, 누가 진리를 받아들이고 누가 진리를 거부하는지 분명해질 것이다. 바울은 전자를 연민할 것이나 후자에게는 용감하고 매우 유능한 대적이 될 것이었다.

그리스도인들이 거짓에 맞서 진리를 위해 영적 전쟁을 할 것이냐 하지 않을 것이냐의 문제가 아니다. 이 전투는 피할 수 없다. 그러나 이 싸움에서 승리하는 자들은 바울의 연민과 담대함과 유능함과 준비성을 본받을 것이다.

26

하나님의 사람을 알아보는 법
(10:7-18)

[7]너희는 외모만 보는도다. 만일 사람이 자기가 그리스도에게 속한 줄을 믿을진 대, 자기가 그리스도에게 속한 것 같이 우리도 그러한 줄을 자기 속으로 다시 생 각할 것이라. [8]주께서 주신 권세는 너희를 무너뜨리려고 하신 것이 아니요 세우 려고 하신 것이니, 내가 이에 대하여 지나치게 자랑하여도 부끄럽지 아니하리라. [9]이는 내가 편지들로 너희를 놀라게 하려는 것 같이 생각하지 않게 함이라. [10]그 들의 말이 그의 편지들은 무게가 있고 힘이 있으나 그가 몸으로 대할 때는 약하 고 그 말도 시원하지 않다 하니, [11]이런 사람은 우리가 떠나 있을 때에 편지들로 말하는 것과 함께 있을 때에 행하는 일이 같은 것임을 알지라. [12]우리는 자기를 칭찬하는 어떤 자와 더불어 감히 짝하며 비교할 수 없노라. 그러나 그들이 자기 로써 자기를 헤아리고 자기로써 자기를 비교하니 지혜가 없도다. [13]그러나 우리 는 분수 이상의 자랑을 하지 않고 오직 하나님이 우리에게 나누어 주신 그 범위 의 한계를 따라 하노니, 곧 너희에게까지 이른 것이라. [14]우리가 너희에게 미치 지 못할 자로서 스스로 지나쳐 나아간 것이 아니요 그리스도의 복음으로 너희에 게까지 이른 것이라. [15]우리는 남의 수고를 가지고 분수 이상의 자랑을 하는 것 이 아니라 오직 너희 믿음이 자랄수록 우리의 규범을 따라 너희 가운데서 더욱 풍성하여지기를 바라노라. [16]이는 남의 규범으로 이루어 놓은 것으로 자랑하지 아니하고 너희 지역을 넘어 복음을 전하려 함이라. [17]자랑하는 자는 주 안에서 자랑할지니라. [18]옳다 인정함을 받는 자는 자기를 칭찬하는 자가 아니요 오직 주

께서 칭찬하시는 자니라. (10:7-18)

에덴동산에서 하와를 속인 이후, 사탄은 거짓으로 진리를 공격해왔다. 사탄과
그의 사악한 가르침을 퍼트리는 자들은 수많은 사람을 꾀어 영원한 멸망으로
향하는 넓은 길로 인도했다. 그러므로 하나님 백성의 지도자들은 자신에게 맡
겨진 자들을 잠시도 한눈팔지 않고 보호해 그들을 어긋나게 인도하려는 자들
을 따라가지 않게 해야 한다. 구속사 전체에서, 하나님의 파수꾼들은 경고음을
울려 항시 있는 위험, 곧 사탄을 따르는 거짓 선생들로 인한 위험을 하나님의
백성에게 알렸다.

> 너희 중에 선지자나 꿈꾸는 자가 일어나서 이적과 기사를 네게 보이고 그가 네
> 게 말한 그 이적과 기사가 이루어지고 너희가 알지 못하던 다른 신들을 우리가
> 따라 섬기자고 말할지라도 너는 그 선지자나 꿈꾸는 자의 말을 청종하지 말라.
> 이는 너희의 하나님 여호와께서 너희가 마음을 다하고 뜻을 다하여 너희의 하나
> 님 여호와를 사랑하는 여부를 알려 하사 너희를 시험하심이니라. (신 13:1-3; 참조.
> 18:20)

구약 예언자들은 이 경고를 계속했다.

> 선지자들은 바알의 이름으로 예언하고 무익한 것들을 따랐느니라. (렘 2:8)

> 선지자들은 거짓을 예언하며 제사장들은 자기 권력으로 다스리며 내 백성은 그
> 것을 좋게 여기니. (렘 5:31)

> 여호와께서 내게 이르시되, 선지자들이 내 이름으로 거짓 예언을 하도다. 나는
> 그들을 보내지 아니하였고 그들에게 명령하거나 이르지 아니하였거늘 그들이
> 거짓 계시와 점술과 헛된 것과 자기 마음의 거짓으로 너희에게 예언하는도다.
> (렘 14:14)

여호와의 말씀이니라. 보라 거짓 꿈을 예언하여 이르며 거짓과 헛된 자만으로 내 백성을 미혹하게 하는 자를 내가 치리라. 내가 그들을 보내지 아니하였으며 명령하지 아니하였나니, 그들은 이 백성에게 아무 유익이 없느니라. 여호와의 말씀이니라. (렘 23:32)

만군의 여호와 이스라엘의 하나님께서 골라야의 아들 아합과 마아세야의 아들 시드기야에 대하여 이와 같이 말씀하시니라. 그들은 내 이름으로 너희에게 거짓을 예언한 자라. 보라, 내가 그들을 바벨론의 왕 느부갓네살의 손에 넘기리니, 그가 너희 눈앞에서 그들을 죽일 것이라. (렘 29:21)

네 선지자들이 네게 대하여 헛되고 어리석은 묵시를 보았으므로 네 죄악을 드러내어서 네가 사로잡힌 것을 돌이키지 못하였도다. 그들이 거짓 경고와 미혹하게 할 것만 보았도다. (애 2:14)

이스라엘아, 너의 선지자들은 황무지에 있는 여우같으니라. 너희 선지자들이 성 무너진 곳에 올라가지도 아니하였으며 이스라엘 족속을 위하여 여호와의 날에 전쟁에서 견디게 하려고 성벽을 수축하지도 아니하였느니라. 여호와께서 말씀하셨다고 하는 자들이 허탄한 것과 거짓된 점괘를 보며 사람들에게 그 말이 확실히 이루어지기를 바라게 하거니와 그들은 여호와가 보낸 자가 아니라…이들은 예루살렘에 대하여 예언하기를 평강이 없으나 평강의 묵시를 보았다고 하는 이스라엘의 선지자들이니라. 주 여호와의 말씀이니라. (겔 13:4-6, 16)

그 가운데에서 선지자들의 반역함이 우는 사자가 음식물을 움킴 같았도다. 그들이 사람의 영혼을 삼켰으며 재산과 보물을 탈취하며 과부를 그 가운데에 많게 하였으며…그 선지자들이 그들을 위하여 회를 칠하고 스스로 허탄한 이상을 보며 거짓 복술을 행하며 여호와가 말하지 아니하였어도 주 여호와께서 이같이 말씀하셨느니라 하였으며. (겔 22:25, 28)

백성을 유혹하는 선지자들은 이에 물 것이 있으면 평강을 외치나 그 입에 무엇을 채워주지 아니하는 자에게는 전쟁을 준비하는도다. 이런 선지자에 대하여 여호와께서 이르시되, 그러므로 너희가 밤을 만나리니 이상을 보지 못할 것이요 어둠을 만나리니 점치지 못하리라 하셨나니, 이 선지자 위에는 해가 져서 낮이 캄캄할 것이라. (미 3:5-7)

주 예수 그리스도께서 엄히 경고하셨다.

거짓 선지자들을 삼가라. 양의 옷을 입고 너희에게 나아오나 속에는 노략질하는 이리라. (마 7:15; 참조, 슥 13:4)

너희가 사람의 미혹을 받지 않도록 주의하라. 많은 사람이 내 이름으로 와서 이르되 나는 그리스도라 하여 많은 사람을 미혹하리라…거짓 선지자가 많이 일어나 많은 사람을 미혹하겠으며…거짓 그리스도들과 거짓 선지자들이 일어나 큰 표적과 기사를 보여 할 수만 있으면 택하신 자들도 미혹하리라. (마 24:4-5, 11, 24)

주님의 뒤를 따라, 사도들도 신자들에게 거짓 선생들을 조심하라고 경고했다.

내가 떠난 후에 사나운 이리가 여러분에게 들어와서 그 양 떼를 아끼지 아니하며. (행 20:29)

형제들아, 내가 너희를 권하노니, 너희가 배운 교훈을 거슬러 분쟁을 일으키거나 거치게 하는 자들을 살피고 그들에게서 떠나라. 이같은 자들은 우리 주 그리스도를 섬기지 아니하고 다만 자기들의 배만 섬기나니, 교활한 말과 아첨하는 말로 순진한 자들의 마음을 미혹하느니라. (롬 16:17-18)

그리스도의 은혜로 너희를 부르신 이를 이같이 속히 떠나 다른 복음을 따르는 것을 내가 이상하게 여기노라. 다른 복음은 없나니, 다만 어떤 사람들이 너희를 교란하여 그리스도의 복음을 변하게 하려 함이라. 그러나 우리나 혹은 하늘로부터 온 천사라도 우리가 너희에게 전한 복음 외에 다른 복음을 전하면 저주를 받을지어다. 우리가 전에 말하였거니와 내가 지금 다시 말하노니, 만일 누구든지 너희가 받은 것 외에 다른 복음을 전하면 저주를 받을지어다. (갈 1:6-9)

내가 여러 번 너희에게 말하였거니와 이제도 눈물을 흘리며 말하노니, 여러 사람들이 그리스도의 십자가의 원수로 행하느니라. 그들의 마침은 멸망이요 그들의 신은 배요 그 영광은 그들의 부끄러움에 있고 땅의 일을 생각하는 자라. (빌 3:18-19)

그러나 성령이 밝히 말씀하시기를, 후일에 어떤 사람들이 믿음에서 떠나 미혹하는 영과 귀신의 가르침을 따르리라 하셨으니. (딤전 4:1)

악한 사람들과 속이는 자들은 더욱 악하여져서 속이기도 하고 속기도 하나니. (딤후 3:13)

그러나 백성 가운데 또한 거짓 선지자들이 일어났었나니, 이와 같이 너희 중에도 거짓 선생들이 있으리라. 그들은 멸망하게 할 이단을 가만히 끌어들여 자기들을 사신 주를 부인하고 임박한 멸망을 스스로 취하는 자들이라. (벧후 2:1)

먼저 이것을 알지니, 말세에 조롱하는 자들이 와서 자기의 정욕을 따라 행하며 조롱하여. (벧후 3:3)

아이들아, 지금은 마지막 때라. 적그리스도가 오리라는 말을 너희가 들은 것과 같이 지금도 많은 적그리스도가 일어났으니, 그러므로 우리가 마지막 때인 줄 아노라. (요일 2:18)

사랑하는 자들아, 영을 다 믿지 말고 오직 영들이 하나님께 속하였나 분별하라. 많은 거짓 선지자가 세상에 나왔음이라. (요일 4:1)

미혹하는 자가 세상에 많이 나왔나니, 이는 예수 그리스도께서 육체로 오심을 부인하는 자라. 이런 자가 미혹하는 자요 적그리스도니. (요이 7)

진리를 향한 사탄의 공격에서, 어느 교회도 예외가 되지 못했다. 고린도교회도 예외가 아니었던 게 분명하다. 사탄의 사자들이 그리스도의 사도라 주장하며 고린도에 이르러 "마음이 그리스도를 향하는 진실함과 깨끗함에서 떠나"도록 교회를 미혹했다(고후 11:3). 이들은 이렇게 하려면 고린도 신자들이 갖고 있는 바울에 대한 신뢰를 무너뜨려야 한다는 것을 알았다. 이들은 바울을 무자비하게 공격했고, 그 결과 많은 고린도교회 신자가 바울에게 반기를 들었다. 그러자 바울은 과감하게 엄한 편지를 썼고(2:3-4), 이 편지를 읽고 대다수 회중이 회개했다. 그러나 지혜로운 바울은 반란이 완전히 진압되지 않았다는 것을 알았다. 거짓 선생들이 여전히 거기 있었고, 기회가 생기면 주도권을 잡으려고 기다리고 있었다. 그래서 바울은 이들의 공격으로부터 자신을 방어하려고 이 편지를 썼다.

바울은 거짓 사도들이 고린도 신자들을 꾀려고 만들어낸 이단이 정확히 어떤 것인지 밝히지 않았다. 어떤 의미에서, 그 정체는 중요하지 않다. 사람들이 진리를 믿지 않는 한, 사탄과 그의 귀신들은 사람들이 무엇을 믿느냐에 개의치 않는다. 그러나 고린도 신자들을 유혹하려고 만들어진 이단과 거짓 선생들의 몇몇 특징을 이 서신에서 알아낼 수 있다.

첫째, 거짓 선생들은 교회 밖에서 왔다(11:4; 참조. 10:14, 고린도에 최초로 복음을 전한 사람은 바울이었다). 이들의 배경은 알려진 게 거의 없었다. 그러므로 이들이 자신들과 자신들의 자격과 권위에 관해 내세우는 거창한 주장들이 검증될 수 없었다. 옛말처럼, 모든 전문가는 타지에서 온다.

둘째, 이들은 자신들이 바울보다 우월한 사도적 권위를 가졌다고 주장했다. 11:5에서, 바울은 이러한 주장들을 암시하면서 냉소적으로 이들을 가리켜

"지극히 크다는 사도들"(the most eminent apostles)이라고 했다. 이들은 이른바 예루살렘교회가 써주었다는 가짜 추천서로 자신들의 주장을 뒷받침하려 했다(3:1; 참조. 행 15:24).

셋째, 이들은 메시아 종교를 참으로 대표한다고 주장하는 유대인이었다(고후 11:22). 이들은 고린도교회 이방인들에게 유대 관습을 부과하려 했다. 그러나 사실, 이들은 "다른 예수"와 "다른 복음"을 전하는 죄를 짓고 있었다(11:4).

넷째, 이들은 신비주의 요소들과 유대교 율법주의를 혼합했다. 이들은 더 높은 비밀 지식을 가졌다고 주장했으나 그 지식이란 게 사실은 "하나님 아는 것을 대적하여 높아진" 공허한 사변에 지나지 않았다(10:5).

다섯째, 이들은 헬라 문화에서 아주 높이 평가하는 대중적 궤변술과 수사학을 채택했다. 따라서 이들은 "말에는 부족하다"며 바울을 조롱했다(11:6).

여섯째, 이들은 방탕한 자들로, 고린도 신자들 사이에서 "더러움과 음란함과 호색함"이라는 악한 열매를 맺는 반도덕적 사상을 조장했다(12:21).

마지막으로, 모든 거짓 선생들처럼, 이들도 돈을 위해 일했다. 이들은 바울이 대가 없이 가르쳤기 때문에 그의 사역이 무가치하다며 조롱했다. 바울은 자신의 겸손과 이들의 탐욕을 대비시키면서 고린도 신자들에게 이렇게 썼다. "내가 너희를 높이려고 나를 낮추어 하나님의 복음을 값없이 너희에게 전함으로 죄를 지었느냐? 내가 너희를 섬기기 위하여 다른 여러 교회에서 비용을 받은 것은 탈취한 것이라"(11:7-8).

1-9장에서, 바울은 회개하는 다수에게 마음을 쏟아부으며, 계속 자신을 신뢰하고 자신에게 충실해달라고 호소했다. 10-13장에서, 바울은 거짓 선생들에게 시선을 돌려 자신을 향한 이들의 공격을 직접 논박했다. 이 서신의 마지막 네 장에서, 바울은 자신의 사도성을 강력하게 변호하는데, 10:7-18이 그 핵심이다. 이 단락에서, 바울은 고린도 신자들에게 분명한 증거를 토대로 확실하게 판단하라고 촉구했다. NASB 번역자들은 바울이 7장을 열면서 하는 말, 곧 **너희는 외모만 보는도다(you are looking at things as they are outwardly)**를 사실 진술로 이해했다. 그러나 '블레페테'(*blepete*, **you are looking, 너희는…보는도다)**는 직설법 동사나 명령형 동사일 수도 있다. 이것을

명령형으로 보고(바울은 다른 곳에서 이 형태를 사용할 때마다 의심할 여지 없이 명령형으로 사용하듯이) 이 문장을 명령으로 번역하는 게 최선으로 보인다(여러 영어 번역 성경들이 하듯이). 바울은 고린도 신자들에게 명확한 것을 보라고, 그들 앞에 있는 사실과 증거를 고려하라고 명령했다. 이들이 이렇게 한다면, 바울이 참 사도이고(참조. 고전 9:1-2) 그의 대적들은 사기꾼이라는 것이 분명한 결론이었다.

모조품에 속지 않는 가장 좋은 방법은 진짜가 무엇인지 연구하는 것이다. 그래서 바울은 이 단락에서 참 하나님의 사람이 갖는 표식들을 제시함으로써 자신이 진짜라는 것을 변호했다. 우리 시대, 기독교가 속이는 거짓 선생들로 넘쳐나는 때에, 바울은 분별에 절실히 필요한 가르침을 준다. 신자들은 사탄의 이리들이 내는 울부짖음 속에서 선한 목자와 그분에게 속한 진짜 목자들의 음성을 알아챌 수 있어야 한다(요 10:27). 참 하나님의 사람을 알아보는 몇 가지 특징이 있다. 그와 예수 그리스도의 관계, 그가 교회에 미치는 영향, 사람들을 향한 그의 연민, 육신의 방식에 대한 그의 경멸, 그의 순전함, 그의 겸손이다.

예수 그리스도와의 관계로 참 하나님의 사람인지 안다

만일 사람이 자기가 그리스도에게 속한 줄을 믿을진대, 자기가 그리스도에게 속한 것 같이 우리도 그러한 줄을 자기 속으로 다시 생각할 것이라. (10:7b)

앞서 말했듯이, 거짓 사도들은 자신들이 예수 그리스도의 사자라고 주장했다. 이들의 주장은 오만하기 짝이 없었다. 자신들은 예수 그리스도께 직접 세움을 받았고, 그분을 아는 우월한 지식이 있으며, 그분을 대신해 더 큰 권위를 행사한다는 것이다. 바울은 **만일 사람이(if anyone)**라며 단수를 사용하는데, 거짓 사도들의 우두머리, 가장 목소리를 높이며 이런 주장들을 하는 자를 지칭하는 것일 수도 있다. 헬라어 본문은 참이라고 가정된 조건을 말한다. 바울은 가상의 상황이 아니라 실제 상황을 염두에 두었다. 거짓 사도들은 실제로 이런 주장들을 하고 있었다.

그러나 이러한 확신은 잘못된 것이었다. 누구라도 이런 확신이 있으면 그저 **자신을 믿는다(confident in himself)**. 거짓 사도들은 자신들이 그리스도를 대변한다고 주장했으나 이 주장을 뒷받침할 객관적 증거가 없었다. 이들은 죄인들을 회심시키고 교회를 설립하며 성도들을 세운 이력이 없었다. 요란한 자랑뿐이었다.

거짓 사도들은 자신들이 **그리스도에게 속했다(Christ's)**고 주장함으로써 자신들이 단지 그리스도인이라는 것 이상을 주장했던 게 틀림없다. "그리스도에게 속한 자"들이(Christ's party, 고전 1:12을 보라) 주장했듯이, 이들은 자신들이 예수께 특별하게 헌신했다고 주장했다. 이들은 자신들이 그리스도의 참 사도라고도 했다. 이들은 그리스도를 아는 초월적이고 더 높은 지식을 가졌다고도 주장했을 것이다.

거짓 사도들은 자신들의 신임장을 부풀리며, 바울을 진짜 사도로 전혀 인정하지 않았다. 이들에 따르면, 바울은 부끄러운 죄를 숨기고 돈을 위해 거짓을 전하는 사기꾼이었다. 그렇기에 바울은 이들이 가졌다는 참 하나님의 메시지를 가졌거나 사도인 것은 고사하고 그리스도인이라고도 할 수 없었다. 이들의 거짓말은 바울의 신뢰성을 떨어뜨려 자신들이 고린도교회의 권위 있는 선생으로서 그를 대신하려고 고안된 것이었다.

바울은 이 시점에서 이들의 주장을 반박하지 않았다. 나중에 논증을 펼치면서 그렇게 할 터였다(고후 11:13-15). 여기서 바울은 단지 자신도 그리스도께 속한다는 주장이 타당하다고 했다. 바울은 자신의 사도성을 받아들이지 않으려는 자에게 **자기가 그리스도에게 속한 것 같이 우리도 그러한 줄을 자기 속으로 다시 생각하라**고 촉구했다. 이것은 거짓 선생의 주장일 뿐이었다. 그러므로 그는 바울도 동일한 주장을 할 수 있다는 것을 알아야 했다. 바울의 확신이든 거짓 사도들의 확신이든 간에, 문제를 개인의 주관적 확신에 기초해 결정할 수는 없었다. 이런 이유로, 앞서 말했듯이, 바울은 고린도 신자들에게 객관적 증거를 살피라고 했다. 바울의 삶과 회심과 사역에 관한 사실은 여러 교회에서 공개적으로 알려진 것이었다. 바울과 선교 여정을 함께 한 동료들과 아나니아는 그가 다메섹 가는 길에 극적으로 회심한 놀라운 이야기를 확인해 줄 수 있었다. 바나바, 실라, 누가, 디모데를 비롯해 바울의 동역자들은 그가 각 도시에서, 자신을 통해 회심한 사람들에게, 자신이 세우고 다진 교회들에게 복음을 두려움 없이 전했다는 것을 증언할 수 있었다. 거짓 사도들과 반대로, 바울의 확신은 감동적이고 부정할 수 없는 증거가 뒷받침했다(참조. 12:12).

참 하나님의 사람들은 그리스도와 친밀하게 동행하며, 이것은 이들의 삶에서 분명하게 나타난다. 거짓 선생들은 정통의 겉모습을 갖췄을지 몰라도 예수님은 이렇게 말씀하셨다. "그들의 열매로 그들을 알지니, 가시나무에서 포도를, 또는 엉겅퀴에서 무화과를 따겠느냐?"(마 7:16; 참조. 20절). 이들의 주장에도 불구하고, 거짓 선생들의 어긋난 가르침은 자신들의 죄악된 행동과 그 추종자들의 죄악된 삶으로 드러날 수밖에 없다.

교회에 미치는 영향으로 참 하나님의 사람인지 안다

주께서 주신 권세는 너희를 무너뜨리려고 하신 것이 아니요 세우려고 하신 것이니, 내가 이에 대하여 지나치게 자랑하여도 부끄럽지 아니하리라. (10:8)

바울은 자신의 **권세**(authority, 권위)를 **지나치게 자랑**하길 꺼렸다. 그런데도 그가 이렇게 한 것은 그럴 수밖에 없는 환경 때문이었다. 바울은 삶이 흠잡을 데 없었고 신임장도 흠잡을 데 없었다. 그러므로 그가 자신을 자랑하더라도 **부끄럽지 아니할** 것이다. 거짓 사도들과 달리, 바울은 절대로 너무 멀리 나가 공허한 자랑을 하지 않을 것이다. 주님이 그에게 권세를 주셨기 때문이다. 바울의 주장들을 제한했던 것은 그의 겸손뿐이었다.

학대하고 파괴하는 거짓 사도들과 달리, 바울은 자신의 권세를 사용해 고린도 신자들을 **무너뜨리려고** 하지 않고 **세우려고** 했다. 참 하나님의 사람은 교회에 덕을 세우고 교회에 힘을 더하며 교회를 성숙시키면서 교회에 긍정적 영향을 끼칠 수밖에 없다. 바울은 능력으로 복음을 전했고, 많은 사람이 그리스도를 믿어 구원에 이르는 것을 보았으며, 그리스-로마 세계에 많은 교회를 세웠고, 지도자들을 훈련했으며, 성도들을 온전하게 했다. 참 사도로서, 그의 사역은 필연적으로 교회를 영적으로 발전시켰고 교회에 힘을 더했다(12:19; 엡 4:11-12).

반면에, 거짓 선생들은 필연적으로 교회에 불화와 불일치와 파괴, 심지어 죽음을 안겨준다. 이들의 영향력은 혼란과 분열을 일으키며, 따라서 교회를 세우겠다고 약속하신 교회의 머리와 정반대다(마 16:18). 바울은 이들을 염두에 두고 경고했다. "누구든지 하나님의 성전을 더럽히면 하나님이 그 사람을 멸하시리라. 하나님의 성전은 거룩하니 너희도 그러하니라"(고전 3:17). 바울은 교회를 무너뜨리기 위해서가 아니라 세우기 위해 사도의 권세를 사용했다(참조. 고전 10:5-6).

사람들을 향한 연민으로 참 하나님의 사람인지 안다

이는 내가 편지들로 너희를 놀라게 하려는 것 같이 생각하지 않게 함이라. (10:9)

거짓 선생들은 자기중심적이고 움켜쥐며 학대하는 경향이 있다. 이들에게 사람은 자신의 이기적 목적을 성취하는 수단일 뿐 대개 아무 의미도 없다. 이들은 고압적이고 자신에게 열중하며 타인들의 필요에 냉담하기 일쑤다.

악하게도, 거짓 사도들은 자신들이 친숙게 행하는 바로 그 온갖 악을 바울에게 돌리려 했다. 이들은 바울이 고린도 신자들을 협박해 복종시키려 한 포악한 지도자라고 비난했다. 거짓 사도들은 바울이 이른바 이들을 학대했다는 대표적인 예로 엄한 편지를 지적했던 게 틀림없다(2:3-4). 바울은 이들의 거짓 주장에 답하면서 고린도 신자들에게 확실하게 말했다. **내가 편지들로 너희를 놀라게 하려는 것 같이 생각하지 않게 함이라.** 바울은 고린도 신자들을 **놀라게 해(terrify, 겁주어)** 자신에게 복종하게 하려 하지 않았다. 그의 목적은 고린도 신자들을 회개시켜 이들이 구원에 수반되는 모든 복을 누리게 하는 것이었다. 바울이 단호했던 것은 그래야 할 상황이었기 때문이며, 대다수 고린도 신자들이 자신들을 바로잡으려는 바울의 노력에 긍정적으로 반응했다(참조. 7:8-10).

엄한 편지를 보내놓고 괴로워했듯이, 바울은 징계하길 꺼렸다.

> 내가 내 목숨을 걸고 하나님을 불러 증언하시게 하노니, 내가 다시 고린도에 가
> 지 아니한 것은 너희를 아끼려 함이라. 우리가 너희 믿음을 주관하려는 것이 아
> 니요 오직 너희 기쁨을 돕는 자가 되려 함이니, 이는 너희가 믿음에 섰음이라. 내
> 가 다시는 너희에게 근심 중에 나아가지 아니하기로 스스로 결심하였노니, 내
> 가 너희를 근심하게 한다면, 내가 근심하게 한 자 밖에 나를 기쁘게 할 자가 누구
> 냐? 내가 이같이 쓴 것은 내가 갈 때에 마땅히 나를 기쁘게 할 자로부터 도리어
> 근심을 얻을까 염려함이요 또 너희 모두에 대한 나의 기쁨이 너희 모두의 기쁨
> 인 줄 확신함이로라. 내가 마음에 큰 눌림과 걱정이 있어 많은 눈물로 너희에게
> 썼노니, 이는 너희로 근심하게 하려 한 것이 아니요 오직 내가 너희를 향하여 넘
> 치는 사랑이 있음을 너희로 알게 하려 함이라. (1:23-2:4)

7:3에서, 바울은 이렇게 덧붙였다. "내가 이 말을 하는 것은 너희를 정죄하
려고 하는 것이 아니라. 내가 이전에 말하였거니와 너희가 우리 마음에 있어
함께 죽고 함께 살게 하고자 함이라." 바울은 바로잡는 매보다 사랑과 온유
한 마음을 훨씬 좋아했다(참조. 고전 4:21). 그는 앞서 이 서신에서 이렇게 썼다.
"너희는 우리의 편지라. 우리 마음에 썼고 못 사람이 알고 읽는 바라. 너희는
우리로 말미암아 나타난 그리스도의 편지니, 이는 먹으로 쓴 것이 아니요 오
직 살아계신 하나님의 영으로 쓴 것이며 또 돌판에 쓴 것이 아니요 오직 육의
마음판에 쓴 것이라"(고후 3:2-3). 7:2에서, 바울은 고린도 신자들에게 간청했
다. "마음으로 우리를 영접하라. 우리는 아무에게도 불의를 행하지 않고 아무
에게도 해롭게 하지 않고 아무에게서도 속여 빼앗은 일이 없노라." 그런가하
면, 11:11과 12:15에서는 이들을 향한 자신의 사랑을 거리낌 없이 말했다.

연민(불쌍히 여김)은 참 하나님의 사람들의 표식이다. 참 하나님의 사람들은
자신의 사람들을 "예수 그리스도의 심장으로" 돌본다(빌 1:8). 그러나 거짓 선
생의 가장 큰 특징은 사람들을 향한 무관심이나 악의다. 둘의 차이는 양 떼를
위해 목숨을 버리는 선한 목자와 양 떼에 도무지 신경 쓰지 않는 삯꾼의 차이

다(참조. 요 10:11-13).

육신의 방법을 경멸하는 것으로 참 하나님의 사람인지 안다

그들의 말이 그의 편지들은 무게가 있고 힘이 있으나 그가 몸으로 대할 때는 약
하고 그 말도 시원하지 않다 하니,(10:10)

바울의 **편지들은 무게가 있고 힘이 있다.** 이 사실은 읽는 사람들 모두에게 분명
했다. 그의 영감 받은 펜의 힘, 즉 그의 글이 지닌 명료함과 합리성과 영성의
힘은 부정할 수 없었다. 그의 편지들은 진리를 향한 열정 및 확신으로 넘쳐났
다. 그렇지 않다고 주장하는 것은 어리석은 짓이었을 테고, 거짓 사도들은 분
명한 사실을 부정하려 하지 않았다.

그러나 거짓 사도들은 바울의 편지들이 미치는 강력한 영향을 인정한 후
그가 몸으로 대할 때는 약하고(unimpressive, 별 볼 일 없고) **그 말도 시원하지 않다**
(contemptible, 경멸스럽다)며 바울을 조롱했다. 거짓 사도들이 보기에 바울의
외모가 별 볼 일 없었던 게 분명하다. 그렇더라도 이들이 **그가 몸으로 대할 때**
는(his personal presence)에서 의미했던 것은 그의 인격이나 분위기나 품행
이었다. 이들에 따르면, 바울은 존경과 충성심을 자아내는 카리스마와 인간적
매력이 없었다. 이들은 바울이 고통스러운 방문 후 고린도를 떠난 것을(2:1)
치욕스러운 후퇴로 묘사함으로써 이러한 주장을 강화했던 게 분명하다. 이들
은 바울이 공격받은 후 마을을 기어 나와 징징거리며 움찔대는 겁쟁이라며
빈정댔다. 이들이 생각하기에, 이것은 바울이 훌륭한 지도자의 능력이 없다는
증거였다.

거짓 선생들이 바울을 이처럼 매섭게 비난했던 것은 자신들을 강하고 결단
력 있는 지도자로 그려내고 바울을 허약하고 흐리멍덩한 사람으로 그려내기
위해서였다. 이들은 자신들이 직면한 문제들을 바울이 정면으로 다루길 주저
한다고 주장했다. 이런 비난은 지배적 독재의 하나인 영적 리더십의 용납할
수 없는 모델을 보여준다. 예수님은 이런 지도자들에 관해 이렇게 말씀하셨

다. "이방인의 집권자들이 그들을 임의로 주관하고 그 고관들이 그들에게 권세를 부리는 줄을 너희가 알거니와"(마 20:25). 그러나 이처럼 지도자를 지배자로 보는 시각은 지도자를 종으로 보는 성경의 시각과 정반대다.

> 너희 중에는 그렇지 않아야 하나니, 너희 중에 누구든지 크고자 하는 자는 너희를 섬기는 자가 되고, 너희 중에 누구든지 으뜸이 되고자 하는 자는 너희의 종이 되어야 하리라. 인자가 온 것은 섬김을 받으려 함이 아니라 도리어 섬기려 하고 자기 목숨을 많은 사람의 대속물로 주려 함이니라. (마 20:26-28)

거짓 사도들은 직접 마주하는 바울의 모습을 조롱하는 데 만족하지 않고 **그가 말도 시원하지 않다**며 비난했다. 이들의 말은 바울이 헬라 문화에서 아주 높이 평가되는 웅변술이나 수사학 기술이 부족하다는 뜻이었다. 바울이 능히 사용할 수 있었지만 유창한 궤변을 배척하고 복음을 단순함과 능력으로 전한 것은 사실이다. 고린도전서 2:1-5에서, 바울은 이렇게 설명했다.

> 형제들아, 내가 너희에게 나아가 하나님의 증거를 전할 때에 말과 지혜의 아름다운 것으로 아니하였나니, 내가 너희 중에서 예수 그리스도와 그가 십자가에 못 박히신 것 외에는 아무것도 알지 아니하기로 작정하였음이라. 내가 너희 가운데 거할 때에 약하고 두려워하고 심히 떨었노라. 내 말과 내 전도함이 설득력 있는 지혜의 말로 하지 아니하고 다만 성령의 나타나심과 능력으로 하여 너희 믿음이 사람의 지혜에 있지 아니하고 다만 하나님의 능력에 있게 하려 하였노라.

반대로, 거짓 사도들은 세련된 웅변술과 매끈한 조종술로 희생자들을 주무르고 유혹해 자신들의 특권과 힘을 키우려 했다. 그러나 참 하나님의 사람은 육신의 방법을 사용하길 거부한다. 대신에, 하나님의 말씀을 분명하고 강력하게 전해 사람들의 "믿음이 사람의 지혜에 있지 아니하고 다만 하나님의 능력에 있게[기초하게] 하려 한다"(고전 2:5).

순전함으로 참 하나님의 사람인지 안다

이런 사람은 우리가 떠나 있을 때에 편지들로 말하는 것과 함께 있을 때에 행하는 일이 같은 것임을 알지라. (10:11)

바울은 누구라도 일관성이 없다며 자신을 비난하려는 **사람**에게 촉구했다. **우리가 떠나 있을 때에 편지들로 말하는 것과 함께 있을 때에 행하는 일이 같은 것임을 알지라.** 이 서신 끝부분에서, 바울은 고린도교회에서 자신에게 등을 돌린 자들에게 그들을 엄히 다룰 자신의 능력과 의지를 과소평가하지 말라고 경고했다.

> 내가 이미 말하였거니와 지금 떠나 있으나 두 번째 대면하였을 때와 같이 전에 죄 지은 자들과 그 남은 모든 사람에게 미리 말하노니, 내가 다시 가면 용서하지 아니하리라. 이는 그리스도께서 내 안에서 말씀하시는 증거를 너희가 구함이니, 그는 너희에게 대하여 약하지 않고 도리어 너희 안에서 강하시니라.
> (13:2-3)

바울의 삶은 더없이 일관되었다. 그는 **떠나 있을 때에** 쓴 편지들에서 나타나는 모습과 **함께 있을 때에 행하는** 모습이 같았다. 그는 위선자가 아니었다. 그의 순전함은 흠잡을 데 없었다.

바울의 삶과 사역에는 하나님이 찍어주신 인증 도장이 있었다. 그는 데살로니가 신자들에게 이렇게 썼다. "오직 하나님께 옳게 여기심을 입어 (approved by God) 복음을 위탁 받았으니, 우리가 이와 같이 말함은 사람을 기쁘게 하려 함이 아니요 오직 우리 마음을 감찰하시는 하나님을 기쁘시게 하려 함이라"(살전 2:4). 그러나 참 하나님의 사람들과 반대로, 거짓 선생들은 사적인 이미지와 공적인 이미지가 상당히 다르다. 여러 해, 이들의 사역을 뒤흔든 무수한 스캔들이 안타깝게도 이러한 사실을 증명한다.

겸손으로 참 하나님의 사람인지 안다

¹²우리는 자기를 칭찬하는 어떤 자와 더불어 감히 짝하며 비교할 수 없노라. 그러나 그들이 자기로써 자기를 헤아리고 자기로써 자기를 비교하니 지혜가 없도다. ¹³그러나 우리는 분수 이상의 자랑을 하지 않고 오직 하나님이 우리에게 나누어 주신 그 범위의 한계를 따라 하노니, 곧 너희에게까지 이른 것이라. ¹⁴우리가 너희에게 미치지 못할 자로서 스스로 지나쳐 나아간 것이 아니요 그리스도의 복음으로 너희에게까지 이른 것이라. ¹⁵우리는 남의 수고를 가지고 분수 이상의 자랑을 하는 것이 아니라. 오직 너희 믿음이 자랄수록 우리의 규범을 따라 너희 가운데서 더욱 풍성하여지기를 바라노라. ¹⁶이는 남의 규범으로 이루어 놓은 것으로 자랑하지 아니하고 너희 지역을 넘어 복음을 전하려 함이라. ¹⁷자랑하는 자는 주 안에서 자랑할지니라. ¹⁸옳다 인정함을 받는 자는 자기를 칭찬하는 자가 아니요 오직 주께서 칭찬하시는 자니라. (10:12-18)

그리스도인에게 겸손보다 고귀한 덕목은 없다. 그리스도인의 겸손이란 하나님의 선하심과 자비와 은혜를 받을 자격이 전혀 없음을 진정으로 확신하는 것이다. 성경은 겸손의 초상화를 풍성하고 다양하게 그린다. 겸손한 사람들은 자신의 영적 파산을 인식하고(마 5:3), 자신을 마땅히 생각할 이상으로 생각하지 아니하며(롬 12:3), 크고 영광스런 하나님 앞에 자신을 낮추어 엎드리고(사 6:5; 눅 5:8), 자신의 삶에서 누리는 모든 좋은 것을 하나님의 은혜로 돌리며(고전 15:10), 진정으로 하나님을 예배하고(시 95:6; 고전 14:25), 자신이 못할 만큼 비천한 일이란 없다고 확신하며(요 13:3-15), 자신이 아직 미완성이라는 것을 인식한다(빌 3:12-14). 겸손한 사람들은 자신을 자랑하거나 뽐내거나 추켜올리려 하지 않으며(고후 11:30; 참조. 갈 6:14), 사실 칭찬에 적잖게 당혹스러워한다(잠 27:2). 겸손한 사람들은 자신의 죄와 단점을 숨기지 않고 자신이 타인들보다 우월하다고 보지 않으며(딤전 1:15), 기꺼이 섬기려 하고(마 23:11) 자신의 모든 계획을 주님의 뜻에 복종시키는 데 만족한다(시 37:5; 잠 16:3). 바울은 겸손한 사람의 태도를 이렇게 요약했다. "우리가 무슨 일이든지 우리에게서 난 것 같이

스스로 만족할(adequate, 적합할) 것이 아니니, 우리의 만족(adequacy, 적합함, 자격)은 오직 하나님으로부터 나느니라"(고후 3:5).

겸손은 하나님의 사람이 갖는 더없이 분명한 표식이며, 주 예수 그리스도의 성품이었다(마 11:29; 참조 5:3; 18:4; 행 20:19). 주님 외에, 바울만큼 교회에 깊은 영향을 끼친 사람이 없다. 그러나 바울은 자신을 질그릇, 곧 집에서 가장 하찮게 사용되는 그릇(고후 4:7), 곤고한 사람(롬 7:24), 모든 성도 중에 지극히 작은 자보다 더 작은 자(엡 3:8), 사도 중에 가장 작은 자(고전 15:9), 죄인 중에 괴수로 묘사했다(딤전 1:15). 이러한 겸손, 곧 거짓 사도들의 노골적 자랑과 대비되는 겸손은(참조. 렘 23:32; 단 11:36; 눅 18:11-12; 벧후 2:18; 유 16; 살후 2:3-4; 계 13:5-6) 고린도 신자들에게 바울의 사도성을 뒷받침하는 결정적 증거였어야 했다.

그러나 안타깝게도, 많은 고린도 신자가 여전히 핵심을 파악하지 못했다. 그래서 바울은 12-18절에서 겸손에 대한 폭넓은 논의로 참 하나님의 사람의 표식들을 말하면서 이 섹션을 끝맺는다. 아이러니와 비꼼이 가득한 단락에서, 바울은 거짓 사도들의 거만한 주장들을 논박했으며, 자신의 겸손을 자신이 진짜라는 증거로 제시했다. 12-18절은 하나님이 변화시키고 부르신 겸손한 메신저의 다섯 가지 특징을 보여준다.

겸손한 하나님의 메신저는 자신과 타인들을 비교하려 하지 않는다

우리는 자기를 칭찬하는 어떤 자와 더불어 감히 짝하며 비교할 수 없노라. 그러나 그들이 자기로써 자기를 헤아리고 자기로써 자기를 비교하니 지혜가 없도다.
(10:12)

바리새인은 교만하고 거만하게 기도했다. "하나님이여, 나는 다른 사람들 곧 토색, 불의, 간음을 하는 자들과 같지 아니하고 이 세리와도 같지 아니함을 감사하나이다"(눅 18:11). 이것은 거짓 선생들이 취한 태도의 전형이었다. 이들은 자신을 높이는 데 열심이며, 그래서 자신에게 방해되면 누구라도 제거하려 한다. 고린도교회에서, 교만한 거짓 사도들이 바울을 공격함으로써 바울보다 우월해 보이려 했다.

그러나 바울은 이들의 유치한 자화자찬 게임을 거부했다. 바울은 이들의 기준을 사용해 자신을 변호하려 하지 않았다. 대신에, 그는 이렇게 썼다. **우리는 자기를 칭찬하는 어떤 자와 더불어 감히 짝하며 비교할 수 없노라. 우리는…감히…할 수 없노라(we are not bold)**는 "나는 감히 하지 않는다"(I do not dare)는 의미다. 바울은 **자기를 칭찬하는 어떤 자**에 답해 자신을 칭찬할 생각이 전혀 없었다. 바울은 이들의 수준으로 내려감으로써 하나님을 욕되게 하려 하지 않았다(참조. 잠 26:5).

거짓 사도들의 비교 기준은 주관적이었고, 개성과 카리스마와 웅변술 같은 피상적이고 외적인 요소에 근거했다. 이들은 위대함의 개인적 기준을 만들고, 그 기준을 채우고는 자신들이 우월하다며 교만하게 떠벌렸다. 그러나 **자기로써 자기를 헤아리고 자기로써 자기를 비교하는** 자들은 **지혜가 없다.** 이들은 어리석고 비합리적이다. 자기중심적이고 자기만족에 빠진 자들은 언제나 자신에게 속는다.

반대로, 바울은 하나님의 기준으로 자신을 가늠한다. 앞서 바울은 고린도 신자들에게 이렇게 썼다. "너희에게나 다른 사람에게나 판단 받는 것이 내게는 매우 작은 일이라. 나도 나를 판단하지 아니하노니, 내가 자책할 아무것도 깨닫지 못하나 이로 말미암아 의롭다 함을 얻지 못하노라. 다만 나를 심판하실 이는 주시니라"(고전 4:3-4). 바울은 사도로서 신임장을 제시할 때 자신이 겪은 고난과(11:22-33) 자신의 약함을 열거했다(11:30; 12:5, 9; 행 20:19). 겸손한 사람들은 자신이 완전한 기준, 곧 주 예수 그리스도에 까마득히 미치지 못한다는 것을 너무나 잘 안다(고전 11:1).

겸손한 하나님의 메신저는 한계 안에서 사역하려 한다

그러나 우리는 분수 이상의 자랑을 하지 않고 오직 하나님이 우리에게 나누어 주신 그 범위의 한계를 따라 하노니, 곧 너희에게까지 이른 것이라. (10:13)

거짓 선생들은 과대망상증을 보이는 경향이 있다. 그래서 자신들의 거창한 계획을 제한하려는 사람들에게 격분한다. 자신들의 영향력을 넓히고 더 큰 특권과 명예와 부를 거머쥐려고 끊임없이 애쓴다. 이를 위해, 자신들의 자격과 은사를 과장하거나 심지어 조작하기 일쑤다. 거짓 사도들은 고린도 신자들에게 꽤 놀라운 이력서를 제출했다. 자신들이 바울보다 큰 능력과 학식과 웅변술과 영향력을 가졌다고 주장했다. 뒤이어, 이러한 가짜 자격증들을 이용해 고린도교회에서 영향력을 얻었다.

그러나 바울은 자신의 **분수(measure)**를 넘어서는 **자랑**을 하려 하지 않았다. 자신이나 자신의 사역에 관해 사실이 아닌 것을 말하려 하지 **않았다.** 거짓 사도들처럼 거짓말하고 과장하려 하지 않았다. 자신의 사역을 정직하고 정확하게 평가했다. 거짓 사도들은 야심을 품었고 가식적이었다. 반대로, 바울은 **하나님이** 자신에게 **나누어 주신 그 범위의 한계를 따라(within the measure,** 한계 안에서) **만족했다.** 바울이 로마서 1:5에서 묘사한 경주 비유를 사용해 표현하면 이렇다. "우리가 은혜와 사도의 직분을 받아 그의 이름을 위하여 모든 이방인 중에서 믿어 순종하게 하나니"(참조. 롬 15:18; 행 22:21; 26:15-18). 바울은 하나님이 정하신 자신의 한계에 안달하지 않았다. 하나님이 자신에게 의도하신 사역보다 더 크거나 더 중요한 사역을 원치 않았다. 하나님이 그를 위해 정해두신 사역의 범위에 완전히 만족했다. 성공보다 탁월함에 초점을 맞췄고, 자신이 하는 사역의 크기보다 질에, 그 너비보다 깊이에 집중했다.

예수님도 아버지께서 엄격하게 정하신 한계 안에서 사역하셨다. 아버지의 뜻(요 5:30; 6:38), 때(요 2:4; 7:30; 8:20), 사람들("이스라엘 집의 잃어버린 양"[마 15:24]), 메시지("천국 복음"[마 4:23; 9:35; 눅 4:18]), 우선순위(부자와 영향력 있는 사람들이 아니라 열두 사도)가 그분의 사역을 제한했다.

거짓 사도들은 바울이 그의 한계를 넘었다고 주장했으나 이들의 주장은 근거가 없었다. 하나님이 바울의 사역 범위가 고린도**까지 이르도록** 정하셨기 때문이다. 고린도 신자들이 달리 주장한다면, 자신들이 걸터앉은 가지를 자르는 꼴이었다. 바울은 이들의 영적 아버지였고(고전 4:15) 고린도교회는 바울의 사역으로 생겨났다. 바울이 정당한 사도라는 것을 부정한다면, 이들의 구원과 교회가 정당하다는 것을 부정하는 것이었다.

겸손한 하나님의 메신저는 다른 사람들의 수고에서 자신의 공적을 취하려 하지 않는다

[14]우리가 너희에게 미치지 못할 자로서 스스로 지나쳐 나아간 것이 아니요 그리스도의 복음으로 너희에게까지 이른 것이라. [15]우리는 남의 수고를 가지고 분수 이상의 자랑을 하는 것이 아니라. 오직 너희 믿음이 자랄수록 우리의 규범을 따라 너희 가운데서 더욱 풍성하여지기를 바라노라. [16]이는 남의 규범으로 이루어 놓은 것으로 자랑하지 아니하고 너희 지역을 넘어 복음을 전하려 함이라. (10:14-16)

바울은 자신의 사역 범위가 고린도까지 이른다고 주장했다. 이러한 바울의 주장은 **지나쳐 나아간 것(overextending)**[85]이 아니었다. 앞서 말했듯이, 바울은 **그리스도의 복음**을 가지고 이들에게 가장 먼저 **이른 것이다(the first to come)**. 바울은 자신의 **분수 이상의 자랑을 하지 않고** 있었다. 그가 고린도교회를 세웠다는 것은 논박할 수 없는 사실이기 때문이다(고전 3:6, 10; 4:15). 그는 거짓 사도들의 영역을 침범하지 않았다. 오히려 그 반대였다. 바울이 아니라 이들이 침입자였다.

거짓 사도들은 자신들의 성취라는 것을 장황하게 꾸며댔다. 바울과 달리, 이들은 **남의 수고를 가지고** 주저 없이 자랑했다. 자신들에게는 정당한 성취가 없었기에 다른 사람들의 성취에서 자신들의 공적을 취하려 했다. 그러나 사실 이들은 고린도 신자들의 영적 성장에 아무 기여도 하지 않았다. 이들 자신이 참 하나님의 종이 아니었기 때문이다. 이들은 거짓 복음과 다른 예수를 전함으로써(고후 11:3-4) 바울이 성취한 일을 방해하고 있었다. 이들은 교회를 세우는 참 사도와 반대로 교회의 영적 생명을 빨아먹는 기생충일 뿐이었다(참

---

85 새번역: 한계를 벗어나서 행동한 것

조. 엡 2:20).

바울의 계획과 소망(hope, 바라노라)은 고린도 신자들의 **믿음**이 **자랄수록**, 자신의 **규범을 따라**(within our sphere, 우리의 지역 안에서), 이들에 의해 자신이 **더욱 풍성하여지는**(enlarged even more by you) 것이었다.[86] 바울의 목적은 이들의 도움을 받아 고린도 **지역을 넘어 복음을 전하는** 것이었다. 그러나 고린도 신자들의 죄와 미성숙과 거역 때문에, 이것이 당장은 가능하지 않았다. 고린도 신자들이 거짓 사도들을 완전히 거부하고 바른 교훈(sound doctrine)과 거룩한 삶으로 돌아갈 때까지 기다려야 했다.

바울은 절대로 월계관에 안주하는 사람이 아니었다. 그는 잠시도 안주하지 않았으며, 복음이 전혀 선포된 적 없는 지역에 복음을 전하려 했다. 사도행전 19:21에서, 바울은 로마에 복음을 전하려는 바람을 표현했으나 로마에서 그치겠다는 뜻은 아니었다. 그는 로마 신자들의 도움을 받아 스페인까지 갈 계획이었다(롬 15:24, 28). 고린도 신자들의 믿음이 충분히 강해졌을 때, 바울은 이들이 자신을 다음 선교지로 파송해 주길 바랐다. 그러나 어디를 가든, 언제나 바울은 하나님이 자신을 위해 주권적으로 계획해두신 사역의 영역 안에 머물길 원했다. 바울은 하나님의 다른 사람들이 남긴 자취를 따라가고 이들의 수고에서 자신의 공적으로 취하길 겸손하게 거부했다.

겸손한 하나님의 메신저는 오직 주님의 영광만 구한다

자랑하는 자는 주 안에서 자랑할지니라. (10:17)

이 본질적 진리는 성경 전체에 나오며, 자신을 영화롭게 하는 모든 거짓 선생을 신랄하게 꾸짖는다. 시편 20:7에서, 다윗은 이렇게 썼다. "어떤 사람은 병거, 어떤 사람은 말을 의지하나 우리는 여호와 우리 하나님의 이름을 자랑

---

86 새번역: 다만 바라는 것은 여러분의 믿음이 자람에 따라 우리의 활동 범위가 여러분 가운데서 더 넓게 확장되는 것입니다(15b절).

하리로다." 그리고 시편 34:2에서 이렇게 덧붙였다. "내 영혼이 여호와를 자랑하리니, 곤고한 자들이 이를 듣고 기뻐하리로다." 하나님은 예레미야 선지자를 통해 이렇게 선포하셨다.

여호와께서 이와 같이 말씀하시되, 지혜로운 자는 그의 지혜를 자랑하지 말라. 용사는 그의 용맹을 자랑하지 말라. 부자는 그의 부함을 자랑하지 말라. 자랑하는 자는 이것으로 자랑할지니, 곧 명철하여 나를 아는 것과 나 여호와는 사랑과 정의와 공의를 땅에 행하는 자인 줄 깨닫는 것이라. 나는 이 일을 기뻐하노라. 여호와의 말씀이니라. (렘 9:23-24)

바울은 예레미야서의 이 단락을 염두에 두고 이 구절을 썼으며, 앞서 고린도 신자들에게 "기록된 바 자랑하는 자는 주 안에서 자랑하라 함과 같게 하려 함이라"고 썼을 때도 마찬가지였다(고전 1:31). 그는 로마 신자들에게 이렇게 썼다. "그러므로 내가 그리스도 예수 안에서 하나님의 일에 대하여 자랑하는 것이 있거니와 그리스도께서 이방인들을 순종하게 하기 위하여 나를 통하여 역사하신 것 외에는 내가 감히 말하지 아니하노라 그 일은 말과 행위로 [이루어졌으며]"(롬 15:17-18). 그는 갈라디아서 6:14에서 이렇게 단언했다. "그러나 내게는 우리 주 예수 그리스도의 십자가 외에 결코 자랑할 것이 없으니, 그리스도로 말미암아 세상이 나를 대하여 십자가에 못 박히고 내가 또한 세상을 대하여 그러하니라."

마르틴 루터가 죽은 후, 친구들이 그의 주머니에서 쪽지를 발견했다. 위대한 종교개혁자는 그 쪽지에 이렇게 써놓았다. "우리는 모두 거지다." 겸손한 하나님의 사람들은 자신들이 자랑할 게 전혀 없다는 것을 깨닫는다. 이들이 복음을 전하는 것은 하나님의 말씀이 이들의 뼛속에서 이글대는 불이고(렘 20:9) 복음 전파가 이들이 부득불 할 일이기 때문이다(고전 9:16). 이들이 교회를 섬기는 이유는 단 하나, 그리스도께서 이들에게 직분을 맡기셨기 때문이다(딤전 1:12). 이들이 거둔 모든 성공은 순전히 이들 속에서 일하시는 하나님의 은혜 때문이다(고전 15:10). 이들은 시편 기자와 함께 외친다. "여호와여, 영광을 우리에게 돌리지 마옵소서. 우리에게 돌리지 마옵소서. 오직 주는 인자하시고 진실하시므로 주의 이름에만 영광을 돌리소서"(시 115:1).

겸손한 하나님의 메신저는 영원한 영광 외에 그 무엇도 좋지 않는다

옳다 인정함을 받는 자는 자기를 칭찬하는 자가 아니요 오직 주께서 칭찬하시는 자니라. (10:18)

거짓 선생들은 오로지 지금 여기에만 초점을 맞추었다. 이들은 명성과 칭송과 특권과 부와 권력을 좇았다. 그러나 참 그리스도의 종들은 하늘의 상을 고대한다(마 5:12; 눅 6:23:, 골 3:24; 히 11:26). 이들은 세상적 자화자찬은 의미 없다는 것을 안다. **옳다 인정함을 받는 자는 자기를 칭찬하는 자가 아니**기 때문이다. 이들은 사람을 기쁘게 하는 자가 아니다. 세상이 자신들을 비난하느냐 칭찬하느냐는 길게 보면 특별한 의미가 없다. 중요한 것은 **주께서 칭찬하시는 자**다. 주님이 이렇게 말씀하시는 자다. "잘하였도다. 착하고 충성된 종아…네 주인의 즐거움에 참여할지어다"(마 25:21). 바울이 앞선 편지에서 고린도 신자들에게 썼듯이, 이것이 유일하게 중요한 평가다.

> 너희에게나 다른 사람에게나 판단 받는 것이 내게는 매우 작은 일이라. 나도 나를 판단하지 아니하노니, 내가 자책할 아무것도 깨닫지 못하나 이로 말미암아 의롭다 함을 얻지 못하노라. 다만 나를 심판하실 이는 주시니라. 그러므로 때가 이르기 전, 곧 주께서 오시기까지 아무것도 판단하지 말라. 그가 어둠에 감추인 것들을 드러내고 마음의 뜻을 나타내시리니, 그때에 각 사람에게 하나님으로부터 칭찬이 있으리라. (고전 4:3-5)

언제나처럼, 오늘의 교회도 동일한 도전을 마주한다. 참 전파자들과 거짓된 사기꾼들을 가려내는 것이다. 고린도교회는 쉽게 속았다. 그런데 분별력 없는 신자들이 거짓 선생들의 거짓말에 속아 넘어가면서 이 슬픈 이야기가 역사 내내 되풀이 되어 왔다. 그 결과, 전 세계에서 교회들과 교육 기관들과 교단들이 성경 진리를 버렸다. 고린도 신자들은 참된 영적 지도자들과 거짓된 영적 지도자들을 구분할 수 있었어야 했으며, 오늘의 교회도 이 둘을 구분할 수 있어야 한다. 참 하나님의 사람들은 쇼맨이 아니다. 참 하나님의 사람들은 사람들을 위협하지 않는다. 참 하나님의 사람들은 자신을 높이려 들지 않는다. 참 하나님의 사람들은 진리를 너무나 소중히 여겨 거짓을 용납하지 못한다. 참 하나님의 사람들은 예수 그리스도의 온유함을 본받는다. 참 하나님의 사람들은 성경을 더없이 귀하게 여기고 순수하며 물 타지 않은 복음을 전한다. 참 하나님의 사람들은 하나님이 자신을 두신 범위 안에서 사역하는 데 만족한다. 참 하나님의 사람들은 자신의 가르침과 일치되게 산다. 참 하나님의 사람들은 타인들이 해놓은 일에서 자신의 공적을 취하지 않는다. 참 하나님의 사람들은 일시적 갈채가 아니라 영원한 하나님의 영광을 구한다. "이로써[이렇게] 그리스도를 섬기는 자는 하나님을 기쁘시게 하며 사람에게도 칭찬을 받느니라"(롬 14:18).

27

그리스도인의 충실

(11:1-6)

¹원하건대, 너희는 나의 좀 어리석은 것을 용납하라. 청하건대, 나를 용납하라. ²내가 하나님의 열심으로 너희를 위하여 열심을 내노니, 내가 너희를 정결한 처녀로 한 남편인 그리스도께 드리려고 중매함이로다. 그러나 나는 ³뱀이 그 간계로 하와를 미혹한 것 같이 너희 마음이 그리스도를 향하는 진실함과 깨끗함에서 떠나 부패할까 두려워하노라. ⁴만일 누가 가서 우리가 전파하지 아니한 다른 예수를 전파하거나 혹은 너희가 받지 아니한 다른 영을 받게 하거나 혹은 너희가 받지 아니한 다른 복음을 받게 할 때에는 너희가 잘 용납하는구나. ⁵나는 지극히 크다는 사도들보다 부족한 것이 조금도 없는 줄로 생각하노라. ⁶내가 비록 말에는 부족하나 지식에는 그렇지 아니하니 이것을 우리가 모든 사람 가운데서 모든 일로 너희에게 나타내었노라. (11:1-6)

어느 언어에서든, 가장 혐오스러운 단어는 배신자에 해당하는 단어일 것이다. 가족이나 친구나 대의나 나라를 배신하는 자들보다 비열한 자들도 없다. 사실, 베네딕트 아널드(Benedict Arnold, 1741-1801),[87] 비드쿤 퀴슬링(Vidkun Quisling, 1888-1945, 2차 세계 대전 중 노르웨이를 점령한 독일군에 협력했다),[88] 궁극의 배신자

---

87 미국독립전쟁에 대륙군으로 참전했으나 대륙군을 배신하고 영국군으로 참전했다.

88 독일이 노르웨이를 점령 중일 때 총리로서 독일에 협력했으며, 전쟁 후 반역죄로 총살되

가룟 유다 같은 악명 높은 배신자들의 이름은 "배신자"의 동의어가 되었다. 반대로, 어느 언어에서든, 가장 소중한 단어들에 충실(loyalty, 충성)과 그 동의어들—성실(faithfulness), 충성(allegiance), 신의(fidelity), 헌신(devotion)—이 포함된다.

성경은 충실의 중요성을 강조한다. 솔로몬은 이렇게 썼다. "많은 사람이 각기 자기의 인자함(loyalty, 충실, 충성)을 자랑하나니, 충성된 자(trustworthy man)를 누가 만날 수 있으랴?"(잠 20:6).[89] 자신이 충실하다고 외치는 자들이 모두 이것을 증명하지는 못한다. 그러나 "공의와 인자(loyalty, 충실)를 따라 구하는 자는 생명과 공의와 영광을 얻느니라"(잠 21:21).[90] 솔로몬은 권세 있는 자들도 충실을 드러내야 한다고 덧붙였다. "왕은 인자(loyalty, 충실)와 진리로 스스로 보호하고 그의 왕위도 인자함으로 말미암아 견고하니라"(잠 20:28).

그러나 어느 인간이나 대의를 향한 충실보다 하나님을 향한 충실이 훨씬 중요하다. 하나님을 향한 충실은 마음을 다하고 목숨을 다하고 뜻을 다하고 힘을 다하여 하나님을 사랑하는 것으로 정의될 수 있다(신 6:5; 막 12:30). 이런 충실은 값싸게 또는 쉽게 오지 않는다. 마태복음 10:34-38에서, 예수님은 그분에게 충실할 때 치러야 할 수도 있을 값을 다음과 같이 말씀하셨다.

내가 세상에 화평을 주러 온 줄로 생각하지 말라. 화평이 아니요 검을 주러 왔노라. 내가 온 것은 사람이 그 아버지와, 딸이 어머니와, 며느리가 시어머니와 불화하게 하려 함이니, 사람의 원수가 자기 집안 식구리라. 아버지나 어머니를 나보다 더 사랑하는 자는 내게 합당하지 아니하고, 아들이나 딸을 나보다 더 사랑하는 자도 내게 합당하지 아니하며, 또 자기 십자가를 지고 나를 따르지 않는 자도 내게 합당하지 아니하니라.

였다.

89 새번역: 스스로를 성실하다고 말하는 사람은 많으나, 누가 참으로 믿을 만한 사람을 만날 수 있느냐? 여기서 "성실하다"(개역개정 "인자함")로 번역된 히브리어는 *hesed*다.

90 새번역: 정의와 신의를 좇아서 살면, 생명과 번영과 영예를 얻는다.

예수님을 향한 충실은 가족 유대를 끊거나 심지어 사람들의 목숨까지 앗아가는 검일 수 있다. 이 진리는 불충실 대신 죽음을 선택한 수많은 순교자가 증언한다.

성경은 하나님을 향한 충실이 중요하다는 것을 거듭 강조한다. 다윗은 솔로몬에게 "너는 네 아버지의 하나님을 알고 온전한 마음(loyal heart, 충실한 마음, NKJV)과 기쁜 뜻으로 섬길지어다"라고 권면했으며(대상 28:9), "내 아들 솔로몬에게 정성된 마음(loyal heart, 충실한 마음, NKJV)을 주사 주의 계명과 권면과 율례를 지켜 이 모든 일을 행하게 하시고 내가 위하여 준비한 것으로 성전을 건축하게 하옵소서"라고 기도했다(대상 29:19). 성전을 봉헌할 때, 솔로몬은 이스라엘에게 이렇게 권면했다. "너희의 마음을 우리 하나님 여호와께 온전히 바쳐(be loyal, 충실하고, NKJV) 완전하게 하여 오늘과 같이 그의 법도를 행하며 그의 계명을 지킬지어다"(왕상 8:61). 히스기야(사 28:3), 아사(왕상 15:14) 같은 구약성경의 몇몇 왕은 하나님께 "충실했다"(loyal, NKJV, 개역개정은 "전심으로 행하여") 또는 "온전히 헌신했다"(wholly devoted, NASB, 개역개정은 "온전하였으며")는 평가를 받았다. 반면에, 아비얌(왕상 15:1-3), 아마사(대하 25:1-2) 같은 왕들은 하나님께 충실하지 않았다. 비극적이게도, 말년에 솔로몬 자신이 하나님께 불충실했다. "솔로몬의 나이가 많을 때에 그의 여인들이 그의 마음을 돌려 다른 신들을 따르게 하였으므로 왕의 마음이 그의 아버지 다윗의 마음과 같지 아니하여 그의 하나님 여호와 앞에 온전하지(loyal, 충실하지, NKJV) 못하였으니"(왕상 11:4). 솔로몬의 비극적 변절은 의도가 아무리 좋더라도 충실하지 못하게 될 수 있음을 보여준다.

안타깝게도, 이스라엘은 성실하지 못한 통치자들을 본받아 하나님을 향한 충실을 유지하지 못했다. 하나님은 호세아 선지자를 통해 탄식하셨다. "에브라임아, 내가 네게 어떻게 하랴? 유다야, 내가 네게 어떻게 하랴? 너희의 인애(loyalty, 충실)가 아침 구름이나 쉬 없어지는 이슬 같도다"(호 6:4). 하나님은 이스라엘을 향해 자신에게 다시 충성하라고 요구하며 외치셨다. "나는 인애(loyalty, 충실)를 원하고 제사를 원하지 아니하며, 번제보다 하나님을 아는 것을 원하노라"(호 6:6).

이스라엘처럼, 교회도 하나님께 성실하지 못했던 것으로 빈번하게 드러났다. 바울은 베드로의 불충실을 대놓고 지적했고(갈 2:11-13), 은혜의 복음을 저버렸다며 갈라디아 신자들을 꾸짖었다(갈 3:3). 베드로와 유다는 속이는 거짓 선생들을 경고했다. 이들은 많은 사람을 진리에서 벗어나게 할 터였기 때문이다(벧후 2:1-3, 10-22; 유 4-16). 야고보는 하나님께 온전히 충실하지 못한 자들에게 그분으로부터 아무것도 기대하지 말라고 경고했다(약 1:5-8). 요한이 요한계시록에서 편지한(계 2-3장) 일곱 교회 중에 다섯 교회가 주 예수 그리스도께 충실하지 못했다.

신약성경 저자들 중에 바울만큼 충실에 관심이 많았던 사람이 없다. 그런데 바울은 그 어느 곳보다 고린도교회의 불충실을 걱정했다. 많은 고린도 신자가 귀신의 지배를 받는 자칭 거짓 사도들이 쏟아내는 매혹적인 거짓말에 속아 대놓고 바울에게 반기를 들었다. 바울은 엄한 편지에서 이 반란을 다루었다(고후 2:1-4). 그 결과, 대다수 고린도 신자들이 회개하고 바울에게 충실하겠다고 재다짐했다(7:6-11). 그러나 바울은 알았다. 반란이 완전히 진압된 게 아니라 수면 아래로 가라앉았을 뿐이었다. 그러므로 바울은 1-9장에서 회개한 대다수 고린도 신자들에게 말하면서 자신에게 계속 충실하라고 촉구했다. 뒤이어 10-13장에서, 바울은 거짓 사도들과 회개하지 않는 그 추종자들을 단호하게 직접 다루었으며, 자신의 인격과 사역을 악랄하게 공격하는 이 사람들에 맞서 자신을 변호했다.

바울은 자신을 변호하는 게 싫었고 자화자찬을 혐오했다(고후 10:12, 13, 17, 18; 참조. 잠 27:2). 그러나 거짓 선생들이 자신의 평판을 무너뜨리고 자신의 가르침을 흔들도록 둘 수는 없었다. 이들은 스스로를 높이고 추어올렸으며(고후 10:12), 고린도 신자들이 이들에게 깊은 인상을 받았다. 바울이 자신을 변호하지 않으면 고린도 신자들이 신성한 진리의 근원인 그에게서 잘려나가고 거짓 선생들에게 놀아날 터였다. 그가 12:19에서 설명했듯이, 바울이 자신을 변호하는 것은 자신을 위해서가 아니라 고린도 신자들을 위해서였다. "너희는 이때까지 우리가 자기변명을 하는 줄로 생각하는구나. 우리는 그리스도 안에서 하나님 앞에 말하노라, 사랑하는 자들아, 이 모든 것은 너희의 덕을 세우기 위함이니라." 바울은 너무나 싫었지만 자신의 순전함을 변호해야 했다. 자랑하거나 자신을 높이거나 자존심을 지키기 위해서가 아니라 복음이 위험에 처했기 때문이었다.

11장부터, 바울은 거짓 사도들에게 맞섰다(confronted). 마지못해, 바울은 자신과 이들을 비교했다. 고린도 신자들이 참 하나님의 메신저와 거짓 메신저를 구분할 수 있게 하기 위해서였다. 그는 거짓 사도들에게 맞서면서, 먼저 자신이 이렇게 하는 동기를 드러냈다. 고린도 신자들이 다시 충실하도록 촉구하는 것이었다. 그는 먼저 자신의 바람을 표현했다(**원하건대**). 바울의 바람은 고린도 신자들이 그의 자기변호를 **용납하는** 것이었으며, 바울은 이러한 자기변호를 **좀 어리석은 것**이라고 표현했다. 그는 어리석은 자들에게 그들의 어리석음에 합당하게 답하려 했다(잠 26:5). 사실 바울은 이 섹션을 쓰고 싶지 않았다. 그러나 고린도 신자들의 어리석음 때문에 다른 선택이 없었다. 바울은 고린도 신자들이 실제로 자신을 용납하고 있다(**indeed you are bearing with me, 청하건대 나를 용납하라**)고 인정함으로써 펀치의 강도를 낮추었는데, 바울이 이렇게 인정한 것은 그가 이전에 고린도 신자들을 바로잡으려 한 일에 이들이 긍정적으로 반응했음을 확인시켜주는 것이었다(고후 2:1-4; 7:6-11; 고린도전서). 바울은 거짓 선생들의 공격과 고린도 신자들의 어리석은 불충실에 맞서 자신을 변호하면서 똑같이 호의적인 반응을 요구했다.

2-6절에서, 바울은 고린도 신자들의 네 가지 불충실을 고발했다. 각각은 헬라어 접속사 '가르'(*gar*, "for")로 시작한다. 바울은 하나님과 그리스도와 복음과 진리에 대한 이들의 불충실을 걱정했다.

하나님께 불충실했다

내가 하나님의 열심으로 너희를 위하여 열심을 내노니, (11:2a)

고린도 신자들이 거짓 사도들에게 미혹되었고, 이 때문에 바울은 마음이 찢어졌다. 따라서 고린도 신자들에게 바울의 자기 자랑처럼 보였을 수도 있을 것이 사실은 하나님의 질투(godly jealousy)에서 촉발된 깊은 염려였다. 하나님을 위한 바울의 질투는 고린도 신자들의 변절 가능성에 대한 의로운 분노로 나타났다.

자신의 거룩한 이름과 자신의 백성을 위한 하나님의 질투는 구약성경의 주요 주제다. 출애굽기 20:5에서, 하나님은 "네 하나님 여호와는 질투하는 하나님"이라고 하셨다. 출애굽기 34:14은 하나님의 이름 중 하나가 "질투"라고 말한다. 신명기 4:24은 하나님을 "소멸하는 불이시요 질투하시는 하나님"으로 묘사하고(참조, 신 5:9; 6:15; 수 24:19; 나 1:2) 신명기 32:16, 21은 하나님의 백성이 우상을 숭배할 때 하나님의 거룩한 질투가 일어난다고 말한다(참조, 시 78:58; 고전 10:22). 에스겔 39:25에서, 하나님은 "내가 이제 내 거룩한 이름을 위하여 열심을 낸다(be jealous, 질투한다)"고 하셨다.

다윗은 시편 69:9에서 이렇게 썼다. "주의 집을 위하는 열성이 나를 삼키고 주를 비방하는 비방이 내게 미쳤나이다"(참조, 요 2:17). 다윗처럼, 바울도 하나님이 욕을 당하실 때 아픔을 느꼈다. 이러한 아픔 "날마다 내[그의] 속에 눌리는 일이 있으니, 곧 모든 교회를 위하여 염려하는 것"(고후 11:28), 특히 연약하며 미혹되어 죄에 빠지는 신자들을 향한 염려로 이어졌다(11:29). 바울은 특히 고린도 신자들이 하나님께 그분이 기뻐하시고 그분에게 합당한 충실함, 곧 사랑의 순종을 보이는 일에 관심을 가졌다(참조, 신 6:5; 10:12; 11:1, 13, 22; 19:9; 30:16; 수 22:5; 23:11; 시 31:23; 마 22:37).

그리스도께 불충실했다

²ᵇ내가 너희를 정결한 처녀로 한 남편인 그리스도께 드리려고 중매함이로다. 그러나 나는 ³뱀이 그 간계로 하와를 미혹한 것 같이 너희 마음이 그리스도를 향하는 진실함과 깨끗함에서 떠나 부패할까 두려워하노라. (11:2b-3)

바울은 약혼과 결혼의 유비를 사용해 고린도 신자들이 그리스도께 불충실한 사실에 염려를 표했다. 지금도 마찬가지이듯이, 유대인들의 결혼에서 혼약(약혼)과 실제 의식이 중요한 요소였다. 약혼 기간은 대개 1년 정도였다(때로 어린 아이 때 약혼하는 경우도 있었지만). 약혼한 커플은 육체적 연합이 허용되지 않았지만, 법적으로 부부로 간주되었다. 약혼은 죽음이나 이혼으로만 파기될 수 있었으며, 약혼 기간에 일어나는 부정(不貞)은 간음으로 여겨졌다(참조. 마 1:18-19). 약혼 기간은 결혼식에서 절정에 이르렀으며, 결혼식은 언약의 완결을 상징했다.

약혼 기간에, 딸이 서약한 남편에게 충실하게 하는 것은 아버지의 책임이었다. 이렇게 해서 아버지는 결혼식 때 딸을 그에게 정결한 처녀로 주었다.

바울은 고린도 사람들에게 복음을 전할 때, 이들을 **한 남편**에게 **중매했다 (betrothed,** 약혼시켰다). 구원받을 때, 이들은 그리스도께 충실하겠다고 서약했으며, 바울은 이들이 충실함을 유지하게 하고 싶었다. 이들의 영적 아버지로서(고전 4:15), 바울은 이들을 **정결한 처녀로 그리스도께 드리려고** 결심했다. 구원받을 때 그리스도와 혼약했기 때문에, (교회 시대의 모든 신자처럼) 고린도 신자들은 휴거 때 그리스도께 드려지고(참조. 요 14:1-3), 천년왕국 기간에 이들의 혼인 잔치가 열릴 것이다(계 19:7-9). 바울의 최우선 관심은 교회가 신랑을 위해 정결을 지키는 것이었다(참조. 엡 5:25-27).

나는⋯두려워하노라(I am afraid)는 이 단락과 이 서신 전체에서 바울의 주된 관심을 표현한다. 바울이 자신의 순전함과 사역을 변호하고 고린도 신자들의 충실을 호소하며 거짓 선생들과 맞선 동기는 하나같이 두려움이었다. 바울의 관심(염려)은 정당했다. 고린도 신자들이 유혹에 넘어가 다른 예수와 다른 복음을 전하는 자들을 쉽게 받아들일 듯한 모습을 보였기 때문이다(고후 11:4).

목회자라면 누구나 자신의 양 떼 중 하나라도 길을 잃을까 봐 두렵다. 앞서 말했듯이, 바울이 "날마다 내[그] 속에 눌리는 일이 있으니 곧 모든 교회를 위하여 염려하는 것"은 이들의 정결을 지키려는 열심 때문이었다(11:28). 역사 내내, 자신이 예수 그리스도의 제자라 주장하는 숱한 사람이 그분께 충실하지 못한 것은 가슴 아픈 일이다. 그리스도의 이름을 가진 무수한 교회가 "귀신의 가르침"을 가르치는 "미혹하는 영"에 미혹되어(딤전 4:1) 그분께 충실하지 못하게 되었다.

에덴동산에서 **뱀이**(사탄이: 계 12:9; 20:2) **하와를 미혹한** 때부터, 사탄은 하나님의 백성을 속이기 시작했다. 하와는 하나님께 반역하려 했던 게 아니었다. 그러나 바울이 디모데에게 썼듯이 "여자가 속아 죄에 빠졌다"(딤전 2:14). 하와는 사탄에게 얻은 정보가 정확하다고 생각해 그 정보를 근거로 행동했다. 창세기 3:1에서, 사탄은 하와에게 질문을 던지며 시작했다. "하나님이 참으로 너희에게 동산 모든 나무의 열매를 먹지 말라 하시더냐?" 사탄이 알듯이, 하나님은 분명히 이렇게 말씀하셨다. 사탄의 질문은 하나님의 명령을 의심하게 하려는 것이었다. 사탄은 하와의 마음에 의심의 씨를 심었고, 그런 후 하나님 말씀의 진리를 대놓고 부정했으며, 하와에게 "너희가 결코 죽지 아니하리라"고 뻔뻔스럽게 외쳤다(3:4). 마지막으로, 사탄은 거짓말을 적당한 자리에 제시했다. "너희가 그것을 먹는 날에는 너희 눈이 밝아져 하나님과 같이 되어 선악을 알 줄 하나님이 아심이니라"(3:5). 하와는 하나님의 가장 좋은 것을 원했고, 그래서 사탄의 조언이 완벽해 보였다. 어쨌든, 하나님처럼 되는 것보다 좋은 게 있을 수 있겠는가? 하와는 이렇게 완전히 속아 금단의 열매를 먹었고 아담도 먹었다. 아담은 속지 않았는데도 말이다(딤전 2:14). 결과는 처참했다. 인류가 죄에 빠졌다(롬 5:12-19; 고전 15:21-22). 사탄이 하와를 속인 이후, 거짓 선생들이 사탄을 본받아 진리를 거짓으로 그려내고 거짓을 진리라며 내놓았다.

바울은 사탄의 사자들이 그들의 악한 주인이 하와를 속였던 바로 그 **간계**(**craftiness**, 참조. 고후 11:13-15)를 사용해 고린도 신자들의 **마음**(**minds**, 헬라어 단어는 "생각"으로도 번역될 수 있다)이 **떠나**(**astray**) 부패하거나 망가지게(헬라어 단어는 이런 의미들도 내포한다) 할까봐 두려웠다. 분별력 부족은 교회의 큰 문제다(참조. 엡 4:14). 영적 싸움은 사상의 싸움이기 때문이다(이 책 25장에서 10:3-5에 대한 논의를 보라). 교회가 일치라는 이름으로 거짓을 선뜻 용납하고, 거기다가 성경 지식과 교리 지식마저 없어 분별력에 문제가 있었다. 그래서 교회는 예수님과 바울이 경고한 주리고 사나운 이리들에게(마 7:15; 행 20:29) 손쉬운 먹이가 되기 일쑤이며, 이들은 교회에 상처를 입히고 교회의 능력과 증언을 약화한다.

그리스도인의 삶의 본질은 **그리스도를 향하는 진실함과 깨끗함(simplicity and purity of devotion to Christ)**이다. 바울은 빌립보 신자들에게 "내게 사는 것이 그리스도니 죽는 것도 유익함이라"고 썼다(빌 1:21; 참조. 갈 2:20; 골 3:4). 그분을 구주와 주님으로 최고로 사랑하지 않는 것은 충실하지 못한 행위다. 거짓 선생들이 위험한 것은 이들이 초점을 예수 그리스도에게서 의식, 선한 행위, 이적, 감동적 체험, 심리학, 오락, 정치적·사회적 대의를 비롯해 무엇이든 사람들의 주의를 흩트리는 것으로 옮기기 때문이다.

그리스도인은 주 예수 그리스도께 충실해야 한다. 이것은 그리스도인의 삶에서 결코 타협할 수 없기에 성경은 이렇게 선언한다. "만일 누구든지 주를 사랑하지 아니하면 저주를 받을지어다"(고전 16:22).

복음에 불충실했다

만일 누가 가서 우리가 전파하지 아니한 다른 예수를 전파하거나 혹은 너희가 받지 아니한 다른 영을 받게 하거나 혹은 너희가 받지 아니한 다른 복음을 받게 할 때에는 너희가 잘 용납하는구나. (11:4)

때에는(if, 만약)은 "때문에"(since)로 번역하는 게 더 나을 수 있다. 바울은 가상의 상황을 말하고 있었던 게 아니기 때문이다. 거짓 선생들이 이미 고린도에 와 있었다. 하나님이 이들을 보내시지 않았는데도(참조. 렘 23:21), 고린도 신자들은 이들을 반기고 이들에게 강단을 내주었으며, 이들은 그 강단에서 자신들의 거짓 복음을 선포했다. 이 책 26장에서 말했듯이, 바울은 거짓 선생들이 만들어낸 이단을 자세히 설명해 이들을 그럴듯하게 보이게 하지 않았다. 그러나 여기서 바울은 이들의 가르침을 크게 셋으로 요약했다.

첫째, 거짓 사도들은 바울이 **전파한** 주 예수 그리스도가 아니라 **다른 예수**를 전파했다. 괴상한 기독론은 언제나 거짓 종교와 사이비 종교의 특징이었다. 이들은 그리스도를 삼위일체의 영원한 둘째 위격, 사람이 되어 대속 제물로 돌아가신 분으로 보지 않고 선지자, 현자(guru), 화신(avatar), 사회혁명가나 정치혁명가, 천사장 미가엘, 하나님의 영적 아들, 하나님의 유출(emanation)로 보며, 결코 육신을 입으신 참 하나님으로 보지 않는다. 거짓 사도들은 겉으로 예수를 전했으나 이들이 전한 예수는 성경의 예수가 아니었다.

둘째, 거짓 사도들은 **다른 영**의 능력으로, 곧 고린도 신자들이 구원받을 때 **받은** 성령이 아니라 귀신의 영의 능력으로 왔다. 모든 거짓 가르침은 궁극적으로 사탄과 그의 귀신들에게서 비롯되며, 바울은 이들을 "미혹하는 영"(deceitful spirits)이라 했고(딤전 4:1) 요한은 이들을 "미혹의 영"(the spirit of error)이라 했다(요일 4:6; 참조. 4:1).

거짓 사도들이 다른 영의 능력으로 다른 예수를 선포한 논리적 결과는 **다른 복음**을 전한 것이었다. 이들은 참 복음, 곧 바울이 처음 전했을 때 고린도 사람들이 **받은** 복음을 전하지 않았다. 앞서 말했듯이, 바울은 이 거짓 복음을 정의하지 않았다. 이 거짓 복음은 오직 믿음으로 말미암아 은혜로 구원을 받는다는 것을 부정하고 믿음에 인간의 행위를 더했던 게 틀림없다. 놀랍게도, 고린도 신자들은 이 끔찍한 이단을 거부하지 않고 도리어 **잘(beautifully)** 받아들였다. 이들은 이것을 용납했으며, 따라서 바울이 이들의 정결에 대해 두려워한 것은 당연했다.

진리에 불충실했다

⁵나는 지극히 크다는 사도들보다 부족한 것이 조금도 없는 줄로 생각하노라. ⁶내가 비록 말에는 부족하나 지식에는 그렇지 아니하니 이것을 우리가 모든 사람 가운데서 모든 일로 너희에게 나타내었노라. (11:5-6)

바울은 자신을 자랑하길 꺼렸고(참조. 10:12), 이 때문에 최대한 억제하며 비꼬는 듯한 주장을 했다. 자신이 **지극히 크다는 사도들**(문자적으로 "지극히 특별한" 또는 "수퍼" 사도들)**보다 부족한 것이 조금도 없다**는 것이다. 바울은 이들을 자신과 동등한 사도로 인정하고 있었던 게 아니다. 이들은 거짓 사도였고(11:12-15) 자신은 참 사도였기 때문이다(참조. 4:7 - 15; 6:4 - 10; 11:21 - 33; 12:12). 그러나 논증을 위해, 바울은 고린도 신자들에게 적어도 분명한 사실, 곧 자신이 스스로를 더없이 대단하게 여기는 "수퍼 사도들"**보다 부족한 것이 조금도 없다**는 사실을 인정하라고 했다.

어떤 주석가들은 **지극히 크다는 사도들**(most eminent apostles)이란 표현이 이곳과 12:11에서 열두 사도를 가리킨다고 주장한다. 그러나 바울이 열두 사도와 온전히 동등한 것은 사실이더라도(12:12; 참조. 갈 2:6-9), 여러 사항을 고려할 때 여기서 이들을 염두에 두었을 것 같지 않다. 첫째, 바울은 열두 사도를 가리킬 때 "수퍼 사도들" 같은 냉소적 표현을 사용하지 않았을 것이다. 둘째, 바울은 11:4에서 거짓 사도들을 염두에 둔 게 분명하다. 바울은 결코 다른 예수나 다른 복음을 전한다며 열두 사도를 비난하지 않았을 터이기 때문이다. 5절에서 논의를 갑자기 열두 사도로 옮겨간다면 혼란스럽고 앞뒤가 맞지 않는다. 따라서 문맥으로 볼 때, 바울은 4절과 5절에서 동일한 그룹을 염두에 두었다. 셋째, 바울은 6절에서 자신이 자칭 "수퍼 사도들"에 비해 말이 능하지 못하다고 인정한다. 그러나 바울이 자신을 열두 사도, "학문 없는 범인"들과 비교한다면(행 4:13), 이것은 사실이 아니게 된다. 마지막으로, 바울은 열두 사도에게 없는 영적 지식이 자신에게 있다고 암시하지 않았을 것이다(고후 11:6).

이 책 26장에서 10:10을 논하며 말했듯이, 거짓 사도들은 **말에는 부족하다며**(unskilled in speech) 바울을 조롱했다. '이디오테스'(*idiōtēs*, **unskilled, 부족하나**)는 경멸의 의미를 담고 있으며, 바울이 투박하고 아마추어적이며 세련되지 못한 연사(speaker)라는 거짓 사도들의 시각을 반영한다. 바울은 자신이 헬라인들을 울고 울리는 수사학적 기교나 웅변술에 관심이 없다는 것을 인정했다. 그의 관심사는 기교가 아니라 진리였기 때문이다. 그는 연극 톤이나 청중을 조종하는 데 관심이 없었다. 그러므로 그의 메시지는 분명하고 단순한 복음이었다. 바울은 인간의 달변이 사람들을 십자가로 이끌지 않고 전파자(preacher)에게 이끈다는 것을 알았다. 반대로, 신실한 전파는 사람들이 전파자가 아니라 그가 선포하는 그리스도를 높이는 결과로 이어진다. 복음 자체가 "구원을 주시는 하나님의 능력"이며(롬 1:16) 그 어떤 인간적 장식도 필요하지 않다.

고린도전서에서, 바울은 자신의 전파(설교) 철학을 제시했다.

그리스도께서 나를 보내심은 세례를 베풀게 하려 하심이 아니요 오직 복음을 전하게 하려 하심이로되, 말의 지혜로 하지 아니함은 그리스도의 십자가가 헛되지 않게 하려 함이라. 십자가의 도가 멸망하는 자들에게는 미련한 것이요 구원을 받는 우리에게는 하나님의 능력이라. 기록된 바, 내가 지혜 있는 자들의 지혜를 멸하고 총명한 자들의 총명을 폐하리라 하였으니, 지혜 있는 자가 어디 있느냐? 선비가 어디 있느냐? 이 세대에 변론가가 어디 있느냐? 하나님께서 이 세상의 지혜를 미련하게 하신 것이 아니냐? 하나님의 지혜에 있어서는 이 세상이 자기 지혜로 하나님을 알지 못하므로 하나님께서 전도의 미련한 것으로 믿는 자들을 구원하시기를 기뻐하셨도다. 유대인은 표적을 구하고 헬라인은 지혜를 찾으나 우리는 십자가에 못 박힌 그리스도를 전하니, 유대인에게는 거리끼는 것이요 이방인에게는 미련한 것이로되 오직 부르심을 받은 자들에게는 유대인이나 헬라인이나 그리스도는 하나님의 능력이요 하나님의 지혜니라. 하나님의 어리석음이 사람보다 지혜롭고 하나님의 약하심이 사람보다 강하니라…형제들아, 내가 너희에게 나아가 하나님의 증거를 전할 때에 말과 지혜의 아름다운 것으로 아니하였나니, 내가 너희 중에서 예수 그리스도와 그가 십자가에 못 박히신 것 외에는 아무것도 알지 아니하기로 작정하였음이라. 내가 너희 가운데 거할 때에 약하고 두려워하고 심히 떨었노라. 내 말과 내 전도함이 설득력 있는 지혜의 말로 하지 아니하고, 다만 성령의 나타나심과 능력으로 하여, 너희 믿음이 사람의 지혜에 있지 아니하고 다만 하나님의 능력에 있게 하려 하였노라. (고전 1:17-25; 2:1-5)

그런데도 바울은 무능한 연사가 아니었다. 반대로, 바울의 말은 엄청난 능력이 있었고 엄청난 영향을 끼쳤다. 그러나 바울은 화려한 웅변술이나 문화에 부합하게 말하는 데 관심이 없었다. 그는 연극 톤, 억지로 꾸미기, "설득력 있는 지혜의[인간의] 말"처럼 교묘하게 조종하는 기술을 경멸했다. 바울의 목적은 하나님의 능력으로 자신의 생각과 마음을 오롯이 사용해 그리스도의 복음을 알기 쉽고 설득력 있게 전함으로써 듣는 사람들의 "믿음이 사람의 지혜에 있지 아니하고 다만 하나님의 능력에 있게 하는" 것이었다.

거짓 사도들의 기준으로 보면, 바울은 소통 기술이 부족했다. 그렇더라도 **지식에는** 부족하지 **않았다.** 거짓 사도들은 초심자들에게 없는 비밀 지식을 가졌다고 주장했다. 그러나 바울은 "하나님의 비밀을 맡은 자"로서(고전 4:1) "그리스도의 비밀을 깨달았다"(엡 3:4). 그는 고린도전서 2:6-16에서 참 영적 지식을 이렇게 설명했다.

> 그러나 우리가 온전한 자들 중에서는 지혜를 말하노니, 이는 이 세상의 지혜가 아니요 또 이 세상에서 없어질 통치자들의 지혜도 아니요 오직 은밀한 가운데 있는 하나님의 지혜를 말하는 것으로서, 곧 감추어졌던 것인데 하나님이 우리의 영광을 위하여 만세 전에 미리 정하신 것이라. 이 지혜는 이 세대의 통치자들이 한 사람도 알지 못하였나니, 만일 알았더라면 영광의 주를 십자가에 못 박지 아니하였으리라. 기록된 바, 하나님이 자기를 사랑하는 자들을 위하여 예비하신 모든 것은 눈으로 보지 못하고 귀로 듣지 못하고 사람의 마음으로 생각하지도 못하였다 함과 같으니라. 오직 하나님이 성령으로 이것을 우리에게 보이셨으니, 성령은 모든 것 곧 하나님의 깊은 것까지도 통달하시느니라. 사람의 일을 사람의 속에 있는 영 외에 누가 알리요? 이와 같이 하나님의 일도 하나님의 영 외에는 아무도 알지 못하느니라. 우리가 세상의 영을 받지 아니하고 오직 하나님으로부터 온 영을 받았으니, 이는 우리로 하여금 하나님께서 우리에게 은혜로 주신 것들을 알게 하려 하심이라. 우리가 이것을 말하거니와 사람의 지혜가 가르친 말로 아니하고 오직 성령께서 가르치신 것으로 하니, 영적인 일은 영적인 것으로 분별하느니라. 육에 속한 사람은 하나님의 성령의 일들을 받지 아니하나니, 이는 그것들이 그에게는 어리석게 보임이요, 또 그는 그것들을 알 수도 없나니, 그러한 일은 영적으로 분별되기 때문이라. 신령한 자는 모든 것을 판단하나 자기는 아무에게도 판단을 받지 아니하느니라. 누가 주의 마음을 알아서 주를 가르치겠느냐? 그러나 우리가 그리스도의 마음을 가졌느니라.

바울은 "오직 은밀한 가운데 있는 하나님의 지혜"를 전했다. 이 지혜는 "감추어졌던 것인데 하나님이 우리의 영광을 위하여 만세 전에 미리 정하신 것"이다. 이 지혜는 "이 세대의 통치자들이 한 사람도 알지 못하였다." 이 지혜는 오직 "하나님이 성령으로…우리에게 보이셨으니…사람의 지혜가 가르친 말로 아니하고 오직 성령께서 가르치신 것으로 하셨다."

바울은 자신의 지식을 감추지 않고 **모든 사람 가운데서(in every way) 모든 일로(in all things)** 고린도 신자들**에게 나타내었다.** 에베소서에서 그렇게 했듯이, 바울은 "꺼리지 않고 하나님의 뜻을 다 여러분에게[그들에게] 전하였다"(행 20:27). 그는 고린도 신자들에게 "하나님의 비밀인 그리스도"를 선포했다(골 2:2; 참조. 1:27; 4:3; 엡 3:4).

그러나 바울이 고린도 신자들에게 견고한 교리적 기초를 제시했는데도, 이들은 미혹될 위험이 컸다. 진리를 떠나고 혼란스럽고 불충실하게 될 위험이 예수 그리스도의 교회를 끊임없이 위협한다. 바울은 갈라디아 교회들을 강하게 꾸짖으면서 이들이 "그리스도의 은혜로 너희를[자신들을] 부르신 이를 이같이 속히 떠나 다른 복음을 따르는 것"에 놀랐다(갈 1:6). 요한이 요한계시록에서 편지한 일곱 교회 중 다섯 교회, 즉 바울의 영향으로 세워진 교회가 변절했다. 이러한 비극적 패턴이 교회 역사 내내 반복되었다. 그러므로 하나님과 예수 그리스도와 복음과 성경의 진리에 절대적으로 충실해야 한다는 것은 그리스도의 이름을 부르는 모두에게 타협할 수 없는 원리다.

28

참 사도와 거짓 사도를 구별하는 표식

(11:7-15, 20)

⁷내가 너희를 높이려고 나를 낮추어 하나님의 복음을 값없이 너희에게 전함으로 죄를 지었느냐? ⁸내가 너희를 섬기기 위하여 다른 여러 교회에서 비용을 받은 것은 탈취한 것이라. ⁹또 내가 너희와 함께 있을 때 비용이 부족하였으되 아무에게도 누를 끼치지 아니하였음은 마게도냐에서 온 형제들이 나의 부족한 것을 보충하였음이라. 내가 모든 일에 너희에게 폐를 끼치지 않기 위하여 스스로 조심하였고 또 조심하리라. ¹⁰그리스도의 진리가 내 속에 있으니 아가야 지방에서 나의 이 자랑이 막히지 아니하리라. ¹¹어떠한 까닭이냐? 내가 너희를 사랑하지 아니함이냐? 하나님이 아시느니라. ¹²나는 내가 해 온 그대로 앞으로도 하리니, 기회를 찾는 자들이 그 자랑하는 일로 우리와 같이 인정받으려는 그 기회를 끊으려 함이라. ¹³그런 사람들은 거짓 사도요 속이는 일꾼이니, 자기를 그리스도의 사도로 가장하는 자들이니라. ¹⁴이것은 이상한 일이 아니니라. 사탄도 자기를 광명의 천사로 가장하나니, ¹⁵그러므로 사탄의 일꾼들도 자기를 의의 일꾼으로 가장하는 것이 또한 대단한 일이 아니니라. 그들의 마지막은 그 행위대로 되리라⋯ ²⁰누가 너희를 종으로 삼거나 잡아먹거나 빼앗거나 스스로 높이거나 뺨을 칠지라도 너희가 용납하는도다. (11:7-15, 20)

"1분이 멀다 하고 호구가 태어난다." 서커스 프로모터 바넘(P. T. Barnum, 1810-1891)이 했다는 유명한 말이다. 그런데 이 말이 인간 타락의 주요 결과를 적절

하게 요약한다. 따라서 인간이 쉽게 속는 것은 전적 타락(total depravity)이 초래한 가장 만연한 영향 중 하나다. 우리 시대라고 다르지 않다. 역사상 교육 수준이 가장 높은 사회에서도, 사람들이 놀랄 만큼 쉽게 속는다. 사기꾼들이 가짜 투자계획이나 가짜 자선단체나 건강과 관련된 허위 주장들을 비롯해 숱한 거짓말을 내세워 수많은 사람의 주머니를 턴다. 이들은 광고와 텔레마케팅과 첨단 기술을 동원한 스팸 메일을 비롯해 다양한 방법으로 희생자들을 낚아챈다.

그러나 사탄의 치명적 계략은 인간 사기꾼들의 작은 책략보다 훨씬 위험하다. 인간 사기꾼들은 돈을 노린다. 반면에, 사탄은 영혼을 노린다(참조. 마 16:26). 사탄의 속임수가 성공하는 것은 사람들이 쉽게 속고 유혹에 매우 약한 상태로 태어나기 때문이다. 거듭나지 못한 자들은 "하나님의 생명에서 떠나 있으며"(엡 4:18; 참조. 2:12; 갈 4:8; 골 1:21), 하나님을 알지 못하기에(살전 4:5; 참조. 엡 2:12; 살후 1:8), 진리의 근원에서 끊어졌다(참조. 고후 4:4; 롬 1:18; 2:8). 더 나아가, 이들은 "공중의 권세 잡은 자…곧 지금 불순종의 아들들 가운데서 역사하는 영"에게 지배를 받으며(엡 2:2; 참조. 6:12; 요 8:44; 12:31; 요일 5:19), 따라서 속이는 영들이 조장하고(딤전 4:1; 참조. 왕상 22:22 – 23; 살후 2:9) 악인들이 조장하는 거짓말과 속임수에(딤후 3:13) 쉽게 넘어간다.

귀신들과 타락한 사람들의 속임수가 인간 사회 모든 부분에 퍼져 있다. "거짓의 아비"가 낳은 속이는 거짓이 도덕, 사회학, 교육, 정치, 과학, 예술, 특히 종교에 널리 퍼져 있다(요 8:44). 거듭나지 못한 자들은 하나님과 진리에 등을 돌렸기 때문에(롬 1:18-32) 사탄의 졸개들이 계획한 대로(엡 6:12) 사탄의 계략에 희생될 수밖에 없다(딤후 2:26). 거듭나지 못한 자들은 사탄의 나라에 속하기 때문이다(골 1:13). 이들은 처음부터 끝까지 평생 미혹되고 속는다(엡 2:2-3).

거듭나지 못한 세상이 쉽게 속는다는 것은 비극이다. 그러나 이보다 훨씬 큰 비극은 교회가 쉽게 속는다는 것이다. 교회는 "진리의 기둥과 터"이며(딤전 3:15), 하나님의 말씀, 곧 진리인 성경에 있는(요 17:17; 참조. 시 12:6; 19:7; 119:151) "복음의 진리의 말씀"을 가졌다(골 1:5). 교회의 머리는 "길이요 진리요 생명"이신 주 예수 그리스도이며(요 14:6; 참조. 요 1:17; 엡 4:21), 교회는 "그리스도의 마음"을 가졌다(고전 2:16). 그러므로 신자들이 "마귀의 간계"에 넘어가(엡 6:11; 참조. 고후 2:11) "사람의 속임수와 간사한 유혹에 빠져 온갖 교훈의 풍조에 밀려 요동하는" "어린아이가 된다"면 그 어떤 변명도 있을 수 없다(엡 4:14; 참조. 고전 14:20). (나는 다음 저서에서 교회가 분별력이 없을 때 닥치는 위험을 다루었다. *Reckless Faith: When the Church Loses Its Will to Discern*[Wheaton, Ill: Crossway, 1994][91])

진리를 알지 못하는 자들은 거짓을 분별할 수 없다. 분별력이 없다는 것은 성경을 알지 못하는 데서 비롯된 논리적 결과다. 분별력은 성경 지식의 적용을 포함하기 때문이다. 교리를 알지 못하면 영적으로 성숙하지 못하며, 영적으로 성숙하지 못하면 분별력이 없어 사탄의 속임수에 문을 활짝 열게 된다.

교회 역사 내내, 교회에 가장 큰 타격을 준 공격들은 무신론이나 회의주의나 인본주의나 박해에서 비롯된 게 아니었다. 교회가 유린당한 것은 분별하지 못하는 그리스도인들이 신성하게 보일 뿐 하나님의 진리가 아닌 것에 미혹될 때였다. 교회를 가장 크게 위협한 것은 교회를 대놓고 공격한 자들이 아니었다. 하나님을 대변하고 성경의 진리를 가르친다고 주장하지만 실상은 사기꾼인 자들이 훨씬 더 위험하다(참조. 마 7:15-23; 갈 1:6-9; 살후 2:1-3; 딤전 4:1-2; 딛 1:10-16; 벤후 2:1-3; 유 4-16).

에베소교회 장로들에게 마지막 인사를 할 때, 바울은 거짓 선생들과 쉽게 속는 신자들이라는 짝을 이루는 위험을 경고했다. 바울은 3년간 에베소교회에서 사역하면서 기초를 견고하게 놓았다(행 20:31). "내가 꺼리지 않고 하나님의 뜻을 다 여러분에게 전하였음이라"(27절). 그런데도 바울은 이들이 여전히 취약하다는 것을 알았다. 그래서 장로들에게 이렇게 명했다.

여러분은 자기를 위하여 또는 온 양 떼를 위하여 삼가라. 성령이 그들 가운데 여러분을 감독자로 삼고 하나님이 자기 피로 사신 교회를 보살피게 하셨느니라. 내가 떠난 후에 사나운 이리가 여러분에게 들어와서 그 양 떼를 아끼지 아니하며,

---

91 『무모한 신앙과 영적 분별력』, 안보현 옮김(생명의 말씀사, 1997).

또한 여러분 중에서도 제자들을 끌어 자기를 따르게 하려고 어그러진 말을 하는 사람들이 일어날 줄을 내가 아노라. 그러므로 여러분이 일깨어 내가 삼 년이나 밤낮 쉬지 않고 눈물로 각 사람을 훈계하던 것을 기억하라. (행 20:28-31)

에베소교회가 공격받을 것을 알기에, 바울은 에베소교회 지도자들에게 유일한 방어의 근원을 제시했다. "지금 내가 여러분을 주와 및 그 은혜의 말씀에 부탁하노니, 그 말씀이 여러분을 능히 든든히 세우사 거룩하게 하심을 입은 모든 자 가운데 기업이 있게 하시리라"(32절). 속지 않는 유일한 방법은 분별력을 갖추는 것이며, 분별력을 갖추는 유일한 방법은 성경을 이해하고 적용하는 것이다.

안타깝게도, 고린도교회는 분별력이 없어 큰 혼란에 빠졌다. 거짓 선생들이 고린도 신자들을 미혹해 이들의 "마음이 그리스도를 향하는 진실함과 깨끗함에서 떠나게" 하려 했다(고후 11:3). 늘 깨어 있는 목자로서, 바울은 자기 양 떼에게 거짓 선생들이 야기한 위험을 경고했다. 사실, 이 서신 전체가 이들의 독이 든 거짓말의 해독제다.

이 단락은 사랑으로 겸손하게 진리를 선포한 바울과 고린도 신자들을 기만적으로 이용한 거짓 선생들을 날카롭게 대비한다. 구체적으로 문제가 된 것은 돈이었으며, 거짓 선생들에게 돈은 언제나 최우선 동기였다(롬 16:18; 딤전 6:5; 딛 1:11; 벧후 2:3, 14; 유 11; 참조. 딤전 3:3; 딛 1:7; 벧전 5:3). 탐욕스러운 거짓 사도들은 고린도 신자들에게서 돈을 취했다. 바울은 그러지 않았다.

바울은 자신과 거짓 사도를 비교하는 달갑지 않은 과제를 시작하면서, 참 사도의 세 표식(겸손, 진리, 사랑)과 이에 상응하는 거짓 사도의 세 표식(교만, 속임, 오용)을 열거했다. 지금도 동일한 기준을 사용해 참 하나님의 사람들과 거짓 선생들을 구별할 수 있다.

참 사도의 표식

⁷내가 너희를 높이려고 나를 낮추어 하나님의 복음을 값없이 너희에게 전함으로

죄를 지었느냐? [8]내가 너희를 섬기기 위하여 다른 여러 교회에서 비용을 받은 것은 탈취한 것이라. [9]또 내가 너희와 함께 있을 때 비용이 부족하였으되 아무에게도 누를 끼치지 아니하였음은 마게도냐에서 온 형제들이 나의 부족한 것을 보충하였음이라. 내가 모든 일에 너희에게 폐를 끼치지 않기 위하여 스스로 조심하였고 또 조심하리라. [10]그리스도의 진리가 내 속에 있으니 아가야 지방에서 나의 이 자랑이 막히지 아니하리라. [11]어떠한 까닭이냐? 내가 너희를 사랑하지 아니함이냐? 하나님이 아시느니라. (11:7-11)

바울은 자화상을 그리려고 마지못해 앉아 세 가지를 갖춘 진정한 하나님의 사람을 그렸다.

겸손

[7]내가 너희를 높이려고 나를 낮추어 하나님의 복음을 값없이 너희에게 전함으로 죄를 지었느냐? [8]내가 너희를 섬기기 위하여 다른 여러 교회에서 비용을 받은 것은 탈취한 것이라. [9]또 내가 너희와 함께 있을 때 비용이 부족하였으되 아무에게도 누를 끼치지 아니하였음은 마게도냐에서 온 형제들이 나의 부족한 것을 보충하였음이라. 내가 모든 일에 너희에게 폐를 끼치지 않기 위하여 스스로 조심하였고 또 조심하리라. (11:7-9)

바울은 비교를 시작하면서 냉소와 아이러니가 포함된 질문을 던졌다. 고린도 신자들은 바울이 **하나님의 복음을 값없이** 자신들에게 **전함으로 죄를 지었다**고 생각했는가? 바울의 질문에 내포된 의미는 고린도 신자들이 바울의 겸손을 죄라 말하는 것이나 다를 바 없다는 것이다. **Or**(또는)는[92] 뒤로 돌아가 바울이 6절에서 자신이 "말에는 부족하다"고 인정한 것을 가리킨다. 바울은 거짓 선생들이 자신을 업신여기며 하는 비난, 곧 자신이 "말도 시원하지 않다"는

---

[92] NASB에서 7절은 or로 시작한다: **Or** did I commit a sin in humbling myself…

비난을 가리키고 있었다(10:10). 이들은 바울을 조롱했다. 바울은 풋내 나는 아마추어이며, 자신들이 자랑스럽게 여기는 세련된 소통 기술이 없다는 것이었다. 그래서 바울은 빈정대며 묻는다. "이게 죄인가요?"

바울의 "아마추어 신분"이 그가 7절에서 암시한 문제를 불러일으켰다. 거짓 사도들은 바울이 고린도 신자들에게 돈을 받기를 겸손하게 거절한 것을 삐딱하게 보았다. 헬라 문화에서, 숙련된 웅변가는 전문가, 곧 대가를 받아 살아가는 사람으로 여겨졌다. 이들은 바울이 돈을 받지 않고 사역함으로써 자신을 자격증이 없으며, 따라서 고린도 신자들을 가르칠 자격이 없는 아마추어로 규정했다고 주장했다. 더 나아가, 이들은 바울이 가르치고 그 비용을 청구하지 않았다면 어떻게 그의 가르침이 조금이라도 가치 있을 수 있느냐고 에둘러 말했다. 그는 자신의 가르침에 직접 가격표를 붙였다. 그런데 자신의 가르침에 대해 돈을 전혀 받으려 하지 않았다. 그 가르침이 가치 없기 때문이었다. 놀랍게도, 많은 고린도 신자가 이런 터무니없는 거짓말에 넘어갔다.

고린도 신자들은 이 문제에서 쉽게 속았으며, 변명이 있을 수 없었다. 고린도전서에서, 바울은 왜 자신이 고린도 신자들에게 돈을 전혀 받지 않는지 길게 설명했다.

> 나를 비판하는 자들에게 변명할 것이 이것이니, 우리가 먹고 마실 권리가 없겠느냐? 우리가 다른 사도들과 주의 형제들과 게바와 같이 믿음의 자매 된 아내를 데리고 다닐 권리가 없겠느냐? 어찌 나와 바나바만 일하지 아니할 권리가 없겠느냐? 누가 자기 비용으로 군 복무를 하겠느냐? 누가 포도를 심고 그 열매를 먹지 않겠느냐? 누가 양 떼를 기르고 그 양 떼의 젖을 먹지 않겠느냐? 내가 사람의 예대로 이것을 말하느냐? 율법도 이것을 말하지 아니하느냐? 모세의 율법에 곡식을 밟아 떠는 소에게 망을 씌우지 말라 기록하였으니, 하나님께서 어찌 소들을 위하여 염려하심이냐? 오로지 우리를 위하여 말씀하심이 아니냐? 과연 우리를 위하여 기록된 것이니 밭가는 자는 소망을 가지고 갈며, 곡식 떠는 자는 함께 얻을 소망을 가지고 떠는 것이라. 우리가 너희에게 신령한 것을 뿌렸은즉, 너희의 육적인 것을 거두기로 과하다 하겠느냐? 다른 이들도 너희에게 이런 권리를

가졌거든 하물며 우리일까보냐? 그러나 우리가 이 권리를 쓰지 아니하고 범사에 참는 것은 그리스도의 복음에 아무 장애가 없게 하려 함이로다. 성전의 일을 하는 이들은 성전에서 나는 것을 먹으며, 제단에서 섬기는 이들은 제단과 함께 나누는 것을 너희가 알지 못하느냐? 이와 같이 주께서도 복음 전하는 자들이 복음으로 말미암아 살리라 명하셨느니라. 그러나 내가 이것을 하나도 쓰지 아니하였고, 또 이 말을 쓰는 것은 내게 이같이 하여 달라는 것이 아니라. 내가 차라리 죽을지언정 누구든지 내 자랑하는 것을 헛된 데로 돌리지 못하게 하리라. 내가 복음을 전할지라도 자랑할 것이 없음은 내가 부득불 할 일임이라. 만일 복음을 전하지 아니하면 내게 화가 있을 것이로다. 내가 내 자의로 이것을 행하면 상을 얻으려니와 내가 자의로 아니한다 할지라도 나는 사명을 받았노라. 그런즉 내 상이 무엇이냐? 내가 복음을 전할 때에 값없이 전하고 복음으로 말미암아 내게 있는 권리를 다 쓰지 아니하는 이것이로다. (고전 9:13-18; 참조. 마 10:10)

바울은 고린도 신자들에게서 "육적인 것을 거둘" 모든 권리가 있는데도 그 특권을 포기하는 쪽을 선택했다. 이런 선택은 너무나 새로웠고, 나머지 순회 교사들은 하나같이 돈을 요구했다. 그래서 바울은 "그리스도의 복음에 아무 장애가 없게 하려[되지 않으려]" 했다. 바울이 자신이 세운 새로운 교회들에게서 후원을 받지 않은 데는 중요한 두 이유가 있었다. 첫째, 그는 사기꾼들, 곧 돈을 위해 사역하는 자들과 거리를 두고 싶었다. 둘째, 그는 일하면서 새내기 신자들에게 본을 보이려 했다. 그가 데살로니가 신자들에게 설명했듯이 말이다.

누구에게서든지 음식을 값없이 먹지 않고 오직 수고하고 애써 주야로 일함은 너희 아무에게도 폐를 끼치지 아니하려 함이니, 우리에게 권리가 없는 것이 아니요 오직 스스로 너희에게 본을 보여 우리를 본받게 하려 함이니라. (살후 3:8-9; 참조. 행 18:3; 20:34; 고전 4:12; 살전 2:9)

바울은 교회를 든든히 세우는 동안 그 교회로부터 돈을 받지 않았으나 그

교회를 떠난 후에는 그 교회로부터 후원을 받았다. 이렇게 이들은 바울의 교회 개척 사역에 참여할 수 있었다(아래 9절에 관한 논의를 보라).

바울은 고린도 신자들을 **높이려고** 자신을 **낮추었다.** 복음은 고린도 신자들을 어둠에서 빛으로 옮겼고(행 26:18; 골 1:13; 엡 5:8; 살전 5:5; 벧전 2:9), 죄에서 의로 옮겼으며(롬 6:18; 벧전 2:24), 사탄의 권세에서 그리스도의 나라로 옮겼고(골 1:13; 참조. 행 26:18), 사망에서 생명으로 옮겼다(요 5:24; 요일 3:14). 바울은 값없이 복음을 전함으로써 고린도 신자들을 저주에서 영광으로 옮겼다. 이것이 어떻게 죄인가?

바울은 고린도 신자들에게서 급여를 받는 대신 이들을 **섬기기 위하여 다른 여러 교회에서 비용을 받음**으로써 그 교회들에게서 **탈취했다(robbed).** '술라오'(*sulaō*, **robbed**, 탈취한)는 의미가 강한 단어이며, 일반적으로 군사적 맥락에서 사용되어 약탈이나 죽은 군사의 갑옷을 벗기는 행위를 가리킨다. (Colin G. Kruse, *The Second Epistle of Paul to the Corinthians*, The Tyndale New Testament Commentaries [Grand Rapids: Eerdmans, 1995], 187). **비용(wages)**으로 번역된 '오프소니온'(*opsōnion*)은 누가복음 3:14에서 군사들의 급여나 배급품을 말하는 데 사용된다(참조. 고전 9:17에 비슷한 용례가 나온다).

분명히, 바울은 은유적으로, 비꼬며 말하고 있었다. 그는 실제로 그 어느 교회에게서도 탈취하거나 속여 취하지 않았다. 그러나 그가 가난한 교회들로부터 받은 선물 때문에 그 교회들이 더 가난해졌고, 바울의 겸손 때문에 그가 이들을 약탈하는 것처럼 보였다. 구체적으로, 바울은 가난한 마게도냐 **여러 교회**를(빌립보, 베뢰아, 데살로니가) 염두에 두었다. 이들은 예루살렘교회를 위한 연보에 참여했을 뿐 아니라(고후 8:1-5; 롬 15:26) 바울의 사역도 여러 차례 후원했다(빌 4:10, 14-18; 살전 3:6과 행 18:5을 비교해 보라).

이들과 함께 있을 때 비용이 부족하였더라도, 바울은 **아무에게도 누를 끼치지 아니했다(was not a burden to anyone,** 아무에게도 짐이 되지 않았다). 바울은 고린도에 있을 때 천막제조자(또는 가죽을 다루는 노동자)로 일했다(행 18:3). 그러나 사업 침체나 사역에 필요한 일 때문에, 바울이 일하는 시간이 줄었다. 어느 쪽이든, 바울은 한동안 생활에 필요한 기본적인 것이 부족한 심각한 상황에 처했다. 그러나 이럴 때라도, 바울은 고린도 신자들에게 **누를 끼치길(burden,** 헬라어 동사는 문자적으로 "감각이 무디어지다"는 뜻이며, 따라서 무거운 짐이 된다는 뜻이다) 거부했다. 마침내, 실라와 디모데가 마게도냐 교회들의 선물을 가지고 왔고, 이로써 바울은 필요가 얼마간 채워져 사역에 전념할 수 있었다(행 18:5). 바울은 과거에 고린도 신자들에게 **폐를 끼치지 않기 위하여 스스로 조심하였듯** 이 조만간 이들을 방문할 때도 **또 조심할** 터였다(고후 12:14).

교만하고 거짓말하는 사도들은 자신을 낮추어 육체노동을 하겠다고 꿈도 꾸지 않았을 것이다. 이들과 반대로, 바울은 자신을 낮추어 평범한 노동자가 되었다. 참 하나님의 사람들은 "돈을 사랑하지 아니하며"(딤전 3:3) 자신의 사역을 성실하게 수행할 기회만 구한다.

진리

> **그리스도의 진리가 내 속에 있으니 아가야 지방에서 나의 이 자랑이 막히지 아니하리라.** (11:10)

바울은 **그리스도의 진리가** 자신 **속에 있다**고 당당하게 단언할 수 있었다. 그는 그 진리를 선포했을 뿐 아니라 선포한 진리를 더없이 순전하게 살아냈다. 그러지 않았다면, 그는 자신이 그렇게도 혐오하는 위선자였을 것이다(참조. 4:2; 롬 12:9).

이 서신 앞부분에서, 바울은 고린도 신자들에게 상기시켰다. "우리는 수많은 사람들처럼 하나님의 말씀을 혼잡하게 하지 아니하고, 곧 순전함으로 하나님께 받은 것 같이 하나님 앞에서와 그리스도 안에서 말하노라"(고후 2:17). 그는 "숨은 부끄러움의 일을 버리고 속임으로 행하지 아니하며 하나님의 말씀을 혼잡하게 하지 아니하고 오직 진리를 나타냄으로 하나님 앞에서 각 사람의 양심에 대하여 스스로 추천"했다(4:2). 바울은 늘 "깨끗함과 지식과 오래 참음과 자비함과 성령의 감화와 거짓이 없는 사랑과 진리의 말씀과 하나님의 능력으로 의의 무기를 좌우에 가지고" 사역했으며(6:6-7), 따라서 "우리가 너희에게 이른 말이 다 참되다"고 외칠 수 있었다(7:14).

바울의 **자랑이 막히지 아니할** 것이었다. 자신의 방식을 바꾸지 않을 것이기 때문이었다. 바울은 계속해서 대가 없이 사역할 것이었다. 고린도는 물론이고 주변 **아가야 지방**에서도 그럴 것이었다. 그 지역에 다른 교회들이 있었으며, 이것은 바울이 "온 아가야에 있는 모든 성도"를 언급하고(1:1) 고린도에서 가까운 항구 도시 겐그레아에 있는 교회의 일원인 뵈뵈를 언급한 데서 분명해진다(롬 16:1). 바울이 주변 지역을 포함시켰다는 것은 거짓 사도들의 영향이 고린도에 한정되지 않았다는 것을 암시한다.

바울은 흠잡을 데 없이 순전하고 자신의 확신에 완전히 충실한 사람이었으며, 그의 확신은 하나님의 계시에 기초했다. 바울은 모든 참 하나님의 사람, 곧 이타적 겸손을 보이고 자신이 선포하는 진리에 흔들림 없이 헌신하며 살아가는 사람들의 전형이다.

사랑

> **어떠한 까닭이냐? 내가 너희를 사랑하지 아니함이냐? 하나님이 아시느니라.**
>
> (11:11)

거짓 사도들이 바울에게 슬그머니 덧씌운 혐의가 더 있다. 이것은 바울이 고린도 신자들로부터 돈을 받기를 겸손하게 거절한 것과 관련이 있다. 이들은 바울이 고린도 신자들에게 돈을 받지 않은 것은 고린도 신자들을 진정으로 사랑하지 않았고 그들과 조금이라도 엮이고 싶지 않았기 때문이라고 주장했다.

바울은 이러한 거짓 혐의에 답해 고린도 신자들에게 수사학적 질문을 던졌다. 내가 너희에게 돈을 받지 않은 것은 **어떠한 까닭이냐? 내가 너희를 사랑하지 아니함이냐?** 이들은 바울이 자신들을 사랑하지 않았다는 말을 곧이곧대로 받아들일 수 있는가? 바울의 거듭된 행동과 단언에 비춰볼 때 얼토당토않았다(참조. 2:4; 12:15; 고전 4:21; 16:24). 바울은 이들을 희생적으로 섬겼고(참조. 고후

1:6; 2:4; 4:8-15) 이들에게서 아무 대가도 요구하지 않았다. 이것을 바울이 이들을 사랑하지 않았다는 증거로 볼 수 있다는 데서 사탄의 속임수가 얼마나 강력한지 드러난다.

고린도 신자들은 바울을 의심했다. 그래서 바울은 최고법정에 호소하며 힘주어 외쳤다. **하나님이 아시느니라(God knows I do!).** 필립 휴스(Philip E. Hughes)는 이렇게 썼다.

> 침입자들은 어떻게 해서든 사도를 그가 복음 안에서 사랑하는 자녀들로부터 떼어 놓으려 했다. 그래서 바울은 여기서 묻는다. "어떠한 까닭이냐? 내가 너희를 사랑하지 아니함이냐?" 그리고 항변한다. "하나님이 아시느니라." 가슴에서 터져 나오는 진심 어린 외침이다. 사랑의 관계가 아버지와 자녀 관계일 때, 말과 설명과 명분이 필요 없다. 하나님 앞에서, 그와 이들 양쪽 모두 이 비난이 잔인하고 말도 안 되는 거짓이라는 설득이 필요 없었다. 세상에 사도 바울보다 마음이 따뜻하고 헌신된 사람이 없었다. 사랑은 그리스도의 사도인 그의 온 삶과 사역을 추동하는 맥박이었다. 그래서 바울은 자신이 그들을 사랑하지 않았다는 충격적이고 기괴한 암시적 주장을 모든 것을 알고 진실을 밝히실 하나님의 판단에 맡긴다. 그러면서 바울은 이것을 또한 이들의 양심에 맡긴다. (*The Second Epistle to the Corinthians*, The New International Commentary on the New Testament [Grand Rapids: Eerdmans, 1992], 390)

하나님은 신자들의 마음을 아신다. 이것이 신자들이 거짓으로 비난받을 때 이들의 궁극적 피난처요 위로다(참조. 11:31; 12:2-3). 바울은 하나님 앞에서 사역했기에(2:17; 4:2; 8:21; 12:19) 깨끗한 양심으로 그분께 호소할 수 있었다 (1:12).

거짓 사도의 표식

¹²나는 내가 해 온 그대로 앞으로도 하리니, 기회를 찾는 자들이 그 자랑하는

일로 우리와 같이 인정받으려는 그 기회를 끊으려 함이라. [13]그런 사람들은 거짓 사도요 속이는 일꾼이니, 자기를 그리스도의 사도로 가장하는 자들이니라. [14]이것은 이상한 일이 아니니라. 사탄도 자기를 광명의 천사로 가장하나니, [15]그러므로 사탄의 일꾼들도 자기를 의의 일꾼으로 가장하는 것이 또한 대단한 일이 아니니라. 그들의 마지막은 그 행위대로 되리라…[20]누가 너희를 종으로 삼거나 잡아먹거나 빼앗거나 스스로 높이거나 뺨을 칠지라도 너희가 용납하는도다.

(11:12-15, 20)

바울의 겸손과 진리와 사랑이 참 하나님의 사람을 그린다면, 거짓 사도들의 교만과 속임과 학대는 거짓 선생들의 전형을 보여준다.

교만

나는 내가 해 온 그대로 앞으로도 하리니, 기회를 찾는 자들이 그 자랑하는 일로 우리와 같이 인정받으려는 그 기회를 끊으려 함이라. (11:12)

거짓 사도들의 교만은 이들의 탐욕에서 가장 분명하게 드러났다. 이들은 바울과 동등해 보이길 간절히 바랐다. 그러나 바울이 고린도 신자들에게서 돈을 받길 거절한 것이 이들에게는 큰 문제였다. 이들은 고린도 신자들에게서 돈을 받았기 때문에 딜레마에 빠졌다. 돈을 계속 받으면 바울과 비교되는 어색하고 당혹스러운 상황에 처할 터였다. 반대로, 돈을 거부한다는 것은 이들에게 생각할 수 없는 일이었다. 이들은 돈을 위해 일하기 때문이었다.

그러나 거짓 사도들이 압박하는데도, 바울은 자신이 **해 온 그대로 앞으로도 할** 것이었다. 바울은 거짓 사도들에게 그들이 **자랑하는 일**에서 바울과 **같이 인정받으려는 기회**를 주지 않았다. 바울은 자신의 원칙을 바꿔 고린도 신자들에게서 돈을 받음으로써 거짓 사도들이 딜레마에서 벗어나도록 돕지 않았다. 바울의 이타심과 거짓 사도들의 탐욕이 극명하게 대비되었다. 고린도 신자들은 이것을 보면서 누가 참 하나님의 사람인지 분명히 알았어야 했다. 기생충

같은 거짓 사도들과 반대로, 바울은 고린도 신자들에게 결코 폐를 끼치지 않았다(9절).

속임

¹³그런 사람들은 거짓 사도요 속이는 일꾼이니, 자기를 그리스도의 사도로 가장하는 자들이니라. ¹⁴이것은 이상한 일이 아니니라. 사탄도 자기를 광명의 천사로 가장하나니, ¹⁵그러므로 사탄의 일꾼들도 자기를 의의 일꾼으로 가장하는 것이 또한 대단한 일이 아니니라. 그들의 마지막은 그 행위대로 되리라. (11:13-15)

이 세 절이 이 섹션의 핵심이다. 진리가 위태로웠다. 그래서 바울은 거짓 사도들을 강하고 거친 말로 고발했다. 오늘의 많은 사람과 달리, 바울은 진리를 희생해 일치를 이루려 하지 않았다. 이 서신 전체에서, 바울은 거짓 사도들을 암시했으며, 이들을 "하나님의 말씀을 혼잡하게 하는" 죄를 지은 "수많은 사람들"(2:17), "우리를 육신에 따라 행하는 자로 여기는 자들"(10:2), "자기를 칭찬하는 어떤 자"(10:12), "다른 예수"와 "다른 복음"을 전하는 자들이라고 완곡하게 표현했으며(11:4), 비꼬듯이 "지극히 크다는 사도들"이라고 했다(11:5). 그러나 이제 이들을 직접적으로 폭로할 때가 되었다.

한 사람이 진리를 얼마나 사랑하는지 가늠하려면 진리를 마주할 때 어떻게 반응하는지 보면 된다. 관용의 덕을 더없이 크게 외치는 자들이 진리와 마주하면 잃을 게 가장 많기 일쑤다. 이들에게 진리를 제시하면, 이들은 불같이 화를 내며 앙갚음하기 일쑤다. 그러나 하나님과 그리스도의 영예와 복음과 성경의 진리가 위험에 처했을 때, 바울은 모호하게 말하지 않았다. 확신이 얕은 숱한 사람들이 충격적으로 관용이 결핍되었다는 것을 보여줌으로써, 바울은 속이는 선생들이 사탄의 종이며(15절) 참 하나님의 사람으로 가장했음을 폭로했다.

'프수드아포스톨로이'(*pseudapostoloi*, **false apostles, 거짓 사도**들)는 신약성경 다른 어디에도 나오지 않는데, 바울이 만들어낸 조어였을 것이다(참조. 계

2:2). 이 사기꾼들은 구속사 내내 하나님의 백성을 괴롭혔다. 하나님은 예레미야를 통해 속이는 거짓 선지자들을 경고하셨다. "선지자들이 내 이름으로 거짓 예언을 하도다. 나는 그들을 보내지 아니하였고 그들에게 명령하거나 이르지 아니하였거늘, 그들이 거짓 계시와 점술과 헛된 것과 자기 마음의 거짓으로 너희에게 예언하는도다"(렘 14:14; 참조. 23:14, 26). 산상설교에서, 예수님은 이렇게 경고하셨다 "거짓 선지자들을 삼가라. 양의 옷을 입고 너희에게 나아오나 속에는 노략질하는 이리라"(마 7:15). 감람산 강화에서, 주님은 이들이 특히 종말에 활개를 치리라고 하셨다. "거짓 그리스도들과 거짓 선지자들이 일어나 큰 표적과 기사를 보여 할 수만 있으면 택하신 자들도 미혹하리라"(마 24:24; 참조. 딤전 4:1; 딤후 3:13). 예루살렘 공의회는 예루살렘교회가 자신들을 보냈다고 주장하는 거짓 선생들을 조심하라고 했다. "들은즉 우리 가운데서 어떤 사람들이 우리의 지시도 없이 나가서 말로 너희를 괴롭게 하고 마음을 혼란하게 한다 하기로"(행 15:24). "사랑하는 자들아, 영을 다 믿지 말고 오직 영들이 하나님께 속하였나 분별하라. 많은 거짓 선지자가 세상에 나왔음이라"(요일 4:1).

속이는 일꾼들이(deceitful workers) 쉽게 속고 분별력 없는 사람들을 속이려고 **자기를 그리스도의 사도로 가장**함으로써 자신들의 사업을 추진했다. 거짓 사도들은 뻔뻔하게도 자신들을 바울 및 열두 사도와 동등시했으나 사실은 **속이는 일꾼**, 곧 **자기를 의의 일꾼으로 가장하는** 사탄의 **일꾼들**(servants)이었다. 성경은 이러한 속임을 거짓 선생들의 특징이라 말한다. 바울은 로마 신자들에게 이렇게 경고했다. "이같은 자들은 우리 주 그리스도를 섬기지 아니하고 다만 자기들의 배만 섬기나니, 교활한 말과 아첨하는 말로 순진한 자들의 마음을 미혹하느니라"(롬 16:18). 그는 디모데에게 이렇게 썼다. "악한 사람들과 속이는 자들은 더욱 악하여져서 속이기도 하고 속기도 하나니"(딤후 3:13). 그는 디도에게 이렇게 썼다. "불순종하고 헛된 말을 하며 속이는 자가 많은 중 할례파 가운데 특히 그러하니"(딛 1:10). 이들이 일으키는 위험이 늘 있기 때문에, 신약성경은 이들에게 미혹되지 말라고 신자들에게 경고한다(마 24:4; 갈 6:7; 엡 5:6; 골 2:4, 8; 살후 2:3; 요일 4:1).

거짓 선생들이 하나님의 종으로 가장하는 것은 **이상한 일이 아니다.** 어둠의 영역을 다스리는 사탄도(눅 22:53; 엡 6:12; 골 1:13) **광명의 천사로 가장하기** 때문이다. 사탄은 신화 속 모습, 곧 머리에 뿔이 나고 꼬리는 뾰족하며 쇠스랑을 든 모습이 아니라 이렇게 가장한 모습으로 교회에 나타난다. 사탄이 교회에서 가장 잘 먹히는 것은 대놓고 적으로 나타날 때가 아니라 거짓 친구로 나타날 때이고, 교회를 박해할 때가 아니라 교회에 참여할 때이며, 강단을 공격할 때가 아니라 강단에 설 때다.

그러나 사탄도 그의 일꾼들도 가장한 모습 그대로 언제까지 무사하지는 못할 것이다. 요한은 사탄이 천년왕국이 시작될 때 결박되리라고 했다.

> 또 내가 보매, 천사가 무저갱의 열쇠와 큰 쇠사슬을 그의 손에 가지고 하늘로부터 내려와서 용을 잡으니, 곧 옛 뱀이요 마귀요 사탄이라. 잡아서 천 년 동안 결박하여 무저갱에 던져 넣어 잠그고 그 위에 인봉하여 천 년이 차도록 다시는 만국을 미혹하지 못하게 하였는데, 그 후에는 반드시 잠깐 놓이리라. (계 20:1-3)

사탄의 최종 운명은 불못에서 영원히 형벌을 받는 것이다. "또 그들을 미혹하는 마귀가 불과 유황 못에 던져지니, 거기는 그 짐승과 거짓 선지자도 있어 세세토록 밤낮 괴로움을 받으리라"(계 20:10).

성경은 똑같이 두려운 심판이 모든 거짓 선생을 기다린다고 말한다. 마태복음 7:21-23에서, 주 예수 그리스도께서 엄히 경고하셨다.

> 나더러 주여 주여 하는 자마다 다 천국에 들어갈 것이 아니요 다만 하늘에 계신 내 아버지의 뜻대로 행하는 자라야 들어가리라. 그 날에 많은 사람이 나더러 이르되 주여 주여 우리가 주의 이름으로 선지자 노릇하며 주의 이름으로 귀신을 쫓아내며 주의 이름으로 많은 권능을 행하지 아니하였나이까 하리니, 그때에 내가 그들에게 밝히 말하되, 내가 너희를 도무지 알지 못하니, 불법을 행하는 자들아 내게서 떠나가라 하리라.

거짓 선생들의 운명은 **그 행위대로 되리라.**

학대

> **누가 너희를 종으로 삼거나 잡아먹거나 빼앗거나 스스로 높이거나 뺨을 칠지라**
> **도 너희가 용납하는도다.** (11:20)

바울은 안타까운 마음으로 이 구절을 썼다. 이 구절에서, 고린도 신자들이
얼마나 심하게 미혹되었는지 드러나기 때문이다. 이들은 심지어 거짓 사도들
이 자신들을 가혹하게 다루는데도 용납했다. **종으로 삼다(enslaves)**로 번역된
'카타둘로오'(*katadouloō*)는 신약성경에서 이곳 외에 단 한 곳에서 사용되는데,
유대주의자들이 갈라디아 신자들을 종으로 삼는 것을 가리킨다(갈 2:4). 거짓
선생들이 퍼트린 '행위로 의롭게 된다'는 가르침에 속아 고린도 신자들은 그
리스도 안에서 얻은 자유를 빼앗겼다. **잡아먹다(devour)**로 번역된 헬라어 단
어는 포식 동물처럼 거짓 사도들이 고린도 신자들을 잡아먹는 모습을 묘사한
다. 이것은 이들이 돈을 요구한 것을 가리킬 수 있다(막 12:40과 눅 20:47에서도
이렇게 사용되어 탐욕스런 바리새인들이 과부들의 집을 터는 모습을 묘사한다). 거짓 선
생들이 자신들에게서 **빼앗고**(참조. 고후 12:16) 교만하고 오만하게 스스로를 **높**
일 때, 고린도 신자들은 가만히 있었다. 거짓 선생들이 고린도 신자들을 학대
한 것은 간단히 말해 그들의 **뺨을 친** 것이었는데, 이것은 극단적 모욕의 상징
이었다(지금도 다르지 않다. 참조. 왕상 22:24; 애 3:30; 눅 22:64; 요 18:22; 행 23:2)

바울은 자신과 거짓 사도들을 대비하는데, 여기서 귀중한 세 가지 원리를
도출할 수 있다.

첫째, 신자들은 부드럽고 멋지며 겉보기에 영적인 웅변에 미혹되지 말아야
한다. 이런 웅변은 사탄의 거짓말과 속임수를 가리는 가면일 수 있다. 많은 거
짓 선생이 성경 어휘를 사용하지만, 거기에 전혀 다른 의미를 부여한다.

둘째, 신자들은 선생의 말을 넘어 그의 삶을 살펴야 한다. 종교는 거짓 선생
들에게 큰 사업이지만, 부와 권력을 쌓기에 몰두하는 자들은 진정한 예수 그

리스도의 종이 아니다(마 6:24).

마지막으로, 신자들은 관용을 덕목으로 여기려는 유혹을 피해야 한다. 카슨 (D. A. Carson)은 이렇게 말한다.

> 무한 관용을 주장하는 자들은…가장 큰 악은 어떤 것들은 참이고 그 반대는 거
> 짓이라고 강하게 확신하는 것이라고 전제한다…그러나 우리가 하나님이 자신
> 을 인간에게, 무엇보다도 그분의 아들에게서 계시하셨을 뿐 아니라 성경의 말씀
> 과 명제로도 계시하셨다고 믿는다면…하나님이 말씀하신 어떤 것이라도 선택
> 적으로 취급할 권리가 없다. (*From Triumphalism to Maturity* [Grand Rapids: Baker,
> 1984], 101)

관용은 강한 확신이 없는 자들에게만 최고의 덕목이다.

참 영적 지도자와 거짓 영적 지도자를 분별하는 것이 교회의 건강에 더없이 중요하다. 이 둘을 분별하지 못하면, 양 우리를 활짝 열어 사탄의 사나운 이리들이 하나님의 양 떼를 유린하게 하는 것이다.

29

겸손한 자랑
(11:16-21)

> [16]내가 다시 말하노니, 누구든지 나를 어리석은 자로 여기지 말라. 만일 그러하더라도 내가 조금 자랑할 수 있도록 어리석은 자로 받으라. [17]내가 말하는 것은 주를 따라 하는 말이 아니요 오직 어리석은 자와 같이 기탄없이 자랑하노라. [18]여러 사람이 육신을 따라 자랑하니 나도 자랑하겠노라. [19]너희는 지혜로운 자로서 어리석은 자들을 기쁘게 용납하는구나. [20]누가 너희를 종으로 삼거나 잡아먹거나 빼앗거나 스스로 높이거나 뺨을 칠지라도 너희가 용납하는도다. [21]나는 우리가 약한 것 같이 욕되게 말하노라. 그러나 누가 무슨 일에 담대하면 어리석은 말이나마 나도 담대하리라. (11:16-21)

겸손은 그리스도인의 가장 고귀한 덕목이다. 하나님의 영광을 제대로 깨닫고 그분의 위엄을 진정으로 느낄 때, 유일하게 합당한 반응은 겸손이다. 겸손은 하나님을 예배하고 그분을 높이며 그분의 영광을 구하려는 깊은 갈망을 낳는다.

그러나 존 파이퍼(John Piper)가 말하듯이,

겸손은 현대 세계에서 인기 있는 성품이 아니다. 겸손은 토크쇼에서 화제로 삼거나 고별사에서 기리거나 다양한 세미나에서 칭찬하거나 기업의 핵심 가치에 드는 덕목이 아니다. 대형 서점에서 엄청난 자기개발 코너를 보더라도 겸손을 권하는 제목을 찾기가 쉽지 않다.

근본 이유를 찾기란 어렵지 않다. 겸손은 하나님 앞에서만 살아남을 수 있다. 하나님이 가실 때 겸손도 간다. 사실, 겸손은 그림자처럼 하나님을 따른다고 말할 수도 있겠다. 우리 사회에서 하나님이 박수를 받으시는 그 만큼 겸손도 박수를 받으리라 예상할 수 있다.

내가 사는 지역에서 발행되는 신문에 겸손과 관련된 기고문이 실렸다. 겸손을 질식시키는 우리 시대의 분위기를 그대로 보여주는 글이었다.

> "하나님에 대한 향수어린 추억에 순진하게 매달리는 사람들이 있다. 교회 다니는 사람들은 평균적으로 매주 몇 시간 성스러운 것을 경험한다.…그러나 나머지 시간에는 더는 하나님을 사랑과 예배를 받아야 할 전지하고 전능한 힘으로 인정하지 않는다.…오늘날 우리는 너무나 세련되어 하나님이 필요 없다. 우리는 혼자 설 수 있다. 우리는 자신의 존재를 선택하고 정의할 준비가 되어 있다."

이런 분위기에서 겸손은 살아남을 수 없다. 겸손은 하나님과 함께 사라진다. 하나님을 소홀히 할 때, 바로 아래 신, 곧 인간이 그분의 자리를 차지한다. 정의하자면, 이것은 겸손의 반대, 곧 교만이라는 거만한 마음이다. 따라서 우리가 호흡하는 분위기는 겸손에 적대적이다. (*Future Grace*[93] [Sisters, Ore.; Multnomah, 1995], 85-86)

모든 죄는 하나님께 대한 모독이며 그분에게 등을 돌리는 것이다. 예를 들면, 탐심은 하나님과 그분의 공급에 등을 돌리고 물질에서 만족을 구하는 것이다. 정욕은 성을 향한 하나님의 계획에 등을 돌리고 부적절한 관계에서 쾌락을

---

93 『장래의 은혜』, 차성구 옮김(좋은씨앗, 2013).

구하는 것이다. 분노는 하나님의 공의와 보응에 등을 돌리고 스스로 복수하려는 것이다. 조급함은 하나님의 주권에 등을 돌리고 자신의 삶을 스스로 제어하려는 것이다. 두려움은 하나님의 능력에 등을 돌리고 다른 권세에 대한 두려움에 굴복하는 것이다. 그러나 교만이 궁극적 우상숭배이며, 따라서 가장 가증스러운 죄다. 교만은 '하나님 중심'을 '자기중심'으로 바꾸기 때문이다.

성경은 겸손을 명하고 겸손의 복을 높이며 겸손의 본보기를 제시함으로써 겸손의 중요성을 강조한다. 구약성경에서, 미가 선지자는 경건한 삶을 요약하며 이렇게 썼다. "사람아, 주께서 선한 것이 무엇임을 네게 보이셨나니, 여호와께서 네게 구하시는 것은 오직 정의를 행하며 인자를 사랑하며 겸손하게 네 하나님과 함께 행하는 것이 아니냐?"(미 6:8). 바울은 빌립보 신자들에게 이렇게 명했다. "아무 일에든지 다툼이나 허영으로 하지 말고 오직 겸손한 마음으로 각각 자기보다 남을 낫게 여기고"(빌 2:3). 또한 골로새 신자들에게 이렇게 썼다. "너희는 하나님이 택하사 거룩하고 사랑 받는 자처럼 긍휼과 자비와 겸손과 온유와 오래 참음을 옷 입고"(골 3:12).

겸손한 사람들은 풍성한 복을 누린다. 겸손한 사람들이 기도할 때, 하나님이 이들의 기도를 들으신다(시 10:17; 참조 9:12). 겸손한 사람들은 하나님의 임재를 누린다(사 57:15; 참조 66:2). 하나님은 겸손한 사람들을 환난에서 건져내실 것이다(욥 22:29). 겸손한 사람들은 하나님이 관심을 두시는 대상이다(시 138:6). 하나님은 겸손한 사람들을 인도하고 가르치실 것이다(시 25:9). 겸손한 사람들은 하나님의 은혜를 경험할 것이다(약 4:6; 벧전 5:5). 겸손한 사람들은 지혜가 있을 것이다(잠 11:2). 겸손한 사람들은 장수하고 번성할 것이다(잠 22:4). 겸손한 사람들은 역설적으로 가장 높임을 받고 가장 존귀하게 여겨질 것이며(잠 15:33; 18:12; 29:23; 마 23:12; 눅 14:11; 18:14; 약 4:10), 하나님 나라에서 가장 큰 자가 될 것이다(마 18:4; 참조. 20:26-28). 아브라함(창 18:27), 야곱(창 32:10), 욥(욥 40:4), 모세(민 12:3), 기드온(삿 6:15), 므낫세(대하 33:12), 요시야(대하 34:27), 다니엘(단 10:12), 바울이 겸손했고(행 20:19), 주 예수 그리스도는 더없이 겸손하셨다(마 11:29; 빌 2:8).

반대로, 교만은 최초의 죄이며, 사탄이 범한 죄다(사 14:14; 딤전 3:6). 성경은 교만을 거듭 경고한다(잠 21:4; 참조. 삼상 2:3; 시 75:5; 롬 12:16; 약 4:16; 요일 2:16). 하나님은 교만을 미워하시고(잠 6:16-17; 참조. 시 5:5), 그분의 백성이 교만을 미워하길 기대하신다(잠 8:13). 교만은 자랑하기로(삼상 2:3; 대하 25:19), 악인이 의인을 핍박하기로(시 10:2), 악한 말로(시 31:18), 악인들의 삶으로(합 2:4; 롬 1:30), 특히 거짓 선생들의 삶으로 나타나며(딤전 6:3-4), 특히 종말에 만연할 것이다(딤후 3:1-2).

교만이 맺는 악한 열매는 욕(dishonor, 잠 11:2), 패망(잠 16:18; 18:12), 하나님이 물리치심(약 4:6), 하나님이 낮추심(잠 29:23; 참조. 시 18:27; 삼하 22:28; 단 4:37), 더럽혀짐(막 7:21-23), 다툼을 포함한다(잠 13:10; 28:25), 교만은 또한 사람들로 하나님을 구하지 못하게 하고(시 10:4) 하나님을 알지 못하게 한다(시 138:6). 그러나 가장 심각하게도, 교만은 하나님의 심판을 부른다. 잠언 16:5은 이렇게 경고한다. "무릇 마음이 교만한 자를 여호와께서 미워하시나니. 피차 손을 잡을지라도 벌을 면하지 못하리라." 이사야도 교만하게 악을 행하는 자들이 받을 심판을 내다보았다.

그 날에 눈이 높은 자가 낮아지며 교만한 자가 굴복되고 여호와께서 홀로 높임을 받으시리라. 대저 만군의 여호와의 날이 모든 교만한 자와 거만한 자와 자고한 자에게 임하리니, 그들이 낮아지리라. (사 2:11-12)

말라기 4:1은 이렇게 덧붙인다. "만군의 여호와가 이르노라. 보라, 용광로 불 같은 날이 이르리니, 교만한 자와 악을 행하는 자는 다 지푸라기 같을 것이라. 그 이르는 날에 그들을 살라 그 뿌리와 가지를 남기지 아니할 것이로되." 다윗은 "여호와께서 진실한 자를 보호하시고"라고 썼으며(시 31:23), 시편 기자는 시편 94:2에서 "세계를 심판하시는 주여, 일어나사 교만한 자들에게 마땅한 벌을 주소서"라고 기도했다. 성경은 히스기야(대하 32:25), 느부갓네살(단 4:30; 5:20); 벨사살(단 5:22-23) 같은 개개인의 교만뿐 아니라 모압(사 16:6), 에돔(옵 3), 바벨론(렘 50:29, 32), 비극적이게도 이스라엘 같은 민족들의 교만도 개탄한다(사 28:1; 렘 13:9; 호 5:5).

바울은 겸손의 중요성을 누구보다 강하게 확신했다. 사실, 주 예수 그리스도를 제외하면, 신약성경에서 바울보다 겸손해 보이는 사람이 없다. 바울은 그리스도의 삶을 구석구석 본받으려 했듯이(고전 11:1; 참조. 엡 5:1-2; 빌 2:5) 그분의 겸손도 본받으려 했다(마 11:29). 다른 사람들이 자신을 본받을 수 있도록 하기 위해서였다(고전 4:16; 11:1; 빌 3:17; 살전 1:6; 살후 3:9).

겸손했기에, 바울은 자랑하길 몹시 싫어했다. 그러나 이 서신을 쓰면서 자신이 몹시 싫어하는 바로 그것을 하지 않을 수 없었다. 이 책 앞장들에서 말했듯이, 거짓 사도들이 고린도에서 바울의 사도 자격을 맹렬히 공격했다. 이들은 사악하고 거짓말하는 사기꾼이라며 바울을 비난하고 공격했으며, 바울의 신뢰성을 무너뜨리고 자신들이 고린도교회의 권위 있는 선생으로서 그를 대신하려 했다. 놀랍게도, 많은 고린도 신자가 이 사기꾼들이 바울에 관해 늘어놓는 거짓말에 넘어갔다. 바울은 행동을 취하지 않을 수 없었다. 자신을 위해서가 아니라 복음을 위해서였다. 그는 거짓 선생들이 고린도 신자들로 자신이 선포한 하나님의 진리에 접근하지 못하게 하도록 둘 수 없었다.

이들이 바울에 관해 퍼트린 허위 정보 중에는 바울에 대한 이들의 평가, 곧 바울이 지극히 평범하고 특별할 게 없는 사람이라 진짜 사도일 수 없다는 평가가 있었다. 이들의 거짓말을 반박하기 위해, 바울은 자신의 사도 자격증(신임장)을 제시하지 않을 수 없었다. 그는 자격증이 너무나 분명했기에 군이 제시하지 않아도 되길 바랐다. 바울은 자신에 관해서 하는 말이 참인데도(참조. 고후 10:13-14) 자신의 성취보다 약점을 말하는 게 편했다(고후 4:7; 12:5, 9 - 10; 참조. 고전 15:10; 딤전 1:15 - 16).

한 사람의 겸손을 가늠하는 진정한 잣대는 꼭 필요할 때 자랑하면서도 겸손을 잃지 않는 능력이다. 실패했을 때 겸손하기는 쉽다. 반대로, 크게 성공했을 때 겸손하기는 훨씬 더 어렵다. 바울은 주님께 대단한 특권을 받았으며, 그의 사역이 놀랍도록 성공적이었던 게 분명하다. 그의 과제는 무엇이 참이고 꼭 필요한지 말하면서도 겸손을 잃지 않는 것이었다. 바울은 11:22-12:13에서 자신의 사도 자격증을 제시할 때 바로 이렇게 했다.

그러나 이렇게 하기 전에, 바울은 자랑하기 싫다는 뜻을 마지막으로 표현했다. 그는 마지못해 자랑했으며, 고린도 신자들이 순진하게도 거짓 사도들의 거짓말을 받아들였기 때문에 자랑이 꼭 필요해 자랑했을 뿐이었다. 자신의 사도직을 변호하는 이 프롤로그에서, 바울은 자랑이 무익한 두 이유를 제시했다. 자랑은 어리석으며 육적이다.

자랑은 어리석다

> [16]내가 다시 말하노니, 누구든지 나를 어리석은 자로 여기지 말라. 만일 그러하더라도 내가 조금 자랑할 수 있도록 어리석은 자로 받으라. [17]내가 말하는 것은 주를 따라 하는 말이 아니요 오직 어리석은 자와 같이 기탄없이 자랑하노라.
>
> (11:16-17)

다시(again)는 고린도 신자들의 시선을 바울이 앞서 자랑에 관해서 했던 11:1의 논의로 되돌린다. 바울은 잠시 곁길로 나가 사역의 대가로 돈을 받는 문제를 논하고 거짓 사도들이 가장한 사탄의 대리자들이라고 폭로했다(2-15절).

바울은 자기변호를 어리석은 짓이라 여겼으나 어쩔 수 없이 자신을 변호해야 했다. 그래서 자신을 변호하기 전에, 자신과 진짜 어리석은 자들을 떼어 놓았다. 그는 누구라도 자신을 거짓 선생들처럼 **어리석은 자로 여기길** 원치 않았다. 거짓 선생들과 달리, 바울은 자신을 습관적으로 칭찬하지 않았다. 그러나 고린도 신자 중에 누구라도 실제로 바울이 어리석다고 생각한다면, 바울은 이들이 거짓 사도들에게 주었던 바로 그 특권을 자신에게도 주어 자신을 **어리석은 자로라도 받으라**(받아들이라)고 요청했다. 거짓 사도들은 끊임없이 자랑했다. 바울은 **조금 자랑**하려 할 뿐이었다. 바울은 어리석지 않았다. 그는 고린도 신자들에게 영적 재앙이 미치지 않도록 어리석은 자들에게 그들의 어리석음에 합당하게 대답할 뿐이었다(잠 26:5). 바울이 자랑할 수밖에 없었던 것은 고린도 신자들이 어리석게도 거짓 사도들에게 미혹되고 있기 때문이었다(고후 12:11).

17절과 18절은 삽입구를 이루며 또 하나의 중요한 권리 포기를 제시한다.

바울은 자신이 **말하는 것은 주를 따라 하는 말이 아니라**고 인정했다. 어떤 사람들의 어리석은 단언과 달리, 바울은 자신이 이 단락에서 쓰는 것이 영감된 성경이라는 것을 부정하고 있었던 게 아니다(참조. 벧후 3:15-16). 그의 말은 자신이 주님이 하셨던 그 어떤 행위를 따르고 있는 게 아니라는 것이었다. 주님은 전혀 자랑하지 않으셨기 때문이다. 그래서 바울은 자랑하는 게 힘들었다. 그의 인생 최고 목표는 그리스도처럼 되는 것이었기 때문이다(참조. 고후 11:1; 롬 14:8; 빌 1:21; 3:14).

알버트 맥쉐인(Albert McShane, 1914-2002)은 이 구절에 담긴 바울의 의도를 이렇게 요약했다.

> 이 구절과 관련해, 성경에서 영감되지 않은 부분이 여기 있다고 결론지어서는 안 된다. [바울은] 주님의 허락을 받아 이렇게 쓰지만 이것이 주님의 종들이 자신에 대해 말하는 일반적 방식이 아니라는 것을 인정한다. 다른 좋은 방법이 있었다면, 절대로 이 방법을 취하지 않았을 것이다. 고린도의 식자(識者)들은 어리석은 자들의 식탁에 너무 오래 머문 나머지 일반적인 성도의 식탁을 즐길 수 없었고, 그래서 바울은 이들 앞에 이들이 소화할 수 있는 것을, 그 자신이 맛없다고 여기는 것인데도, 내놓을 수밖에 없다. (*What the Bible Teaches: II Corinthians* [Kilmarnock, Scotland: John Ritchie Ltd., 1986], 384)

바울은 정확히 말했으며, 교만하거나 자화자찬하지 않고 말했다. 그런데도 그는 진리의 원수들 때문에 **어리석은 자와 같이 기탄없이** 자신을 **자랑**할 수밖에 없는 게 괴로웠다.

자랑은 육적이다

[18]여러 사람이 육신을 따라 자랑하니 나도 자랑하겠노라. [19]너희는 지혜로운 자로서 어리석은 자들을 기쁘게 용납하는구나. [20]누가 너희를 종으로 삼거나 잡아먹거나 빼앗거나 스스로 높이거나 뺨을 칠지라도 너희가 용납하는도다. [21]나는

우리가 약한 것 같이 욕되게 말하노라. 그러나 누가 무슨 일에 담대하면 어리석은 말이나마 나도 담대하리라. (11:18-21)

여러 사람(many), 곧 **육신을 따라 자랑하는** 자들은(참조. 고전 3:21; 5:6; 갈 6:13) 당연히 거짓 사도들이다. 이들의 자랑은 세상적이고 헛되며 공허했고, 회심 전 바울의 자랑이 그러했듯이(참조. 갈 1:14; 빌 3:4-6), 자신들의 인간적 성취에 기초했다. 거짓 사도들은 하나님이 자신들을 통해서 하신 일을 자랑할 수 없었다. 이들은 하나님의 원수였기 때문이다. 이들은 "하나님의 말씀을 혼잡하게" 하고(고후 2:17) "다른 예수"와 "다른 복음"을 선포하는(11:4) 장사치였고, "거짓 사도요 속이는 일꾼이니 자기를 그리스도의 사도로 가장하는 자들"이었다 (11:13). 그러기에 이들은 자신들의 개인적 성취밖에 자랑할 수 없었으며, 이들의 개인적 성취는 부패한 욕망에서 비롯되었고 이들의 아비 사탄이 조장한 것이었다(참조. 요 8:44). 이들의 거짓 주장을 논박하기 위해, 바울**도 자랑하지** 않을 수 없었다.

19-21절에서, 바울은 자신의 권리를 최종적으로 포기하며, 그런 후에 22절에서 자신을 자랑하기 시작한다. 그는 이 서신에서 가장 신랄한 말로 비꼬며 고린도 신자들에게 충격을 주어 이들로 거짓 사도들을 안일하게 받아들인 데서 벗어나게 하려 했다. 비꼼(sarcasm)은 효과를 위해 참인 것의 정반대를 말하는 것이다. 이것은 언어를 가장 강하고 예리하게 사용하는 방법이며, 따라서 바울이 자신의 요점을 이해시키는 가장 효과적인 방법이었다. 이를테면, 바울은 고린도 신자들이 제정신을 차리도록 말로 이들의 뺨을 때렸다.

바울이 고린도 신자들을 대하면서 비꼬는 방법을 사용할 수밖에 없었던 것은 이번이 처음이 아니었다. 고린도전서 4:8-10에서, 바울은 이들의 교만을 꺾으려고 이 방법을 사용했다.

너희가 이미 배부르며, 이미 풍성하며, 우리 없이도 왕이 되었도다. 우리가 너희와 함께 왕 노릇 하기 위하여 참으로 너희가 왕이 되기를 원하노라. 내가 생각하건대, 하나님이 사도인 우리를 죽이기로 작정된 자 같이 끄트머리에 두셨으매,

우리는 세계 곧 천사와 사람에게 구경거리가 되었노라. 우리는 그리스도 때문에 어리석으나 너희는 그리스도 안에서 지혜롭고, 우리는 약하나 너희는 강하고, 너희는 존귀하나 우리는 비천하여.

그는 고린도전서 6:5에서 이들을 이렇게 꾸짖었다. "너희 가운데 그 형제간의 일을 판단할 만한 지혜 있는 자가 이같이 하나도 없느냐?" 그는 또한 이렇게 덧붙였다. "만일 누구든지 무엇을 아는 줄로 생각하면 아직도 마땅히 알 것을 알지 못하는 것이요"(고전 8:2).

바울은 가시 돋친 말로 고린도 신자들을 비꼬기 시작했다. 이들이 아주 **지혜로운 자로서 어리석은 자들을 기쁘게 용납했다**는 것이다. 그는 비꼬면서 정곡을 찔렀다. 고린도 신자들이 자신들을 종으로 삼고 착취하며 함정에 빠뜨리고 지배하며 수치스럽게 하는 자들에게 자발적으로 귀를 기울였다는 것이다. 상황이 이렇기에, 이들은 바울을 용납할 수 있는 게 확실했다.

바울은 또한 **종으로 삼다(enslave)**로 번역된 헬라어 동사를 사용해 갈라디아서 2:4에서 유대주의자들이 갈라디아 신자들을 자신들의 거짓 율법주의 체계에 옭아매는 것을 묘사했다. 거짓 사도들도 비슷하게 많은 고린도 신자를 자신들이 신봉하는 이단적 가르침에 옭아맸다. 바울은 거짓 사도들이 고린도 신자들을 학대하고 통제하며 자신들의 종으로 삼은 것을 염두에 두었던 게 분명하다. 바울 자신은 물론이고(고후 1:24) 그 어떤 참 하나님의 종도 이렇게 하지 않을 일이었다(마 20:25 - 26; 23:8 - 10; 벧전 5:3). 어쨌든, 이들은 고린도 신자들이 그리스도 안에서 얻은 자유를 강탈했다(참조. 마 11:28-30; 요 8:32, 36; 롬 8:2; 고전 9:19; 갈 2:4; 5:1; 벧전 2:16).

거짓 선생들은 고린도 신자들의 주머니를 털었다는 의미에서 이들을 **잡아먹었다**(같은 헬라어 단어가 막 12:40에 나온다; 참조. 시 14:4). 바울은 고린도 신자들에게 폐를 끼치려 하지 않았다(고후 12:14). 반대로, 거짓 사도들은 "우리 주 그리스도를 섬기지 아니하고 다만 자기들의 배만 섬겼다"(롬 16:18).

거짓 사도들은 또한 고린도 신자들에게서 **빼앗거나** 이들을 덫에 몰아넣었다. 고린도 신자들은 낚싯바늘에 걸린(참조. 눅 5:5에 동일한 헬라어 동사가 "잡았다"

caught"로 번역되었다) 물고기나 덫에 걸린 짐승 같았다.

거짓 선생들은 또한 스스로를 높였다. 정반대로, 바울은 고린도 신자들을 대하면서 그리스도의 온유와 관용을 본받았다(고후 10:1). 바울은 **스스로 높이다**(exalt himself)로 번역된 동사를 10:4-5에서 사용해 "모든 이론…하나님 아는 것을 대적하여 높아진 것"을 표현했다. 거짓 사도들은 자신들이 중요하다는 생각에 사로잡혀 있었다.

누군가의 **뺨**을 친다는 것은 더할 수 없는 모욕이었다(참조. 왕상 22:24; 애 3:30; 막 14:65; 행 23:2). 충격적이게도, 고린도 신자들은 거짓 사도들에게 당하는 더할 수 없는 모욕까지도 용납했다. 거짓 사도들이 몇몇 고린도 신자를 실제로 때렸을 수도 있고, 이 표현이 은유적일 수도 있다. 어느 쪽이든, 고린도 신자들은 굴욕을 당하면서도 가만히 있었다. 거짓 사도들은 고린도 신자들을 학대했으며, 따라서 이들이 참 하나님의 사람들이 아니었던 게 분명하다("구타하지 아니하며 not pugnacious"[딤전 3:3; 딛 1:7]는 문자적으로 "때리는 자가 아니다 not a striker"는 뜻이다).

바울의 비꼬기는 21절에서 **나는…욕되게 말하노라**(to my shame I must say that)[94]고 했을 때 절정에 이르렀다. 그는 거짓 사도들의 행동이 기준이라면 **우리가 약한 것**(we have been weak by comparison, 그에 비해 우리는 약했다)[95]이라고 했다. 실제로, 바울의 "약함"은 고린도 신자들을 종으로 삼지 않고 착취하지 않으며 함정에 빠뜨리지 않고 지배하지 않으며 이들에게 굴욕을 안기지 않는 것이었고, 이러한 그의 약함은 강함이며 그가 진짜 사도이고 이들을 사랑한다는 증거로 드러났다.

이 단락의 마지막 문장 **그러나 누가 무슨 일에 담대하면…나도 담대하리라**는 바울이 주제를 바꾸어 22절부터 자신의 사도권을 변호하는 것을 시사한다. 거짓 사도들이 **담대**하게 바울을 공격했듯이, 바울도 **담대**하게 자신을 변호할

---

94 새번역: 부끄럽지만 터놓고 말씀드립니다.

95 새번역: 우리는 너무나 약해서, 그렇게는 하지 못하였습니다.
공동번역개정판: 부끄럽게도 나는 너무 약해서 그런 짓까지는 하지 못했습니다.

것이다. 그는 고린도 신자들이 거짓 사도들에게서 참 사도에게로 돌아서리라고 주저 없이, 자신 있게 쓸 것이다. 삽입어구 **어리석은 말이나마**(I speak in foolishness)[96]는 이 단락이 비꼼이라는 증거다.

교회사 내내, 하나님의 백성은 학대하는 거짓 지도자들에게 고통당했다. 필립 휴스는 이렇게 썼다.

> 우리는 교회 역사 1900년을 돌아보면서 충격을 받지 않을 수 없다. 대부분의 기간에, 너무나 많은 그리스도인이 교회 폭군들, 곧 그 삶이 그리스도의 온유 및 관용과 모순된 자들, 죽어가는 영혼들보다 세상에서 자신들의 평판을 높이는 데 관심을 두는 자들의 억압과 착취를 믿기 어렵게도 용납했다는 것이다. 16세기 종교개혁은 이러한 폭군의 어두운 영에서 벗어나, 신약성경의 순수한 가르침으로 돌아감으로써, 모든 그리스도인의 생득권(birthright), 곧 복음 안에서 얻은 자유를 회복하는 것이었다. (*The Second Epistle to the Corinthians*, The New International Commentary on the New Testament [Grand Rapids: Eerdmans, 1992], 401)

바울은 "그리스도께서 우리를 자유롭게 하려고 자유를 주셨으니 그러므로 굳건하게 서서 다시는 종의 멍에를 메지 말라"고 했다(갈 5:1). 신자들이 이 권면을 따르려면, 자신들을 종으로 삼으려는 독재자 같은 거짓 선생들을 거부해야 한다. 바울은 자신이 사랑하는 고린도교회가 학대하는 거짓 사도들의 채찍에서 벗어나길 간절히 바랐고, 이 때문에 자신의 사도권을 자세히 변호했다. 이 변호는 이 서신의 다음 단락에서 시작된다.

---

96 이 부분이 NASB에서는 삽입구로 처리되어 있다(21절). But in whatever respect anyone else is bold—**I speak in foolishness**— I am just as bold myself.

30

사도 신임장
(11:22-12:4)

²²그들이 히브리인이냐 나도 그러하며, 그들이 이스라엘인이냐 나도 그러하며, 그들이 아브라함의 후손이냐 나도 그러하며, ²³그들이 그리스도의 일꾼이냐 정신 없는 말을 하거니와 나는 더욱 그러하도다. 내가 수고를 넘치도록 하고 옥에 갇히기도 더 많이 하고 매도 수없이 맞고 여러 번 죽을 뻔 하였으니, ²⁴유대인들에게 사십에서 하나 감한 매를 다섯 번 맞았으며, ²⁵세 번 태장으로 맞고 한 번 돌로 맞고 세 번 파선하고 일주야를 깊은 바다에서 지냈으며, ²⁶여러 번 여행하면서 강의 위험과 강도의 위험과 동족의 위험과 이방인의 위험과 시내의 위험과 광야의 위험과 바다의 위험과 거짓 형제 중의 위험을 당하고, ²⁷또 수고하며 애쓰고 여러 번 자지 못하고 주리며 목마르고 여러 번 굶고 춥고 헐벗었노라. ²⁸이외의 일은 고사하고 아직도 날마다 내 속에 눌리는 일이 있으니, 곧 모든 교회를 위하여 염려하는 것이라. ²⁹누가 약하면 내가 약하지 아니하며 누가 실족하게 되면 내가 애타지 아니하더냐? ³⁰내가 부득불 자랑할진대 내가 약한 것을 자랑하리라. ³¹주 예수의 아버지 영원히 찬송할 하나님이 내가 거짓말 아니하는 것을 아시느니라. ³²다메섹에서 아레다 왕의 고관이 나를 잡으려고 다메섹 성을 지켰으나 ³³나는 광주리를 타고 들창문으로 성벽을 내려가 그 손에서 벗어났노라. ¹무익하나마 내가 부득불 자랑하노니, 주의 환상과 계시를 말하리라. ²내가 그리스도 안에 있는 한 사람을 아노니, 그는 십사 년 전에 셋째 하늘에 이끌려 간 자라 (그가 몸 안에 있었는지 몸 밖에 있었는지 나는 모르거니와 하나님은 아시느니라). ³내가 이

런 사람을 아노니(그가 몸 안에 있었는지 몸 밖에 있었는지 나는 모르거니와 하나님은 아시느니라) ^{4}그가 낙원으로 이끌려 가서 말로 표현할 수 없는 말을 들었으니 사람이 가히 이르지 못할 말이로다. (11:22-12:4)

바울은 마침내, 여전히 마지못해, 사도 신임장을 고린도 신자들에게 제시하고, 자신의 진정성을 부인하는 자들의 거짓말에 맞서 자신을 변호한다. 이 단락은 바울이 살아온 이력을 들려준다. 이것을 제외하면, 이 단락은 오늘 우리와 별 관련이 없어 보일지 모른다. 그러나 사실은 그렇지 않다. 사탄이 하나님 백성의 지도자들을 공격하는 방식은 바뀌지 않았다. 바울이 진짜 사도였느냐는 오늘 우리에게도 중요하다. 주제가 무엇이든, 바울은 그의 모든 저작을 통해 하나님의 진리를 우리에게 공급하는 권위 있는 근원이기 때문이다. 모든 성경은 유익하다(딤후 3:16). 이 단락은 가장 고귀한 그리스도인들이 극한 역경에 어떻게 대처했는지도 보여준다.

고린도 신자들은 순진하게도 거짓 선생들의 거짓말을 곧이곧대로 받아들였고, 그래서 바울은 자신을 변호하지 않을 수 없었다. 그렇더라도 겸손했기에 자신을 변호하길 주저했다. 이 때문에, 그는 자주 냉소적인 일련의 권리포기 각서를 길게 제시하면서(10:12-11:21) 자랑할 수밖에 없지만 자랑하는 게 싫다고 분명히 밝혔다. 바울은 자랑을 어리석고 육적이며, 주 예수 그리스도께서 보이신 본에 맞지 않는다고 여겼다. 그런데도 자랑이 꼭 필요하다는 것을 알았다. 그러지 않으면 고린도 신자들이 속아 자신이 선포한 하나님의 진리에서 끊어질 것이기에 이들을 보호하기 위해서 뿐 아니라 진리를 존중하기 위해서 자랑이 꼭 필요했다.

23절부터, 바울은 자신과 거짓 사도들을 구분하는 사도 신임장 넷을 제시했다. 첫째, 그는 고난을 받았다. 둘째, 그는 공감했다. 셋째, 그는 복종했다. 넷째, 그는 초자연적 경험을 했다. 이것들은 바울이 진정한 그리스도의 사도였고 그의 대적들은 그렇지 않았음을 강력하게 증명한다. 그러나 바울은 자신이 이들보다 우월함을 증명하기 전에 이들이 22절에서 자신을 비방하며 했던 또 다른 거짓말에 답했다. 그는 유대인다움(Jewishness)과 관련해 자신이 거짓 사도들보다 전혀 부족하지 않다는 것을 보여주었다.

바울은 스스로 제시한 세 가지 질문 하나하나에 단순하지만 힘 있게 **나도 그러하다(So am I)**고 답했다. **히브리인**이란 용어는 유대인을 인종과 언어에 따라 정의한다. 어떤 학자들은 이 이름이 "건너다"(to cross over)를 뜻하는 히브리어 동사에서 왔으며 이들이 유프라테스강 너머에서 왔음을 가리킨다고 믿는다(참조. 수 24:2). 아마도 이 용어는 에벨에서 파생되었고(창 11:15-17) 에벨의 후손들을 가리킬 것이다. 이 호칭은 아브라함에게 처음 주어졌고(창 14:13), 나중에 유대인들을 가리키는 데 사용되었는데, 외국인들도 사용했고 (예를 들면, 창 39:14, 17; 41:12; 출 1:16; 2:6; 삼상 4:6, 9; 13:19; 14:11; 29:3) 유대인 자신들도 사용했다(예를 들면, 창 40:15; 출 1:19; 2:7; 5:3; 삼상 13:3; 렘 34:14; 욘 1:9).

바울 당시 **히브리인**이란 용어는 히브리어나 아람어를 모국어로 쓰는 팔레스타인 유대인과 헬라어를 쓰는 디아스포라 유대인을 구분하는 데도 사용되었다(참조. 행 6:1). 거짓 사도들은 바울이 자신들 및 열두 사도와 같은 팔레스타인 유대인이 아니라 헬라파 유대인이라 주장함으로써 그가 진짜인지 의문을 제기했을 것이다. 그러나 바울은 소아시아 다소에서 태어났지만 "히브리인 중의 히브리인"이었다(빌 3:5). 다시 말해, 집안의 전통적 유대인 유산을 보존했다. 당시에 교육을 많이 받은 사람들처럼, 바울도 헬라어로 말했다(행 21:37). 그러나 이것은 바울이 헬라파 유대인이었다는 뜻이 아니다. 사실, 성경은 헬라어가 아니라 히브리어나 아람어가 바울의 모국어였다고 암시한다(참조. 행 21:40; 26:14). 더 나아가 바울은 다소에서 태어났지만, 분명히 어릴 때 예루살렘에 와서 거기서 자라며 가말리엘 문하에서 공부했다(행 22:3; 26:4).

이스라엘인(Israelites)이란 용어는(출 35:29; 삼상 2:14; 14:21; 29:1; 왕하 3:24; 느 11:3; 롬 9:4) 유대인들을 야곱(이스라엘)의 후손이란 시각에서 본다. 사실, 구약성경은 육백 회 넘게 이들을 가리켜 "이스라엘 자손"(sons of Israel)이라 한다. 또한 하나님이 중심인 이들의 정체성을 하나님의 선민(選民)이란 말로 표현한다(암 3:2, "알았나니, chosen"; 참조. 출 19:5-6; 롬 9:4-5).

거짓 사도들처럼, 바울도 **아브라함의 후손**이었다. 그는 하나님이 아브라함에게 약속하신 모든 언약적 특권과 복의 상속자였다(창 12:1-3).

바울이 자신의 유대인 유산을 변호해야 했던 것은 이번만이 아니었다. 그는 갈라디아 교회들에게 이렇게 썼다. "내가 이전에 유대교에 있을 때에 행한 일을 너희가 들었거니와 하나님의 교회를 심히 박해하여 멸하고 내가 내 동족 중 여러 연갑자보다 유대교를 지나치게 믿어 내 조상의 전통에 대하여 더욱 열심이 있었으나"(갈 1:13-14). 빌립보서 3:4-6에서, 바울은 자신의 인상적인 자격도 기술했다.

만일 누구든지 다른 이가 육체를 신뢰할 것이 있는 줄로 생각하면 나는 더욱 그러하리니, 나는 팔일 만에 할례를 받고 이스라엘 족속이요 베냐민 지파요 히브리인 중의 히브리인이요 율법으로는 바리새인이요 열심으로는 교회를 박해하고 율법의 의로는 흠이 없는 자라.

바울은 사회, 종교, 문화, 언어, 언약 등 어느 면에서도 거짓 사도들에 전혀 뒤지지 않다는 것을 분명히 했다. 그리고는 사실 자신이 이들보다 우월하다는 것을 증명하는 신임장들을 제시했다.

그는 고난을 받았다

²³그들이 그리스도의 일꾼이냐 정신없는 말을 하거니와 나는 더욱 그러하도다. 내가 수고를 넘치도록 하고 옥에 갇히기도 더 많이 하고 매도 수없이 맞고 여러 번 죽을 뻔하였으니, ²⁴유대인들에게 사십에서 하나 감한 매를 다섯 번 맞았으며, ²⁵세 번 태장으로 맞고 한 번 돌로 맞고 세 번 파선하고 일 주야를 깊은 바다에서 지냈으며, ²⁶여러 번 여행하면서 강의 위험과 강도의 위험과 동족의 위험과 이방인의 위험과 시내의 위험과 광야의 위험과 바다의 위험과 거짓 형제 중의 위험을 당하고, ²⁷또 수고하며 애쓰고 여러 번 자지 못하고 주리며 목마르고 여러 번 굶고 춥고 헐벗었노라. (11:23-27)

바울은 자신의 인상적인 성취와 특권에 호소해 자신을 변호할 수도 있었다. 자신이 유명한 랍비 가말리엘 밑에서 훈련받았다거나 예루살렘 엘리트들과 친분이 있다거나(참조. 행 22:5) 교회를 핍박한 데서 나타났듯이 유대교를 향해 분명한 열심이 있음을 과시할 수도 있었다(행 8:1 – 3; 고전 15:9; 갈 1:13; 빌 3:6). 자신이 회심한 후 하나님이 자신을 통해 하신 모든 일이나 자신이 복음을 전한 도시들이나 자신이 회심시킨 사람들이나 자신이 세운 교회들을 내세울 수도 있었다. 그 대신에, 바울은 매우 다른 신임장들을 제시했다. 이 신임장들은 세상 기준으로 볼 때 인상적이지 못하더라도 그에게 참 하나님의 사람이라는 표식을 주었다.

바울은 논증을 위해서라 하더라도 거짓 사도들을 **그리스도의 일꾼(servants of Christ)**이라 부르고 싶지 않았다. 그래서 부정하는 말을 서둘러 덧붙였다. **정신없는 말을 하거니와(I speak as if insane).**[97] 정신없는(insane)은 동사 '파라프로네오'(*paraphroneō*)의 한 형태를[98] 번역한 것인데, '파라프로네오'는 문자적으로 "넋이 나가다"(to be beside oneself) 또는 "제정신이 아니다"(to be out of one's mind)라는 뜻이다. 이 단어는 바울이 앞서 자랑하는 자신의 어리석음을 말할 때 사용했던 '아프로수네'(*aphrosunē*, 11:1, 17, 21)보다 의미가 강하다. 자랑이 바울에게 어리석은 자의 행위라면, 거짓 사도들을 그리스도의 일꾼이라 말하는 것은 미친놈의 헛소리였다. 이 어구에서 바울이 자신의 자랑을 어떻게 보는지도 드러난다. 전체 논의는 미친 짓이었다. 그러나 고린도 신자들이 분별력이 없기 때문에 이 논의는 필수였다.

나는 더욱 그러하도다(I more so)는 자신이 거짓 사도들보다 우월함을 바울이 입증하기 시작한다는 표시다. 그가 제시하는 첫째 신임장, 곧 그의 고난은 조금 이상해 보인다. 바울은 자신이 겪은 일을 자세히 열거하는데, 이 때문에 능력과 위임을 받은 예수 그리스도의 사도라기보다 주님의 도움이 필요한 사람처럼 보인다. 바울이 그토록 많은 사람에게 반감을 사고 그토록 많은 어려움을 겪었다는 사실이 어떻게 그가 진짜 사도라는 증거일 수 있는가?

---

97 새번역: 내가 정신 나간 사람같이 말합니다마는

98 *paraphronōn:paraphroneō*의 현재분사 능동태 남성 단수 주격

그러나 고난은 자신의 사도들이 겪으리라고 예수님이 말씀하신 것이었다. 예수님은 열둘을 보내기 전 이들에게 경고하셨다.

> 보라, 내가 너희를 보냄이 양을 이리 가운데로 보냄과 같도다. 그러므로 너희는 뱀 같이 지혜롭고 비둘기 같이 순결하라. 사람들을 삼가라. 그들이 너희를 공회에 넘겨주겠고 그들의 회당에서 채찍질하리라. 또 너희가 나로 말미암아 총독들과 임금들 앞에 끌려가리니 이는 그들과 이방인들에게 증거가 되게 하려 하심이라. 너희를 넘겨 줄 때에 어떻게 또는 무엇을 말할까 염려하지 말라. 그때에 너희에게 할 말을 주시리니, 말하는 이는 너희가 아니라 너희 속에서 말씀하시는 이, 곧 너희 아버지의 성령이시니라. 장차 형제가 형제를, 아버지가 자식을 죽는 데에 내주며 자식들이 부모를 대적하여 죽게 하리라. 또 너희가 내 이름으로 말미암아 모든 사람에게 미움을 받을 것이나 끝까지 견디는 자는 구원을 얻으리라. 이 동네에서 너희를 박해하거든 저 동네로 피하라. 내가 진실로 너희에게 이르노니, 이스라엘의 모든 동네를 다 다니지 못하여서 인자가 오리라. 제자가 그 선생보다, 또는 종이 그 상전보다 높지 못하나니, 제자가 그 선생 같고 종이 그 상전 같으면 족하도다. 집 주인을 바알세불이라 하였거든 하물며 그 집 사람들이랴.
>
> (마 10:16 – 25; 참조. 21:33 – 39; 22:2 – 6; 요 15:18 – 21; 16:1 – 4, 33)

사실상 사도들의 임직식 설교에서, 예수님은 이들에게 경고하셨다. 양이 이리 떼 가운데 있는 것 같은 적대적 환경을 만나리라는 것이었다. 그러므로 이들은 주님이 말씀하신 고난, 곧 체포와 매질과 배신과 미움과 박해와 비방을 예상할 수 있었다. 어둠의 나라에 복음의 빛을 비추면 적대적 반응이 일어날 수밖에 없다.

주님은 사도들의 고난과 관련해 이러한 일반적 약속을 하셨는데, 바울에게는 구체적 약속을 덧붙이셨다. 주님은 아나니아에게 바울에 대해 이렇게 말씀하셨다. "이 사람은 내 이름을 이방인과 임금들과 이스라엘 자손들에게 전하기 위하여 택한 나의 그릇이라. 그가 내 이름을 위하여 얼마나 고난을 받아야 할 것을 내가 그에게 보이리라"(행 9:15-16). 바울의 삶은 디모데후서 3:12

의 진리를 예시했다. "무릇 그리스도 예수 안에서 경건하게 살고자 하는 자는 박해를 받으리라." 거짓 사도들은 추천서가 있었으나(고후 3:1) 바울은 "몸에 예수의 흔적을 지니고 있었다"(갈 6:17). 그가 열거한 첫째 신임장은 고난이었다. 고난은 예수님이 자신의 사도들을 특징지을 것이라 말씀하신 것이기 때문이다. 반대로, 거짓 선생들은 쉽고 편안한 삶을 추구하기 일쑤였다. 이들은 사탄의 나라에 속하며, 따라서 사탄은 이들을 공격하지 않는다.

이 단락은 이 서신에서 바울의 고난을 네 번째이자 가장 자세하게 기술하는 단락이다(참조. 고후 1:4-10; 4:7-12; 6:4-10). 이는 바울의 시련을 누가가 사도행전에서 제시하는 것보다 자세하게 제시하지만, 결코 완전한 목록은 아니다. 바울은 겸손해서 핵심을 제시하는 데 꼭 필요한 것만 말했다.

'코포스'(kopos, **labors**, 수고)는 땀이 흐르고 탈진할 만큼 일하는 것을 말한다. 이 단어는 고린도전서 15:58에서 "toil"(개역개정은 동일하게 "수고")로 번역되었고, 바울은 앞서 자신의 고난을 열거할 때도 이 단어를 사용했다(6:5). 관련 동사[99]는 베드로와 동료 어부들이 열심히 일한 것(눅 5:5), 예수님이 긴 여정 후에 지치신 것(요 4:6), 로마교회에서 열심히 일하는 사람들(롬 16:6, 12), 바울이 사역하면서 그 누구보다 노력한 것(고전 15:10), 데살로니가교회에서 열심히 일하는 지도자들(살전 5:12), "말씀과 가르침에 수고하는" 장로들을 묘사한다(딤전 5:17). 바울은 사역하면서 열심히 노력했을 뿐 아니라 직업을 갖고 생계를 유지했다(참조. 행 20:34-35; 고전 4:12; 살전 2:9).

바울이 **옥에 갇힌(imprisonments)** 일이 사도행전에 기록되어 있으며(빌립보에서[16:23-24], 예루살렘에서[22:24-29; 23:10, 18], 가이사랴에서[23:35; 24:27], 로마에서[28:16-31]), 이 외에도 바울은 로마에서 두 번째 투옥되었다(딤후 1:8). 바울이 이 단락을 쓸 때, 이 중에 일어난 것은 단 하나였다(빌립보에서). 바울이 이 외에 얼마나 많이 갇혔는지는 알 수 없다. 1세기가 끝날 무렵, 로마의 클레멘스(Clement of Rome)라는 교부는 바울이 일곱 차례 투옥되었다고 했다.

바울은 투옥되었을 뿐 아니라 **매도 수없이 맞았다.** 공식적으로, 비공식적으

---

99 *kopiaō*

로 매를 하도 많이 맞았기에 그 횟수를 셀 수조차 없었다. 그가 23-24절에서 그 중 몇몇을 묘사할 때 볼 수 있듯이, 바울은 동족과 이방인들 양쪽 모두에게 맞았다.

바울은 끊임없이 **죽을 뻔했고(in danger of death)**, 그래서 하루하루가 마지막 날일 수도 있음을 알았다. 그는 고린도전서 15:31에서 이렇게 썼다. "형제들아, 내가 그리스도 예수 우리 주 안에서 가진 바 너희에 대한 나의 자랑을 두고 단언하노니, 나는 날마다 죽노라." 거의 그가 회심하는 순간부터, 바울의 대적들이 그를 죽이려고 모의했다(행 9:23, 29; 14:3 - 5; 17:4 - 5; 21:30 - 32; 23:12 - 21). 그가 복음을 전할 때 소동이 일어났다(행 19:23-41). 폭도들이 떼를 지어 그를 잡으러 다녔다(행 17:5-9). 고관들이 그의 목숨을 노렸다(그는 이 같은 경우를 고후 11:32-33에서 기술한다). 그러나 그는 결코 헌신이 흔들리거나 전하는 메시지에서 타협하지 않았다.

뒤이어 바울은 23절에서 언급한 매 맞음의 두 예를 설명했다. 그는 **유대인들에게 사십에서 하나 감한 매를 다섯 번 맞았다.** 이 구체적 체벌은 모세 율법에 규정된 것이었다.

> 사람들 사이에 시비가 생겨 재판을 청하면 재판장은 그들을 재판하여 의인은 의롭다 하고 악인은 정죄할 것이며, 악인에게 태형이 합당하면 재판장은 그를 엎드리게 하고 그 앞에서 그의 죄에 따라 수를 맞추어 때리게 하라. 사십까지는 때리려니와 그것을 넘기지는 못할지니, 만일 그것을 넘겨 매를 지나치게 때리면 네가 네 형제를 경히 여기는 것이 될까 하노라. (신 25:1-3)

바울 당시에, 유대인들은 율법주의적 열정을 품고 율법의 외형을 열심히 지켰다. 그래서 이들은 매질 횟수를 39회(thirty-nine, **사십에 하나 감한**)로 제한했다. 횟수를 잘못 세어 40대보다 더 때리는 일이 없게 하기 위해서였다. 예수님이 경고하셨듯이(마 10:17; 23:34), 믿지 않는 유대인들은 그분이 자신들에게 보내신 메신저들을 때렸다(참조. 행 5:40).

바울은 로마인들에게도 체벌을 받았는데, **세 번 태장으로 맞았다(beaten**

with rods). 이것은 유대인들의 **사십에 하나 감한** 매와 맞먹은 형벌이었다. 누가는 사도행전에서 이 형벌을 단 한 차례 기록했는데, 빌립보에서 일어난 것이었다(행 16:22 – 23, 37; 참조. 살전 2:2). 바울은 유대인들과 로마인들에게 맞아 생긴 흉터를 "예수의 흔적"으로 자랑스럽게 여겼다(갈 6:17).

바울은 루스드라에서 **돌로 맞고(stoned)** 시외로 끌려나가 죽은 줄 알고 방치되었다(행 14:19). 로마는 유대인들에게 사형 집행권을 주지 않았으며(요 18:31), 따라서 이 사건은 공식적으로 법을 집행하는 석형(石刑)이 아니라 폭도들의 짓이었다(레 24:14 – 16, 23; 민 15:35 – 36; 수 7:24 – 25).

바울은 무수히 바닷길로 여행했으며(바울이 고린도후서를 쓰기 전에 했던 바닷길 여행이 사도행전에 아홉 차례 나온다: 9:30; 11:25 – 26; 13:4, 13; 14:25 – 26; 16:11; 17:14 – 15; 18:18, 21 – 22; 바울은 이 서신을 쓴 후에 적어도 이만큼 바닷길 여행을 더 했을 것이다), 그중 **세 번 파선했다.** 여기에는 바울이 로마로 가다가 겪은 파선은(행 27장) 포함되지 않았는데, 이 파선은 이후에 일어났다. 이러한 파선 중 하나를 겪었을 때, 바울은 파선된 배의 잔해를 붙잡고 **일 주야를 깊은 바다에서 지낸** 끝에 구조되었다.

뒤이어 바울은 **여러 번 여행하면서,** 다시 말해 세 차례 선교여행과 관련된 무수한 짧은 여행과 그 외에 숱한 여행을 하면서 만난 몇몇 **위험**을 기술했다. 다리가 드물고 홍수가 빈번했으므로 가는 길에 만나는 숱한 **강**을 건널 때면 익사할 위험이 끊이지 않았다. 여행자들에게 또 다른 위협은 노상**강도**였다. 예를 들면, 버가에서 비시디아 안디옥에 가려면, 위험한 강들을 건너고 토로스산맥(Taurus Mountains)을 지나야 했는데, 이 산맥은 강도 떼로 악명이 높았다. 바울은 이 단락을 쓸 때 이 여정을 염두에 두었을 것이다.

바울은 회심하기가 무섭게 **동족**의 적대감을 끊임없이 마주했다. 유대인 중에 바울이 전한 복음을 믿고 구원받은 사람들이 있었지만, 대다수 유대인은 그가 전한 복음을 받아들이지 않았고 그에게 폭력적으로 반응했다(참조. 행 9:23, 29; 13:6 – 8, 45; 14:2, 19; 17:5, 13; 18:6, 12 – 16; 19:9; 20:3, 19; 21:27 – 32; 23:12 – 22; 25:2 – 3; 28:23 – 28). 이들은 예수님을 메시아로 받아들이지 않았기에, 복음을 싫어했고 강력하게 복음을 선포하는 바울의 입을 막으려 했다.

바울은 **이방인**들의 적대감도 마주했는데, 가장 두드러졌던 곳은 빌립보(행 16:16-40)와 에베소였다(행 19:23-41; 고전 15:32).

바울은 다양한 사람들 때문에 위험에 처했을 뿐 아니라 다양한 곳에서 위험에 처했다. 그는 사실 방문하는 모든 도시에서 **위험**에 처했다: 다메섹(행 9:20, 23), 예루살렘(행 9:29; 21:27 - 32; 23:12 - 22), 비시디아 안디옥(행 13:14, 45), 이고니온(행 14:1-2), 루스드라(행 14:19), 빌립보(행 16:16-40), 데살로니가(행 17:5-8), 베뢰아(17:13), 고린도(18: 1, 6, 12-16), 에베소(행 19:1, 9, 23-41; 고전 15:32).

그는 도시 밖에서도 안전하지 못했다. **광야의 위험**도 만났기 때문이다. 바울은 늘 사람들이 잘 다니는 길을 선택하지는 않았다. 때로는 오지를 여행해야 했다. 그럴 때면, 극한 추위와 더위, 폭우, 위험천만한 번개, 천둥을 동반한 갑작스러운 폭우, 겨울에 산악 지역을 지날 때 여행자들을 위협하는 눈보라를 만났다. 그는 또한 곰(참조. 왕하 2:24), 사자(참조. 삿 14:5; 왕상 13:24; 20:36; 왕하 17:25), 독사를(참조. 행 28:3-5) 비롯해 야생 동물의 위험도 만났다. 마지막으로, 앞서 말했듯이, **바다** 여행에는 파선의 위험이 늘 따라다녔다.

그러나 이 가운데 가장 알아차리기 어려운 것은 **거짓 형제**의 위험이었다. 이들은 신자 행세를 하면서 바울의 사역을 무너뜨리려 했다. 고린도교회에 들어온 거짓 사도들은 유대주의자들과 마찬가지로(갈 2:4) 위험천만한 사이비 형제의 전형이었다. 거짓 신자들의 위험 때문에, 바울은 에베소교회 장로들에게 경고했다. "여러분 중에서도 제자들을 끌어 자기를 따르게 하려고 어그러진 말을 하는 사람들이 일어날 줄을 내가 아노라"(행 20:30).

고린도후서 11:27에서, 바울은 자신을 끊임없이 위협하는 위험들에서 **수고하며 애쓰는 것(labor and hardship)**[100]으로 옮겨가는데, 이 또한 그의 삶에서 늘 되풀이되는 것이었다(행 20:34 - 35; 고전 4:12; 살전 2:9; 살후 3:8). 바울은 직접 벌어 생계를 유지하고 때로 동료 선교사들을 부양했다(행 20:34). 이것은 그가

---

100 새번역: 수고와 고역

여러 번 자지 못하고(through many sleepless nights)[101] 일했다는 것을 의미했다. 바울은 복음을 전하고 새신자들을 가르치며 훈련한 후, 생필품을 얻기위해 밤을 새워(참조. 살전 2:9; 살후 3:8) 생업에 힘쓰기(행 18:3) 일쑤였을 것이다.

바울은 부지런했고 열심히 일했는데도 사역 때문에(참조. 행 20:7, 11, 31; 살전 3:10; 딤후 1:3) 때로 생활에 필요한 만큼 벌기 어려웠다. 그래서 **주리며 목마르고**(참조. 고전 4:11) **여러 번 굶고**(참조. 고후 11:9) **춥고 헐벗었다**(참조. 딤후 4:13).

바울은 고난을 겪었다. 이것이 그가 돈과 편안함을 구하는 거짓 사도들과 다른 점이었고, 주 예수 그리스도의 참 사도라는 표시였다. 그가 로마서 8:38-39에서 증언하듯이, 고난은 바울의 구원이 안전하다는 증거이기도 했다. "내가 확신하노니, 사망이나 생명이나 천사들이나 권세자들이나 현재 일이나 장래 일이나 능력이나 높음이나 깊음이나 다른 어떤 피조물이라도 우리를 우리 주 그리스도 예수 안에 있는 하나님의 사랑에서 끊을 수 없으리라."

그는 공감했다

> [28]이 외의 일은 고사하고 아직도 날마다 내 속에 눌리는 일이 있으니, 곧 모든 교회를 위하여 염려하는 것이라. [29]누가 약하면 내가 약하지 아니하며 누가 실족하게 되면 내가 애타지 아니하더냐?(11:28-29)

모든 거짓 사도처럼, 이들은 자신들의 이기적 목적을 위해 고린도 신자들을 조종하고 학대했다. 반대로, 바울은 모든 교회를 위해 염려하듯이 고린도 신자들의 안녕을 깊이 염려했다. **이 외의 일은 고사하고**(apart from such external things)는 "언급하지 않은 일들은 고사하고"(apart from the things not mentioned)로 번역하는 게 더 낫겠다. 바꾸어 말하면, 그의 겸손이 허용했다면, 바울은 훨씬 많은 외적 어려움을 열거할 수 있었을 것이다. 그러나 이 모든 것

---

101 새번역: 여러 번 밤을 지새우고

은 **날마다 그 속에 눌리는 일**, 곧 그가 **모든 교회를 위하여 염려하는 것**에 비하면 아무것도 아니었다.

바울은 교회의 약함과 고난이 주는 아픔을 깊이 느꼈다. 그는 갈라디아 신자들에게 이렇게 썼다. "나의 자녀들아, 너희 속에 그리스도의 형상을 이루기까지 다시 너희를 위하여 해산하는 수고를 하노니"(갈 4:19). 데살로니가 신자들을 향한 자신의 사랑과 관심(염려)을 어머니가 자녀를 따뜻하게 보살피는 것에 비유했다. "우리는 그리스도의 사도로서 마땅히 권위를 주장할 수 있으나 도리어 너희 가운데서 유순한 자가 되어 유모가 자기 자녀를 기름과 같이 하였으니"(살전 2:7). 그리고 같은 장 뒤쪽에서 이렇게 덧붙였다.

> 형제들아, 우리가 잠시 너희를 떠난 것은 얼굴이요 마음은 아니니 너희 얼굴 보기를 열정으로 더욱 힘썼노라. 그러므로 나 바울은 한 번 두 번 너희에게 가고자 하였으나 사탄이 우리를 막았도다. 우리의 소망이나 기쁨이나 자랑의 면류관이 무엇이냐? 그가 강림하실 때 우리 주 예수 앞에 너희가 아니냐? 너희는 우리의 영광이요 기쁨이니라. (17-20절)

바울은 성도들에게 삶을 바쳤다. 성도들 때문에 고민했고, 성도들을 위해 기도했으며, 성도들을 권면했다. 성도들의 도덕적·영적·교훈적(doctrinal) 필요에 큰 압박을 느꼈고, 이러한 끊임없는 압박(**pressure, 눌리는 일**)이 그의 평안과 기쁨과 만족을 공격했다.

바울은 수사학적 질문 두 가지를 던짐으로써 교회를 향한 뜨거운 관심(염려)을 한층 더 표현했다. 첫째, **누가 약하면 내가 약하지 아니하며(who is weak without my being weak?)**는 약하고 미성숙한 신자들의 아픔과 고난에 대한 그의 공감을(참조. 고전 12:26) 표현했다(살전 5:14; 참조. 롬 14:1; 15:1; 고전 9:22). 이기적이고 교만한 거짓 선생들은 사람들의 힘겨운 싸움에 관심이 없다. 약한 자들을 돕기는커녕 이들을 억압하고 무자비하게 이용한다(렘 23:2; 겔 34:2-6; 슥 11:16; 마 23:2-4; 눅 20:47).

바울은 두 번째 수사학적 질문을 던졌다. **실족하게 되면 내가 애타지 아니하**

더냐(who is led into sin without my intense concern)? 이 질문에서 나타나듯이, 바울은 "게으른" 자들도 염려했다(살전 5:14). 애타지(intense concern)는 동사 '푸로오'(puroō)의 한 형태를[102] 번역한 것인데, '푸로오'는 문자적으로 "불을 놓다"(to set on fire) 또는 "불을 붙이다"(to inflame)는 뜻이다. 하나님의 백성이 미혹되어 죄에 빠질 때, 바울은 의로운 분노가 일었다. 엄히 경고하신 예수님이 그러셨듯이 말이다. "누구든지 나를 믿는 이 작은 자 중 하나를 실족하게 하면 차라리 연자 맷돌이 그 목에 달려서 깊은 바다에 빠뜨려지는 것이 나으니라"(마 18:6). 사랑은 도덕적 분노의 적이 아니라 동지다. 신자들을 죄로 인도하는 자들을 향한 거룩한 분노는 가장 순수한 사랑의 표현이다.

그는 복종했다

> ³⁰내가 부득불 자랑할진대 내가 약한 것을 자랑하리라. ³¹주 예수의 아버지 영원히 찬송할 하나님이 내가 거짓말 아니하는 것을 아시느니라. ³²다메섹에서 아레다 왕의 고관이 나를 잡으려고 다메섹 성을 지켰으나 ³³나는 광주리를 타고 들창문으로 성벽을 내려가 그 손에서 벗어났노라. (11:30-33)

헬라인들과 로마인들에게 지도자는 매력적이고 압도하는 인물, 순전히 자기 존재의 힘으로 상황을 지배할 수 있는 사람이었다. 따라서 고린도 신자들은 바울이 그 어떤 상황이든 감당할 수 있는 능력을 보여줌으로써 그의 사도성을 변호하길 기대했을 것이다. 놀랍게도, 바울은 이렇게 하는 대신 자신의 약함을 드러내는 당혹스러운 예를 제시했다. 그는 다메섹에서 자신의 목숨을 노리는 자들을 피해 어떻게 밤에 도망쳤는지 들려주었다(행 9:25). 늘 그렇듯이, 바울은 어쩔 수 없이 **자랑**해야 한다면 오로지 자신의 **약한 것을 자랑**하려 했다(참조. 고후 1:8; 3:5; 4:7 – 12; 5:1; 6:4 – 10; 7:5; 12:7 – 10; 13:4).

바울은 재미없어 보이는 탈출 이야기를 강력한 선언으로 시작했다. **주 예수**

---

102 *proumai:poroō*의 현재 직설법 중간태(또는 수동태) 1인칭 단수.

의 아버지 영원히 찬송할 하나님이 내가 거짓말 아니하는 것을 아시느니라. 이 선언은 이상해 보인다. 어떤 사람들은 바울이 자신의 말이 사실이라며 이렇게 격렬하게 선언한 후 곧바로 극적인 이야기, 곧 그가 천국을 향해 가는 여정 이야기를 들려주리라고 기대했을 것이다(12:2 이하). 바울이 여기서 이런 선언을 했다는 것은 이 사건이 그에게 그만큼 중요하기 때문이다.

구약성경은 하나님을 아브라함과 이삭과 야곱의 하나님으로 정의한다(출 3:6, 15, 16; 4:5; 마 22:32; 행 3:13). 그러나 신약성경은 하나님을 **주 예수의 아버지**로 정의한다(고후 1:3; 롬 15:6; 엡 1:3; 벧전 1:3; 참조. 요 20:17; 엡 1:17). 하나님이 그분의 본질과 본성 자체를 아들 예수 그리스도와 공유하신다고 믿지 않고 예수님이 육신으로 나타나신 하나님이라는 것을 믿지 않은 자들은 하나님을 진정으로 예배할 수 없다. **영원히 찬송할(who is blessed forever)** 하나님은(참조. 단 2:20; 막 14:61; 롬 1:25; 9:5; 딤전 1:11) 바울이 하나님을 높이고 예배하는 데 헌신했으며 그분의 임재 안에서 그분의 복을 받으며 산다고 확증하실 것이다. 바울은 하나님이 자신의 삶에서 행하신 구원을 증언하면서 거짓말을 하지 않았다.

바울이 들려주는 탈출은 다메섹 가는 길에 회심한 후 나바테 왕국의 아라비아에서 3년을 보내고(갈 1:17-18) **다메섹**으로 돌아갔을 때 일어났다. 바울은 두려움 없이 담대하게 예수를 메시아로 전했으며 다메섹의 믿지 않는 유대인들이 이에 격분해 그를 죽이려고 모의했다(행 9:23-24). 바울의 사역 내내 그러했듯이, 이들은 이방인들에게 도움을 구했다(참조. 행 13:50; 14:2; 17:13; 18:12-16). 당시 다메섹이 나바테 왕국의 지배를 받았는지 로마의 지배를 받았는지 확실치 않다. 전자라면, **고관(ethnarch)**은 **아레다 왕** 아래서 그 도시를 다스리는 총독이었다. 후자라면, **아레다**가 임명한 다메섹의 나바테 공동체 지도자였다. 어느 쪽이든, 그는 바울을 죽이려는 유대인들에게 협조해 그를 **잡으려고 다메섹 성을 지켰다. 고관**이 기꺼이 유대인들을 도왔다는 사실은 바울이 3년간 아라비아에 있으며 했던 사역이 나바테인들의 적대감을 불러일으켰음을 암시한다.

바울이 **광주리를 타고 들창문으로 성벽을 내려가게**(참조. 수 2:15) 동료 그리스도인들이 그를 도왔고(행 9:25), 바울은 이렇게 다메섹에서 **벗어나** 예루살렘으로 달아났다(행 9:26). 여러 해 후, 바울은 이 사건을 들어 자신의 약함(humility)을 설명했다. 여기서 명예롭지 못한 이 경험이 그에게 얼마나 당혹스러웠는지 드러난다. 카슨(D. A. Carson)은 이렇게 썼다. "고위 랍비 진영들에게 추앙받던 사람이, 교육을 많이 받았고 충실한 바리새인이, 예루살렘의 최고 관리들과 가까웠던 사람이, 죽은 물고기처럼 낮아져서 냄새나는 광주리에 실려 범죄자처럼 다메섹을 몰래 빠져나왔다"(*From Triumphalism to Maturity* [Grand Rapids: Baker, 1984], 127 – 128).

(자신을 비롯해) 그 누구도 바울을 너무 대단하게 생각하지 않도록, 이 사건은 하나님의 능력이 함께하지 않을 때 그가 얼마나 약한지 생생하게 보여준다. 이 이야기는 바울이 말하려는 놀라운 환상을 보는 시각을 제시한다. 셋째 하늘에 올라간 사람은 수치스럽게도 광주리를 타고 다메섹 성벽을 내려온 바로 그 사람이었다.

그는 초자연적 경험을 했다

¹무익하나마 내가 부득불 자랑하노니, 주의 환상과 계시를 말하리라. ²내가 그리스도 안에 있는 한 사람을 아노니, 그는 십사 년 전에 셋째 하늘에 이끌려 간 자라 (그가 몸 안에 있었는지 몸 밖에 있었는지 나는 모르거니와 하나님은 아시느니라). ³내가 이런 사람을 아노니(그가 몸 안에 있었는지 몸 밖에 있었는지 나는 모르거니와 하나님은 아시느니라) ⁴그가 낙원으로 이끌려 가서 말로 표현할 수 없는 말을 들었으니 사람이 가히 이르지 못할 말이로다. (12:1-4)

언뜻 보면, 바울의 환상 이야기는 그의 고난과 약함을 다루는 단락에 어울리지 않는 것 같다. 그러나 헬라인들은 진정으로 신을 대변하는 자라면 신비한 환상을 경험하리라 믿었고, 어떤 사람들은 주신제(酒神祭)를 통해 이런 경험을 하려 했다. 그러므로 의심할 여지 없이, 거짓 사도들도 이런 환상과 계시를 경험했다고 주장했다. 고린도 신자들은 이들의 거짓 주장에 휩쓸려 허풍쟁이들 앞에서 굽실댔다. 따라서 바울은 (어쩔 수 없이) 자신이 경험한 진짜 환상을 말해야 했다.

자신이 경험한 초자연적 환상을 말하기 전에, 바울은 이미 쓴 숱한 해명에 (특히 10:13-11:21에서) 해명을 또 추가하여 어쩔 수 없이 하는 이 자랑조차 얼마나 혐오스러운지 다시 한번 말했다. 그는 이 **자랑**이 꼭 필요함(necessary, 부득불)을 알지만, 이것이 **무익하다(not profitable)**는 점을 강조했다. 그가 이제 말하려는 놀라운 것을 비롯해 **환상과 계시**조차도 얘기해봐야 도움이 되지 않았다. 이것들은 교회에 유익하지 않았다(유익했다면, 틀림없이 이 환상을 이전에 여러 차례 말했을 것이다). 이것들은 검증될 수 없을뿐더러 되풀이될 수도 없고 교만으로 이어질 수도 있기 때문이다(참조. 12:7). 유익한 것은 성경이다. 성경은 "하나님의 감동으로 된 것으로 교훈과 책망과 바르게 함과 의로 교육하기에 유익하다"(딤후 3:16). 따라서 바울은 에베소 장로들을 환상과 성경 밖 계시가 아니라 "그 은혜의 말씀"에 맡겼다. "그 말씀이 여러분을[이들을] 능히 든든히 세우사 거룩하게 하심을 입은 모든 자 가운데 기업이 있게 할" 수 있기 때문이었다(행 20:32). 성경은 완결되었고, 따라서 재림 때 주 예수 그리스도의 나타나심(계시) 외에 그 어떤 추가 계시로도 보충될 필요가 없다(고전 1:7; 벧전 1:7, 13; 4:13).

바울은 살면서 많은 환상을 보았으며 그중 여섯이 사도행전에 기록되어 있다(9:3-12; 16:9-10; 18:9-10; 22:17-21; 23:11; 27:23-24). 그는 자신이 전하는 복음도 계시로 받았다(갈 1:11-12). 그러나 그가 이제 말하려는 환상은 이 모두 중에 가장 놀랍고 주목할 만한 환상이었다. 겸손하게, 바울은 **내가 그리스도 안에 있는 한 사람을 아노니**라고 쓰면서 이 환상을 3인칭으로 말했다. 7절이 암시하듯, 이 사람은 바울이었던 게 분명하다.

이 환상은 고린도후서를 쓰기 **십사 년 전에** 일어났으며, 바울이 고린도후서를 쓴 것은 주후 55년 말이나 56년 초였다. 종합해 보면, 이 환상은 바울이 예루살렘에서 다소로 돌아갔을 때와(행 9:30) 성령께서 그를 선교사로 세우셨을 때(행 13:1-3) 사이 어느 시점에 일어났다. 바울의 생애에서 이 시기에 관해, 그가 수리아와 길리기아 지방에서 사역했다는 것(갈 1:21) 외에 알려진 게 거의 없다. 바울이 선교여행들에서 겪을 고난에 대비해 그를 강하게 하시려고 하나님이 그에게 이러한 개인적 경험을 허락하셨을 것이다. 자신을 기다리는 천국을 언뜻 보았기에, 바울은 매일 자신의 삶을 따라다니는 더없이 무자비하고 가혹한 고난을 견딜 수 있었다. 14년간 침묵한 후, 이제 바울은 이 환상을 처음으로 얘기하는 게 분명하다.

두 차례 반복되는 어구 **그가 몸 안에 있었는지 몸 밖에 있었는지 나는 모르거니와**가 강조하듯이, 이 경험의 실체가 정확히 무엇이었는지는 바울 자신에게도 분명하지 않았다. 바울은 자신의 몸과 영이 **셋째 하늘에 이끌려 간** 것인지 자신의 영이 잠시 **몸 밖에 있었는지** 알지 못했다. 이끌려 간(caught up)으로 번역된 동사 '하르파조'(*harpazō*)는 데살로니가전서 4:17에서 휴거(Rapture)에 사용된 바로 그 동사다. 바울은 갑자기 채여 **셋째** 하늘에 갔는데, 셋째 하늘은 첫째 하늘(지구의 대기권; 신 11:11; 왕상 8:35; 사 55:10)과 둘째 하늘(행성 사이 또는 별들 사이 공간; 창 15:5; 시 8:3; 사 13:10)을 초월하며 하나님의 거처다(왕상 8:30; 시 33:13-14; 마 6:9). **낙원(paradise)**과 **하늘(heaven)**이 나란히 나오므로 둘을 같은 것으로 보아야 한다(눅 23:43을 보라; 생명나무가 낙원에 있다고 말하는 계 2:7과 생명나무가 하늘에 있다고 말하는 계 22:2, 14, 19을 비교해 보라). **낙원**으로 번역된 헬라어 단어는 페르시아어 단어에서 왔으며, 이 페르시아어 단어는 "담을 두른 정원"(walled garden)이란 뜻이다. 페르시아 왕이 신하에게 부여할 수 있었던 가장 큰 영예는 왕과 함께 왕의 정원을 걸으며 친밀하게 교제할 수 있는 권리였다.

우리 시대에 천국에 다녀왔으며 하나님을 보았다고 주장하는 사기꾼들이 있다. 이들과 달리, 바울은 자신이 하늘(천국)에서 보았거나 경험한 것을 감상적으로 자세히 말하지 않고 자신이 들은 것만 언급했다. 거기다가 그가 들은 것은 **말로 표현할 수 없는 말**이었다. 그가 들은 것은 땅의 그 무엇과도 다른 언어였다. 바울은 들은 것을 이해했지만 그 어떤 인간의 언어로도 전달할 수 없었을 뿐 아니라 설령 그럴 수 있더라도 들은 것을 말하는 게 허용되지 않았다 **(not permitted to speak, 가히 이르지 못할 말이로다).** 땅과 하늘 사이에 휘장이 그대로 있다. 하나님이 하늘에 관해 알려지길 원하시는 것은 성경에 계시되었다. 나머지 "감추어진 일은 우리 하나님 여호와께 속하였다"(신 29:29).

하나님의 사람을 가늠하는 참 척도는 환상과 하나님을 체험했다는 주장이나 자기 존재의 힘이나 사역의 크기나 학위나 그 어떤 인간적 기준도 아니다. 참 하나님의 사람은 흑암의 나라에 맞서는 전쟁에서 얼마나 고난을 받았고, 사람들을 위해 얼마나 염려하며(관심을 기울이며), 얼마나 겸손하고, 하나님의 말씀에 기록된 초자연적 계시를 얼마나 정확히 다루느냐로 알 수 있다(딤후 2:15). 바울처럼, 이런 사람들은 이생의 고난과 굴욕을 인내하며 견딘다. "잠시 받는 환난의 경한 것이 지극히 크고 영원한 영광의 중한 것을 우리에게 이루게" 한다는 것을 알기 때문이다(고후 4:17).

31

하나님이 고난을 사용하시는 방법
(12:5-10)

⁵내가 이런 사람을 위하여 자랑하겠으나 나를 위하여는 약한 것들 외에 자랑하지 아니하리라. ⁶내가 만일 자랑하고자 하여도 어리석은 자가 되지 아니할 것은 내가 참말을 함이라. 그러나 누가 나를 보는 바와 내게 듣는 바에 지나치게 생각할까 두려워하여 그만두노라. ⁷여러 계시를 받은 것이 지극히 크므로 너무 자만하지 않게 하시려고 내 육체에 가시 곧 사탄의 사자를 주셨으니, 이는 나를 쳐서 너무 자만하지 않게 하려 하심이라. ⁸이것이 내게서 떠나가게 하기 위하여 내가 세 번 주께 간구하였더니, ⁹나에게 이르시기를, 내 은혜가 네게 족하도다 이는 내 능력이 약한 데서 온전하여짐이라 하신지라. 그러므로 도리어 크게 기뻐함으로 나의 여러 약한 것들에 대하여 자랑하리니, 이는 그리스도의 능력이 내게 머물게 하려 함이라. ¹⁰그러므로 내가 그리스도를 위하여 약한 것들과 능욕과 궁핍과 박해와 곤고를 기뻐하노니, 이는 내가 약한 그때에 강함이라. (12:5-10)

겉으로 좋아 보이는 사람들에게 안 좋은 일이 왜 일어나는가? 많은 사람을 괴롭히는 질문이다. 질병, 범죄, 굶주림, 가난, 사고, 자연재해가 이유 없이 닥치고, 죄가 없어 보이는 사람들과 죄 있는 사람들에게 똑같이 영향을 미치는 것 같다.

그러나 성경은 나쁜 일이 모든 사람에게 일어나는 것은 모든 사람이 타락한 세상을 살아가는 타락한 죄인이기 때문이라고 가르친다. 본래 선한 사람은 없다. "기록된 바, 의인은 없나니 하나도 없으며"(롬 3:10). 이러한 사실 때문에, 고난이 보편적이다. 욥기 5:7에 따르면, "사람은 고생을 위하여 났으니 불꽃이 위로 날아가는 것 같다." 예수님은 "세상에서는 너희가 환난을 당하"리라고 하셨다(요 16:33). 바울은 그리스도인들에게 "우리가 하나님의 나라에 들어가려면 많은 환난을 겪어야 할 것이라"고 했다(행 14:22). "무릇 그리스도 예수 안에서 경건하게 살고자 하는 자는 박해를 받기" 때문이다(딤후 3:12).

가장 고귀한 하나님의 일꾼들조차 고난을 면하지 못한다. 조나단 에드워즈(Jonathan Edwards, 1703-1758)는 미국이 낳은 가장 위대한 신학자일 것이다. 그는 매사추세츠주 노샘프턴의 어느 교회에서 20년 넘게 성실히 목회했다. 그의 설교는 대각성운동(Great Awakening)으로 알려져 있으며 18세기에 일어난 부흥운동에 깊은 영향을 끼쳤다. 믿을 수 없게도, 에드워즈는 20년 넘게 성실하게 목회한 후 투표로 교회에서 쫓겨났다. 회중이 이렇게 한 것은 에드워즈에게 도덕적 흠이나 교리적 일탈이 있어서가 아니라 그가 공개적으로 신앙을 고백한 사람들만 교인이 되고 주의 만찬에 참여하게 해야 한다고 주장했기 때문이었다.

조나단 에드워즈처럼, 바울도 삶에서 더없이 깊은 아픔을 경험했다. 자신이 돌보고 섬겼던 사람들에게 배척당했다. 바울은 고린도 신자들을 사랑했다. 이들에게 복음을 전했고, 이들을 양육했으며, 이들을 가르쳤고, 이들에게 자신의 삶을 쏟아부었다. 그런데 이들 중에 많은 수가 바울을 버리고 거짓 사도들에게 붙었기 때문에, 바울은 마음이 몹시 아팠다. 사실, 바울은 인생에서 가장 쓰라린 아픔을 겪고 있었다. 바울은 고린도교회 상황에 대한 디도의 보고를 초조하게 기다리면서 너무나 고통스러워 드로아에서 사역의 문이 열렸는데도 그에게 걸맞지 않게도 이 기회를 온전히 이용하지 못했다(고후 2:12-13).

11:22-27에서 말했듯이, 바울은 육체적 고난이 낯설지 않았다. 그러나 교회들을 향한 염려의 짐이 훨씬 고통스러웠다(11:28-29). 그는 신자들의 약점에 공감했으며, 신자들이 미혹되어 죄에 빠질 때 의로운 분노가 불붙듯 했다.

바울이 고난에 대처하는 방식은 모든 신자에게 귀감이다. 성경에서 신자들에게 아픔을 허용하시는 하나님의 목적을 이 단락만큼 강하게 제시하는 곳도 없다. 이 단락은 10-13장의 불같은 열기에 벼려진 진귀하게 아름다운 보석이며, 바울이 쓴 편지 중에 감정이 가장 많이 실린 단락일 것이다. 바울의 고난이라는 도가니에서 하나님이 신자들의 삶에 고난을 허용하시는 다섯 가지 이유가 나온다. 신자들의 영적 상태를 보여주기 위해서, 신자들을 겸손하게 하기 위해서, 신자들을 자신에게 이끌기 위해서, 자신의 은혜를 드러내기 위해서, 자신의 능력이 온전히 드러나게 하기 위해서다.

하나님은 고난을 사용해 신자들의 영적 상태를 드러내신다

5내가 이런 사람을 위하여 자랑하겠으나 나를 위하여는 약한 것들 외에 자랑하지 아니하리라. 6내가 만일 자랑하고자 하여도 어리석은 자가 되지 아니할 것은 내가 참말을 함이라. 그러나 누가 나를 보는 바와 내게 듣는 바에 지나치게 생각할까 두려워하여 그만두노라. (12:5-6)

고난은 한 사람의 영적 성품을 가늠하는 가장 확실한 테스트다. 역경이 닥칠 때, 평안과 행복이라는 껍데기가 벗겨지고 마음에 무엇이 있는지 고스란히 드러난다. 주님이 바울의 삶에 극심한 고난을 허락하신 것은 지켜보는 모두에게 그의 순전함을 드러내고 그가 신뢰할만한 사람이라는 것을 분명히 하기 위해서이기도 했다.

2-4절에서 그렇게 했듯이, 바울은 겸손하게 자신을 3인칭으로 언급하면서 이렇게 썼다. **내가 이런 사람을 위하여 자랑하겠다.** 바울이 자신을 이렇게 말한 데서 그가 이 환상에서 수동적이었다는 것도 강조되었다. 이 환상이 일어나도록 그가 한 일은 전혀 없었다. 이 환상은 바울의 그 어떤 공로도 반영하지 않았으며, 오로지 하나님의 주권적 선택이었다. 바울은 평범한 사람일 뿐이었고, 따라서 마치 하나님이 자신에게 이 환상을 주신 것에 자신이 어떤 식으로든 기여한 것처럼 **자신을 위하여는** 자랑하려 하지 않았다.

바울이 자랑하려 했던 것은 그의 **약한 것들(weaknesses)**이었다. 이것들이 그가 사도라는 강력한 증거였기 때문이다. 하나님의 능력이 그에게서 역사했다고 설명하지 않는다면, 그가 미친 엄청난 영향을 어떻게 설명할 수 있겠는가? 그의 대적들이 재빨리 지적했듯이, 바울은 "몸으로 대할 때는 약하고 그 말도 시원하지 않다"(10:10). 그러나 이들이 알지 못했던 게 있다. 역설적이게도, 바울은 가장 약할 때 가장 강했다(12:10).

바울의 **자랑은 어리석지** 않았다. 거짓 사도들의 그럴듯한 주장과 달리, 바울은 **참말을 했다(speaking the truth).** 그가 말한 환상은 실제로 일어났으며, 이것을 부인하는 것은 거짓 겸손일 터였다. 그런데도 바울은 지혜롭게도 자신이 본 환상을 자신이 사도라는 증거로 삼길 **그만두었다(refrain, 삼갔다).** 만일 자신이 본 환상을 자신이 사도라는 증거로 삼는다면, 사기꾼들이 자신들의 신비 체험을 근거로 하나님을 대변할 권위를 가졌다고 주장할 빌미를 줄 것이었다. 게다가 이 환상이 그를 하나님께 더 가까이 이끌지도 않았다. 사실, 이 환상은 자만하고 싶은 유혹의 한 근원이었다(12:7).

바울은 **누가** 자신을 **보는 바와** 자신에게서 **듣는 바에 지나치게 생각할까** 염려했다. 하나님의 사람을 가늠하는 진정한 잣대는 이른바 신비 체험이 아니라 경건한 삶과 하나님의 말씀에 충실함이다. 가장 놀랍고 화려한 환상이나 초자연적 계시라도 가장 작은 의로운 행위만큼 중요하지 않다.

하나님은 바울을 더없이 깊은 슬픔과 더없이 가혹한 아픔에 몰아넣으셨다. 바울이 진정한 하나님의 사람이라는 것을 더없이 분명하게 드러내시기 위해서였다. 진정한 영적 능력과 권위와 순전함은 환상과 계시가 아니라 경건한 겸손에서 온다(참조. 4:7; 골 2:18-19).

하나님은 고난을 사용해 신자들을 겸손하게 하신다

여러 계시를 받은 것이 지극히 크므로 너무 자만하지 않게 하시려고 내 육체에 가시 곧 사탄의 사자를 주셨으니, 이는 나를 쳐서 너무 자만하지 않게 하려 하심이라. (12:7)

바울이 사역에 성공했다는 증거는 복음의 능력으로 삶이 변화되었다는 것이다. 이렇게 해서 그는 여러 교회를 세우고 튼튼히 했다. 이 교회들은 바울의 신실함과 그를 통해 역사하는 하나님의 능력을 보여주는 기념비였다. 이 교회 중 어느 하나라도 거짓 선생들에게 미혹되는 광경을 보는 것은 바울에게 고통스럽고 수치스러운 일이었을 것이다. 그러나 바울에게 필요한 경험이었다. 7절에서 두 차례, 바울은 자신이 **너무 자만하지 않게 하시려고** 하나님이 자신의 **육체에 가시**를 허락하셨다고 힘주어 말했다. 바울은 가장 고결한 그리스도인이었는데도, 일반적인 삶의 문제들이 그를 비켜 가지 않았다. 그가 **여러 계시를 받은 것이 지극히 크므로(because of the surpassing greatness of the revelations,** 그가 받은 계시들이 너무나 크기 때문에; 사도행전은 이 단락과 연결된 환상 외에 여섯 환상을 기록한다; 그는 또한 자신이 전하는 복음을 계시로 받았다[갈 1:11-12; 참조. 엡 3:3]) 교만의 유혹이 끊이지 않았던 게 분명하다. 그러므로 바울이 겸손을 잃지 않도록, 하나님이 그의 **육체에 가시 곧 사탄의 사자를 주셨다.**

육체에 가시(thorn in the flesh)가 무엇이냐를 두고 숱한 논쟁이 계속되고 있다. 바울은 이것을 자세히 말하지 않았으나 이것이 무엇인지 고린도 신자들이 안다고 암시했다. 대다수 주석가는 이것이 편두통, 안염, 말라리아, 간질, 담석증, 통풍, 류머티즘, 장 질환 같은 육체적 질병이나 심지어 언어 장애였다고 추정한다. 이런 폭넓은 가능성이 제시되었다는 것은 성경에서 이 가운데 어느 하나라도 뒷받침할만한 구체적 근거가 없다는 뜻이다. (설령 바울이 갈라디아서 6:11에서 "내 손으로 너희에게 이렇게 큰 글자로 쓴 것을 보라"고 말한 것이 그의 눈에 문제가 있었다는 것을 암시하더라도, 이 구절에서 이것과 육체의 가시를 연결하는 게 전혀 없다.) '스콜로프스'(*skolops*, **thorn,** 가시)는 "말뚝"(stake)으로 번역하는 게 더 나을 수 있다. 이렇게 번역하면, 이것이 바울에게 안긴 고통이 얼마나 극심했는지 생생하게 드러난다. 이것은 작은 가시가 아니라 큰 말뚝이었다.

바울은 **육체에 가시**를 궁극적으로 하나님이 **주셨다**는 것을 인정했다. (욥 1, 2장을 보라. 거기서 하나님은 자신의 목적을 위해 사탄이 욥을 괴롭히도록 허락하셨다; 참조. 창 50:20). **육체에(in the flesh)**는 "육체를 위해" 또는 "육체 때문에"로도 번역될 수 있겠다. 여기서 **육체(flesh)**를 신체적 의미로 이해해서는 안 되고 바울의 구속받지 못한 인성(unredeemed humanness)을 가리키는 도덕적 의미로 이해해야 한다(참조. 롬 6:19; 7:5, 18, 25; 8:4-9). 주님이 바울의 극한 고난을 허락하신 것은 그러지 않으면 교만해질 그의 육신을 제어하시기 위해서였다. 다시 말해, 너무나 많은 계시를 받은 자를 겸손하게 하시기 위해서였다.

바울의 **가시**는 사기꾼들을 내세워 고린도 신자들을 미혹해 바울을 대적하게 함으로써 그를 치도록(to torment, **쳐서**) 보냄을 받은 **사탄의 사자(messenger of Satan)**, 곧 귀신으로 이해하는 게 최선이다. 적어도 네 가지 증거가 이 해석을 뒷받침한다. 첫째, (이곳 외에 바울 서신들에서 사용된 모든 경우를 비롯해) 신약성경에서 '앙겔로스'(*angelos*, **messenger**, **사자**)의 용례 중 절대다수가 천사를 가리킨다. 물론, 사탄이 보낸 천사는 귀신일 것이다. 둘째, **쳐서(torment)**로 번역된 동사는 언제나 누군가 가하는 가혹 행위를 가리킨다(마 26:67; 막 14:65; 고전 4:11; 벧전 2:20). 셋째, 구약성경은 때로 은유적으로 대적들을 가시로 표현한다(예를 들면, 민 33:55; 수 23:13; 삿 2:3; 겔 28:24). 마지막으로, 8절에서 "떠나가게"(leave)로 번역된 동사는 신약성경에서 늘 떠나는 사람을 말하는 데 사용된다. 따라서 귀신 **사자**(demonic **messenger**)가 우두머리 거짓 사도(leading false apostle)에 내주함으로써 바울을 괴롭히고 있었을 것이다(참조. 고후 11:13-15; 딤전 4:1). 이번에도, 이것은 바울의 증언, 곧 자신이 겪는 가장 혹독한 고난은 자신이 교회를 염려하는 데서 비롯되었다는 증언에 부합한다(11:28-29).

사탄이 바울을 공격한 것은 하나님의 뜻과 무관하지 않았다. 하나님은 그분의 창조 세계 전체를 주권적으로 다스리시며, 어둠의 나라 권세까지 활용해 자신의 의로운 목적을 이루신다(참조. 민 22:2 - 24:25; 왕상 22:19 - 23; 눅 22:31 - 32). 바울은 하나님의 구속 계획에 매우 중요했고, 하나님은 귀신을 사용하는 것을 비롯해 어떤 방법으로든 바울이 겸손을 잃지 않게 하셨다. 이것이 낯설어 보인다면, 욥의 이야기(욥 1:6-12; 2:1-7)와 베드로의 이야기를 떠올려보라(눅 22:31). 두 경우 모두, 하나님은 사탄이 그분의 성도에게 극심한 고난을 안기도록 허용하셨다. 이들을 더욱 쓸모 있게 하시기 위해서였다. 이것은 사탄과 귀신들에게 무엇을 하고 어디로 가라고 명령하려는 자들이 얼마나 어리석은지 일깨워주는 좋은 예다. 우리가 귀신들에게 명령할 수 있다면, 우리의 잘못된 추정으로 하나님의 목적을 좌절시킬 수도 있다.

하나님은 고난을 사용해 신자들을 자신에게 이끄신다

이것이 내게서 떠나가게 하기 위하여 내가 세 번 주께 간구하였더니, (12:8)

바울은 귀신들이 고린도교회에서 하는 일 때문에 몹시 괴로웠다. 그래서 "자비의 아버지시요 모든 위로의 하나님이시며 우리의 모든 환난 중에서 우리를 위로하시는" 분에게 도움을 구했다(1:3-4). 그는 인간의 지혜가 고안한 기술을 이용해 자신의 문제를 재빨리 해결하려 하지 않았다. 그뿐 아니라, 고린도교회를 공격하는 사탄을 결박하거나 귀신들을 쫓아내려 하지도 않았다. 바울은 주 예수 그리스도의 본을 따랐다. 그분도 겟세마네 동산에서 극심한 고난의 시간에 하나님께 자신을 구해달라고 세 차례 호소하셨다(마 26:36-44). 바울은 극심한 아픔 속에서 하나님께 가까이 나아갔다. 대체로 고난이 없을 때 하나님께 가까이 나아가야 할 절실함을 느끼지 못하지만, 고난은 신자들에게 가장 복된 자리일 수 있다.

간구하였더니(implored)는 동사 '파라칼레오'(*parakaleō*)의 한 형태를[103] 번역한 것인데, 이 동사는 복음서에서 사람들이 병을 고쳐달라고 예수님께 호소하는 모습을 표현할 때 자주 사용한다(마. 8:5; 14:36; 막 1:40; 5:23; 6:56; 7:32; 8:22; 눅 7:4; 8:41). 바울은 가시가 자신에게서 **떠나가게 하기 위하여 세 번 주께 간구하였**을 때 끈질긴 기도의 본보기를 보여주었다(참조. 창 18:23-32; 마 15:22-28; 눅 11:5-10; 18:1; 골 4:12). 하나님은 바울의 고통을 제거해주지 않으셨다. 그러나 이것은 하나님이 바울의 기도에 응답하지 않으셨다는 뜻이 아니다. 하나님의 응답이 바울이 구한 응답과 다를 뿐이었다.

---

103 *parekalesa:parakaleō*의 부정과거 직설법 능동태 1인칭 단수

하나님은 고난을 사용해 자신의 은혜를 드러내신다

나에게 이르시기를, 내 은혜가 네게 족하도다 (12:9a)

바울은 자신의 가시를 제거해 달라고 세 차례 기도했지만 주님의 응답은 한결같았다. 매번 주님은 바울의 고통을 제거하는 방식으로 그의 기도에 응답하지 않으셨다. 앞서 말했듯이, 이 고통이 영적으로 생산적이었기 때문이다. 이 고통은 바울의 진정한 성품을 드러냈고, 그가 겸손을 잃지 않게 지켜주었으며, 그가 기도로 하나님께 친밀하게 나아가게 해주었다. 주님은 바울의 고난을 제거함으로써 그를 구해주신 게 아니라 그 고난을 견딜 **은혜**를 **족하게** 줌으로써 그를 구해주셨다.

참으로 아름답고 부요한 용어 '카리스'(*charis*, **grace**, 은혜)는 신약성경에 155회 나온다. **은혜**란 하나님이 자격 없는 인간에게 베푸시는 과분한 호의다. 은혜는 역동적 힘이며 신자들의 삶을 완전히 바꿔놓는다. 이러한 변화는 구원에서 시작되어(행 15:11; 18:27; 롬 3:24; 엡 1:7; 2:5, 8; 딤후 1:9; 딛 2:11; 3:7) 성화를 거쳐(벧후 3:18) 영화(glorification)에 이르기까지 계속된다(엡 2:7). 은혜는 기독교 신앙을 다른 모든 종교의 신앙과 구분한다. 기껏해야 무관심하고 끊임없이 어르고 달래야 하는 거짓 종교의 신들과 반대로, 하나님은 은혜롭고 자애로우며 인자하다.

성경은 이렇게 가르친다. 신자들은 주 예수 그리스도를 통해 "다…받으니 은혜 위에 은혜다"[104](요 1:16). "은혜와 진리는 예수 그리스도로 말미암아 온 것"이고(요 1:17), 성육하신 하나님으로서, 그분은 "은혜와 진리가 충만하기" 때문이다(요 1:14). 그래서 누가는 초기 그리스도인들에 관해 쓰면서 이들이 "큰 은혜를 받았다"고 했고(행 4:33), 바울은 "우리가 믿음으로 서 있는 이 은혜"를 말했으며(롬 5:2), 야고보는 죄의 힘보다 더 큰 은혜를 말했고(약 4:6; 참조. 롬 5:20), 베드로는 "하나님의 여러 가지 은혜"를 말했다(벧전 4:10). 바울

---

104 새번역: 모두…받되, 은혜에 은혜를 더하여 받았다.

이 이것을 "하나님이 너희[신자들]에게 [주시는] 지극한 은혜"라 부르고(고후 9:14) 다음과 같이 확신한 것은 이상하지 않다. "하나님이 능히 모든 은혜를 너희에게 넘치게 하시나니, 이는 너희로 모든 일에 항상 모든 것이 넉넉하여 모든 착한 일을 넘치게 하게 하려 하심이라"(고후 9:8).

안타깝게도, 오늘날 많은 복음주의 교회들이 하나님의 은혜가 삶의 모든 문제를 해결할 만큼 족하다는 것을 사실상 부정하고 하나님의 은혜를 인본주의적 심리이론들로 보완한다. 하나님의 은혜가 신자들이 마주하는 가장 심각한 문제들까지 해결할 만큼 족하다는 생각이 부러진 다리에 1회용 반창고를 붙이는 것처럼 고리타분하고 단순하며 순진하다고 조롱받는다. 소위 기독교 심리학자들은 하나님의 은혜가 얕은 문제를 해결하기에는 족하지만 깊은 문제는 치료가 필요하다고 주장한다.

이것은 어려운 질문들을 낳는다. 하나님의 말씀이 모든 삶의 문제에 해답을 제시하지 못한다면, 어떻게 완전할 수 있고 영혼을 완전히 변화시킬 수 있는가(시 19:7-11)? 바울이 성령에 감동되어 이렇게 쓴 것은 실수였는가? "'모든' 성경은 하나님의 감동으로 된 것으로 교훈과 책망과 바르게 함과 의로 교육하기에 유익하니, 이는 하나님의 사람으로 온전하게 하며 모든 선한 일을 행할 능력을 갖추게 하려 함이라"(딤후 3:16-17). "위로부터 난 지혜"를(약 3:17) 어리석은 인간의 지혜로(고전 1:20-21; 2:5; 3:19) 보충할 필요가 어디 있는가? 신자들이 그리스도 안에서 완전하고(골 2:10) 그분 안에서 "생명과 경건에 속한 '모든 것'"을 받았다면(벧후 1:3), 더 이상 무엇이 필요하겠는가? 바울은 "내게 능력 주시는 자 안에서 내가 '모든' 것을 할 수 있느니라"라고 했을 때(빌 4:13) 피상적이고 사소한 문제들만 염두에 두었는가? 그가 "우리가 무슨 일이든지 우리에게서 난 것 같이 스스로 만족할 것이 아니니, 우리의 만족은 오직 하나님으로부터 나느니라"고 쓴 것은 실수였는가(고후 3:5)? "마음의 비밀을 아시는" 하나님이(시 44:21) 인간의 문제를 온전히 이해하기 위해 인본주의 심리학의 통찰이 필요하신가? 정말로 "하나님의 말씀은 살아 있고 활력이 있어 좌우에 날 선 어떤 검보다도 예리하여 혼과 영과 및 관절과 골수를 찔러 쪼개기까지 하며 또 마음의 생각과 뜻을 판단"하는가(히 4:12)? 심리학이 성화의 장애물을 제거하는 데 필수라면, 19세기와 20세기에 심리학이 출현하기 이전 하나님의 백성은 어떻게 성화되었는가? 하나님의 백성이 삶의 문제들에 대한 해답이 충만하고 무한한 하나님의 은혜 밖에 있다고 상상한다는 것은 너무나 비극적인 망상이다. (나는 하나님의 은혜가 족하다는 것을 나의 책 *Our Sufficiency in Christ*[Dallas: Word, 1991][105]에서 자세히 논의했다.)

하나님은 바울의 기도에 응답해 **"내 은혜가 네게 족하도다"**라고 하셨을 때, 그분의 은혜가 삶의 모든 필요를 채우기에 전적으로 충분하다고 단언하셨다. 즉, 복음을 믿는 데, 말씀을 이해하고 삶의 모든 문제에 적용하는 데, 죄와 유혹을 이기는 데, 고난과 실망과 아픔을 견디는 데, 하나님께 순종하는 데, 하나님을 유효하게 섬기는 데, 하나님을 예배하는 데 완전히 충분하다는 것이다. 하나님의 은혜는 바울이 (그리고 어느 신자든) 겪을 수 있는 가장 깊은 아픔을 치유하기에 충분했다.

위로가 되는 진리가 있다. "사람이 감당할 시험밖에는 너희가 당한 것이 없나니, 오직 하나님은 미쁘사 너희가 감당하지 못할 시험 당함을 허락하지 아니하시고 시험 당할 즈음에 또한 피할 길을 내사 너희로 능히 감당하게 하시느니라"(고전 10:13). 탈출 방법은 은혜 안에서 감당하는 것이다. 히브리서 저자는 고난받는 신자들에게 이렇게 촉구했다. "긍휼하심을 받고 때를 따라 돕는 은혜를 얻기 위하여 은혜의 보좌 앞에 담대히 나아갈 것이니라"(히 4:16). 신명기 33:26은 신자들에게 일깨운다. "하나님 같은 이가 없도다. 그가 너를 도우시려고 하늘을 타고 궁창에서 위엄을 나타내시는도다." 하나님은 여호수아에게 그와 함께하며 그에게 힘을 주겠다고 약속하셨다. "강하고 담대하라. 두려워하지 말며 놀라지 말라. 네가 어디로 가든지 네 하나님 여호와가 너와 함께하느니라"(수 1:9). 하나님이 이스라엘에게 약속하시듯이, 이 약속은 모든 신자에게 적용된다.

야곱아, 너를 창조하신 여호와께서 지금 말씀하시느니라. 이스라엘아, 너를 지으

---

105 『그리스도만으로 충분한 기독교』, 이용중 옮김(부흥과 개혁사, 2008).

신 이가 말씀하시느니라. 너는 두려워하지 말라. 내가 너를 구속하였고, 내가 너를 지명하여 불렀나니, 너는 내 것이라. 네가 물 가운데로 지날 때에 내가 너와 함께할 것이라. 강을 건널 때에 물이 너를 침몰하지 못할 것이며 네가 불 가운데로 지날 때에 타지도 아니할 것이요 불꽃이 너를 사르지도 못하리니. (사 43:1-2)

하나님의 은혜가 바울을 구원하기에 "넘치도록 풍성하였다"면(딤전 1:14), 그가 뒤이어 마주한 그 어느 시련에서도 그에게 힘을 주기에 충분했던 게 분명하다.

다음은 나의 책 『그리스도만으로 충분한 기독교』(Our Sufficiency in Christ)에서 인용한 것으로, 하나님의 은혜가 충분하다는 것을 보여준다.

어느 날 저녁, 찰스 스펄전이 고된 일과를 마친 후 피곤하고 침울한 기분으로 귀가하는데 "내 은혜가 네게 족하도다"는 구절이 떠올랐다.

그는 마음속으로 즉시 자신을 템스강의 작은 물고기에 비유했다. 그 물고기는 자신이 매일 그렇게 강물을 마시니까 언젠가 템스강물이 다 말라버릴까 봐 걱정이었다. 그러자 템스강이 그 물고기에게 말했다. "작은 물고기야, 얼마든지 마셔라. 내 강물이 네게 족하도다."

뒤이어 스펄전은 이집트 곡물 창고의 생쥐를 생각했다. 그 생쥐는 자신이 매일 그렇게 곡식을 먹어대니 어느 날 곡식이 동이나 굶어 죽지나 않을까 두려웠다. 그때 요셉이 나타나 말한다. "생쥐야, 기운 내. 내 창고가 네게 족하도다."

뒤이어 스펄전은 높은 산을 오르는 사내를 생각했다. 그 사내는 자신이 그렇게 마셔대니 대기 중 산소가 고갈되지나 않을까 두려웠다. 창조자께서 하늘에서 말씀하셨다. "얼마든지 들이마셔 네 폐를 채워라. 내 대기가 네게 족하도다!"(pp. 256-257)

하나님은 고난을 사용해 자신의 능력이 온전해지게 하신다

9b이는 내 능력이 약한 데서 온전하여짐이라 하신지라. 그러므로 도리어 크게 기쁨으로 나의 여러 약한 것들에 대하여 자랑하리니, 이는 그리스도의 능력이 내게 머물게 하려 함이라. 10그러므로 내가 그리스도를 위하여 약한 것들과 능욕과 궁핍과 박해와 곤고를 기뻐하노니, 이는 내가 약한 그때에 강함이라. (12:9b-10)

하나님은 바울의 삶에서 자신의 은혜뿐 아니라 능력도 드러내길 원하셨다. 하나님은 바울이 겸손할 뿐 아니라 강하길 원하셨다. 하나님의 **능력이 약한 데서 온전하여지기** 때문에, 교만과 자신감이라는 찌꺼기를 태우려면 고난의 불이 필요했다. 인간적으로 말하면, 바울은 고린도교회 상황에 대처할 능력을 모두 잃었다. 그는 고린도교회를 방문했고, 다른 사람들을 그곳에 보냈으며, 고린도 신자들에게 편지도 보냈다. 그러나 고린도교회 상황을 바로잡을 수 없었다. 그는 하나님의 뜻과 능력을 온전히 의지해야 하는 시점에 처했다.

해답도 없고 자신감도 없으며 힘도 없고 하나님 외에 그 어디도 향할 데가 없을 때, 신자들은 가장 유효한 위치에 있게 된다. 하나님 나라에서는 아무리 약한 자라도 하나님의 능력을 체험할 수 있다. 그러나 많은 사람이 자기 힘을 너무 믿는다. 육체적 고통, 정신적 고뇌, 실망, 미성취, 실패는 신자들의 삶에서 불순물을 걸러내 이들로 하나님의 능력이 흐를 수 있는 순전한 통로가 되게 한다.

바울은 환경이 달라지지 않았다. 그런데도 여전히 외칠 수 있었다. **크게 기쁨으로 나의 여러 약한 것들에 대하여 자랑하리니, 이는 그리스도의 능력이 내게 머물게 하려 함이라.** 고린도전서 1:27에서, 바울은 고린도 신자들에게 상기시켰다. "하나님께서 세상의 미련한 것들을 택하사 지혜 있는 자들을 부끄럽게 하려 하시고 세상의 약한 것들을 택하사 강한 것들을 부끄럽게 하려 하시며." 바울 자신이 고린도교회에서 사역하면서 "약하고 두려워하고 심히 떨었다"(고전 2:3). 바울의 약함은 저절로 생겨났거나 인위적인 게 아니었다. 바울의 약함은 그가 자신과 하는 피상적인 자존감 게임이 아니었다. 바울의 약함은 실제였고 하나님이 주신 것이었다. 바울은 거짓 사도들이 안기는 아픔을 사랑하지 않았다. 그 아픔이 사탄에게서 비롯됨을 알기 때문이었다. 그러나 바울은 이 아픔을 하나님이 자신을 통해 그분의 능력을 드러내시는 수단으로 받아들였다.

10절은 이 단락의 진리를 요약한다. '유도케오'(*eudokeō*, **well content, 기뻐하노니**)는 "즐거워하다"(pleased) 또는 "기뻐하다"(delight)로 번역할 수 있다. 바울은 **그리스도를 위하여** 겪는 **약한 것들과 능욕과 궁핍과 박해와 곤고**에 전율했다. 그가 마조히스트였기 때문이 아니라 그가 **약한 그때에 강하기** 때문이었다.

어려움, 시련, 고난을 보는 바른 시각이 그리스도인의 삶의 모퉁잇돌이다. 어려움을 제거하는 데 모든 노력을 집중하는 것은 해답이 아니다. 신자들은 하나님이 겪도록 허락하시는 시련을 받아들여야 한다. 이 시련이 자신의 성품을 드러내고, 자신을 겸손하게 하며, 자신을 하나님께 더 가까이 이끌고, 자신의 삶에서 하나님이 그분의 은혜와 능력을 드러내시게 한다는 것을 알기 때문이다. 신자들은 야고보의 조언에 귀 기울여야 한다. "내 형제들아, 너희가 여러 가지 시험을 당하거든 온전히 기쁘게 여기라. 이는 너희 믿음의 시련이 인내를 만들어 내는 줄 너희가 앎이라. 인내를 온전히 이루라. 이는 너희로 온전하고 구비하여 조금도 부족함이 없게 하려 함이라"(약 1:2-4).

32

사도의 유일성
(12:11-12)

¹¹내가 어리석은 자가 되었으나 너희가 억지로 시킨 것이니, 나는 너희에게 칭찬을 받아야 마땅하도다. 내가 아무것도 아니나 지극히 크다는 사도들보다 조금도 부족하지 아니하니라. ¹²사도의 표가 된 것은 내가 너희 가운데서 모든 참음과 표적과 기사와 능력을 행한 것이라. (12:11-12)

현대 기독교에서 아주 혼란스러운 현상이 있다. 그중 하나가 은사운동(Charismatic Movement)이다. 텔레비전 방송, 방송 전도자, 신유집회, 베스트셀러 작가를 통해 은사운동은 지켜보는 세상의 눈에 가장 잘 띄는 조작된 기독교 현상 중 하나다. 이 운동의 여러 가지 특징이 있다. 그중에서 가장 두드러진 것은 체험주의이며 계시, 치유, 쓰러짐(fainting), 방언이 지금도 지속된다는 믿음이다. 그러나 그 중심에는 사도 시대가 유일하지 않았고 오히려 모든 시대의 교회에 적용되는 규범이라는 믿음이 있다. 그 필연적 결과로, 어떤 사람들은 심지어 지금도 사도가 있다고 설득하려 하며, 따라서 사도들의 유일성(uniqueness)도 부정한다. 어떤 사람들은 자신들이 예수 그리스도의 사도들보다 능력이 뛰어나고 세상에 더 큰 영향을 끼친다고 주장하기까지 한다.

그러나 사도들에게 국한된 역할(unique role)에 관한 혼란은 새로운 게 아니다. 초기 교회는 자신이 사도라며 거짓 주장을 하는 자들과 싸워야 했다. 주 예수 그리스도께서 에베소교회를 칭찬하신 것은 이들이 "자칭 사도라 하되 아닌 자들을 시험하여 그의 거짓된 것을 네가 드러낸 것" 때문이었다(계 2:2). 에베소교회처럼, 고린도교회도 거짓 사도들이 침투했다(고후 11:13). 그러나 고린도교회는 에베소교회가 보였던 분별력이 없었다. 그래서 많은 고린도교회 신자가 거짓말로 속이는 자들을 받아들였다. 그 결과, 고린도교회는 혼란에 빠졌고 어떤 교인들은 거짓 선생들이 바울의 사도성에 퍼붓는 공격이 옳다고 믿었다.

이런 공격이 일어난 것은 놀랍지 않다. 거짓의 아비요(요 8:44) 하나님의 진리의 원수인 사탄은(막 4:15; 눅 22:3; 요 13:27; 행 5:3; 고후 4:4; 살전 2:18; 계 20:3, 8, 10) 늘 하나님의 메신저들과 메시지에 맞섰다. 사탄의 한 전략은 하나님을 대언하는 자들의 신뢰성을 공격해(참조. 슥 3:1; 눅 22:31) 이들의 메시지를 사람들이 믿지 않게 하는 것이다. 바울은 하나님의 구속 계획에서 중요한 역할을 했으며, 따라서 주 예수 그리스도를 제외하고 바울만큼 사탄이 조직적으로 공격한 대상이 없었다.

바울은 고린도 신자들에게 어쩔 수 없이 자신을 변호했다. 그렇더라도 이렇게 하는 것이 역겨워 거듭 이것이 **어리석다**고 표현했다(참조. 고후 11:1, 16, 17, 21, 12:6). 그는 지혜로운 솔로몬의 조언에 완전히 동의했다. "타인이 너를 칭찬하게 하고 네 입으로는 하지 말며, 외인이 너를 칭찬하게 하고 네 입술로는 하지 말지니라"(잠 27:2). 그러나 바울이 자랑하지 않을 수 없었던 것은 고린도 신자들 때문이었으며, 이들이 침묵했기에 바울은 말할 수밖에 없었다. 바울은 이 문제가 너무나 중요하다는 것을 알았다. 고린도 신자들이 예수 그리스도께 계속 충실할 것인지가 달려 있었다(11:3).

그러나 바울은 고린도 신자들에게 자신을 변호해야 하는 게 아니라 이들에게 **칭찬을 받아야 마땅했다.** 이들의 혼란은 변명의 여지가 없었다. 이들이 일어나 바울을 변호했어야 했다. 어쨌든, 바울은 이들의 영적 아버지였고(고전 4:15; 참조. 9:2) 복음을 고린도에 전한 장본인이었다(행 18:1 – 8; 고전 3:6, 10; 15:1; 고후 10:14). 거짓 사도들은 미혹하는 추천서가 있었으나 바울의 추천서는 고린도 신자들 자신이었다(3:2). 고린도 신자들이 바울을 변호하지 못한 것은 더더욱 변명의 여지가 없었다. 고린도 신자들은 바울에게 제기된 혐의가 모두 거짓임을 알았기 때문이다. 이들은 바울이 자신들 가운데서 사역할 때 그의 삶을 직접 보았고(행 18:11) 그에게 비난받을만한 게 없다는 것을 알았다. 경건한 사람들의 삶과 사역이 비난받을 때 침묵하면, 이들을 비난하는 자들의 죄에 참여하는 것이다.

진실은 바울이 **지극히 크다는 사도들보다 조금도 부족하지 아니하다**는 것이었다. 이 책 27장에서 11:5를 살펴보며 말했듯이, **지극히 크다는 사도들(the most eminent apostles**, 또는 "수퍼 사도들")은 비꼬는 표현으로 거짓 사도들을 가리킨다. 필시 이들은 자신들을 이렇게 선전했을 것이다. 사실, 바울은 겸손했기에 자신이 **아무것도 아니**라고 했지만(참조. 4:7; 고전 15:9) 이들보다 우월했다. 바울 한 사람만 참 사도였기 때문이다.

바울은 겸손해 자랑하길 꺼렸으나 고린도 신자들이 순진하게도 거짓 사도들의 주장을 받아들였기에 다른 선택이 없었다. 10장에서 시작해, 바울은 거짓 사도들에게 직접 맞서며 11:22 이하에서 자신의 사도 신임장을 제시하며 끝을 맺는다. 12:12에서 바울은 자신이 진짜 사도라는 논박할 수 없는 증거, 즉 넓은 의미에서 사도들의 유일성(uniqueness)을 확립하는 논박할 수 없는 증거를 제시했다. 그는 사도들이 그들만의(unique) 자격과 능력이 있었다는 것을 보여주었다.

사도들만 갖춘 자격

사도의 표가 된 것은 내가 너희 가운데서…행한 것이라(12:12a)

사도들은 교회사에서 유일하고 되풀이될 수 없으며 양도할 수 없는 역할을 했다. 이 역할을 이해하지 못하면 구속사를 제대로 이해할 수 없다. **사도**로 번역된 헬라어 '아포스톨로스'(*apostolos*, "보내다"를 뜻하는 동사 *apostellō*에서 왔다)는 신약성경에 80회 나온다. '아포스톨로스'는 "메신저," "대표," "대사"를 뜻하며, 신약성경에서 주로 열네 사람, 곧 열둘(마 10:2)과 맛디아(행 1:26)와 바울을(고전 9:1) 지칭할 때 사용된다. 이에 상응하는 아람어(예수님이 사용하셨을 언어) 단어는 '살리아흐'(*šāliaḥ*)이다.

이 단어는 신약성경 주해에 중요해졌다. 예수님 당시에 랍비 유대교는 메신저에 관한 고대 유대 율법에서 비롯된 대표 또는 대리자 기능을 분명하게 인정했다. 이것은 미쉬나에 나오는 원칙에 간략하게 표현된다. "한 사람의 대리인(*šāliaḥ*)은 그 사람과 같다"(Ber. 5:5 등). 따라서 메신저는 그에게 사명을 부여해 파송한 사람의 대리인이 된다(참조. 삼상 25:40 이하; 삼하 10:4, 6). 메신저나 그에게 임무를 부여한 사람이 누구냐와 상관없이, 심지어 임무의 성격과 상관없이, '살리아흐'라는 표현은 타인을 대신해 완전한 권위를 갖고 행동하는 사람을 뜻한다. (E. von Eicken, H. Lindner, "Apostle," in Colin Brown, ed., *The New International Dictionary of New Testament Theology* (Grand Rapids: Zondervan, 1975), 1:127 – 28)

그러므로 예수님은 열두 제자에게 이렇게 말씀하실 수 있었다. "내가 진실로 진실로 너희에게 이르노니, 내가 보낸 자를 영접하는 자는 나를 영접하는 것이요 나를 영접하는 자는 나를 보내신 이를 영접하는 것이니라"(요 13:20; 참조. 히 3:1).

신약성경은 열두 제자와 바울 외에 여러 사람을 "교회의 사자들[사도들]"이라 칭한다(고후 8:23). 이 단락에서, 이 표현은 고린도에서 디도를 도와 연보를 모았던 이름 모를 두 형제를 가리킨다. 바나바(행 14:4, 14), 안드로니고와 유니아와 그 외 사람들(롬 16:7), 주님의 형제 야고보(갈 1:19), 에바브로디도(빌 2:25) 또한 교회의 사도였다. 열둘 및 바울과 달리, 이들은 예수 그리스도께서 직접 세우신 사람들이 아니었다. 대신에, 이들은 공식적으로 인정된 대표로 섬기도록 교회가 선택한 사람들이었다.

예수 그리스도의 **사도**(a true apostle, 참 사도)라는 **표(signs)**[106]가 고린도에서 바울에 의해 행해졌다(**were performed, 행한**). 행해졌다(**were performed,**

행한)로 번역된 수동태 동사는[107] 바울이 이 표(signs)를 행할 수 있게 한 것은 그를 통해 역사한 하나님의 능력이라는 것을 강조한다. 사도들은 속이는 마술사가 아니라 하나님의 능력이 전달되는 통로였다. 고린도 신자들은 바울이 행한 표를 직접 보았으며, 이것은 이들이 바울을 변호했어야 하는 또 하나의 이유였다(11절에 대한 설명을 보라). 뒤에서 살펴볼 초자연적 표적과 기사와 이적 외에, 성경은 사도들의 표 또는 특징을 여럿 열거한다.

첫째, 사도들은 하나님이 이들의 사역을 위해 주권적으로 선택하신 사람들이었다. 주님은 아나니아에게 이렇게 말씀하셨다. "이 사람[바울]은 내 이름을 이방인과 임금들과 이스라엘 자손들에게 전하기 위하여 택한 나의 그릇이라"(행 9:15). 갈라디아서 1:15에서, 바울은 하나님이 자신을 선택하신 것을 두 부분 모두와 연결해서 생각했다. 하나는 구원이고 하나는 사도의 직무다. 하나님이 "내 어머니의 태로부터 나를 택정하시고 그의 은혜로 나를 부르셨다." 고린도전서에서 바울은 자신이 "하나님의 뜻을 따라 그리스도 예수의 사도로 부르심을 받았다"고 단언했다(고전 1:1; 참조. 롬 1:1; 고후 1:1; 엡 1:1; 골 1:1; 딤전 1:1). 그는 디모데에게 이렇게 상기시켰다. "이를 위하여 내가 전파하는 자와 사도로 세움을 입은 것은 참말이요 거짓말이 아니니, 믿음과 진리 안에서 내가 이방인의 스승이 되었노라"(딤전 2:7; 참조. 딤후 1:11). 하나님은 다른 사도들도 선택하셨다(행 10:41; 고전 12:28).

둘째, 사도들은 주 예수 그리스도께서 직접 세우신 사람들이었다. 누가복음 6:13은 이렇게 기록한다. "[예수께서] 그 제자들을 부르사 그중에서 열둘을 택하여 사도라 칭하셨으니." 요한복음 15:16에서, 예수님은 사도들에게 이렇게 말씀하셨다. "너희가 나를 택한 것이 아니요 내가 너희를 택하여 세웠나니, 이는 너희로 가서 열매를 맺게 하고 또 너희 열매가 항상 있게 하여…" 예수님은 자신을 배신할 유다까지도 주권적으로 선택하셨다. "예수께서 대답하시되, 내가 너희 열둘을 택하지 아니하였느냐 그러나 너희 중의 한 사람은 마

---

107 *kateirgrasthē*: *katergrazomai*(행하다, to work out)의 부정과거 직설법 수동태 3인칭 단수

귀니라 하시니, 이 말씀은 가룟 시몬의 아들 유다를 가리키심이라. 그는 열둘 중의 하나로 예수를 팔 자러라"(요 6:70-71). 바울은 에베소 장로들에게 자신이 "주 예수께 받은 사명 곧 하나님의 은혜의 복음을 증언하는 일"을 말했다(행 20:24). 바울이 다메섹 가는 길에서 회심할 때, 예수님이 그에게 말씀하셨다. "내가 네게 나타난 것은 곧 네가 나를 본 일과 장차 내가 네게 나타날 일에 너로 종과 증인을 삼으려 함이니"(행 26:26). 바울은 로마 신자들에게 이렇게 썼다. "그로[예수 그리스도로] 말미암아 우리가 은혜와 사도의 직분을 받아 그의 이름을 위하여 모든 이방인 중에서 믿어 순종하게 하나니"(롬 1:5). 바울은 "사람들에게서 난 것도 아니요 사람으로 말미암은 것도 아니요 오직 예수 그리스도와 그를 죽은 자 가운데서 살리신 하나님 아버지로 말미암아 사도"가 되었다(갈 1:1). 그는 디모데에게 이렇게 덧붙였다. "나를 능하게 하신 그리스도 예수 우리 주께 내가 감사함은 나를 충성되이 여겨 내게 직분을 맡기심이니"(딤전 1:12). 그리스도께서 사도들을 부르신 것은 하나님의 영원한 선택이 성취된 것이었다.

셋째, 사도들은 그리스도의 삶과 죽음과 부활을 목격한 증인이어야 했다. 유다가 변절해 스스로 목숨을 끊은 후,

> 모인 무리의 수가 약 백이십 명이나 되더라. 그때에 베드로가 그 형제들 가운데 일어서서 이르되, 형제들아 성령이 다윗의 입을 통하여 예수 잡는 자들의 길잡이가 된 유다를 가리켜 미리 말씀하신 성경이 응하였으니 마땅하도다. 이 사람은 본래 우리 수 가운데 참여하여 이 직무의 한 부분을 맡았던 자라. (이 사람이 불의의 삯으로 밭을 사고 후에 몸이 곤두박질하여 배가 터져 창자가 다 흘러나온지라. 이 일이 예루살렘에 사는 모든 사람에게 알리어져 그들의 말로는 그 밭을 아겔다마라 하니, 이는 피밭이라는 뜻이라.) 시편에 기록하였으되, 그의 거처를 황폐하게 하시며 거기 거하는 자가 없게 하소서 하였고, 또 일렀으되, 그의 직분을 타인이 취하게 하소서 하였도다. (행 1:15-20)

유다를 대신할 사람은 매우 구체적인 자격요건을 갖춰야 했다.

이러하므로 요한의 세례로부터 우리 가운데서 올려져 가신 날까지 주 예수께서 우리 가운데 출입하실 때에 항상 우리와 함께 다니던 사람 중에 하나를 세워 우리와 더불어 예수께서 부활하심을 증언할 사람이 되게 하여야 하리라 하거늘, 그들이 두 사람을 내세우니 하나는 바사바라고도 하고 별명은 유스도라고 하는 요셉이요 하나는 맛디아라. 그들이 기도하여 이르되, 뭇 사람의 마음을 아시는 주여, 이 두 사람 중에 누가 주님께 택하신 바 되어 봉사와 및 사도의 직무를 대신할 자인지를 보이시옵소서 유다는 이 직무를 버리고 제 곳으로 갔나이다 하고 제비 뽑아 맛디아를 얻으니, 그가 열한 사도의 수에 들어가니라. (21-26절)

후보들은 예수님의 지상 사역 내내, "요한의 세례로부터 우리 가운데서 올려져 가신 날까지," 그분을 비롯해 다른 사도들과 동행했어야 했다. 제비뽑기와 "맛디아…가 열한 사도의 수에 들어간" 것을 통해, 주님은 자신의 뜻을 주권적으로 계시하셨다.

베드로는 고넬료 집에 모인 사람들에게 사도들은 "유대인의 땅과 예루살렘에서 그가 행하신 모든 일에 증인"이라고 했다(행 10:39). 특히, 사도들은 예수님의 부활을 목격한 증인이었다. "하나님이 사흘 만에 다시 살리사 나타내시되, 모든 백성에게 하신 것이 아니요 오직 미리 택하신 증인, 곧 죽은 자 가운데서 부활하신 후 그를 모시고 음식을 먹은 우리에게 하신 것이라"(40-41절).

바울은 예수님이 지상 사역을 하실 때 그분을 따랐던 사람이 아니었으나 그 또한 사도였다. 그는 고린도 신자들에게 강한 어조로 물었다. "[내가] 사도가 아니냐? 예수 우리 주를 보지 못하였느냐?"(고전 9:1). 바울은 그리스도께서 부활 후에 나타나신 것을 말하면서 이렇게 끝을 맺었다. "맨 나중에 만삭되지 못하여 난 자 같은 내게도 보이셨느니라"(고전 15:8). 바울이 다메섹 가는 길에 본 첫 환상 외에, 사도행전은 바울이 부활하신 그리스도를 세 번 더 보았다고 기록한다(18:9-10; 22:17-21; 23:11).

넷째, 사도들은 다른 사람이 아닌 예수 그리스도의 직접 계시로 복음을 받았다. 주님은 부활과 승천 사이 40일을 포함해(행 1:1-3) 이 땅에 계실 때 열두 제자를 가르치셨다(예를 들면, 마 20:17-19; 요 13-17장). 주님이 이 땅에서 사역하실 때, 바울은 그분에게 배우지 않았다. 그렇더라도 바울은 복음을 주님에게 직접 받았다. 갈라디아서 1:11-12에서, 바울은 이렇게 썼다. "형제들아, 내가 너희에게 알게 하노니, 내가 전한 복음은 사람의 뜻을 따라 된 것이 아니니라. 이는 내가 사람에게서 받은 것도 아니요 배운 것도 아니요 오직 예수 그리스도의 계시로 말미암은 것이라." 그는 고린도 신자들에게 주의 만찬에 관해 쓰면서 이렇게 말했다.

> 내가 너희에게 전한 것은 주께 받은 것이니, 곧 주 예수께서 잡히시던 밤에 떡을 가지사 축사하시고 떼어 이르시되, 이것은 너희를 위하는 내 몸이니 이것을 행하여 나를 기념하라 하시고. (고전 11:23-24)

바울은 자신이 고린도 신자들에게 전한 복음을 요약하면서 먼저 이들에게 이렇게 상기시켰다. "내가 받은 것을 먼저 너희에게 전하였노니"(고전 15:3). 그는 에베소 신자들에게 이렇게 썼다. "계시로 내게 비밀을 알게 하신 것은 내가 먼저 간단히 기록함과 같으니, 그것을 읽으면 내가 그리스도의 비밀을 깨달은 것을 너희가 알 수 있으리라"(엡 3:3-4). 그는 또한 복음에 관해 이렇게 단언했다. "이제 그의 거룩한 사도들과 선지자들에게 성령으로 나타내신 것 같이 다른 세대에서는 사람의 아들들에게 알리지 아니하셨으니"(5절).

다섯째, 사도들은 교회의 기초였다. 에베소서 2:20에서, 바울은 교회에 대해 이렇게 썼다. "너희는 사도들과 선지자들의 터 위에 세우심을 입은 자라. 그리스도 예수께서 친히 모퉁잇돌이 되셨느니라"(참조. 마 16:18). 하나님이 사도들을 교회에 주신 목적은 "성도를 온전하게 하여 봉사의 일을 하게하며 그리스도의 몸을 세우려 하심"이었다(엡 4:12). 교회 초기부터, 신자들은 "사도의 가르침을 받았다"(행 2:42). 사도들은 교회의 교리적 기초를 놓았으며, 이것은 신약성경으로 성문화되었다. 사도를 이은 사람들이 이 기초 위에 건축했다. 이 기초는 단번에(once and for all) 놓였기 때문에(유 3), 오늘날 자칭 사도들이 계속 놓을 필요가 없다. 사도들은 신약성경에 있는 하나님의 말씀을 교회에 준 후(벧후 1:19) 무대에서 사라졌으며 절대로 대체되지 않았다.

여섯째, 사도들은 사역과 관련해 그들만의 의무를 받았다. 이들의 첫째 책임은 주님의 손에 제자가 되는 것이었다. 마가복음 3:14은 예수님이 "열둘을 세우셨으니 이는 자기와 함께 있게 하시고"라고 말한다. 그런 후, 이들은 다른 신자들이 따를 경건의 본보기가 되어야 했다. 그러므로 바울은 고린도 신자들에게 "내가 그리스도를 본받는 자가 된 것 같이 너희는 나를 본받는 자가 되라"고 했다(고전 11:1; 참조. 고전 4:16; 살전 1:6).

사도들의 필수 책임 중 둘째는 복음을 전하는 것이었다. 마가복음 3:14은 예수님이 열둘을 부르신 것은 이들을 제자로 훈련할 뿐 아니라 이들을 "보내사 전도도 하게" 하기 위해서였다고 말한다. 누가복음 9:2은 이렇게 기록한다. "하나님의 나라를 전파하며 앓는 자를 고치게 하려고 [열둘을] 내보내셨다." 사도들은 예수님의 명령을 충실하게 수행했다. 사도행전 4:33은 이렇게 기록한다. "사도들이 큰 권능으로 주 예수의 부활을 증언하니." 베드로는 고넬료 집에 모인 이방인들에게 이렇게 말했다. "[예수께서] 우리에게 명하사 백성에게 전도하되 하나님이 살아 있는 자와 죽은 자의 재판장으로 정하신 자가 곧 이 사람인 것을 증언하게 하셨고"(행 10:42). 사도들은 불신자들에게 복음을 전하는 책임을 수행했을 뿐 아니라 신자들을 가르쳤다. 앞서 말했듯이, 사도들의 가르침은 교회의 기초였다. 베드로후서 3:2에서, 베드로는 독자들에게 권면했다. "거룩한 선지자들이 예언한 말씀과 주되신 구주께서 너희의 사도들로 말미암아 명하신 것을 기억하라." 바울은 "선포자와 사도와 교사로 세우심을 입었노라"라고 두 차례 썼다(딤후 1:11; 참조. 딤전 2:7).

이 장 뒷부분에서 더 자세히 살펴보겠지만, 사도들의 셋째 책임은 하나님이 주신 능력을 초자연적 영역에서 행하는 것이었다. 예수님은 열둘에게 "귀신을 내쫓는 권능"을 주셨다(막 3:15; 참조. 6:7; 마 10:1, 8; 눅 9:1). 빌립보에서 여종에게서 귀신을 쫓아냄으로써 입증했듯이, 바울도 이런 권능이 있었다(행 16:16-18; 참조. 19:11-12). 사도들은 병자를 고치는 능력도 받았다. 누가복음 9:1에서, 예수님은 "열두 제자를 불러 모으사 모든 귀신을 제어하며 병을 고치는 능력과 권위를 주셨다"(참조. 마 10:1; 막 6:13; 행 3:1-8; 9:34-41). 바울도 병 고침이라는 사도의 표를 나타내 보였다(행 14:8-10; 28:8).

마지막으로, 사도들은 함께 신약성경을 쓰는 과제를 받았다. 모든 사도가 신약성경의 책들을 쓴 것은 아니다. 그러나 신약성경 전부가 사도(바울, 베드로, 요한, 마태) 또는 사도들과 가까웠던 사람들이(마가, 누가, 야고보, 유다) 쓴 것이다. 예수님은 사도들에게 약속하셨다. "보혜사 곧 아버지께서 내 이름으로 보내실 성령 그가 너희에게 모든 것을 가르치고 내가 너희에게 말한 모든 것을 생각나게 하리라"(요 14:26; 참조. 16:13). 사도로서, 바울은 또한 그가 고린도전서 2:13에서 말했듯이 하나님의 감동으로 성경을 썼다. "우리가 이것을 말하거니와 사람의 지혜가 가르친 말로 아니하고 오직 성령께서 가르치신 것으로 하니, 영적인 일은 영적인 것으로 분별하느니라."

일곱째, 열두 사도는 특별하게(unique) 존귀한 자리를 약속받았다. 베드로가 예수님께 물었다. "보소서. 우리가 모든 것을 버리고 주를 따랐사온대 그런즉 우리가 무엇을 얻으리이까?"(마 19:27). 이 질문에 답해, 예수님은 열두 제자에게 약속하셨다. "내가 진실로 너희에게 이르노니, 세상이 새롭게 되어 인자가 자기 영광의 보좌에 앉을 때에[천년왕국에서] 나를 따르는 너희도 열두 보좌에 앉아 이스라엘 열두 지파를 심판하리라"(28절). 유다를 대신한 맛디아를 비롯해 열두 사도는 천년왕국에서 특별한 역할, 이스라엘 열두 지파를 다스리는 역할을 할 것이다.

사도들은 또한 천성에서 특별한 영예를 얻을 것이다. 요한은 환상 중에 새 예루살렘을 보았는데 "그 성의 성곽에는 열두 기초석이 있고 그 위에는 어린 양의 열두 사도의 열두 이름이 있었다"(계 21:14). 성경은 자세히 말하지 않지만, 바울도 의심할 여지 없이 천년왕국과 영원한 나라에서 큰 영예를 얻을 것이다.

사도의 자격요건은 아주 엄격했기에 열둘과 바울만 자격이 있었다. 그러므로 교회사에서 이들 외에 스스로 사도라고 주장한 자들은 모두 가짜다.

사도들만 가진 능력

표적과 기사와 능력[108] (12:12c)

이 단어들은 기적에 세 유형이 있다는 뜻이 아니라 전반적으로 기적이 세 측면을 갖는다는 것을 말한다. 기적의 세 측면이란 메시지가 진짜임을 증명하고("표적 signs"), 경외심을 불러일으키며("기사 wonders") 하나님의 권능 (divine power)을 드러내는 역량("큰 일 mighty deeds")이다(Murray J. Harris, "2 Corinthians," in Frank E. Gaebelein, ed., *The Expositor's Bible Commentary*[Grand Rapids: Zondervan, 1976], 10:398). 사도들이 행한 **능력(miracles)**은 이들이 진정한 하나님의 메신저임을 보여주는 **표적(signs)**이었다. 이것들은 놀라움과 경악을 일으키고 구경꾼들의 관심을 사도들이 선포하는 메시지에 집중시키는 **기사(wonders)**였다.

기적(miracles, 능력)은 교회사의 모든 시대에 적용되는 규범이 아니며, 이것은 바울이 기적을 사도의 표적(signs, 표)으로 지정한 데서 분명해진다. 기적이 일반적이었다면 기적으로 사도와 일반 신자를 구분하기 어려웠을 것이다. 기적이 사도들의 결정적 표적이었던 것은 보편적이지 않았을뿐더러 희귀했기 때문이다. 그뿐 아니라, 기적은 구속사 전체에 아무렇게나 흩어져 있지도 않았다. 성경은 표적과 기사와 능력(기적)을 특정한 시대에 한정하는 세 가지 목적을 계시한다.

첫째, 기적은 하나님의 계시가 주어진 연속적인 시대를 알렸다. 성경에 기록된 기적들은 세 시대에 일어났다. 모세와 여호수아 시대, 엘리야와 엘리사 시대, 그리스도와 사도 시대다. 하나님은 모세와 여호수아 시대에 율법을 주신 것을 몇몇 기적을 통해 증명하셨다. 엘리야와 엘리사가 행한 기적들은 구약 계시의 두 번째 시대, 곧 선지자 시대를 상징했다(참조. 마 5:17; 7:12; 22:40). 하나님이 이들을 통해 행하신 기적들은 이들이 하나님을 대언하는 선지자임

---

108 NASB: signs and wonders and miracles

을 증명했다(아래 논의를 보라). 그렇지만 이 시대들은 기적이 드물었다.

구속사에서 그리스도와 사도 시대에 비교도 안 될 만큼 많은 기적이 일어났다. 삼위일체 두 번째 위격의 성육신과 구속의 날의 여명, 신약성경과 교회의 출현은 이전이나 이후에 비할 수 없는 기적들을 촉발했다.

모든 기적은 하나님의 초자연적 행위다. 그렇더라도 하나님의 모든 초자연적 행위가 기적은 아니다. 이러한 표적과 기사와 능력(기적)은 '인간 대리자를 통해' 이루어진 하나님의 초자연적 행위였다. 기적의 둘째 목적은 하나님의 메신저들이 진짜임을 증명하는 것이다. 기적은 표적(signs)으로 작동해 사람들로 기적을 행하는 자들의 메시지가 하나님에게서 비롯되었다고 결론짓게 하는 경이(wonders, 기사)를 불러일으키는 게 본래 목적이었다. 따라서 창조와 대홍수를 비롯해 하나님의 여러 심판 행위처럼 하나님의 능력이 표현되는 사건들은 하나님의 초자연적 행위지만 표적과 기사(wonders)는 아니다. 따라서 표적과 기사는 하나님의 초자연적 행위의 하위범주다.

하나님은 모세에게 기적을 행하는 능력을 주셨다. 그가 하나님의 메신저라는 것을 이스라엘에게 증명하기 위해서였다(출 4:1-9; 참조. 행 7:36). 엘리야는 하늘에서 불이 내리게 하는 능력이 있었고, 이 능력은 그가 하나님의 사람이라는 것을 증명했다(왕하 1:10, 12; 참조. 왕상 18:36-38). 그가 과부의 죽은 아들을 살린 일이 이것을 증명했듯이 말이다(왕상 17:17-24). 오순절 설교에서, 베드로는 이렇게 선포했다. "이스라엘 사람들아, 이 말을 들으라. 너희도 아는 바와 같이, 하나님께서 나사렛 예수로 큰 권능(miracles)과 기사와 표적을 너희 가운데서 베푸사 너희 앞에서 그를 증언하셨느니라"(행 2:22; 참조. 막 6:2; 눅 19:37; 요 3:2; 5:36; 7:31; 10:25, 38; 11:47; 12:37; 14:11; 행 10:38). 사도들은 하나님의 이전 대언자들과 같은 방식으로 인증받았다. 히브리서 2:3-4은 이렇게 경고한다.

우리가 이같이 큰 구원을 등한히 여기면 어찌 그 보응을 피하리요? 이 구원은 처음에 주로 말씀하신 바요 들은 자들이 우리에게 확증한 바니, 하나님도 표적들과 기사들과 여러 가지 능력(miracles)과 및 자기의 뜻을 따라 성령이 나누어 주신 것으로써 그들과 함께 증언하셨느니라.

사도행전 2:43은 이렇게 기록한다. "사람마다 두려워하는데, 사도들로 말미암아 기사와 표적이 많이 나타나니"(참조. 행 4:30; 5:12). 바울과 바나바의 이고니온 사역을 기술하면서, 누가는 이렇게 말했다. "주께서 그들의 손으로 표적과 기사를 행하게 하여 주사 자기 은혜의 말씀을 증언하시니"(행 14:3; 참조. 15:12; 19:11). 바울은 로마 신자들에게 상기시켰다.

> 그러므로 내가 그리스도 예수 안에서 하나님의 일에 대하여 자랑하는 것이 있거니와 그리스도께서 이방인들을 순종하게 하기 위하여 나를 통하여 역사하신 것 외에는 내가 감히 말하지 아니하노라. 그 일은 말과 행위로 표적과 기사의 능력으로, 성령의 능력으로 이루어졌으며, 그리하여 내가 예루살렘으로부터 두루 행하여 일루리곤까지 그리스도의 복음을 편만하게 전하였노라. (롬 15:17-19)

바울은 데살로니가 신자들에게 이렇게 썼다. "우리 복음이 너희에게 말로만 이른 것이 아니라 또한 능력과 성령과 큰 확신으로 된 것임이라"(살전 1:5). 사도행전은 바울이 고린도에서 행한 기적을 전혀 기록하지 않지만, 그가 고린도에서 기적을 행한 게 분명하다. 그러지 않았다면, 그의 이런 주장은 난센스였을 것이다. **사도의 표가 된 것은 내가 너희 가운데서 모든 참음과 표적과 기사와 능력을 행한 것이라.**

마지막으로, 하나님은 기적을 사용해 기적을 보는 자들에게 자신에 관한 진리를 계시하셨다. 하나님은 모세에게 이렇게 명하셨다. "그러므로 이스라엘 자손에게 말하기를, 나는 여호와라. 내가 애굽 사람의 무거운 짐 밑에서 너희를 빼내며, 그들의 노역에서 너희를 건지며, 편 팔과 여러 큰 심판들로써 너희를 속량하여…"(출 6:6-7). 출애굽기 34:10에서,

> 여호와께서 이르시되, 보라. 내가 언약을 세우나니, 곧 내가 아직 온 땅 아무 국민에게도 행하지 아니한 이적을 너희 전체 백성 앞에 행할 것이라. 네가 머무는

나라 백성이 다 여호와의 행하심을 보리니, 내가 너를 위하여 행할 일이 두려운 것임이니라.

느헤미야 9:10은 이렇게 말한다. "이적(signs)과 기사를 베푸사 바로와 그의 모든 신하와 그의 나라 온 백성을 치셨사오니, 이는 그들이 우리의 조상들에게 교만하게 행함을 아셨음이라. 주께서 오늘과 같이 명예를 얻으셨나이다." 시편 139:5은 이렇게 노래한다. "애굽이여, 여호와께서 네게 행한 표적들과 징조들을(wonders) 바로와 그의 모든 신하들에게 보내셨도다." 예레미야는 이렇게 썼다. "주께서 애굽 땅에서 표적과 기사를 행하셨고, 오늘까지도 이스라엘과 인류 가운데 그와 같이 행하사 주의 이름을 오늘과 같이 되게 하셨나이다"(렘 32:20).

교회사에서, 사도들은 유일하고 양도할 수 없으며 큰 특권이 따르는 위치에 있었다. 사도직은 결코 영구적인 제도로 계획되지 않았다. 사실, 사도 시대가 이미 끝나가고 있었다는 분명한 징후들이 신약성경에 있다. 사도행전 5:16에 따르면, 사도들 앞에 나온 병자는 모두 나았다. 그러나 바울의 생애가 끝날 무렵, 상황이 극적으로 바뀌었다. 바울이 사랑하는 믿음의 아들 디모데는 질병이 재발했다. 그러나 바울은 그의 병을 고쳐주는 대신 포도주를 조금씩 마셔 병을 다스리라고 조언했다(딤전 5:23). 그뿐 아니라, 바울은 또 다른 가까운 동료 드로비모의 병도 고칠 수 없어 병든 그를 밀레도에 남겨두고 떠나야 했다(딤후 4:20).

예루살렘교회 초기에 기사와 표적이 간간히 있었다(행 2:43; 5:12). 그러나 사도행전에 스데반의 순교 이후 예루살렘에서 기적이 있었다는 기록이 없다(참조. 행 6:8). 어떤 사람들은 사도들이 예루살렘을 떠났으므로 그곳에서 기적을 행하지 않았다고 주장할는지 모른다. 그러나 스데반의 죽음과 연결된 박해가 일어난 후, 사도들은 예루살렘에 남아 있었다(행 8:1). 사도들은 초기에 누구도 이길 수 없는 초자연적 능력을 받았다(참조. 행 12:6-12). 그러나 이러한 능력이 서서히 사라졌고 거의 모든 사도가 순교했다. 결국 히브리서 저자는 사도들(주님의 말씀을 "들은 자들")과 이들이 행한 표적과 기사를 과거 시제로 말했다(히 2:3-4). 사도 시대와 이들과 연결된 기적이 사라지고 있었다.

사도들이 유일했던(unique) 것은 이들이 갖추었던 자격과 교회를 향한 하나님의 계획에서 기본적으로 수행했던 역할 때문이었다. 사도들은 교회를 위해 견고한 교리적 기초를 놓은 후 무대에서 사라졌으며 절대로 대체되지 않았다. 사도, 표적, 기사, 기적(능력)은 오늘날 교회에 적용되는 규범이 아니다. 규범은 성경이며, 성경은 완결되었고(유 3; 계 22:18) 영원히 서며(사 40:8; 마 5:17-18; 24:5) "교훈과 책망과 바르게 함과 의로 교육하기에 유익하니, 이는 하나님의 사람으로 온전하게 하며 모든 선한 일을 행할 능력을 갖추게 하려 함이라"(딤후 3:16-17).

33

참 목회자의 관심사
(12:12-19)

¹²사도의 표가 된 것은 내가 너희 가운데서 모든 참음과 표적과 기사와 능력을 행한 것이라. ¹³내 자신이 너희에게 폐를 끼치지 아니한 일밖에 다른 교회보다 부족하게 한 것이 무엇이 있느냐? 너희는 나의 이 공평하지 못한 것을 용서하라. ¹⁴보라, 내가 이제 세 번째 너희에게 가기를 준비하였으나 너희에게 폐를 끼치지 아니하리라. 내가 구하는 것은 너희의 재물이 아니요 오직 너희니라. 어린 아이가 부모를 위하여 재물을 저축하는 것이 아니요 부모가 어린 아이를 위하여 하느니라. ¹⁵내가 너희 영혼을 위하여 크게 기뻐하므로 재물을 사용하고 또 내 자신까지도 내어 주리니, 너희를 더욱 사랑할수록 나는 사랑을 덜 받겠느냐? ¹⁶하여간 어떤 이의 말이 내가 너희에게 짐을 지우지는 아니하였을지라도 교활한 자가 되어 너희를 속임수로 취하였다 하니, ¹⁷내가 너희에게 보낸 자 중에 누구로 너희의 이득을 취하더냐? ¹⁸내가 디도를 권하고 함께 한 형제를 보내었으니, 디도가 너희의 이득을 취하더냐? 우리가 동일한 성령으로 행하지 아니하더냐? 동일한 보조로 하지 아니하더냐? ¹⁹너희는 이때까지 우리가 자기변명을 하는 줄로 생각하는구나. 우리는 그리스도 안에서 하나님 앞에 말하노라. 사랑하는 자들아, 이 모든 것은 너희의 덕을 세우기 위함이니라. (12:12-19)

오늘의 교회는 정체성의 위기에 직면했다. 이는 목회 사역과 교회 리더십을 다루는 엄청난 자료가 범람하고, 이 자료가 다양한 접근 방식과 스타일과 기술을 쏟아내면서 발생했다. 목회자들이 교회를 성장시킬 비법을 찾다가 무수한 선택 앞에서 갈피를 못 잡는다. 이들은 교회성장 전문가들이 쓴 책을 읽고 이들이 주최하는 세미나에 참석하며 이들이 홍보하는 프로그램을 실행하고 성공한 목회자들의 리더십 스타일을 따라 한다. 그러나 너무 자주, 프로그램과 방법과 묘책이 영적 결과를 내지 못하고 목회자와 회중 양쪽 모두 속여 하나님이 주시는 참 복을 빼앗는다.

쓸 수 있는 무수한 자료에 기초하면, 목회 사역이 매우 복잡해 보일 것이다. 그러나 사실 목회 사역은 당황스러울 만큼 단순하다. 성경이 제시하는 목회 성공의 원리와 지침만으로도 하나님의 사람을 온전히 갖추기에 충분하다 (고후 3:5 - 6; 참조. 딤후 3:16 - 17). 교회는 인구 통계와 마케팅 기법을 연구하거나 문화적 쟁점을 찾지 말고 성경 진리를 알고 그 진리에 순종해야 한다. 방법과 트렌드는 왔다가 사라지고, 오늘 엄청난 인기를 끄는 새 프로그램이 내일이면 실패한 실험이 될 것이다. 그러나 유능한 목회자를 특징짓는 경건한 진리와 덕의 원리는 시대를 초월한다. 능력 있고 유효한 사역을 하려면, 먼저 마음이 하나님 앞에서 바르고 하나님의 계획과 그분의 백성에 뜨거운 관심을 쏟아야 한다. (사역의 성경적 원리에 관해서는 다음을 보라. John MacArthur, ed., *Rediscovering Pastoral Ministry*[Dallas: Word, 1995].[109])

바울은 경건한 영적 지도자로서 최고의 본보기다. 매우 개인적인 이 단락이 모든 바울 서신 가운데 가장 목회적이다. 그런데 이 단락에서, 바울은 개인적인 사역 철학을 말하거나 교회성장 방법론을 제시하지 않았다. 대신에, 마음을 열어 자신의 영적 열망과 동기를 드러냈다. 바울이 사역에서 거둔 성공은 그의 경건한 삶이 넘쳐흐른 결과였다. 그는 올바른 목표에 집중하고 올바른 열정에 이끌리며 올바른 염원에서 동기를 얻는 사람이었다.

이 서신 전체의 배경이 그렇듯이, 이 단락의 배경도 거짓 사도들이 고린도 교회에 가하는 파괴적 공격이다. 이 책 앞장들에서 말했듯이, 이들은 바울의 신뢰성을 무자비하게 공격했고, 그래서 바울은 사도 신임장을 제시함으로써

---

109 『목회 사역의 재발견』, 서원교 옮김(생명의 말씀사, 1997).

스스로 변호하지 않을 수 없었다. 이 단락에서도 바울은 계속해서 자신과 거짓 사도들을 날카롭게 구분하며, 사역을 보는 자신의 올바른 시각과 이들의 잘못된 시각을 대비한다. 그러면서 세상, 자신, 사역, 주님, 교회와 관련한 자신의 다섯 가지 관심사(염려)를 드러낸다. 이 모든 부분에서, 바울의 경건한 태도는 모든 거짓 선생의 전형인 거짓 사도들의 경건하지 못한 태도와 대조를 이룬다.

첫째, 세상과 관련해, 거짓 선생들은 교만하다. 이들은 명성과 인기와 특권을 추구하며 사람들의 입맛에 맞추고 관심을 자신에게 집중시킨다.

둘째, 자신들과 관련해, 거짓 선생들은 이기적이다. 이들의 최우선순위는 자신의 안락과 번영이다.

셋째, 사역과 관련해, 거짓 선생들은 속인다. 고린도의 거짓 사도들처럼, 이들도 거짓말의 거미집을 아주 섬세하게 지을 수 있다. 흔히, 이들은 다른 사람들을 자신들의 사기극에 끌어들여 자신들을 믿을만한 사람으로 포장할 수 있다.

넷째, 하나님과 관련해, 거짓 선생들은 신성을 모독하며 불경하다. 이들은 하나님이나 그분의 진리나 그분의 말씀이나 그분의 영광에 관심이 없다.

마지막으로, 교회와 관련해, 거짓 선생들은 파괴적이다. 이들은 사람들을 이용하고 학대하며 죄와 거짓으로 인도한다.

이 단락은 참 하나님의 사람 바울의 관심사를 보여준다. 앞서 언급했으며 거짓 선생들의 표식인 다섯 가지 잘못된 태도와 대조적으로, 바울을 비롯한 모든 참 하나님의 사람에게는 세상(성실), 자신(희생), 사역(정직), 주님(공경), 교회(덕을 세움)와 관련된 관심사가 있다.

세상과 관련된 바울의 관심사: 성실

모든 참음과 (12:12b)

거짓 사도들은 부와 명성과 권력을 좇았다. 이들과 달리, 바울의 목표는 주님께 성실하기였다. 바울은 어떤 희생이 따르더라도 하나님의 뜻에 충실하겠다고 결심했으며, 그래서 **모든 참음으로(with all perseverance)** 사도의 표적을 (이 책 32장을 보라) 행했다. 세상의 모든 적대감과 반대와 박해에도, 바울은 끝까지 충성했다.

'후포모네'(*hupomonē*, **perseverance**, 참음)는 문자적으로 "~아래 남다"(to remain under)라는 뜻이다. 바울은 사역 내내 세상의 반대라는 압박을 견디며 자신의 위치를 지켰다. 그가 로마 신자들에게 썼듯이, 바울은 "환난은 인내(perseverance)"를 이룬다는 것을 알았다(롬 5:3). 이 서신 앞쪽에서, 바울은 이렇게 썼다. "우리가 환난 당하는 것도 너희가 위로와 구원을 받게 하려는 것이요 우리가 위로를 받는 것도 너희가 위로를 받게 하려는 것이니, 이 위로가 너희 속에 역사하여 우리가 받는 것 같은 고난을 너희도 견디게[*hupomonē*] 하느니라"(고후 1:6). 바울은 "많이 견디는" 하나님의 일꾼이라며 자신을 칭찬했다(6:4).

주 예수 그리스도께서 자신의 사도들이 박해를 받으리라고 하셨다. 요한복음 15:18-21에서, 그분은 이들에게 경고하셨다.

> 세상이 너희를 미워하면 너희보다 먼저 나를 미워한 줄을 알라. 너희가 세상에 속하였으면 세상이 자기의 것을 사랑할 것이나 너희는 세상에 속한 자가 아니요 도리어 내가 너희를 세상에서 택하였기 때문에 세상이 너희를 미워하느니라. 내가 너희에게 종이 주인보다 더 크지 못하다 한 말을 기억하라. 사람들이 나를 박해하였은즉 너희도 박해할 것이요 내 말을 지켰은즉 너희 말도 지킬 것이라. 그러나 사람들이 내 이름으로 말미암아 이 모든 일을 너희에게 하리니, 이는 나를 보내신 이를 알지 못함이라.

같은 다락방 강화 뒷부분에서, 주님은 이렇게 덧붙이셨다.

> 사람들이 너희를 출교할 뿐 아니라 때가 이르면 무릇 너희를 죽이는 자가 생각하기를 이것이 하나님을 섬기는 일이라 하리라…이것을 너희에게 이르는 것은

너희로 내 안에서 평안을 누리게 하려 함이라. 세상에서는 너희가 환난을 당하나 담대하라. 내가 세상을 이기었노라. (16:2, 33; 참조. 마 10:14; 눅 9:5; 요 21:18 – 19)

열두 사도처럼, 바울도 끊임없이 갇히고 무자비하게 박해를 받으면서도 기뻐하며 사역했다. 그가 고린도전서에 썼던 것과 다르지 않았다. "형제들아, 내가 그리스도 예수 우리 주 안에서 가진 바 너희에 대한 나의 자랑을 두고 단언하노니, 나는 날마다 죽노라"(고전 15:31). 그는 하루하루를 살면서 오늘이 마지막 날일 수 있다는 것을 알았다. 그가 복음을 전하는 다음 동네에서 폭도들이(참조. 행 17:5-9; 19:23-41) 그의 목숨을 앗아가거나, 그를 죽이려는 유대인들의 무수한 계획 중 하나가(행 20:19) 마침내 성공할 수도 있었다. 놀랄 것도 없이, 바울의 고난은 이 서신에서 되풀이되는 주제였다. 바울은 1:3-9에서 자신이 겪은 고난을 자세하게 기술했다.

찬송하리로다. 그는 우리 주 예수 그리스도의 하나님이시요 자비의 아버지시요 모든 위로의 하나님이시며, 우리의 모든 환난 중에서 우리를 위로하사 우리로 하여금 하나님께 받는 위로로써 모든 환난 중에 있는 자들을 능히 위로하게 하시는 이시로다. 그리스도의 고난이 우리에게 넘친 것 같이 우리가 받는 위로도 그리스도로 말미암아 넘치는도다. 우리가 환난 당하는 것도 너희가 위로와 구원을 받게 하려는 것이요 우리가 위로를 받는 것도 너희가 위로를 받게 하려는 것이니, 이 위로가 너희 속에 역사하여 우리가 받는 것 같은 고난을 너희도 견디게 하느니라. 너희를 위한 우리의 소망이 견고함은 너희가 고난에 참여하는 자가 된 것 같이 위로에도 그러할 줄을 앎이라. 형제들아, 우리가 아시아에서 당한 환난을 너희가 모르기를 원하지 아니하노니, 힘에 겹도록 심한 고난을 당하여 살 소망까지 끊어지고, 우리는 우리 자신이 사형 선고를 받은 줄 알았으니, 이는 우리로 자기를 의지하지 말고 오직 죽은 자를 다시 살리시는 하나님만 의지하게 하심이라. (참조. 4:7 – 12; 6:4 – 10; 7:5; 11:22 – 33; 12:7 – 10; 행 9:16)

하나님의 대언자들은 늘 반대에 부딪히고 적대감을 마주했다. 하나님이 예레미야에게 경고하셨다. "너는 네 허리를 동이고 일어나 내가 네게 명령한 바를 다 그들에게 말하라. 그들 때문에 두려워하지 말라. 네가 그들 앞에서 두려움을 당하지 않게 하리라…그들이 너를 치나 너를 이기지 못하리니, 이는 내가 너와 함께하여 너를 구원할 것임이니라. 여호와의 말이니라"(렘 1:17, 19). 하나님이 에스겔에게 명하셨다. "인자야, 너는 비록 가시와 찔레와 함께 있으며 전갈 가운데에 거주할지라도 그들을 두려워하지 말고 그들의 말을 두려워하지 말지어다. 그들은 패역한 족속이라도 그 말을 두려워하지 말며 그 얼굴을 무서워하지 말지어다"(겔 2:6). 세례 요한은 그 시대까지 이 세상에 살았던 가장 위대한 사람이었지만(마 11:11), 감옥에 갇혔고(마 14:3) 순교했다(마 14:10).

말씀을 전하면 박해가 따른다. 이것은 세 가지 원인에서 비롯된 결과다. 첫째, 하나님이 그분의 목적을 위해 주권적으로 박해를 허락하셨을 수 있다. 그 목적이란 그분의 말씀을 전파는 자들의 충성을 시험하고, 이들의 교만을 무너뜨리며, 이들을 겸손하게 하고, 이들을 자신에게 더 가까이 이끄는 것이다. 앞서, 바울은 사탄의 사자가 자신을 괴롭히도록 허용하신 하나님의 목적을 인정했다.

> 여러 계시를 받은 것이 지극히 크므로 너무 자만하지 않게 하시려고 내 육체에 가시 곧 사탄의 사자를 주셨으니, 이는 나를 쳐서 너무 자만하지 않게 하려 하심이라. 이것이 내게서 떠나가게 하기 위하여 내가 세 번 주께 간구하였더니, 나에게 이르시기를, 내 은혜가 네게 족하도다 이는 내 능력이 약한 데서 온전하여짐이라 하신지라. 그러므로 도리어 크게 기뻐함으로 나의 여러 약한 것들에 대하여 자랑하리니, 이는 그리스도의 능력이 내게 머물게 하려 함이라. 그러므로 내가 그리스도를 위하여 약한 것들과 능욕과 궁핍과 박해와 곤고를 기뻐하노니, 이는 내가 약한 그때에 강함이라. (12:7-10)

박해는 늘 하나님을 반대하지만 그분이 허용하시는 악한 세상 체제에서도 온다. 말씀은 죄를 드러내고 판단한다. 그러므로 죄를 폭로하는 자들은 세상의 적대감을 마주할 수밖에 없다.

사탄은 세상 체제 뒤에서 하나님의 메신저들도 박해한다. 사탄은 교회를 격렬하게 대적하고 어떻게든 무너뜨리려 한다. 사탄의 계획은 먼저 목자를 쓰러뜨린 후에 양 떼를 흩어버리는 것이다(참조. 슥 13:7; 마 26:31).

다른 한편으로, 거짓 선지자들은 이런 반대에 부딪히지 않는다. 이들은 진리가 아니라 속이는 거짓말을 선포하며, 따라서 세상은 이들을 뜨겁게 환영한다. 사실, 이들은 세상 체제의 일부다. 그뿐 아니라, 이들은 사탄에게 박해를 받지도 않는다. 이들은 사탄의 일꾼이며, 따라서 사탄이 이들을 공격한다면 역효과가 날 것이다(참조. 마 12:26).

참 예수 그리스도의 사역자들은 하나님 말씀을 선포하고 죄인들에게 회개를 촉구하며, 따라서 믿지 않는 세상은 이들을 적으로 본다. 믿지 않는 세상은 진리와 빛의 메시지를 가진 자들을 미워한다. 진리와 빛을 미워하기 때문이다(요 3:20; 참조. 15:18 – 19; 17:14; 마 10:22; 24:9; 눅 6:22; 요일 3:13). 그러나 전파자들이 미움받는 것은 결코 자신들의 어떤 잘못 때문이 아니라 순전히 그리스도 때문이어야 한다. 복음 전파가 이들이 미움받는 유일한 이유여야 한다. 바울처럼, 이들도 "이 직분이 비방을 받지 않게 하려고 무엇에든지 아무에게도 거리끼지 않게" 하겠다고 결심해야 했다(고후 6:3; 참조. 1:12; 8:20; 고전 9:12; 10:32 – 33).

세상은 지속적으로 가치 있는 그 무엇도 하나님의 일꾼들에게 줄 수 없다. 그래서 하나님의 일꾼들은 영원한 상을 구한다. 예수님은 자신의 제자들에게 말씀하셨다. "나로 말미암아 너희를 욕하고 박해하고 거짓으로 너희를 거슬러 모든 악한 말을 할 때에는 너희에게 복이 있나니 기뻐하고 즐거워하라. 하늘에서 너희의 상이 큼이라. 너희 전에 있던 선지자들도 이같이 박해하였느니라"(마 5:11-12). 고린도전서 3:8에서, 바울은 이렇게 썼다. "심는 이와 물주는 이는 한가지이나 각각 자기가 일한 대로 자기의 상을 받으리라." 삶이 끝날 무렵, 바울은 디모데에게 당당하게 썼다. "이제 후로는 나를 위하여 의의 면류관이 예비되었으므로 주 곧 의로우신 재판장이 그 날에 내게 주실 것이며 내게만 아니라 주의 나타나심을 사모하는 모든 자에게도니라"(딤후 4:8). 히브리서 저자는 독자들에게 "그가[하나님은] 자기를 찾는 자들에게 상주시는 이"라는 것을 상기시켰다(히 11:6).

거짓 선생들은 땅의 상을 위해 일한다. 참 전파자들은 하늘의 상을 위해 성실하게 일한다. 바울은 세상이 자신에게 적대적이더라도 자신의 소명에 충실하기로 결심했다. "우리가 잠시 받는 환난의 경한 것이 지극히 크고 영원한 영광의 중한 것을 우리에게 이루게" 한다는 것을 알기 때문이었다(고후 4:17; 참조, 롬 8:18; 벧전 4:13).

자신과 관련된 바울의 관심사: 희생

[13]내 자신이 너희에게 폐를 끼치지 아니한 일밖에 다른 교회보다 부족하게 한 것이 무엇이 있느냐? 너희는 나의 이 공평하지 못한 것을 용서하라. [14]보라, 내가 이제 세 번째 너희에게 가기를 준비하였으나 너희에게 폐를 끼치지 아니하리라. 내가 구하는 것은 너희의 재물이 아니요 오직 너희니라. 어린 아이가 부모를 위하여 재물을 저축하는 것이 아니요 부모가 어린 아이를 위하여 하느니라. [15]내가 너희 영혼을 위하여 크게 기뻐하므로 재물을 사용하고 또 내 자신까지도 내어 주리니, 너희를 더욱 사랑할수록 나는 사랑을 덜 받겠느냐? [16]하여간 어떤 이의 말이 내가 너희에게 짐을 지우지는 아니하였을(지라도) (12:13-16a)

미가 3:2-3, 5은 거짓 선생들을 탐욕스럽고 움켜쥐길 좋아하며 자기중심적이라고 생생하게 묘사한다.

> 너희가 선을 미워하고 악을 기뻐하여
> 내 백성의 가죽을 벗기고
> 그 뼈에서 살을 뜯어
> 그들의 살을 먹으며
> 그 가죽을 벗기며
> 그 뼈를 꺾어 다지기를

넴비와 솥 가운데에 담을 고기처럼 하는도다.…

내 백성을 유혹하는 선지자들은

이에 물것이 있으면 평강을 외치나

그 입에 무엇을 채워 주지 아니하는 자에게는

전쟁을 준비하는도다.

(참조. 겔 34:2 – 3; 슥 11:16; 막 12:38 – 40)

참 하나님의 사람들은 정반대다. 이타적이며 희생적이다. 바울이 고린도 신
자들을 이기적이고 저급하게 대했다며 거짓 사도들이 그를 비방하고 비난했
다. 바울이 질문하듯이, 근거 없는 비난이었다. **내 자신이 너희에게…다른 교회**
보다 부족하게 한 것이 무엇이 있느냐? 12절이 암시하듯이, 바울은 다른 교회들
에서 사역했던 그대로 고린도교회에서 사역했다(참조. 롬 5:19).

바울이 고린도 신자들을 달리 대했던 부분은 하나뿐이었다. 바울은 이들에
게 **폐를 끼치지 아니했다(did not become a burden to,** 짐이 되지 않았다). 이들
이 바울에게서 유일하게 받지 않은 것은 청구서였다. 바울은 이들의 후원을
받을 권리가 있었는데도(고전 9:1-18) 받지 않는 쪽을 선택했고, 이로써 돈을
사랑하는 거짓 사도들과 거리를 두었다. 물론, 거짓 사도들은 고린도 신자들
에게서 취할 수 있는 것은 모조리 취했으며(참조. 고후 11:20), 자신들을 나쁘게
보이게 한다는 이유로 바울을 미워했다. 이들은 자신들의 평판을 지키려고
바울의 이타적 태도를 부정적으로 해석하려 했다. 이들은 먼저 바울이 고린
도 신자들에게 돈을 받지 않으려 한 것은 그의 사역이 가치 없음을 알았기 때
문이라고 주장했다. 둘째이자 더 사악한 주장은 바울이 고린도 신자들의 돈
을 원치 않는 것은 이들을 사랑하지 않기에 이들을 책임지고 싶지 않아서라
는 것이었다. 그러나 바울이 이미 보여주었듯이, 이런 주장들은 완전히 거짓
이었다. 11:7-9에서, 바울은 이렇게 썼다.

내가 너희를 높이려고 나를 낮추어 하나님의 복음을 값없이 너희에게 전함으로
죄를 지었느냐? 내가 너희를 섬기기 위하여 다른 여러 교회에서 비용을 받은 것

은 탈취한 것이라. 또 내가 너희와 함께 있을 때 비용이 부족하였으되 아무에게도 누를 끼치지 아니하였음은 마게도냐에서 온 형제들이 나의 부족한 것을 보충하였음이라. 내가 모든 일에 너희에게 폐를 끼치지 않기 위하여 스스로 조심하였고 또 조심하리라. (이 책 28장에서 이 단락을 논의한 부분을 참조하라)

바울은 고린도 신자들이 정신 차리도록 다시 비꼬는 말로 외쳤다(참조. 11:19-21; 고전 4:8-10). **너희는 나의 이 공평하지 못한 것(this wrong)을 용서하라.** 거짓 사도들은 바울이 고린도 신자들에게서 돈을 받지 않음으로써 이들을 홀대했다고 주장했다. 그러나 이것은 우스꽝스러운 주장이었다. 고린도 신자들이 빼앗긴 거라곤 바울과 그 일행을 부양해야 하는 짐뿐이었다.

바울은 고린도를 처음 방문했을 때 그곳에 교회를 세웠고(행 18장), 두 번째 방문은 2:1이 말하는 고통스러운 징계의 방문이었다(참조. 13:2). 바울은 고린도를 **세 번째** 방문했을 때, 여전히 고린도교회에 **폐를 끼치지(be a burden to, 짐이 되지)** 않으려 했다. 바울은 목회자로서 고린도 신자들을 이타적으로 사랑했다. 바울이 **구하는 것**은 이들의 **소유가 아니요** 이들 자신이었다는 뜻이다. 바울은 이들의 돈을 원치 않았다. 이들의 마음을 원했다. 이들이 하나님 나라를 위해 살고 하나님의 영광을 위해 말씀에 의롭게 순종하며 살길 원했다.

바울은 자신이 말하려는 핵심을 부모가 자녀를 돌보는 것에 빗대어 설명하면서 자명한 진리를 제시했다. **어린아이가 부모를 위하여 재물을 저축하는 것이 아니요 부모가 어린아이를 위하여 하느니라.** 물론, 고린도 신자들은 바울의 영적 자녀였고(고전 4:15), 그래서 바울은 이들을 위해 자신을 기꺼이 희생했다. 바울은 이들의 **영혼의 안녕을 위하여 크게 기뻐하므로 재물을 사용하고 또 내 자신까지도 내어 주리라**고 썼다. 부사 '헤데오스'(*hēdeōs*, **mostly gladly,** 크게 기뻐하므로)의 최상급은[110] 지극한 기쁨을 표현한다. 바울은 고린도 신자들을 위해 희생하길 꺼려하거나 주저하지 않았다. 그는 고린도 신자들을 위해 **재물을 사용하고 또 자신까지도 내어줄** 수 있다는 사실에 전율하거나 크게 기뻐했

---

110 *hēdista*

다. **재물을 사용하다(spend)**는 동사 '다파나오'(*dapanaō*)의 한 형태를[111] 번역한 것이며, '다파나오'는 "아낌없이 쓰다"(to spend freely)는 뜻이다. 마가복음 5:26은 이 단어를 사용해 가진 돈 전부를 의사에게 쓴 여인을 가리키고, 누가복음 15:14에서 이 단어는 탕자의 방탕한 소비를 가리킨다. '에크다파나오'(*ekdapanaō*, **be expended, 내 자신까지도 내어주리라**)는 신약성경에서 이곳에만 나온다. 이것은 '다파나오'의 강조형으로 '완전히 다 쓰이다'(to be completely spent)라는 뜻이다. 바울은 줄 게 하나도 남지 않을 때까지 자신의 사람들을 위해 기꺼이 희생하려 했다. 그는 빌립보 신자들에게 이렇게 썼다. "만일 너희 믿음의 제물과 섬김 위에 내가 나를 전제로 드릴지라도 나는 기뻐하고 너희 무리와 함께 기뻐하리니"(빌 2:17; 참조. 골 1:24). 바울은 주 예수 그리스도를 본받았는데, 그분은 자신에 대해 이렇게 말씀하셨다. "인자가 온 것은 섬김을 받으려 함이 아니라 도리어 섬기려 하고 자기 목숨을 많은 사람의 대속물로 주려 함이니라"(막 10:45).

바울은 자신을 희생하며 고린도 신자들을 사랑했다. 그러나 안타깝게도, 고린도 신자들은 이러한 바울의 사랑에 거꾸로 반응했고, 바울은 이들을 불쌍히 여기는 마음에 소리쳤다. **너희를 더욱 사랑할수록 나는 사랑을 덜 받겠느냐?** 관계가 뒷걸음질 치고 있었다. 바울이 고린도 신자들에게 애정을 쏟을수록 이들은 더 적게 되돌려주었다(참조. 고후 6:11-13). 바울은 고린도교회에 자신의 삶을 쏟았고 이들을 위해 기쁘게 수고하며 희생했다. 바울이 그 대가로 이들에게 요구한 것은 이들의 사랑이었다. 그러나 이들은 그 사랑을 주려 하지 않았다.

고린도 신자들은 바울이 자신들을 향해 쏟은 사랑에 실망스러운 반응을 보였다. 바울은 슬펐으나 단념하지 않았다. **하여간(But be that as it may, 그렇더라도)**—이들이 바울의 사랑에 제대로 반응하지 않았더라도—바울은 여전히 이들에게 **짐을 지우지는** 않을 터였다. 이들의 사랑은 식었을지 몰라도 바울의 사랑은 식지 않았다. 고린도 신자들이 소심하고 냉담하며 애정을 보이지 않

---

111 *dapanēsō: dapanaō*의 미래 직설법 능동태 1인칭 단수

았더라도, 바울은 변함없이 이들을 희생적으로 사랑할 것이었다.

사역과 관련된 바울의 관심사: 정직

[16](아니하였을)지라도 교활한 자가 되어 너희를 속임수로 취하였다 하니, [17]내가 너희에게 보낸 자 중에 누구로 너희의 이득을 취하더냐? [18]내가 디도를 권하고 함께 한 형제를 보내었으니, 디도가 너희의 이득을 취하더냐? 우리가 동일한 성령으로 행하지 아니하더냐? 동일한 보조로 하지 아니하더냐? (12:16b-18)

거짓 사도들의 비난처럼, 바울이 고린도 신자들을 속이려 음모를 꾸미고 있었다면, 그 음모의 요지가 즉시 명백하게 드러나지 않았다. 앞선 요점에서 말했듯이, 바울은 이들에게서 아무것도 취하지 않았다. 바울이 자신에게 돌아오는 게 전혀 없는데 사기를 치리라는 생각은 터무니없으며, 바울은 고린도 신자들이 순진하다며 또다시 이들을 꾸짖으며 비웃는 투로 썼다. **아니하였을지라도 교활한 자가 되어 너희를 속임수로 취하였다.** 의심할 여지 없이, 이것은 거짓 사도들이 바울에 관해 퍼트리던 말이었다. '파누르고스'(*panourgos*, **crafty fellow, 교활한 자**)는 신약성경에서 이곳에만 나오며, 문자적으로 "무엇이든 할 준비가 된"(ready to do anything)라는 뜻이다. 이 단어는 "파렴치한," "기만하는," "속이는"이란 부정적 의미를 내포한다. '돌로스'(*dolos*, **deceit, 속임수**)는 문자적으로 물고기를 잡을 때 쓰는 미끼를 가리킨다. 거짓 선생들이 주장에 따르면, 바울은 교활한 계략으로 고린도 신자들을 낚으려 무엇이든 하려 했다.

바울은 고린도 신자들에게서 돈을 한 푼도 받지 않았고, 이것은 거짓 사도들에게 너무나 분명하고 풀기 어려운 문제였다. 그래서 이들은 이 문제를 회피하려고, 바울이 아직 본색을 드러내지 않았다고 주장했다. 바울은 가난한 예루살렘 성도들을 위해 모으는 연보에 관해 이미 자세히 설명했다(8, 9장). 거짓 사도들에 따르면, 이것이 바울이 세운 계략의 핵심이었다. 거짓 사도들은 고린도에서 모은 연보는 결코 예루살렘에 전달되지 않을 것이며, 대신에 그 돈이 바울의 주머니에 들어갈 것이라고 주장했다. 어쨌든, 이들이 바울의 자리에 있었다면 이렇게 했을 것이었다. 거짓 사도들은 자신들의 탐욕스러운 태도를 바울에게 투영해 바울이 자신들이 했을 것처럼 하고 있다고 보았다. 이들은 다음 진리를 예증해 주었다. "깨끗한 자들에게는 모든 것이 깨끗하나 더럽고 믿지 아니하는 자들에게는 아무것도 깨끗한 것이 없고 오직 그들의 마음과 양심이 더러운지라"(딛 1:15).

거짓 선생들은 바울을 터무니없이 비난했고, 바울은 이를 논박하기 위해 연보를 모으기를 혼자 하고 있지 않음을 고린도 신자들에게 상기시켰다. 바울은 개인적으로 고린도 신자들을 사취하지 않았을뿐더러 자신이 고린도에 **보낸 자 중에 그 누구**를 통해서도 이들에게서 이득을 취하지 않았다. 거짓 사도들은 바울의 동기에 의문을 제기함으로써 연보 모으기에 참여한 동역자들의 동기에도 의문을 제기했다. 거짓 사도들의 주장처럼, 바울이 연보를 횡령하려 계획했다면 혼자서는 불가능했을 것이다. 바울과 동역자들이 공모해야 했을 것이다. 물론, 이런 의심은 훨씬 터무니없다. 고린도 신자들이 잘 아는 **디도**(참조. 8:23) 또한 연보 모으기에 동참했다(참조. 고후 8:6, 16). 게다가 그리스도 안에 있는 이름 모를 두 형제가(8:18-19, 22) 그를 도왔다. 한 형제는 "복음으로써 모든 교회에서 칭찬을 받는 자"였고(8:18) "동일한 주의 영광과 우리의 원을 나타내기 위하여 여러 교회의 택함을 받아 우리가 맡은 은혜의 일[연보 모으는 일]로 우리[바울과 그 일행]와 동행하는 자"였다(8:19). 또 한 형제는 바울과 그 동료들이 "여러 가지 일에 간절한(diligent, 부지런한) 것을 여러번 확인"한 사람이었다(8:22). 이처럼 크게 존경받는 세 사람이 고린도 신자들을 사취하려는 바울의 모의에 가담했으리라는 생각은 전혀 터무니 없다. 그러나 이들이 이러한 어떤 모의에도 가담하지 않았다면, 어떻게 바울이 가담할 수 있었겠는가? 바울은 이렇게 물었다. **우리가 동일한 성령으로 행하지 아니하더냐? 동일한 보조로 하지 아니하더냐?** 이들은 모두 동일한 순전함과 정직함으로 고린도 신자들에게 행했고, 고린도 신자들도 이것을 알았다.

정직은 참 하나님의 사람이 갖춰야 할 타협할 수 없는 성품이다. 바울은 로마 신자들에게 이렇게 썼다. "내가 그리스도 안에서 참말을 하고 거짓말을 아니하노라…내 양심이 성령 안에서 나와 더불어 증언하노니"(롬 9:1). 이 서신 조금 앞 부분에서 이렇게 증언했다. "주 예수의 아버지 영원히 찬송할 하나님이 내가 거짓말 아니 하는 것을 아시느니라"(고후 11:31). 그는 갈라디아 신자들에게 단언했다. "보라. 내가 너희에게 쓰는 것은 하나님 앞에서 거짓말이 아니로다"(갈 1:20). 그리고 디모데에게 이렇게 썼다. "이를 위하여 내가 전파하는 자와 사도로 세움을 입은 것은 참말이요 거짓말이 아니니, 믿음과 진리 안에서 내가 이방인의 스승이 되었노라"(딤전 2:7).

바울은 더없이 진실했기에 이렇게 외칠 수 있었다. "우리가 세상에서 특별히 너희에 대하여 하나님의 거룩함과 진실함으로 행하되 육체의 지혜로 하지 아니하고 하나님의 은혜로 행함은 우리 양심이 증언하는 바니, 이것이 우리의 자랑이라"(고후 1:12). "이에 숨은 부끄러움의 일을 버리고 속임으로 행하지 아니하며 하나님의 말씀을 혼잡하게 하지 아니하고 오직 진리를 나타냄으로 하나님 앞에서 각 사람의 양심에 대하여 스스로 추천하노라"(고후 4:2). 고린도 신자들은 바울이 자신들 가운데서 사역하면서 거짓이 없었다는 것을 알았다.

주님과 관련된 바울의 관심사: 공경

너희는 이때까지 우리가 자기변명을 하는 줄로 생각하는구나. 우리는 그리스도 안에서 하나님 앞에 말하노라. (12:19a)

바울은 자신의 사도직과 순전함을 길게 변호하면서 고린도 신자들이 이것을 오해하지 않길 바랐다. 바울은 고린도 신자들 앞에서 재판받는 게 아니었으며 고린도 신자들이 바울의 재판관도 아니었다. 거짓 사도들은 바울의 인격에 흠이 있고 그의 행동에 문제가 있다는 암시를 주었으나 바울이 이러한 흠과 문제에 대해 변명하고 있는 것은 더더욱 아니었다.

이때까지(all this time, 즉 서신 전체에서), 고린도 신자들은 바울이 그들에게 자신을 **변명**(defending, 변호)하고 있다고 **생각했다.** 사실(actually),[112] 바울은 하나님의 법정에 서 있었다. 바울은 지금껏 **그리스도 안에서** 말한 것은 **하나님 앞에 말하는** 것이었다(참조. 2:17). 신실한 전파자가 관심을 두는 유일한 청중은 하나님이다. 바울은 고린도전서 4:3-5을 쓸 때 이것을 아주 분명히 했다.

> 너희에게나 다른 사람에게나 판단 받는 것이 내게는 매우 작은 일이라. 나도 나를 판단하지 아니하노니, 내가 자책할 아무것도 깨닫지 못하나 이로 말미암아 의롭다함을 얻지 못하노라. 다만 나를 심판하실 이는 주시니라. 그러므로 때가 이르기 전, 곧 주께서 오시기까지 아무것도 판단하지 말라. 그가 어둠에 감추인 것들을 드러내고 마음의 뜻을 나타내시리니, 그때에 각 사람에게 하나님으로부터 칭찬이 있으리라.

이 서신 앞부분에서 바울은 이렇게 단언했다. "이는 우리가 다 반드시 그리스도의 심판대 앞에 나타나게 되어 각각 선악 간에 그 몸으로 행한 것을 따라 받으려 함이라"(고후 5:10). 그는 디모데에게 이렇게 썼다. "하나님 앞과 살아 있는 자와 죽은 자를 심판하실 그리스도 예수 앞에서 그가 나타나실 것과 그의 나라를 두고 엄히 명하노니, 너는 말씀을 전파하라. 때를 얻든지 못 얻든지 항상 힘쓰라. 범사에 오래 참음과 가르침으로 경책하며 경계하며 권하라"(딤후 4:1-2). 같은 장 뒷부분에서, 바울은 디모데에게 상기시켰다. "이제 후로는 나를 위하여 의의 면류관이 예비되었으므로 주 곧 의로우신 재판장이 그 날에 내게 주실 것이며, 내게만 아니라 주의 나타나심을 사모하는 모든 자에게도니라"(8절). 바울은 알았다. 하나님만이 자신의 삶에 대해 최종 판결을 내리실 것이며, 그 판결은 "잘하였도다. 착하고 충성된 종아…네 주인의 즐거움에 참여할지어다"일 것이다(마 25:21).

---

112 개역개정에서 "우리는 그리스도 안에서 하나님 앞에 말하노라"로 번역된 부분이 NASB에서는 Actually로 시작한다(Actually, it is in the sight of God that we have been speaking in Christ).

교회와 관련된 바울의 관심사: 덕을 세움

사랑하는 자들아, 이 모든 것은 너희의 덕을 세우기 위함이니라 (12:19b)

바울이 고린도교회와 관련해서 하는 모든 일, 즉 이들을 섬기는 일과 자신을 변호하는 일 둘 다 목적은 이들의 **덕을 세우기(upholding)**였다. 이것은 주 예수 그리스도의 목적이기도 했으며, 그분은 이렇게 약속하셨다. "내가 이 반석 위에 내 교회를 세우리니 음부의 권세가 이기지 못하리라"(마 16:18).

당연히 의문이 생긴다. 하나님이 바울의 재판관이었다. 그런데 왜 바울은 성가시게 자신을 변호했는가? 바울이 자신을 변호한 것은 자신이 신뢰를 잃으면 고린도 신자들이 자신의 말에 귀 기울이지 않을 것이기 때문이며, 고린도 신자들이 바울의 말에 귀 기울이지 않으면 그가 가르치는 하나님의 진리를 듣지 않을 것이기 때문이고, 고린도 신자들이 하나님의 말씀을 듣지 않으면 영적으로 성장하지 못할 것이기 때문이다.

부드러운 용어 **사랑하는 자들아(beloved)**는 비록 바울이 때로 고린도 신자들에게 몹시 화가 나더라도 자신의 영적 자녀로서 이들을 사랑한다는 것을 상기시켰다. 바울의 의도는 자신의 사도적 권위를 사용해 이들을 무너뜨리려는 게 아니었다. 하나님이 그에게 권위(권세)를 주신 것은 이들을 "무너뜨리려고 하신 것이 아니요 세우려고 하신 것"이었다(고후 10:8; 참조. 13:10). 고린도 신자들은 바울의 재판관이 아니라 바울이 영적으로 책임져야 할 대상이었다.

이러한 사실은 이제 이 서신이 마무리 섹션으로 넘어간다는 표시다. 마무리 섹션은 교회의 덕을 세움(edification)과 교회 구성원들의 성화를 다룬다. 성화된 교회의 요소들이 이 책을 끝맺는 장들에서 다룰 주제다.

34

성화의 패턴: 회개
(12:20-21)

²⁰내가 갈 때에 너희를 내가 원하는 것과 같이 보지 못하고 또 내가 너희에게 너희가 원하지 않는 것과 같이 보일까 두려워하며 또 다툼과 시기와 분냄과 당 짓는 것과 비방과 수군거림과 거만함과 혼란이 있을까 두려워하고 ²¹또 내가 다시 갈 때에 내 하나님이 나를 너희 앞에서 낮추실까 두려워하고 또 내가 전에 죄를 지은 여러 사람의 그 행한 바 더러움과 음란함과 호색함을 회개하지 아니함 때문에 슬퍼할까 두려워하노라. (12:20-21)

오늘날 목회자의 역할이 갈림길에 서 있다. 교회가 세상적으로 성장할수록 목회자의 직무도 그렇게 되어 간다. (목회자 자신이나 그의 회중이) 목회자를 최고경영자, 연예인, 기금 모금자, 의식 집례자, 또는 심리학자로 보기 일쑤다.

이 관점 중에 어느 하나도 성경이 말하는 영적 리더십 모델에 부합하지 않는다. 성경에 따르면, 목회자나 장로의 주된 역할은 한 단어로 요약될 수 있다. 덕을 세움(edification)이다. 바울이 에베소서 4:11-13에서 분명히 했듯이, 목회자의 주 관심사는 자신이 보살피는 신자들의 영적 성숙이다.

그가 어떤 사람은 사도로, 어떤 사람은 선지자로, 어떤 사람은 복음 전하는 자로, 어떤 사람은 목사와 교사로 삼으셨으니, 이는 성도를 온전하게 하여 봉사의 일을 하게하며 그리스도의 몸을 세우려 하심이라. 우리가 다 하나님의 아들을 믿는 것과 아는 일에 하나가 되어 온전한 사람을 이루어 그리스도의 장성한 분량이 충만한 데까지 이르리니.

가장 넓고 중요한 의미에서 목회자의 역할은 성도들을 성숙시켜 예수 그리스도를 더 닮도록 도와 교회를 세우는 것이다.

성경이 강조하는 영적 성숙은 많은 교회가 강조하는 영적 성숙과 사뭇 다르다. 많은 교회의 주된 관심사는 질병, 경제적 어려움, 결혼, 가족 간의 갈등, 정치 및 사회적 문제와 같은 이생에서 마주치는 문제들이다. 그러나 교회의 역할은 교인들을 이 세상에서 더 편하게 만드는 게 아니다. 이 세상에서 이들은 "거류민과 나그네"다(벧전 2:11; 참조. 1:1, 17; 대상 29:15; 히 11:13). 교회의 역할은 천국에 있는 이들의 진짜 집을 위해 이들을 준비시키는 것이다(시 73:25; 마 6:20; 19:21; 눅 6:22 – 23; 12:21, 33; 고후 4:18; 5:1 – 4, 8; 빌 3:20; 골 1:5; 벧전 1:4).

여느 하나님의 참된 사람들처럼, 사도 바울의 높은 관심사도 신자들의 영적 안녕이었다. 바울의 소망과 두려움과 바람과 기대는 신자들의 성화에 집중되었다. 바울은 이러한 관심을 이 서신의 이 섹션을 포괄하는 두 용어 "덕을 세우기"(upbuilding, 고후 12:19)와 "세우려"(building up, 13:10)로 표현했다. 둘 사이에서, 바울은 성화의 과정을 기술했다. 20절과 21절에서, 바울은 성화의 첫걸음을 설명했다. 그 첫걸음은 회개다.

회개는 복음의 필수 요소다. 그 누구도 지·정·의(heart, mind, will)의 완전한 변화 없이는 예수 그리스도께 올 수 없기 때문이다. 지·정·의의 완전한 변화, 이것이 회개다. 회개는 세례 요한(마 3:2, 8), 주 예수 그리스도(마 4:17; 막 1:15; 눅 13:3, 5; 15:7), 열두 사도(막 6:12; 행 2:38; 3:19; 11:18), 사도 바울이 선포한 복음 메시지의 핵심이었다(행 17:30; 20:21; 고후 7:9-11, 딤후 2:25). 회개는 그리스도께서 교회에 주신 지상명령의 핵심이다(눅 24:47).

이렇듯 회개는 더없이 중요한데도 현대 기독교에서 불필요하게 오해되고 논쟁이 되는 주제다. 어떤 사람들은 회개에서 죄와 관련된 그 어떤 것이라도 제거하고 회개를 단순히 예수 그리스도는 누구인가에 대한 마음의 변화로 정의하려 한다. 이들은 회개를 죄에서 돌이킴을 포함하지 않는 믿음의 동의어로 볼 뿐이다. 어떤 사람은 이 견해를 지지하며 이렇게 썼다. "회개란 마음의 변화다. 회개는 삶의 변화를 의미하지 않는다"(Thomas L. Constable, "The Gospel Message," in Donald K. Campbell, ed., *Walvoord: A Tribute* [Chicago: Moody, 1982], 207).

그러나 성경은 죄에서 돌이키지 않는 회개를 전혀 알지 못한다. 구약성경에서, 이사야는 이렇게 외쳤다. "악인은 그의 길을, 불의한 자는 그의 생각을 버리고 여호와께로 돌아오라. 그리하면 그가 긍휼히 여기시리라. 우리 하나님께로 돌아오라. 그가 너그럽게 용서하시리라"(사 55:7). 누가복음 5:32에서, 주님도 회개와 죄를 연결해 이렇게 선언하셨다. "내가 의인을 부르러 온 것이 아니요 죄인을 불러 회개시키러 왔노라." 앞서 말했듯이, 예수님은 누가복음에서 지상명령을 주면서 이렇게 선언하셨다. "그의 이름으로 '죄 사함을 받게 하는' 회개가 예루살렘에서 시작하여 모든 족속에게 전파될 것이 기록되었으니"(눅 24:47). 바울은 아그립바 왕에게 자신이 선포하는 메시지는 "[사람들이] 회개하고 하나님께로 돌아와서 회개에 합당한 일을 하라"는 것이라고 했다(행 26:20; 참조. 마 3:8). 성경은 불신자들을 "그들의 행위를 회개하지 아니하는" 자로 규정한다(계 16:11; 참조. 9:20-21). (나는 다음 책에서 회개를 자세히 정의했다. *The Gospel According to Jesus*, rev. ed. [Grand Rapids: Zondervan, 1994]; *The Gospel According to the Apostles* [Nashville: Word, 2000].)

회개는 성화 과정에 필수적인 첫걸음이다. 죄는 영적 성장을 방해하기 때문이다. 하나님을 기쁘게 하지 못하는 것은 무엇이든 죄이며, 하나님을 기쁘게 하지 못하는 것은 그 무엇도 성화 과정에 기여할 수 없다. 믿음처럼, 회개도 회심 때 하는 일회성 행위가 아니라 그리스도인의 삶이 갖는 특징이다(참조. 요일 1:9). 그러므로 죄짓는 그리스도인들을 대하는 것이 목회자 역할에서 본질적인 부분이다. 목회자는 죄짓는 그리스도인들을 회개로 이끄는 일에 깊은 관심을 가져야 한다.

바울은 고린도 신자들이 회개하도록 동기를 부여하기 위해 회개하지 않을 때 발생하는 유해한 두 가지 결과를 지적했다. 하나는 그리스도인들이 회개하지 않을 때 이들에게 일어나는 문제들이고, 다른 하나는 그리스도인들이 회개하지 않을 때 따르는 고통이다.

그리스도인들이 죄를 회개하지 않을 때 일어나는 문제들

²⁰내가 갈 때에 너희를 내가 원하는 것과 같이 보지 못하고 또 내가 너희에게 너희가 원하지 않는 것과 같이 보일까 두려워하며 또 다툼과 시기와 분냄과 당 짓는 것과 비방과 수군거림과 거만함과 혼란이 있을까 두려워하고 ²¹(또 내가 다시 갈 때에 내 하나님이 나를 너희 앞에서 낮추실까 두려워하고 또 내가 전에 죄를 지은 여러 사람의) 그 행한 바 더러움과 음란함과 호색함을 (회개하지 아니함 때문에 슬퍼할까 두려워하노라). (12:20, 21b)

바울이 고린도 신자들과 관련해 느끼는 두려움은 이들의 이력을 고려할 때 아주 타당했다. 그는 고린도전서와 엄한 편지에서(2:3-4) 고린도교회의 죄를 폭넓게 다루었으며, 고린도를 방문해 이들의 죄와 반역을 직접 지적하기까지 했다(2:1). 그리고 타당한 이유에서, 바울은 고린도교회를 세 번째 방문할 **때**(12:14, 13:1) 회개하지 않은 죄가 이들 가운데 여전히 있을까 봐 두려워했다. 대다수 고린도 신자들이 회개했고(참조. 7:6-11) 바울도 이들에 대한 확신을 표현했다(7:16). 그렇더라도 바울은 이들 가운데 회개하지 않은 죄가 여전히 있을 가능성이 크다는 것을 알았다. 죄와 오류는 좀체 죽지 않으며, 거짓 선생들이 여전히 주변에 남아 치명적인 이단을 퍼트리고 있었다. 바울이 잘 알았듯이, 신학적 오류는 실제 죄로 이어질 수밖에 없다.

두려워하며(afraid)는 동사 '포베오'(*phobeō*)의 한 형태를[113] 번역한 것으로, '포베오'에서 영어 단어 'phobia'(공포증)가 파생했다. 이것은 강렬하고 깊이 자리한 불안이나 두려움이나 걱정을 가리키며, 고린도교회 상황에 대한 바울의 큰 염려를 표현한다. 그가 11:29에서 썼듯이, "누가 약하면 내가 약하지 아니하며, 누가 실족하게 되면 내가 애타지 아니하더냐?" 신실한 목회자가 돌보

---

113 *phoboumai: phobeō*의 현재 직설법 중간태(또는 수동태) 1인칭 단수

는 양 떼 중에 회개하지 않은 죄가 있다는 것보다 그에게 더 고통스러운 것이 없다.

바울이 **perhaps**(혹시)라는 용어를 사용한 데서 그의 자제와 부드러움이 드러난다.[114] 바울은 고린도 신자들을 대놓고 비난하기보다 자신의 염려와 걱정을 표현했을 뿐이다. 바울은 고린도에 가면, 이들의 영적 상태를 살피고 적절한 행동을 취할 터였다. 그 사이, 바울은 이 서신을 써서 교회 안에서 해로운 잡초, 곧 회개하지 않은 죄를 뿌리 뽑는 과정을 시작했다.

특별히, 바울은 무엇보다도 고린도 신자들을 그가 **원하는 것과 같이 보지 못할까**[115] 두려웠다. 물론, 그가 **원하는 것**(wish)은 고린도 신자들이 은혜에서 자라고 예수 그리스도를 더 닮아가며 자신들의 죄를 회개하는 것이었다. 반대로, 그의 두려움은 이들의 영적 성장이 회개하지 않은 죄에 막히는 것이었다. 이럴 경우, 고린도 신자들에게 바울은 **그들이 원하지 않는 것과 같이**[116] 보일 것이다. 바울은 이들의 사랑을 확인해주는 대신 이들을 엄하게 징계할 것이다. 그가 고린도전서 4:2에서 콕 집어 물었듯이 말이다. "너희가 무엇을 원하느냐? 내가 매를 가지고 너희에게 나아가랴? 사랑과 온유한 마음으로 나아가랴?" 선택은 이들의 몫이었다. 고린도 신자들이 자신들의 죄를 회개하면, 바울은 사랑과 온유함으로 이들에게 나아갈 것이다. 이들이 회개하지 않으면, 바울은 징계의 매를 들고 갈 것이다.

고린도 신자들에게 경고가 되도록, 바울은 이러한 고통스럽고 비극적인 만남을 초래할 수 있을 몇 가지 죄를 열거했다. 그가 죄를 열거하는 다른 목록들처럼(예를 들면, 롬1:28 – 31; 고전 6:9 – 10; 갈 5:19 – 21; 골 3:8 – 9), 이것은 완전한 목록이 아니라 고린도 신자들이 씨름하는 몇몇 전형적인 죄를 열거한 것이다. 여기 열거된 죄를 넓게 두 범주로 나눌 수 있겠다.

---

114 NASB 12:20절은 이렇게 시작한다: For I am afraid that 'perhaps' when I come I may find… 개역개정에서는 이 부분이 "있을까"로 표현되었다. 새번역은 "혹시"라고 옮겼다. 헬라어 본문에서 이에 해당하는 단어는 *phōs*(how)다.

115 새번역: 여러분이 혹시 내 기대에 어긋나지 않을까

116 새번역: 내가 여러분의 기대에 어긋나지 않을까

첫째 그룹은 교회의 일치를 허무는 개인적 갈등과 관련된 죄를 포함한다. 바울은 어떤 희생을 치르더라도 교회의 일치를 지키려 했다(엡 4:3, 13; 참조. 요 17:21; 고전 1:10). 이러한 죄들은 고린도 사회가 보이는 분열적이고 이기적이며 이교도적인 행위의 전형이었으며, 거짓 사도들이 미치는 파괴적 영향 때문에 악화되었다. 이러한 여러 죄가 고린도교회 안에 있었으며, 이것은 이 모든 죄가 고린도전서에서도 다뤄진다는 사실에서 분명해진다.

'에리스'(*eris*, **strife**, 다툼)는 적대감과 불화에서 비롯되는 싸움을 묘사한다. 로마서 1:29에 따르면("분쟁"), 이것은 불신자들의 특징이며, 바울은 로마 그리스도인들에게 이것을 피하라고 경고했다(롬 13:13). 갈라디아서 5:20은 이것을 육신의 행위들에 포함시키며, 빌립보서 1:15은("분쟁") 이것을 육적인 동기에서 그리스도를 전하는 자들의 특징으로 묘사한다. 바울도 거짓 선생들과("분쟁," 딤전 6:4) 거짓 가르침("분쟁," 딛 3:9)이 일으키는 **다툼**을 경고했다. 바울은 이미 고린도전서 1:11과 3:3에서 고린도 신자들에게 이 죄를 경고했었다("분쟁 quarrels").

'젤로스'(*zēlos*)는 경건한 열심이라는 긍정적 의미를 내포할 수 있으나(고후 7:7, 11; 9:2; 11:2; 요 2:17) 여기서는 다른 사람들을 잠재적 경쟁자로 의심하게 하는 **시기**(jealousy), 즉 움켜쥐고 방어하는 자기중심적 태도라는 부정적 의미를 갖는다. 신약성경에서 이것은 대제사장과 사두개인들(행 5:17), 비시디아 안디옥의 믿지 않는 유대인들의 특징 중 하나였다(행 13:45). 바울은 로마 신자들에게 이것을 피하라고 경고했고(롬 13:13), 이것을 육신의 행위들에 포함했다(갈 5:20). 야고보는 독자들에게 **시기**는 세상과 귀신의 지혜의 표식이라고 경고했다(약 3:14, 16). 시기 역시 고린도교회에 몰래 기어들어 왔다(고전 3:3).

분냄(angry tempers)으로 번역된 '뚜모스'(*thumos*)는 "격분"(rage) 또는 "격렬한 분노"(violent anger), 곧 즉석에서 불같이 일어나는 분노를 의미한다. 이 단어는 나사렛 회당에서 예수님의 가르침에 격분한 회중(눅 4:28), 에베소에서 소요를 일으킨 이교도 무리(행 19:28), 사탄의 격분을 표현했다(계 12:12). 이것은 또한 육신의 행위 중 하나이며(갈 5:20), 따라서 신자들은 이것을 피해야 한다(엡 4:31; 골 3:8). 이 단어는 고린도전서에 나오지 않지만, 고린도 신자들은 서로를 향해 분을 냈던 게 분명하다(참조. 골 6:1 이하).

'에리떼이아'(*eritheia*, **dispute, 당짓는 것**)는 야심찬 경쟁, 파벌적 태도, 분쟁, 당파심을 가리킨다. 바울은 이 단어를 "당을 짓는"(selfishly ambitious, 이기적 야심이 있는) 자들에게(빌 2:8), "다툼"(selfish ambition, 이기적 야심)으로 그리스도를 전하는 자들에게 사용했다(빌 1:17). '에리떼이아'도 육신의 행위 중 하나이며 세상적이고 귀신적인 지혜의 특징이다("다툼," 약 3:14, 16). 이것은 "겸손한 마음"(빌 3:2)의 정반대다. 이번에도 이 단어는 고린도전서에 나타나지 않지만 그 개념은 나타난다(참조. 고전 1:11 이하; 3:4 이하; 11:19).

비방(slanders)으로 번역된 의성어 '카타랄리아'(*katalalia*, "모욕," "나쁜 소식")는 이곳과 베드로전서 2:1에만 나온다. 관련 동사 '카타랄레오'(*katalaleō*)는 야고보서 4:11에서 "비방하다"(speak against)로 번역된다. 바울은 다른 헬라어 단어를[117] 사용해 고린도 신자들에게 "모욕하는 자"(reviler)와 사귀지 말라고 경고했다(고전 5:11; 참조. 6:10). **수군거림(gossip)**은 조용히 미묘하게 뒤에서 헐뜯는 것이다(**수군거림**으로 번역된 헬라어 동사는 "속삭이다"는 뜻이다). 이와는 대조적으로, 비방은 공개적으로 대놓고 욕설을 퍼붓는 것이다. 두 단어 모두 **거만함(arrogance)**에서 비롯되며(참조. 고전 4:6, 18, 19; 5:2; 8:1) 그 결과는 **혼란(disturbances)**이다. 최종 결과는 고린도교회를 괴롭히는 분쟁이었다(고전 11:18).

21절에서, 바울은 교회의 정결을 파괴하는 세 가지 죄로 눈을 돌렸다. 셋 모두 성적 부도덕(음란, 음행)을 가리키며, 우상을 숭배하는 고린도의 이교도 문화에 만연했다. 얼마나 만연했던지, "고린도화하다(Corinthianize, 고린도 사람처럼 되다)"라는 동사가 "창녀와 동침하다"는 뜻이었다(참조. R. C. H. Lenski, *The Interpretation of the Acts of the Apostles* [Minneapolis: Augsburg, 1961], 744).

'아카따르시아'(*akatharsia*, **impurity, 더러움**)는 신약성경에서 성적인 죄와 자주 연결된다. 로마서 1:24에서, 바울은 거듭나지 못한 자들에 관해 이렇게 썼다. "하나님께서 그들을 마음의 정욕대로 더러움에 내버려 두사 그들

---

117 *loidoros*

의 몸을 서로 욕되게 하게 하셨으니." 갈라디아서 5:19은 **더러움**을 육신의 행위 중 하나로 제시하고, 에베소서 4:19에서 이것은 거듭나지 못한 자들, 곧 "감각 없는 자가 되어 자신을 방탕에 방임하여 모든 더러운 것을 욕심으로 행하는" 자들의 특징이다. 바울은 "온갖 더러운 것…은 너희[신자들] 중에서 그 이름조차도 부르지 말라"(엡 5:3)고 명했다. 신자들은 자신들의 지체를 "부정"(impurity)에 대해 죽은 것으로 여겨야 한다(골 3:5). "하나님이 우리를 부르심은 부정하게 하심(impurity)이 아니요 거룩하게 하심"이기 때문이다(살전 4:7).

음란함(immorality)로 번역된 '포르네이아'(*porneia*)는 영어 단어 pornography(음란물)의 어원이다. '포르네이아'는 때로 "간음"(fornication, 사통)으로 번역되며, 부부가 아닌 사이에서 이뤄지는 모든 성행위를 가리킨다. 바울은 데살로니가전서 4:3에서 이렇게 썼다. "하나님의 뜻은 이것이니 너희의 거룩함이라. 곧 음란을 버리고"(참조. 엡 5:3; 골 3:5). **음란**은 이방 종교에서 필수였다(참조. 행 15:20, 29; 21:25). 고린도전서 5:1에서, 바울은 어리석은 고린도 신자들이 교회 내에서 음란을 자랑스럽게 용납했다는 사실에 충격과 실망을 표현했다. "너희 중에 심지어 음행이 있다 함을 들으니, 그런 음행은 이방인 중에서도 없는 것이라. 누가 그 아버지의 아내를 취하였다 하는도다." 바울은 이들에게 "몸은 음란을 위하여 있지 않고 오직 주를 위하여 있다"고 분명하게 말했으며(고전 6:13) "음행을 피하라. 사람이 범하는 죄마다 몸 밖에 있거니와 음행하는 자는 자기 몸에 죄를 범하느니라"고 분명하게 경고했다(고전 6:18).

'아셀게이아'(*aselgeia*, **sensuality, 호색함**)는 공개적이고 억제되지 않으며 노골적인 성적인 죄를 가리킨다. KJV은 "음탕함"(lasciviousness) 또는 "문란함"(wantonness)으로 옮겼고, 어떤 번역들은 "방종"(licentiousness)으로 옮겼다. 로마서 13:13에서, 바울은 이것을 방탕, 술취함, 음란 같은 공개적인 죄와 연결했다. 그런가하면 베드로는 이것을 "정욕과 술취함과 방탕과 향락과 무법한 우상 숭배"와 연결했다(벧전 4:3). **호색함**도 육신의 행위 중 하나이며(갈 5:19), 거듭나지 못한 자들("방탕," 엡 4:19), 구체적으로 거짓 선생들이 하는 행위였다(벧후 2:2, 18; 유 4). 베드로는 이 단어를 사용해 소돔 남자들이 저지른 동성애라는 말로 할 수 없는 악을 표현했는데, 이들은 천사들을 겁탈하려 했다(벧후 2:7).

바울이 고린도 신자들에 관해 크게 두려워했던 것은 거짓 선생들의 영향으로 이들이 **전에…행한** 여러 죄에 다시 빠지는 것이었다. 직함에 걸맞은 여느 목회자처럼, 바울의 뜨거운 관심사는 자신이 돌보는 사람들이 거룩하게 사는 것이었다. 바울은 이들의 성화에 이토록 고통스러운 관심(염려)이 있었기에 이들에게 회개를 촉구했다.

고린도 신자들의 회개하지 않은 죄가 주는 아픔

> **또 내가 다시 갈 때에 내 하나님이 나를 너희 앞에서 낮추실까 두려워하고 또 내가 전에 죄를 지은 여러 사람의 (그 행한 바 더러움과 음란함과 호색함을) 회개하지 아니함 때문에 슬퍼할까 두려워하노라.** (12:21a,c)

물론, 어떤 목회자도 현실적으로 자신이 돌보는 사람들이 죄를 아예 짓지 않길 기대하지는 않는다. 그러나 이들이 죄를 지을 때, 목회자는 이들이 회개하고 하나님 및 신자들과 나누는 교제를 회복하길 갈망한다(참조. 갈 6:1). 이를 위해, 목회자는 이들을 위해 기도하고, 이들을 권면하며, 이들에게 회개를 촉구한다.

바울은 고린도에 **갈 때에…전에 죄를 지은 여러 사람의…회개하지 아니함**을 보게 될까 **두려웠다.** 완료분사 '프로에마르테코톤'(*proēmartēkotōn*, **those who have sinned in the past, 전에 죄를 지은 여러 사람**)은 죄를 과거에 짓기 시작해 현재도 계속 짓는 자들을 가리킨다. 바꾸어 말하면, 계속해서 죄를 지으며 회개를 거부하는 자들을 가리킨다. 바울이 고린도 회중에게서 이런 상황을 보게 된다면, 그에게 두 가지 면에서 영향을 미칠 터였다.

첫째, 이것은 그를 깊이 **낮출**(humiliate, 수치스럽게 할)[118] 것이었다. 그의 신

---

[118] 새번역: 부끄러움을 당하지

뢰성이 위험에 처했다. 그가 이 서신 앞부분에 썼듯이, 고린도 신자들은 그의 "편지…뭇 사람이 알고 읽는 바"였기 때문이다(고후 3:2). 바울은 고린도교회에서 거의 2년을 목회했다. 그런 고린도교회에 회개하지 않은 죄가 있다는 것은 바울에게는 수치였다. 이것은 바울의 진정성을 공격하며 그를 비난하는 자들에게 탄약을 공급하는 격이기도 했다. 바울은 겸손이 중요하다는 귀중한 교훈을 얻었다(12:7-10). 그러나 하나님이 그를 겸손하게 하시는 것과 고린도 신자들이 회개하지 않음으로써 그가 수치스럽게 되는 것은 달랐다. 회개하지 않은 회중의 죄는 목회자에게 가슴이 찢어지는 아픔과 고통과 실망을 안긴다. 이것은 목회자를 으스러뜨리고, 목회자의 힘을 빼며, 그대로 두면 목회자를 목회에서는 아니더라도 교회에서 쫓아낼 것이다. 그러므로 바울은 자신이 고린도에 갈 때 어떤 상황을 마주할지 불안했다.

둘째, 고린도 회중의 회개하지 않은 죄는 바울에게 큰 슬픔의 근원이었다. 바울은 회개를 거부하는 자들에게 화를 내겠다고 쓰지 않고 오히려 이들 때문에 **슬퍼할**(mourn over them) 것이라고 썼다. '펜떼오'(pentheō, **mourn**, 슬퍼할)는 단지 피상적 슬픔을 가리키지 않고 깊이 자리한 슬픔이나 비탄에서 나오는 애통을 가리킨다. 바울은 고린도교회 상황에 마음이 너무나 아파 낙심했다(7:6). 이제 바울은 고린도교회에서 회개하지 않는 죄인들을 또다시 보게 되면 겪게 될 슬픔이 무서웠다. 바울은 마지막으로 고린도에 갔을 때 겪었던 이런 슬픔을 다시 겪고 싶지 않았다(2:1).

신실한 목회자는 자신이 돌보는 사람들의 회개에 관심을 쏟으며, 이것은 교회에 대한 주님의 관심을 반영한다. 일곱 교회에 보낸 편지에서(계 2, 3장), 주 예수 그리스도께서 거듭 회개를 촉구하셨으며, 회개하지 않을 때 따르는 결과를 경고하셨다. 그분이 에베소교회에 주신 메시지는 이것이었다. "그러므로 어디서 떨어졌는지를 생각하고 회개하여 처음 행위를 가지라. 만일 그리하지 아니하고 회개하지 아니하면 내가 네게 가서 네 촛대를 그 자리에서 옮기리라"(계 2:5). 그분은 버가모교회에 이렇게 경고하셨다. "그러므로 회개하라. 그리하지 아니하면 내가 네게 속히 가서 내 입의 검으로 그들과 싸우리라"(계 2:16). 그분은 두아디라교회의 거짓 선지자 이세벨에 관해 이렇게 선언하셨다. "또 내가 그에게 회개할 기회를 주었으되 자기의 음행을 회개하고자 하지 아니하는도다. 볼지어다. 내가 그를 침상에 던질 터이요 또 그와 더불어 간음하는 자들도 만일 그의 행위를 회개하지 아니하면 큰 환난 가운데에 던 지고"(계 2:21-22). 그분은 사데교회에 촉구하셨다. "그러므로 네가 어떻게 받 았으며 어떻게 들었는지 생각하고 지켜 회개하라. 만일 일깨지 아니하면 내 가 도둑같이 이르리니. 어느 때에 네게 이를는지 네가 알지 못하리라"(계 3:3). 주님은 라오디게아교회에게 상기시키셨다. "무릇 내가 사랑하는 자를 책망하 여 징계하노니, 그러므로 네가 열심을 내라. 회개하라"(계 3:19). 이렇게 예수님 은 회개하지 않은 죄를 품고 있다며 일곱 교회 중 다섯 교회를 책망하셔야 했 다. 오직 신실한 서머나교회와 빌라델비아교회만 주님에게서 회개하라는 말 씀을 듣지 않았다. 구성원들이 죄를 짓고 있지 않았기 때문이 아니라 회개하 고 있었기 때문이다.

바울은 회개하라고 외쳤다. 이것은 주 예수 그리스도의 외침뿐 아니라 아 버지 하나님의 외침도 반영한다. 다윗은 그분에게 이렇게 고백했다. "하나님 이여, 상하고 통회하는 마음을 주께서 멸시하지 아니하시리이다"(시 51:17; 참 조. 사 57:15; 66:2). 회개하는 자들이 받는 약속은 자비롭고 완전한 하나님의 용 서다(잠 28:13; 요일 1:9). 회개하지 않는 자들은 징계를 받는다. 징계는 다음 장 에서 살펴볼 주제다.

35

성화의 패턴: 징계
(13:1-2)

> ¹내가 이제 세 번째 너희에게 가리니, 두세 증인의 입으로 말마다 확정하리라. ²내가 이미 말하였거니와 지금 떠나 있으나 두 번째 대면하였을 때와 같이 전에 죄 지은 자들과 그 남은 모든 사람에게 미리 말하노니, 내가 다시 가면 용서하지 아니하리라. (13:1-2)

1790년부터 매년, 미합중국 대통령은 헌법 규정에 따라 "국정 연설"(State of the Union)을 의회와 미국인들에게 해왔다. 대통령은 이 메시지에서 국가를 위한 자신의 관심사와 목표와 우선순위와 의제를 간략하게 제시한다. 그리스도인들은 충실한 시민으로서(롬 13:1-7; 벧전 2:17) 자신이 속한 나라의 상황에 관심을 가져야 한다. 그러나 "시민권은 하늘에 있는" 자로서(빌 3:20; 참조. 엡 2:19), 그리스도인들은 하나님 나라의 상황에 훨씬 더 큰 관심을 가져야 한다.

실제로, 교회의 현재 상태는 매우 우려스럽기에 갱신 요구가 폭넓게 터져 나온다. 세미나, 컨퍼런스 및 책은 교회가 현대사회에 더 잘 팔리도록 교회를 개조할 다양한 방안을 제시한다. 자칭 전문가들이 교회의 존립 자체가 위협받고 있다며 엄중하게 경고한다. 교회가 살아남으려면 완전히 개조되어야 한다고 주장한다. 교회가 문화적으로 좀 더 적실해져야 하며 메시지를 좀 더 잘 포장하고 홍보해야 한다. 교회가 사람들이 느끼는 필요를 좀 더 잘 겨냥해야 하고 지금보다 훨씬 효율적인 소통 방식으로 사람들에게 다가가야 한다는 것이다.

이를 위해, 자칭 전문가들이 교회를 위협한다고 믿는 망각으로부터 교회를 구해내려고 숱한 혁신안이 제시되었다. 어떤 사람들은 인터넷에 가상 교회를 만들자고 한다. 사실, 가상 교회는 사람들이 서로 교류하지 않고도 예배할 수 있는 드라브인 교회(drive-in church)의 업데이트 버전이다. 이런 "사이버 교회"는 집에서 안락하게 "예배하는" 편의도 제공할 것이다. 예배가 자신들의 필요를 충족하지 못하면 인터넷 브라우저를 닫으면 그만이다.

어떤 사람들은 전통적 교회를 가정 교회 같은 더 친화적이고 덜 대립적인 장으로 대체하려 한다. 이들은 통제가 덜 하고 꽉 짜인 틀과 권위가 없으며 역사적 · 신학적 전통이 없는 이런 환경에서 불신자들이 더 편안해할 거라 믿는다. 전통적 교회 구조를 유지하더라도 상당한 변화가 필요하다. 설교자가 원고를 사용하지 않고 강대상 뒤에 숨지 않는 발표자로 대체되어야 한다. 추측 건대, 그러면 청중이 더 긍정적으로 반응할 것이다. 설교가 더는 쓸모없다. 일방적 전달은 효과가 없기 때문이다. 더 나아가, 지나친 성경 인용도 피해야 한다. 성경을 모르는 사람들이 주의가 산만해지기 때문이다. 체계적 성경 강해도 사라져야 한다. 대다수가 이따금 교회에 출석하기에 시리즈로 제시된 메시지를 놓쳐 기분이 상할 터이기 때문이다.

솔직히, 소위 전문가들이 추천하는 방식으로 교회를 개조하지 않으면 교회가 사라질 수도 있다는 주장은 신성모독이 아니더라도 무책임하다. 교회가 세상의 기대에 맞춰 자신을 개조하지 못하면, 하나님이 영원 전에 세우신 계획, 곧 자신을 위해 한 백성을 불러내 구속하고 영원한 영광에 들어가게 하는 계획이 좌절되겠는가? 예수님이 세우겠다고 약속하셨고 "음부의 권세"라도 이기지 못하리라 선언하신 교회가(마 16:18) 문화적 감각과 마케팅 지식이 없어 무능해지겠는가? 주 예수 그리스도께서 자신의 피로 교회를 사셨는데(행 20:28; 벧전 1:18-19), 교회가 무능해서 역사의 쓰레기더미에 버려지도록 가만히 서서 구경만 하시겠는가?

우리 시대의 교회 성장 전문가들이 내놓은 이론들은 교회가 어떠해야 하는지를 누가 결정하느냐는 중요한 질문을 불러일으킨다. 앞서 보았듯이, 전문가들이 다양한 변화를 제안했다. 그러나 그중 대다수는 설문조사의 결과다. 기본 전제는 여느 비즈니스처럼 교회도 고객들이 무엇을 원하는지 알아내 그것을 고객들에게 주어야 한다는 것이다. 그럴 때 교회는 적실성을 유지하리라는 희망을 가질 수 있다. 이것은 훌륭한 마케팅 전략일 수 있겠으나 교회는 상품을 파는 비즈니스가 아니라는 사실을 간과한 것이다. 교회의 우선순위를 결정하는 것은 불신자들이나 주변 그리스도인들을 대상으로 하는 설문조사가 아니라 교회의 머리이신 주 예수 그리스도의 뜻을 드러내는 진리, 곧 하나님 말씀이다.

그러므로 교회에게 절실히 필요한 것은 성경에 계시된 주님의 마음을 신학적으로 일관되고 충실하며 분명하게 설명하는 것이다. 그럴 때 교회는 우리 시대의 도덕적 · 영적 위기에 효과적으로 대응할 준비를 하게 될 것이다. 교회가 이렇게 할 때, 그 결과는 단지 건전한 정보가 아니라 거룩일 것이다. 거룩은 교회가 세상에 복이 되고 영향력을 끼치는 비결이다.

성경은 거룩이 교회의 삶을 향한 주님의 뜻에서 핵심이라는 점을 분명히 한다. 그런데도 교회 성장 운동에서 가장 소홀히 여기는 원리가 있다면, 죄짓는 자들에 대한 대면(confrontation, 지적)이나 회복이나 징계다. 사생활을 침해하고 행동에 책임을 묻는 것은 아주 어리석고 사람들을 소외시키며 교회를 무너뜨릴 게 분명해 보인다. 죄 지적(confronting sin, 죄와 맞섬)은 도덕적 상대주의와 모호성의 시대에 뒤떨어져 보인다. 사람들은 자신이 원하는 것을 할 수 있는 자유를 원한다. 교회는 독립된 구성원들이 모인 친교 집단이 되었으며, 이들은 하나님을 향한 책임을 최소한으로 지고 서로를 향한 책임은 그보다도 작게 진다. 그 결과, 전 세대 목회자들과 교인들이 죄짓는 사람들을 대면해 회개하거나 죄를 버리라고 촉구하는 교회를 경험하지 못했다. 그래서 죄를 심각하게 개인적으로 다루지 않으며, 이것이 성도들의 필수 영적 미덕이 되었다.

교회가 직면한 가장 큰 문제는 문화에 무감각함이 아니라 죄에 무감각함이다. 이제 교회는 죄짓는 교인들을 대면해 회개와 회복으로 이끌거나 회개를 거부할 때 출교하는 데 관심이 없다. 이것은 교회의 도덕적 · 영적 쇠퇴를 보여주는 가장 뚜렷한 징후다. 교회의 가장 비참한 실패다. 교회가 거룩에 관심이 없다는 신호이기 때문이다. 다시 말해, 이것은 교회의 주인이신 주님을 공경하지 않는 것은 말할 것도 없고 성경에 대한 헌신 또한 부족하다는 신호이기 때문이다. 교회가 권징(discipline, 징계)을 시행하지 못한다는 것은 교회가 세속화되었다는 가장 뚜렷한 증거이자 교회가 무기력해진 주요 원인이다.

다음은 주 예수 그리스도께서 권징의 중요성을 강조하면서 이와 관련해 교회에게 주신 첫 지시다.

> 네 형제가 죄를 범하거든 가서 너와 그 사람과만 상대하여 권고하라. 만일 들으면 네가 네 형제를 얻은 것이요 만일 듣지 않거든 한두 사람을 데리고 가서 두세 증인의 입으로 말마다 확증하게 하라. 만일 그들의 말도 듣지 않거든 교회에 말하고 교회의 말도 듣지 않거든 이방인과 세리와 같이 여기라. (마 18:15-17)

요한계시록 1:12-16에, 영화롭게 되신 그리스도의 모습이 나온다. 이 모습은 그분이 마태복음 18장에서 표현하신 관심, 곧 그분의 교회의 정결을 향한 관심을 상징한다. 그리스도의 흰 머리는(14절) 다니엘서에 나오는 옛적부터 항상 계신 이(the Ancient of Days)를 연상시키며(단 7:9) 그분의 신적 지혜를 상징한다. 불꽃 같은 그리스도의 눈은(14절) 그분의 교회의 깊은 곳을 살피는 그리스도의 전지(全知)하심을 드러낸다. 이러한 속성들을 갖추신 그리스도께서 그분의 교회를 심판하시며, 그 심판은 그분의 빛나는 주석 발로 묘사된다(15절).

따라서 교회 권징은 선택이 아니라 교회 생활의 아주 중요한 요소이며, 교회의 주님이 친히 규정하고 행하시는 것이다. 하나님은 초기 교회에서 회개하지 않는 두 죄인의 생명을 직접 취하실 만큼 징계(권징)를 아주 중요하게 여기신다(아나니아와 삽비라; 행 5:1-11).

지독히 악한 도시 고린도에 자리한 교회가 위기를 맞았다. 대다수 구성원이 이방 종교와 우상숭배를 버리고 그리스도께 나오면서 이전 생활방식과 연결된 몇몇 부도덕한 행위를 교회에 가지고 들어왔다. 바울은 고린도전서에서 이들이 여전히 끊지 못하는 여러 악행을 지적했다. 마치 이것들로 부족하기라도 하듯이, 고린도교회에 침입한 거짓 선생들이 교회를 미혹해 더욱더 죄를 짓게 하고 있었다. 바울은 심히 염려했다. 교회가 문화에 순응하지 못할까 염려했던 게 아니라 교회가 거룩을 잃을까 염려했다. 바울은 알았다. 고린도 신자들이 경건하게 살지 못하면 교회가 자신들의 주님을 욕되게 하고 영적으로 무능해질 터였다. 복음은 그리스도 안에서 일어나는 변화, 곧 순종하는 의로운 삶을 낳는 변화를 선포한다(참조. 롬 6:16-18). 그러나 교회가 죄를 용납하면 이러한 복음을 허무는 것이다.

고린도후서 11:2에서, 바울은 고린도 신자들의 정결에 대한 관심을 표현하며 이렇게 썼다. "내가 하나님의 열심으로 너희를 위하여 열심을 내노니, 내가 너희를 정결한 처녀로 한 남편인 그리스도께 드리려고 중매함이로다." 바울의 관심은 교회의 주인이신 분의 관심을 반영한다. "자기 앞에 영광스러운 교회로 세우사 티나 주름 잡힌 것이나 이런 것들이 없이 거룩하고 흠이 없게 하려 하심이라"(엡 5:27). 참 교회는 신자들로만 구성되며, 그 주된 목적은 불신자들을 편하게 하는 것이 아니라 신자들을 영적 성숙으로 이끄는 것이다.

바울의 마음에 자리한 강렬한 관심이 이 서신에 나타난다. 이 서신에서, 바울의 목표는 고린도 신자들의 덕을 세우고 이들의 마음을 거짓 선생들의 해로운 거짓말에서 돌이키는 것이었다. 끝맺는 섹션은(고후 12:19-13:10) 성화 과정의 여러 핵심 요소에 초점을 맞춘다. 바울은 그 첫째 요소, 곧 회개를 12:20-21에서 다루었다(이 책 34장을 보라). 13:1-2에서, 바울은 성화 과정의 그다음 논리적 단계인 교회 권징으로 옮겨갔는데, 교회 권징은 죄를 짓고 회개하지 않는 자들을 어떻게 할 것인가라는 문제를 다룬다. 그는 교회 권징의 동기와 방법을 다루었다.

교회 권징의 동기

¹내가 이제 세 번째 너희에게 가리니… ²내가 이미 말하였거니와 지금 떠나 있으나 두 번째 대면하였을 때와 같이 전에 죄 지은 자들과 그 남은 모든 사람에게 미

리 말하노니, 내가 다시 가면 용서하지 아니하리라. (13:1a, 2)

하나님은 그분의 백성에게 자주 되풀이해서 촉구하신다. "내가 거룩하니 너희
도 거룩할지어다"(레 11:44; 참조 45절; 19:2; 20:7, 26; 출 22:31; 민 15:40; 신 6:17-18;
7:6; 벧전 1:15-16; 2:9-12). 이것이 교회 권징의 가장 중요한 이유다. 신자들이
"하나님을 두려워하는 가운데서 거룩함을 온전히 이루어 육과 영의 온갖 더러
운 것에서 자신을 깨끗하게" 하도록 돕는 데 때로 교회 권징이 꼭 필요하다(고
후 7:1).

하나님의 백성이 하나님의 거룩에 참여할 수 있도록 하나님이 자신의 백성
을 친히 징계하신다(히 12:10). 욥기 5:17은 이렇게 말한다. "볼지어다. 하나님
께 징계 받는 자에게는 복이 있나니, 그런즉 너는 전능자의 징계를 업신여기
지 말지니라." 시편 기자는 이렇게 노래했다. "여호와여, 주로부터 징벌을 받
으며 주의 법으로 교훈하심을 받는 자가 복이 있나니"(시 94:12). 바울은 고린
도 신자들에게 상기시켰다. "우리가 판단을 받는 것은 주께 징계를 받는 것이
니, 이는 우리로 세상과 함께 정죄함을 받지 않게 하려 하심이라"(고전 11:32).
히브리서 저자는 독자들에게 일깨웠다. "또 아들들에게 권하는 것 같이 너희
에게 권면하신 말씀도 잊었도다. 일렀으되, 아들아, 주의 징계하심을 경히 여
기지 말며 그에게 꾸지람을 받을 때에 낙심하지 말라. 주께서 그 사랑하시는
자를 징계하시고 그가 받아들이시는 아들마다 채찍질하심이라"(히 12:5-6; 참
조. 잠 3:11-12). 주 예수 그리스도께서 요한계시록 3:19에서 말씀하셨다. "무릇
내가 사랑하는 자를 책망하여 징계하노니, 그러므로 네가 열심을 내라. 회개
하라."

그 과정의 한 부분으로, 하나님은 죄짓는 구성원들을 징계할 책임을 교회
에 부여하셨다. 앞서 말했듯이, 예수님이 교회에 주신 첫 지시에 징계가 포함
되었다(마 18:15-17). 징계는 교회의 삶에서 아주 기본적인 요소다. 그래서 고
린도 신자들이 징계를 시행하지 못했을 때, 바울은 격노했다. 바울은 음행하
면서도 회개하지 않고 살아가는 구성원을 징계하지 않았다며 고린도 신자들
을 강하게 꾸짖었다.

너희 중에 심지어 음행이 있다 함을 들으니, 그런 음행은 이방인 중에서도 없는 것이라. 누가 그 아버지의 아내를 취하였다 하는도다. 그리하고도 너희가 오히려 교만하여져서, 어찌하여 통한히 여기지 아니하고, 그 일 행한 자를 너희 중에서 쫓아내지 아니하였느냐?…너희가 자랑하는 것이 옳지 아니하도다. 적은 누룩이 온 덩어리에 퍼지는 것을 알지 못하느냐? 너희는 누룩 없는 자인데, 새 덩어리가 되기 위하여 묵은 누룩을 내버리라. 우리의 유월절 양 곧 그리스도께서 희생되셨 느니라…내가 너희에게 쓴 편지에 음행하는 자들을 사귀지 말라 하였거니와, 이 말은 이 세상의 음행하는 자들이나 탐하는 자들이나 속여 빼앗는 자들이나 우상 숭배하는 자들을 도무지 사귀지 말라 하는 것이 아니니, 만일 그리하려면 너희 가 세상 밖으로 나가야 할 것이라. 이제 내가 너희에게 쓴 것은 만일 어떤 형제라 일컫는 자가 음행하거나, 탐욕을 부리거나, 우상 숭배를 하거나, 모욕하거나, 술 취하거나, 속여 빼앗거든, 사귀지도 말고 그런 자와는 함께 먹지도 말라 함이라. 밖에 있는 사람들을 판단하는 것이야 내게 무슨 상관이 있으리요마는 교회 안에 있는 사람들이야 너희가 판단하지 아니하랴? 밖에 있는 사람들은 하나님이 심판 하시려니와, 이 악한 사람은 너희 중에서 내쫓으라. (고전 5:1-2, 6-7, 9-13)

그렇다고 고린도교회의 상황만 특별한 게 아니었다. 바울은 모든 교회가 권징(징계)을 시행하길 기대했다. 그는 데살로니가 신자들에게 이렇게 썼다.

형제들아, 우리 주 예수 그리스도의 이름으로 너희를 명하노니, 게으르게 행하고 우리에게서 받은 전통대로 행하지 아니하는 모든 형제에게서 떠나라…누가 이 편지에 한 우리 말을 순종하지 아니하거든 그 사람을 지목하여 사귀지 말고 그 로 하여금 부끄럽게 하라. 그러나 원수와 같이 생각하지 말고 형제 같이 권면하 라. (살후 3:6, 14-15)

바울은 그레데섬의 교회들을 감독하는 디도에게 권면했다. "이단에 속한 사람을 한두 번 훈계한 후에 멀리하라. 이러한 사람은 네가 아는 바와 같이 부 패하여 스스로 정죄한 자로서 죄를 짓느니라"(딛 3:10-11).

교회 권징을 시행해야 하는 이유는 분명하다. 이것이 성경에 순종하는 것이기 때문이다. 이 외에도 교회 권징을 시행해야 하는 이유가 적어도 두 가지 더 있다. 첫째, 권징은 교회 교제를 정결하게 유지하는 데 필수일 뿐 아니라 성경이 죄에 관해서 하는 말을 교회가 진지하게 받아들인다는 것을 보여준다. 교회 권징의 둘째 이유이자 목적은 죄짓는 신자들을 회개와 회복으로, 하나님이 복을 주시는 자리로 이끄는 것이다. 어떤 사람들은 교회 권징이 사람들을 사랑하지 못하고 사생활을 침해한다며 비난한다. 그러나 사실, 교회 권징은 가장 강한 사랑의 표현이다. 사랑은 그 대상이 해를 입지 않도록 보호하려 하기 때문이다. 회개하지 않은 죄보다 신자들에게 더 해를 끼치는 것은 없다. 회개하지 않은 죄는 하나님의 복을 잃게 하고 그분의 징벌을 부른다.

바울은 교회 권징을 전파할 뿐 아니라 실행했다. 그는 이미 회개하지 않는 죄인 한 명을 고린도교회에서 쫓아냈으며(고전 5:3-5; 참조. 딤전 1:20), 이제 자신이 다시 가면 징계하리라고 미리 경고한다. 바울은 고린도 신자들이 징벌의 아픔을 겪지 않길 바랐고, 그래서 이들과의 대면을 피했다. 고린도후서 1:23에서, 바울은 이들에게 상기시켰다. "내가 내 목숨을 걸고 하나님을 불러 증언하시게 하노니, 내가 다시 고린도에 가지 아니한 것은 너희를 아끼려 함이라." 그는 고린도교회의 죄짓는 교인들에게 회개하라고 **이미(previously)…두 번째 대면하였을 때**(슬픔으로 가득했던 방문 때; 참조. 2:1) 경고했다. 그는 지금 **고린도를 떠나 있으나…전에 죄 지은 자들과**(참조. 12:21) **그 남은 모든 사람**, 곧 회개하지 않는 죄인들에게도 **미리** 경고했다. 자신이 세 번째 그들에게 가면 그 누구도 **용서하지 아니하리라(not spare anyone)**는 것이었다. '페이도마이'(*pheidomai*, **spare, 용서하지**)는 의미가 강한 단어이며, 고전 헬라어에서 전쟁터에서 목숨을 살려준다고 말할 때 사용되었다. 이 단어는 적에게 자비를 베푼다는 의미를 내포한다. 이들을 용서하지 않겠다는 바울의 선언은 괜한 협박이 아니었다. 회개하길 거부하는 자들은 정확히 그들의 죄가 요구하는 것을 받을 것이다.

은혜와 자비와 인내의 시간은 끝났다. 더는 경고가 없을 것이다. 바울은 다시 고린도에 가면 고린도교회의 죄인들을 처리할 것이다. 이들이 회개하지 않으면, 바울의 방문 때 그는 이들이 원하는 모습이 아닐 것이다(12:20). 신실한 부모로서(고전 4:14-15), 바울은 영적 자녀들을 불순종 상태에 방치할 수 없었다. 이들을 징계해 순종과 축복의 자리로 이끌어야 했다. 이들이 끈질기게 순종하지 않으면, 바울은 행동을 취할 것이었다.

하나님의 영광, 교회의 정결, 신자들의 안녕, 그리고 복음 증거를 위해 바울은 자신이 돌보는 교회들에서 죄와 주저 없이 맞섰다. 앞서 말했듯이, 바울은 음란하게 사는 남자를 징계하지 않았다며 고린도 신자들을 이미 꾸짖었다(고전 5장). 갈라디아 신자들에게 보낸 편지 중 날카로운 어조로 쓴 단락에서, 바울은 교리적 오류와 죄를 교회에 들여오는 거짓 선생들을 용납했다며 이들을 꾸짖었다.

그리스도의 은혜로 너희를 부르신 이를 이같이 속히 떠나 다른 복음을 따르는 것을 내가 이상하게 여기노라. 다른 복음은 없나니, 다만 어떤 사람들이 너희를 교란하여 그리스도의 복음을 변하게 하려 함이라. 그러나 우리나 혹은 하늘로부터 온 천사라도 우리가 너희에게 전한 복음 외에 다른 복음을 전하면 저주를 받을지어다. 우리가 전에 말하였거니와 내가 지금 다시 말하노니, 만일 누구든지 너희가 받은 것 외에 다른 복음을 전하면 저주를 받을지어다. (갈 1:6-9)

바울은 죄인들과 맞서길(confront) 주저하지 않았으며, 이것은 그가 사람을 기쁘게 하는 자가 아니라는 증거였다. "이제 내가 사람들에게 좋게 하랴 하나님께 좋게 하랴? 사람들에게 기쁨을 구하랴? 내가 지금까지 사람들의 기쁨을 구하였다면 그리스도의 종이 아니니라"(10절). 사실, 바울은 열두 사도의 리더이자 초기 교회의 가장 위대한 전파자요 이적을 행하는 베드로와도 맞서길 두려워하지 않았다.

게바가 안디옥에 이르렀을 때에 책망 받을 일이 있기로 내가 그를 대면하여 책망하였노라. 야고보에게서 온 어떤 이들이 이르기 전에 게바가 이방인과 함께 먹다가 그들이 오매 그가 할례자들을 두려워하여 떠나 물러가매, 남은 유대인들도 그와 같이 외식하므로 바나바도 그들의 외식에 유혹되었느니라. 그러므로 나는 그들이 복음의 진리를 따라 바르게 행하지 아니함을 보고 모든 자 앞에서 게바에게 이르되, 네가 유대인으로서 이방인을 따르고 유대인답게 살지 아니하면서 어찌하여 억지로 이방인을 유대인답게 살게 하려느냐 하였노라. (갈 2:11-14)

바울은 데살로니가 신자들에게 대놓고 말했다. "우리가 너희와 함께 있을 때에도 너희에게 명하기를 누구든지 일하기 싫어하거든 먹지도 말게 하라 하였더니"(살후 3:10). 바울은 후메내오와 알렉산더를 에베소교회에서 쫓아냈다(딤전 1:20).

바울은 따뜻한 사람이었고, 온유와 관용과 겸손으로 사역했다(참조. 고후 10:1). 그는 고린도 신자들을 사랑했다(12:15). 그러나 오늘의 많은 교회와 달리, 바울은 사랑과 징계가 충돌한다고 보지 않았다. 징계는 사랑의 표현이었다. 하나님은 사랑하는 자들을 징계하시기 때문이다(잠 3:11-12). 바울은 죄를 절대로 용납하지 않았다. 죄가 교회를 감염시키고 병들게 하며 약하게 하고 마침내 무너뜨린다는 것을 알기 때문이었다. 칼 레이니(J. Carl Laney, 1948-)는 이렇게 썼다.

> 오늘의 교회는 곪아 터지도록 방치된 감염 때문에 고통당하고 있다. 치료되지 않은 종기가 세균에 감염된 고름을 흘리고 온몸을 더럽히듯이, 교회는 죄와 도덕적 타협으로 더럽혀졌다. 감염이 방어기제를 무너뜨려 몸을 약하게 하듯이, 이 추악한 염증이 교회를 약하게 만들었다. 교회는 사회적 · 도덕적 · 영적 변화를 위한 매개체 역할을 할 능력을 잃어버렸다. 이 질병은, 적어도 부분적으로, 영적 징계를 소홀히 한 데서 비롯되었다. (*A Guide to Church Discipline* [Minneapolis: Bethany House, 1985], 12)

회개하지 않은 죄는 또한 신자 개개인에게서 하나님의 즐거움에 참여하는 기쁨(joy of God's pleasure)을 앗아간다. 이사야는 이렇게 썼다. "여호와의 손이 짧아 구원하지 못하심도 아니요 귀가 둔하여 듣지 못하심도 아니라. 오직 너희 죄악이 너희와 너희 하나님 사이를 갈라놓았고 너희 죄가 그의 얼굴을 가리어서 너희에게서 듣지 않으시게 함이니라"(사 59:1-2). 바울은 고린도 신자들을 너무나 사랑해 개개인의 삶을 유린하고 교회의 능력과 증언을 무너뜨리는 죄를 못 본 체할 수 없었다.

교회 권징의 방법

두세 증인의 입으로 말마다 확정하리라. (13:1b)

교회 권징은 마녀사냥이 아니다. 마녀사냥은 조잡하고 근거 없는 혐의를 씌워 사람들의 평판을 무너뜨린다. 하나님은 정의의 하나님이다(사 30:18). 그러므로 하나님은 철저하고 공정한 징계 절차를 계획하셨다. 바울이 신명기 19:15을 인용해 고린도 신자들에게 확신을 주었듯이, 그가 고린도교회의 회개하지 않는 죄인들을 징계하는 과정은 엄격하게 하나님의 법에 따라 이루어질 것이었다. '레마'(*rhēma*, **fact**, 말)는 재판 절차에서 제기되는 혐의를 가리킬 수 있다. 이 단어는 마태복음 18:16에서 교회 권징과 연결되어 사용되며(여기서도 신 19:15이 인용된다), 27:12-14에서 예수님이 빌라도 앞에서 재판받으실 때 그분에 대해 제기된 고발을 가리킨다.

구약 율법은 단언했다. 피고인이 **두세 증인의 입으로**(by testimony, 증언으로) 유죄가 **확정**되지(confirmed) 않는 한, 그 누구도 유죄 판결을 받고 범죄자가 되어서는 안 된다. 바울이 인용한 신명기 19:15에 덧붙여, 민수기 35:30은 이렇게 말한다. "사람을 죽인 모든 자 곧 살인한 자는 증인들의 말을 따라서 죽일 것이나 한 증인의 증거만 따라서 죽이지 말 것이요." 신명기 17:6은 이 원칙을 설명한다. "죽일 자를 두 사람이나 세 사람의 증언으로 죽일 것이요 한 사람의 증언으로는 죽이지 말 것이며"(참조. 요 8:17; 히 10:28).

복수의 증인을 세우라는 동일한 요구가 교회 권징 과정에도 적용된다. 네 단계 과정이 완결될 때까지 그 누구도 교회에서 쫓겨나서는 안 된다. 첫째, 죄 짓는 그리스도인을 아는 사람이 그를 개인적으로 꾸짖어야 한다(마 18:15; 갈

6:10). 그가 회개하려 하지 않으면, 그를 대면했던 사람이 다시 한번 그를 대면하되 이번에는 한두 사람을 증인으로 데려가야 한다(마18:16). 그래도 회개하려 하지 않으면, 교회 전체가 그를 회개로 이끄는 일에 참여해야 한다(마 18:17). 그가 회개하라는 교회의 요구를 무시한다면, 그를 교회에서 쫓아내고 불신자처럼 여겨야 한다(마 18:17). 디모데전서 5:19에서 바울은 교회 지도자들에 대한 고발과 연결해 복수의 증인을 세워야 한다는 원칙을 되풀이 했다. "장로에 대한 고발은 두세 증인이 없으면 받지 말 것이요." 징계(권징) 절차가 필요한 죄에는 심각한 교리적 오류(딤전 1:18-20), 교회의 일치를 위협하는 죄 (딛 3:10), 정결의 문제가 포함된다(고전 5장).

권징이 없는 교회는 제멋대로인 자녀만큼 수치스럽고 비극적이다(잠 10:1, 5; 17:21, 25; 29:15). 교회에 권징이 없으면, 예수 그리스도의 이름을 욕되게 하고 목자장과 그분의 부목자들에게 슬픔을 안긴다. 교회가 죄에 대해 조치를 취할 만큼 죄를 심각하게 여기지 않는다면, 어떻게 죄로부터의 해방을 말하는 복음을 세상이 진지하게 받아들이길 기대할 수 있겠는가? 교회가 세상에서 예수 그리스도를 높이고 강력하게 증언하려면, 죄짓는 교인들과 맞서야 (confronting) 한다. 그럴 때, 이들이 거룩을 회복하고 영적 성숙을 향해 나아갈 수 있다.

36

(13:3-4)

³이는 그리스도께서 내 안에서 말씀하시는 증거를 너희가 구함이니, 그는 너희에게 대하여 약하지 않고 도리어 너희 안에서 강하시니라. ⁴그리스도께서 약하심으로 십자가에 못 박히셨으나 하나님의 능력으로 살아계시니, 우리도 그 안에서 약하나 너희에게 대하여 하나님의 능력으로 그와 함께 살리라. (13:3-4)

미국인들은 늘 맹렬하게 독립적이었다. 군주국가 영국의 지배에서 벗어난 후, 신생 공화국 미국은 헌법이 중앙 정부에 권력을 얼마나 부여하고 주정부가 권력을 얼마나 가져야 하는지 고민했다. 주정부의 권한 문제는 남북전쟁 때까지 완전히 해결되지 못했다. 서부를 탐험하고 거기 정착한 선구자들과 개척자들과 카우보이들은 자립심, 독립심, 권위에 무신경한 태도로 유명했다. 최근 미국 역사에서, 권위를 가장 노골적으로 경멸한 예는 1960년대 일어난 반문화 운동일 것이다.

다른 숱한 사회 경향과 마찬가지로, 영적 권위를 보는 부정적 시각이 교회에 들어왔다. 교회를 비그리스도인들에게 더 매력적으로 만들려는 열정에서, 어떤 사람들은 권위를 분산해야 한다고 주장했다. 이들은 권위를 목회자들과 장로들의 손에서 취해 회중에게 주자고 한다. 이들은 더 수평적이고 덜 수직적인 조직 구조를 원한다.

이런 제안들은 성경에 맞서고 교회의 주인이신 분에게 맞서는 비극적 반란이나 마찬가지다. 교회는 민주제가 아니라 군주제다. 다시 말해, 신자들은 아버지 하나님과(참조. 막 12:34; 눅 4:43; 6:20; 요 3:3; 행 1:3; 8:12; 19:8; 28:31; 살전 2:12) 주 예수 그리스도의 나라(kingdom, 왕국)에 속한 백성이다(참조. 마 13:41; 16:28; 골 1:13; 엡 5:5; 딤후 4:1; 벧후 1:11). 교회에서 유일하게 참된 권위는 교회의 머리, 곧 예수 그리스도에게서 비롯되며(엡 4:15; 5:23) 그분이 그분의 말씀을 전하고 가르치는 자들, 곧 교회의 목회자들과 장로들에게 위임하신 권위다. 교회에서 권위를 분산해야 한다고 주장하며 이로써 하나님이 세우신 교회 지도자들을 거부하는 것은 교회의 머리이신 그리스도의 권위를 거부하는 것이다.

진정한 성경적 설교도 권위 있는 하나님의 말씀에 기초하기 때문에 권위가 있다. 설교자의 목적은 사람들이 자신들에 대해 좋게 느끼게 하는 게 아니며 그들을 즐겁게 하는 것은 더더욱 아니다. 설교자는 하나님 말씀의 진리를 정확하게 전하고 순종을 요구해야 한다. 사람들에게 성경의 권위에 복종하든지 아니면 그 권위를 거부하든지 선택하라고 요구해야 한다. 불신자들에게 복음을 선포할 때도 다르지 않다. 하나님은 그분의 메시지를 고려해볼 만한 선택사항으로 주지 않으실뿐더러 불신자들에게 회개하라고 '제안하시는' 것도 아니다. 하나님은 '명령하신다.' "어디든지 사람에게 다 명하사 회개하라 하셨으니"(행 17:30; 참조. 마 3:2; 4:17; 막 6:12). 권위적 요소를 제거하면, 설교는 진정한 성경적 선포의 빈약한 모조품이 된다.

주 예수 그리스도께서 모든 전파자(설교자)가 따라야 할 본을 보이셨다. 산상설교가 끝났을 때, "무리들이 그의 가르치심에 놀라니, 이는 그 가르치시는 것이 권위 있는 자와 같고 그들의 서기관들과 같지 아니함일러라"(마 7:28-29; 참조. 막 1:22, 27). 그분의 대적들까지 그분의 권위를 인정했으며 그분에게 이렇게 물었다. "무슨 권위로 이런 일을 하느냐? 누가 이런 일 할 권위를 주었느냐?"(막 11:28). 요한복음 7:14-18에 기록된 예수님과 그분을 비판하는 자들 사이에 오간 대화가 보여주듯이, 예수님은 이 땅에서 사역하실 때 아버지로부터 권위를 받으셨다.

이미 명절의 중간이 되어 예수께서 성전에 올라가사 가르치시니, 유대인들이 놀랍게 여겨 이르되, 이 사람은 배우지 아니하였거늘 어떻게 글을 아느냐 하니, 예수께서 대답하여 이르시되, 내 교훈은 내 것이 아니요 나를 보내신 이의 것이니라. 사람이 하나님의 뜻을 행하려 하면 이 교훈이 하나님께로부터 왔는지 내가 스스로 말함인지 알리라. 스스로 말하는 자는 자기 영광만 구하되 보내신 이의 영광을 구하는 자는 참되니, 그 속에 불의가 없느니라.

요한복음 8:28에서, 예수님은 이렇게 말씀하셨다. "너희가 인자를 든 후에 내가 그인 줄을 알고 또 내가 스스로 아무것도 하지 아니하고 오직 아버지께서 가르치신 대로 이런 것을 말하는 줄도 알리라"(참조. 38, 40절). 요한복음 12:49에서, 이렇게 덧붙이셨다. "내가 내 자의로 말한 것이 아니요 나를 보내신 아버지께서 내가 말할 것과 이를 것을 친히 명령하여 주셨으니."

신약성경에 등장하는 전파자들도, 주님을 본받아, 하나님의 말씀을 구속력 있게 선포했다. 예수님은 제자들에게 지상명령 이행에 "내가 너희에게 분부한 모든 것을 가르쳐 지키게 하는" 일이 포함된다고 하셨다(마 28:20). 바울은 디도에게 이렇게 지시했다. "너는 이것을 말하고 권면하며 모든 권위로 책망하여 누구에게서든지 업신여김을 받지 말라"(딛 2:15). 그리고 디모데에게 "너는 이것들을 명하고 가르치라"고 했다(딤전 4:11). 베드로는 이렇게 썼다. "만일 누가 말하려면 하나님의 말씀을 하는 것 같이 하고"(벧전 4:11).

교회의 주인께서 성경의 권위를 교회 지도자들에게 위임하셨다. 이들의 권위가 이들의 개성, 소통 기술, 카리스마, 임직(ordination, 성직수임, 서품), 교육의 힘에서 비롯되지 않음을 기억하는 게 중요하다. 그뿐 아니라 교회 계층구조나 교단이나 교회가 이들에게 권위를 부여하는 것도 아니다. 가르치고 전파하는 모든 사람이 받은 권위의 근원은 오직 하나, 하나님의 말씀이다. 그러므로 교회에 절실히 필요한 것은 분권적 대화가 아니라 성경을 신중하고 분명하며 권위 있게 해석하고 선포하는 것이다.

설문조사에서 교인들이 교회에서 권위를 덜 원한다는 결과가 나오더라도 놀라지 말아야 한다. 비그리스도인들과 변두리 신자들은 자신들을 구속력 있는 성경의 요구들 아래 두길 주저한다. 따라서 확신을 갖고 말씀을 권위 있게 전하며 청중에게 말씀에 순종하라 요구하는 사람들은 불신자들과 불순종하는 자들에게 인기가 없다. 이러한 선포는 한 사람이 다른 사람들에게 무엇이 참이고 무엇을 해야 하는지 말한다는 뜻이며, 따라서 모든 사람의 견해가 똑같이 타당하다고 보는 우리 문화의 지배적 시각에 역행한다. 여러 이유로, 사회의 모든 수준에서 권위가 추락하고 있다.

무엇보다도, 하나님의 권위에 맞서는 반역이 죄의 본질이다. 그러므로 타락한 인간이 권위를 거부하는 것은 당연하다. 사탄은 교만하게도 "지극히 높은 이와 같아지리라"며 하나님의 권위에 맞서 반역을 시작했다(사 14:14; 참조. 겔 28:12-16). 하와가 인간 차원에서 반역을 시작했고(창 3:6), 아담이 하와의 반역에 가담했을 때 인류가 죄에 빠졌다(롬 5:12, 14; 고전 15:22). 그 결과, "[죄인들이] 하나님을 알되 하나님을 영화롭게도 아니하며 감사하지도 아니하고 오히려 그 생각이 허망하여지며 미련한 마음이 어두워졌다"(롬 1:21). 하나님의 법과 뜻에 순종하길 거부하는 것이 이들의 생활방식이다.

권위가 쇠퇴하는 또 다른 원인은 절대적 도덕의 부재다. 성경에 계시된 객관적인 하나님의 기준을 거부했기 때문에 남은 거라곤 주관적 의견들뿐이다. 대중의 합의가 도덕을 결정한다. 분명히 강제할 절대적인 것들이 없다면 권위도 있을 수 없다. 혼란스러운 사사 시대의 이스라엘처럼 "사람마다 자기 소견에 옳은 대로 행한다"(삿 17:6). 누군가의 의견에 의문을 제기하는 것은 용납되지 않는다.

부모가 자녀를 징계하지(discipline, 훈육하지) 않는 것도 권위가 약해지는 한 원인이다. 부모에게 징계(훈육)를 받지 않고 자란 한 세대 전체가 이제 징계를 받지 않는 자녀 세대를 양육하고 있다. 성적 부도덕, 동성애, 이혼, 워킹맘에서 비롯된 가정 붕괴가 아이들에게 심각한 영향을 미쳤다. 가장 기본적인 사회 단위인 가정에서 징계와 덕과 절제를 배우지 못했기에, 다른 상황들에서 권위를 받아들일 준비가 잘 갖춰져 있지 못하다. 반항적인 아이들은 모든 사회의 안정을 심각하게 위협하기에 모세 율법 아래라면 죽임을 당할 수도 있었다.

사람에게 완악하고 패역한 아들이 있어 그의 아버지의 말이나 그 어머니의 말을 순종하지 아니하고 부모가 징계하여도 순종하지 아니하거든 그의 부모가 그를 끌고 성문에 이르러 그 성읍 장로들에게 나아가서 그 성읍 장로들에게 말하기를 우리의 이 자식은 완악하고 패역하여 우리 말을 듣지 아니하고 방탕하며 술에 잠긴 자라 하면 그 성읍의 모든 사람들이 그를 돌로 쳐죽일지니, 이같이 네가 너희 중에서 악을 제하라. 그리하면 온 이스라엘이 듣고 두려워하리라. (신 21:18-21; 참조. 출 21:15, 17; 레 20:9; 잠 30:17).

마지막으로, 인본주의에서 비롯된 지나친 강조, 곧 개인 권리의 지나친 강조가 권위를 약화했다. 사회가 개인의 자유라는 자아도취의 바다에 빠졌기에 이 자유를 제한하려는 그 누구나 그 무엇에게든 발톱을 세운다. 사람들에게 명령하는 것은 정치적으로 옳지 않다.

숱한 문제가 고린도교회를 괴롭혔다. 그중 하나는 거짓 사도들이 선동했으며 바울의 사도적 권위에 맞서는 반역이었다. 이 책 앞장들에서 말했듯이, 이들은 자신들이 고린도교회의 권위 있는 선생으로서 바울을 대신하려면 먼저 바울의 권위를 무너뜨려야 한다는 것을 알았다. 그래서 자신들과 달리 바울은 사도적 권위가 없으므로 참 사도일 수 없다고 주장했다. 예를 들면, 바울은 스스로 사도라 주장하지만 이 주장을 증명할 추천서가 없다는 것이었다 (참조. 고후 3:1-2). 그러나 바울은 참 사도였고 주 예수 그리스도께 받은 권위 (권세)가 있었다(10:8; 13:10). 그래서 그는 "하나님 앞에서와 그리스도 안에서" 말했다(2:17). 바울은 은밀한 죄의 삶이 없었으며 "숨은 부끄러움의 일을 버리고 속임으로 행하지 아니하며 하나님의 말씀을 혼잡하게 하지 아니하고 오직 진리를 나타냄으로 하나님 앞에서 각 사람의 양심에 대하여 스스로 추천했다"(4:2). 거짓 선생들과 달리(참조. 렘 5:30-31), 바울은 자신의 권위로 전파하지 않았다. 그는 "우리를[자신을] 전파하는 것이 아니라 오직 그리스도 예수의 주되신 것과 또 예수를 위하여 우리가[자신이] 너희의[고린도 신자들의] 종 된 것을 전파했다"(고후 4:5; 참조. 살전 2:13). 그는 늘 "깨끗함과 지식과 오래 참음과 자비함과 성령의 감화와 거짓이 없는 사랑과 진리의 말씀과 하나님의 능력으로 의의 무기를 좌우에 가지고" 사역했다(고후 6:6-7).

이 단락에서, 바울은 자신의 권위에 가해지는 공격을 기술하고, 뒤이어 하나님의 진리를 당당하게 말해야 하는 자신의 특권과 의무를 단언한다.

바울의 권위가 공격받다

이는 그리스도께서 내 안에서 말씀하시는 증거를 너희가 구함이니, (13:3a)

모든 신실한 전파자(설교자)의 목표는 그리스도께서 자신을 통해 말씀하시게 하는 것이다. 이것은 들을 수 있는 목소리를 통해서가 아니라 하나님의 말씀 선포를 통해 이루어진다. 그러므로 참 하나님의 사람이 갖는 확실한 표식은 하나님의 말씀을 정확히 다룬다는 것이다(딤후 2:15).

바울은 진리를 고린도 신자들에게 전파했다. 그런데도 어떤 신자들은 거짓 선생들에게 영향을 받아 바울의 사도적 권위에 의문을 제기했다. 이들은 바울의 온유와 관용에 감동하지 않았고(고후 10:1), 오히려 이것을 그의 약함으로 오해했다. 이들은 바울이 능력을 발휘해 대적들을 쳐부수는 것을 보고 싶었다. 데이비드 갈런드(David E. Garland, 1947-)는 이렇게 썼다.

> 고린도 문화는 사회에서 다른 사람들보다 높아지려는 치열한 전쟁터였으며, 이런 문화에서 온유와 관용은 미덕이 아니었다. 사회에서 경쟁자를 무자비하게 밟는 것이 규범이었다. 그러므로 고린도 신자들은 바울이 자신을 그토록 대놓고 반대하는 대적들에 맞서 기적을 행하는 능력을 보여주리라 기대했을 것이다. 이들은 사도라면 훨씬 더 강인하고 훨씬 더 큰 소리를 내며 훨씬 더 담대하고 훨씬 더 불같으리라 생각했을 것이다. 바울이 번개와 진노의 우박과 맹렬한 폭풍우를 쏟아 대적을 쓸어버릴 거로 생각했을 것이다. 엘루마가 바울을 좌절시키려다 눈이 멀었던 때처럼(행 13:11), 그리스도의 능력이 참으로 자신 속에서 역사하고 있다는 강력한 증거를 바울이 제시하리라 생각했을 것이다. (2 Corinthians, The New American Commentary [Nashville: Broadman & Holman, 1999], 543)

고린도 신자들이 **그리스도께서** 스스로 사도라 주장하는 자들을 통해 실제로 말씀하셨다는 **증거를…구한** 것은 옳았다(참조. 계 2:2). 그러나 안타깝게도, 고린도 신자들은 잘못된 잣대로 이들을 가늠했다. 교만하고 오만한 거짓 사도들은 강력한 개인적 특징들을 과시했고, 많은 고린도 신자가 여기에 깊은 인상을 받았으며, 어떤 사람들은 바울이 진짜 사도라는 강력한 증거를 요구했다. 그러나 바울은 이러한 강력한 개인적 특징들을 과시하지 않았다(참조. 고후 11:20-21; 12:13).

사실, 바울은 자신이 진짜 사도라는 결정적 증거를 이미 제시했다. 12:12에서, 바울은 고린도 신자들에게 상기시켰다. "사도의 표가 된 것은 내가 너희 가운데서 모든 참음과 표적과 기사와 능력을 행한 것이라."(이 책 23장에서 이 구절에 관한 설명을 보라). 더 나아가, 고린도 신자들이 바울이 진짜 사도인지 의심하는 것은 자신들이 진짜 그리스도인인지 의심하는 것이었다. 이들의 구원과 성화에 있어서 바울은 하나님의 도구였기 때문이다. 사실상 이들은 자신들이 걸터앉은 가지를 잘라버리는 꼴이었다. (이 책 37장에서 13:6에 대한 설명을 보라.) 게다가 바울의 사도성에 도전하는 것은 주 예수 그리스도의 권위에 도전하는 것이었다. 그분이 바울을 직접, 초자연적으로 택하고 사명을 맡겨 보내셨기 때문이다.

하나님의 일꾼 중에 권위가 도전받은 사람은 바울이 처음이 아니었다. 고라와 다단과 아비람이 "모여서 모세와 아론을 거슬러 그들에게 이르되, 너희가 분수에 지나도다. 회중이 다 각각 거룩하고 여호와께서도 그들 중에 계시거늘 너희가 어찌하여 여호와의 총회 위에 스스로 높이느냐?"(민 16:3). 심지어 모세의 누나와 형까지 그의 권위에 반기를 들었다. "모세가 구스 여자를 취하였더니, 그 구스 여자를 취하였으므로 미리암과 아론이 모세를 비방하니라. 그들이 이르되, 여호와께서 모세와만 말씀하셨느냐 우리와도 말씀하지 아니하셨느냐 하매, 여호와께서 이 말을 들으셨더라"(민 12:1-2). 민수기 20:3은 이렇게 기록한다. "백성이 모세와 다투어 말하여 이르되, 우리 형제들이 여호와 앞에서 죽을 때에 우리도 죽었더라면 좋을 뻔하였도다." 모세는 화를 내며 이들에게 답했다. "반역한 너희여, 들으라. 우리가 너희를 위하여 이 반석에서

물을 내랴?"(10절). 요한복음 2:18에서, "유대인들이 대답하여 예수께 말하기를, 네가 이런 일을 행하니 무슨 표적을 우리에게 보이겠느냐?"(참조. 6:30; 마 12:38; 16:1; 막 8:11; 눅 11:29). 그분의 다른 일꾼들이 권위가 도전받을 때처럼, 하나님은 바울의 사도적 권위에 관한 모든 의심을 제거하기 위해 그를 통해 강력하게 일하셨다.

바울의 권위가 확인되다

³ᵇ그는 너희에게 대하여 약하지 않고 도리어 너희 안에서 강하시니라. ⁴그리스도께서 약하심으로 십자가에 못 박히셨으나 하나님의 능력으로 살아계시니, 우리도 그 안에서 약하나 너희에게 대하여 하나님의 능력으로 그와 함께 살리라.

(13:3b-4)

고린도 신자들이 바울의 사도적 권위를 뒷받침하는 증거를 더 요구한다면 바울은 그런 증거를 제시했을 것이다. 그러나 그것은 그들의 마음에 들지 않았을 것이다. 다시 고린도에 가면, 바울은 회개하길 거부하는 자는 누구라도 그냥 두지 않음으로써 사도로서 자신의 능력과 권위를 드러내겠다고 했다(13:2). 이들이 바울의 기대에 어긋난다면, 다시 말해 이들이 회개하지 않고 있으면, 바울도 이들의 기대에 어긋날 것이다. 바울은 사랑과 온유한 마음이 아니라 권위 있는 징계의 매를 들고 갈 것이다(참조. 고전 4:21).

주 예수 그리스도는 고린도 신자들에 **대하여 약하지 않은** 게 분명하다. 그분의 **강한** 능력이 이들 안에서 역사해 이들을 구속했고 또한 거룩하게 하고 있었기 때문이다. 앞서 말했듯이, 바울은 약하다며 거짓 사도들에게 맹렬하게 비난을 받았다. 이들은 바울을 모욕하며 외쳤다. 바울이 안전거리에서는 "무게가 있고 힘이 있는" 편지들로 고린도 신자들을 포격하지만 정작 "몸으로 대할 때는 약하고 그 말이 시원하지 않다"는 것이었다(고후 10:10). 바울은 헬라 문화가 훌륭한 선생에게 기대하는 강력한 카리스마와 화려한 웅변술이 없다는 것이었다.

사실, 인간적으로 말하면, 바울의 약함이 이 서신에 배어 있다. 바울은 자신이 겪은 고난을 얘기하며 서신을 시작했다(1:3-10). 조금 뒤, 자신이 슬픔으로 가득했던 고린도 방문 중에 받은 가혹한 대우에 눈물이 났다고 했다(2:4). 6:4-10, 11:23-33, 12:7-10에서, 바울은 자신의 고난과 약함을 말했고, 자신이 낙심했다고 인정했다(7:6). 또한 고린도 신자들과 함께 있을 때 "약하고 두려워하고 심히 떨었노라"고 인정했다(고전 2:3). 자신을 은유적으로 천히 쓰는 질그릇으로 표현함으로써 자신의 약함을 한 마디로 요약했다(고후 4:7).

바울은 자신을 사람이 되어 연약함을 취하신 그리스도와 비교했다. 성육하실 때, 그리스도께서 "자기를 비워 종의 형체를 가지사 사람들과 같이 되셨다"(빌 2:7). 그분은 부유한 가정에 태어나지 않으셨고 지상 통치자의 왕궁에서 자라지도 않으셨다. 공생애를 시작하기 전에는 목수였다(막 6:3). 아버지가 목수였듯이 말이다(마 13:55). 그분은 지상 사역을 하는 동안 겸손하게 사셨고, 영구 거처가 없었으며(마 8:20), 돌아가실 때도 옷 한 벌이 전부였다(마 27:35; 막 15:24; 눅 23:34; 요 19:24). **그리스도께서 약하심으로 십자가에 못 박히셨다 (Indeed He was crucified because of weakness).** "사람의 모양으로 나타나사 자기를 낮추시고 죽기까지 복종하셨으니, 곧 십자가에 죽으심이라"(빌 2:8; 참조. 행 2:23; 4:10; 5:30). 예수 그리스도께서 십자가에 못 박히신 것은 그분의 약함을 보여주는 명백한 최고의 증거다. 그분의 인성(human nature)은 죽음에 완전히 넘겨질 만큼 약했다.

그러나 이야기는 그리스도의 죽음에서 끝나지 않는다. **그리스도는 하나님의 능력으로 살아계신다(He lives because of the power of God).** 하나님이 그분을 죽은 자 가운데서 다시 살리셨다(롬 1:4; 7:4; 8:34; 10:9; 고전 6:14; 15:4, 20; 갈 1:1; 골 2:12; 벧전 1:21). 이것이 초기 기독교 전파자들이 담대하게 선포한 승리의 메시지였다(행 2:24, 32; 3:15, 26; 4:10; 5:30; 10:40; 13:30, 33, 37). 그리스도의 죽음이 그분의 인간적 약함을 보여주었듯이, 그분의 부활은 그분의 신적 능력을 보여주었다.

예수 그리스도께서 겪으신 약함과 강함을 바울도 겪었다. **바울도 그**(그리스도) **안에서 약했다.** 바울은 두렵고 떨림으로 사역했으며, 슬픔과 아픔과 실망을 끊임없이 겪었다. 그러나 바울은 **그와 함께 살 것이다.** 다시 말해, 모든 신자처럼, 바울도 부활 생명을 가졌고, 그리스도와 함께 다시 살아나 영원한 영광에 들어갈 것이다. 그가 로마 신자들에게 설명했듯이 말이다.

> 그러므로 우리가 그의 죽으심과 합하여 세례를 받음으로 그와 함께 장사되었나니, 이는 아버지의 영광으로 말미암아 그리스도를 죽은 자 가운데서 살리심과 같이 우리로 또한 새 생명 가운데서 행하게 하려 함이라. 만일 우리가 그의 죽으심과 같은 모양으로 연합한 자가 되었으면, 또한 그의 부활과 같은 모양으로 연합한 자도 되리라. 우리가 알거니와 우리의 옛 사람이 예수와 함께 십자가에 못 박힌 것은 죄의 몸이 죽어 다시는 우리가 죄에게 종노릇 하지 아니하려 함이니, 이는 죽은 자가 죄에서 벗어나 의롭다 하심을 얻었음이라. 만일 우리가 그리스도와 함께 죽었으면 또한 그와 함께 살 줄을 믿노니, 이는 그리스도께서 죽은 자 가운데서 살아나셨으매 다시 죽지 아니하시고 사망이 다시 그를 주장하지 못할 줄을 앎이로라. 그가 죽으심은 죄에 대하여 단번에 죽으심이요 그가 살아계심은 하나님께 대하여 살아계심이니, 이와 같이 너희도 너희 자신을 죄에 대하여는 죽은 자요 그리스도 예수 안에서 하나님께 대하여는 살아 있는 자로 여길지어다. (롬 6:4-11)

바울의 약함은 하나님의 능력이 그를 통해 흘러가는 데 방해가 되지 않았다. 오히려 하나님의 능력이 그의 삶에서 자유롭게 역사하게 해주었다(고후 12:9-10).

하던 경고로 돌아가서 바울은 그가 다시 고린도를 방문할 때 그를 그리스도와 함께 살리고 그에게 영원한 생명을 준 **하나님의 능력**이 그들을 향하리라(**directed toward,** 너희에게 대하여)고 고린도 신자들에게 말했다.[119] 바울은 그리

---

119 개역개정: 너희에게 대하여 하나님의 능력으로 그와 함께 살리라.
   NASB: we will live with Him because of the power of God directed you(우리는 여러분을 향한 하나님의 능력 때문에 그분과 함께 살 것입니다)
   새번역: 하나님의 능력으로 그분과 함께 살아 여러분을 대할 것입니다. (4b절)

스도의 권위와 신적 능력으로 가서 죄악된 반역을 지속하는 자들을 엄히 처리할 것이다. 그는 버가모교회에 이렇게 경고하신 주님처럼 할 것이다. "그러므로 회개하라. 그리하지 아니하면 내가 네게 속히 가서 내 입의 검으로 그들과 싸우리라"(계 2:16). 필립 휴스는 이렇게 썼다.

> 사도는 자신과 고린도교회의 관계라는 작고 지엽적인 정황과 자신의 주인이신 그리스도(Master Christ)가 주연이신 우주적 드라마 사이에서 유사점을 발견한다. 그리스도의 초림 때 나타난 십자가의 약함 뒤에 그분이 온 세상의 심판자로 오실 재림 때에(참조. 계 19:11 이하) 만왕의 왕이요 만주의 주이신 그분의 장엄한 권위의 능력이 이어질 것이다.…데니(Denney)는 이렇게 썼다. "십자가에서 그리스도와 죄의 관계가 끝나지 않는다. 그리스도께서 십자가에서 보좌로 넘어가셨고, 다시 오실 때 심판자로 오신다.…그리스도께서 다시 오실 때, '그분은' 용서하지 않으실 것이다. 그분 안에서 둘이 함께 간다. 십자가의 무한한 인내와 보좌의 거침없는 의가 함께 간다." 바울도 다르지 않다. 그는 긍휼과 인내와 오래 참음의 "약함," 곧 모두가 회개하길 바란다는 점에서 자신의 주인과 하나일 뿐 아니라 권위와 심판의 "능력"에서도 그분과 하나다. 그의 이전 방문의 특징이 약함이었다면, 고린도교회의 거역하는 자들은 그의 임박한 방문의 특징이 능력이라는 것을 알게 될 것이다. (*The Second Epistle to the Corinthians*, The New International Commentary on the New Testament [Grand Rapids: Eerdmans, 1992], 479 – 480)

주 예수 그리스도께서 이 땅에 다시 오셔서 심판하시는 것처럼, 바울은 고린도에 다시 가면 죄를 심판할 것이다. 그때 그의 권위를 보게 될 것이다.

목회자들과 장로들은 교회에 회개를 촉구하고 회개하길 거부하는 자들을 징계하려면 그렇게 할 신적 권위가 있어야 한다. 이 권위는 하나님의 말씀에 있으므로, 확신을 갖고 분명하고 설득력 있게 하나님의 말씀을 전하고 적용하는 게 필수다. 다음 장에서 보게 되듯이, 성경의 권위를 끈질기게 거부하는 자들은 자신의 구원이 진짜인지 물어보아야 한다.

37

성화의 패턴: 진정성
(13:5-6)

⁵너희는 믿음 안에 있는가 너희 자신을 시험하고 너희 자신을 확증하라. 예수 그
리스도께서 너희 안에 계신 줄을 너희가 스스로 알지 못하느냐? 그렇지 않으면
너희는 버림받은 자니라. ⁶우리가 버림받은 자 되지 아니한 것을 너희가 알기를
내가 바라고 (13:5-6)

서신을 마무리하는 섹션에서(12:20-13:10), 바울은 교회 생활에 크게 중요한 여
러 문제에 초점을 맞추었다. 모든 참 하나님의 사람처럼, 바울은 자신이 돌보
는 사람들이 그리스도 안에서 성숙하길 간절히 바랐다. 그래서 앞서 몇 장에
걸쳐 회개, 징계, 성경적 권위 같은 아주 중요한 문제를 살펴보았다.

그러나 이런 논의는 관련된 사람들이 진짜 그리스도인이라는 것을 전제한
다. 안타깝게도, 교회는 이러하지 못하다. 어느 교회든 "거짓 형제"들이 있을
테고(11:26; 갈 2:6), 곡식 가운데 가라지가 있을 것이다(마 13:25-30, 36-42). 그
러므로 목회자가 자신이 돌보는 사람들의 영적 안녕에 쏟는 관심의 핵심은
이들이 영적으로 살아있는 것이다. 이들이 영적으로 살아있지 못하면 진정으
로 회개하거나 징계를 받아들이거나 권위에 복종할 수 없을 게 분명하다. 모
든 신자에게 해당하듯이, 고린도 신자들을 위한 바울의 목표는 이들이 가장
높은 수준의 영적 성숙을 살아내는 것이었다. 그러나 이들이 그리스도 안에
서 자라려면 먼저 그리스도 안에 있어야 했다. 그러므로 바울은 이들에게 자

신을 점검하고 영적 상태가 실제로 어떤지 파악하라고 했다.

이렇게 하는 게 매우 중요하다. 자신의 영적 상태를 오판하는 자들은 영원한 비극을 마주하기 때문이다. 이들은 주 예수 그리스도에게서 상상할 수 있는 가장 섬뜩하고 무서우며 끔찍한 말을 들을 것이다. "내가 너희를 도무지 알지 못하니, 불법을 행하는 자들아 내게서 떠나가라"(마 7:23). 어떤 의미에서, 회심하지 않은 사람에게 가장 위험한 곳은 교회. 진리를 듣지만 진리에 반응하지 않으면 더 큰 책임과 더 혹독한 심판이 따른다.

바울은 고린도 신자들에게 그들의 삶에서 영적 목록을 작성하라고 촉구함으로써 이들을 참믿음으로 안내했을 뿐 아니라 그 유익을 격찬했다.

참믿음을 가지라는 외침

너희는 믿음 안에 있는가 너희 자신을 시험하고 너희 자신을 확증하라. (13:5a)

고린도 신자들이 거짓 사도들의 악한 비방에 넘어가 바울에게 그가 사도인 증거를 내놓으라고 했다. 바울은 마지못해 자신을 변호했다. 자신을 위해서가 아니라 주님을 위해서였고, 고린도 신자들이 진리, 곧 자신이 그들에게 전한 진리에서 끊어지지 않게 하기 위해서였다. 그러나 이 단락에서, 바울은 자신을 비난하는 자들에게 화살을 돌리고 이들에게 스스로를 **시험하고(test) 확증하라**(**examine,** 점검하라)고 요구했다. 헬라어 본문은 강조를 위해 동사들 앞에 대명사를 두는데,[120] 문자 그대로 옮기면 이렇다. "너희가 믿음 안에 있는지 너희 자신을 테스트하라; 너희 자신을 점검하라." 고린도 신자들은 바울과 주님의 관계가 진짜인지 오만하고 어리석게 의문을 제기하는 대신 자신들의 구원이 진짜인지 점검해 보아야 했다. 친숙한 신약 용어 '페이라조'(*peirazō*, **test,** 시험하다)와 '도키마조'(*dokimazō*, **examine,** 점검하다, **확증하다**)는 여기서 동의어로 사용된

---

120 *heautous peirazete...heautous dokimazete*(yourselves examine···yourselves examine).

다. 두 동사는 '진짜인지 판정하려고 테스트하다'라는 의미를 내포한다. 테스트는 고린도 신자들이 **믿음 안에 있는가** 알아보는 것이었다. '피스티스'(*pistis*, **믿음**)는 여기서 주관적 신념이 아니라 기독교 진리의 객관적 요체, 곧 기독교 신앙을 가리킨다.

스스로를 점검하라(확증하라)는 바울의 요구는 새로운 게 아니다. 욥은 하나님께 이렇게 외쳤다. "나의 죄악이 얼마나 많으니이까? 나의 허물과 죄를 내게 알게 하옵소서"(욥 13:23; 참조. 31:4-6). 시편 17:3에서, 다윗은 이렇게 외쳤다. "주께서 내 마음을 시험하시고 밤에 내게 오시어서 나를 감찰하셨으나 흠을 찾지 못하셨사오니." 그리고 시편 26:2에서 이렇게 간구했다. "여호와여, 나를 살피시고 시험하사." 아마도 구약성경에 나오는 자기 점검의 가장 친숙한 예에서, 다윗은 이렇게 기도했다. "하나님이여, 나를 살피사 내 마음을 아시며 나를 시험하사 내 뜻을 아옵소서. 내게 무슨 악한 행위가 있나 보시고 나를 영원한 길로 인도하소서"(시 139:23-24). 예레미야 애가 3:40에서, 예레미야는 동족 이스라엘에게 "우리가 스스로 우리의 행위들을 조사하고 여호와께로 돌아가자"고 했다. 하나님은 이스라엘에게 "너희는 너희 행위를 살필지니라"고 촉구하셨다(학 1:5, 7). 바울은 주의 만찬에 참여하는 전제조건으로 자기 점검을 기술하면서 이렇게 썼다. "사람이 자기를 살피고 그 후에야 이 떡을 먹고 이 잔을 마실지니…우리가 우리를 살폈으면 판단을 받지 아니하려니와"(고전 11:28, 31).

바울처럼, 히브리서 저자도 자기기만의 위험성을 잘 알았다. 그의 서신에서 다루는 어떤 사람들은 복음의 진리를 머리로 확신했으나 그리스도께 헌신하지 않았다. 그는 교회 안에 있으나 그리스도 안에 있지 않은 게 얼마나 위험한지 분명하게 보여주는 일련의 경고 단락에서 이들에게 이러한 태도가 얼마나 위험한지 살펴보라고 촉구했다.

이러한 여러 경고 중 첫 번째가 히브리서 2:1-3에 나온다.

그러므로 우리는 들은 것에 더욱 유념함으로 우리가 흘러 떠내려가지 않도록 함이 마땅하니라. 천사들을 통하여 하신 말씀이 견고하게 되어 모든 범죄함과 순종하지 아니함이 공정한 보응을 받았거든 우리가 이같이 큰 구원을 등한히 여기면 어찌 그 보응을 피하리요? 이 구원은 처음에 주로 말씀하신 바요 들은 자들이 우리에게 확증한 바니.

"그러므로"(for this reason)는 독자의 시선을 1장에 표현된 예수 그리스도의 위엄과 영광으로 되돌린다. 그분은 "만유의 상속자"(2절), "모든 세계를 지으신" 분(2절), "하나님의 영광의 광채시요 그 본체의 형상"(3절), "그의 능력의 말씀으로 만물을 붙드시는" 분으로 계시된다(3절). 그리스도께서 십자가에서 "죄를 정결하게 하신" 후 죽은 자 가운데서 다시 살아나 "높은 곳에 계신 지극히 크신 이의 우편에" 앉으셨다(3절). 예수 그리스도는 천사들보다 훨씬 뛰어나다(4-7절). 그분은 하나님이며(8절) 우주의 최고 통치자이고(13절) 끝내 그분을 믿지 않는 자들을 심판하실 것이다.

히브리서 저자는 복음을 거부하지 말아야 할 둘째 이유도 제시하면서 독자들에게 상기시켰다. "천사들을[구약성경을; 참조. 행 7:53; 갈 3:19] 통하여 하신 말씀이 견고하게 되어 모든 범죄함과 순종하지 아니함이 공정한 보응을 받았거든 우리가 이같이 큰 구원을 등한히 여기면 어찌 그 보응을 피하리요?"(히 2:2-3). 율법은 모세를 통해 주어졌으나 복음은 예수 그리스도를 통해 주어졌다(요 1:17). 구약 율법을 거부한 자들이 벌을 피하지 못했다면 복음을 거부하는 자들은 어떠하겠는가?

마지막으로, 히브리서 저자는 독자들에게 책임이 있다고 경고했다. 이들이 들은 복음은 "처음에 주로 말씀하신 바요" 뒤이어 "들은 자들이[사도들이] 우리에게[이들에게] 확증한 바니, 하나님도 표적들과 기사들과 여러 가지 능력과 및 자기의 뜻을 따라 성령이 나누어 주신 것으로써 그들과 함께 증언하셨기" 때문이다(히 2:3-4). 이들은 몰랐다고 핑계할 수 없었다. 복음이 초자연적 표적들을 통해 검증되는 것을 보았기 때문이다.

그리스도의 위엄 때문에, 구약 율법을 거부한 자들에게 일어난 일의 본보기 때문에, 능력과 기적으로 입증된 사도들의 전파 때문에, 복음을 거부하는 자들은 변명의 여지가 없다.

여러 경고 중 두 번째는 히브리서 3:6-4:2, 6-12에 나온다.

그리스도는 하나님의 집을 맡은 아들로서 그와 같이 하셨으니, 우리가 소망의 확신과 자랑을 끝까지 굳게 잡고 있으면 우리는 그의 집이라. 그러므로 성령이 이르신 바와 같이, 오늘 너희가 그의 음성을 듣거든 광야에서 시험하던 날에 거역하던 것 같이 너희 마음을 완고하게 하지 말라. 거기서 너희 열조가 나를 시험하여 증험하고(testing) 사십 년 동안 나의 행사를 보았느니라. 그러므로 내가 이 세대에게 노하여 이르기를, 그들이 항상 마음이 미혹되어 내 길을 알지 못하는도다 하였고, 내가 노하여 맹세한 바와 같이 그들은 내 안식에 들어오지 못하리라 하였다 하였느니라. 형제들아, 너희는 삼가 혹 너희 중에 누가 믿지 아니하는 악한 마음을 품고 살아계신 하나님에게서 떨어질까 조심할 것이요, 오직 오늘이라 일컫는 동안에 매일 피차 권면하여 너희 중에 누구든지 죄의 유혹으로 완고하게 되지 않도록 하라. 우리가 시작할 때에 확신한 것을 끝까지 견고히 잡고 있으면 그리스도와 함께 참여한 자가 되리라. 성경에 일렀으되, 오늘 너희가 그의 음성을 듣거든 격노하시게 하던 것 같이 너희 마음을 완고하게 하지 말라 하였으니, 듣고 격노하시게 하던 자가 누구냐? 모세를 따라 애굽에서 나온 모든 사람이 아니냐? 또 하나님이 사십 년 동안 누구에게 노하셨느냐? 그들의 시체가 광야에 엎드러진 범죄한 자들에게가 아니냐? 또 하나님이 누구에게 맹세하사 그의 안식에 들어오지 못하리라 하셨느냐? 곧 순종하지 아니하던 자들에게가 아니냐? 이로 보건대, 그들이 믿지 아니하므로 능히 들어가지 못한 것이라. 그러므로 우리는 두려워할지니, 그의 안식에 들어갈 약속이 남아 있을지라도 너희 중에는 혹 이르지 못할 자가 있을까 함이라. 그들과 같이 우리도 복음 전함을 받은 자이나 들은 바 그 말씀이 그들에게 유익하지 못한 것은 듣는 자가 믿음과 결부시키지 아니함이라.…그러면 거기에 들어갈 자들이 남아 있거니와 복음 전함을 먼저 받은 자들은 순종하지 아니함으로 말미암아 들어가지 못하였으므로 오랜 후에 다윗의 글에 다시 어느 날을 정하여 오늘이라고 미리 이같이 일렀으되, 오늘 너희가 그의 음성을 듣거든 너희 마음을 완고하게 하지 말라 하였나니, 만일 여호수아가 그들에게 안식을 주었더라면 그 후에 다른 날을 말씀하지 아니하셨으리라. 그런즉 안식할 때가 하나님의 백성에게 남아 있도다. 이미 그의 안식에 들어간 자는 하나님이 자기의 일을 쉬심과 같이 그도 자기의 일을 쉬느니라. 그러므로 우리가 저 안식에 들어가기를 힘쓸지니, 이는 누구든지 저 순종하지 아니하는 본에 빠지지 않게 하려 함이라. 하나님의 말씀은 살아있고 활력이 있어 좌우에 날선 어떤 검보다도 예리하여 혼과 영과 및 관절과 골수를 찔러 쪼개기까지 하며 또 마음의 생각과 뜻을 판단하나니.

히브리서 저자는 주로 유대인들로 구성된 청중에게 그들의 역사에서 가장 비극적인 사건 하나를 상기시켰다. 그는 시편 95편을 인용했는데, 이 시편은 하나님이 이스라엘을 애굽에서 건져내신 후 이들이 광야에서 어떻게 그분을 믿지 않고 배반했는지 들려준다. 이스라엘은 하나님이 자신들을 위해 행하신 기적들을 보았는데도 여전히 많은 사람이 믿지 않으려 했다. 그 결과, 하나님은 믿지 않는 배반자들, "항상 마음이 미혹되어 내[하나님의] 길을 알지 못한" 자들에게 이들이 광야에서 죽어 결코 약속의 땅에 들어가지 못하리라고 선고하셨다(참조. 고전 10:1-5). 이들은 최종적인 구원의 안식에 가까이 가지만 죄와 불신앙 때문에 결코 들어가지 못하는 자들을 상징한다.

정신이 번쩍 들게 하는 독자들의 예를 토대로, 히브리서 저자는 이들에게 경고했다. "형제들아, 너희는 삼가 혹 너희 중에 누가 믿지 아니하는 악한 마음을 품고 살아계신 하나님에게서 떨어질까 조심할 것이요 오직 오늘이라 일컫는 동안에 매일 피차 권면하여 너희 중에 누구든지 죄의 유혹으로 완고하게 되지 않도록 하라"(히 3:12-13). "오늘 너희가 그의 음성을 듣거든 격노하시게 하던 것 같이 너희 마음을 완고하게 하지 말라"(15절). 그가 크게 "두려워" 하는 것은 "그의 안식에 들어갈 약속이 남아 있을지라도 너희[그의 독자들] 중에는 혹 이르지 못할 자가 있을까"하는 것이었다(4:1). 교회 안에 있는 자들은 "그들[광야의 이스라엘]과 같이 우리도[이들도] 복음 전함을 받은 자이나 들은 바 그 말씀이 그들에게 유익하지 못한 것은 듣는 자가 믿음과 결부시키지 아니"하기 때문이다(2절). 복음을 듣지만 믿음에 이르지 못하면 정죄가 더할 뿐이다. 겉으로 교회에 참여하지만 불순종하고 죄를 사랑하며 믿지 않아 그리스도를 영접하지 못하는 자들은 영원한 천국 안식에 들어가지 못한다. 이들이 복음에 더 오래 노출되지만 복음에 헌신하지 못할수록 이들의 마음은 더 완고해진다. 히브리서 저자는 독자들에게 촉구했다. "그러므로 우리가 저 안식에 들어가기를 힘쓸지니, 이는 누구든지 저 순종하지 아니하는 본에 빠지지 않게 하려 함이라"(11절).

히브리서에서 가장 친숙한 경고 단락은 6:4-9일 것이다.

> 한 번 빛을 받고 하늘의 은사를 맛보고 성령에 참여한 바 되고 하나님의 선한 말씀과 내세의 능력을 맛보고도 타락한 자들은 다시 새롭게 하여 회개하게 할 수 없나니, 이는 그들이 하나님의 아들을 다시 십자가에 못 박아 드러내 놓고 욕되게 함이라. 땅이 그 위에 자주 내리는 비를 흡수하여 밭가는 자들이 쓰기에 합당한 채소를 내면 하나님께 복을 받고 만일 가시와 엉겅퀴를 내면 버림을 당하고 저주함에 가까워 그 마지막은 불사름이 되리라. 사랑하는 자들아, 우리가 이같이 말하나 너희에게는 이보다 더 좋은 것 곧 구원에 속한 것이 있음을 확신하노라.

6:1-2에서, 히브리서 저자는 담장에 앉아 있는(양다리 걸치는) 자들에게 말했다. 이들은 겉으로 교회에 참여하게 되었으나 그리스도를 믿게 된 것은 아니었다. 그는 이들에게 권면했다. "그러므로 우리가 그리스도의 도의 초보를 버리고 죽은 행실을 회개함과 하나님께 대한 신앙과 세례들과 안수와 죽은 자의 부활과 영원한 심판에 관한 교훈의 터를 다시 닦지 말고 완전한 데로[구원으로] 나아갈지니라." 이들은 오실 메시아와 회개와 하나님을 믿는 신앙에 관한 구약성경의 불완전한 가르침을 넘어, 신약성경이 가르치는 예수 그리스도의 완전한 복음을 받아들여야 했다.

이들은 구원받지 못했으나 중요한 영적 기회가 있었다. 이들은 "빛을 받고"(복음을 지적으로 이해했고), "하늘의 은사를 맛보고"(구원과 무관하게 그리스도께서 베푸신 몇몇 혜택, 즉 치유와 귀신에게서 놓여남을 경험했고), "성령에 참여한 바 되고"(교회에서 작동하는 성령의 기적 은사들을 봄으로써, 또는 그분이 죄를 깨닫게 하심—이것은 거부될 수 있다—을 경험함으로써; 참조. 행 7:51), 그리고 "하나님의 선한 말씀과 내세의 능력을 맛보았다"(히 2:4에 언급된 기적의 은사들). 이 용어 중 어느 하나도 성경 어디서도 구원을 가리키지 않는다는 것을 주목해야 한다.

헌신하지 못한 이 사람들은 비참한 처지였다. 이 모든 영적 혜택을 경험하고도 "타락한 자들은 다시 새롭게 하여 회개하게 할 수 없나니, 이는 그들이 하나님의 아들을 다시 십자가에 못 박아 드러내 놓고 욕되게 함이다." 이들은 복음을 완전히 이했는데도 거부했으며, 따라서 이러한 배교자들은 구속받을 수 없다. 더는 이들에게 줄 계시가 없다. 이들은 완전한 빛을 받고도 거부했다.

히브리서 저자는 7, 8절에서 단순하게 농업을 예로 들어 교회에 궁극적으로 두 종류의 사람들밖에 없다고 지적했다. 예수님이 들려주신 씨뿌리는 비유와 비슷하게(마 13:18-23), 이들은 서로 다른 두 형태의 토양으로 대변된다. 복음을 상징하는 비가 좋은 땅에 내릴 때(좋은 땅은 참 신자들을 상징한다), "땅이 그 위에 자주 내리는 비를 흡수하여 밭 가는 자들이 쓰기에 합당한 채소를 내면 하나님께 복을 받는다"(히 6:7). 반대로, 쓸모없는 땅은(쓸모없는 땅은 복음을 듣고 이해하지만 거부하는 자들을 상징한다) "만일 가시와 엉겅퀴를 내면 버림을 당하고 저주함에 가까워 그 마지막은 불사름이 된다"(8절).

히브리서 10:26-31은 복음을 이해하면서도 그리스도를 주님으로 영접하지 않는 자들이 마주하는 위험을 거듭 말한다.

우리가 진리를 아는 지식을 받은 후 짐짓 죄를 범한즉 다시 속죄하는 제사가 없고 오직 무서운 마음으로 심판을 기다리는 것과 대적하는 자를 태울 맹렬한 불만 있으리라. 모세의 법을 폐한 자도 두세 증인으로 말미암아 불쌍히 여김을 받지 못하고 죽었거든 하물며 하나님의 아들을 짓밟고 자기를 거룩하게 한 언약의 피를 부정한 것으로 여기고 은혜의 성령을 욕되게 하는 자가 당연히 받을 형벌은 얼마나 더 무겁겠느냐 너희는 생각하라. 원수 갚는 것이 내게 있으니 내가 갚으리라 하시고 또 다시 주께서 그의 백성을 심판하리라 말씀하신 것을 우리가 아노니 살아계신 하나님의 손에 빠져 들어가는 것이 무서울진저.

회개하고 예수를 주님으로 고백하길 거부하는 자들은 복음을 아는데도 자신의 죄 가운데 죽을 것이다. 예수 그리스도 외에 다른 구원자는 없으며 다른 속죄제물도 없다. "다른 이로써는 구원을 받을 수 없나니 천하 사람 중에 구원을 받을 만한 다른 이름을 우리에게 주신 일이 없음이라"(행 4:12).

그리스도를 거부하는 자들에게는 "오직 무서운 마음으로 심판을 기다리는 것과 대적하는 자를 태울 맹렬한 불만 있다." 이 부분의 출처는 이사야 26:11이며, 하나님이 그분의 원수들을 영원히 지옥에 멸하시는 것을 가리킨다(참조. 마 5:22; 18:9; 막 9:43; 계 19:20; 20:14 – 15; 21:8). 히브리서 저자는 이렇게 묻는다. 모세 율법을 어긴 자들이 불쌍히 여김을 받지 못하고 죽었다면 "하물며 하나님의 아들을 짓밟고 자기를 거룩하게 한 언약의 피를 부정한 것으로 여기고 은혜의 성령을 욕되게 하는 자가 당연히 받을 형벌은 얼마나 더 무겁겠느냐?" 냉혹한 진실은 사람들이 복음에 노출되고도 복음을 거부할수록 더 혹독한 벌을 받으리라는 것이다. 이들이 복음을 거부하는데도 계속 그대로 둔다면 이들의 정죄가 커질 뿐이다. 교회는 "살아계신 하나님의 손에 빠져 들어가는 것이 무섭다"는 것을 알기에 이들에게 회개하라고 외쳐야 한다. 불신자들은 기억해야 한다. 복음을 듣는 것은 아주 위험한 행위다. 복음을 거부하면 영원한 형벌이 강화되기 때문이다.

히브리서 저자의 마지막 경고는 10:38-39에 나온다. "나의 의인은 믿음으로 말미암아 살리라. 또한 뒤로 물러가면 내 마음이 그를 기뻐하지 아니하리라 하셨느니라. 우리는 뒤로 물러가 멸망할 자가 아니요 오직 영혼을 구원함에 이르는 믿음을 가진 자니라." 의인들, 곧 "믿음으로 말미암아 사는"(live by faith) 자들은 배교자들, 곧 믿음이 없는 자들과 정반대다. 겉으로 교회와 연결되고 복음에 머리로 동의하면서도 예수 그리스도를 향한 온전한 헌신에서 "뒤로 물러가는" 자들은 "멸망," 곧 영원한 지옥 형벌이라는 무서운 실체를 마주한다. 그러나 의인들은 영원한 천국 복락에 이르도록 자신들의 영혼이 보존되는("영혼을 구원함에 이르는") 경험을 할 것이다(참조. 골 1:5; 벧전 1:4).

하나님의 심판이 폭풍처럼 몰아치기 전에, 자기 삶의 영적 기초를 점검해야 한다. 참으로 구원하는 믿음, 곧 예수 그리스도를 믿는 믿음이라는 기초 위에 세워진 것만 살아남을 것이다(참조. 마 7:24-27).

참믿음이 주는 유익

**5b예수 그리스도께서 너희 안에 계신 줄을 너희가 스스로 알지 못하느냐? 그렇지
않으면 너희는 버림받은 자니라. 6우리가 버림받은 자 되지 아니한 것을 너희가
알기를 내가 바라고** (13:5b-6)

바울은 자신 있게 예상했다. 고린도 신자들이 스스로를 살펴보면 **예수 그리스
도께서** 그들 안에 계신다는 것을 **알리라(recognize)**는 것이었다. "너희 안에 계
신 그리스도"는(골 1:27) 큰 복음의 진리다. 바울은 갈라디아 신자들에게 이렇
게 썼다. "내가 그리스도와 함께 십자가에 못 박혔나니, 그런즉 이제는 내가 사
는 것이 아니요 오직 내 안에 그리스도께서 사시는 것이라. 이제 내가 육체 가
운데 사는 것은 나를 사랑하사 나를 위하여 자기 자신을 버리신 하나님의 아들
을 믿는 믿음 안에서 사는 것이라"(갈 2:20). 그리스도께서 구속받은 자들의 마
음에 거하시며(엡 3:17; 참조. 요 6:56; 14:20; 15:4 - 5; 17:23, 26; 골 3:11; 요일 3:24), 이
것이 이들이 품은 영원한 영광의 소망이다(골 1:27; 참조. 롬 8:9-11). 그 결과로
나타나는 변화된 삶은(고후 5:17) 참 구원의 가시적 증거를 제시한다.

신약성경은 사람들이 자신의 구원 여부를 알 수 있다고 단언하며, 이것은
로마가톨릭교회의 가르침과 직접적으로 모순된다. 로마가톨릭은 공식적으
로 이렇게 주장한다. "그 누구도 자신이 하나님의 은총을 받았는지를 오류가
없는 확고한 믿음으로 알 수는 없다"(트렌트공의회가 반포한 칭의에 관한 칙령 9장;
John C. Olin, ed., *A Reformation Debate: John Calvin and Jacopo Sadoleto*[Reprint;
Grand Rapids: Baker, 1976), 122에서 재인용했다). 트렌트공의회가 반포한 칭
의에 관한 규범(Canons[121] Concerning Justification) 16장은 이렇게 덧붙인다.
"누구라도 절대적이고 오류가 없는 확실성을 가지고 자신이 죽을 때까지 견

---

121 가톨릭의 기본 지침이 되는 규칙들.

인의 큰 선물을 받으리라 말하는 자는, 특별한 계시로 이것을 알게 된 게 아니라면, 저주를 받을지어다."(Olin, *A Reformation Debate*, 133에 인용되었듯이). 구원의 확신을 이처럼 부정하는 것은 바울이 이 단락에서 가르치는 것뿐 아니라 신약성경 나머지 전체에도 위배된다. 로마서 8:16은 "성령이 친히 우리의 영과 더불어 우리가 하나님의 자녀인 것을 증언하시나니"라고 선언하며, 사도 요한은 독자들에게 그들이 영생을 가졌음을 그들이 알 수 있다고 거듭 확인시켰다.

> 우리가 그의 계명을 지키면 이로써 우리가 그를 아는 줄로 알 것이요…우리는 형제를 사랑함으로 사망에서 옮겨 생명으로 들어간 줄을 알거니와 사랑하지 아니하는 자는 사망에 머물러 있느니라.…내가 하나님의 아들의 이름을 믿는 너희에게 이것을 쓰는 것은 너희로 하여금 너희에게 영생이 있음을 알게 하려 함이라. (요일 2:3; 3:14; 5:13)

바울은 고린도 신자들에게 그들이 참으로 구원받았는지 스스로 점검하라고 했다. 만약 이것을 아는 게 불가능하다면 이러한 바울의 요구는 무의미했을 것이다. 바울은 확신했다. 대다수 고린도 신자들이 자신들의 믿음이 진짜라는 것을 알게 되고, 앞서 살펴본 확신이 주는 복을 누릴 것이다. **버림받은 (fail the test,** 시험을 통과하지 못한) 자들도 회개하고 그리스도를 믿는 참믿음을 행사하면 이러한 복을 누릴 것이다.

그러나 대다수 고린도 신자들이 스스로를 살피고 자신의 믿음이 진짜라는 것을 발견할 때 바울도 유익을 얻을 것이다. 사실, 이들은 바울의 사역이 맺은 열매였기에, 이것으로 바울이 진짜 사도라는 게 증명될 것이다. D. A. 카슨이 지적하듯이, 고린도 신자들은 딜레마에 빠졌다.

> 고린도 신자들이 시험을 통과하지 못했다고 선언한다면 의심할 여지 없이 바울이 굴욕을 당할 것이다(참조, 고후 12:21). 그러나 이 경우, 고린도 신자들은 그 누구에게도 손가락질할 위치에 있지 않다. 반대로, 고린도 신자들이 시험을 통과

했다고 느낀다면 이들에게 처음 복음을 전한 것은 바울이었기에 이들은 결코 바울을 정죄할 위치에 있지 않다. (From Triumphalism to Maturity [Grand Rapids: Baker, 1984], 179)

고린도 신자들이 바울의 사도직을 의심한다면 그의 메시지도 의심해야 했을 것이다. 그러나 이들이 바울의 메시지를 의심한다면 자신들의 회심도 의심해야 했다. 바울의 사도직을 뒷받침하는 가장 강력한 증거는 고린도 신자들 자신의 변화된 삶이었다. 이들이 참으로 구원받았다면, 바울은 진짜 사도가 아닐 수 없었다. 바울은 대다수 고린도 신자들이 진짜 신자이며 따라서 그가 **버림받은 자 되지 아니한 것을**(not fail the test, 시험에 떨어지지 않은 것을) **알리라(realize)**는 것을 알았다.

사람들이 자신을 살필 때 무엇을 찾아야 하는가? 구원하는 참믿음의 표식은 무엇인가? 대중적인 대답은 기도, 강단으로 나가기, 정서적 체험, 세례, 교회 출석, 도덕적으로 살기, 죄 깨닫기, 예수님에 관한 사실 알기를 포함할 것이다. 그러나 이 가운데 어느 하나도 구원하는 믿음의 진정한 표식이 아니다. 성경 어디서도 단순히 신앙을 고백하거나(눅 8:13-14), 세례를 받거나(엡 2:8-9), 가시적 교회의 일원이 되거나(마 13:25-30, 36-42), 죄를 깨닫거나(마 27:3-5), 단순히 복음에 관한 사실을 믿으면(요 8:31; 약 2:19) 구원받는다고 가르치지 않는다.

귀신들도 믿지만(약 2:19), 이것이 이들을 구원하지 못한다. 귀신들은 영적 진리를 그 어느 인간보다 훨씬 잘 안다. 귀신들은 자신들이 아는 것이 진리라고 완전히 확신한다. 귀신들은 자신들의 죄를 너무나 잘 알기 때문에(참조. 눅 8:31; 귀신들은 무저갱에 보내져야 마땅하다는 것을 안다) 하나님의 심판을 두려워한다(참조. 마 8:29). 귀신들은 세상의 종교 활동에 깊이 관여한다(신 32:17; 고전 10:20-21). 귀신들도 예수 그리스도가 전적으로 뛰어나다는 것을 인정한다(막 1:24). 그러나 이 모든 지식에도 불구하고, 귀신들은 완전히, 영원히 잃어버린 자들이다.

마찬가지로, 사람들은 영적인 것들을 알고(롬 1:21), 진리를 믿으며(요 2:23-

611

25), 하나님의 심판을 두려워하고(계 6:15-17과 9:20-21을 비교해보라), 죄책을 느끼며(행 24:25; 벨릭스는 죄책을 느끼고 두려워했다), 영생을 얻길 갈망하고(젊은 부자 관원은 구원을 갈망했으나 얻지 못했다; 마 19:16, 22), 겉보기에 종교적이며(서기관들과 바리새인들처럼; 마 5:20), 예수 그리스도의 뛰어나심을 인정하지만(고난주간 일요일에 예수님이 메시아라며 환호했던 바로 그 무리가[마 21:9] 금요일에 그분을 십자가에 달라고 소리쳤다[마 27:22-25]) 그들의 죄 가운데 죽는다.

다음은 구원하는 믿음의 몇몇 핵심 표식이다. (참믿음의 표식들에 관한 더 자세한 논의는 다음을 보라. John MacArthur, *Saved Without a Doubt*[Wheaton, Ill: Victor, 1992][122]; Gardiner Spring, *The Distinguishing Marks of Christian Character*[Phillipsburg, N. J., Presb. & Ref., n.d.][123]; Matthew Mead, *The Almost Christian Discovered*[Reprint; Beaver Falls, Pa.; Soli Deo Gloria, n.d.][124])

첫째, 참믿음의 표식은 참회다. 예수님은 팔복에서 이렇게 말씀하셨다. "심령이 가난한 자는 복이 있나니 천국이 그들의 것임이요"(마 5:3). 참믿음은 죄를 깊이 깨닫게 하며, 그래서 신자들은 자신의 죄를 애통하고(4절), 온유하며(5절), 자신의 허물을 인정하고 고백한다. 다윗은 참회 시편 중 하나에서 이렇게 썼다. "내가 이르기를 내 허물을 여호와께 자복하리라 하고 주께 내 죄를 아뢰고 내 죄악을 숨기지 아니하였더니, 곧 주께서 내 죄악을 사하셨나이다"(시 32:5). 자신의 죄를 자백하는 자들이 긍휼과 용서를 얻는다(잠 28:13; 참조. 삼하 12:13; 24:10). 사도 요한은 이렇게 썼다.

그가 빛 가운데 계신 것 같이 우리도 빛 가운데 행하면 우리가 서로 사귐이 있고 그 아들 예수의 피가 우리를 모든 죄에서 깨끗하게 하실 것이요, 만일 우리가 죄가 없다고 말하면 스스로 속이고 또 진리가 우리 속에 있지 아니할 것이요, 만일 우리가 우리 죄를 자백하면 그는 미쁘시고 의로우사 우리 죄를 사하시며 우리를

---

122 『어떻게 구원을 확신하는가?』, 이지혜 옮김(Korea.com, 2016).

123 『나는 진짜 구원받았나?』, 신현정 옮김(생명의 말씀사, 2016). 제목이 조금 다른 책의 번역이지만(*Essays on the Distinguishing Traits of Christian Character*) 내용은 같다.

124 『유사 그리스도인』, 장호익 옮김(지평서원, 2008).

모든 불의에서 깨끗하게 하실 것이요, 만일 우리가 범죄하지 아니하였다 하면 하나님을 거짓말하는 이로 만드는 것이니, 또한 그의 말씀이 우리 속에 있지 아니하니라. (요일 1:7-10)

자신의 죄에서 돌아서길 거부하는 자들은 구원받을 때 일어나는 변화를 경험하지 못했다는 증거를 제시하는 격이다. 회심 후, 바울은 성도들이 자신의 죄를 대하는 정상적인 태도를 표현했다. "오호라 나는 곤고한 사람이로다. 이 사망의 몸에서 누가 나를 건져내랴?"(롬 7:24). 참 신자들은 자신이 아직 영화롭게 되지 못했기 때문에 자신의 본성에서 여전히 역사하는 죄의 강력한 힘을 깨닫고 바르고 순전한 것을 갈망한다. 이들은 자신들에게 잘못된 것은 자긍심 부족이나 다른 사람들에게 받는 부당한 대우나 어린 시절의 트라우마가 아니라 죄라는 것을 안다. 이들은 자신들의 타락성(fallenness)을 미워한다. 이것이 자신들이 사랑하고 섬기는 하나님을 욕되게 하기 때문이다. 아더 핑크(Arthur Pink, 1886-1952)는 이렇게 썼다.

회심이 진짜인지 알아보는 가장 확실한 테스트 중 하나는 죄를 대하는 마음의 태도를 보는 것이다. 거룩의 원리가 심어졌다면 거룩하지 못한 모든 것이 싫어질 수밖에 없다. 우리가 진정으로 악을 미워한다면, 말씀이 우리가 생각지도 못한 악까지 꾸짖을 때 감사한다. (*Profiting from the Word* [Edinburgh: Banner of Truth, 1977],[125] 13)

둘째, 참믿음의 표식은 의를 향한 갈망이다. 마태복음 5:6에서, 예수님은 구속받은 자들은 "의에 주리고 목마른 자"라고 하셨다. 참 신자들은 죄를 미워할 뿐 아니라 의에 끌린다. 이들의 의는 서기관과 바리새인들의 의처럼 외적인 의가 아니라 내적인 의다(참조. 마 5:20). 외적인 의는 살인하지 않지만, 내적인 의는 미워하지 않는다(21-22절). 외적인 의는 성적인 죄를 범하지 않지만,

---

125 『말씀 묵상』, 정시용 옮김(프리스브러리, 2017).

내적인 의는 음욕을 품지 않는다(27-28절). 외적인 의는 거짓 맹세를 영리하게 피하면서도 여전히 남을 속이지만, 내적인 의는 거짓말을 하지 않는다(33-37절). 외적인 의는 복수를 규범이 규정하는 대상으로 제한하지만, 내적인 의는 전혀 보복하지 않는다(38-42절). 외적인 의는 친구들을 사랑하고 원수들을 미워하지만, 내적인 의는 친구들과 원수들을 사랑한다(43-47절). 외적인 의는 사람들 앞에서 자신을 내세우지만(마 6:1), 내적인 의는 하늘에 계신 아버지처럼 온전하길 갈망한다(5:48).

참믿음의 사람들은 악을 삼가려 하지만(딤후 2:19), 거짓 믿음의 사람들은 "하나님을 시인하나 행위로는 부인하니 가증한 자요 복종하지 아니하는 자요 모든 선한 일을 버리는 자"다(딛 1:16). 사도 요한은 "의를 행하는 자마다 그에게서 난" 사람이라고 했다(요일 2:29; 참조. 3:5-7, 10). 구원하는 참믿음은 마음 깊은 곳에서 하나님께 순종하려는 갈망을 낳는다.

셋째, 참믿음의 표식은 하나님의 권위에 대한 복종이다. 죄인들은 하나님을 대적하는 자다. 성도들은 자발적인 하나님의 종이다. 예수님은 자신의 제자가 되려는 자들은 어떤 희생이 따르더라도 거리낌 없이 그분께 복종해야 한다는 것을 분명히 하셨다.

수많은 무리가 함께 갈 새, 예수께서 돌이키사 이르시되, 무릇 내게 오는 자가 자기 부모와 처자와 형제와 자매와 더욱이 자기 목숨까지 미워하지 아니하면 능히 내 제자가 되지 못하고, 누구든지 자기 십자가를 지고 나를 따르지 않는 자도 능히 내 제자가 되지 못하리라. 너희 중의 누가 망대를 세우고자 할진대 자기의 가진 것이 준공하기까지에 족할는지 먼저 앉아 그 비용을 계산하지 아니하겠느냐? 그렇게 아니하여 그 기초만 쌓고 능히 이루지 못하면 보는 자가 다 비웃어 이르되, 이 사람이 공사를 시작하고 능히 이루지 못하였다 하리라. 또 어떤 임금이 다른 임금과 싸우러 갈 때에 먼저 앉아 일만 명으로써 저 이만 명을 거느리고 오는 자를 대적할 수 있을까 헤아리지 아니하겠느냐? 만일 못할 터이면 그가 아직 멀리 있을 때에 사신을 보내어 화친을 청할지니라. 이와 같이 너희 중의 누구든지 자기의 모든 소유를 버리지 아니하면 능히 내 제자가 되지 못하리라. 소금이 좋은 것이나 소금도 만일 그 맛을 잃으면 무엇으로 짜게 하리요? 땅에도, 거름에도 쓸 데 없어 내버리느니라. 들을 귀가 있는 자는 들을지어다 하시니라. (눅 14:25-35)

젊은 부자 관원은 그리스도의 권위에 복종하길 거부하고 그분께 등을 돌렸다(마 19:16-22). 물론, 구원받는 순간, 하나님께 복종할 때 수반되는 모든 것을 다 이해하는 사람은 없다. 그렇더라도 용서와 천국을 갈망하는 자들은 어떤 희생이 따르더라도 하나님의 뜻에 기쁘게 복종한다.

넷째, 구원하는 참믿음의 표식은 순종이다. 예수님이 날카롭게 물으셨다. "너희는 나를 불러 주여, 주여 하면서도 어찌하여 내가 말하는 것을 행하지 아니하느냐?"(눅 6:46). "나더러 주여, 주여 하는 자마다 다 천국에 들어갈 것이 아니요 다만 하늘에 계신 내 아버지의 뜻대로 행하는 자라야 들어가리라"(마 7:21; 참조. 22-27절). 그분을 믿는다고 고백하는 자들에게, 예수님은 이렇게 말씀하셨다. "너희가 내 말에 거하면 참으로 내 제자가 되고"(요 8:31). 다락방 강화(講話)에서, 예수님은 제자들에게 이렇게 가르치셨다.

너희가 나를 사랑하면 나의 계명을 지키리라.…예수께서 대답하여 이르시되, 사람이 나를 사랑하면 내 말을 지키리니, 내 아버지께서 그를 사랑하실 것이요 우리가 그에게 가서 거처를 그와 함께 하리라. 나를 사랑하지 아니하는 자는 내 말을 지키지 아니하나니, 너희가 듣는 말은 내 말이 아니요 나를 보내신 아버지의 말씀이니라. (요 14:15, 23-24; 참조. 15:10)

요한은 몇십 년 후 주님의 말씀을 되울리며 이렇게 썼다.

우리가 그의 계명을 지키면 이로써 우리가 그를 아는 줄로 알 것이요 그를 아노라 하고 그의 계명을 지키지 아니하는 자는 거짓말하는 자요 진리가 그 속에 있지 아니하되, 누구든지 그의 말씀을 지키는 자는 하나님의 사랑이 참으로 그 속에서 온전하게 되었나니, 이로써 우리가 그의 안에 있는 줄을 아노라…그의 계명을 지키는 자는 주 안에 거하고 주는 그의 안에 거하시나니, 우리에게 주신 성령으로 말미암아 그가 우리 안에 거하시는 줄을 우리가 아느니라…우리가 하나님을 사랑하고 그의 계명들을 지킬 때에 이로써 우리가 하나님의 자녀를 사랑하는 줄을 아느니라. 하나님을 사랑하는 것은 이것이니, 우리가 그의 계명들을 지키는 것이라. 그의 계명들은 무거운 것이 아니로다. (요일 2:3-5; 3:24; 5:2-3)

참믿음의 사람들은 "말씀을 행하는 자가 되고 듣기만 하여 자신을 속이는 자가 되지 말라"는 말씀에 부합할 것이다(약 1:22).

마지막으로, 구원하는 참믿음의 표식은 사랑, 곧 하나님 사랑과 이웃 사랑이다. 하나님 사랑은 택함을 받은 자들의 표식이다(롬 8:28). 야고보서 2:5에 따르면, 하나님은 그분을 사랑하는 자들에게 그분의 나라를 약속하셨다(참조. 고전 2:9). 신자들은 하나님을 사랑함으로써 자신들이 하나님의 자녀라는 것을 증명한다(요일 5:2). 반대로, 거짓 믿음의 사람들은 "하나님을 사랑하는 것이 너희[그들] 속에 없다"(요 5:42; 참조. 8:42). 대신에, 이들은 세상을 사랑한다(약 4:4; 요일 2:15-16).

이웃 사랑도 참믿음의 사람들의 특징이다. 이들은 "형제를 사랑함으로 사망에서 옮겨 생명으로 들어간" 사람들이며, "사랑하지 아니하는 자는 사망에 머물러 있다"(요일 3:14). 반대로, 거짓 믿음의 표식은 사랑이 없다는 것이다.

빛 가운데 있다 하면서 그 형제를 미워하는 자는 지금까지 어둠에 있는 자요, 그의 형제를 사랑하는 자는 빛 가운데 거하여 자기 속에 거리낌이 없으나 그의 형제를 미워하는 자는 어둠에 있고 또 어둠에 행하며 갈 곳을 알지 못하나니, 이는 그 어둠이 그의 눈을 멀게 하였음이라. (요일 2:9-11)

참 영성의 목록은 외적 행동이나 종교 활동이 아니라 내적인 마음가짐에 초점을 맞춘다. 예수님이 사데교회에 하신 말씀, "내가 네 행위를 아노니 네가 살았다 하는 이름은 가졌으나 죽은 자로다"라는 말씀은(계 3:1) 믿음이 없으면서 믿음을 고백하는 모두에게 뜨끔한 경고다. 아무리 많은 결심과 외적인 종교 활동도 마음을 변화시킬 수 없다. 오직 그리스도 안에서 새로운 피조물이 된다(고후 5:17). 위대한 찬송가 작사자 아이작 왓츠(Isaac Watts, 1674-1748)는 이렇게 썼다.

무력하고 죄악된 본성, 무거운 짐 지고도 알지 못해.
변화되지 않은 마음, 행복과 하나님께 이르지 못해.
의지 뒤틀리고 눈먼 열정, 파멸의 길 헤매네.
비천한 이성 안전한 길, 좁은 길 찾지 못하네.

능력의 하나님께 사로잡히면 완고한 자 굴복하리니,
전능하신 구세주, 이 마음 당신 것이니 새롭게 하소서.
추악하고 뒤틀린 우리 마음 변화시켜 당신의 생명 주소서,
그러면 우리의 열정과 힘, 전능하신 주님의 것 되리라.

38

성화의 패턴: 순종과 순전함

(13:7-10)

[7]우리가 하나님께서 너희로 악을 조금도 행하지 않게 하시기를 구하노니, 이는 우리가 옳은 자임을 나타내고자 함이 아니라 오직 우리는 버림받은 자 같을지라도 너희는 선을 행하게 하고자 함이라. [8]우리는 진리를 거슬러 아무것도 할 수 없고 오직 진리를 위할 뿐이니, [9]우리가 약할 때에 너희가 강한 것을 기뻐하고 또 이것을 위하여 구하니, 곧 너희가 온전하게 되는 것이라. [10]그러므로 내가 떠나 있을 때에 이렇게 쓰는 것은 대면할 때에 주께서 너희를 넘어뜨리려 하지 않고 세우려 하여 내게 주신 그 권한을 따라 엄하지 않게 하려 함이라. (13:7-10)

신약성경은 목사와 장로의 의무 및 책임을 묘사하는 이미지와 은유가 풍부하다. 이들은 다음 여러 역할로 묘사된다: 지도자("인도하는 자," 히 13:17, 24), 감독자(행 20:28, 빌 1:1; 딤전 3:1, 2; 딛 1:7), 목자(행 20:28, 24; 벧전 5:2), 교사(행 13:1; 고전 12:28; 엡 4:11), 경고자(살전 4:6), 사역자/종/일꾼(servants, 고전 3:5; 골 1:7; 딤전 4:6), 청지기(딛 1:7), 위로자(고후 1:4), 본보기(빌 3:17; 살후 3:7, 9; 딤전 4:12; 딛 2:7; 벧전 5:3).

그러나 이 모든 기능을 하나로 묶는 이미지는 부모 이미지다. 목회자처럼 부모도 인도하고, 감독하며, 목양하고(shepherd), 가르치며, 경고하고, 섬기며, 청지기 역할을 하고, 위로하며, 자녀들의 본보기가 된다. 거꾸로, 목회자는 자신의 영적 가족, 곧 교회에게 부모와 같다(참조. 고전 4:14-15; 고후 12:14).

영적 지도자를 부모에 빗대는 은유에 어머니의 측면도 있고 아버지의 측면
도 있는데, 둘 다 데살로니가전서 2:7-12에 나온다.

> 우리는 그리스도의 사도로서 마땅히 권위를 주장할 수 있으나 도리어 너희 가운
> 데서 유순한 자가 되어 유모가 자기 자녀를 기름과 같이 하였으니, 우리가 이같
> 이 너희를 사모하여 하나님의 복음뿐 아니라 우리의 목숨까지도 너희에게 주기
> 를 기뻐함은 너희가 우리의 사랑하는 자 됨이라. 형제들아, 우리의 수고와 애쓴
> 것을 너희가 기억하리니, 너희 아무에게도 폐를 끼치지 아니하려고 밤낮으로 일
> 하면서 너희에게 하나님의 복음을 전하였노라. 우리가 너희 믿는 자들을 향하여
> 어떻게 거룩하고 옳고 흠 없이 행하였는지에 대하여 너희가 증인이요 하나님도
> 그러하시도다. 너희도 아는 바와 같이, 우리가 너희 각 사람에게 아버지가 자기
> 자녀에게 하듯 권면하고 위로하고 경계하노니, 이는 너희를 부르사 자기 나라와
> 영광에 이르게 하시는 하나님께 합당히 행하게 하려 함이라.

"유모"(乳母)처럼, 목회자들은 자신의 사람들을 유순하게 보살피며, 이들을
사모하며, 이들을 위해 희생하고 수고한다. 목회자들은 또한 "아버지가 자기
자녀에게 하듯" 이들을 권면하고 위로하고 경계한다. 그 결과, 신자들은 "너희
를[자신들을] 부르사 자기 나라와 영광에 이르게 하시는 하나님께 합당히 행
하게" 된다.

유순한 보살핌과 강력한 가르침이 이처럼 사랑으로 균형을 이루는 것이 모
든 신실한 목회자의 표식이다. 참 하나님의 사람은 자신의 명성을 쌓거나 자
신의 교회를 키우거나 여느 이기적 추구에 관심이 없다. 바울이 그러했듯이,
그는 영적 자녀를 양육해 성숙에 이르게 하는 데 뜨거운 열정을 쏟는다. 바울
은 갈라디아 신자들에게 쓴 편지에서 이러한 깊은 관심을 표현했다. "나의 자
녀들아, 너희 속에 그리스도의 형상을 이루기까지 다시 너희를 위하여 해산
하는 수고를 하노니"(갈 4:19).

편지를 마무리하면서, 바울은 영적 성장에 필요한 요소들을 요약했다. 신자
들이 예수 그리스도처럼 되려면 자신의 죄를 해결해야 한다. 그러므로 바울

은 고린도후서 12:20-21에서 회개라는 중요한 문제를 논하면서 고린도 신자들이 그들의 죄에서 돌이켜 경건을 따르길 바라는 관심을 표현했다. 회개하지 않는 신자들은 권징 과정을 통해 회개를 독려할 교회가 필요하다(13:1-2). 자녀들이 부모의 권위와 징계(훈육) 없이 성숙할 수 없듯이, 신자들도 교회에서 권위를 가진 자들에게 복종해야 한다(13:3-4). 신자들은 먼저 참 자녀여야 영적 성숙에 이를 수 있으므로 자신이 참으로 구원받았는지 스스로 점검해야 한다(13:5-6).

이 단락에서, 바울은 편지의 본론 부분을 마무리하면서 성화 과정에 필수적인 요소 두 가지를 더 다루었다. 곧 순종과 순전함이다.

순종

⁷우리가 하나님께서 너희로 악을 조금도 행하지 않게 하시기를 구하노니, 이는 우리가 옳은 자임을 나타내고자 함이 아니라 오직 우리는 버림받은 자 같을지라도 너희는 선을 행하게 하고자 함이라. ⁸우리는 진리를 거슬러 아무것도 할 수 없고 오직 진리를 위할 뿐이니, ⁹ᵃ우리가 약할 때에 너희가 강한 것을 기뻐하고

(13:7-9a)

목회자의 가장 본질적 의무 중 하나는 자신이 돌보는 사람들을 위해 **기도**하는 것이다. 바울 서신에서 볼 수 있듯이, 바울은 교회들을 위해 끊임없이 기도했다. 그는 에베소 신자들을 위해 이렇게 기도했다. "너희 마음의 눈을 밝히사 그의 부르심의 소망이 무엇이며 성도 안에서 그 기업의 영광의 풍성함이 무엇이며 그의 힘의 위력으로 역사하심을 따라 믿는 우리에게 베푸신 능력의 지극히 크심이 어떠한 것을 너희로 알게 하시기를 구하노라"(엡 1:18-19). 바울은 빌립보 신자들을 위해 이렇게 기도했다. "너희 사랑을 지식과 모든 총명으로 점점 더 풍성하게 하사 너희로 지극히 선한 것을 분별하며 또 진실하여 허물없이 그리스도의 날까지 이르고"(빌 1:9-10). 그리고 골로새 신자들을 위해 이렇게 기도했다.

너희로 하여금 모든 신령한 지혜와 총명에 하나님의 뜻을 아는 것으로 채우게 하시고, 주께 합당하게 행하여 범사에 기쁘시게 하고, 모든 선한 일에 열매를 맺게 하시며, 하나님을 아는 것에 자라게 하시고, 그의 영광의 힘을 따라 모든 능력으로 능하게 하시며, 기쁨으로 모든 견딤과 오래 참음에 이르게 하시고. (골 1:9-11)

바울은 데살로니가 신자들에게 이렇게 썼다. "[우리가] 주야로 심히 간구함은 너희 얼굴을 보고 너희 믿음이 부족한 것을 보충하게 하려 함이라"(살전 3:10). 그리고 데살로니가후서에서 이렇게 덧붙였다.

이러므로 우리도 항상 너희를 위하여 기도함은 우리 하나님이 너희를 그 부르심에 합당한 자로 여기시고 모든 선을 기뻐함과 믿음의 역사를 능력으로 이루게 하시고, 우리 하나님과 주 예수 그리스도의 은혜대로 우리 주 예수의 이름이 너희 가운데서 영광을 받으시고, 너희도 그 안에서 영광을 받게 하려 함이라. (살후 1:11-12)

바울은 디모데를 위해 기도하고(딤후 1:3) 빌레몬을 위해 기도했듯이(몬 4), 각 교회의 개개인을 위해서도 기도했다.

고린도교회에 영향을 미치고 있었던 거짓 사도들이, 이 서신 전체에 그러듯이, 이 단락에도 그림자를 드리웠다. 많은 고린도교회 신자가 이들에게 매혹되었고, 그래서 이들은 바울을 향한 교회의 충실함을 얼마간 약화할 수 있었다. 거짓 선생들은 바울을 악랄하게 공격했으며 그가 그리스도의 참 사도라는 것을 부정했다. 이들은 고린도 신자 중 얼마를 꾀어 "그리스도께서 내 [바울] 안에서 말씀하시는 증거를 너희가[이들이] 구하게" 하는 데 성공했다(고후 13:3). 바울의 사도적 권위에 이렇게 의문을 제기하는 것은 죄악되고 어리석은 짓이었다. 바울은 고린도 신자들 사이에서 거의 2년을 사역하면서(참조. 행 18:11, 18) 사도의 표를 보여주었다(고후 12:12). 고린도 신자들은 자신들의 거듭남에서 바울이 진짜 사도라는 증거를 충분히 보았다.

바울은 거짓 사도들의 공격에 맞서 자신이 진짜라는 것을 확인해 주려고 이 서신을 쓸 때 자신의 평판을 지키는 데 열중하지 않았다. 그러나 그는 고린도교회가 자신에게 등을 돌리면 그리스도께 등을 돌리게 된다는 것을 너무나 잘 알았다.

당연하게도, 바울은 고린도에 가서 자신의 능력을 설득력 있게 보여주고 싶었을 것이다. 하지만, 거짓 사도들과 이들을 따르는 자들이 약골에 겁쟁이라며 바울을 조롱하고 비방했다(참조. 고전 2:3). 바울이 자신의 권위를 당당하게 단언하고 이들의 콧대를 꺾어주었다면 통쾌했을 것이다. 이미 분명히 했듯이(고후 12:20; 13:2; 참조. 고전 4:21), 바울은 필요하면(물론, 대적들에게 앙갚음하기 위해서가 아니었지만: 참조. 롬 12:19) 사도로서 자신의 능력을 기꺼이 드러냈을 것이다. 그러나 바울이 고린도 신자들에게 관심을 쏟는다고 해서 꼭 이들을 압박해야 했던 것은 아니다. 그 대신, 바울은 **하나님께서** 이들로 **악을 조금도 행하지 않게 하시기를**…이들이 **선을 행하게** 되길 기도할 수 있었다(**구하노니**). 바울은 고린도 신자들이 순종해 자신이 가서 권위를 휘두르고 이들을 징계할 필요가 없기를, 또는 자신이 가더라도 이들이 이미 회개했기에 대면해 바로잡을 게 없기를 기도했다. 바울은 빌립보 신자들이 그렇게 되길 간절히 바랐듯이 고린도 신자들도 "지극히 선한 것을 분별하며 또 진실하여 허물없이 그리스도의 날까지 이르고 예수 그리스도로 말미암아 의의 열매가 가득하여 하나님의 영광과 찬송이 되기를" 간절히 바랐다(빌 1:10-11). 자녀를 사랑하는 아버지처럼, 바울은 자신의 평판보다 자녀들의 순종에 더 관심을 쏟았다.

앞서 말했듯이, 고린도 신자들이 바울을 참 사도로 받아들이는 게 필수였다. 바울을 거부하고 거짓 선생들을 받아들이는 것은 복음의 진리를 거부하고 사탄의 거짓말을 받아들이는 것이었다. 따라서 고린도 신자들이 바울을 **옳은 자**로, 예수 그리스도의 사도로 인정하는 게 아주 중요했다. 그러나 이 타심을 두드러지게 드러낼 때, 바울의 주목표는 자신이 **옳은 자임을 나타내는** (appear approved) 게 아니었다. 이것이 이미 말한 여러 이유로 중요했다. 그러나 역설적이게도, 바울은 고린도 신자들의 순종 때문에 자신의 사도적 능력을 드러낼 필요가 없어지면 기꺼이 **버림받은 자 같이**(appear unapproved)

될 터였다. 고린도 신자들의 정결과 순종이 사람들이 그를 어떻게 보느냐보다 중요했다. 거짓 사도들과 이들에게 미혹된 추종자들이 줄곧 바울은 사도 자격이 없다고 생각도록 내버려 둘지라도, 대다수 신자가 진리에 순종하며 사는 한 바울은 만족했다. 바울은 알았다. 하나님이 그의 재판관이기 때문에 사람들이 그를 어떻게 생각하느냐는 중요하지 않았다(고전 4:3-4).

바울의 이타심이 어느 정도인지 로마서 9:1-3에서 볼 수 있다. 이 구절은 그가 쓴 가장 충격적인 문장일 것이다. "내가 그리스도 안에서 참말을 하고 거짓말을 아니하노라. 나에게 큰 근심이 있는 것과 마음에 그치지 않는 고통이 있는 것을 내 양심이 성령 안에서 나와 더불어 증언하노니, 나의 형제 곧 골육의 친척을 위하여 내 자신이 저주를 받아 그리스도에게서 끊어질지라도 원하는 바로라." 바울은 믿지 않는 유대인 동족에게 깊은 관심을 가졌다. 그래서 이들이 천국에 갈 수만 있다면 자신은 기꺼이 지옥에 가려 했다. 바울의 관심은 모세의 관심을 떠올리게 한다. 모세도 출애굽기 32:32에서 동족 이스라엘에 관해 비슷하게 간구했다. "그러나 이제 그들의 죄를 사하시옵소서. 그렇지 아니하시오면 원하건대 주께서 기록하신 책에서 내 이름을 지워 버려 주옵소서."

바울은 진리를 기뻐했고(고전 13:6), 진리를 드러내려 했으며(고후 4:2) 언제나 진리를 말했고(고후 7:14) 온전한 순전함으로 진리를 살아냈다(고후 11:10). 이러했기에, 바울은 **진리를 거슬러 아무것도 할 수 없었다.** '알레떼이아'(alētheia, **진리**)는 여기서 성경에 기록된 하나님의 계시 전체를 가리킨다(참조. 6:7; 요 17:17; 골 1:5; 딤후 2:15; 약 1:18). 고린도 신자들이 진리에 순종하며 살고 있었다면 바울은 이들을 징계할 수 없었고 징계하지도 않았을 것이다. 반대로, 바울은 고린도 신자 중에 고집스럽게 불순종하는 자들이 있다면 **진리를 위해** 주저 없이 단호하게 행동했을 것이다. 진리를 사랑한다는 것은 진리를 존중한다는 뜻이며, 바울은 진리에서 멀어진 자들을 맞서는 것을 주저하지 않았다. 고린도전서 5:3-5에서, 바울은 아버지의 아내와 음행하는 남자를 사탄에게 내어 주었다. 갈라디아서 2:11-14에서, 바울은 베드로의 위선을 대놓고 꾸짖었으며, 디모데전서 1:20에서 잘못을 범한 후메내오와 알렉산더를 교회에서 쫓아냈다.

　바울은 자신의 자녀들이 강하기만 하면 자신이 약하다고 여겨지길 마다하지 않았으며(참조. 고전 4:9-13), 그래서 **우리가 약할 때에 너희가 강한 것을 기뻐하고**라고 썼다. 그의 관심은 고린도 신자들이 순종하고 **강한** 것이었다(참조. 고전 16:13; 엡 6:10; 딤후 2:1). 그뿐 아니라, 그는 실제로 하나님의 능력으로 사역하는데도 세상의 눈에 **약해** 보이는 것을 개의치 않았다(고후 4:7; 6:7; 13:4). 그는 약함이 능력에 이르는 길이라는 것을 깨달았다. 그가 인간적으로 약하기 때문에 하나님의 능력이 그를 통해 흘러갔다. 이 편지 조금 앞에서, 바울은 이렇게 썼다. "그러므로 도리어 크게 기뻐함으로 나의 여러 약한 것들에 대하여 자랑하리니, 이는 그리스도의 능력이 내게 머물게 하려 함이라.그러므로 내가 그리스도를 위하여 약한 것들과 능욕과 궁핍과 박해와 곤고를 기뻐하노니, 이는 내가 약한 그때에 강함이라"(12:9-10).

순전함

또 이것을 위하여 구하니, 곧 너희가 온전하게 되는 것이라. (13:9b)

순전함(integrity) 또는 완전함(completeness)이라는 품성은 앞서 언급한 여러 요소를 요약한다: 회개(12:20-21), 교회 권징을 통한 죄 대면(13:1-2), 권위에 복종(13:3-4), 진정성(authenticity, 13:5-6), 순종(13:7-9a) 등이다. '카타르티시스'(*katartisis*, **complete, 온전하게**)는 신약성경에서 이곳에서만 사용되며 "적절하다," "완전히 자격을 갖추다," "충분하다"는 뜻이다. 관련 동사 '카타르티조'(*katartizō*, 참조. 11절)는 정돈하다, 적절한 위치에 두다, 고장난 것을 회복하거나 고치다 등의 기본 의미를 갖는다. 마태복음 4:21에서, 이 단어는 야고보와 요한이 고기잡이 그물을 수리하는 것을 말한다. 바울은 갈라디아 6:1에서 이 단어를 사용해 죄짓는 신자를 하나님과의 교제로 회복시키는 것을 기술했다 ("바로잡고").

　영어 단어 'integrity'(순전함)가 이 단락에 사용된 '카타르티시스'의 의미를 가장 잘 표현하는 것 같다. 순전한 사람은 그 생각과 믿음과 말과 행동이 모두 완전하게 조화를 이루는 사람이다. 그리스도인에게 순전함은 삶의 모든 부분에서 하나님 말씀의 진리에 복종하고 그 진리와 모순되거나 조화를 이루지 않는 게 전혀 없다는 뜻이다. 순전한 사람은 『천로역정』에 나오는 수다쟁이와 다른데, 수다쟁이를 아는 사람들은 그가 밖에서는 성자요 집에서는 악마라고 했다.

순전함을 빵 굽는 과정으로 설명할 수 있다. 그저 물, 밀가루, 누룩, 설탕, 소금을 비롯해 여러 재료를 팬에 넣은 채 오븐에 굽는다고 빵이 나오는 게 아니다. 빵 만들기에서 재료를 한 데 섞는 과정이 절대적으로 필수다. 신자의 삶을 구성하는 모든 "요소"가 잘 혼합되어야 순전함이 나온다.

순전함의 완벽한 그림은 "죄를 알지도 못하신" 주 예수 그리스도다(고후 5:21; 참조. 사 53:9; 히 7:26; 벧전 2:22; 요일 3:5). 그러므로 순전함의 목표는 그분처럼 되는 것이다. 바울은 신자들을 위해 기도할 때 이것을 자주 구했다. 골로새서 1:28-29에서, 바울은 자신이 하는 사역의 목표를 이렇게 요약했다. "우리가 그를 전파하여 각 사람을 권하고 모든 지혜로 각 사람을 가르침은 각 사람을 그리스도 안에서 완전한 자로 세우려 함이니, 이를 위하여 나도 내 속에서 능력으로 역사하시는 이의 역사를 따라 힘을 다하여 수고하노라." 그는 갈라디아 신자들에게 이렇게 썼다. "나의 자녀들아, 너희 속에 그리스도의 형상을 이루기까지 다시 너희를 위하여 해산하는 수고를 하노니"(갈 4:19). 그는 골로새 신자들에게 에바브라가 "항상 너희를 위하여 애써 기도하여 너희로 하나님의 모든 뜻 가운데서 완전하고 확신 있게 서기를 구하나니"라고 했다(골 4:12).

시편 15편은 순전함을 적절하고 간결하게 요약한다. 다윗은 이렇게 썼다.

> 여호와여, 주의 장막에 머무를 자 누구오며,
> 주의 성산에 사는 자 누구오니까?
> 정직하게 행하며 공의를 실천하며,
> 그의 마음에 진실을 말하며,

그의 혀로 남을 허물하지 아니하고,

그의 이웃에게 악을 행하지 아니하며,

그의 이웃을 비방하지 아니하며,

그의 눈은 망령된 자를 멸시하며,

여호와를 두려워하는 자들을 존대하며,

그의 마음에 서원한 것은 해로울지라도 변하지 아니하며,

이자를 받으려고 돈을 꾸어 주지 아니하며,

뇌물을 받고 무죄한 자를 해하지 아니하는 자이니,

이런 일을 행하는 자는 영원히 흔들리지 아니하리이다.

순전함은 삶의 모든 부분을 아우르는 마음에서 나온다.

구약성경의 고귀한 사람 다니엘의 이름은 사실 순전함, 확신, 타협하지 않는 삶의 동의어다. 느부갓네살 왕궁의 엄청난 재물도, 바벨론 사람들의 요구에 굴복해 정치적 권력과 영향력을 얻으라는 유혹도, 풀무불과 사자굴의 위협도 다니엘을 흔들지 못했다. 다니엘은 긴 생애 내내 하나님 말씀의 진리에 온전히 전념했다(순전함에 관한 더 자세한 논의는 필자의 책 *The Power of Integrity*[Wheaton, Ill: Crossway, 1997]를[126] 보라.)

10절에서, 바울은 이 서신의 몸통 부분을 사실상 단 한 문장으로 요약한다. **그러므로 내가 떠나 있을 때에 이렇게 쓰는 것은 대면할 때에 주께서 너희를 넘어뜨리려 하지 않고 세우려 하여 내게 주신 그 권한을 따라 엄하지 않게 하려 함이라.** 바울이 고린도를 떠나 있을 때 이렇게 쓰는 목적은 그가 곧 고린도를 방문해 다시 이들을 **대면할 때에**(12:14, 31) 이들에게 **엄하지 않게 하려(need not use severity)** 함이었다(참조. 딛 1:13, 여기서 **엄하지 severity**로 번역된 같은 헬라어 단어가 나온다). 바울은 **주께서** 자신에게 **주신 그 권한**을 사용해 고린도 신자들을 **넘어뜨리려 하지 않고 세우려 했다**(참조. 롬 14:9).

뒤이어 바울은 마지막 경고를 했다. 상황이 불가피하다면, 고린도 신자 중

---

126 『순전함』, 정길호 옮김(도서출판 소망, 2011).

에 끈질기게 죄를 짓고 주님의 말씀과 뜻에 맞선다면, 바울은 주저 없이 행동할 것이다. '카따이레시스'(*kathairesis*, **tearing down, 넘어뜨리려**)는 "파괴"(destruction) 또는 "해체"(demolition)로도 번역될 수 있다. 바울은 10:8에서 이 단어를 사용하는데, 거기서도 자신의 권위를 사용해 고린도 신자들을 무너뜨리는 게 아니라 세우는 것을 말했다. 바울은 세 번째 고린도 방문이 자신에게 너무나 슬프고 고통스러웠던 두 번째 방문과(2:1) 다를 수 있도록 고린도 신자들이 이 서신의 책망에 주의를 기울이길 간절히 바랐다.

바울이 성공했는가? 고린도 신자들이 그의 훈계에 주목하고 회개하며 거짓 선생들에게서 돌아섰는가? 이들이 바울의 세 번째 방문을 반겼는가? 바울은 약속대로 고린도를 다시 방문했다. 사도행전 20:2-3은 그가 헬라에서 석 달을 보냈다고 기록한다. 2절은 바울이 마게도냐(헬라의 북쪽 지역; 1절)에서 헬라로 왔다고 말하며, 바울이 떠날 때 다시 마게도냐를 거쳐 갔기 때문에, "헬라"는(2절) 아가야(헬라의 남쪽 지역)를 가리키는 게 틀림없다. 고린도는 아가야에 위치했으며, 따라서 바울은 의심할 여지 없이 석 달의 대부분 또는 전부를 고린도에서 보냈을 것이다. 신약성경은 이 방문을 상세하기 기술하지 않지만, 네 줄의 증거는 고린도 신자들이 이 서신에 긍정적으로 반응했고 바울의 방문이 그가 바라던 기쁜 방문이었다는 것을 시사한다.

첫째, 바울은 고린도에 석 달을 머무는 동안 로마서를 썼다(참조. 그는 롬 16장에서 뵈뵈, 가이오, 에라스도를 언급한다. 이들 모두 고린도와 관련이 있다). 바울은 로마서 어디서도 자신의 현재 상황에 관해 그 어떤 염려도 표현하지 않았다. 이것은 바울이 고린도에 있을 때 상황이 평온했다는 것을 암시한다.

둘째, 바울은 로마 신자들에게 자신이 로마를 거쳐 스페인("서바나")에 갈 계획이라고 썼다(롬 15:24). 고린도 상황이 여전히 혼란스러웠다면, 바울이 고린도를 곧 떠날 계획을 세우지 않았을 것이다.

셋째, 로마서 15:26-27은 아가야 사람들이(앞서 말했듯이, 고린도는 아가야에 위치했다) 예루살렘교회를 위해 연보를 해달라는 바울의 호소에(고후 8, 9장) 응했다는 것을 보여준다. 고린도 신자들이 과연 바울이 진짜 사도인지 여전히 의심했다면 이 연보에 참여하지 않았을 것이다(특히 연보를 바울에게 맡기면서).

마지막으로, 고린도후서가 신약 정경에 포함되었다는 사실은 고린도 신자들이 이 서신에 호의적으로 반응했다는 것을 뒷받침한다. 고린도후서가 그 목적을 이루지 못했다면 교회가 이 서신을 성경으로 받아들이지 않았을 것이다.

바울은 이 편지에서 고린도 신자들에게 자신의 마음을 쏟아냈고, 이 편지는 이들과 바울을 화해시키는 목적을 달성했다. 성경의 나머지 부분처럼, 고린도후서도 하나님이 계획하신 바를 한 치의 오차도 없이 이룰 것이다. 하나님이 이사야 선지자를 통해 선포하셨듯이 말이다.

> 이는 비와 눈이 하늘로부터 내려서
> 그리로 되돌아가지 아니하고 땅을 적셔서
> 소출이 나게 하며 싹이 나게 하여
> 파종하는 자에게는 종자를 주며
> 먹는 자에게는 양식을 줌과 같이
> 내 입에서 나가는 말도
> 이와 같이 헛되이 내게로 되돌아오지 아니하고
> 나의 기뻐하는 뜻을 이루며
> 내가 보낸 일에 형통함이니라. (사 55:10-11)

39

성화의 패턴: 온전함, 애정, 축언

(13:11-13)

11마지막으로 말하노니, 형제들아, 기뻐하라. 온전하게 되며, 위로를 받으며, 마음을 같이하며, 평안할지어다. 또 사랑과 평강의 하나님이 너희와 함께 계시리라. 거룩하게 입맞춤으로 서로 문안하라. 12모든 성도가 너희에게 문안하느니라. 13주 예수 그리스도의 은혜와 하나님의 사랑과 성령의 교통하심이 너희 무리와 함께 있을지어다. (13:11-13)

그리스도인들은 "믿음의 선한 싸움"을 싸우면서(딤전 6:12) 완강한 세 대적을 만난다. 세상과 육(the flesh, 육신, 육체)과 마귀다. 세상은 신자들에게 적대적이다(그들의 주님에게 적대적이었듯이; 요 7:7). 신자들이 전에는 세상의 일부였으나(엡 2:2) 더는 아니기 때문이다. 예수님은 자신을 따르는 자들에게 경고하셨다. "너희는 세상에 속한 자가 아니요 도리어 내가 너희를 세상에서 택하였기 때문에 세상이 너희를 미워하느니라"(요 15:19; 참조. 17:14; 요일 3:13). 그리스도인들은 세상을 사랑하거나(요일 2:15 – 16; 참조. 약 4:4) 세상을 본받지 말고(롬 12:2) 세상을 이겨야 한다(요일 5:4).

육은 사람의 구속받지 못한 인성(unredeemed humanness)이다. 세상은 외부에서 사람들을 공격한다. 반대로, 육신은 내부, 곧 사람들이 약한 부분에서 이들을 공격한다(마 26:41; 롬 6:19). 이에 비추어, 베드로는 신자들에게 "영혼을 거슬러 싸우는 육체의 정욕을 제어하라"고 했다(벧전 2:11). 육은 선천적으로 악하며(롬 7:18), 하나님에게 적대적이고(롬 8:7-8), 말할 수 없이 악한 온갖 행위를 낳는다(갈 5:19-21). 구속받은 자들은 "육신에 있지 아니하고 영에 있으며"(롬 8:9), 절대로 "육신에 속한 자"(men of flesh)로 살아서는 안 된다(고전 3:1; 참조. 롬 8:12 – 13). 이를 위해, "육신의 일을 도모하지 말고"(롬 13:14) 온갖 더러운 것에서 자신을 깨끗이 해야 한다(고후 7:1).

세상과 육을 조종해 신자들을 공격하는 것이 마귀, 곧 사탄의 주된 작전이다. 사탄은 한때 모든 피조물 중에 가장 높았고 "기름 부음을 받고 지키는 그룹(cherub)"이었으나(겔 28:14; 이것은 사탄이 하나님의 보좌를 지키는 천사로서 가졌던 특별한 위치를 가리킨다) 이제 악의 전형이다. 예수님은 그 속에 진리가 없으며 그는 본래 거짓말쟁이라고 하셨다(요 8:44). 사실, 사탄은 "자기를 광명의 천사로 가장해"(고후 11:14) "믿지 아니하는 자들의 마음을 혼미하게 하여 그리스도의 영광의 복음의 광채가 비치지 못하게" 하려 한다(고후 4:4). 참소하는 자(Accuser, 계 12:10), 시험하는 자(temper, 살전 3:5), 방해하는 자(살전 2:18) 사탄은 참으로 무서운 적이며, 그의 계책을 알지 못하는 신자들을 삼키겠다고 위협한다(고후 2:11; 엡 6:11). 신자들이 사탄을 성공적으로 대적하려면(약 4:7; 벧전 5:8-9) "하나님의 전신 갑주를 입고"(6:11) 그에게 공격할 틈을 주지 말아야 한다(엡 4:27).

고린도교회도 모든 신자처럼 강력한 세 적에게 포위되었다. 고린도는 고대 세계에서 가장 타락한 도시 중 하나였고, 고린도의 세상 체계는 더없이 악했다. 고린도가 어찌나 악했던지 "고린도화하다(Corinthianize, 고린도 사람처럼 되다)"라는 헬라어 동사는 창녀와 동침하다는 뜻이었다. 안타깝게도, 주변 문화에 만연한 악의 많은 부분이 고린도 신자들이 구원받은 후에도 이들의 육신에 계속 발 디딜 자리를 찾았다. 그 결과, 이들은 그리스도를 믿기 전에 탐닉했던 죄에 다시 빠져들었다. 마귀, 곧 거짓 종교에 특화된 자가 많은 고린도 신자를 미혹하는 거짓 사도들을 통해 나타났다. 모든 신자가 그러하듯, 이들도 세 원수 모두와 맞닥뜨렸다.

이 아름다운 편지를 마무리하면서, 바울은 고린도교회를 향한 자신의 관심사를 마지막으로 요약한다. 그의 주된 관심사는 이들의 번영이나 성공이나 건강이나 위로나 자긍심이나 특권이 아니었다. 대신에, 바울은 모든 목회자가 자신의 회중을 위해 가져야 할 가치 있는 세 목표를 열거했다: 온전함과 애정과 축언이다. 이것들은 회개(고후 12:20-21), 징계(권징, 13:1-2), 권위에 대한 복종(13:3-4), 자기 점검(13:5-6), 순종(13:7-9a), 순전함(13:9b)과 함께 세상과 육과 마귀를 대적하는 강력한 방어막을 구축한다.

온전함

마지막으로 말하노니, 형제들아, 기뻐하라. 온전하게 되며, 위로를 받으며, 마음을 같이하며, 평안할지어다. 또 사랑과 평강의 하나님이 너희와 함께 계시리라.

(13:11a)

마지막으로(finally)라는 말로, 바울은 사랑하는 고린도교회 **형제들**에게 끝인사를 시작한다(참조. 1:8; 8:1). 이 구절을 이해하는 열쇠는 **온전하게 되며(be made complete)**라는 표현이다. '카타르티조'(*katartizō*, **온전하게 되며**)는 명사 '카타르티시스'(*katartisis*, 9절)의 동사형이다. 여기서 이 단어는 부족한 것을 보탠다는 뜻이 아니라 정돈하다, 어긋난 것을 조절해 맞춘다는 뜻이다. 예를 들면, 이 단어는 어부들의 그물 손질을 말할 때 사용된다(마 4:21). 바울은 고린도 신자들에게 그들의 길을 고치고, 자신을 바로잡으며, 그들 사이에 조화를 회복하라고 촉구했다. 영적 온전함은 교회가 전체적으로나 개별적으로나 하나님의 말씀에 온전히 순응할 때 찾아온다. 성도들이 이렇게 하도록 준비시키는 것이 교회 지도자들의 책임이다(참조. 엡 4:11-16).

동사 '카타르티조'의 명령형이 시사하듯, 신자들은 순전함을 좇으라는 명령을 받는다. 이것은 선택사항이 아니다. 신자들은 은혜 안에서 자라면서 자신의 우선순위를 끊임없이 되짚어보아야 하고, 성경과 일치하게 행동해야 하며, 영적 온전함을 회복해야 한다. 신학적 오류를 바로잡아야 하고, 성경 지식을 늘려야 하며, 죄를 처리해야 하고, 깨진 관계를 회복해야 하며, 게으름과 무관심과 반감을 정열적이고 헌신적인 섬김으로 바꿔야 한다. 고린도전서에서, 바울은 이렇게 썼다. "형제들아, 내가 우리 주 예수 그리스도의 이름으로 너희를 권하노니, 모두가 같은 말을 하고 너희 가운데 분쟁이 없이 같은 마음과 같은 뜻으로 온전히 합하라"(고전 1:10). 그리고 데살로니가 신자들에게 이렇게 썼다. "주야로 심히 간구함은 너희 얼굴을 보고 너희 믿음이 부족한 것을 보충하게 하려 함이라"(살전 3:10). 강력한 복음전파는 영적 순전함의 부산물이다. 이것은 하나님의 뜻과 거룩하게 조화를 이루는 교회에서 비롯되는 자연스러운 결과물이다.

고린도 신자들은 상황을 확실하게 정돈하고, 자신들의 죄를 회개하며, 거짓 선생들을 거부하고, 바울에게 돌아가 그를 참 사도로 인정하고(그는 참 사도였다) 그가 전한 하나님의 진리에 복종해야 했다. 이들이 하나님의 진리에 부합하도록 도우려고, 바울은 이들에게 마지막으로 네 가지를 권면했다. 이것들은 명령형 동사 넷으로 표현되는 네 가지 명령이다.

첫째 권면은 기뻐하라는 것이다. 어떤 번역들은(예를 들면, KJV과 NIV) '카이레테'(chairete, **rejoice**, **기뻐하라**)를 "farewell" 또는 "good-by"로 옮겼다. 이 단어가 만날 때 하는 인사(greeting, 마 28:9에서처럼)와 헤어질 때 하는 인사(farewell)로도 사용되었기 때문이다. 이런 의미에서, 이 단어는 히브리어 '샬롬'(shalom)과 비슷한데, '샬롬'은 문자적으로 "평화"를 뜻하지만 "hello"와 "good-bye"로도 사용된다. '카이레테'를 만날 때 하는 인사로 사용하는 게 적절하다. 기쁨은 교회 생활에 필수이기 때문이다.

기쁨이 그리스도인들의 특징이어야 한다. 기쁨은 내주하시는 성령께서 그리스도인들의 삶이 맺게 하시는 열매 중 하나다(갈 5:22). 바울은 빌립보 신자들에게 이렇게 명했다. "주 안에서 항상 기뻐하라. 내가 다시 말하노니, 기뻐하라"(빌 4:4; 참조. 2:18, 28; 3:1). 데살로니가전서 5:16에서, 바울은 짧게 "항상 기뻐하라"고 썼다. 베드로는 자신의 독자들에게 "즐거워하라"[127]고 했다(벧전 4:13). 기쁨은 주 예수 그리스도께서 그분의 제자들에게 남기신 유산이다. 그분은 다락방에 모인 사도들에게 "내가 이것을 너희에게 이름은 내 기쁨이 너

---

127 NASB: keep on rejoicing(늘 기뻐하라).

희 안에 있어 너희 기쁨을 충만하게 하려 함이라"고 하셨고(요 15:11) 이들에게 이렇게 약속하셨다. "지금은 너희가 근심하나 내가 다시 너희를 보리니 너희 마음이 기쁠 것이요 너희 기쁨을 빼앗을 자가 없으리라"(요 16:22). 그분은 아버지께 자신의 제자들이 "내[그분의] 기쁨을 그들 안에 충만히 가지게" 되기를 구하셨다(요 17:13). 성경은 신자들의 기쁨이 크고(눅 24:52; 행 15:3) 풍성하며(abundant, 고후 8:2) 넘치고(고후 7:4) 활기차며(눅 6:23) 말로 표현할 수 없고(벧전 1:8) 경외함이 가득하다고 묘사한다(시 2:11).

그리스도인의 기쁨은 질병, 경제적 어려움, 깨진 관계, 또는 삶에서 만나는 무수한 우여곡절과 실망이 앗아갈 수 있는 들뜨고 피상적인 행복이 아니다. 대신에, 그리스도인의 기쁨은 깊고 흔들릴 수 없는 확신, 곧 하나님이 삶의 모든 면을 영원히 주관해 사랑하는 그분의 자녀들에게 유익하게 하신다는 확신에서 흘러나오며, 이것은 그분의 말씀을 아는 지식에 뿌리내린 확신이다. 하나님의 성품, 그리스도의 구원 사역, 성령의 성화 사역, 하나님의 섭리, 영적인 복, 장래의 영광에 대한 약속, 응답된 기도, 그리스도인의 교제는 모두 신자들을 기쁘게 한다.

둘째 권면은 복종하라는 것이다. '파라칼레오'(*parakaleō*, **be comforted, 위로를 받으며**)는 권위 있게 말함을 가리킬 수 있으며(참조. 눅 3:18; 행 2:40; 20:1 – 2; 롬 12:8; 고전 1:10; 4:16; 14:31; 살전 4:1; 살후 3:12; 딤후 4:2; 딛 1:9; 2:15; 벧전 5:1, 12) 여기서는 "권면을 받다"(exhorted) 또는 "훈계를 받다"(admonished)로 번역하는 게 더 나을 수 있겠다. 고린도 신자들이 교회 질서를 회복하려면 권위에 복종하는 게 필수였다. 이런 이유로 바울은 고린도전서 4:14에서 이들에게 이렇게 말했다. "내가 너희를 부끄럽게 하려고 이것을 쓰는 것이 아니라 오직 너희를 내 사랑하는 자녀 같이 권하려 하는 것이라."

마음을 같이하며(be like-minded)라는 명령에서 셋째 권면이 나타난다. 진리에 헌신하라는 것이다. **마음을 같이하며**로 번역된 헬라어 어구는 문자적으로 "같은 것을 생각하라" 또는 "같은 확신과 신념을 가져라"라는 뜻이다. 바울이 요구한 일치는 교리가 분열을 일으키고 모든 사람의 의견이 똑같이 타당하다는 생각에 기초한 얄팍하고 피상적 휴전과 정반대다. 그뿐 아니라, 이것은 "성도에게 단번에 주신 믿음의 도를 위하여 힘써 싸우라"는(유 3) 말씀에 헌신되지 않은 자들과 맺는 실용적인 합의도 아니다. 바울은 신자들에게 하나님 말씀의 진리를 함께 이해하고 따르라고 했다.

바울은 빌립보 신자들에게 이렇게 권면했다. "오직 너희는 그리스도의 복음에 합당하게 생활하라. 이는 내가 너희에게 가 보나 떠나 있으나 너희가 한마음으로 서서 한 뜻으로 복음의 신앙을 위하여 협력하는 것과…"(빌 1:27). 일치는 "하나님의 아들을…아는 것"에 기초하는 "믿는 것…에 하나"됨(the unity of faith, 믿음의 일치)에서 비롯되어야 하고, "그리스도의 장성한 분량이 충만한 데까지 이르는" 영적 성숙을 낳아야 한다(엡 4:13). 바울은 마음을 같이함이 성경을 함께 이해하는 데서 비롯된다고 가르쳤다.

> 무엇이든지 전에 기록된 바는 우리의 교훈을 위하여 기록된 것이니, 우리로 하여금 인내로 또는 성경의 위로로 소망을 가지게 함이니라. 이제 인내와 위로의 하나님이 너희로 그리스도 예수를 본받아 서로 뜻이 같게 하여 주사 한 마음과 한 입으로 하나님 곧 우리 주 예수 그리스도의 아버지께 영광을 돌리게 하려 하노라. (롬 15:4-6)

신자들은 성경에 기록된 것에 함께 주목할 때 "그리스도 예수를 본받아 서로 뜻이 같게" 되며 "한 마음과 한 입으로 하나님 곧 우리 주 예수 그리스도의 아버지께 영광을 돌리게" 된다. 교회는 교리(doctrine, 교훈, 가르침)의 중요성을 깎아내리는 대신 "진리의 기둥과 터"가 되어야 한다(딤전 3:15). 분명하게 이해해야 할 게 있다. 사이비 종교나 거짓 종교들은 일치를 강요하지만, 성경은 어떤 종교 체계나 권위에 마음 없이 복종하라고 요구하지 않는다. 사도 바울이라도 "진리를 거슬러 아무것도 할 수 없고 오직 진리를 위할 뿐"이었다(고후 13:8). 교회는 인간의 자의적 기준이 아니라 살아계신 하나님의 말씀을 붙잡는다.

바울이 고린도 신자들에게 마지막으로 요구한 것은 하나됨(unity)이었으며, 이것은 **평안할지어다(live in peace)**라는 명령의 밑바닥에 자리한다. 평안과 하나됨은 논리적으로 하나님의 말씀을 함께 이해하고 복종하는 데서 비롯된다. 그렇더라도 신자들은 평안을 추구해야 하며(롬 14:19, "화평") 부지런히 평안을 지켜야 한다(엡 4:3). 반대로, "제자들을 끌어 자기를 따르게 하려고"(행 20:30) 거짓 교리를 가르치는 자들은 교회의 하나됨을 무너뜨릴 것이다. 그러나 신자들의 마음이 진리에 굳건히 붙잡혀 있을 때, 교회는 하나됨과 평안을 경험할 것이다.

이러한 권면들에 순종할 때 수반되는 놀라운 약속이 있다. **사랑과 평강의 하나님**이 함께하심으로 얻는 거룩한 복이다. 성경은 이곳에서만 하나님을 **사랑의 하나님**이라 부르지만 여러 차례 "평강의 하나님"이라 부른다(롬 15:33; 16:20; 빌 4:9; 살전 5:23; 히 13:20). 이처럼 하나님은 순종하는 그분의 자녀들에게 사랑과 평강 둘 모두의 근원이다. 교회는 영적 온전함을 추구할 때 강력하고 풍성한 하나님의 임재를 경험할 것이다.

반대로, 기쁨과 복종과 진리와 하나됨이 없는 교회는 하나님의 복을 받지 못할 것이다. 교회의 주인께서 에베소교회를 향해 이렇게 선언하셨다. "그러므로 어디서 떨어졌는지를 생각하고 회개하여 처음 행위를 가지라. 만일 그리하지 아니하고 회개하지 아니하면, 내가 네게 가서 네 촛대를 그 자리에서 옮기리라"(계 2:5). 이들의 빛이 꺼진다는 것은 하나님이 이들 가운데 계신다는 것과 정반대일 것이다. 예수님은 버가모교회에게 경고하셨다. "그러므로 회개하라. 그리하지 아니하면 내가 네게 속히 가서 내 입의 검으로 그들과 싸우리라"(계 2:16). 평강 대신, 주님은 전쟁을 주실 터였다. 주님은 사데교회에게 이렇게 선언하셨다. "그러므로 네가 어떻게 받았으며 어떻게 들었는지 생각하고 지켜 회개하라. 만일 일깨지 아니하면 내가 도둑 같이 이르리니, 어느 때에 네게 이를는지 네가 알지 못하리라"(계 3:3). 분명히 도둑은 평강을 가져오지 않으며, 주님도 불순종하는 교회들에게 평강의 주님으로 오시지 않는다. 마지막으로, 주님은 역겹게 미지근한 라오디게아교회에게 경고하셨다. "네가 이같이 미지근하여 뜨겁지도 아니하고 차지도 아니하니, 내 입에서 너를 토하여 버리리라"(계 3:16). 이들은 주님의 복된 임재를 누리는 대신 그분에게서 멀리 내던져질 것이다.

물론, 완벽한 교회들만 하나님의 임재가 수반하는 복을 누리는 것은 아니다. 완벽한 교회는 없다. 모든 교회는 불완전한 죄인들로 구성되기 때문이다. 그러나 온전함을 부지런히 추구하는 교회들은 하나님의 임재라는 풍성한 상을 **사랑과 평강** 가운데 누릴 것이다.

애정

거룩하게 입맞춤으로 서로 문안하라. 모든 성도가 너희에게 문안하느니라.

(13:11b-12)

입맞춤(kiss)은 고대 서아시아(고대 근동)에서 일반적인 인사 방식이었다(참조. 삼하 15:5; 20:9; 마 26:48; 눅 7:45). 이것은 전형적으로 동성 간에 뺨을 맞대는 포옹이었다. 초기 교회에서, 이것은 현대 서구 문화의 악수처럼 단지 격식이 아니었다. **거룩한 입맞춤(holy kiss)**은 교회 구성원들 간에 형제애와 상호 애정을 표시하는 육체적 표현으로서 특별한 의미가 있었다(롬 16:16; 고전 16:20; 살전 5:26). 데이비드 갈런드(David E. Garland, 1947-)는 이렇게 썼다. "'거룩한' 입맞춤은 사회적 관습 그 이상이다. 이것은 사회적 배경과 국적과 인종과 성별이 다르지만 그리스도 안에서 새로운 가족을 형성한 사람들이 나누는 상호 교제의 표시다"(2 Corinthians, The New American Commentary [Nashville: Broadman & Holman, 1999], 554). 이것은 **거룩한** 입맞춤이어야 하며, 따라서 그 어떤 성적 부정도 암시하지 않는다. 안타깝게도, 이것이 점차 형식적이고 제도화된 교회 전례의 한 부분이 되어 참 의미를 잃었으며, 결국 교회에서 완전히 사라졌다. 오늘날, 반갑게도 일부 교회들에서 이것이 되살아나고 있는 것 같다.

예수님이 신자들에게 드러내라고 명하신 형제애는(요 13:34-35) 모든 수준에서 드러나야 한다. 이 사랑은 서로 희생적으로 섬기고 돌보며 서로의 필요를 따뜻한 마음으로 채워주는 것을 포함한다. **거룩한 입맞춤**은 이러한 애정의 육체적 표현이다. 사실, 베드로는 이것을 "사랑의 입맞춤"이라 했다(벧전 5:14). 거룩한 입맞춤은 주의 만찬에서 자주 오갔는데, 회개한 죄인들이 육체적 포옹을 통해 교제에 가시적으로 회복되었다. 바울은 다툼과 분쟁과 죄에 매인 고린도 신자들이 애정을 공개적으로 표현하길 바랐다. 이것이 이들 사이의 담을 허무는 데 도움이 되리라는 것을 알기 때문이었다.

멀리 떨어져 있어 고린도 신자들에게 거룩한 입맞춤을 할 수 없지만, 바울이 이 편지를 쓸 때 그와 함께 있는 **모든 성도**가 고린도 형제들에게 문안하길 (그들의 사랑을 보내길) 원했다. 이들은 마게도냐 신자들이었을 것이다. 이 책 서론에서 말했듯이, 바울은 고린도후서를 마게도냐에서(아마도 빌립보에서) 썼기 때문이다. 따라서 형제애가 같은 교회의 구성원들에게 한정되어서는 안 된다. 모든 신자가 형제애를 공유해야 한다.

축언

주 예수 그리스도의 은혜와 하나님의 사랑과 성령의 교통하심이 너희 무리와 함께 있을지어다. (13:13)

축언한다는 것은 엄숙하게 복을 부른다는 것인데, 바울은 자신의 서신들에서 축언을 자주 했다(예를 들면, 롬 1:7; 16:20; 고전 1:3; 16:23; 갈 1:3 - 4; 6:18; 엡 1:2; 6:23 - 24; 빌 1:2; 4:23; 골 1:2; 살전 1:1; 5:28; 살후 1:2; 3:18; 몬 3). 그러나 신약성경의 어느 축언도 이 축언만큼 신학적으로 풍성하고 심오하지 않다. 유일하게 이 축언만 삼위일체의 세 위격을 모두 언급한다. 이 아름다운 축언의 중요한 두 특징을 좀 더 자세히 살펴보겠다.

첫째, 앞서 말했듯이, 이것은 삼위일체적 축언이며 기독교 신앙의 핵심 진리를 반영한다. 바울은 여기서 삼위일체 교리를 공식적이고 체계적으로 설명하지 않는다. 그리스도인의 삶에서 모든 복이 삼위일체 하나님에게서 흘러나오듯이, 이 삼위일체적 선언은 그에게서 자연스럽게 거침없이 흘러나왔다.

분명히, 삼위일체 교리는 기독교 신앙의 본질이다. 삼위일체를 부정하는 자들은 존재하지 않는 거짓 신을 예배함으로써 우상을 숭배하며, 이로써 구원받을 가능성을 잃는다. 성경에는 삼위일체 교리에 관한 공식적이고 정확한 신학적 선언이 없다. 그렇더라도 성경은 한 분이신 참 하나님이 함께 동등하며 (co-equal) 함께 영원한(co-eternal) 세 위격으로 영원히 계신다고 분명하고 확실하게 가르친다. 삼위일체 교리를 뒷받침하는 성경의 증거를 간단하게 삼단논법으로 요약할 수 있다. 성경은 오직 한 하나님만 계신다고 가르친다. 그러나 성경은 세 위격을 하나님이라 부른다. 그러므로 세 위격이 한 하나님이다.

오직 한 하나님만 계신다는 것은 부정할 수 없는 성경의 가르침이다. 하나님 자신이 신명기 32:39에서 선언하셨다. "이제는 나 곧 내가 그인 줄 알라. 나 외에는 신이 없도다." 다윗은 "주만이 하나님이시니이다"라고 외쳤다(시 86:10). 이사야 선지자를 통해, 하나님은 다른 신은 이제도 없고, 전에도 없었으며, 앞으로도 결코 없으리라는 것을 분명히 하셨다. "나 여호와가 말하노라. 너희는 나의 증인, 나의 종으로 택함을 입었나니, 이는 너희가 나를 알고 믿으며 내가 그인 줄 깨닫게 하려 함이라. 나의 전에 지음을 받은 신이 없었느니라. 나의 후에도 없으리라"(사 43:10). 이교도 우상숭배에 에워싸인 고린도 신자들에게, 바울은 이렇게 썼다. "그러므로 우상의 제물을 먹는 일에 대하여는 우리가 우상은 세상에 아무것도 아니며 또한 하나님은 한 분밖에 없는 줄 아노라"(고전 8:4). (다음도 보라. 신 4:35, 39; 6:4; 삼상 2:2; 삼하 7:22; 22:32; 왕상 8:23, 60; 왕하 19:15, 19; 대하 6:14; 느 9:6; 시 18:31; 사 37:16, 20; 44:6, 8; 45:5 - 6, 21; 46:9; 욜 2:27).

성경은 고린도전서 15:24, 갈라디아서 1:1, 3, 에베소서 6:23, 빌립보서 1:2, 유다서 1절 같은 구절에서 하나님을 아버지라 부르며, 이에 관해서는 논박의 여지가 거의 없을 것이다.

그러나 다양한 귀신의 종교들이 반대로 가르치는데도, 아들도 하나님이라 불리신다. 요한은 자신의 복음서를 시작하면서 그리스도의 신성을 강력하게 단언했다. "태초에 말씀[예수 그리스도가, 14절] 계시니라. 이 말씀이 하나님과 함께 계셨으니 이 말씀은 곧 하나님이시니라"(요 1:1). 전에 회의주의자였던 도마는(요 20:25) 부활하신 그리스도를 보자 "나의 주님이시요 나의 하나님이시니이다"라고 외쳤다(28절). 로마서 9:5은 예수님을 "세세에 찬양을 받으실

2 Corinthians ——

하나님"으로 묘사하고, 디도서 2:13과 베드로후서 1:1은 그분을 각각 "우리의 크신 하나님 구주"와 "우리 하나님과 구주"라고 한다. 히브리서 1:8에서, 성부 하나님은 성자 하나님을 부르며 그분께 이렇게 말씀하신다. "하나님이여 주의 보좌는 영영하며 주의 나라의 규는 공평한 규이니이다."

성령도 하나님이라 불리신다. 사도행전 5:3에서, 베드로가 아나니아에게 물었다. "어찌하여 사탄이 네 마음에 가득하여 네가 성령을 속이고 땅 값 얼마를 감추었느냐?" 그러나 다음 절에서, 베드로는 아나니아에게 이렇게 말했다. "사람에게 거짓말한 것이 아니요 하나님께로다." 고린도후서 3:18은 성령을 가리켜 "주의 영"(the Lord, the Spirit)[128]이라 한다.

따라서 성경은 심오하고 이해할 수 없는 삼위일체 하나님의 실재를 분명하게 가르친다(참조. 사 48:16; 마 28:19; 눅 3:21 − 22; 고전 12:4 − 6).

그러나 이 축언은 삼위일체적일 뿐 아니라 구속적이다. 구원 안에서 삼위일체를 가장 분명하게 볼 수 있다. 아버지 **하나님의 사랑**이 그분으로 구속을 계획하고 구원받을 자들을 선택하게 했다(요 3:16; 롬 5:8-9). 속죄제물로 돌아가신 **주 예수 그리스도의 은혜**를 통해, 구속받은 자들에게 구원이 성취되었다(롬 5:6; 고전 15:3; 벧전 3:18; 요일 2:2). 구원의 결과로, 성령께서 신자들 안에 거하시고(롬 8:9, 11; 고전 6:19; 갈 4:6) 신자들을 그리스도의 몸 안에 두실 때(고전 12:13), 신자들이 **성령의 교통하심**(fellowship of the Spirit, 성령의 교제)에 들어간다(성령과 교제한다).

바울의 축언은 이 서신에 적절한 결말이며, 이 서신은 고린도 신자들의 어리석음과 죄를 엄하게 꾸짖는데도 축복의 말로 끝난다. 바울은 고린도 신자들이 구원이 가져다주는 모든 복을 누리는 자리에 있길 바랐다. 바울은 이러한 목적을 염두에 두고 자신의 사명과 메시지를 변호하고 이들을 꾸짖으며 격려하고 이들을 위해 기도했다. 그 어느 신실한 목회자라도 자신의 사람들이 하나님이 구속을 통해 주시는 넘치는 부요함을 아는 것보다 높은 목표가 있을 수 없다.

---

128 공동번역개정판: 성령이신 주님

참고문헌

Barclay, William. *The Letters to the Corinthians*. Revised Edition. Louisville: Westminster, 1975. 『로마서 · 고린도전후서: 바클레이 성경주석』(기독교문사, 2009).

Barnett, Paul. *The Second Epistle to the Corinthians*. The New International Commentary on the New Testament. Grand Rapids: Eerdmans, 1997. 『고린도후서』, 전용우 옮김(부흥과 개혁사, 2020).

Barrett, C. K. *The Second Epistle to the Corinthians*. Black's New Testament Commentary. Peabody, Mass.: Hendrickson, 1997.

Carson, Donald A. *From Triumphalism to Maturity*. Grand Rapids: Baker, 1984.

Craddock, Fred B. "The Poverty of Christ," *Interpretation* 22 (Apr. 1968), 158 – 70.

Garland, David E. *2 Corinthians*. The New American Commentary. Nashville: Broadman & Holman, 1999.

Guthrie, Donald. *New Testament Introduction*. Revised Edition. Downers Grove, Ill: InterVarsity, 1990. 『신약서론』, 김병국 옮김(CH북스, 1992).

Harris, Murray J. "2 Corinthians" in Frank E. Gabelein, ed. *The Expositor's Bible Commentary*, Vol. 10. Grand Rapids: Zondervan, 1976. 『엑스포지터스 성경 연구, 고린도후서』(기독지혜사, 1986).

Hughes, Philip E. *The Second Epistle to the Corinthians*. The New International Commentary on the New Testament. Grand Rapids: Eerdmans, 1992. 『고린도후서: 뉴인터내셔널 성경주석 13』, 이기문 옮김(생명의 말씀사, 1993).

Kistemaker, Simon J. *II Corinthians*. Grand Rapids: Baker, 1997.

Kruse, Colin G. *The Second Epistle of Paul to the Corinthians*. The Tyndale New Testament Commentaries. Grand Rapids: Eerdmans, 1995. 『고린도후서: 틴데일 신약주석 시리즈 8』, 왕인성 옮김(기독교문서선교회, 2013).

Lenski, R. C. H. *The Interpretation of St. Paul's First and Second Epistles to the Corinthians*. Minneapolis: Augsburg, 1963. 『고린도후서』, 유응기 옮김(백합출판사, 1980).

Martin, Ralph P. *2 Corinthians*. Word Biblical Commentary. Waco, Tex.: Word, 1986. 『고린도후서-WBC 성경주석 40』, 김철 옮김(솔로몬, 2007).

McShane, Albert. *What the Bible Teaches: II Corinthians*. Kilmarnock, Scotland: John Ritchie Ltd., 1986.

Pfeiffer, Charles F. and Howard F. Vos. *The Wycliffe Historical Geography of Bible Lands*. Chicago: Moody, 1967.

Robertson, A. T. *The Glory of the Ministry*. New York: Revell, 1911.

Tasker, R. V. G. *The Second Epistle of Paul to the Corinthians*. The Tyndale New Testament Commentaries. Grand Rapids: Eerdmans, 1975.

Trench, Richard C. *Synonyms of the New Testament*. Reprint. Grand Rapids: Eerdmans, 1983.

헬라어 색인

파네로오 *phaneroō*, 234

페이도마이 *pheidomai*, 584

필로스 *philos*, 229

필로티메오마이 *philotimeomai*, 229

포베오 *phobeō*, 569

포보스 *phobos*, 346

프떼이로 *phtheirō*, 315

피스티스 *pistis*, 602

플레오네크테오 *pleonekteō*, 316

플레로오 *plēroō*, 418

플루토스 *ploutos*, 369

폴루스 *polus*, 366

포네로스 *ponēros*, 237

포르네이아 *porneia*, 573

포로오 *pōroō*, 150

프라우테스 *prautēs*, 427

프레스뷰오 *presbeuō*, 275

프레스부스 *presbus*, 275

프로아이레오 *proaireō*, 414

프로에마르테코톤 *proēmartēkotōn*, 574

프로스카이로스 *proskairos*, 209

프로스코페 *proskopē*, 299

프로뚜미아 *prothumia*, 397

프로토스 *prōtos*, 376

프수드아포스톨로이 *pseudapostoloi*, 488

프토케이아 *ptōcheia*, 368

프토코스 *ptōchos*, 368

푸로오 *puroō*, 317

레마 *rhēma*, 587

스케노오 *skēnoō*, 215

스콜로프스 *skolops*, 526

소테르 *sotēr*, 272

소조 *sōzō*, 272

스프라기조 *sphragizō*, 69

스푸데 *spoudē*, 378

스테노코레오 *stenochōreō*, 190, 313

스테노코리아 *stenochōria*, 302

스트라투오마이 *strateuomai*, 432

술라오 *sulaō*, 483

숨포네시스 *sumphōnēsis*, 331

수네코 *sunechō*, 252

수네이데시스 *suneidēsis*, 48

수네르게오 *sunergeō*, 293

수네르고스 *sunergos*, 405

수니스타노 *sunistanō*, 113

타페이노스 *tapeinos*, 346, 428

텔로스 *telos*, 57

따나토스 *thanatos*, 192

따르레오 *tharreō*, 357, 430

뜰리보 *thlibō*, 190

뜰립시스 *thlipsis*, 36, 302, 366

뚜모스 *thumos*, 571

티메 *timē*, 229

티떼미 *tithēmi*, 274

톨마오 *tolmaō*, 430

젤로스 *zēlos*, 571

2:7	506	33:19	140	3:3	68
2:11 - 12	184	33:20	149	11:17	155
3:6	32, 517	34:10	547	11:25	155
3:15	32, 517	34:29	140	12:1 - 2	595
3:16	32, 517	34:30	140, 149	15:35 - 36	512
4:1 - 9	546	34:32	140	15:40	582
4:5	32, 517	34:33 - 35	140, 149	16:3	595
4:10	184	34:34	153	18:21	373
5:3	506	35:29	506	20:3	595
6:6 - 7	547	35:30 - 31	155	20:10	560
10:25	372	35:34	155	22 - 24	359
12:5	285	36:1	155	24:2	155
16:4	400			25:10 - 13	124
16:23 - 29	372	**레위기**		27:18	155
19:5	383	11:44	582	31:8	359
19:5 - 6	506	11:45	582		
20:9	360	12:6 - 8	387	**신명기**	
20:13	75	19:2	582	4:35	638
20:15	360	19:9 - 10	373	4:37	415
20:19	134	20:7	582	4:39	638
22:25	360	20:24	377	5:5	134
22:31	582	20:26	337, 341,	6:4	638
24:7 - 8	124		582	6:17 - 18	582
25:1 - 2	373	24:14 - 16	512	7:8	582
28:41	68	24:23	512	8:2	23, 88
31:2 - 3	155	25:36 - 37	360	8:11 - 14	360
31:6	155	26:11 - 12	336	8:14	360
31:18	117, 135	27:30 - 32	374	8:16	88
32:15 - 16	117, 138			8:18	359
32:32	151, 623	**민수기**		9:29	415

10:14	383	**사사기**		10:6	155
10:16	150	3:9	272	10:10	155
11:11	520	3:10	155	11:6	155
12:10 – 11	373	6:34	155	13:3	506
12:17 – 18	373	11:29	155	13:9	506
13:1 – 3	439	13:25	155	13:14	22, 185
13:3	88	14:5	513	14:11	506
13:13	331	14:6	155	14:21	506
14:28 – 29	373	14:9	155	15:1	68
15:10	416	15:14	155	16:1 – 13	68
15:10 – 11	416	16:4 – 6	359	16:7	61, 234
17:16	587	16:27 – 30	359	16:13	155
19:15	587	19:22	331	16:14	155
21:18 – 21	593			25:40	538
22:10	326	**룻기**		29:1	506
25:1 – 3	511	1:16 – 17	318	29:3	506
29:29	521	2:1	359		
31:6	35			**사무엘하**	
31:8	35	**사무엘상**		2:4	68
32:17	332, 661	2:2	688	7:12 – 16	124
32:39	638	2:12	331	7:14	338
33:26	531	2:14	506	7:22	638
		4 – 5	334	10:4	538
여호수아		4:1 – 2	334	10:6	538
1:9	531	4:3 – 5	334	11	185
2:15	517	4:6	506	12:9	76
7:1 – 25	359	4:9	506	12:13	612
7:24 – 25	512	4:10 – 11	334	15:5	636
24:2	506	5:1 – 2	334	20:9	636
		5:3	334	22:32	638

73:25	226, 567	119:106	59	9:10	246, 341
78:72	242	119:113	127, 156,	10:1	588
79:11	415		174	10:5	588
86:5	33	119:119	174	11:3	243
86:10	638	119:127	174	11:24 – 25	412
89:20	68	119:161	174	11:28	360
94:12	582	119:162	174	13:12	346
95	605	119:163	127, 141	14:23	360
95:6	453	119:165	127	15:33	341
99:8	75	119:166	146	16:3	453
101:2	243	119:174	174	16:6	341
101:6	243	130:3 – 4	288	17:3	23
103:8	33	130:5	146	17:17	35
103:12	50, 267,	131:3	146	17:21	588
	289	133:1	355	17:25	588
103:13	33	139:23 – 24	55, 602	18:24	35
103:17	33	143:2	23	19:1	243
103:19	410	146:5	146	19:15	360
104:30	155	149:4	321	19:17	412
106:21	265			20:6	463
111:10	246, 341	**잠언**		20:7	243
115:1	460	1:7	246, 341	20:9	23, 279
116:10	195	2:7	243	20:13	360
119:11	59	3:4	405	20:28	463
119:19	215	3:9 – 10	411	21:17	360
119:49	146	3:11 – 12	582, 586	21:20	360
119:97	119, 127,	3:27	360	21:21	463
	141	4:23	59	21:30	37
119:97 – 106	174	6:6 – 8	360	23:4 – 5	359, 411
119:103	141	8:13	246, 341	23:17	341

23:21	360	13:6 – 22	58	52	336
24:30 – 34	360	26:11	608	52:9	29, 34
26:4	248	30:18	587	53	284, 429
26:5	455	37:16	638	53:4 – 6	253, 286
27:2	248, 453,	37:20	638	53:9	625
	465	38:12	215	53:11 – 12	253
27:6	73, 317	38:17	75, 267,	55:1	284
27:23 – 24	360		289	55:1 – 2	127, 255
28:6	243	40:1	34	55:6	298
28:8	360	40:8	549	55:6 – 7	127
28:13	50, 576,	40:12 – 13	155	55:7	568
	612	40:28 – 31	204	55:10	410, 520
28:19	360	41:10	35	55:10 – 11	628
28:27	412	43:1 – 2	532	55:11	106
29:9	248	43:3	266	57:15	152, 495
29:15	588	43:10	638	59:1 – 2	587
30:9	360	43:25	75, 289	59:2	266, 273
30:25	360	44:6	638	60:16	265
		44:8	638	61:10	141, 274
전도서		44:22	75, 289	63:8	265
5:10	259	45:5 – 6	638	63:8 – 10	273
7:20	23	45:15	265	64:6	281
12:1 – 7	202	45:21	638	66:2	152, 493
12:5	205	45:22	152	66:13	29, 34
		46:9	638		
이사야		48:8	279	**예레미야**	
1:16	341	49:13	29, 34, 347	2:8	439
5:20	330	49:26	265	5:31	439
6:5	185, 453	51:3	34	7:26	150
9:6	420	51:12	29	9:23 – 24	52, 459

		에스겔		다니엘	
14:14	439	8	334	2:20	517
17:9	23, 231	8:3	334	4:30	496
	156	8:4	334	5:20	496
17:23	150	8:6	334	5:22 – 23	496
19:15	150	8:11 – 12	335	7:9	580
20:9	459	8:14	335	7:14	580
20:18	22	8:16	335	7:15	580
23:2	515	8:18	335	9:9	75
23:32	440	11:5	155	10:12	495
24:7	336	11:19 – 20	118	11:36	454
29:11	146	16:21	283	12:3	197
29:21	440	16:60	124		
31:17	146	18:4	269, 272	호세아	
31:31 – 34	124, 143	18:20	279	5:5	496
31:33	118, 127	18:23	106	5:6	298
31:34	75, 134	18:30 – 32	255	6:4	464
32:17	415	18:32	106, 272	6:6	464
32:20	548	20:34	338	10:12	417
32:35	283	22:25	440	12:7	360
34:14	506	22:28	440	13:4	265
38:2 – 4	291	23:37	283		
45:5	228	28:14	630	요엘	
48:35 – 37	255	33:11	106, 255	1:15	58
		34:2 – 6	515	2:11	58
예레미야 애가		34:16	265	2:27	638
3:21 – 23	43	36:24 – 27	118, 157		
3:24	146	37:26	124	아모스	
3:30	491	37:37	336	3:2	506
3:40	602	46:13	285	3:3	331

7:13-14	255, 269	11:28-30	255	17:22	193
7:14	174	11:29	429	17:24-27	375
7:15	296, 426	12:24	250	18	581
7:16	488	12:31-32	250	18:7	302
7:20	488	12:32	177	18:14	456, 496
7:21	616	12:34	312	18:15	588
7:22-27	616	13:11	149	18:15-17	581
7:23	329, 602	13:18-23	608	18:15-18	83
7:24-27	610	13:19	275	18:16	588, 589
7:29	166	13:22	370	18:17	589
8:12	271, 330	13:25-30	601, 612	18:21	81
8:22	177	13:36-42	601, 612	18:21-35	76
8:29	612	13:39	177	18:22	81
9:6	166	13:40	177	18:27	274
9:10-11	324	13:41-42	271	18:31	77
9:21-22	272	13:44	182, 186	18:32-34	77
9:35	457	13:46	182	18:34	77
9:36	166	13:49	177	19:16-22	616
10:1	544	13:49-50	271	19:21	369
10:2	538	13:54	166	19:27	545
10:8	544	13:55	598	19:28	545
10:9-13	388	14:2	166	20:17-19	542
10:16-24	192	14:14	166	20:18-19	193
10:16-25	510	15:7	241	20:20-23	206
10:17	512	15:32	166	20:24	353
10:22	41	16:18	102, 543,	20:25	452
10:24	291		566, 577	20:26-28	452
11:18	249	17:1-2	154	20:34	166
11:19	249	17:5	285	21:9	613
11:28	270	17:21-23	491	21:15	353

14:31	318	6:38	360, 368,	13:3	177
14:41	356		412	13:5	177
14:58	217	6:46	615	13:14	353
14:61	517	7:13	166	13:15	241
15:24	597	7:34	325	13:23-24	255, 271
15:34	32	7:45	636	13:28	271
		8:1-3	387	14:13	368
누가복음		8:13-14	611	14:16	386
1:5-6	150	8:31	611	14:25-35	615
1:35	285	8:36	272	14:27	41
1:47	265	8:50	272	15:11-32	75
1:71	272	9:1	543	16:8	177
1:78	33	9:2	543	16:10	369
2:7	387	9:23	192	16:20	368
2:24	387	9:38	375	17:3	88
2:25	150	9:49	185	18:9-14	137
2:36	150	9:54	185	18:11	454
3:8	351	9:58	386, 387	18:11-12	454
4:17-21	150	10:30	302	18:11-14	152
4:18	68, 456	10:38-42	387	18:13	124
4:22	166	10:40	268	18:21	152
4:35	166	12:1	241	18:30	177
5:5	501	12:11	417	19:8	375
5:7	328	12:15	369	19:37	546
5:8	185, 453	12:18-19	417	19:41-44	255
5:12	375	12:19	356	19:47	376
6:13	539	12:33	308, 368	20:23	170
6:23	460, 633	12:34	358	20:34	177
6:26	306	12:48	302	20:47	491
6:35	340	12:56	241	21:1-4	368

22:3	536	1:29	179, 268,	5:36	546
22:20	157		285	5:39	151
22:22	282	2:4	456	5:46	151
22:31	527	2:13 – 17	348	6:5	27
22:31 – 32	38, 527	2:18	596	6:6	27
22:53	330	2:19	217	6:7 – 9	27
23:4	285	2:21	217	6:27	69
23:5	291	2:23 – 25	611	6:30	596
23:14	285	3:2	546	6:37	288
23:22	285	3:3	157, 322	6:37 – 40	223
23:34	78	3:5	126, 157	6:38	456
23:41	285	3:7	322	6:40	276
23:43	520	3:16	268, 283,	6:44	288
23:47	285		413, 639	6:47	276
24:25	151	3:16 – 17	421	6:51	254, 269
24:44	67	3:16 – 18	288	6:56	609
24:45	178	3:18	125	6:65	288
24:47	270	3:19	177, 330	6:70 – 71	540
24:52	633	3:33	69	7:7	11, 629
		3:36	125, 276	7:12	306
요한복음		4:6	388, 488	7:14 – 18	590
1:1	32, 638	4:7	388	7:20	250
1:3	384	4:35	298	7:30	456
1:5	330	4:42	269	7:31	546
1:10	384	5:17 – 18	32	7:37 – 39	157
1:12	125, 288	5:22	236	7:49	259
1:14	154, 172,	5:23	384	8:12	153, 181,
	178, 215,	5:24	276, 280		330
	249	5:27	236	8:17	587
1:17	249, 529	5:30	456	8:20	456

8:24	32, 269, 271, 277, 329	13:1	413	16:7	161
		13:3 – 15	453	16:8	156
		13:20	538	16:11	177
8:31	611, 615	13:27	536	16:13	544
8:44	178, 306, 331, 477, 500, 536	13:27 – 29	387	16:24	85
		13:34 – 35	587, 406, 636	16:33	160, 198, 509
8:46	283	14:6	122, 165, 249, 277	17:2	166
8:48	250			17:5	384, 388
8:52	250	14:9	32, 166	17:9	270
8:58	32, 384	14:11	546	17:13	85, 633
9:4	298	14:15	615	17:14	556
9:5	181	14:16	161	17:17	623
9:39	236	14:16 – 17	157	17:20 – 23	247
10:10 – 13	450	14:20	193, 609	17:21	355
10:11	270, 284	14:23 – 24	615	18:11	282
10:16	115	14:26	161, 544	18:31	512
10:18	284	14:28	32	18:37	383
10:20	250	14:30	177	19:13	236
10:25	546	15:4 – 5	294	19:15	291
10:27	115, 445	15:10	615	19:28	388
10:30	32	15:11	85, 633	20:17	32, 517
11:12	272	15:13	317	20:25	638
11:47	546	15:18 – 20	41, 291	20:28	32
12:3 – 6	387	15:18 – 21	192, 509, 553		
12:31	177			**사도행전**	
12:35	330	15:19	11, 629	1:1 – 3	541
12:37	546	15:26	161	1:8	270
12:46	181, 330	16:1 – 4	509	1:15 – 20	540
13 – 17	541	16:2	363, 633	1:21 – 22	405

1:21 – 26	541	4:33	529	9:3 – 12	519
1:25	359	4:34	363	9:15	405, 539
1:26	537	4:36 – 37	411	9:15 – 16	509
2:20	58	4:37	402	9:20	199, 513
2:22	546	5:1 – 2	359	9:22	199
2:23	282, 597	5:1 – 11	580	9:23	36, 511
2:24	196, 597	5:3	536, 639	9:23 – 24	190, 425
2:32	196, 597	5:3 – 4	154	9:23 – 25	199
2:40	633	5:5	360	9:24	307
2:41	363	5:10	360	9:25	516, 518
2:42	542	5:12	547	9:26	518
2:43	547, 548	5:16	548	9:28 – 29	190
2:44 – 45	363	5:30	196, 597	9:29	307, 511,
3:1 – 8	543	5:31	179, 351		513
3:13	196, 517	5:34	209	9:30	519
3:14	285	5:40	511	9:31	38, 341
3:15	196, 597	5:41	27, 41, 368	9:34 – 41	543
3:18	282	6:1	268, 411,	10:1 – 2	411
3:26	597		506	10:38	68, 546
4:4	363	6:8	548	10:39	541
4:9	272	7:25	272	10:40	196
4:10	196, 597	7:36	546	10:40 – 41	541
4:12	125, 165,	7:51	150	10:41	539
	267, 277,	7:53	603	10:42	236, 539
	289, 608	8:1	363	10:43	77
4:13	120	8:1 – 3	434	11:1 – 3	419
4:27	68	8:27	411	11:2 – 3	124
4:29	121	8:30 – 31	128	11:4 – 18	419
4:30	547	9:1 – 19	199	11:18	176, 351
4:32	363	9:2	113	11:26	167

11:27-29	363	14:19	36, 190,	16:20	291
12:6-12	548		203, 307,	16:22	203
12:21	236		425, 512	16:22-23	302, 513
13:1	618	14:19-20	200	16:24	203, 302
13:1-3	519	14:22	122, 161,	16:31	125
13:2	304		198, 522	16:37	513
13:4	512	14:25-26	512	17:4	244, 376,
13:6-8	512	14:27	97		411
13:9	304	15:3	634	17:4-5	511
13:11	594	15:7	275	17:5	302, 512
13:13	512	15:9	341	17:5-8	367, 514
13:14	513	15:10	130	17:5-9	512
13:22	22	15:12	548	17:6	211, 258
13:27	152, 282	15:21	152	17:13	200, 512,
13:30	196, 597	15:22	66		517
13:33	196, 597	15:24	113, 445,	17:14-15	555
13:37	196, 597		490	17:16	258
13:38	179	15:40	66	17:25	272
13:45	425, 571	16:1	30, 66	17:31	236
13:50	211, 376,	16:6-7	209, 304	18:1	13
	425, 517	16:6-10	122	18:1-8	537
14:2	512, 517	16:8-11	97	18:1-10	396
14:3	547	16:9-10	519	18:1-17	38
14:3-5	511	16:11	512	18:2	14
14:4	538	16:12	376	18:3	14, 215,
14:4-6	200	16:14	176		483
14:5-6	190	16:14-15	411	18:4	244
14:8-10	543	16:16-18	544	18:5	14, 31, 66
14:12	122	16:16-24	200	18:5-6	200
14:17	272	16:16-40	346, 514	18:6	512

18:8	14	19:23−27	211	21:30−31	36
18:9−10	519	19:23−41	96, 512,	21:30−32	203
18:11	55, 95, 113,		514	21:37	507
	130, 245,	19:26	244	21:40	507
	295, 311,	19:29	302	22:1	353
	396, 538,	20:1	628	22:3	209, 506
	622	20:1−2	633	22:3−16	153
18:12	236	20:2	628	22:5	113, 508
18:12−13	14	20:2−3	628	22:17−21	519, 541
18:12−16	200, 512,	20:2−4	408	22:21	456
	517	20:3	190, 307,	22:23	302
18:12−17	13, 426		512	22:24−29	510
18:13	211	20:6−12	97	23	429
18:14−16	14	20:19	435, 512	23:1	50, 62, 245
18:16	236	20:20	312	23:2	491, 502
18:17	236	20:23	302	23:10	302, 510
18:18	13, 19, 512,	20:24	168, 257,	23:11	519
	396, 622		301	23:12	190, 307
18:21−22	512	20:27	312, 476	23:12−13	36
18:22	19	20:28	31, 579,	23:12−21	512
18:27	113		619	23:12−22	201, 513
19:1	19	20:29	296, 426	23:18	510
19:8	19, 244	20:30	514	23:35	510
19:9	514	20:31	302	24	429
19:10	19	20:32	520	24:4	427
19:11	548	20:34	302, 483,	24:5	209, 291
19:11−12	543	20:34−35	514	24:16	50, 62, 245
19:21	459	20:35	361, 369	24:23−27	302
19:22	31	21:27−32	201, 512	24:25	612
19:23	200	21:30	302	24:27	510

9:7	28	13:6−7	375	16:3	13, 260,
9:26	335	13:8	360		405
9:26−27	135	13:12	330	16:7	260, 538
10:1	259	14:1	515	16:6	510
10:1−3	281	14:5−6	373	16:9	405
10:3	137	14:7−8	233	16:11−13	68
10:9	180, 196,	14:10	233	16:16	310
	277, 289	14:16	405	16:17−18	441
10:9−10	286	14:18	229, 461	16:20	102, 637
10:13−15	181, 276	14:19	635	16:21	405
10:14	116, 128	15:1	515	16:25	149
10:14−15	103	15:4−6	634	16:27	67, 209
10:15	400	15:6	32, 517		
10:17	116, 180	15:9	34	**고린도전서**	
11:5	150	15:13	44, 147,	1:1	30, 539
11:25	41, 149		369	1:3	637
11:36	67	15:15−16	168	1:4−5	390
11:33−36	209	15:17	51, 320	1:4−7	378
12:1	34, 233,	15:17−18	459	1:5−7	132
	237, 246	15:17−19	547	1:7	519
12:1−2	229, 340,	15:18	436	1:8	58
	376	15:20	229	1:10	571
12:2	323, 629	15:24	458, 627	1:10−13	355
12:3	453	15:25−27	364, 421	1:11	14, 424
12:9	304, 484	15:26−27	627	1:11−12	132
12:16	347, 496	15:28	69, 458	1:12	80, 230,
12:17	405	15:30	44		306
12:19	78, 622	15:33	67, 635	1:17	108, 258,
13:1	375	16	627		263
13:1−7	577	16:1	31, 113	1:17−25	473

Reference	Pages	Reference	Pages	Reference	Pages
1:18	122, 170, 177, 275, 283, 436	2:6–16	475	4:1–3	168
		2:7	149, 177	4:1–5	250
		2:8	177	4:2–5	49
1:20	177, 188	2:9	400, 416	4:3	230, 231
1:20–21	54	2:13	304, 545	4:3–4	80, 174, 456, 624
1:23	125, 175, 283	2:14	177, 283, 299		
				4:3–5	230, 461
1:23–25	170	2:16	115, 166	4:4	55, 247
1:23–2:1	64	3:1	68, 132, 631	4:4–5	62, 112
1:26	362, 411			4:5	58, 261
1:26–29	187	3:3	354, 572	4:9–13	625
1:27	533	3:3–4	355	4:10	249
1:30	68, 260, 274, 328	3:4	80, 230, 306	4:11	189, 302, 412, 515
1:31	52, 188, 320, 400, 416, 459	3:5	619	4:12	302, 483, 511, 514
		3:6	458, 537		
		3:6–7	294	4:14	634
2:1–2	171	3:9	293	4:14–15	314, 619
2:1–5	452, 473	3:10	449, 537	4:15	61, 68, 296, 457, 469
2:2	125, 175, 179, 264	3:10–15	58		
		3:11–15	237	4:15–16	112
2:3	179, 357, 534, 598, 623	3:12	351	4:16	498, 544
		3:13	367	4:17	31
		3:15	351	4:20	122
2:4	122, 175, 263	3:17	449	4:21	450, 486, 597
		3:19	530		
2:4–5	116	3:21–22	308	5	586, 589
2:5	305, 416	3:22	391	5:1–2	132, 583
2:5–8	15, 54	4:1	149, 231, 250, 475	5:1–8	95
2:6	177			5:3–5	585, 624

5:4 – 5	84	7:31	208	10:24 – 29	50
5:5	77, 315	8	325	10:26	383
5:6	248	8:1	95	10:27 – 28	326
5:6 – 7	584	8:1 – 13	132	10:31	45, 246,
5:9	14, 324,	8:4	325, 639		331, 419
	396, 425	8:6	264	10:32 – 33	557
5:9 – 13	584	8:7 – 13	50	11:1	112, 183,
5:11	84, 409	8:10	325		209, 456,
5:12	231	9:1	538		498, 544
6:1 – 5	231	9:1 – 2	446	11:1 – 16	132
6:1 – 8	95, 132	9:2	306	11:12	264
6:5	502	9:3	353	11:17 – 34	95, 132
6:10	409, 412	9:3 – 15	404	11:18 – 19	355
6:11	126	9:6 – 14	363	11:24 – 25	133
6:12 – 20	132	9:16	195, 248,	11:25	125
6:14	196		302, 460	11:28	606
6:15	327	9:17	231, 250	11:31	606
6:16	132	9:19 – 21	324	11:32	583
6:18	327	9:22	405, 516	12 – 14	132
6:19	335, 640	9:24 – 27	243	12:3	95, 158,
6:19 – 20	213, 224	9:27	233, 299		178
7	95	10:1	41	12:6	293
7:1	14, 425	10:1 – 5	606	12:7	304
7:1 – 5	132	10:7	327	12:11	293, 304
7:5 – 16	15	10:12	59, 231	12:13	69, 158,
7:7	15	10:13	36, 532		640
7:12	15	10:14	327	12:26	516
7:12 – 13	324	10:20 – 21	327, 612	12:28	619, 540
7:22	68	10:23 – 32	132	13:4 – 7	87
7:26	302	10:23 – 33	325	13:4 – 8	311

5:11-17	239-261	6:3-4	11, 244		322-341,
5:11-21	19	6:3-7	298-303		314
5:12	112,	6:3-10	53	6:16	332-336
	246-248	6:4	553	6:16-18	340
5:12-13	18	6:4-5	131, 189	6:17	338, 340
5:13	249-250,	6:4-7	301	7	99
	287	6:4-10	11, 344,	7:1	10, 246,
5:14	251-255		162-163,		320-321,
5:14-17	264		471, 510,		582, 630
5:14-21	11		516, 557	7:2	11, 56, 244,
5:15	256-258,	6:5	300		431, 449
	260	6:6-7	594	7:2-4	309-321
5:16-17	258-261	6:7	356, 378,	7:3	1115, 292,
5:17	170, 180,		432, 436,		313, 449
	203, 322,		624	7:4	51, 633
	609, 617	6:8	244, 300	7:5	131, 346,
5:18	168,	6:8-10	305		516
	264-268	6:9	212, 232	7:5-6	98, 163,
5:18-20	262-277	6:10	300, 387		307
5:19	268-275,	6:11	11, 244,	7:5-7	99
	288, 293		311-313	7:5-16	342-357
5:20	275-277,		315	7:6	35, 38, 70,
	291, 375	6:11-13	115, 130,		575, 597
5:21	11, 141,		309-314,	7:6-11	465, 569
	235, 252,		560	7:7	366-368,
	254, 264,	6:11-7:16	19		571
	274, 328,	6:12	313-314	7:8	18, 72
	278-289,	6:13	315	7:8-10	349-352,
	382, 625	6:14	340		448
6:1-10	290	6:14-7:1	11, 311,	7:9-11	567

Ref	Pages	Ref	Pages	Ref	Pages
7:10	73, 86		413	9	12, 363, 382, 396, 415, 421, 423, 561, 627
7:11	350–353	8:4	375–376		
7:11–12	378	8:6	18, 364, 535		
7:12	71, 90, 353–354	8:7	379		
7:12–15	89	8:8	379	9:1–4	406–407
7:13	354–355, 320	8:8–9	20	9:2	372, 377
7:14	51, 320, 623	8:9	11, 308, 364, 375, 380, 391	9:5	407, 408
				9:6	361
7:14–15	355–356	8:10	372, 394–396	9:6–15	20, 409–422
7:15–16	365			9:7	302, 368, 375
7:16	356–357, 569	8:10–15	20		
		8:10–9:5	393–408, 413	9:8	370, 415, 530
8	11, 362, 364, 383, 397, 407, 413, 421, 424, 561, 627	8:12	370	9:9	400
		8:13–15	398–400	9:12	395
		8:16	535	9:14	419–420, 530
		8:16–24	18		
		8:16–9:5	20	9:15	420–422
8:1	364–365, 631	8:17	371	10	537
		8:18	562	10–13	16–18, 347, 357, 423, 424, 444, 465, 524
8:1–7	20	8:18–19	562		
8:1–8	358–379, 364, 382	8:18–23	401–407		
		8:20	418, 395		
8:1–9	20, 413	8:20–21	11, 244	10:1	250, 295, 426–429, 586, 594
8:1–9:15	20	8:22	562		
8:2	366–370, 412, 634	8:23	538, 562		
8:3	394, 397,	8:24	51, 320, 406	10:1–6	424–437

10:1 – 18	20		449, 508,		623
10:1 – 13:14	20		536	11:11	18, 304,
10:2	18, 488	11:1 – 6	462–475		311, 449,
10:3 – 5	177, 305,	11:1 – 15	20		485–486
	431–436,	11:2	196, 571,	11:12 – 15	488–490,
	469		581		471
10:5	444	11:2 – 4	10	11:13	425, 536
10:6	436–437	11:2 – 15	499	11:13 – 15	446, 469,
10:7	11, 244	11:3	159, 479,		480–492
10:8	447–448,		443, 315,	11:14	630
	565, 593		369, 536	11:16	536
10:10	183, 472,	11:3 – 4	296, 457	11:16 – 17	10, 249,
	450–452,	11:4	442, 489,		498–499
	481, 596		468–471	11:16 – 21	493–503
10:10 – 11	57	11:5	187, 306,	11:16 – 33	20
10:12	1112, 186,		443, 488	11:17	320, 498,
	465, 471,	11:5 – 6	11, 244,		509, 536
	454–455,		472–476	11:17 – 20	515
	488	11:6	303, 444,	11:18	498
10:12 – 11:21	505		472	11:18 – 21	449–503
10:13	186, 465	11:7	445	11:19 – 21	500, 559
10:13 – 11:21	520	11:7 – 8	445	11:20	491–492
10:14	443, 536	11:7 – 9	404, 558,	11:20 – 21	595
10:17	52, 186,		480–484	11:21	10, 508,
	247, 320,	11:7 – 11	479–486		536
	465	11:7 – 15	446–492	11:21 – 33	471
10:18	112, 186,	11:9	56, 365,	11:22	444, 500,
	247, 465		514		502, 505,
11	12, 343	11:10	50, 320,		537
11:1	10, 249,		484–485,	11:22 – 23	497, 554

11:22-27 523

11:22-12:4 503-521

11:23 212, 302, 505, 511

11:23-25 41

11:23-27 307, 344, 507-514

11:23-28 163

11:23-29 131

11:23-33 11, 429, 597

11:24 203

11:26 425, 600

11:27 302, 513

11:28 189, 345, 467

11:28-29 94, 523, 514-516

11:29 10, 467, 569

11:30 10, 247, 454, 455

11:30-33 516-518

11:31 32, 563

12 12

12:1-4 518-521

12:1-13 20

12:2 517

12:2-4 524

12:5 10, 179, 497

12:5-6 524-525

12:5-10 522-534

12:6 249, 536

12:7 525-528, 519

12:7-10 163, 516, 554, 597

12:8 528

12:9 43, 166, 179, 188

12:9-10 10, 247, 497, 598, 624

12:10 80, 107, 122, 188, 204, 345, 525

12:11 10, 247, 249, 472, 498

12:11-12 11, 244, 535-549

12:12 447, 471, 537, 621

12:12-19 550-565

12:13 595

12:14 15, 422, 424, 484, 501, 618

12:14-15 18, 313

12:14-18 404

12:14-19 20

12:15 95, 292, 304, 311, 449, 485, 586

12:17-18 316

12:18 18

12:19 90, 340, 448, 465, 486, 567

12:19-13:3 72

12:19-13:10 581

12:20 247, 585, 569-574

12:20-21 566-576, 581, 620, 624

12:20-13:10 600

12:20-13:14 12, 20

12:21 444, 584, 610

13:1 15, 424, 569

13:1-2 422, 581, 577-588, 624, 631

13:1-3 427

13:2 70, 559,

	622	1:6	475	3:1−7	133
13:2−3	452	1:6−9	297, 442,	3:3	119, 297,
13:3	621		478, 585		465
13:3−4	589−594,	1:10	180, 245,	3:6−9	156
	620, 631,		404	3:7	135
	624	1:11−12	113, 519,	3:8	254
13:4	516, 624		526, 542	3:10	127, 137,
13:5	193, 296	1:13	434, 508		143, 287
13:5−6	111, 620,	1:13−14	507	3:10−13	118
	600−617,	1:14	141, 209,	3:11	254, 276
	624, 631		306, 434,	3:13	235, 252,
13:6	596		500		287
13:7−10	618−628	1:15	538	3:15	86
13:8	58, 312,	1:17−18	517	3:19	134, 136,
	637	1:19	538		603
13:9	18, 632	1:20	65, 563	3:20	134
13:10	430, 565,	1:21	519	3:21	140
	567, 593	1:22	306	3:24	128, 136,
13:11	631−636	2:4	425, 501,		140, 145,
13:11−13	629−639		513		254, 276,
13:12	310	2:10	403		289
13:13	637−639	2:11−13	241, 465	3:26	260
		2:11−14	429, 586,	3:28	260
갈라디아서			623	3:29	102, 135
1:1	30, 196,	2:16	126, 254,	4:4	386, 421
	540, 597,		276, 289	4:4−5	284
	638	2:19−20	256	4:6	639
1:3−4	637	2:20	68, 193,	4:10−11	372
1:4	177		251, 470,	4:13−15	183
1:5	67, 209		609	4:19	167, 314,

	515, 619, 625	1:6	340	2:18	134, 303		
5:1	71, 130, 503	1:7	50, 77, 235, 252, 280, 369	2:18−20	280		
				2:19	123, 280, 577		
5:4	119	1:7−8	369	2:20	458, 542		
5:5	147	1:11	308	2:22	335		
5:19−21	570, 630	1:13	69, 275	3:2	231, 250		
5:20	571	1:14	224	3:3	526		
5:22	85, 304, 632	1:17	32, 519	3:3−4	149, 542		
		1:18	147, 369	3:4	474, 475		
5:22−23	210	1:18−19	620	3:5	542		
6:1	86, 574	1:18−20	107	3:6	102, 123		
6:4	248	1:19	54, 293	3:7	107, 110, 121, 293		
6:10	304	1:21	177				
6:11	526	2:1	177, 178, 254, 281	3:7−8	104, 168		
6:12	248, 259			3:8	263, 369, 454		
6:14	257, 261, 453, 459	2:2	177, 331, 477, 629	3:9	149		
6:15	260	2:2−3	178, 477	3:16	159, 203, 369		
6:17	41, 192, 203, 510, 512	2:4	34				
		2:4−5	283	3:17	193, 609		
		2:5	177, 529	3:17−19	203−204		
		2:7	369, 390, 529	3:18	252		
에베소서				3:20	107, 415		
1:1	30, 260, 539	2:8−9	611	3:21	67, 209		
		2:10	257, 328, 365, 419	4:2	303		
1:2	637			4:3	247, 355, 635		
1:3	32, 390, 519	2:12	279, 477				
		2:13−16	266, 267	4:4	147		
1:4	270	2:14	364	4:8−10	388		

4:11	618				630	1:27	71, 634
4:11-12	448	6:12	305, 432,	1:29	367
4:11-13	566-567		477	2:2	355
4:11-16	631	6:17	435	2:3-4	370
4:12	129, 542	6:18	304	2:4	317
4:13	167, 247,	6:18-19	44	2:6	32
	355, 571	6:19	149, 250	2:6-7	32, 387
4:14	170, 469	6:20	275	2:6-11	388
4:15	312, 590	6:23	638	2:7	368, 597
4:18	177, 279	6:23-24	637	2:7-8	284
4:21	174			2:8	179, 282,
4:24	203, 260	**빌립보서**			321, 495
4:27	91, 630	1:1	260, 618	2:8-9	206
4:28	360	1:2	637-638	2:9	383
4:30	69, 304	1:6	36, 54, 224,	2:9-11	384
4:32	77, 84, 235		319, 341	2:10-11	180
5:1-2	87	1:7	313, 353	2:12	357
5:2	254	1:8	65, 449	2:12-13	54, 341
5:5	408, 590	1:9-10	620	2:13	107, 294
5:5-11	336	1:10	58	2:15	241, 303
5:8	68, 330	1:10-11	622	2:16	58, 248,
5:10	105, 230	1:11	274		275
5:11	330	1:19	45, 272	2:17	194, 560
5:25	252, 270	1:20	172	2:19-24	31
5:26	341	1:21	191, 212,	2:25	365, 405,
5:27	196, 581		257, 470		425, 538
5:32	149	1:23	209,	3:3	304, 572
6:5	357, 370		213-214	3:4-6	164, 169,
6:10	624	1:24	232		432, 507
6:11	91, 478,	1:26	248	3:4-12	153

3:20	230	2:19 – 20	58	1:2	637	
3:22	370	3:2	31	1:4	199, 367	
3:24	460	3:5	630	1:8 – 9	271	
4:3	44, 97, 149,	3:7	302	1:9	255, 269,	
	250	3:10	514, 621,		279	
4:7	68		632	1:10	58	
4:11	405	4:1	105, 231,	1:11 – 12	621	
4:12	528, 625		633	1:12	110, 168	
		4:6	618	2:3 – 4	454	

데살로니가전서

		4:11	229	2:7	149	
1:1	637	4:13	41	2:9 – 11	177	
1:3	300	4:15 – 17	215	2:10	172	
1:4	340	4:16	221	2:13	126, 340	
1:5	116, 122,	4:17	226, 520	2:16	38, 347	
	257, 547	5:2 – 4	58	2:16 – 17	34	
1:6	366, 497,	5:5	330, 483	3:1	44, 250	
	543	5:8	147, 425	3:6	84, 583	
1:9	323, 335	5:9 – 10	254	3:7	618	
2:2	512	5:12	510	3:8	302, 513,	
2:4	105, 321,	5:12 – 13	377		514	
	404, 452	5:14	343, 515,	3:9	497	
2:5	63		516	3:10	360, 399,	
2:7	515	5:16	307, 632		586	
2:7 – 12	619	5:19	304	3:12	633	
2:9	302, 308,	5:23	635	3:14 – 15	84, 583,	
	482, 510,	5:25	45		637	
	513, 514	5:26	310, 636	3:18	637	
2:13	117, 593	5:28	637			
2:14 – 15	367					

디모데전서

데살로니가후서

2:18	536, 630	1:1	30, 44, 265

1:2	314	3:3	479, 484	1:11	110, 168,
1:3	31	3:9	50, 149		539, 543
1:5	49, 50	3:15	477, 634	1:15	201
1:11	517	4:1	332, 442,	1:16	302
1:12	110, 168,		468, 477	2:1	199, 314,
	459, 540	4:2	241		624
1:12-13	184	4:6	173, 618	2:3-4	425
1:12-16	102, 104,	4:10	255, 265,	2:3	199
	295		270, 335	2:9	302
1:13	168, 434	4:12	618	2:10	194
1:14	532	5:7	241, 303	2:15	8, 304, 378,
1:15	187, 453	5:8	360		521, 594,
1:15-16	260, 497	5:17	362, 510		623
1:17	67, 209,	5:19	588	2:16-17	336
	295	5:22	352	2:19	69, 614
1:18-20	425, 588	5:23	548	2:20	187
1:19	48, 49, 50	6:5	178, 411	2:22	327
1:20	77, 425,	6:10	359	2:23	346
	584, 623	6:12	425, 629	2:24-26	176
2:3	265	6:16	67, 209	2:25	351, 567
2:4	106	6:17	359, 369	2:26	177, 477
2:5	134, 267	6:17-18	399	3:2	340
2:5-6	254			3:8	178
2:6	269, 271	**디모데후서**		3:12	38, 39, 161,
2:7	110, 168,	1:1	30		198, 509,
	539, 543,	1:2	314		523
	563	1:3	50, 62 245,	3:13	442, 477
3:1	229, 618		514, 621	3:16	505, 519
3:2	241, 243,	1:5	30	3:16-17	128, 530,
	303, 618	1:8	302, 510		549, 551

608, 611, 613-615, 625, 631

말라기 Malachi, 495-497

맛디아 Matthias, 511

맥코넬 McConnell, D. R., 410

머리 해리스 Harris, Murray J., 545, 640

모세 Moses, 124-135, 139-155, 173, 362-374, 415-417, 439, 495, 545-548, 591-595, 602-608

모세 언약 Mosaic covenant, 123-128, 133-136, 147-151

모세 율법 Mosaic law, 123-128, 133-136, 606-608

모욕 Dishonor. '존중 대 모욕'을 보라 See Honor vs. dishonor

목회자와 사역자 Pastors and ministers

~의 속성들 attributes of, 60-73. '사도의 속성들'도 보라 See also Attributes, apostolic

유능한 목회자와 사역자 competent. '유능한 목회자와 사역자'를 보라 See Competent pastors and ministers

~의 관심 concerns of, 550-565. '목회자의 관심/염려'도 보라 See also Concern, pastoral

낙담한 목회자와 사역자 disheartened, 92-108

~의 기쁨 회복 joy, restoration of, 92-108. '기쁨의 회복'도 보라 See also Joy, restoration of

~를 알아봄 recognition of. '하나님의 사람들을 알아봄'을 보라 See Recognition, men of God

슬퍼하는 목회자와 사역자 sorrowful. '슬픔'을 보라 See Sorrow

목회자의 관심/염려 Concern, pastoral. '순전함,' '순종과 순전함'도 보라 See also Integrity; Obedience and integrity

속임수 deceit and, 561-563

덕을 세움 edification and, 563-565

성실 faithfulness and, 552-557

정직 honesty and, 561-563

개괄 overview of, 550-552

MNTC 맥아더 신약주석 _고린도후서

초판 1쇄 인쇄 2023년 1월 15일
초판 1쇄 발행 2023년 1월 22일

지은이 존 맥아더
펴낸이 정선숙

펴낸곳 협동조합 아바서원
등록 제 274251-0007344
주소 경기도 고양시 덕양구 삼원로51 원흥줌하이필드 606호
전화 02-388-7944 **팩스** 02-389-7944
이메일 abbabooks@hanmail.net

ⓒ 협동조합 아바서원, 2023

ISBN 979-11-90376-63-1 (94230)

"너희는 다시 무서워하는 종의 영을 받지 아니하고 양자의 영을 받았으므로
 우리가 아빠(아바) 아버지라고 부르짖느니라"(로마서 8:15)